Die Reform Des Deutschen Geldwesens Nach Der Gründung Des Reiches, Volume 2

Karl Helfferich

Die Reform

des

deutschen Geldwesens

nach der Gründung des Reiches.

Von

Karl Helfferich.

I.

Geschichte der deutschen Geldreform.

Leipzig,
Verlag von Duncker & Humblot.
1898.

Geschichte

der

deutschen Geldreform.

Von

Karl Helfferich.

Leipzig,
Verlag von Duncker & Humblot.
1898.

Pierer'sche Hofbuchdruckerei Stephan Geibel & Co. in Altenburg.

Vorwort.

Die deutsche Geldreform ist eines der wichtigsten Ereignisse der neueren Wirtschaftsgeschichte. Für Deutschland brachte sie an Stelle einer Vielheit von teilweise mangelhaften Geldsystemen eine einheitliche und wohlgeordnete Geldverfassung. Für die ganze Welt bedeutet sie den Angelpunkt einer gewaltigen Verschiebung der Währungsverhältnisse. Abgesehen von ihrer Bedeutung und ihren Folgen ist sie an sich eine der größten wirtschaftlichen Operationen, welche jemals von einem Staate unternommen und planmäßig durchgeführt worden sind. Die genaue Erforschung der Vorgeschichte, der gesetzlichen und praktischen Durchführung und der Folgen der deutschen Geldreform ist deshalb eine wirtschaftsgeschichtliche Aufgabe ersten Ranges. Darüber hinaus verleiht die große Bedeutung der deutschen Geldreform für die universelle währungspolitische Entwickelung dieser Aufgabe — solange es eine „Währungsfrage" giebt — ein erhebliches praktisches Interesse; denn die bestehenden Verhältnisse können richtig beurteilt werden nur auf Grund der genauen Kenntnis der Entwickelung, aus welcher sie hervorgegangen sind.

Eine Geschichte der deutschen Geldreform erschien mir deshalb als ein wissenschaftliches und als ein praktisches Bedürfnis, welches den Aufwand einer mehrjährigen Arbeit verdient.

Als ich mich im Herbst des Jahres 1894 nach längeren Besprechungen mit meinem hochverehrten Lehrer, Herrn Professor Dr. G. F. Knapp in Straßburg, der mir auch nach der Beendigung meiner eigentlichen Studienzeit stets ein getreuer Berater geblieben ist, zu diesem Unternehmen entschloß, täuschte ich mich nicht über die großen Schwierigkeiten und Bedenken, welche dieser Arbeit entgegenstanden.

[illegible] welch' große Anforderungen das geplante [illegible] Kraft und namentlich an meine Ausdauer stellen [illegible] bewußt, wie schwierig es sein würde, bei dem [illegible] über die währungspolitische Entwickelung [illegible] den objektiven Blick zu wahren, namentlich [illegible] Unparteilichkeit erstrebte, welche in der Scheu [illegible] und Meinungsäußerung besteht, und [illegible] im Streit zwischen Wahr und Falsch [illegible] nur auf Grund der strengen Fest- [illegible] ein Urteil zu bilden und meine Auf- [illegible] dem [illegible] der Öffentlichkeit vorzulegen.

[illegible] der Umstand, daß ein großer und wich- [illegible] in den Archiven verschlossene Aktenmaterial, [illegible] dadurch Zweifel, ob mein [illegible] überhaupt unter diesen Verhält- [illegible] werden könne.

[illegible] um die beiden ersten [illegible] wurde aufgewogen durch [illegible] an der Geldreform in hervor- [illegible] welche heute noch unter uns [illegible] von ihnen aus dem Schatze [illegible] welche nicht nur das [illegible] Grade ersetzen, sondern [illegible]

[illegible] in vollem Umfang erfüllt, son- [illegible] in den wichtigsten Teil des bis- [illegible] Materials und die Erlaubnis zu seiner [illegible]

[illegible] dem Beginn der Vorarbeiten die weit- [illegible] Bambergers gefunden, des Mannes, [illegible] Sachkenntnis und durch seine unermüd- [illegible] die größten Verdienste um die Reform [illegible] Er gestattete mir die Benutzung [illegible] aus seiner Erinnerung und aus [illegible] und war stets bereit, mir mit [illegible]

[illegible] zur Verfügung stellte, befand [illegible] im Jahre 1892 verstorbene

Adolf Soetbeer, neben Bamberger der eifrigste Vorkämpfer der Münzreform, während der Jahre 1876 bis 1892 an Bamberger geschrieben hat. Herr Dr. Heinrich Soetbeer, Generalsekretär des Deutschen Handelstags, hat mir in liebenswürdiger Weise die entsprechenden Briefe Bambergers an Soetbeer überlassen. Lebendiger als alle gedruckte Litteratur hat mich dieser Briefwechsel, dessen unmittelbare Verwendbarkeit für meine Arbeit allerdings nur eine geringe war, über die währungspolitischen Zustände und Bestrebungen unterrichtet, namentlich über die auf die Einstellung der Silberverkäufe folgenden Kämpfe um die Erhaltung der Goldwährung. Für die frühere Zeit ist mir dieser Briefwechsel einigermaßen ersetzt worden durch eine, mir gleichfalls von Herrn Dr. Heinrich Soetbeer überlassene, umfangreiche Sammlung der von Adolf Soetbeer seit dem Beginn der fünfziger Jahre veröffentlichten Zeitungsartikel und Aufsätze, welche ebensosehr ein volles Bild von der staunenswerten publizistischen Thätigkeit dieses Mannes geben, wie sie das Verständnis für die Entwickelung der Währungsverhältnisse in der Zeit nach dem kalifornischen Goldfunde erleichtern.

Eine Fülle von wichtigen Aufklärungen und interessanten Mitteilungen, namentlich über die Ansichten und die Haltung der maßgebenden Staatsmänner in den Fragen der Geldreform und über die Verhandlungen innerhalb der Reichsregierung und des Bundesrats, verdanke ich Sr. Excellenz dem Herrn Staatsminister a. D. Rudolf von Delbrück, dem früheren Präsidenten des Reichskanzleramts. Bekanntlich hat Fürst Bismarck in den ersten Jahren nach der Reichsgründung diesem hochverdienten Mann die Führung in wirtschaftspolitischen Angelegenheiten fast unbeschränkt anvertraut, und zu seinen hervorragendsten Verdiensten gehört die Leitung der gesetzlichen und praktischen Durchführung der deutschen Geldreform. Der mehr als achtzigjährige Herr hat sich eine seltene Frische des Geistes bewahrt, und er zeigte sich stets in der liebenswürdigsten Weise bereit, mir auf meine Fragen Aufklärung zu geben.

Was die amtlichen Quellen anlangt, so ist es mir durch die gütige Vermittelung und Unterstützung des Herrn Geheimen Oberfinanzrats Dr. von Glasenapp, der damals Vortragender Rat im Reichsschatzamt war, gelungen, von Sr. Excellenz dem Herrn Staatsminister Grafen von Posadowsky-Wehner wertvolles Material zu erhalten, sowohl über die Vorberatung der Münzgesetze im Bundesrat als auch über die Durchführung der Reform, namentlich über die Silberverkäufe.

Erheblich gefördert wurde meine Arbeit durch die weitgehende Unterfügung, welche ich bei Sr. Excellenz dem Herrn Reichsbankpräsidenten Dr. Koch fand, der mir nicht nur die Benutzung der die ganze Fachlitteratur umfassenden Bibliothek der Reichsbank gestattete, sondern mir auch einen Teil des in der Statistischen Abteilung der Reichsbank verarbeiteten Materials zur Verfügung stellte und mir Einblick in die Akten über die für das Reich gemachten Silberverkäufe und Goldbeschaffungen gewährte.

Nur durch das große Entgegenkommen dieser Herren war es mir möglich, diese Arbeit in einer meinen Absichten entsprechenden Weise durchzuführen. Ich will nicht versäumen, ihnen auch an dieser Stelle meinen verbindlichsten Dank auszusprechen.

Zu großem Dank verpflichtet bin ich schließlich Herrn Carl Geibel in Leipzig, dem Senior-Chef der Firma Duncker & Humblot, welcher bereitwillig das große Risiko des Verlages eines so umfangreichen Werkes übernommen, die Drucklegung innerhalb der kürzesten Zeit bewerkstelligt und gegenüber allen meinen Wünschen das größte Entgegenkommen gezeigt hat.

* * *

Die Fülle des bisher nicht veröffentlichten, nicht verarbeiteten und noch ungeordneten Materials ließ eine Zweiteilung des Werkes wünschenswert erscheinen, um die Erzählung des Verlaufs der Geldreform nicht durch [illegible] Urkunden und subtile Einzeldarstellungen zu belasten. Während dieser Band die Geschichte der deutschen Geldreform so darstellt, wie sie mir auf Grund meiner eingehenden Studien erscheint, ist in einem [illegible] erscheinenden zweiten Bande unter dem Titel „Beiträge zur Geschichte der deutschen Geldreform" das gesamte Thatsächliche Material [illegible]. Für diejenigen, welche sich nur oberflächlich für die Frage der Geldreform interessieren, dürfte der erste Band genügen; wer sich ein eigenes Urteil bilden will, findet die Grundlagen in dem [illegible] des zweiten Bandes.

Berlin, im Februar 1898.

Karl Helfferich.

Inhaltsverzeichnis.

Seite

Erster Teil.

Die Vorgeschichte.

Erstes Kapitel.

Zweites Kapitel.

Drittes Kapitel.

Zweiter Teil.

Die Reformgesetzgebung.

Viertes Kapitel.

Seite

Elftes Kapitel.

Schluß.

Zwölftes Kapitel.

Ich verhehlte mir nicht, welch' große Anforderungen das geplante Unternehmen an meine Kraft und namentlich an meine Ausdauer stellen würde. Ich war mir voll bewußt, wie schwierig es sein würde, bei dem lebhaften Streit der Meinungen über die währungspolitische Entwickelung des letzten Jahrhunderts mir den objektiven Blick zu wahren, namentlich da ich nicht jene billige Unparteiischkeit erstrebte, welche in der Scheu vor jeder präcisen Meinungsbildung und Meinungsäußerung besteht, und deren höchster Stolz die Neutralität im Streit zwischen Wahr und Falsch ist; mein Bestreben war vielmehr, mir auf Grund der strengen Feststellung des objektiven Thatbestandes ein Urteil zu bilden und meine Auffassung zusammen mit dem Thatbestand der Öffentlichkeit vorzulegen.

Ein weiteres Bedenken war der Umstand, daß ein großer und wichtiger Teil der Quellen, das in den Archiven verschlossene Aktenmaterial, zur Zeit noch unzugänglich ist. Es entstanden dadurch Zweifel, ob mein Unternehmen nicht verfrüht sei, ja ob überhaupt unter diesen Verhältnissen die Aufgabe, die ich mir gestellt hatte, gelöst werden könne.

Es gehörte ein gewisses Selbstvertrauen dazu, um die beiden ersten Bedenken zu überwinden; das letztere Bedenken wurde aufgewogen durch die Möglichkeit, diejenigen Männer, welche an der Geldreform in hervorragender Weise mitgearbeitet haben, und welche heute noch unter uns weilen, für meine Arbeit zu interessieren und von ihnen aus dem Schatze der lebendigen Erinnerung Aufschlüsse zu erhalten, welche nicht nur das unzugängliche Aktenmaterial bis zu einem gewissen Grade ersetzen, sondern es auch in wertvoller Weise ergänzen könnten.

Diese Erwartung hat sich nicht nur in vollem Umfang erfüllt, sondern es ist mir sogar gelungen, Einblick in den wichtigsten Teil des bisher nicht veröffentlichten offiziellen Materials und die Erlaubnis zu seiner Benutzung zu erhalten.

Vor allem habe ich gleich beim Beginn der Vorarbeiten die weitgehende Unterstützung Ludwig Bambergers gefunden, des Mannes, der sich durch seine hervorragende Sachkenntnis und durch seine unermüdliche parlamentarische Thätigkeit die größten Verdienste um die Reform des deutschen Geldwesens erworben hat. Er gestattete mir die Benutzung seiner vorzüglichen Bibliothek, gab mir aus seiner Erinnerung und aus seinen Aufzeichnungen wichtige Aufschlüsse und war stets bereit, mir mit gutem Rat zur Seite zu stehen.

Unter dem Material, welches er mir zur Verfügung stellte, befand sich eine große Anzahl von Briefen, welche der im Jahre 1892 verstorbene

Adolf Soetbeer, neben Bamberger der eifrigste Vorkämpfer der Münzreform, während der Jahre 1876 bis 1892 an Bamberger geschrieben hat. Herr Dr. Heinrich Soetbeer, Generalsekretär des Deutschen Handelstags, hat mir in liebenswürdiger Weise die entsprechenden Briefe Bambergers an Soetbeer überlassen. Lebendiger als alle gedruckte Litteratur hat mich dieser Briefwechsel, dessen unmittelbare Verwendbarkeit für meine Arbeit allerdings nur eine geringe war, über die währungspolitischen Zustände und Bestrebungen unterrichtet, namentlich über die auf die Einstellung der Silberverkäufe folgenden Kämpfe um die Erhaltung der Goldwährung. Für die frühere Zeit ist mir dieser Briefwechsel einigermaßen ersetzt worden durch eine, mir gleichfalls von Herrn Dr. Heinrich Soetbeer überlassene, umfangreiche Sammlung der von Adolf Soetbeer seit dem Beginn der fünfziger Jahre veröffentlichten Zeitungsartikel und Aufsätze, welche ebensosehr ein volles Bild von der staunenswerten publizistischen Thätigkeit dieses Mannes geben, wie sie das Verständnis für die Entwickelung der Währungsverhältnisse in der Zeit nach dem kalifornischen Goldfunde erleichtern.

Eine Fülle von wichtigen Aufklärungen und interessanten Mitteilungen, namentlich über die Ansichten und die Haltung der maßgebenden Staatsmänner in den Fragen der Geldreform und über die Verhandlungen innerhalb der Reichsregierung und des Bundesrats, verdanke ich Sr. Excellenz dem Herrn Staatsminister a. D. Rudolf von Delbrück, dem früheren Präsidenten des Reichskanzleramts. Bekanntlich hat Fürst Bismarck in den ersten Jahren nach der Reichsgründung diesem hochverdienten Mann die Führung in wirtschaftspolitischen Angelegenheiten fast unbeschränkt anvertraut, und zu seinen hervorragendsten Verdiensten gehört die Leitung der gesetzlichen und praktischen Durchführung der deutschen Geldreform. Der mehr als achtzigjährige Herr hat sich eine seltene Frische des Geistes bewahrt, und er zeigte sich stets in der liebenswürdigsten Weise bereit, mir auf meine Fragen Aufklärung zu geben.

Was die amtlichen Quellen anlangt, so ist es mir durch die gütige Vermittelung und Unterstützung des Herrn Geheimen Oberfinanzrats Dr. von Glasenapp, der damals Vortragender Rat im Reichsschatzamt war, gelungen, von Sr. Excellenz dem Herrn Staatsminister Grafen von Posadowsky-Wehner wertvolles Material zu erhalten, sowohl über die Vorberatung der Münzgesetze im Bundesrat als auch über die Durchführung der Reform, namentlich über die Silberverkäufe.

Erheblich gefördert wurde meine Arbeit durch die weitgehende Unterstützung, welche ich bei Sr. Excellenz dem Herrn Reichsbankpräsidenten Dr. Koch fand, der mir nicht nur die Benutzung der die ganze Fachlitteratur umfassenden Bibliothek der Reichsbank gestattete, sondern mir auch einen Teil des in der Statistischen Abteilung der Reichsbank verarbeiteten Materials zur Verfügung stellte und mir Einblick in die Akten über die für das Reich bewirkten Silberverkäufe und Goldbeschaffungen gewährte.

Nur durch das große Entgegenkommen dieser Herren war es mir möglich, diese Arbeit in einer meinen Absichten entsprechenden Weise durchzuführen. Ich will nicht versäumen, ihnen auch an dieser Stelle meinen verbindlichsten Dank auszusprechen.

Zu großem Dank verpflichtet bin ich schließlich Herrn Carl Geibel in Leipzig, dem Senior-Chef der Firma Duncker & Humblot, welche bereitwillig das große Risiko des Verlages eines so umfangreichen Werkes übernommen, die Drucklegung innerhalb der kürzesten Zeit bewerkstelligt, und gegenüber allen meinen Wünschen das größte Entgegenkommen gezeigt hat.

* * *

Die Fülle des bisher nicht veröffentlichten, nicht verarbeiteten und nicht geordneten Materials ließ eine Zweiteilung des Werkes wünschenswert erscheinen, um die Erzählung des Verlaufs der Geldreform nicht durch Statistik, Urkunden und subtile Einzeldarstellungen zu belasten. Während dieser Band die Geschichte der deutschen Geldreform schildert, wie sie mir auf Grund meiner eingehenden Studien erscheint, ist in einem gleichzeitig erscheinenden zweiten Bande unter dem Titel „Beiträge zur Geschichte der deutschen Geldreform" das gesamte Thatsachen-Material vereinigt. Für diejenigen, welche sich nur oberflächlich für die Fragen des Geldwesens interessieren, dürfte der erste Band genügen; wer sich ein eigenes Urteil bilden will, findet die Grundlagen in dem Material des zweiten Bandes.

Berlin, im Februar 1898.

Karl Helfferich.

Inhaltsverzeichnis.

Seite

Erster Teil.

Die Vorgeschichte.

Erstes Kapitel.

Zweites Kapitel.

Drittes Kapitel.

Zweiter Teil.

Die Reformgesetzgebung.

Viertes Kapitel.

Seite

Fünftes Kapitel.

Sechstes Kapitel.

Siebentes Kapitel.

Achtes Kapitel.

Dritter Teil.

Die Durchführung der Reform.

Neuntes Kapitel.

Zehntes Kapitel.

Seite

Elftes Kapitel.

Schluß.

Zwölftes Kapitel.

Erster Teil.

Die Vorgeschichte.

Um die Bedeutung der Geldreform für Deutschland zu würdigen, namentlich aber um zu beurteilen, ob die durch den deutschen Währungswechsel eingeleitete neue währungsgeschichtliche Periode und damit der deutsche Währungswechsel selbst eine geschichtliche Notwendigkeit war, oder ob Deutschlands Übergang zur Goldwährung ohne innere Nötigung erfolgte und, die Kontinuität der geschichtlichen Entwickelung unterbrechend, in den gegenwärtigen Währungsverhältnissen einen anormalen Zustand vorübergehender Unordnung schuf, — zur Beurteilung dieser Fragen ist es vor allem notwendig, die *Vorgeschichte der deutschen Geldreform* klarzustellen. Der Zustand, in welchem sich vor der Reform sowohl das deutsche Geldwesen als auch die allgemeine internationale Währungsverfassung befand, die Entwickelung, auf welcher dieser Zustand beruhte, die Entwickelungstendenzen, welche ihm innewohnten, bilden die Grundlage, auf welcher die Darstellung der Geldreform beruhen muß.

Erstes Kapitel.

Das deutsche Geldwesen vor der Reform.

Erster Abschnitt.

Die Münzsysteme, die Währungsverfassung und die staatsrechtliche Grundlage des deutschen Geldwesens.

Das innerste Wesen eines Staatengebildes kommt in wenigen seiner Institutionen so deutlich zum Ausdruck, wie in seiner Münzverfassung. Strenge Centralisation und einheitliches Regiment, Ohnmacht der Centralgewalt und kleinstaatliche Zersplitterung spiegeln sich hier deutlich wieder. Ebenso früh, wie in England die halsstarrigen Großen vor dem allein souveränen Königtum die stolzen Nacken beugen mußten, ebenso früh gelang es dort, eine vollendete Ordnung und Einheitlichkeit im Münzwesen durchzuführen. In Deutschland dagegen, wo die allgemeine politische Entwickelung nicht zur Einheit, sondern zur Vielstaaterei führte, nahm auch die Entwickelung des Münzwesens den Weg zur Zersplitterung.

Der am meisten auf der Oberfläche liegende Übelstand, an welchem das deutsche Münzwesen vor der Reform litt, war die Verschiedenheit der in den einzelnen Gebieten bestehenden Münzsysteme.

Hervorgegangen war diese Verschiedenheit aus der verhältnismäßig großen Selbständigkeit der einzelnen Reichsstände.

Wie überall in ganz Europa, so ist nämlich auch in Deutschland die Entwickelung der Münzsysteme charakterisiert durch die fortgesetzte Verringerung des Feingehaltes der Rechnungsmünzen, sowohl durch absichtliche Münzverschlechterung seitens der Münzherren, als auch durch die natürliche Abnutzung im Umlauf und durch betrügerisches Befeilen und Beschneiden der umlaufenden Münzstücke.

Diese Münzverschlechterung gestaltete sich nun in den einzelnen Teilen des deutschen Reiches verschieden; namentlich gelang es in den einzelnen Münzgebieten zu sehr verschiedenen Zeiten, den Münzverschlechterungen ein Ziel zu setzen und den Münzfuß aufrecht zu erhalten. So stellen die zur Zeit der Münzreform bestehenden deutschen Münzsysteme verschiedene Stadien eines und desselben Entwickelungsprozesses dar[1].

Charakteristisch für das deutsche Münzwesen bis in die Mitte des 18. Jahrhunderts, in Süddeutschland sogar noch bis in spätere Zeiten, war die Thatsache, daß die Münzsysteme, nach welchen im gewöhnlichen Verkehr gerechnet wurde und aus welchen sich die vor der Münzreform bestehenden Münzsysteme entwickelten, sich nicht mit den Prägesystemen, nach welchen die schweren Silbermünzen und Goldmünzen ausgebracht wurden, deckten; daß ferner die verschiedenen Münzstücke, welche geprägt wurden und umliefen, kein einheitliches Geldsystem bildeten, in dem Sinne, daß sie sich in ihrer Eigenschaft als Zahlungsmittel hätten gegenseitig vertreten können und daß sie zu einander in einem einfachen und unveränderlichen Wertverhältnis gestanden hätten.

Während in ganz Deutschland die Goldmünzen und die schweren Silbermünzen nach einheitlichen, in den Reichsmünzordnungen des 16. Jahrhunderts festgestellten Normen ausgemünzt wurden, waren die Einheiten, nach welchen in den einzelnen Teilen des Reichs im gewöhnlichen Verkehr gerechnet wurde, durchaus verschieden.

Die gemeinschaftliche grobe Silbermünze war der sogenannte Reichs-Speciesthaler, mit einem Feingehalt von ¹/₉ Mark feinen Silbers. Die große Masse der Umlaufsmittel bestand jedoch aus kleineren Münzstücken, aus Groschen- und Kreuzergeld. Der Thaler und der Gulden, nach welchen gerechnet wurde, waren keine geprägten Münzstücke; sie existierten nicht als konkrete Gegenstände, sondern waren analoge Begriffe wie „Schock“ oder „Mandel“. Der Thaler bedeutete 24 Groschen, der Gulden 60 Kreuzer; ihr Wert stand in keinem Zusammenhang mit dem geprägten Reichs-Speciesthaler, sondern mit dem Wert der kleineren Münzstücke; und die Bewertung des Speciesthalers selbst änderte sich, während er sich selbst in seinem Feingehalt gleich blieb, entsprechend den Veränderungen, welche mit dem kleinen Gelde vorgingen.

Ebenso verhielt es sich mit den Goldmünzen, den Dukaten und Gold-

---

[1] Vgl. hierzu und zu den folgenden Ausführungen meine „Beiträge zur Geschichte der deutschen Geldreform“. S. 78 ff.

gulden, welche, obwohl ihr Feingehalt gleichfalls unverändert blieb, nicht nur in ihrem Verhältnis zum Rechnungsgelde, sondern sogar in ihrem gegenseitigen Wertverhältnis große Schwankungen erfuhren[1].

Das gemeinsame Prägesystem für die größeren Münzen bedeutete deshalb keine Einheitlichkeit für das deutsche Geldwesen. Die gemeinschaftlichen Münzstücke, welche nicht einmal unter sich in einem festen Wertverhältnis standen, hatten in dem Rechnungsgeld der einzelnen Territorien verschiedene und stets schwankende Geltung; sie unterlagen der wechselnden Bewertung durch den freien Verkehr, welche durch obrigkeitliche Tarifierungen häufig sanktioniert wurde, häufig auch korrigiert werden sollte.

Das Nebeneinander der nicht zu einem einheitlichen Geldsystem verbundenen einzelnen Münzsorten wurde vermehrt durch den Umstand, daß kaum ein Münzgebiet die besseren oder schlechteren Stücke benachbarter deutscher Gebiete ausschließen konnte, und daß bei Einführung neuer Münzen die alten Münzstücke niemals völlig beseitigt wurden. Dazu kam noch der Umlauf zahlreicher ausländischer Münzsorten.

Um die Mitte des vorigen Jahrhunderts trat eine entscheidende Änderung ein. Der alte Reichs-Speciesthaler, das letzte gemeinschaftliche Band des deutschen Münzwesens, hörte auf zu existieren. Die beiden mächtigsten Einzelstaaten, Österreich und Preußen, legten den Grund zu unabhängigen, in sich geschlossenen Münzsystemen.

Österreich prägte an Stelle des Reichs-Speciesthalers von $^1/_9$ Mark Feinsilber einen Speciesthaler von $^1/_{10}$ Mark fein. Dieser neue Thaler wurde, entsprechend der Tarifierung des sogenannten Leipziger Münzfußes von 1690, auf 120 Kreuzer = 2 Gulden bewertet. Das System, welches sonach einen 20-Guldenfuß, gleich einem $13^1/_3$-Thalerfuß, darstellte, erhielt später (nach einer Konvention im Jahre 1753, in welcher es auch von Bayern adoptiert wurde), den Namen „Konventionsfuß“; es fand eine große Verbreitung, namentlich in Mitteldeutschland und bildete die Grundlage des österreichischen Münzwesens bis zum Jahre 1857.

In Preußen führte Friedrich der Große einen Münzfuß ein, der noch etwas leichter war, als das neue österreichische Münzsystem, den 14-Thalerfuß. Konsequenter als die Staaten, welche den Konventionsfuß ein-

---

[1] Vgl. meinen Aufsatz über die geschichtliche Entwickelung der Münzsysteme. Jahrbücher für Nationalökonomie und Statistik. 3. Folge. Bd. IX S. 814 ff.

führten, brach er mit der bisherigen Tradition, indem er nicht einen neuen Speciesthaler einführte, sondern das Prägesystem völlig konform dem Rechnungssystem gestaltete. Während in den nach Thalern rechnenden Ländern des Konventionsfußes in dem Speciesthaler wohl ein 4/3 Thaler-Stück, im halben Speciesthaler ein 2/3 Thaler-Stück geprägt wurde, aber immer noch keine Münze, welche den Thaler selbst, nach welchem gerechnet werden sollte und gerechnet wurde, körperlich darstellte, war in der neuen friderizianischen Münzverfassung die Rechnungseinheit, der Thaler von 1/14 Mark Feinsilber, zugleich auch die Grundlage des Prägesystems.

Der 14-Thalerfuß, ursprünglich auf Preußen beschränkt, dehnte sich in der ersten Hälfte unseres Jahrhunderts über ganz Nord- und Mitteldeutschland aus. Mit einer geringen Modifikation erhielt er sich als weitaus wichtigstes unter den deutschen Münzsystemen bis zur Reform und ist die Grundlage unsrer heutigen Markrechnung geworden.

Längere Zeit als die übrigen Teile des heutigen Deutschen Reichs brauchte Süddeutschland, um zu einigermaßen geordneten Münzverhältnissen zu kommen.

Wohl fand hier der österreichische 20-Guldenfuß Eingang; Bayern schloß sich ihm sogar ausdrücklich durch die bereits erwähnte Konvention von 1753 an. Aber die Verschlechterung des kleinen Geldes, welches den wichtigsten Bestandteil des Umlaufes bildete, war hier bereits so weit vorgeschritten, daß der Konventionsthaler, welcher in Österreich 120 Kreuzer = 2 Gulden galt, hier zu 144 Kreuzer = 2,4 Gulden gegeben und genommen wurde. Der süddeutsche Rechnungsgulden entsprach also dem 24sten Teil einer Mark Feinsilber. Gleichwohl waren für lange Zeit die Münzen des Konventionsfußes die einzigen groben Silbermünzen, welche geprägt wurden. Die Inkongruenz von Prägesystem und Geldsystem dauerte also in Süddeutschland noch fort.

Gegen Ende des 18. Jahrhunderts erfuhr der 24-Guldenfuß eine weitere Verschlechterung, und zwar durch die offizielle Zulassung der französischen Laubthaler und der Brabanter Kronenthaler, welche nicht unwesentlich höher tarifiert wurden, als ihrem Silbergehalt entsprach.

Diese zu günstig tarifierten Münzen verdrängten bald das bessere Konventionsgeld; zu Anfang unseres Jahrhunderts fingen die einzelnen süddeutschen Staaten selbst an, Kronenthaler zu prägen. So bildete diese Münzsorte und ihre Teilstücke bald den wichtigsten Teil des Umlaufs von groben Silbermünzen. Gleichwohl fuhr man fort, nach Gulden und Kreuzern zu rechnen, wenn man auch in Kronenthalern zu 2 Gulden 42 Kreuzer zahlte.

Der Feingehalt des Kronenthalers in Verbindung mit seiner vom Verkehr angenommenen amtlichen Bewertung ergab einen Münzfuß, der etwas leichter war, als ein $24^1/_2$-Guldenfuß [1].

Außer den geschilderten Münzfüßen bestanden in einzelnen Territorien besondere Systeme von geringerer Ausdehnung und Bedeutung.

Die politischen Katastrophen um die Wende des 17. und 18. Jahrhunderts, das Ende des heiligen römischen Reiches deutscher Nation, die französischen Revolutionskriege und die Verzweifelungskämpfe gegen Napoleon brachten das deutsche Geldwesen auch dort, wo es leidlich geordnet war, in die größte Verwirrung. Es wurde nicht nur, wie in früheren Zeiten großer politischer Not, unterwertiges Geld in großen Massen ausgeprägt, sondern Preußen und Österreich schritten auch zur Ausgabe von uneinlösbarem Staatspapiergeld, welches eine überaus starke Entwertung erfuhr.

Nach der endgültigen Wiederherstellung des Friedens war für die deutschen Staaten eine der wichtigsten und dringendsten, aber auch eine der schwierigsten Aufgaben die Neuordnung des Geldwesens.

Eine einheitliche Regelung der Münzverfassung für ganz Deuschland erschien ausgeschlossen. Die Auflösung des alten Reiches brachte den einzelnen Staaten auch die formelle und völkerrechtlich anerkannte Souveränität. Der „Deutsche Bund“, welcher an die Stelle des Reiches trat, war ein völkerrechtliches Gebilde, ein Staatenbund, seine Beschlüsse waren Verträge, welche in den einzelnen Staaten erst durch Landesgesetze rechtskräftig wurden.

Das in dem Wesen des Bundes begründete Erfordernis der Einstimmigkeit bei allen Beschlüssen machte selbst auf denjenigen Gebieten eine Einigung unmöglich, wo eine solche im klaren Interesse der Einzelregierungen selbst gelegen war, so auf dem Gebiete der Zollpolitik und des Münzwesens; denn die partikularistische Verbohrtheit und der böse Wille eines einzigen Staates genügten, um jeden Beschluß zu verhindern.

Die einzelnen Staaten sahen sich dadurch gezwungen, die notwendigen Reformen isoliert für sich vorzunehmen, wie auf dem Gebiet der Handelspolitik, so auch auf dem Gebiet des Münzwesens.

---

[1] Siehe Beiträge S. 76, 80 ff.

Aber bald zeigte es sich, daß gerade auf diesen beiden Gebieten ein isoliertes Vorgehen für die größeren Staaten mit den größten Unzuträglichkeiten verknüpft, für die kleineren eine völlige Unmöglichkeit war. Ein Zusammenwirken, wenn nicht von ganz Deutschland, so doch von einer größeren Anzahl benachbarter Staaten war unabweisbar. So führte die Aktions-Unfähigkeit des Bundestags in Verbindung mit der unbedingten Notwendigkeit eines Zusammenschlusses zu Verhandlungen und Verträgen zwischen einzelnen deutschen Staaten, zu den eigenartigen Gebilden des deutschen Zollvereins und des deutschen Münzvereins.

Wie sehr die damaligen politischen Verhältnisse zu dieser Form des Zusammenschlusses hindrängten, geht daraus hervor, daß im Jahre 1828 nach geheimen Verhandlungen fast gleichzeitig der preußisch-hessische und der bayerisch-württembergische Zollverein entstanden, fast gleichzeitig zwei völlig analoge staatsrechtliche Bildungen, welche in der Geschichte ohne Vorbild waren. Die handelspolitische Einigung des größeren Teiles der deutschen Staaten konnte sich leichter und deshalb auch früher vollziehen, als die Einigung im Münzwesen.

Es giebt kaum eine staatliche Institution, welche in die finanziellen und materiellen Interessen der Staaten so unbarmherzig und so unwiderruflich einschneidet wie das Münzwesen. Ein Zollverein bedurfte bei aller Zerfahrenheit der bestehenden Verhältnisse zu seiner Durchführung nur etwas guten Willens, aber keiner Opfer, er konnte keinem Staat einen Schaden zufügen, der nicht durch seine Auflösung wieder hätte gehoben werden können. Dagegen konnten die Übelstände des deutschen Münzwesens nur durch einen großen Kostenaufwand beseitigt werden, und die Abstellung dieser Mißstände war ihrerseits die erste Vorbedingung für die Herstellung eines einheitlichen Münzumlaufs. Denn eine Münz-Gemeinschaft zwischen souveränen Staaten kann ohne Nachteil für den einen oder andern der Kontrahenten nur auf Grundlage gleicher Solidität des Münzwesens in den einzelnen Gebieten zustande kommen.

Ferner waren, wollte man eine völlige Münzeinheit durchführen, für die Aufrechterhaltung eines vollwertigen und geordneten Münzumlaufs gewisse sehr weitgehende Garantien für die Zukunft erforderlich. Diese notwendigen Garantien konnten die einzelnen Regierungen nicht gewähren, ohne sich in der Ausübung ihres „Münzregals", welches nach der herrschenden staatsrechtlichen Theorie einen wichtigen Teil ihrer „Souveränitätsrechte" ausmachte, erheblich beschränken zu lassen. Die ängstliche Wahrung ihrer Souveränitätsrechte war aber in der Zeit des Deutschen

Bundes, und teilweise über diese Zeit hinaus, der wichtigste Gesichtspunkt für die Politik der meisten Mittel- und Kleinstaaten.

Daran mußten fürs erste alle auf eine deutsche Münzeinheit gerichteten Bestrebungen scheitern.

Preußen konnte zur Not für sich allein sein Geldwesen ordnen. Das geschah in durchgreifender Weise bereits im Jahre 1821 [1].

Die süddeutschen Staaten versuchten es anfangs gleichfalls mit isolierten Maßnahmen. In den dreißiger Jahren gingen sie, einer nach dem andern, damit vor, wenigstens die ziemlich abgenutzten Teilstücke des Kronenthalers zu devaluieren und schließlich gänzlich zu verrufen.

Der Umstand jedoch, daß in Süddeutschland der Münzumlauf ein durchaus gemeinschaftlicher war, nicht nur für das Kurantgeld sondern auch für die Scheidemünzen, und die Erkenntnis, daß an eine Änderung dieses Zustandes bei der verhältnismäßigen Beschränktheit der in Betracht kommenden Gebiete nicht zu denken war, ließ jede durchgreifende Reform ohne vertragsmäßige Übereinkunft als ausgeschlossen erscheinen.

Endlich im August 1837 traten in München Bevollmächtigte der wichtigsten süddeutschen Staaten zusammen und vereinbarten einen Münzvertrag, die „Münchener Münzkonvention“.

Das Münzwesen wurde auf der Grundlage eines $24^1/_2$-Guldenfußes neu geordnet. Die Prägung der Kronenthaler wurde eingestellt, und die Ausmünzung von Münzstücken des $24^1/_2$-Guldenfußes angeordnet und nach einheitlichen Normen geregelt. Die Stückelung, die Fehlergrenzen bei der Ausprägung, der Feingehalt der Scheidemünzen wurden vertragsmäßig festgelegt, und die kontrahierenden Staaten übernahmen die Verpflichtung, Scheidemünzen ihres Gepräges in Beträgen von mindestens 100 Gulden gegen Kurantgeld einzulösen.

Sehr weitgehend waren diese Bestimmungen nicht; aber gegenüber den bestehenden Verhältnissen waren sie immerhin ein bedeutender Fortschritt. Vor allem machten sie die Ausmünzung von stark unterwertigen Scheidemünzen unmöglich, und außerdem gaben sie dem Süden Deutschlands endlich ein Prägesystem, welches sich mit seinem Rechnungssystem deckte.

Der größte Mangel der Münchener Konvention lag darin, daß sie nur für die Zukunft ein leidlich geordnetes Prägesystem schuf, ohne jedoch

---

[1] Gesetz über die Münzverfassung in den Königl. Preußischen Staaten vom 30. September 1821.

mit dem vorhandenen, durch frühere Sünden verdorbenen Münzumlauf aufzuräumen. Es wurde keine Bestimmung vereinbart weder über die Zurückziehung der alten in das neue System schlecht passenden und teilweise stark abgenutzten Münzen, noch über die Verminderung des alle vernünftige Grenzen weit überschreitenden Scheidemünz-Umlaufs.

Die Münchener Konvention war nur ein schwacher Anfang, bei welchem die Entwickelung nicht stehen bleiben konnte.

Die Notwendigkeit weiterer, auch die norddeutschen Staaten einbegreifender Vereinbarungen war durch die Gründung des deutschen Zollvereins noch erhöht worden; denn je enger der handelspolitische Zusammenhang zwischen mehreren Staaten ist, desto größer ist das gegenseitige Interesse an ihren Münzverhältnissen. In Berücksichtigung dieses Umstandes war in den Zollvereins-Verträgen selbst bereits eine gemeinschaftliche Regelung des Münzwesens in Aussicht genommen.

Solange das Münzwesen der süddeutschen Staaten noch in der größten Verwirrung war, konnte man nicht an eine Münzeinheit innerhalb des Zollvereins denken. Erst die Münchener Konvention hatte die Möglichkeit für einen größeren Münzverein geschaffen.

Bereits in dem auf den Münchener Vertrag folgenden Jahre (1838) fand eine Münzkonferenz zu Dresden statt, auf welcher sämtliche Zollvereinsstaaten vertreten waren. Damit griff der Zollverein direkt in die Entwickelung des deutschen Münzwesens ein. Die **Dresdener Konvention** schuf einen sich territorial mit dem Zollverein deckenden Münzverein.

Dieser neue Münzverein unterschied sich von dem im vorhergehenden Jahre durch die Münchener Konvention begründeten Vereine dadurch, daß er weder einen gemeinschaftlichen Münzumlauf noch ein einheitliches Münzsystem für die vertragenden Staaten einführte. Keiner der kontrahierenden Staaten war verpflichtet, die Münzen der anderen Staaten des Münzvereins zuzulassen; der 14-Thalerfuß blieb im Norden, der 24½-Guldenfuß blieb im Süden bestehen. Nur diejenigen Staaten, in welchen bisher keines dieser beiden Systeme bestanden hatte, wie Sachsen, wo noch der Konventionsfuß galt, verpflichteten sich, zum 14-Thalerfuß überzugehen.

An Stelle der Münzeinheit, welche nicht zu erreichen war, brachte die Dresdener Konvention eine völlig neue Einrichtung; sie schuf eine „**Vereinsmünze**", ein Münzstück, welches nach den gleichen Vorschriften in allen Staaten geprägt und in allen gesetzliches Zahlungsmittel gleich dem Landesgelde sein sollte. Zur Vereinsmünze bestimmt wurde ein Stück im Wert von 2 Thalern = 3½ Gulden süddeutscher Währung.

Im übrigen stellte die Dresdener Konvention nur ziemlich laxe und dehnbare Grundsätze über die Ausprägung und Einziehung der Münzen und über die Umwechselung der Scheidemünzen in Kurantmünzen auf. Die Beseitigung der abgenutzten Münzen früherer Prägesysteme und eine gleichmäßige Einschränkung des Scheidemünzumlaufs auf ein gewisses Maximum wurde ebensowenig wie durch die Münchener Konvention herbeigeführt.

Darin, daß hinsichtlich dieser Punkte keine einschneidenden Vereinbarungen zu erreichen waren, lag augenscheinlich der Grund, weshalb nicht einmal für die Staaten eines und desselben Münzsystems eine Verpflichtung zur gegenseitigen Zulassung ihrer Münzen statuiert wurde.

Erst im Jahre 1845 erfuhren diese laxen Bestimmungen durch eine Konvention der süddeutschen Staaten eine allerdings nur sehr beschränkte Ergänzung. Es wurde die allmähliche Einziehung der Kronenthaler und der vor der Auflösung des Reichs geprägten Scheidemünzen beschlossen. Das jährlich einzuziehende Quantum wurde jedoch so niedrig bemessen, daß das Reich, als es fast drei Jahrzehnte später die Zurückziehung des gesamten deutschen Münzumlaufs übernahm, immer noch eine nicht unerhebliche Menge von Kronenthalern einzulösen hatte.

Das Ergebnis der Münzkonventionen war, daß Deutschland zwar einen sich mit dem Zollverein deckenden Münzverein hatte, aber innerhalb des Münzvereins keine Münzeinheit.

Die Vereinsmünze, der Doppelthaler, war so schlecht gewählt, daß sie zu keiner praktischen Bedeutung kommen konnte. Das Stück war zu groß und zu unbequem, als daß es hätte beliebt werden und sich hätte Eingang verschaffen können.

Der Umstand, daß die Dresdener Konvention keinen Staat zur Zulassung der Münzen der anderen Staaten des Münzvereins verpflichtete, hinderte jedoch glücklicherweise nicht, daß wenigstens der Münzumlauf der Staaten des gleichen Münzsystems eine einheitliche Masse bildete. Das Gebiet der Thalerwährung war überdies nicht auf die Zollvereinsstaaten beschränkt. Abgesehen von Braunschweig, das zur Zeit der Dresdener Konvention noch außerhalb des Zollvereins stand, demselben aber im Jahre 1841 beitrat, gingen in den vierziger Jahren Hannover, Oldenburg und Mecklenburg gleichfalls zum 14-Thalerfuß über. Ohne jedes vertragsmäßige Abkommen nahmen diese Staaten bezüglich der Stückelung ihrer Kurantmünzen, der Prägevorschriften, der Unterwertigkeit der Scheidemünzen u. s. w. die in der Dresdener Konvention gegebenen Normen an. Ihre Kurantmünzen verschafften sich auch in den Thalerstaaten des Münzvereins allgemeinen Kurs, während natürlich auch die Kurantmünzen der Münzvereinsstaaten mit Thalerwährung bei ihnen umliefen.

Dagegen zeigte sich innerhalb des Münzvereins selbst die Schranke zwischen Nord und Süd, welche in der Verschiedenheit der Münzsysteme bestand, unüberschreitbar. Obwohl kein Staat von dem ihm unzweifelhaft zustehenden Rechte Gebrauch machte, die Münzen anderer Staaten auszuschließen, blieb der süddeutsche Gulden durchaus auf die Staaten der Guldenwährung beschränkt. Die Münzen der Thalerwährung fanden zwar allmählich immer mehr Eingang auch in den Staaten des süddeutschen Münzsystems, aber die Hauptmünze der Thalerwährung, das Thalerstück selbst, brachte es im Süden nicht einmal zur Gleichberechtigung mit dem französischen Fünffrankenthaler; letzterer konnte auf dem Hauptwechselplatz des Südens, in Frankfurt a. M., als Wechselzahlung verwendet werden, der Thaler nicht [1].

Immerhin war durch die Münzverträge der dreißiger Jahre und ihre Folgen die Münzverfassung nicht nur des Zollvereins, sondern des gesamten Deutschlands erheblich vereinfacht worden. Wenn es auch nicht gelungen war, wenigstens innerhalb des Zollvereins zur völligen Münzeinheit durchzubringen, und ebensowenig die lästigen Spuren vergangener Mißwirtschaft zu beseitigen, so waren doch an die Stelle mehrerer ungleichartiger, zum Teil sehr verwahrloster Münzfüße zwei große, nach einheitlichen und vertragsmäßig festgelegten Grundsätzen verwaltete Systeme getreten.

So erfreulich dieses Ergebnis unter den obwaltenden politischen Verhältnissen war, so wenig kamen damit die auf eine völlige Münzeinheit gerichteten Bestrebungen zur Ruhe. Im Gegenteil, diese Bestrebungen wurden durch die Konventionen erst recht angespornt: hatte sich soviel erreichen lassen, warum sollte da nicht auch eine völlige Münzeinheit erreicht werden können?

Die Münzeinheitsbestrebungen erhielten durch die Gestaltung der allgemeinen politischen Verhältnisse eine erweiterte Grundlage [2].

---

[1] Vgl. J. A. R. Helferich, Die Einheit im deutschen Münzwesen. Zeitschrift f. Staatswissenschaft 1850.

[2] Vgl. zu der Vorgeschichte des österr.-deutschen Münzvereins von 1857: H. v. Sybel, Die Begründung des Deutschen Reiches durch Wilhelm I. Bd. II S. 69 ff.

Nachdem die politischen Einheitsbestrebungen des Jahres 1848 gescheitert waren, nachdem Deutschland über das Dreikönigsbündnis und das Erfurter Parlament, über Olmütz und die Dresdener Konferenzen zu dem Elend des Bundestages zurückgeführt war, unternahm Österreich, in der richtigen Erkenntnis, wie sehr wirtschaftlicher und politischer Einfluß sich wechselseitig bedingen, zur Verstärkung seiner politischen Stellung in Deutschland den Versuch, sich in dem deutschen Zollverein einen Platz und damit an Stelle Preußens die Führung zu verschaffen.

Preußen jedoch erkannte, trotz seiner verständnislosen Politik in allen übrigen Punkten, daß hier sein ganzer Einfluß und seine ganze Zukunft auf dem Spiele stehe. Es bot deshalb alles auf, um Österreich vom Zollverein fern zu halten.

Österreich schickte sich nun an, den Zollverein zu sprengen, um auf seinen Trümmern einen neuen mit oder ohne Preußen zu errichten.

Es fand Unterstützung bei den Mittelstaaten, welche sich für Preußen bei dessen geographischer Lage unentbehrlich glaubten und deshalb für eine Erneuerung der ablaufenden Zollvereinsverträge die übermütigsten Forderungen stellten. Österreich hätte seine Absicht sicherlich erreicht, wenn nicht Preußen im geheimen mit Hannover und Oldenburg, die bisher außerhalb des Zollvereins standen, einen neuen Zollvertrag abgeschlossen hätte.

Damit war Preußen Herr der Lage. Dem neuen Zollverein war ein zusammenhängendes, abgerundetes Gebiet gesichert, Preußen war damit unabhängig vom guten Willen der übrigen Mittelstaaten, konnte seinerseits den Zollvereinsvertrag kündigen und die Bedingungen für dessen Erneuerung vorschreiben.

In Österreich verzweifelte man unter diesen Umständen an der Möglichkeit eines großdeutschen Zollvereins und begnügte sich mit dem Zollverein einen Handelsvertrag abzuschließen, der im Februar 1853 zustande kam.

Indem sich Österreich fürs nächste mit dieser teilweisen Erfüllung seiner Wünsche zufrieden gab, ließ es die Hoffnung auf deren gänzliche Erfüllung nicht sinken. In dem Handelsvertrag selbst waren die Verhandlungen über einen Eintritt Österreichs in den Zollverein für das Jahr 1860 in Aussicht genommen. Es galt nun, in der Zwischenzeit

---

155 ff. Dr. Karl Mamroth, Die Entwickelung der österr.-deutschen Handelsbeziehungen u. s. w. 1887. Ferner meine Arbeit über „Die Folgen des deutsch-österr. Münzvereins". 1894. I. Abschnitt.

den Zollvereinsstaaten die Vorteile einer völligen Zolleinigung mit Österreich möglichst groß erscheinen zu lassen.

Nun bestand aber für die Entwickelung gedeihlicher Handelsbeziehungen zwischen den beiden Teilen ein großes Hindernis: die Währungsverschiedenheit. Österreich hatte seit dem Jahre 1848 Papierwährung und die Schwankungen des österreichischen Silberagios waren damals beträchtlich. Das wurde sowohl von deutscher als auch von österreichischer Seite schwer empfunden und beklagt.

Schon beim Abschluß des Handelsvertrags war man sich dieses Mißstandes bewußt. Österreich plante zu dessen Beseitigung nicht nur eine Wiederaufnahme der Barzahlungen, sondern sogar einen Eintritt in den deutschen Münzverein. Der Handelsvertrag erhielt einen Paragraphen, welcher lautete:

„Die kontrahierenden Staaten werden noch im Laufe des Jahres 1858 über eine allgemeine Münzkonvention in Unterhandlung treten."

Österreich that alles, um die Beseitigung des Zwangskurses zu ermöglichen. Es verkaufte seine Staatseisenbahnen und nahm ein großes Nationalanlehen auf, um der Nationalbank die der Regierung gewährten Vorschüsse zurückzahlen zu können und ihr dadurch die Aufnahme der Barzahlungen zu ermöglichen. Alles war auf das beste vorbereitet, als der Ausbruch des Krimkrieges Österreich zur Mobilmachung nötigte. Die daraus entstehenden Kosten erforderten eine neue Inanspruchnahme der Nationalbank; die Rückkehr zur metallischen Währung mußte vertagt werden.

So trat Österreich mit unfertigen Valutaverhältnissen im Jahre 1854 in die Unterhandlungen über die Münzeinigung ein.

Ehe wir uns mit diesen Verhandlungen und ihrem Ergebnis beschäftigen, haben wir uns mit einer bisher noch nicht berührten Seite des deutschen Münzwesens zu beschäftigen: mit den Goldmünzen und ihrer Stellung in der deutschen Geldverfassung.

Wir konnten diesen Punkt bisher vernachlässigen, weil das Silber so sehr für die Entwickelung des deutschen Geldes maßgebend war, daß in den Münzkonventionen der dreißiger Jahre Goldmünzen überhaupt nicht erwähnt werden.

Nichtsdestoweniger war neben dem Silbergeld auch Goldgeld im Umlauf und wurden in den verschiedenen deutschen Staaten neben den Silbermünzen auch Goldmünzen geprägt.

Die Art des Nebeneinanderbestehens der beiden verschiedenen metallischen

Geldsorten wird meist als Parallelwährung bezeichnet; wir werden sehen, ob mit Recht.

Das Goldgeld hatte sich länger als das Silbergeld den Charakter einer gewissen Internationalität gewahrt. Zwei Typen hauptsächlich wurden um die Mitte des 18. Jahrhunderts, als in Deutschland die Bildung geschlossener und einheitlicher Geldsysteme begann, auf dem ganzen Kontinent geprägt: Die Dukaten und die Pistolen. Der alte Goldgulden war in Deutschland immer mehr durch diese zwei Sorten verdrängt worden.

Dasselbe preußische Münzedikt von 1750, welches den 14-Thalerfuß schuf, führte als preußische Goldmünze den Friedrichsdor, 35 Stück auf die $21^{3}/_{4}$ Karat feine Mark Gold [1] ein, ein Stück, welches im Feingehalt den Pistolen und Louisdor entsprach.

Für die Bestimmung des durch Friedrich den Großen geschaffenen Währungssystems ist vor allem daran festzuhalten, daß nach dem Edikt von 1750 Schulden, welche auf Goldmünzen lauteten, in Friedrichsdor, Schulden auf Silbermünzen in dem neugeschaffenen Silbergeld zu bezahlen waren. Eine alternative Wahl des Schuldners zwischen beiden Geldmetallen war nicht gestattet; es wurde im Gegenteil gerade für die Staatseinnahmen, insbesondere die Domänenpachtgelder, Steuern und Zölle genau normiert, was in Gold und was in Silber, eventuell welcher Teil des zu entrichtenden Betrags in Gold und welcher in Silber zu bezahlen war. Es fehlt also das wesentliche Merkmal der Doppelwährung: die gegenseitige Vertretbarkeit der beiden Metalle.

Dagegen setzte allerdings das Edikt ein festes Wertverhältnis zwischen den neuen Gold- und Silbermünzen fest; es tarifierte den Friedrichsdor auf 5 Thaler und befahl, diese Relation genau zu beobachten.

Dieses Wertverhältnis wurde aber weder im Verkehr beobachtet noch in der Folgezeit von der Gesetzgebung festgehalten. Es wurde vielmehr ausdrücklich dem Goldgeld ein Agio bis zu fünf Prozent verstattet [2], eine Schwankungsgrenze, welche bei dem damaligen Wertverhältnis der Edelmetalle auf dem Weltmarkt durchaus genügend war, und welche, als sie anfing, sich zu eng zu erweisen, preisgegeben wurde.

Die Geldverfassung Preußens, wie sie sich in der zweiten Hälfte

---

[1] Nach J. G. Hoffmann war der Feingehalt seit etwa 1770 nur $21^{2}/_{3}$ Karat; dieser Feingehalt wurde später im Münzgesetz von 1821 formell anerkannt und beibehalten.

[2] Reskript vom 30. Juli 1864 (nov. corp. const. March. III. S. 457).

des 18. Jahrhunderts herausbildete, war also eine Parallelwährung, modifiziert durch eine gesetzliche Grenze für die relativen Wertschwankungen der Münzen beider Metalle.

Ähnlich war das Verhältnis der Gold- und Silbermünzen in Süddeutschland.

Wie in Preußen 5 Thaler als der Normalwert des Friedrichsdor angesehen wurden, ihm aber innerhalb gewisser Grenzen ein Agio verstattet blieb, so galten in Süddeutschland 4 Gulden als Normalwert des Dukaten. Ein im Jahre 1765 errichteter Münzverein zwischen den wichtigsten südwestdeutschen Staaten tarifierte den Dukaten auf 4 Gulden 10 Kreuzer des Konventionsfußes, gestattete aber den vertragenden Staaten, „das Aufgeld deren 10 Kreuzer entweder in totum oder in tantum abzubrechen“ [1].

Gegen Ende des vorigen Jahrhunderts scheint die Parallelwährung zur völligen Anerkennung gekommen zu sein. Durch ein Edikt vom 13. Januar 1786 hob Kaiser Joseph „alle wegen Belegung der Geldsorten mit einem Agio ehemals erlassenen Verbote und Strafgesetze“ auf. Ein preußisches Patent vom 21. Februar 1787 ordnete an, daß die Goldmünzen kein durch das Gesetz bestimmtes Verhältnis zum Silberkurant haben sollten, sondern „die Bestimmung des Agios“ sollte „lediglich der Konkurrenz überlassen“ bleiben.

Bei dieser Parallelwährung hatte jedoch das Silber entschieden das Übergewicht. Es nahm nicht nur im Umlauf einen weit größeren Raum ein als das Gold, es wurde auch durch die Gesetzgebung vor diesem bevorzugt und es galt in der allgemeinen Auffassung als das eigentliche Geld, während die Goldmünzen mehr als außerhalb der eigentlichen Geldverfassung stehende Handelsmünzen betrachtet wurden.

Das kommt deutlich darin zum Ausdruck, daß z. B. in dem erwähnten südwestdeutschen Münzvertrag von 1765 bestimmt wurde, Veränderungen in der offiziellen Tarifierung von Gold- und Silbermünzen sollten „niemahlen in der Erhöhung des Silbers (als bey dem der 20-Guldenfuß ohnabänderlich beizubehalten ist), sondern alleinig in der Erniedrigung des Goldes gesucht werden“. Das Silber galt also als das eigentliche in seinem Werte unveränderliche Geld, welchem gegenüber die Goldmünzen in ihrem Werte schwankten.

---

[1] Siehe Cleynmann, Materialien für Münzgesetzgebung. Frankfurt 1822. S. 193.

Ebenso wie hier bildete sich allmählich in Preußen die Rechtsmeinung heraus und erhielt schließlich die gesetzliche Sanktion, daß auf Thaler schlechthin oder auf „Kurant" lautende Zahlungsverpflichtungen in Silbergeld zu tilgen seien (Gesetz vom 29. März 1764). In Friedrichsdor waren Obligationen nur dann zu erfüllen, wenn sie ausdrücklich auf solche oder auf „Thaler in Gold" lauteten.

Man begann also, unter Geld schlechthin ausschließlich Silbergeld zu verstehen, und damit fing man an, zur reinen Silberwährung hinüberzugleiten, als das Prinzip der Parallelwährung noch kaum zum vollen Durchbruch gekommen war.

Gesetzlich blieb wohl überall die Form der Parallelwährung bestehen; wo Goldmünzen bedungen waren, mußten Goldmünzen gegeben werden, wo Silbermünzen oder auch Thaler Kurant oder Thaler schlechthin mußte in Silbermünzen gezahlt werden. Die Entwickelung des deutschen Münzwesens zur Silberwährung bestand nur in einer thatsächlichen Verkrüppelung des goldenen Teiles in dem bestehenden System. Der Staat als solcher hatte auf diesen Prozeß nur insoweit einen Einfluß, als er selbst seine Einnahmen und Ausgaben auf Gold oder auf Silber stellen konnte; außerdem konnte er die bestehende Parallelwährung, deren Wesen ja darin lag, daß sich Gold- und Silbermünzen in ihrer Eigenschaft als Zahlungsmittel gegenseitig nicht vertreten können, dadurch einigermaßen modifizieren, daß er die Vertretbarkeit der Münzen beider Metalle nach bestimmten Normen bei seinen Kassen zuließ.

Die Entwickelung ging überall in derselben Richtung, nämlich auf die Silberwährung zu, aber sie war in den einzelnen deutschen Gebieten dem Grade nach verschieden.

Am meisten hielt sich die Sitte der Goldzahlung in gewissen Fällen und Geschäftszweigen in Hannover, Braunschweig u. s. w. Auch darin hat sich hier die Parallelwährung am meisten erhalten, daß die Goldmünzen in diesen Staaten bei den öffentlichen Kassen nicht zu einem festen Kurs an Stelle der Silbermünzen in Zahlung genommen wurden.

Wie sehr sich der goldene Teil der Parallelwährung in diesen Ländern erhielt, zeigte sich daran, daß in Hannover und Braunschweig zusammen etwa 14 ½ Millionen Stück Pistolen geprägt wurden, während die übrigen Länder, welche Pistolen prägten (Preußen, Sachsen, Kurhessen) trotz ihres weit größeren Gebietes zusammen nur 15 Millionen geprägt haben; daß ferner nach dem Wiener Münzvertrag von 1857 jene beiden Staaten

882.000 Stück Goldkronen ausgemünzt haben, während die Gesamtprägung in allen deutschen Staaten sich nur auf 1.087.000 Stück belief[1].

Süddeutschland mag als Gegensatz zu Hannover und Braunschweig angesehen werden. Das Gold spielte dort schon sehr frühe nur eine ganz nebensächliche Rolle. Die in beschränktem Maße ausgeprägten älteren Goldmünzen hatten einen festen Kassenkurs, in welchem sie überwertet waren, und sie nahmen auf diese Weise völlig den Charakter eines Silbergeld vertretenden Kassenscheines an. Goldkronen prägte nach 1857 von allen süddeutschen Staaten nur Bayern, und auch dieses Land nicht einmal ganz 3000 Stück.

Einen mittleren Weg nahm die Entwickelung in Preußen.

Dieselbe Verordnung von 1787, welche für den Privatverkehr die Parallelwährung durch die Aufhebung aller die freie Bewertung der Goldmünzen hindernden Vorschriften in voller Reinheit proklamierte, verfügte gleichzeitig, daß Zahlungen an die landesherrlichen Kassen, welche in Gold zu leisten waren, mit geringen Ausnahmen sollten in Silbergeld geleistet werden können. Dadurch wurde dem Silber bei Zahlungen an die Staatskassen einseitig die Fähigkeit beigelegt, das Gold zu vertreten.

Später (durch Kabinetsordre vom 29. Mai 1814) wurde dieser Schritt allerdings wieder rückgängig gemacht und bestimmt, daß die in Gold festgesetzten Zahlungen an die landesherrlichen Kassen stets „in natura" erfolgen müssen und nicht an Stelle des Goldes Silbergeld mit Agio angenommen werden dürfe. Die Bedeutung dieser Vorschrift wurde jedoch dadurch sehr beschränkt, daß gleichzeitig der Kreis der in Gold einzuziehenden Staatseinnahmen beträchtlich eingeengt wurde.

Zum endgültigen Abschluß kam die Entwickelung in den dreißiger Jahren. Zuerst wurde im Jahre 1830 dem Silbergeld die Fähigkeit gegeben, auf Goldmünzen festgesetzte Zahlungen nach dem festen Satz von 5 $^2/_3$ Thaler für den Friedrichsdor zu vertreten. Im folgenden Jahre wurde dem Friedrichsdor zum gleichen Satz Kassenkurs für das Silbergeld verliehen. Gleichzeitig ging der preußische Staatshaushalt völlig zur Silberwährung über. Einnahmen und Ausgaben wurden in Silbergeld festgestellt, an dessen Stelle die Goldmünzen zu einem festen Kassenkurs genommen wurden[2].

---

[1] Vgl. Beiträge S. 84 und 90.

[2] J. G. Hoffmann, Zeichen der Zeit im deutschen Münzwesen. 1841. S. 91: „Sobald nicht mehr auf wirkliche Zahlung in Friedrichsdoren gehalten wurde, war überhaupt kein Grund mehr vorhanden, Rechnungen in doppelter Währung bei den

Damit war der Übergang zur Silberwährung gegeben. Daß neben den Silbermünzen in beschränktem Umfang Goldmünzen vorhanden waren und auch fernerhin geprägt wurden, ebenso daß Kontrakte auf Goldgeld bestanden und auch fernerhin geschlossen wurden, kann bei dem thatsächlichen enormen Übergewicht des Silbergeldes die damalige deutsche Geldverfassung nicht zur Parallelwährung stempeln. Es hat kaum jemals ein Land mit Silberwährung gegeben, welches nicht Goldmünzen geprägt, oder wenigstens ausländische Goldmünzen in seinem Umlauf geduldet hätte.

Die wichtigsten deutschen Staaten betrachteten sich selbst so sehr als Silberwährungsländer, daß die Münzkonventionen von 1837 und 1838 sich ausschließlich mit dem Silbergeld beschäftigten und der Goldmünzen mit keinem Worte Erwähnung thaten.

Ein Jahrzehnt nach dem Dresdener Münzvertrag, welcher die deutsche Silberwährung stillschweigend sanktionierte, begannen in Kalifornien jene unerhörten Goldfunde, der Anfang vom Ende der Silberwährung in den Staaten der europäischen Kultur.

Welchen Einfluß diese Goldfunde auf die Ansichten der Volkswirte und der im praktischen Leben stehenden Gewerbetreibenden und Kaufleute ausübten, damit werden wir uns an einer anderen Stelle beschäftigen; hier haben wir nur den unmittelbaren Einfluß des neu entdeckten Goldreichtums auf die deutsche Münzverfassung zu betrachten.

Diese unmittelbare Wirkung bestand darin, daß Österreich, als im November 1854 in Wien die Delegierten der wichtigsten Zollvereinsstaaten zu der in dem Handelsvertrag von 1853 verabredeten Münzkonferenz zusammentraten, sofort den Antrag stellte, als Grundlage des neu zu schaffenden deutschen Münzwesens die Goldwährung anzunehmen.

Damit wurde zum erstenmal für die deutsche Münzgesetzgebung die Währungsfrage zur Diskussion gestellt, eine Frage, welche bisher noch nicht in Betracht gekommen war.

Österreich begründete seinen Antrag damit, daß der Anschluß Deutschlands an den Weltverkehr die Annahme der Goldwährung, welche in den größten Handelsstaaten bereits zur Geltung gekommen sei, erfordere.

Staatskassen zu führen. Man verwandelte alle Forderungen und Leistungen, die bis dahin auf Gold, den Friedrichsdor zu 5 Thaler, gestellt waren, mit dem festen Aufgeld von 13⅓ % in Silberwährung, setzte namentlich auch den Zolltarif ganz auf Zahlung in Silber."

Man geht wohl nicht fehl mit der Annahme, daß dieser öffentlich ausgesprochene Grund nicht das einzige Motiv war, durch welches Österreich bestimmt wurde. Es mag dabei die Überzeugung mitgewirkt haben, unter den obwaltenden Verhältnissen aus der Papierwährung leichter zur Goldwährung als zur Silberwährung gelangen zu können. Man stand unter dem vollen Eindruck der ungeheueren Vermehrung der Goldproduktion, und man war allgemein der Ansicht, daß Gold im Verhältnis zum Silber billiger werden müsse.

Aber gerade diese Ansicht über die künftige Gestaltung des Goldwertes ließ für Preußen und die übrigen Zollvereinsstaaten die Annahme des österreichischen Vorschlages als unannehmbar erscheinen. Diese Staaten lehnten schlankweg alle Verhandlungen auf der von Österreich vorgeschlagenen Basis ab, mit der Motivierung: es habe große Bedenken, alle auf eine bestimmte Quantität Silber lautenden Zahlungsverbindlichkeiten nach einem mehr oder weniger willkürlichen Verhältnis in solche umzuwandeln, welche in Gold erfüllt werden könnten, und das besonders in einer Zeit, in welcher noch eine weitere Entwertung des Goldes in Aussicht stehe oder wenigstens allgemein befürchtet werde, in welcher aber jedenfalls der Goldwert noch manche Schwankung und Krisis werde durchmachen müssen, ehe er einen auch nur annähernden Grad von Festigkeit und Dauer erlangen werde.

Diese Stellungnahme erscheint sehr begreiflich und als die unter den obwaltenden Umständen einzig mögliche. War es zu verwundern, daß insbesondere der konservative altpreußische Geist, dem im Zweifel jederzeit das Bestehende auch das Vernünftige war, der sich sogar noch in der Zeit der Münzreform für die Thaler und die Silberwährung wehrte, damals, wo die Wertbeständigkeit des Goldes von Grund aus erschüttert schien, mit aller Entschiedenheit gegen den Vorschlag eines Landes, das bei seiner Papierwährung nichts zu verlieren hatte, Front machte? War es zu verwundern, daß sich die deutschen Zollvereinsstaaten mit aller Entschiedenheit gegen die Zumutung verwahrten, den festen Boden, auf welchem ihre Münzverfassung stand, mit einem unbekannten und schwankenden zu vertauschen?

Abgesehen von diesen in der Sache selbst liegenden Erwägungen stand einem Übergang zur Goldwährung noch eine Reihe anderer Schwierigkeiten entgegen, die in dem losen politischen Verhältnis zwischen den Münzvereinsstaaten begründet waren. Eine einheitliche Abstoßung des Silbers hätte sich als notwendig herausgestellt; wie konnte eine solche vorgenommen werden, ohne allzutief in die Handlungsfreiheit der souveränen Vertrags-Staaten einzugreifen? Das Scheidemünzwesen hätte bei einer Goldwährung eine weit größere Ausdehnung gewinnen müssen als bisher, und damit hätten sich einschneidendere und strengere Vorschriften und Beschränkungen als unumgänglich notwendig herausgestellt; wie hätte man diese bei der geringen Geneigtheit der Vertrags-Staaten zu Konzessionen auf Kosten ihrer Hoheitsrechte in ausreichendem Maße erlangen können?

Kurz, nicht nur die damaligen Verhältnisse der Edelmetallproduktion und das aus ihnen hervorgegangene Mißtrauen gegen das Gold, sondern auch die praktischen Schwierigkeiten eines Übergangs zur Goldwährung bei dem losen Gefüge des zu erwartenden Münzvereins machten die Annahme des österreichischen Antrages von vornherein unmöglich.

Aber Österreich blieb fest. Es betrachtete die Goldwährung als conditio sine qua non, und so wurden die Verhandlungen als aussichtslos abgebrochen.

Die österreichischen Staatsmänner besannen sich in den folgenden Jahren eines Besseren. Im Jahre 1856 konnten die Verhandlungen abermals begonnen werden. Von der Goldwährung war keine Rede mehr. Ende des Jahres hatte man sich auf der Grundlage der reinen Silberwährung über alle Punkte geeinigt. Am 24. Januar 1857 wurde der Wiener Münzvertrag unterzeichnet.

Sein Zustandekommen war der größte Erfolg, den Österreichs großdeutsche Politik überhaupt erreicht hat. Hier, auf dem Boden des Münzwesens, gelang es ihm, mit den deutschen Staaten in dasselbe enge Verhältnis zu treten, in welchem Preußen zu ihnen stand. Während der in Dresden begründete Münzverein an Gebietsumfang sich völlig mit dem Zollverein deckte, gelang es nunmehr Österreich, in diesen Schatten des Zollvereins einzutreten. Dagegen blieb ihm der Eintritt in den Zollverein selbst versagt.

Der Wiener Münzvertrag ist die Grundlage, auf welcher die Münzverfassung der Zollvereinsstaaten, also des weitaus größten Teiles des späteren Deutschen Reiches, bis zur Münzreform beruhte. Wir haben ihm deshalb besondere Aufmerksamkeit zu widmen.

Die neugeschaffene Münzverfassung gründete sich, wie bereits erwähnt, auf die reine Silberwährung. Österreichs Antrag, die Goldwährung anzunehmen, hatte nur die Folge gehabt, daß in dem Wiener Vertrag, während in den bisherigen Münz-Konventionen stillschweigend die Silberwährung vorausgesetzt war, in förmlich demonstrativer Weise das „Festhalten an der reinen Silberwährung“ an die Spitze gestellt wurde. Gleichwohl erfüllte der Vertrag eine Forderung, welche Österreich bei der Wiederaufnahme der Verhandlungen im Jahre 1856 gestellt hatte: er schuf eine gemeinschaftliche „Handelsgoldmünze“ für das ganze Vereinsgebiet; aber gleichzeitig wurde die „reine Silberwährung“ gegenüber dieser Handelsgoldmünze mit einer Reihe von Garantien geschützt, damit nicht am Ende unter der Hand eine Doppelwährung oder gar eine Goldwährung entstehen könnte.

Als Handelsgoldmünze hatte Österreich ein Stück im Wert von ungefähr 6 $^{2}/_{3}$ Thaler oder dem englischen Sovereign vorgeschlagen, das einen Feingehalt von $^{1}/_{70}$ Pfund Gold haben sollte.

Preußen schlug den Dukaten vor; wolle man diesen nicht annehmen, so solle man eine neue Goldmünze wählen, welche in decimalem Verhältnis zur Gewichtseinheit, dem Pfund, stehe, etwa eine Münze im Feingehalt von $^{1}/_{50}$ Pfund Gold. Dieser letztere Vorschlag wurde angenommen. Als Vereins-Handels-Goldmünzen wurden die „Krone“ und die „halbe Krone“ im Feingehalt von 10 bezw. 5 g gewählt. Die Prägung aller übrigen Goldmünzen wurde untersagt.

Bisher stand es innerhalb des Münzvereins jedem einzelnen Staate frei, die Goldmünzen zu behandeln, wie er wollte. Der eine gab ihnen festen Kassenkurs, der andere einen schwankenden, der dritte überhaupt keinen. Nun knüpfte Preußen an die Schaffung einer Vereinsgoldmünze die Bedingung, diese Goldmünze müsse dem Begriffe und Zwecke einer bloßen Handelsgoldmünze in jeder Beziehung entsprechen, und die Vereins-Staaten müßten die Verpflichtungen, welche zur Sicherung der Landeswährung erforderlich seien, rückhaltslos übernehmen.

Diese Bedingung wurde erfüllt.

Der Wert der Krone in der Landes-Silberwährung wurde im Vertrage nicht fixiert, sondern sollte ganz und gar dem freien Spiel von Angebot und Nachfrage überlassen bleiben.

Darin lag noch keine sachliche Abweichung von dem bisherigen System. Die Fähigkeit, Silbergeld im Privatverkehr zu vertreten, besaßen die Goldmünzen auch vor dem Wiener Vertrag nicht, und ihr Wert in Silbergeld war auch bisher der „freien Konkurrenz“ überlassen. Nur an den öffentlichen Kassen war ihnen teilweise ein fester Kurs zugestanden.

Das sollte nunmehr aufhören.

Die Verleihung eines Kassenkurses an die Goldmünzen ganz zu

untersagen, war indessen nicht gut angängig. Die Vereins-Staaten behielten daher das Recht, die neuen Vereinsgoldmünzen an ihren Kassen zu einem öffentlich bekannt gemachten Kurse an Stelle von Silbergeld in Zahlung zu nehmen. Aber die Gültigkeit einer solchen Tarifierung wurde auf 6 Monate beschränkt; nach Ablauf dieser Zeit war die Tarifierung zu erneuern. Der Kassenkurs sollte nach dem Durchschnitt der amtlichen Börsenkurse der vorausgegangenen 6 Monate errechnet werden und unter keinen Umständen günstiger sein, als dieser Durchschnitt. Auch innerhalb der sechsmonatlichen Frist sollte der Kassenkurs jederzeit geändert oder gänzlich aufgehoben werden können.

Man hatte damit alles gethan, um die Silberwährung vor jeder Gefährdung durch das Gold zu schützen, aber auch alles, um die neuen Goldmünzen unmöglich zu machen. Von dem überaus lästigen Tarifierungsrecht wurde kaum Gebrauch gemacht, so daß die Krone in keinen Zusammenhang mit dem gewöhnlichen Umlauf treten konnte. Geprägt wurde von diesen Goldmünzen in der Folgezeit nur ein sehr geringer Betrag, und selbst dieser konnte sich nicht im Umlauf halten, so daß während der Münzreform nur ein Drittel dieser kaum anderthalb Jahrzehnte alten Münzsorte zur Einlösung gelangte.

Mit den Landesgoldmünzen konnte man glimpflicher verfahren, als mit den neuen Vereinsgoldmünzen; denn von ihrer Seite drohte, da ihre weitere Prägung untersagt wurde, keine Gefahr, selbst nicht im Falle einer zu günstigen Tarifierung.

Dennoch hat es nach dem Hauptvertrag den Anschein, als hätten die Landesgoldmünzen noch schlimmer behandelt werden sollen, als die Vereinsgoldmünzen. Der Hauptvertrag enthielt die Bestimmung, daß fernerhin ein Kassenkurs überhaupt nur noch den Vereinsgoldmünzen beigelegt werden dürfe.

Aber die dem Vertrage angehängten Separat-Artikel enthielten das genaue Gegenteil. Sie gestatteten den Landesregierungen, welche bisher ihren Landesgoldmünzen einen festen Kassenkurs beigelegt hatten, denselben diesen Goldmünzen auch in Zukunft zu belassen; diese Regierungen sollten nur darauf Bedacht nehmen, dieses Mißverhältnis durch *allmähliches* Einziehen der Landesgoldmünzen zu beseitigen.

Nun war aber das Wörtchen „allmählich“ das harmloseste in der deutschen Münzpolitik, das bewiesen zu Genüge die Kronenthaler und die süddeutschen Scheidemünzen. Wie allmählich man die Einziehung der Friedrichsdor und der andern deutschen Goldmünzen vornahm, ersieht man daraus, daß vom Wiener Münzvertrag bis zur Münzreform noch nicht für $^{3}/_{4}$ Millionen Thaler Goldmünzen in allen deutschen Staaten zusammengerechnet eingezogen worden sind[1].

Soviel über die Goldmünzen, welche durch den Wiener Münzvertrag gewissermaßen als außerhalb des eigentlichen deutschen Geldwesens stehend erklärt wurden.

Wie stand es nun mit dem Gebäude, welches der Wiener Vertrag auf der Grundlage der reinen Silberwährung errichtete?

Enthusiasten hatten von den Wiener Verhandlungen eine völlige Münzeinheit erwartet. Sie sahen sich enttäuscht.

Der Wiener Vertrag unterschied sich in dieser Hinsicht wenig von der Dresdener Konvention.

Er ließ die beiden verschiedenen Münzsysteme bestehen, die Thalerwährung im Norden, die Guldenwährung im Süden. Beide erfuhren dadurch eine kleine Änderung, daß an Stelle der bisher geltenden Kölnischen Mark das Pfund von 500 g angenommen wurde. An Stelle des sich auf die kölnische Mark beziehenden 14-Thalerfußes trat der auf das Pfund bezügliche 30-Thalerfuß, an Stelle des 24 $^{1}/_{2}$-Guldenfußes der 52 $^{1}/_{2}$-Guldenfuß. Thaler und Gulden blieben zu einander in demselben Wertverhältnis von 7 zu 4; gegenüber dem bisherigen Thaler und Gulden waren sie um etwa 2 $^{1}/_{4}$ Tausendteile leichter, eine Differenz, welche man im Interesse eines einfachen Verhältnisses zwischen Münze und Münzgewicht glaubte vernachlässigen zu dürfen.

Den beiden Systemen trat in dem von Österreich angenommenen 45-Guldenfuß ein drittes hinzu, welches sich, da der Gulden in seinem Silbergehalt genau dem Wert von $^{2}/_{3}$ Thalern entsprach, eng der Thalerwährung anschloß.

An Stelle einer vollkommenen Münzeinheit brachte der Wiener Vertrag ebenso wie zuvor die Dresdener Konvention im wesentlichen nur einheitliche Normen über das Prägeverfahren, die Einziehung abgenutzter Stücke und das Scheidemünzwesen.

Hinsichtlich des Scheidemünzwesens waren die Bestimmungen strenger und eingreifender als die des Dresdener Vertrages. Zu der Unterwertigkeitsgrenze und der Umwechselungspflicht für bestimmte Minimal-Beträge trat eine Kontingentierung des Scheidemünzumlaufs und eine strikte Begrenzung der gesetzlichen Zahlungskraft der Scheidemünzen hinzu. Das Maximum des Scheidemünzumlaufs wurde für die Länder der

[1] Siehe Beiträge S. 92.

Thalerwährung auf 5/6 Thaler, für Österreich auf den äquivalenten Betrag von 1 1/4 Gulden festgesetzt. Bezüglich der süddeutschen Staaten konnte man in Anbetracht des thatsächlich vorhandenen, eine analoge Grenze weit überschreitenden Scheidemünzumlaufes eine gleiche Beschränkung nicht ohne weiteres einführen, ohne diese Staaten zur sofortigen Einziehung einer großen Menge von Scheidemünzen zu zwingen. Die süddeutschen Regierungen behielten sich deshalb besondere Vereinbarungen über diese Frage vor. Eine solche Vereinbarung kam im folgenden Jahre in München zu stande. Sie schrieb die Einziehung der schlechten Scheidemünzen aus dem Anfang dieses Jahrhunderts vor; aber auch damit nahm man es nicht zu ernst und zu eilig.

Auch über die Kurantmünzen wurden etwas weitergehende Bestimmungen getroffen als im Dresdener Vertrag. Namentlich wurde die Stückelung vorgeschrieben.

Mehr hatte sich für das Landesgeld an gemeinsamen Normen nicht erlangen lassen. Die notwendigsten Voraussetzungen für einen einheitlichen Geldumlauf, die Einheitlichkeit des Münzsystems, ferner vertragsmäßig normierte Fehlergrenzen für die Ausmünzung und ein Passiergewicht für die Abnutzung der Kurantmünzen, strenge gegenseitige Kontrolle, schließlich eine gründliche Ordnung des süddeutschen Münzwesens, das alles fehlte noch immer.

Die preußische Münzpolitik war stets sehr realistisch. Die Schwärmerei für eine deutsche Münzeinheit vermochte sie ebenso wenig wie später die Schwärmerei für einen Welt-Münzbund über die notwendigen Voraussetzungen eines gemeinschaftlichen Geldwesens hinwegzutäuschen. Da sich bei den Wiener Verhandlungen diese Voraussetzungen nicht schaffen ließen, war es nur vernünftig und konsequent, wenn die Staaten, deren Münzwesen sich in verhältnismäßig gutem Stande befand, sich ihr Hausrecht wahrten und sich das Recht der Ausschließung der Münzen der anderen Vereinsstaaten im Prinzip vorbehielten.

Alle Anträge, welche eine gegenseitige Zulassung der Kurantmünzen, mindestens des gleichen Systems und Nennwertes, verlangten, oder wenigstens den Vereinsstaaten die Pflicht auferlegen wollten, ihre Münzen im gemeinen Verkehr nicht gegenseitig zu verbieten, wurden bei den Verhandlungen abgelehnt. In diesem wichtigen Punkte ging also der Wiener Vertrag um nichts über seinen Vorgänger hinaus, die hartnäckige Abweisung der hartnäckigen Versuche ließ vielmehr die mangelnde Einheit schärfer hervortreten, als bisher.

Dagegen wurde die Vereinheitlichung des deutschen Münzwesens erheblich dadurch gefördert, daß außer dem Doppelthalerstück auch das Einthalerstück zur „Vereinsmünze" gemacht wurde, und daß ferner auch die vor dem Wiener Münzvertrag geprägten Thalerstücke des 14-Thalerfußes die Eigenschaft als gesetzliches Zahlungsmittel für das ganze Gebiet des Münzvereins erhielten. Während bisher die Vereinsmünzen dem Landesgeld lediglich gleichgestellt waren, wurden sie im Wiener Vertrag dadurch stark privilegiert, daß bestimmt wurde, Zahlungsverpflichtungen, die auf Landesgeld lauteten, sollten in Vereinsmünzen erfüllt werden können, auf Vereinsmünzen lautende Zahlungsverpflichtungen jedoch nur in Vereinsmünzen.

Entsprechend ihrer Bestimmung zum durchaus gemeinschaftlichen Umlaufsmittel setzte der Wiener Vertrag bezüglich der Vereinsmünzen alles bis ins kleinste fest: Legierung, Größe der Stücke, Gepräge, Prägeverfahren, Fehlergrenze und Passiergewicht. Ferner wurde eine gegenseitige Kontrolle für die Ausmünzung der Vereinsmünzen eingerichtet und für streitige Fälle ein Schiedsgericht vorgesehen.

Bezüglich einer einzelnen Münzsorte glaubten also die deutschen Staaten unbeschadet ihrer Souveränität und ihres Münzregals das zugestehen zu können, was sie bezüglich des gesamten Münzwesens nicht über sich gewinnen konnten.

So entstand die merkwürdige Verfassung des Deutschen Münzvereins, eine Bildung, welche infolge der Ausgestaltung der Vereinsmünze charakteristischer war, als der Dresdener Münzverein: Drei verschiedene scharf abgegrenzte Münzgebiete mit verschiedenen Münzsystemen, darüber ein durchaus gemeinschaftlicher Umlauf einer bestimmten stark privilegierten Münzsorte, welche gleichzeitig die Hauptmünze des wichtigsten der drei partikularen Münzsysteme war.

Das war die Grundlage, auf welche das deutsche Münzwesen durch den Wiener Vertrag gestellt wurde.

Wir betrachten nunmehr, welche Ausgestaltung das deutsche Münzwesen in den folgenden Jahren auf dieser Grundlage erfuhr.

Wir haben gesehen, wie Österreich auf dem Gebiete des Münzwesens das Ziel erreicht hat, welches ihm auf zollpolitischem Gebiete versagt blieb: eine enge Einigung mit den meisten und wichtigsten deutschen Staaten. Während es ihm nicht gelungen war, in den Zollverein einzubringen, hatte es Aufnahme in den Münzverein gefunden. Hier scheint also die Stetigkeit der zur Bildung des Deutschen Reiches führenden Entwickelung, welche auf dem Ausschlusse Österreichs beruhte, unterbrochen.

Aber diese Unterbrechung war nur eine scheinbare und formell-staatsrechtliche.

Solange der österreichische Zwangskurs nicht abgeschafft war, blieb der Wiener Münzvertrag für Österreich ein bloßes Aktenstück. Der Vertrag selbst enthielt das Verbot, uneinlösbares Papiergeld mit Zwangskurs auszugeben.

Österreich zeigte den besten Willen und machte die größten Anstrengungen, um die Barzahlungen bis zu dem im Wiener Münzvertrag bestimmten Termin, dem 1. Januar 1859, aufnehmen zu können. Seine Bestrebungen hatten wirklich den Erfolg, daß vom 6. September 1858 ab die Nationalbank ihre Noten in Metallgeld einlöste. Aber Österreich sollte sich nicht lange der Wiederherstellung seiner Valuta erfreuen. Wie einige Jahre zuvor der Krimkrieg, so machte jetzt der italienische Krieg alles mühsam Erreichte zu nichte. Mit den Schlachten von Magenta und Solferino verlor Österreich auch seine kaum wiederhergestellte Silberwährung [1].

Alle späteren Versuche einer abermaligen Valuta-Regulierung schlugen gleichfalls fehl.

So wurde es für Österreich unmöglich, ein wirkliches Mitglied des Münzvereins zu werden. Es prägte wohl seine Silbermünzen nach seinem neuen, im Wiener Münzvertrage festgesetzten Münzfuße, daneben schlug es auch eine Anzahl von Vereinsthalern; aber diese Silbermünzen hielten sich nicht im österreichischen Umlauf; sie lagen in den Kellern der Banken oder wanderten ins Ausland, zum größten Teil nach den deutschen Münzvereins-Staaten. Der österreichische Gulden war und blieb der Papiergulden, dem gegenüber alles Silbergeld ein schwankendes Agio genoß.

Der Zweck der Münzeinigung war also verfehlt; das österreichische Geld kam nicht in ein bequemes und festes Verhältnis zu dem Gelde der anderen Vereinsstaaten.

Der Münzverein sollte die Thür sein, durch welche Österreich in den Zollverein eintreten wollte, ein deutsch-österreichischer Zollverein seinerseits die Vorstufe zu einem Großdeutschland unter Österreichs Leitung. Es ist, als ob die Geschichte selbst eine Vereinigung hätte verhindern wollen, die nicht in ihren Endzielen lag.

[1] Vgl. die „Denkschrift über das Papiergeldwesen der österr.-ungarischen Monarchie". Verfaßt im k. k. Finanzministerium. Wien 1892.

Der Krieg von 1866 brachte die endgültige Trennung der österreichisch-ungarischen Monarchie und des werdenden Deutschen Reiches. Das Verbleiben Österreichs im deutschen Münzverein erschien nunmehr zwecklos. Im Prager Frieden wurden besondere Verhandlungen über sein Ausscheiden in Aussicht genommen.

Am 13. Juni 1867 wurde in Berlin der Vertrag unterzeichnet, nach welchem Österreich vom deutschen Münzverein zurücktrat. Damit war der Münzverein wieder auf den Umfang des Zollvereins zurückgeführt.

Die Zugehörigkeit Österreichs zum deutschen Münzverein war also nur eine ziemlich bedeutungslose Episode, welche auf handelspolitischem und allgemein politischem Gebiet ohne jede Wirkung blieb, auf münzpolitischem Gebiet allerdings von merkwürdigen Folgen begleitet war, welche sich aber zunächst noch nicht fühlbar machten.

Diese Folgen, mit welchen wir uns später zu befassen haben, beruhten darauf, daß mit dem Wiener Münzvertrag nicht auch zugleich die durch denselben geschaffene teilweise Gemeinschaftlichkeit des Münzumlaufs aufhörte.

Der Berliner Vertrag von 1867 bestimmte, daß zwar Österreich nur noch bis zum Schlusse des Jahres 1867 Vereinsthaler prägen dürfe, daß aber den bis zum Schlusse des Jahres 1867 geprägten Vereinsthalern weder in Deutschland noch in Österreich vor dem Ablauf des Jahres 1870 die Eigenschaft eines gesetzlichen Zahlungsmittels entzogen werden sollte. Infolge des österreichischen Zwangskurses, welcher nicht nur ein Eindringen deutscher Vereinsmünzen verhindert hatte, sondern auch den größten Teil der österreichischen Vereinsmünzen nach Deutschland hatte abfließen lassen, war die praktische Bedeutung dieser Bestimmung, daß die österreichischen Thaler in den deutschen Staaten, wo sie kraft der in Gemäßheit des Wiener Vertrags erlassenen Landesgesetze gesetzliches Zahlungsmittel waren, vorläufig dieser Eigenschaft nicht sollten entkleidet werden.

Damit wurde den österreichischen Thalern nur die Eigenschaft, welche sie infolge des Wiener Vertrages besessen hatten, über die Dauer dieses Vertrages hinaus belassen.

Dagegen wurde den österreichischen Landeskurantmünzen, dem österreichischen Silbergulden und seinen Teilstücken, bei der Auflösung des Wiener Vertrags merkwürdiger Weise mehr zugestanden, als ihnen der Vertrag selbst gewährt hatte. Wir wissen, daß es bei den Verhandlungen, welche vor dem Abschluß des Wiener Vertrags geführt wurden, hartnäckig abgelehnt worden war, eine Verpflichtung für die vertragenden Staaten zu schaffen, welche diese an einem Verbot des Umlaufs der Landesmünzen der übrigen Vereinsstaaten verhindert hätte. Während der Zugehörigkeit Österreichs zum Münzverein stand es infolgedessen jedem einzelnen der deutschen Staaten frei, den Umlauf der österreichischen Silbergulden zu untersagen, ein Recht, von dem allerdings nirgends Gebrauch gemacht wurde. Der Berliner Vertrag von 1867 bestimmt nun in einem Separat-Artikel, daß die vertragenden Staaten den Umlauf der von andern Vereinsstaaten bis zum Schlusse des Jahres 1867 in Gemäßheit des Wiener Münzvertrags geprägten Landeskurantmünzen bis zum Ablauf des Jahres 1870 nicht verbieten sollten[1].

Infolge dieser Vereinbarung war mit dem Austritt Österreichs aus dem deutschen Münzverein der österreichische Silbergulden für Deutschland aus einem nur thatsächlich geduldeten zu einem vertragsmäßig zugelassenen Gelde geworden.

So kommt es, daß die österreichischen Gulden noch in der Münzreform eine Rolle spielten; die österreichischen Thaler sind noch heute im Deutschen Reich gesetzliches Zahlungsmittel.

Welche Ausgestaltung erfuhr nun das Münzwesen auf der Grundlage des Wiener Vertrages innerhalb desjenigen Teiles des Münzvereins, für welchen er nicht, wie für Österreich, lediglich auf dem Papier stand?

Der Wiener Vertrag enthielt zwei sich widerstreitende Prinzipien, ein Prinzip der Trennung in den Landesmünzsystemen, ein Prinzip der Einheit in der Vereinsmünze. Innerhalb des durch den Vertrag gegebenen Rahmens konnten sich die Dinge frei entwickeln.

Auch der Dresdner Vertrag hatte diese beiden Prinzipien enthalten, aber das Prinzip der Einheit hatte sich nicht kräftig ausgestalten können.

Dadurch, daß der Wiener Vertrag auch das Einthalerstück zur Vereinsmünze machte, wurde das Gebiet der süddeutschen Guldenwährung für die Münzen des Thalersystems völlig erschlossen.

Das süddeutsche Guldengeld dagegen blieb aus dem bereits mehrfach erwähnten Grunde, seinem unbequemen Verhältnis zur Thalerwährung, auf sein ursprüngliches Gebiet beschränkt.

---

[1] Die Separatartikel zu dem Berliner Vertrag vom 13. Juni 1867 sind abgedruckt in der Manzschen Gesetzausgabe: „Die österr. Gesetzgebung über Münze u. s. w." von Ignaz Gruber. Wien 1886. — Vgl. auch Helfferich, Die Folgen des deutsch-österr. Münzvereins. S. 62 ff.

Durch die thatsächliche Gestaltung der Dinge wurde also die in dem Münzvertrag ausgesprochene schroffe Ausschließlichkeit der einzelnen Münzsysteme dahin modifiziert, daß das Thalergeld sich über das ganze Zollvereinsgebiet ausdehnte. Innerhalb eines und desselben Münzsystems aber war von einer Unterscheidung nach dem Gepräge der einzelnen Staaten gar keine Rede. Trotz der prinzipiellen Vorbehalte war hier die Zirkulation nach wie vor eine völlig gemeinschaftliche.

Vor allem wurde die Einheitlichkeit des deutschen Geldwesens erheblich dadurch gefördert, daß nicht nur die in der Folgezeit als Vereinsmünzen zu prägenden Einthalerstücke, sondern auch die bereits vorhandenen Einthalerstücke des 14-Thalerfußes zum gesetzlichen Zahlungsmittel innerhalb des ganzen Vereinsgebietes erklärt wurden. Die Einthalerstücke bildeten damals schon den weitaus überwiegenden Teil des gesamten Münzumlaufs in den Thalerstaaten, ja den größeren Teil des gesamten deutschen Geldumlaufs. So bewirkten die Bestimmungen des Wiener Vertrags, daß die erheblich größere Hälfte des gesamten deutschen Münzumlaufs zum gemeinschaftlichen gesetzlichen Zahlungsmittel innerhalb des Zollvereins wurde.

Wie sehr sich die Vereinsmünze nach dem Wiener Vertrag auf der ihr gegebenen breiten Grundlage entwickelte, geht aus folgenden Zahlen hervor:

Die Prägung von Zweithalerstücken, der Vereinsmünze des Dresdener Vertrags, belief sich in den zwei Jahrzehnten von 1838 bis 1857 nur auf wenig mehr als 50 Millionen Thaler, während die gleichzeitige Prägung von Kurantmünzen der süddeutschen Währung allein mit etwa 80 Millonen Thaler diese Summe erheblich übertraf.

Von 1857 bis 1871 dagegen wurden in den Zollvereinsstaaten an Vereinsmünzen (Ein- und Zweithaler-Stücken) gegen 229 Millionen Thaler, gleichzeitig an Landeskurantmünzen der beiden Münzsysteme nur 6½ Millionen Thaler geprägt, davon etwa 2 Millionen Thaler in Landeskurantmünzen der Thalerwährung und 4½ Millionen in Landeskurantmünzen der Guldenwährung. Der in dem Vertrage aufrecht erhaltene süddeutsche Guldenfuß war nahe daran, durch die Vereinsmünze völlig unterdrückt zu werden. Eine Reihe von Guldenstaaten, darunter auch das Großherzogtum Hessen, prägte nach dem Wiener Vertrag überhaupt kein Stück Landeskurantgeld mehr, sondern nur noch Vereinsmünzen und Landes-Scheidemünzen. Bayern selbst, der wichtigste Staat mit Guldenwährung, prägte etwa 22 Millionen Thaler in Vereinsmünzen, dagegen nicht einmal 3 Millionen Thaler in Landeskurantmünzen. Von der gesamten Kurant-Ausmünzung der Guldenstaaten in der Zeit vom Wiener Vertrag bis zur Münzreform entfielen nur etwa 8,4% auf die Landesmünzen, dagegen 91,6% auf die Vereinsmünzen[1].

Unverkennbar lag also in dem Vereinsthaler ein sehr energisch auf die Vereinheitlichung des deutschen Münzwesens hinwirkendes Moment. Wäre dem Münzverein eine längere Dauer beschieden gewesen als die kurze Zeit von anderthalb Jahrzehnten, so hätte sich das in ganz andrer Weise zeigen können, als es thatsächlich für den flüchtigen Beobachter geschah.

Wir haben uns bisher nur mit der Entwickelung des deutschen Münzwesens innerhalb des Zollvereins beschäftigt. Um das Bild der deutschen Münzverfassung vor der Reform zu vervollständigen, ist es notwendig, auch die außerhalb des Zollvereins stehenden Gebiete in den Kreis unsrer Betrachtung zu ziehen.

Außerhalb des Zollvereins bestand eine Reihe mehr oder weniger isolierter Münzsysteme, welche wir, da ihre Bedeutung nur eine geringe war, lediglich aufzählen, ohne auf ihre Entwickelungsgeschichte einzugehen[2].

In Mecklenburg bestand die Thalerwährung mit der Unterteilung des Thalers in 48 Schillinge.

In Hamburg und Lübeck galt die „Lübische Währung“; ihre Münzeinheit war die Mark Kurant mit einem Feingehalt von ursprünglich 1/34 kölnischer Mark Silber. Schon gegen Ende des vorigen Jahrhunderts hörte jedoch Lübeck auf, grobe Silbermünzen zu prägen; zu Anfang dieses Jahrhunderts auch Hamburg. Der Thaler des 14-Thalerfußes wurde das wichtigste Umlaufsmittel. Er wurde allgemein zum Wert von 40 Schillingen oder 2 1/2 Mark Kurant gegeben und genommen. Dadurch war die Lübische Währung gewissermaßen zu einer besonderen Spielart der Thalerwährung geworden.

Neben der Lübischen Währung bestand in Hamburg für den Großverkehr eine auf Feinsilber in Barren begründete Bankwährung, deren eigentümliches Wesen später dargestellt werden wird.

Die dritte Hansestadt, Bremen, unterschied sich dadurch von allen andern deutschen Staaten, daß ihr Münzsystem auf Gold begründet war. Man rechnete nach „Thaler in Gold“, deren fünf auf einen Louisdor gingen.

---

[1] Vgl. Beiträge S. 89.

[2] Vgl. Beiträge S. 78 ff.

Der Krieg von 1870 vergrößerte das deutsche Gebiet. Die neu erworbenen Reichslande hatten das Münzsystem Frankreichs, das auf der Doppelwährung beruhende Frankengeld. Schon während des Krieges war dieses System dadurch eng mit der Thalerwährung verbunden worden, daß der Frank auf 8 Silbergroschen tarifiert wurde.

Zur Zeit der Münzreform bestanden also im Deutschen Reiche sechs verschiedene Münzsysteme (die Hamburger Bankvaluta inbegriffen). Zwei davon, die Frankenwährung in Elsaß-Lothringen und die Lübische Kurant-Währung waren dem weitaus verbreitetsten Münzsysteme, der Thalerwährung, angegliedert. Das Verhältnis zwischen Thaler- und Guldenwährung war gleichfalls nicht sehr kompliziert; vier Thaler waren gleich sieben Gulden. Immerhin ließen sich Werte der Guldenwährung in dem Thalersystem nur durch Brüche mit dem Nenner sieben ausdrücken, welche durch keine Münzstücke dargestellt werden konnten.

Die Thalerwährung selbst zerfiel in mehrere verschiedene Systeme, in das preußische, nach welchem der Thaler in 30 Groschen zu 12 Pfennigen eingeteilt wurde, während in Sachsen und einigen mitteldeutschen Kleinstaaten der Groschen nur 10 Pfennige hatte, und während der Thaler in Mecklenburg in 48 Schillinge zerfiel.

Die Verschiedenheit der in den einzelnen Gebieten des Deutschen Reiches geltenden Münzsysteme war der am meisten auf der Oberfläche liegende Übelstand des deutschen Münzwesens, über diese Verschiedenheit wurde am meisten und am lautesten Klage geführt, namentlich in den Hansestädten, welche die isolierte Stellung ihrer Geldsysteme mit ihrer wachsenden Bedeutung als wichtige Glieder eines sich stark entwickelnden nationalen Wirtschaftsgebietes immer mehr empfanden. Aber nicht nur in Hamburg und Bremen, sondern in ganz Deutschland wurde seit den ersten Jahrzehnten unsers Jahrhunderts die Forderung der deutschen Münzeinheit immer allgemeiner und populärer.

Das Unbefriedigende des bestehenden Zustandes wurde dadurch noch bedeutend verstärkt, daß keines der vorhandenen Münzsysteme rein durchgeführt war.

Zum Teil hing dieser weitere Übelstand mit einem charakteristischen Zuge der deutschen Münzpolitik zusammen, der sich aus dem Mittelalter bis in die neueste Zeit erhalten hatte. Mit der Einführung neuer Prägesysteme sehr verschwenderisch, waren die deutschen Staaten stets sehr sparsam mit der Beseitigung alter Münzstücke. Bei der Annahme eines neuen Prägesystems pflegten die neueingeführten Münzen nicht an die Stelle der alten zu treten, sondern sie kamen zu den bisherigen Stücken hinzu und vermehrten auf diese Weise oft den Übelstand, welchen sie hatten beseitigen sollen.

Die Folge war, daß nicht nur viele gänzlich abgenutzte und unkenntliche Stücke sich im Umlauf befanden, sondern daß die Zirkulation ein verwirrendes Chaos der verschiedenartigsten Münzsorten darstellte. Die deutschen Münzsysteme von anderthalb Jahrhunderten hatten in dem deutschen Münzwesen, wie es vor der Reform bestand, ihre Niederschläge hinterlassen.

Am schlimmsten stand es in dieser Hinsicht in Süddeutschland, wo — von dem kleinen Gelde nicht zu reden! — neben den Münzen des süddeutschen Guldenfußes noch beträchtliche Summen von Konventionsgeld und Kronenthalern der verschiedensten Herkunftsländer im Umlauf waren.

In Sachsen hatte sich gleichfalls noch Konventionsgeld, in Hannover gar noch Stücke des Leipziger 12-Thalerfußes im Umlauf erhalten.

Der preußische Staat hatte noch am meisten geordnete Verhältnisse, aber auch hier blieb die praktische Ausführung weit hinter der theoretischen Einsicht zurück. Obwohl das Münzgesetz von 1821, welches das preußische Geldwesen nach seinem Zusammenbruch in den napoleonischen Kriegen neubegründete, in voller Erkenntnis des Umstandes, wie wichtig die Beschränkung in der Zahl der verschiedenen Münzsorten selbst innerhalb eines und desselben Münzsystemes sei, die Prägung von nur zwei Kurantmünz-Sorten, des Thalers und des Einsechstel-Thalers, angeordnet hatte, wurde die im Umlauf vorhandene Reichhaltigkeit der Münzsorten so wenig verringert, daß sich bis zur Münzreform halbe, drittel, viertel, fünftel, sechstel, achtel, zwölftel und fünfzehntel Thaler vorfanden. Auch in den neuerworbenen preußischen Gebietsteilen, welche eine andere Währung als die Thalerwährung hatten, wurde wohl die Thalerwährung eingeführt, aber die Münzen der aufgehobenen Rechnungssysteme wurden nicht radikal beseitigt; so blieben z. B. die Münzen der schleswig-holsteinischen Speciesthaler-Währung bis zur Münzreform im Umlauf.

Die Fülle der verschiedenartigsten deutschen Münzsorten wurde vermehrt durch einen starken Umlauf von Münzen fremden Gepräges und fremder Systeme. Namentlich ausländische Goldmünzen, französische Zwanzigfrankenstücke, russische Imperialen, englische Sovereigns liefen in Deutschland um wie einheimisches Geld; ebenso eine Masse ausländischer Silbermünzen, namentlich österreichische, französische und holländische.

Auch in dieser Beziehung war die Unordnung in Süddeutschland am schlimmsten. Während sich der Norden mit verhältnismäßig gutem Erfolg namentlich der fremden Silbermünzen zu erwehren verstand, wurde deren Umlauf in Süddeutschland ganz besonders dadurch begünstigt, daß sie an den öffentlichen Kassen meist zu einem festen Kurs in Zahlung genommen wurden, und daß die süddeutschen Regierungen selbst keinen Anstand nahmen, ihre Zahlungen in solchen fremden Sorten zu leisten.

Die Unwürdigkeit und Unhaltbarkeit dieser Verhältnisse bedarf keiner weiteren Ausführungen. Daß die Bestrebungen zur Durchführung einer völligen Münzeinheit und einer radikalen Umwandlung des vorhandenen Münzumlaufs nicht schon längst vor der Reichsgründung einen vollen Erfolg erzielten, lag nicht etwa daran, daß man die Notwendigkeit einer gründlichen Reinigung und Vereinheitlichung des deutschen Münzwesens verkannt hätte, sondern an den Schwierigkeiten, welche die staatsrechtliche Verfassung Deutschlands der praktischen Lösung dieser prinzipiell für niemanden zweifelhaften Frage entgegenstellte.

Auch die Gründung des Norddeutschen Bundes beseitigte diese Schwierigkeiten nur zum Teil. Wohl wurde die Münzgesetzgebung der Kompetenz des Bundes unterstellt, aber eine auf den Norddeutschen Bund beschränkte Münzreform konnte nicht in Frage kommen. Bezüglich der Münzhoheit der süddeutschen Staaten aber blieb alles beim Alten.

Erst die Gründung des Deutschen Reiches hat die Möglichkeit einer radikalen Reform des Münzwesens geschaffen, und auf der andern Seite war eine solche Reform eine der wichtigsten und dringendsten Aufgaben, welche das neue Reich zu erfüllen hatte.

Die Großartigkeit der deutschen Münzreform hat ihre Vorgeschichte verdunkelt. So wenig ein Zweifel daran bestehen kann, daß der vorhandene unwürdige und unhaltbare Zustand so rasch wie möglich beseitigt werden mußte, so sehr muß man sich vor der allzu natürlichen Unterschätzung dessen hüten, was bereits vor der Münzreform erreicht worden war. Man darf nicht vergessen, wie sehr sich das deutsche Münzwesen im Laufe dieses Jahrhunderts bis zur Reform verbessert hatte, in wie weitem Umfang in dem Thalergeld bereits ein gemeinschaftliches Umlaufsmittel für ganz Deutschland bestand, und wie nahe man daran war, in der Thalerwährung zu einer völligen Münzeinheit zu gelangen. Die Entwickelung des ganzen Jahrhunderts war auf die Einheit des Münzwesens gerichtet, und sie hatte, als das Reich gegründet wurde, bereits eine ziemlich hohe Sprosse auf dieser Leiter erreicht. Vom Gesichtspunkt der Münzeinheit aus betrachtet ist die Münzreform nicht als deus ex machina über das deutsche Münzwesen gekommen, sie ist nicht ein plötzlicher Bruch mit der bisherigen Entwickelung, sondern deren befriedigender Abschluß, allerdings in großem Stil, als die imposante Krönung des Gebäudes, an welchem das ganze Jahrhundert gearbeitet hatte.

Zweiter Abschnitt.

Die innere Beschaffenheit des deutschen Geldumlaufs.

Mit unseren bisherigen Betrachtungen ist das Bild des deutschen Geldwesens zur Zeit der Reform noch nicht völlig gezeichnet. Wir haben die Ausgestaltung und Ausbreitung der verschiedenen Münzsysteme, die Entwickelung der Währungsverfassung und der staatsrechtlichen Münzverfassung, also die Entwickelung der äußeren Form der deutschen Münzverfassung dargestellt, aber mit dem Inhalt dieser Form haben wir uns bisher nur soweit beschäftigt, als dieser Inhalt auf die Gestaltung der Form einen bestimmenden Einfluß ausübte.

Wir haben nun die Beschaffenheit dieses Inhaltes zu untersuchen und zwar seine Zusammensetzung nach Metall- und Papierumlauf, ferner die Beschaffenheit eines jeden dieser beiden Bestandteile.

Der gesamte Geldumlauf eines modernen Staatswesens bildet unter normalen Verhältnissen eine völlig einheitliche Masse. Es giebt in Deutschland nur eine Mark, in Frankreich nur einen Franken, in England nur ein Pfund, ob nun die konkrete Erscheinungsform Gold, Silber oder Papier ist. Hundert Mark sind bei uns hundert Mark, gleichviel ob man sie in Goldstücken, in Silberthalern oder in Reichsbanknoten und Reichskassenscheinen in der Hand hat.

Auch wo dieser Zustand nicht besteht, ist er stets der gewollte und erstrebte. Das Agio bestimmter Geldsorten gegeneinander liegt nirgends in der Intention des Gesetzgebers, es ist vielmehr eine Krankheit, welche die Einheitlichkeit des gesamten Geldwesens zerstört, eine Krankheit, welche in einzelnen Staaten eine chronische geworden ist, ohne deshalb den Charakter des Anormalen zu verlieren.

Die Möglichkeit eines Auseinanderfallens des Geldwesens ist überall vorhanden, denn überall ist das Geldwesen aus verschiedenartigen Bestandteilen zusammengesetzt. Die Möglichkeit des Auseinanderfallens ist größer oder kleiner je nach der Art der Zusammensetzung des Geldumlaufs. Dieser Zusammensetzung kommt daher eine hervorragende Bedeutung für die Sicherheit der Währung zu.

Wir prüfen das deutsche Geldwesen vor der Reform nach diesem Gesichtspunkt.

Deutschland hatte Silberwährung, und zwar Silberwährung mit freier Prägung des Währungsmetalles. Zwar bestand kein gesetzlich festgelegtes freies Prägerecht. Der Wiener Münzvertrag sprach mit keinem Wort von der Privatprägung, und in keinem deutschen Staate bestand eine gesetzliche Bestimmung, durch welche die Münzstätte verpflichtet gewesen wäre, Silber gegen eine bestimmte Gebühr auf Verlangen auszuprägen; nur in Österreich war die Münze zum Ankauf von Silberbarren zu einem festen Preise verpflichtet. Dagegen kauften die deutschen Münzstätten in der Praxis stets das ihnen angebotene Silber zu einem bekanntgemachten, um kleine Bruchteile veränderlichen Preise an, welcher dem Ausmünzungswert sehr nahe kam. Das System, durch eine kontingentierte Prägung den Wert des Kurantgeldes über seinen Metallwert hinaus zu erhöhen, war damals noch nicht erfunden. Die Abnutzung des im Umlauf befindlichen Geldes hatte vielmehr häufig die Wirkung, den Wert des geprägten Geldes unter seinen gesetzlichen Metallwert hinabzudrücken und dadurch die weitere Ausmünzung für die Staatskasse verlustbringend zu machen, eine bis in die sechziger Jahre vielbeklagte Thatsache. Weit entfernt daran zu denken, durch Verweigerung der Ausmünzung von Silber den Wert des Thalers über den Wert von $^1/_{30}$ Pfund Silber hinaus zu steigern, waren die deutschen Münzstätten vielmehr froh, wenn ihnen Silber zu einem die Prägekosten deckenden Preise verkauft wurde.

Thatsächlich, wenn auch nicht gesetzlich, hatte Deutschland also freie Silberprägung. Der Wert seines Kurantgeldes entsprach seinem Edelmetallgehalt.

Kein Münzsystem kann ausschließlich mit vollwertigem Kurantgeld auskommen. Die Silberwährung hat den einen großen Vorzug, daß sie nur einen sehr geringen Bruchteil von Scheidemünzen nötig macht. Bis zu sehr kleinen Beträgen herab lassen sich Münzen in vollwertigem Silber ausprägen, auch bei dem damaligen Silberwert, der bedeutend höher war, als der gegenwärtige. Die in dem Währungsmetall nicht mehr darzustellenden kleinen Beträge sind es aber allein, welche überhaupt mit Notwendigkeit unterwertiges Geld erfordern, oder wenigstens Geld, welches, da es aus anderem Material wie das Kurantgeld bestehen muß, jederzeit unterwertig werden kann. Das $2^1/_2$-Silbergroschenstück war in Deutschland (abgesehen von Bremen, das Goldwährung hatte) die größte unterwertige Scheidemünze.

Im Gegensatz zu ihrem geringen Bedarf an Scheidemünzen hat die Silberwährung jedoch aus Gründen, die später zu erörtern sind, die Tendenz, den Umlauf papierner Geldzeichen jeder Art zu begünstigen.

Über die Zusammensetzung des deutschen Geldumlaufs vor der Reform besitzen wir hinreichendes statistisches Material[1]. Die Einziehungen, welche im Verlauf der Münzreform stattgefunden haben, in Verbindung mit der Statistik der Papiergeld- und Banknotenausgabe, geben ein völliges Bild sowohl von der Zusammensetzung des gesamten Geldumlaufes nach Metallgeld und ungedecktem Papiergeld (Staatspapiergeld und ungedeckte Banknoten), als auch von der Zusammensetzung des metallischen Umlaufes nach seinen verschiedenartigen Bestandteilen.

Danach belief sich der in Deutschland vorhandene Vorrat von Silberkurantmünzen, welche als gesetzliches Zahlungsmittel anerkannt waren, also die deutschen Landessilbermünzen und die österreichischen Vereinsthaler, auf etwa 1456 Millionen Mark.

Rechnet man zu diesem vollwertigen Umlauf die Goldmünzen deutschen Gepräges hinzu, von denen im Verlauf der Münzreform ein Betrag von etwa 91 Millionen Mark eingezogen wurde, so erhöht sich der Wert des unmittelbar vor der Reform vorhandenen Umlaufes von vollwertigem Geld auf etwa 1550 Millionen Mark.

An Silberscheidemünzen waren, soweit sich aus den Ergebnissen der Einziehung schließen läßt, gegen 80 Millionen Mark im Umlauf, an Kupfermünzen nicht ganz 4 Millionen Mark.

Der gesamte Bestand an deutschem Metallgeld dürfte also ungefähr 1635 Millionen Mark betragen haben.

Dazu kamen die ausländischen Gold- und Silbermünzen, ferner die Silberbarren in den Banken, durch welche der Umfang des gesamten deutschen Metallgeldbestandes auf etwa 1985 Millionen Mark erhöht wurde[2].

Der Papierumlauf setzte sich zusammen aus Staatspapiergeld und Banknoten. Von den Banknoten kommt nur derjenige Teil in Betracht, der nicht durch Metall gedeckt war.

---

[1] Dieses Material ist zusammengestellt in den „Beiträgen zur Geldreform“, 2. Teil. Abschnitt III, IV und V.

[2] Vgl. Beiträge S. 119—128 und S. 136.

An Staatspapiergeld hatten die verschiedenen deutschen Staaten zusammen etwa 184 Millionen Mark ausgegeben. Eine metallische Deckung irgend welcher Art stand diesem Papiergeld nicht gegenüber.

Außer dem von den Einzelstaaten ausgegebenen Papiergeld waren am Ende des Jahres 1871 im Umlauf Darlehenskassenscheine des Norddeutschen Bundes im Betrag von etwas über 77 Millionen Mark.

An ungedeckten Noten hatten die deutschen Notenbanken zusammen im Umlauf:

Ende	1870	etwa	450	Millionen	Mark.
"	1871	"	420	"	"
"	1872	"	600	"	"
"	1873	"	450	"	"

Dabei ist in Betracht zu ziehen, daß der ungedeckte Notenumlauf bei Jahresschluß erheblich stärker zu sein pflegt, als im Jahresdurchschnitt. Man wird einen durchschnittlichen ungedeckten Notenumlauf von etwa 370 Millionen Mark annehmen dürfen[1].

Der gesamte metallisch nicht gedeckte Papierumlauf in den Jahren vor der Papiergeldreform mag also etwa 630 Millionen Mark betragen haben.

Wenn wir die damalige Bevölkerung Deutschlands zu 40 Millionen Seelen annehmen, kommt nach dieser Aufstellung auf den Kopf etwa 49½ Mark Metallgeld, darunter 47½ Mark vollwertiges Geld und etwa 2 Mark unterwertige Scheidemünzen. An ungedeckten Papiergeldzeichen kommen auf den Kopf etwa 15,8 Mark; von den nur für einen vorübergehenden Zweck ausgegebenen Darlehenskassenscheinen des Norddeutschen Bundes abgesehen, etwa 13,8 Mark.

Wenn wir diesen Verhältnissen die Zusammensetzung unseres heutigen Geldumlaufs oder die Verhältnisse des Geldumlaufs fremder Staaten gegenüberstellen, kommen wir zu dem Ergebnis, daß die damaligen Klagen über den allzugroßen Papierumlauf der Berechtigung nicht entbehrten.

Die Motive zum Gesetzentwurf über die Ausgabe von Banknoten, vom 27. März 1870[2], geben eine Zusammenstellung des Banknoten- und Staatspapiergeld-Umlaufs für die Staaten des Norddeutschen Bundes. Sie errechnen für den 21. Januar 1870 an ungedeckten papiernen Umlaufsmitteln auf den Kopf der Bevölkerung 4,75 Thaler, etwa ebensoviel, wie wir für die Zeit vor der Geldreform für das ganze Reich ermittelt haben.

---

[1] Vgl. Beiträge S. 129 und 130.

[2] Drucksachen des Reichstags von 1870 Nr. 60.

Dagegen belief sich nach den Motiven des erwähnten Gesetzes, am 17. Februar 1870 der ungedeckte Papierumlauf Frankreichs nur auf etwa $192^1/_2$ Millionen Franken = ca. 52 Millionen Thaler. Demnach fielen auf den Kopf der Bevölkerung Frankreichs nur 1,37 Thaler ungedecktes Papiergeld, trotzdem der Vorrat Frankreichs an metallischem Gelde die metallische Zirkulation Deutschlands erheblich übertraf.

Für Großbritannien und Irland geben die Motive als ungedeckten Notenumlauf etwa $15^1/_2$ Millionen £ = etwa $102^3/_4$ Millionen Thaler; danach auf den Kopf der englischen Bevölkerung 3,53 Thaler. Obwohl auch dieser Betrag, trotz des bei weitem besser entwickelten englischen Bankwesens immer noch um ein Viertel niedriger war, als die deutsche Quote, war er, wie die Motive sagen, den wirklichen Verhältnissen gegenüber zu hoch gegriffen. Da für die Privat- und Joint-Stock-Banken in England und Wales Angaben über die Barvorräte nicht vorlagen, hat man ihren gesamten Notenumlauf mit über 5 Millionen £ als ungedeckt in Rechnung gesetzt.

Diese Vergleichungen ergeben, daß die Papierzirkulation einen anormal großen Raum im deutschen Geldumlauf einnahm. Darin lag für das deutsche Geldwesen ein Moment der Schwäche. Es ist deshalb sehr begreiflich, daß sich gegen den übermäßigen Papiergeld-Umlauf zahlreiche Stimmen erhoben und daß die Reform des Papiergeld- und Banknotenwesens als ein wesentlicher Teil der deutschen Geldreform, als eng verflochten mit der Münzreform angesehen wurde.

Die Ursachen und Vorbedingungen der übergroßen Ausdehnung des deutschen Papierumlaufs lagen auf zwei verschiedenen Gebieten, in dem politischen Zustande Deutschlands und in der deutschen Währungsverfassung [1].

Die Zersplitterung Deutschlands in eine große Anzahl von Landesherrschaften hatte vormals die Münzverschlechterungen und die übermäßige Ausgabe von stark unterwertigen Scheidemünzen sehr begünstigt. Dieselbe Ursache bewirkte später, als den Münzverschlechterungen ein Riegel vorgeschoben war, eine Überfüllung des Umlaufs mit ungedecktem Papiergeld.

Die kleinsten Staaten, die früher ihr „Münzregal" durch Ausprägung schlechter Münzen ausgenützt hatten, suchten jetzt ihren Vorteil in der Ausgabe von Staatspapiergeld, und zwar in einer Weise, welche

[1] Vgl. zum folgenden Wagner, System der Zettelbank-Politik, 1873; Lotz, Geschichte und Kritik des Bankgesetzes, 1888.

ihrem Gebietsumfang und ihrer Einwohnerzahl durchaus nicht entsprach, sondern auf den Umlauf in den angrenzenden größeren deutschen Staaten berechnet war.

Eine Vergleichung der einzelnen Staaten nach ihrer Bevölkerungszahl und ihrer Ausgabe von Staatspapiergeld ist in dieser Beziehung sehr lehrreich.

Schon bei den größeren Staaten treten die auffallendsten Unterschiede hervor. Während Preußen im Oktober 1872 etwa 20½ Millionen Thaler Kassenanweisungen ausgegeben hatte, betrug die Emission Sachsens 12 Millionen Thaler.

Besonders charakteristisch jedoch ist folgende Thatsache:

Die beiden Herzogtümer Sachsen-Meiningen und Sachsen-Koburg hatten offiziell die süddeutsche Guldenwährung. Nun hatten aber die auf Thalerwährung lautenden Scheine, weil die Thalerwährung die weiteste Verbreitung hatte, und weil Thalerscheine in ganz Deutschland, auch in den Guldenstaaten, genommen wurden, bessere Aussichten auf Aufnahme in den deutschen Umlauf. Das war offenbar der Grund, welcher die erwähnten beiden Herzogtümer bestimmte, ihr Staatspapiergeld nicht auf die offizielle Landeswährung, sondern auf Thaler auszustellen.

Dieselbe Ursache, welche eine übermäßige Ausgabe von Staatspapiergeld begünstigte, führte zu einer ähnlichen Überfülle von Banknoten.

Die Regierungen behielten sich das Recht vor, Konzessionen zur Errichtung von Zettelbanken zu verleihen. Die Erteilung einer solchen Konzession brachte den Einzelstaaten ähnliche fiskalische Vorteile, wie die Ausgabe von Staatspapiergeld. Entweder ließen sich die Regierungen die Konzession teuer bezahlen, oder sie sicherten sich eine Beteiligung am Gewinn der Zettelbanken.

Schon in diesem fiskalischen Vorteil lag für die Einzelstaaten ein starker Anreiz, die Errichtung von Zettelbanken zu begünstigen. Dieser Anreiz wurde gerade für die Kleinstaaten dadurch erhöht, daß Preußen und auch Bayern der Entwickelung des Zettelbankwesens gegenüber eine geradezu feindselige Haltung einnahmen, während der kräftige Aufschwung der deutschen Industrie und des deutschen Handels eine Ausbildung des Notenwesens gebieterisch verlangten. Dadurch wurde die Gründung von Bankanstalten mit dem Recht der Notenausgabe in den an Preußen angrenzenden oder von preußischem Gebiet eingeschlossenen Kleinstaaten erheblich gefördert. Diese Banken waren von vornherein auf ein Geschäftsgebiet berechnet, das über die engen Grenzen des Staates, welcher ihnen das Recht der Notenausgabe verliehen hatte, weit hinausging.

Als Preußen später durch Konzessionierung der Privatnotenbanken das Versäumte nachholte, beseitigte es damit nicht auch zugleich die kleinstaatlichen Institute, welche ihre Existenz hauptsächlich der preußischen Abneigung gegen die Zettelbanken verdankten.

Wie sehr die kleinstaatlichen Notenbanken für eine ihr eigentliches Territorium überschreitende Wirksamkeit bestimmt waren, geht aus der Größe ihrer Notenrechte hervor. Von den 31 deutschen Notenbanken, welche bei Beginn der Münzreform bestanden, hatten sechs das Recht der unbeschränkten Notenausgabe, und zwar neben der Preußischen Bank und zwei sächsischen Instituten die drei folgenden:

Die Privatbank zu Gotha, die Geraer Bank und die Niedersächsische Bank zu Bückeburg.

Die Möglichkeit einer starken Überfüllung des Verkehrs mit ungedeckten Noten war damit gegeben. In den Währungsverhältnissen Deutschlands begründete Umstände dagegen waren es, welche den deutschen Umlauf zur Aufnahme großer Mengen papierner Zahlungsmittel geneigt machten und so die in den politischen Verhältnissen begründete Möglichkeit einer Überschwemmung mit ungedecktem Papiergeld zur Wirklichkeit werden ließen.

Wir kommen damit zum zweiten Teil dieser Untersuchung, zur Klarlegung des Zustandes und der Beschaffenheit des metallischen Umlaufes einerseits, des Papiergeldes andererseits.

Wir haben gesehen, wie Deutschland von einer Art Parallelwährung durch Verkümmerung des Goldumlaufs und Goldgebrauchs zu einer reinen Silberwährung gekommen war, die im Wiener Münzvertrag ihre feierliche Sanktion erhielt.

Nun liegt es in der Natur der Silberwährung, daß sie Goldmünzen nur in sehr beschränktem Maße im Umlauf duldet.

Wo Goldwährung besteht, kann — nach dem jeweiligen Marktwert des Silbers gerechnet — unterwertig ausgeprägtes Silbergeld in beschränkten Mengen in Umlauf gesetzt werden, um Zahlungen von Beträgen zu ermöglichen, welche in Goldmünzen nicht dargestellt werden können. Ihre Unterwertigkeit schützt sie vor Ausfuhr und Einschmelzung; sie sind ferner für das Geldwesen absolut unschädlich, solange sie nicht in einem das Bedürfnis überschreitenden Umfange geprägt werden, besonders wenn ihre Zahlungskraft auf einen niedrigen Betrag beschränkt ist. Überschreiten die unterwertig ausgebrachten Silbermünzen bei einem auf das Gold begründeten Geldwesen das durch die Notwendigkeit der kleinen Zahlungen geschaffene Bedürfnis, sind sie außerdem nicht ausschließlich in ihrer Zahlungskraft beschränkte Scheidemünzen, sondern zum Teil als Kurantmünzen für jeden Betrag gesetzliches Zahlungsmittel, dann können sie der Goldwährung gefährlich werden und ein Sinken des Geldwertes unter seinen gesetzlichen Goldwert veranlassen. Diese Wirkung muß jedoch nicht eintreten. Länder mit günstiger Zahlungsbilanz können, wie namentlich das Beispiel der Niederlande lehrt, bei einem fast ausschließlichen Silberumlauf eine Goldvaluta, d. h. ein gewolltes festes Wertverhältnis ihres Geldes zum Gelde von Goldwährungsländern und zum Metalle Gold, strikt aufrecht erhalten.

Auf jeden Fall können sich in einer Goldwährung Silbermünzen durch Übertarifierung bei beschränkter oder gänzlich gesperrter Ausprägung in einer den Bedürfnissen des Verkehrs entsprechenden Weise ebenso gut erhalten, wie Kupfermünzen in einer Silberwährung.

Ganz anders ist die Stellung der Goldmünzen bei einer Silberwährung.

Es sind hier zwei Fälle zu unterscheiden, der eine, in welchem die Goldmünzen einen festen Wert in dem Silbergeld haben sollen, der andere, in welchem sie nur einen schwankenden Kurs im eigentlichen Währungsgelde genießen.

Im ersteren Fall wäre es notwendig, den Goldmünzen einen Wert beizulegen, der höher ist als ihr Metallwert, da sie andernfalls mit Vorteil eingeschmolzen werden könnten. Natürlich müßte man ihre Prägung beschränken, weil sie sonst das Währungssystem zu einer Doppelwährung machen und das Silbergeld aus dem Umlauf vertreiben würden.

Während man nun bei einer Goldwährung die Zahlungskraft der Silbermünzen in Rücksicht auf deren unterwertige Ausprägung beschränken kann, wäre das bei einer Silberwährung hinsichtlich der Goldmünzen nicht denkbar. Innerhalb der Goldwährung haben die Silbermünzen die Aufgabe, zur Ermöglichung der kleinen Zahlungen zu dienen, welche in Gold nicht geleistet werden können. Die Erfüllung dieser Aufgabe wird ihnen durch eine Beschränkung ihrer Zahlungskraft auf einen gewissen Maximalbetrag nicht unmöglich gemacht, sondern ihre Funktion wird dadurch lediglich auf die Erfüllung dieser Aufgabe beschränkt. Dagegen können auch bei einer Silberwährung die Goldmünzen nur den Zweck haben, zur Erleichterung derjenigen größeren Zahlungen zu dienen, deren Erfüllung in Silbergeld unbequem wäre. Eine der unterwertigen Ausprägung entsprechende Beschränkung der Zahlungskraft würde also den Goldmünzen die ihnen vermöge des höheren Goldwertes von Natur aus zukommende Funktion unmöglich machen.

Von der Beschränkung der Zahlungskraft abgesehen, hat allein schon die unterwertige Ausprägung einer für große Zahlungen bestimmten Geldsorte ihre Bedenken; namentlich in Hinblick auf den internationalen Verkehr. Wegen seines höheren Wertes wird das Gold schon seit langer Zeit mehr als das Silber zur Ausgleichung internationaler Zahlungsverpflichtungen benutzt. Eine unterwertige Goldmünze könnte aber diesem Zwecke nicht dienen; sie wäre unfähig, ausgeführt zu werden, und auf der anderen Seite könnte, da eine unterwertige Ausprägung nur bei einem Ausschluß des freien Prägerechts möglich ist, vom Ausland importiertes Gold nicht ohne weiteres und mit geringen Kosten in inländische Goldmünzen verwandelt werden.

Eine ausreichende und ihren natürlichen Zwecken dienende Goldzirkulation läßt sich also bei einer Silberwährung mit fester Tarifierung der Goldmünzen nicht erreichen.

Nicht viel günstiger gestalten sich die Verhältnisse, wenn die Goldmünzen nicht tarifiert werden, besonders, wenn sie nicht einmal Kassenkurs erhalten. Sie stehen dann außerhalb des eigentlichen Geldsystems, als „Handelsmünzen", deren Kurs, ebenso wie der Kurs ausländischer Münzsorten, an der Börse notiert wird und sich von Tag zu Tag ändern kann. Das große Publikum ist nicht geneigt, Münzen von schwankender Geltung, von denen es nicht weiß, wie ihr Kurs am nächsten Tage stehen wird, in Zahlung zu nehmen. Die Goldmünzen können deshalb auch dann, wenn sie allenfalls im Großverkehr in ausgedehntem Maße Verwendung finden, in dem gewöhnlichen Verkehr keine Wurzel fassen. Sie schwimmen leicht auf der Oberfläche des gesamten Geldumlaufs, und wie sie infolge ihres schwankenden Wertes dem Silbergelde gegenüber als Waren erscheinen, so neigen sie dazu, auch äußerlich wieder den Warencharakter anzunehmen, nämlich eingeschmolzen zu werden.

Ein Land, das eine Silberwährung aufrecht erhalten will, wird aus diesen Gründen auf eine umfangreiche Goldzirkulation verzichten müssen;

ein Land, das eine reiche und zweckentsprechende Goldzirkulation wünscht, muß die Silberwährung preisgeben.

Für die Richtigkeit dieses Satzes hat die Geschichte des deutschen Münzwesens in diesem Jahrhundert den schlagenden Beweis geliefert.

Von den zur Zeit der Münzreform noch zirkulierenden Goldmünzsorten war ein Betrag von ungefähr 177 Millionen Thaler ausgeprägt worden. Von diesen gelangten im Verlauf der Reform nur etwa 30 Millionen Thaler zur Einziehung; das sind etwa 18 Prozent, der Abgang durch Einschmelzung u. s. w. betrug also 82 Prozent. Bei den Silberkurantmünzen dagegen haben wir fast genau das umgekehrte Verhältnis. Von dem Gesamtbetrag der Ausprägungen waren zur Zeit der Reform noch etwa 82 Prozent vorhanden, so daß also der Abgang nur etwa 18 Prozent betrug.

Wären unsere Ausführungen über die Unmöglichkeit eines genügenden Goldumlaufs bei einer Silberwährung nicht zutreffend, dann müßte man aus dem überaus starken Abgang, den die deutschen Goldmünzen aufwiesen, den Schluß ziehen, daß Deutschland keinen Bedarf an Goldmünzen gehabt habe.

Dieser Schluß wäre jedoch verfehlt.

Ein starker Bedarf nach Goldmünzen war längst vorhanden, der riesige Aufschwung, welchen Deutschland in wirtschaftlicher Beziehung seit der Gründung des Zollvereins und namentlich seit den fünfziger Jahren erfuhr, mußte mit der Notwendigkeit größerer Zahlungen und mit dem Anwachsen des Verkehrs mit den wichtigsten Handelsvölkern, welche sich des Goldes entweder als des gesetzlich anerkannten oder als des thatsächlich vorwiegenden Zahlungsmittels bedienten, das Verlangen nach einer ausreichenden Goldzirkulation erzeugen.

Die deutschen Goldmünzen waren nun durch ihre schwankende Geltung auf die gleiche Stufe mit dem ungemünzten Golde und den ausländischen Goldmünzsorten gestellt. So kam es, daß, während die deutschen Goldmünzen massenhaft eingeschmolzen wurden und außer Landes gingen, der deutsche Münzumlauf große Quantitäten ausländischer Goldmünzen herbeizog. Bei einigen dieser Sorten wurde die Einwanderung nach Deutschland besonders dadurch begünstigt, daß sie zu dem Landessilbergeld auf Grund der damals geltenden Wertrelation zwischen Silber und Gold in einem bequemeren Verhältnis standen als die einzige frei vermehrbare deutsche Goldmünze, die Zollvereins-Krone. Das gilt namentlich hinsichtlich der goldenen Zwanzigfrankenstücke. Diese wurden in Süddeutschland zu 9½ Gulden genommen, während bei einer Relation von 1 : 15½ zwischen Gold und Silber ihr genauer Wert 9 Gulden 27 Kreuzer gewesen wäre. Die Möglichkeit, Zwanzigfrankenstücke in Süddeutschland zu diesem Kurse in Zahlung zu geben, trug unzweifelhaft viel dazu bei, während des durch die kalifornischen Funde veranlaßten Tiefstandes des Goldwertes große Massen französischer Goldmünzen nach Deutschland zu leiten. Aber es ist ebensowenig zweifelhaft, daß diese zu günstige Bewertung, welche der deutsche Verkehr den französischen Goldmünzen angedeihen ließ, nicht die einzige Ursache des starken Umlaufs ausländischer Geldsorten in Deutschland war, sondern daß dieser Umstand dem Bedarf Deutschlands nach Goldmünzen nur zu Hilfe kam. Überdies ist es möglich, daß die zu günstige Bewertung der ausländischen Goldmünzen ihrerseits in einem gewissen Zusammenhang mit dem Bedarf nach einer Goldzirkulation stand.

Es ist klar, daß dieser aus allen möglichen inländischen und ausländischen Münzsorten zusammengesetzte Goldumlauf nichts sein konnte, als ein dürftiger Notbehelf.

Da eine hinreichende und bequeme Goldzirkulation nicht vorhanden, Silbergeld aber für jede nur mäßig große Zahlung bereits zu schwer und unbequem war, griff der wachsende Verkehr zu dem am nächsten liegenden Auskunftsmittel, dem papiernen Geldzeichen. So liegt in der Zusammensetzung des deutschen Metallgeldumlaufs, welche ihrerseits in der bestehenden Silberwährung begründet war, jener zweite, oben bereits angedeutete Grund, welcher zu der starken Ausdehnung der ungedeckten Papierzirkulation führte. Die Thatsache, daß die gesetzliche Silberwährung den Bedürfnissen des Verkehrs nicht mehr genügte, schuf einen starken Begehr nach papiernen Zahlungsmitteln, und dieser Begehr allein war es, welcher es den Regierungen und den Notenbanken ermöglichte, fortgesetzt große Mengen papierner Geldzeichen im Umlauf zu erhalten.

Der Bedarf nach papiernen Umlaufsmitteln ist bei einer Silberwährung nicht nur ein größerer, als bei einem Währungssystem mit ausreichendem Goldumlauf, sondern er erstreckt sich vor allem auf kleinere Wertbeträge, für welche bei überwiegender Goldzirkulation kein oder doch nur ein geringer Begehr vorhanden ist. Eine Goldwährung kann ohne Papiergeld und Noten unter hundert Mark auskommen. Dem Gewicht von hundert Mark in Gold entspricht das Gewicht von etwa 2 Thalern in Silber. Papierne Geldzeichen in Abschnitten bis zu sehr kleinen Beträgen herab sind deshalb bei einer Silberwährung eine Notwendigkeit.

Nun ist es eine bekannte und leicht zu erklärende Thatsache, daß Papiergeld und Noten in um so kleineren Zwischenräumen an die ausgebende Stelle zur Einlösung zurückkehren, je größer der Betrag ist, auf den sie lauten; ganz kleine Abschnitte werden von dem Umlauf am längsten festgehalten. Je kleiner die Abschnitte sind, desto weniger lohnt sich eben die Rücksendung zur Ausgabestelle.

Bei einer Silberwährung besteht also nicht nur ein Mehrbedarf nach Papiergeld, sondern ein beträchtlicher Teil der papiernen Umlaufsmittel wird von der Zirkulation zäher festgehalten und kehrt seltener zur Einlösung zurück. Dadurch wird namentlich die Ausgabe ungedeckter Banknoten erheblich erleichtert, indem nämlich die Zettelbanken sich in stand gesetzt sehen, mit geringerer Bardeckung zu wirtschaften.

Dieser Zusammenhang zwischen der bestehenden Silberwährung und dem Übermaß des ungedeckten Papierumlaufs wurde einer der wichtigsten Gründe für die Preisgabe der Silberwährung und den Übergang zur Goldwährung.

Wir kommen nun zu der Zusammensetzung und Beschaffenheit des Silbergeldes.

Von dem Gesamtumlauf der als gesetzliches Zahlungsmittel anerkannten deutschen Silbermünzen im Betrag von etwa 1535 Millionen Mark waren gegen 80 Millionen Mark unterwertig ausgeprägte Scheidemünzen. Der Silberscheidemünzumlauf betrug also etwa 5,2 Prozent des gesamten Silberumlaufs.

Dieses Verhältnis wurde durch die Kupfermünzen nur unmerklich verschoben. Von diesen gelangten nur 3,6 Millionen Mark zur Einziehung.

An und für sich betrachtet war also der Anteil der Scheidemünzen am Gesamtumlauf sehr unerheblich. Dagegen hätte er in Anbetracht des Umstandes, daß die Silberwährung eine sehr starke Beschränkung des Scheidemünzumlaufs gestattet und daß das größte Scheidemünzstück das $2^1/_2$-Groschenstück war, noch kleiner sein können. Das ergiebt sich deutlich daraus, daß im Verlauf der Münzreform bis zum Schlusse des Jahres 1878 an Zwanzigpfennigstücken, Nickel- und Kupfermünzen etwa $2^1/_2$ Millionen Mark weniger in Umlauf gesetzt wurden, als an den entsprechenden Landesmünzsorten eingezogen wurden, während gleichzeitig die Ausprägung der größeren Silberstücke und der Goldmünzen die entsprechenden Einziehungen um fast eine Milliarde Mark übertraf[1]. Der gesamte Geldumlauf erfuhr also eine beträchtliche Ausdehnung; gleichwohl war hinsichtlich des kleinen Geldes, welches an die Stelle der seitherigen Silberscheidemünzen trat, eine Einschränkung möglich.

Im Grunde genommen ist es nicht angängig, den damaligen Scheidemünzumlauf als eine Einheit zu beurteilen. Wir erinnern uns, daß speciell die süddeutschen Staaten das ganze Jahrhundert hindurch an einem Überfluß von Scheidemünzen gelitten haben, während die Verhältnisse im Norden augenscheinlich günstiger lagen.

Diese Wahrnehmung wird bestätigt durch die Ergebnisse der Einziehung.

Vor der Reform belief sich der Vorrat von Silbermünzen der Thalerwährung auf ca. 1320 Millionen Mark. Davon waren etwa 35 Millionen Mark Scheidemünzen; dazu kommen etwa 2,8 Millionen Mark Kupfermünzen. Die Scheidemünzen betrugen also nur etwa 2,9 Prozent des gesamten Silberumlaufs.

Dagegen gelangten während der Münzreform im ganzen etwa 205 Millionen Mark in Münzen der Guldenwährung, Konventionsmünzen und Kronenthalern zur Einziehung, darunter 40 Millionen an Silber- und Kupferscheidemünzen. Fast ein Fünftel des gesamten Silberumlaufs bestand also hier aus Scheidemünzen, gegen nur 2,9 Prozent bei der Thalerwährung.

In diesen Zahlen spiegelt sich jedoch das Mißverhältnis etwas zu kraß. Während der Umlauf des Kurantgeldes der Guldenwährung durchaus auf die Guldenstaaten beschränkt war, war der Thaler die Vereinsmünze und wurde von den süddeutschen Staaten selbst in erheblichem Umfange geprägt. Es ist ferner zu berücksichtigen, daß in Süddeutschland eine verhältnismäßig viel größere Menge von ausländischen Kurantmünzen, besonders von Fünffrankenstücken und österreichischem Silbergeld, im Umlauf war, als im Norden, während sich ausländische Scheidemünzen kaum vorfanden.

Durch diese Umstände wird der verhältnismäßige Anteil der Scheidemünzen am Gesamtumlauf für die Thalerstaaten vergrößert und für die Guldenstaaten verringert; um wieviel, das ist ziffermäßig nicht zu ermitteln.

Daß aber nichtsdestoweniger ein starkes Mißverhältnis obwaltete,

---

[1] Siehe die Tabellen in den Beiträgen, 5. Teil 1. Abschnitt und 6. Teil 1. Abschnitt.

ergiebt sich zur Evidenz, sobald man den Scheidemünzumlauf der beiden Münzgebiete in ein Verhältnis zu ihrer Bevölkerung setzt.

Die Scheidemünzen beider Systeme waren im wesentlichen auf ihr ursprüngliches Gebiet beschränkt. Wenn überhaupt eine merkliche Verschiebung stattgefunden hatte, dann war es nur in dem Sinne der Fall, daß auch der Scheidemünzumlauf der Thalerwährung sich in die Guldenstaaten hinein ausdehnte, keinesfalls aber umgekehrt. Trotzdem nun die Bevölkerung des Gebietes der Thalerwährung etwa dreimal so groß war, wie diejenige der Staaten des süddeutschen Münzsystems, wurden an Thaler-Scheidemünzen nur etwa 34 Millionen Mark eingezogen, an Scheidemünzen der Guldenwährung dagegen etwa 40 Millionen Mark.

Für die Beurteilung eines Geldwesens ist nicht nur seine Zusammensetzung wichtig, sondern vor allem auch der Zustand, in welchem sich die Hauptmünzen befinden, von denen der Wert des gesamten Landesgeldes abhängig ist.

In der ersten Hälfte unsers Jahrhunderts war es ein vielbehaupteter Satz, jeder Münzfuß neige in Folge der Abnutzung der umlaufenden Münzen zur Verschlechterung. Besonders J. G. Hoffmann[1] vertrat diesen Gedanken eifrig. Man glaubte in ihm ein für alle Zeiten gültiges historisches Gesetz gefunden zu haben. Der Satz wurde geschichtlich bewiesen durch den Hinweis darauf, daß im Laufe der Jahrhunderte in allen Ländern der Münzfuß ein leichterer geworden sei; er wurde ferner theoretisch bewiesen durch folgenden Gedankengang: Der Wert einer Münze richte sich nach ihrem thatsächlichen Feingehalt. Wenn nun durch den Umlauf die im gesetzlichen Feingehalt ausgeprägten Stücke leichter geworden seien, dann müsse man für das Edelmetall einen höheren Preis zahlen, als seinen gesetzlichen Ausmünzungswert, z. B. für die Mark Feinsilber mehr als 14 Thaler. Dadurch wird einmal für den Staat die Ausmünzung ein verlustbringendes Geschäft, und ferner wird, wenn der Staat trotzdem fortfährt zu prägen, das Opfer umsonst gebracht, weil die neuen vollwichtigen Stücke, kaum in Zirkulation gebracht, aufgesammelt und eingeschmolzen werden; denn das rohe Metall steht eben höher im Wert als das gemünzte. Der einzige Ausweg ist eine offizielle Münzverschlechterung, welche den gesetzlichen Feingehalt mit dem Feingehalt des vorhandenen Umlaufs wieder in Übereinstimmung bringt.

[1] Die Lehre vom Geld. 1838; Zeichen der Zeit im deutschen Münzwesen. 1841.

Dieser Gedankengang hatte für die damalige Zeit seine Berechtigung. Für unsre heutigen Verhältnisse ist er aus zwei Gründen hinfällig geworden. Seine beiden Voraussetzungen bestehen nicht mehr. Der Staat hat die Aufgabe übernommen, die abgenutzten Stücke einzuziehen und so den Umlauf vollwertig zu erhalten. Ferner hat der Satz, daß sich der Wert eines Geldes ausschließlich nach seinem effektiven Metallgehalt richte, seine unbedingte Geltung verloren.

Dafür ist das beste Beispiel der englische Goldumlauf. Es ist allgemein bekannt, daß vor den großen Umprägungen der letzten 6 Jahre ein großer Teil des englischen Goldgeldes über das gesetzliche Passiergewicht hinaus abgenutzt war. Trotzdem gehörten Steigerungen des Goldpreises über den Ausmünzungswert zu den größten Seltenheiten.

In der ersten Hälfte unsers Jahrhunderts lagen jedoch in Deutschland die Verhältnisse anders. Weder war in genügender Weise für die Zurückziehung des abgenutzten Geldes gesorgt, noch auch war die Möglichkeit gegeben, das abgenutzte Geld völlig auf seinem gesetzlichen Metallwert zu erhalten. Diese Möglichkeit beruht, wie jede Möglichkeit einer Erhaltung des Geldwertes über seinem Stoffwert, auf der strengen Ausübung des dem Staate zustehenden Monopols, die in seinem Gebiete als Geld dienenden Umlaufsmittel zu schaffen. Dadurch aber, daß im größten Teil von Deutschland nicht nur fremde Münzen, sondern sogar fremdes Papier in Zahlung genommen wurde, daß ferner die einheimischen Zettelbanken in einem das Bedürfnis überschreitenden Umfang papierne Geldzeichen in Umlauf setzten, war das Monopol der Herstellung von Geld den deutschen Regierungen teilweise entzogen. Selbst im Falle der günstigsten Zahlungsbilanz und des stärksten Bedürfnisses nach einer Vermehrung der Zirkulationsmittel, welche Faktoren unter andern Verhältnissen den Wert des Geldes bis zu seiner oberen, durch seinen gesetzlichen Feingehalt zuzüglich der Prägegebühr gegebenen Grenze hätten steigern müssen, — selbst dann war es möglich, daß der Preis des Edelmetalls höher blieb als sein Ausmünzungswert.

Unter diesen Verhältnissen war der Zustand des umlaufenden Silberkurantgeldes für die deutsche Valuta von besonderer Wichtigkeit.

Im allgemeinen stößt die Untersuchung eines Münzwesens von diesem Gesichtspunkte aus auf besondere Schwierigkeiten. Wie das Beispiel Englands zeigt, giebt weder der Preis des Währungsmetalls noch der Stand der auswärtigen Wechselkurse einen sicheren Anhalt. Man hat sich häufig durch Abwiegen großer Quantitäten der zu untersuchenden

Münzsorten zu helfen gesucht, um deren thatsächlichen Durchschnittsgehalt zu ermitteln.

Dieses letztere Mittel steht uns in radikaler Ausdehnung für die Erkenntnis des Zustandes des deutschen Münzumlaufs vor der Reform zur Verfügung. Wir kennen von jeder einzelnen Münzsorte den im Verlauf der Münzreform eingeschmolzenen Betrag und das Schmelzergebnis. Danach können wir den durchschnittlichen Metallgehalt der einzelnen Sorten berechnen.

Wir gelangen auf diese Weise zu verhältnismäßig günstigen Resultaten [1].

Von allen Kurantmünzen waren am stärksten abgenutzt die von 1750 bis 1822 geprägten Thaler, nämlich um fast 1½ Prozent. Für die von 1823 bis 1856 geprägten Thaler erhalten wir eine Abnutzung von etwas über ½ Prozent. Für die Vereinsthaler stellt sich ein Feingehaltsverlust von 0,3 Prozent heraus. Am günstigsten ist das Ergebnis hinsichtlich der Doppelthaler, welche nicht einmal 0,1 Prozent ihres Normalgewichtes eingebüßt hatten. Gulden und Doppelgulden stellten sich etwas besser als die Vereinsthaler. Ihre Abnutzung erreichte nicht ganz 0,3 Prozent.

Der Goldumlauf kam, da Deutschland Silberwährung hatte, nicht ausschlaggebend in Betracht. Für die süddeutschen Goldmünzen und die Dukaten sind specifizierte Nachweisungen über die Schmelzergebnisse nicht vorhanden. Bei den Friedrichsdoren und Pistolen erreichte der Minderfeingehalt nicht ganz 1 Prozent.

Im allgemeinen kann man also den Zustand des deutschen Geldwesens von diesem Gesichtspunkte aus nicht gerade als einen unbefriedigenden bezeichnen. In Anbetracht des Umstandes, daß vor dem Wiener Vertrage in keinem Staate eine Abnutzungsgrenze festgelegt war, und daß der Wiener Vertrag die zulässige Abnutzung für die Vereinsthaler auf 2 Prozent des Normalgewichts normiert hatte, war die Abnutzung der umlaufenden Kurantmünzen sogar eine unerwartet geringe. Nicht einmal die in den Jahren 1750—1822 geprägten Einthalerstücke erreichten in ihrem Durchschnitt die Abnutzungsgrenze des Wiener Vertrags. Die meisten umlaufenden Kurantmünzsorten zeigten eine Abnutzung, welche innerhalb der für unsre Reichsgoldmünzen festgesetzten Abnutzungsgrenze von ½ Prozent blieb.

---

[1] Vgl. Beiträge S. 104 und 105.

Wir kommen nunmehr zu der Beschaffenheit des Papierumlaufes.

Daß die ungedeckten Banknoten und das gleichfalls unfundierte Staatspapiergeld in der deutschen Gesamtzirkulation einen bedeutenden Raum einnahmen, haben wir bereits festgestellt. Um so wichtiger für die Beurteilung des deutschen Geldwesens erscheint die Beschaffenheit dieses Papierumlaufes, vor allem die Einrichtungen, welche getroffen waren, um den Banknoten und dem Staatspapiergeld den ihnen beigelegten Wert zu sichern.

Das einzige Mittel, um einem papiernen Geldzeichen den Gleichwert mit dem Metallgeld zu sichern, ist die direkte Einlösbarkeit auf Präsentation.

Diese Garantie war gesetzlich durch den Wiener Münzvertrag geschaffen. In Artikel 22 hatten sich die vertragenden Staaten verpflichtet, kein Papiergeld mit Zwangskurs auszugeben oder ausgeben zu lassen, „falls nicht Einrichtung getroffen ist, daß solches jederzeit gegen vollwertige Silbermünzen auf Verlangen der Inhaber umgewechselt werden könne."

Solche Gesetzes- und Vertragsbestimmungen zeugen zwar von dem besten Willen, aber ihre Sicherheit in kritischen Zeiten ist nicht stärker, als das Papier, auf welchem sie geschrieben sind. Not bricht Eisen; um wieviel leichter zerreißt sie das Papier der Gesetzblätter!

Gerade die Bestimmung in Artikel 22 des Wiener Vertrags, welche den papiernen Geldzeichen im ganzen Münzverein unbedingte Einlösbarkeit garantieren wollte, ist in dem größten der vertragenden Staaten, in Österreich, nur während weniger Wochen thatsächlich in Kraft gewesen. Österreich war nicht im stande, diese wichtige Bestimmung zu erfüllen. Es blieb beim Zwangskurs seiner uneinlösbaren Noten, und das Metallgeld behielt ein schwankendes Agio.

Dieses Beispiel zeigt deutlich, wie schwach in dem vorliegenden Falle eine gesetzliche und vertragsmäßige Sicherheit ist. Ein Papiergeldwesen, welches nicht auf einer ökonomisch und technisch sicheren Grundlage steht, wird von der ersten Krisis über den Haufen geworfen, trotz aller gesetzlichen Garantien. Der Staat sieht sich genötigt, zur Vermeidung eines größeren Übels, etwa eines Bankerottes seiner Centralbank und dessen unabsehbaren Folgen für den ganzen wirtschaftlichen Organismus, zu dem kleineren Übel zu greifen und die gesetzlichen Bestimmungen, welche die Einlösbarkeit der Banknoten vorschreiben, zu suspendieren.

Für vernünftig geleitete Staaten haben Gesetzesvorschriften der erwähnten Art überhaupt keinen Sinn. Es wird ihnen nicht beikommen, ohne Not uneinlösbares Papiergeld mit Zwangskurs auszugeben, und tritt die Not an sie heran, dann müssen sie die sich selbst auferlegten Fesseln sprengen, sogar dann, wenn sie sich durch Verträge mit anderen Staaten gebunden haben. Das, worauf es allein ankommt, ist die Beschaffenheit und der Aufbau des Papiergeldwesens selbst.

Wir haben zu unterscheiden zwischen dem Staatspapiergeld und den Banknoten.

Staatspapiergeld hatten fast alle deutschen Staaten ausgegeben. Der Anlaß war verschiedener Art. Teilweise schritten die Staaten zur Emission von Papiergeld, um sich im Falle eines Krieges Geld zu beschaffen, so Bayern, welches bis dahin kein Papiergeld ausgegeben hatte, im Jahre 1866; teilweise um dem Bedürfnis nach hinreichend bequemen Zahlungsmitteln und den diesbezüglichen Eingaben der kaufmännischen Korporationen zu entsprechen, so namentlich das industriell am frühesten entwickelte Königreich Sachsen. Viele Staaten, namentlich die kleinsten, setzten ohne jeden Anlaß Papiergeld in Umlauf mit dem alleinigen Zweck, den Vorteil einer unverzinslichen Anleihe zu genießen.

Der größte Teil des deutschen Staatspapiergeldes lautete auf kleine Beträge. Etwa zwei Drittel des ganzen Papiergeldumlaufes bestand aus Scheinen von 5 Thalern und weniger. Auch das gesamte preußische Papiergeld lautete, mit einer geringfügigen Ausnahme von Darlehnskassenscheinen zu 10 Thalern, auf 5 Thaler und 1 Thaler. Eine Reihe von kleinen Staaten hatte nur Einthalerscheine ausgegeben. Nur wenige Regierungen hatten auch auf hohe Beträge lautendes Staatspapiergeld emittiert, von norddeutschen Staaten nur die beiden Mecklenburg, welche 25- und 50Thalerscheine ausgegeben hatten. Von dem auf Guldenwährung lautenden Papiergeld dagegen kam der größte Bruchteil auf 50 Guldenscheine, während der Betrag der auf weniger als 5 Gulden lautenden Abschnitte ein sehr geringer war[1].

Die Ausgabe von Staatspapiergeld ist nicht, wie die Ausgabe von Banknoten, mit privaten Kreditgeschäften irgend welcher Art verknüpft und kann infolgedessen nicht die Aufgabe haben, dem Geldumlauf gegenüber den Veränderungen im Geldbedarf eine gewisse Schmiegsamkeit und Elasticität zu verleihen; die Bestimmung des Staatspapiergeldes kann nur sein, dauernd in den Geldumlauf überzugehen und dauernd zur Erleichterung von Zahlungen zu dienen, welche nicht eben so leicht und bequem in Metallgeld geleistet werden können. Es kommen hier Zah-

[1] Vgl. Beiträge S. 109—113.

lungen in Betracht, welche zu groß sind, um bequem in Metallgeld beglichen zu werden: ferner kleinere Zahlungen nach entfernten Orten, für welche die Übersendung eines Papierscheines einfacher und billiger ist als die Sendung von Metallgeld oder die Postanweisung.

Wenn damit auch zugegeben ist, daß die Ausgabe von Staatspapiergeld in kleineren Abschnitten zwar nicht notwendig ist, aber doch erwünscht erscheinen kann, so muß dennoch das beträchtliche Überwiegen der kleinen Abschnitte im damaligen deutschen Papierumlauf als eine bedenkliche Erscheinung angesehen werden.

Die Ausgabe dieser kleinen Scheine ist großenteils nicht aus einem Bedürfnis des Verkehrs entsprungen, sondern lediglich aus der Wahrnehmung, daß solche Scheine aus Gründen, die wir bereits entwickelt haben, seltener zur Einlösung zurückkehren, als größere Abschnitte. Stücke vom Wertbetrag eines Thalers sind ganz dazu geeignet, dauernd in den Umlauf überzugehen und ihn zu durchsetzen. Eine Reihe von Kleinstaaten fand es deshalb lohnender, den deutschen Geldumlauf mit Thalerscheinen zu versorgen, als mit silbernen Thalerstücken. Bei den Kleinstaaten überschreitet durchweg der Betrag des emittierten Staatspapiergeldes den Betrag der Ausprägung von Kurantmünzen. So prägte Anhalt von der Dresdener Konvention bis zur Münzreform 335.000 Thaler, setzte aber 950.000 Thaler Papierscheine in Umlauf, und zwar ausschließlich Einthalerscheine. Reuß ä. L. prägte 35.800 Thaler, gegen eine Ausgabe von 130.000 Thaler Staatspapiergeld. Reuß j. L. schwang sich zur Ausgabe von 320.000 Thaler in Einthalerscheinen auf, während es nur 77.000 Thaler in Kurantgeld ausmünzte. Wären diese Staaten nicht durch die Dresdener Konvention und den Wiener Vertrag zur Ausprägung eines gewissen Minimums von Vereinsmünzen verpflichtet gewesen, dann hätten sie sich wahrscheinlich die Ausmünzung von Kurantgeld überhaupt erspart und sich ausschließlich auf die Versorgung des deutschen Umlaufs mit Papierscheinen verlegt.

Die juristische Verfassung des Papiergeldwesens war in den einzelnen Staaten verschieden.

Daß sämtliche Staaten ihr Staatspapiergeld an ihren eigenen Kassen zu seinem Nennwert in Zahlung nahmen, versteht sich von selbst. Dagegen war die Stellung des Papiergeldes im Privatverkehr nicht überall die gleiche; teilweise war es gesetzliches Zahlungsmittel, teilweise stand es dem Zahlungsempfänger frei, Zahlung in Metallgeld zu verlangen [1].

---

[1] Siehe Wagner, Zettelbankpolitik S. 36.

Bezüglich Preußens war die Frage, ob die Kassenanweisungen gesetzliches Zahlungsmittel seien oder nicht, zweifelhaft. Die betreffenden Gesetzesbestimmungen sind undeutlich. Die Kabinets-Ordre vom 21. Dezember 1824, welche die Einziehung der Tresor-Scheine und ihre Ersetzung durch „Kassenanweisungen" anordnete, erklärt die Kassenanweisungen für ein „zum öffentlichen Umlauf der ganzen Monarchie bestimmtes, dem baren Metallgelde gleich zu erachtendes Papier." Daraus wurde geschlossen, sie seien gleich dem baren Metallgeld gesetzliches Zahlungsmittel.

Dieselbe Kabinetsordre enthielt jedoch die ausdrückliche Bestimmung, daß alle bisherigen Bestimmungen über die Tresorscheine auf die Kassenscheine Anwendnng finden sollten. Die Tresorscheine nun hatten ursprünglich Zwangskurs, der durch Edikt vom 5. März 1813 aufgehoben wurde. Eine Verordnung vom 7. September 1813 bestimmte, daß „die Tresorscheine zwar bei den landesherrlichen Kassen zum Nennwert, bei anderen Zahlungen aber nur nach freier Übereinkunft zwischen Geber und Empfänger in Zahlung sollten gereicht werden", eine Bestimmung, welche auch in den Edikten vom 1. März und 1. April 1815 aufrecht erhalten wurde.

Zweifellos hatte diese klare Bestimmung gemäß der Kabinetsordre von 1824 auch auf die Kassenanweisungen Anwendung zu finden. Der Satz dieser Kabinetsordre, daß sie „ein dem baren Metallgelde gleich zu erachtendes Papier" seien, erscheint nicht als ein Rechtssatz, sondern als eine bloße Definition.

Auch in Preußen hatte also das Staatspapiergeld, ebenso wie in den meisten anderen Staaten, keinen gesetzlichen Kurs, sondern nur Kassenkurs.

Wir wenden uns nun zu den Bestimmungen über die Einlösbarkeit des Papiergeldes.

Formell war in Gemäßheit des Wiener Münzvertrages das Papiergeld in allen Staaten einlösbar [1], aber nirgends war für seine Einlösung ein Fonds bereitgestellt. Schon in normalen Zeiten hatte die offizielle Einlösbarkeit für einen großen Teil des Staatspapiergeldes nur eine sehr problematische Bedeutung. Wir haben gesehen, wie die Kleinstaaten durch die Ausgabe von kleinen Scheinen die Ansprüche auf Einlösung von sich abzuwehren suchten. Die Scheine waren auf den Umlauf fern von der Ausgabestelle berechnet; die Rücksendung zur Ausgabestelle behufs

[1] Teilweise allerdings unter gewissen erschwerenden Bedingungen. Siehe Wagner a. a. O. S. 36.

Präsentation zur Einlösung machte wegen der Kleinheit der Beträge unverhältnismäßige Kosten.

In kritischen Fällen war es mit der Sicherheit des Staatspapiergeldes um so schlimmer bestellt, je größer der ausgegebene Betrag im Verhältnis zur Einwohnerzahl und zur finanziellen Stärke des betreffenden Staates war. Wie sehr die einzelnen Kleinstaaten und auch Mittelstaaten mit der Ausgabe von Staatspapiergeld über ihre Leistungsfähigkeit hinausgegangen waren, zeigte sich später, als die Regelung des Papiergeldwesens in Angriff genommen wurde. Trotzdem die Einzelstaaten nicht den vollen Betrag ihres Papiergeldes aus eigenen Mitteln zurückziehen mußten, sondern 120 Millionen Mark in Reichskassenscheinen zur Erleichterung der Einziehung des Landespapiergeldes an die Einzelstaaten nach Maßgabe ihrer Bevölkerung verteilt wurden, bedurften die Einzelstaaten zur Einziehung des ihren Anteil an Reichskassenscheinen überschreitenden Betrags einen unverzinslichen Vorschuß von seiten des Reiches.

Das deutsche Staatspapiergeld war also zum Teil von einer höchst zweifelhaften Beschaffenheit. Trotz der formell bestehenden Einlösungspflicht war die Aufrechterhaltung seines Wertes für jede ernsthafte Krisis in Frage gestellt.

Bezüglich der Banknoten lagen die Verhältnisse ähnlich.

Der große wirtschaftliche Aufschwung, welcher in den vierziger Jahren dieses Jahrhunderts begonnen hatte, gab den Anlaß zu einer kräftigen Entwickelung des Zettelbankwesens, während bisher die Banknote von den meisten deutschen Regierungen als mißliebige Konkurrentin des Staatspapiergeldes in ihrer Entwickelung unterdrückt und zurückgehalten worden war. Der Bau kolossaler Eisenbahnstrecken, der Aufschwung des Bergbaues und der Eisenindustrie, die Entwickelung des Handels und Verkehrs weckten das Bedürfnis nach diskontierenden Banken, welche durch das Recht der Notenausgabe dem wechselnden Begehr nach flüssigen Zahlungsmitteln nachkommen konnten. Der Unterschied zwischen den Funktionen des Staatspapiergeldes und der Banknote, der bisher selbst den gelehrten Nationalökonomen unbekannt war, fing an, für jedermann, der im praktischen Leben stand, klar zu werden.

Am spätesten erkannten die Regierungen diesen Unterschied. Die größeren Staaten, namentlich Preußen, setzten der Gründung neuer Notenbanken einen hartnäckigen Widerstand entgegen. Preußen ließ seinen Widerstand erst fallen, als in den benachbarten Kleinstaaten Zettelbanken gegründet worden waren, welche von vornherein auf einen sich über preußisches Gebiet erstreckenden Geschäftskreis berechnet waren.

Die Regierungen dieser Kleinstaaten hatten von der Erteilung der Konzession für die Errichtung einer Zettelbank meist einen direkten finanziellen Vorteil, und sie erhofften von der Gründung der Bank einen allgemeinen Verkehrsaufschwung für ihr Ländchen. Sie fanden sich deshalb leicht zur Erteilung eines Notenprivilegiums bereit.

So entstand während der fünfziger Jahre eine Überfülle kleinstaatlicher Notenbanken, welche in den Jahren 1856 und 1857 durch Bankgründungen in Preußen vermehrt wurden, nachdem die preußische Regierung durch den Landtag genötigt worden war, sich zur Konzessionierung von Privatnotenbanken bereit zu erklären [1].

Wie stark die Entwickelung des Notenwesens war, davon geben folgende Zahlen einen Begriff.

Im Jahre 1846 betrug der Banknoten-Umlauf Deutschlands wenig über 6 Millionen Thaler, im Jahre 1856 bereits gegen 82 Millionen. Im Jahre 1860 erreichte er die Summe von 154½ Millionen und wuchs bis 1869 auf ungefähr 236 Millionen Thaler an. Ende des Jahres 1872 waren nicht weniger als 456 Millionen Thaler in Banknoten in Umlauf [2].

Dieser enorm anwachsende Notenumlauf war aus den verschiedenartigsten Bestandteilen zusammengesetzt. Jeder einzelne Staat, der eine Noten-Konzession erteilte, gab seiner Zettelbank eine Verfassung und Statuten, wie es ihm gerade gefiel. So kam es, daß die deutsche Bankgesetzgebung eine wahre Sammlung aller möglichen Banksysteme enthielt. Das Recht der unbeschränkten Notenausgabe war ebenso vertreten, wie Notenrechte in der Höhe des Aktienkapitals und eines Vielfachen desselben, des eingezahlten Aktienkapitals, des Aktienkapitals zuzüglich des Reservefonds. Bei einzelnen Banken war die Höhe des Notenrechts auf einen bestimmten, vom Kapital unabhängigen Betrag beschränkt. Dazu kamen die verschiedensten Vorschriften über die Notendeckung, und vor allem die größten Unterschiede in dem den Notenbanken gestatteten Geschäftskreise. Vielfach war den Banken in dieser Richtung überhaupt keine Grenze gezogen. Die wenigsten Banken beschränkten sich auf die eigentlichen bankmäßigen Geschäfte; viele betrieben nicht nur Effekten-

---

[1] Vgl. Lotz, Geschichte und Kritik des deutschen Bankgesetzes. 1888. S. 79.

[2] Vgl. Beiträge S. 114, 116 und 117; ferner Wagner, Zettelbankpolitik, S. 202.

geschäfte, sondern gewährten auch Hypotheken-Kredite. Einzelne legten gar ihre Mittel teilweise in industriellen Unternehmungen fest.

Um ihre Noten in Umlauf zu bringen, bedienten sich die kleinstaatlichen Banken, welche überall außerhalb ihres Territoriums als Eindringlinge mißtrauisch angesehen wurden, aller erdenklichen Mittel.

Vor allem ahmten sie das Beispiel der kleinstaatlichen Regierungen nach und gaben auf kleine Wertbeträge lautende Noten aus, bis herab zu Einthalernoten.

Um die Rückkehr der Zettel zur Einlösung möglichst zu verhindern, versendeten einzelne Banken ihre Noten an Geschäftsfreunde in entfernten Orten, denen sie für die Verausgabung derselben eine Provision zahlten.

Man sieht daraus, wie wenig es dieser Art von Notenbanken darum zu thun war, die Aufgaben zu erfüllen, welche den Zettelbanken in einem geordneten wirtschaftlichen Organismus zukommen. Sie dachten gar nicht daran, den Geldverkehr zu erleichtern und ihm Elasticität zu verleihen, es kam ihnen vielmehr nur darauf an, möglichst viele Noten in Umlauf zu setzen und sie möglichst lange in Umlauf zu halten, um möglichst ausgiebig den Vorteil eines unverzinslichen Darlehens zu genießen.

Indessen war es glücklicherweise um die Sicherheit des deutschen Notenumlaufs im allgemeinen besser bestellt, als man angesichts des Geschäftsgebarens des größeren Teils der deutschen Zettelbanken annehmen sollte. Weitaus der größte Teil aller umlaufenden Noten war von den gut geleiteten größeren Instituten ausgegeben, vor allem von der Preußischen Bank, deren Verwaltung durchaus gesunden bankpolitischen Grundsätzen entsprach. Zu Anfang der siebenziger Jahre machte der Notenumlauf der Preußischen Bank etwa zwei Drittel des gesamten deutschen Notenumlaufes aus.

Wir haben bisher sowohl den deutschen Staatspapiergeld-Umlauf als auch die Banknoten-Zirkulation als eine einheitliche Masse betrachtet. Die thatsächlichen Verhältnisse berechtigen uns dazu, denn weder das Staatspapiergeld war auf das Territorium des emittierenden Staates beschränkt, noch die Banknoten auf das Gebiet desjenigen Staates, welcher der betreffenden Zettelbank die Konzession erteilt hatte.

Aber dennoch war weder der Notenumlauf noch der Papiergeldumlauf in dem Sinne ein gemeinschaftlicher, daß in ganz Deutschland die Noten aller Banken und die Zettel aller Staaten als gleichwertig angesehen und in Zahlung genommen worden wären.

In rein juristischer Beziehung bildete der Papierumlauf noch viel weniger eine Einheit, als der deutsche Münzumlauf. Bezüglich des Münzumlaufes machte kein deutscher Staat von dem Recht Gebrauch, den Umlauf von Münzen eines anderen Staates für sein Territorium zu verbieten. Dagegen bestanden in den wichtigsten deutschen Staaten, namentlich in Preußen und Bayern Verbote, fremde Noten und fremdes Staatspapiergeld in Umlauf zu setzen.

Aber diese Verbote, welche in der ersten Erbitterung über die kleinstaatlichen Bankgründungen erlassen waren, ließen sich nicht durchführen und kamen im Laufe der sechziger Jahre völlig in Vergessenheit.

Dennoch bestand zwischen den einzelnen Kategorien ein Unterschied.

Vor allem waren die Staatskassen, die Bankkassen, Eisenbahnkassen u. s. w. auch in Süddeutschland gegen fremdes Papiergeld und fremde Noten weniger duldsam, als gegen fremde Münzen.

Im freien Verkehr wurden außer den Geldzeichen des eigenen Staates meist nur die preußischen Kassenscheine und die Noten der Preußischen Bank ohne Anstand genommen. Die übrigen Geldzeichen nahm man nur, wenn man sich ihrer nicht erwehren konnte, wenn man zufrieden war überhaupt in irgend welchem Gelde bezahlt zu werden, oder in der Hoffnung, sie bald wieder anbringen zu können. Vielfach wurden die „wilden Scheine“, die Kassenscheine und Noten der „Raubstaaten“, nur mit einem Abzug von einigen Prozenten in Zahlung genommen. Am schlimmsten standen sich dabei die mittleren und kleinen Geschäftsleute, denen es die Rücksicht auf ihre Kundschaft verwehrte, die wilden Scheine zurückzuweisen oder einen Abzug von ihrem Nennwert zu machen, und die deshalb das Risiko eines Agioverlustes tragen mußten.

Daß die kleinstaatlichen Noten ein Disagio hatten, war teilweise für die Zettelbanken eine Quelle neuen Gewinns. Man sagte einigen dieser Banken nach, sie hätten an Wechselplätzen oder wo es sonst möglich war, ihre Noten unter Pari aufkaufen lassen, nicht etwa um sie einzuziehen, sondern vielmehr, um sie in Orten, wo man weniger geschäftserfahren war, in Kleinstädten und auf dem Lande, zu ihrem Nennwert wieder in Umlauf zu bringen.

Es ist sehr begreiflich, daß allgemein gegen die „wilden Scheine“ die lebhafteste Erbitterung herrschte, eine Erbitterung, welche sich in weiten Kreisen nicht nur gegen die allzugroße Ausdehnung und die Auswüchse der Papiergeldzirkulation richtete, sondern gegen das ganze Papiergeldwesen überhaupt.

Genährt wurde der Unmut über das Unwesen der wilden Scheine durch ein mehr ästhetisches Moment, den unglaublich verwahrlosten Zustand, in welchem sich ein großer Teil der papiernen Umlaufsmittel befand. Viele Zettel waren zerfetzt und beschmutzt bis zur Unkenntlichkeit. Als später bei der Beratung des ersten Münzgesetzes der Abgeordnete Braun dem Reichstag eine Sammlung deutscher Scheine vorlegte, fügte er ein Paar Handschuhe bei, damit man sie anfassen könne, ohne sich zu beschmutzen.

Auch aus diesen Verhältnissen zogen einzelne Zettelbanken Vorteile. Sie versagten die Anerkennung von Noten, die bis zur Unkenntlichkeit beschmutzt waren. Es ist sogar vorgekommen, daß die Einlösung zerrissener aber durchaus erkennbarer Noten verweigert worden ist.

Auf dem Gebiete des Papiergeldwesens galt es also, eine Reihe schwerer Mißstände zu beseitigen, eine Aufgabe, deren Durchführung auf dem Wege des Vertrages zwischen den souveränen deutschen Staaten noch schwieriger war, als die Ordnung des eigentlichen Münzwesens. Nur eine einheitliche Gesetzgebung hatte die Macht, hier Ordung zu schaffen.

Wir fassen zum Schlusse unser Urteil über die Beschaffenheit des deutschen Geldwesens kurz zusammen, indem wir dabei die Punkte besonders hervorheben, welche am meisten eine Reform notwendig machten.

Das deutsche Münzwesen bestand aus einer Vielheit von Münzsystemen, welche, abgesehen von der Bremer Währung, auf der Silberwährung beruhten. Innerhalb des Zollvereins hatten jedoch der Thaler und der Doppelthaler, die Hauptmünzen des wichtigsten der partikularen Münzsysteme, überall gesetzlichen Kurs, und auch außerhalb des Zollvereins wurde der Thaler allgemein in Zahlung genommen, während die Münzen der übrigen Systeme auf ihr Gebiet beschränkt blieben.

Der thatsächliche Münzumlauf bestand nicht ausschließlich aus Münzen der geltenden Systeme; es hatten sich Münzen früherer Prägesysteme teilweise in der Zirkulation erhalten, und daneben liefen zahlreiche Münzen fremden Gepräges um.

Auf dem Boden der bestehenden Silberwährung war das deutsche Münzwesen verhältnismäßig solid begründet. Die Abnutzung der umlaufenden Kurantmünzen war nicht allzugroß. Der Scheidemünzumlauf war zwar im Süden erheblich größer, als er bei einer Silberwährung sein muß, aber doch nicht so groß, daß dadurch die Solidität des Geldwesens in Frage gestellt worden wäre. Das Übermaß von Scheidemünzen hatte in Verbindung mit dem Zustand der oft bis zur Unkenntlichkeit abgenutzten Scheidemünzstücke und dem Umlauf vieler längst verrufener Münzen lediglich eine Belästigung des Verkehrs zur Folge.

Einer der größten Mißstände des deutschen Münzwesens war das Fehlen eines ausreichenden und geordneten Goldumlaufes, ein Mangel, der in der Natur der deutschen Währungsverfassung begründet war.

Dieser Mangel führte seinerseits in Verbindung mit der staatlichen Zersplitterung Deutschlands zu einem Papierumlauf, der sowohl im Verhältnis zum Metallumlauf als auch im Verhältnis zur Bevölkerung den Papierumlauf anderer Staaten weit übertraf.

War diese übermäßige Ausdehnung der Papierzirkulation bereits ein Übelstand, so wurde er durch die Beschaffenheit des Papierumlaufs noch erheblich vermehrt.

Ein Teil des Staatspapiergeldes und der Banknoten war von zweifelhafter Sicherheit: die Noten hauptsächlich wegen ungenügender Deckungsvorschriften und des unbankmäßigen Geschäftskreises eines Teiles der Banken.

Sehr geklagt wurde über den starken Umlauf von Zetteln, welche auf ganz kleine Beträge lauteten, deren Einlösung, weil sie die Versendung zum Ausgabeort nicht lohnten, praktisch unmöglich war; ferner über den jämmerlichen Zustand dieser Zettel.

Am schlimmsten fühlbar machte sich der Umlauf von Staatspapiergeld und Noten, welche man bei öffentlichen Kassen überhaupt nicht, im Verkehr nur unter Schwierigkeiten wieder anbringen konnte.

Die meisten dieser Mißstände waren von einer Natur, welche eines großen, in frischem Aufblühen begriffenen wirtschaftlichen Gemeinwesens unwürdig war; sie waren Überbleibsel aus der Zeit von Deutschlands tiefster Ohnmacht und Erniedrigung.

Alle diese Mißstände waren schwere Belästigungen des deutschen Geldverkehrs.

Zum Teil stellten sie die Solidität des deutschen Geldwesens in Frage, so namentlich die übergroße Ausdehnung der ungedeckten Papierzirkulation. Die Probe auf die Solidität unserer Geldverfassung ist niemals gemacht worden. Die Kriege von 1866 und 1870 waren von Anfang an für Deutschland so günstig, daß es zu einer panikartigen Erschütterung des Staats- und Bank-Kredites nicht gekommen ist.

Das neu gegründete Reich fand an der Reform des deutschen Geldwesens eine der wichtigsten und dringendsten Aufgaben. Die Ziele dieser Reform ergaben sich von selbst aus den geschilderten Übelständen; sie waren: Münzeinheit, die Schaffung eines ausreichenden Goldumlaufs, die Ordnung des Papierumlaufs.

Zweites Kapitel.

Die internationalen Münz- und Währungsverhältnisse.

Erster Abschnitt.

Die Entwickelung bis zur Mitte des neunzehnten Jahrhunderts.

Die Entwickelung des Geldwesens in den einzelnen Staaten ist durch deren besonderen politischen und wirtschaftlichen Verhältnisse bedingt und die Erfahrungen des letzten Vierteljahrhunderts haben eindringlich gezeigt, wie bedenklich auf dem Gebiet des Geldwesens die durch internationale Verträge bedingte Preisgabe des Selbstbestimmungsrechtes ist. Gleichwohl hat sich mit der gewaltigen Ausdehnung der wirtschaftlichen Beziehungen von Land zu Land das Interesse jeder einzelnen Nation an dem wichtigsten Verkehrsinstitute, dem Geldwesen, der andern Kulturstaaten beträchtlich erhöht, und die Notwendigkeit, bei der Gestaltung des eigenen Geldwesens die internationalen Münz- und Währungsverhältnisse zu berücksichtigen, ist immer größer geworden.

So kamen für das Deutsche Reich, als es an die Ordnung seines Geldwesens herantrat, nicht nur diejenigen Gesichtspunkte in Betracht, welche sich aus dem Zustande des deutschen Geldumlaufs ergaben, sondern daneben auch Gesichtspunkte, welche in den internationalen Verhältnissen des Geldwesens, ihrer Entwickelung und ihren Entwickelungstendenzen begründet waren.

Zu der Zeit, als die Ordnung des deutschen Geldwesens immer dringender verlangt wurde, und als das neue Reich die endliche Lösung dieser Aufgabe in die Hand nahm, waren die internationalen Münz- und Währungsverhältnisse keineswegs in einem Zustande ruhigen und festbegründeten Beharrens; sie befanden sich vielmehr in vollem Flusse lebhafter Veränderungen und Umbildungen.

Um diese Umwälzungen, in deren Kreis auch die deutsche Münzreform gezogen wurde, und auf deren weitere Entwickelung sie ihrerseits einen großen Einfluß ausübte, soweit verständlich zu machen, als es zur Beurteilung der Stellung der deutschen Münzreform im Zusammenhang der Entwickelung der internationalen Münzverhältnisse notwendig ist, müssen wir etwas weit ausholen; denn diese Verhältnisse sind auffallend wenig bekannt.

Man ist gar zu leicht geneigt, Zustände und Einrichtungen vergangener Zeiten von unserem modernen Ideenkreis aus zu betrachten und zu beurteilen, während sich diese Zustände nur dann richtig würdigen und die großen geschichtlichen Zusammenhänge sich nur dann richtig erkennen lassen, wenn man sich in den Geist und die Denkungsart der vergangenen Zeit zu versetzen weiß. Dieser Satz gilt für die gesamte Rechts- und Wirtschaftsgeschichte, auch für die Geschichte des Geld- und Münzwesens, so häufig er auch gerade auf diesem Gebiet vergessen worden ist.

Das Geld und die Münzen hatten nicht von vornherein den Charakter, welcher ihnen in der heutigen Rechts- und Wirtschaftsordnung zukommt. Sie haben diesen Charakter erst nach einer langen Entwickelung erhalten. Es ist deshalb durchaus verkehrt, die Münzverfassung früherer Zeiten nach unseren heutigen Vorstellungen vom Wesen des Geldes zu schablonisieren. Es ist völlig nutzlos, sich darüber den Kopf zu zerbrechen, ob während der einen oder anderen Periode des Mittelalters Gold- oder Silberwährung, Parallelwährung oder Doppelwährung geherrscht habe. Denn alle diese Geldsysteme sind etwas Modernes, sind Einrichtungen, welche erst bestehen konnten, als die Institution des Geldes zur völligen Ausbildung gelangt war[1].

Früher wurden aus beiden Edelmetallen Münzen geprägt; aber es fehlte nicht nur den einzelnen Sorten verschiedenen Metalls, sondern auch den gleichmetallischen Münzen die unbedingte gegenseitige Vertretbarkeit, ebenso bestand nicht nur zwischen den verschieden-metallischen, sondern auch zwischen den gleichmetallischen Sorten kein festes Wertverhältnis. Weder in rechtlicher noch in volkswirtschaftlicher Beziehung bestand also damals ein einheitliches Geldsystem; der Zustand des Geldwesens charakterisiert sich vielmehr als ein Nebeneinander verschiedener Münzsorten, welche als allgemeines Tauschmittel dienten.

---

[1] Vgl. zum folgenden meine Abhandlung über die geschichtliche Entwickelung der Münzsysteme. Jahrbücher für Nationalökonomie und Statistik. 3. Folge. Bd. IX S. 801.

Die Voraussetzung für diesen Zustand war, daß die Münzsorten in ihrem Werte mit dem Metall, aus welchem sie geprägt waren, nicht in unveränderlichem Zusammenhang standen, eine Voraussetzung, welche durch ein Zusammenwirken verschiedener Verhältnisse gegeben war, namentlich durch die Münzverschlechterungen seitens der Münzherren, durch die Abnutzung der Münzen im Umlauf, durch betrügerisches Beschneiden und Befeilen der Stücke. Durch diese Einwirkungen änderte sich der thatsächliche Feingehalt der umlaufenden Sorten in ungleichmäßiger Weise, und da die Wertrelation der einzelnen gleichmetallischen Sorten in der Hauptsache von dem Verhältnis ihres thatsächlichen Feingehaltes abhing, veränderte sich dadurch auch ihr gegenseitiges Wertverhältnis; daneben kam in Betracht die größere oder geringere Beliebtheit einzelner Sorten.

Auf diesen Zustand können die Begriffe Gold- und Silberwährung, Doppelwährung und Parallelwährung keine Anwendung finden. Denn diese Begriffe setzen ein einheitliches und geordnetes Geldsystem voraus.

Bei Gold-, Silber- und Doppelwährung giebt es nur ein Geld und einen Geldwert, der bei der Goldwährung vom Golde, bei der Silberwährung vom Silber abhängig ist, bei der Doppelwährung nach einer nie erreichten Absicht gleichzeitig von beiden, durch die Doppelwährung selbst in ein unveränderliches Wertverhältnis gebrachten Edelmetalle abhängig sein sollte, während in Wirklichkeit bei allen Doppelwährungen der Geldwert durch das gegenüber dem gesetzlich angenommenen Wertverhältnis billigere Metall bestimmt wurde.

Die Parallelwährung unterscheidet sich von diesen drei Geldsystemen dadurch, daß sie aus zwei nebeneinander bestehenden Geldsystemen zusammengesetzt ist. Hier giebt es zwei Arten von Geld, eines auf das Gold, das andere auf das Silber begründet.

Wohl bemühten sich von allem Anfang an die Staaten, ein einheitliches Geldwesen zu schaffen; sie erstrebten nicht nur ein festes Verhältnis zwischen den gleichmetallischen, sondern auch zwischen den verschiedenmetallischen Münzen; sie versuchten hin und wieder die gegenseitige Vertretbarkeit der einzelnen Münzsorten zu erzwingen, nicht nur soweit diese aus dem gleichen, sondern auch soweit sie aus verschiedenem Metall bestanden. Weil ihnen der weitergehende Versuch, Gold- und Silbermünzen in ein festes Wertverhältnis zu bringen und ihre gegenseitige Vertretbarkeit durchzusetzen, überhaupt nicht oder doch nur vorübergehend gelang, deshalb glaubt man die damalige Verfassung des Geldwesens nicht als

Doppelwährung[1] bezeichnen zu dürfen. Weil auch das nähere Ziel, das feste Wertverhältnis und die Vertretbarkeit der gleichmetallischen Sorten nicht erreicht wurde, deshalb gab es damals auch keine Parallelwährung: es gab damals überhaupt noch keine Währungssysteme, es gab kein einheitliches Geld und keinen einheitlichen Geldwert, sondern nur einzelne Münzsorten und Gruppen von Münzsorten.

Deshalb gab es auch keine „Währungsfrage".

Der Staat prägte aus jedem der beiden Edelmetalle nicht nur eine, sondern verschiedene Münzsorten, für deren Erhaltung auf ihrem ursprünglichen Metallwert er keine Sorge trug. Dem Publikum war es überlassen, auf die eine oder die andere dieser Sorten zu kontrahieren. Erst als es dem Staate gelang, die einzelnen Sorten zu einem festen Geldsysteme zu vereinigen, trat an ihn die Frage heran, von welchem konkreten Wertgegenstand, speciell vom Werte welchen Metalls der Wert dieses einheitlichen Geldes abhängig sein sollte, vom Golde, vom Silber oder — die Möglichkeit vorausgesetzt — vom Werte beider, unter sich selbst zu einer Einheit verbundenen Edelmetalle.

Natürlich legte man sich diese Frage nirgends in klarer Formulierung vor. Die ganze Entwickelung war eine unbewußte. Man tastete mit Versuchen, die durch die wachsende Notwendigkeit eines einheitlichen Geldsystems hervorgerufen wurden, gewissermaßen im Dunkeln.

Man erstrebte zunächst nur die Vertretbarkeit und das feste Wertverhältnis der einzelnen Münzsorten; dabei dachte man nicht an das, was wir heute „Währungsfrage" nennen; man überlegte nicht, ob man für das angestrebte einheitliche Geldwesen Gold oder Silber oder beide Metalle als Grundlage annehmen sollte; man lehnte sich vielmehr überall an den thatsächlich vorhandenen Münzumlauf an und experimentierte. Ausschlaggebend war einzig und allein, wie man zu dem gewollten Ziel, der Einheitlichkeit des Geldwesens, gelangen könnte, also der Gesichtspunkt der praktischen Durchführbarkeit eines Geldsystems, nicht die Frage, welches Währungssystem, seine Durchführung vorausgesetzt, den Vorzug verdiene.

Es erscheint natürlich, daß man zunächst das System anstrebte, welches wir heute Doppelwährung nennen, nicht etwa weil man von der

---

[1] Lexis, Handwörterbuch der Staatswissenschaften: Art. „Parallelwährung" und Art. „Doppelwährung".

Doppelwährung die segensreichsten Wirkungen für die gesamte Volkswirtschaft erwartete, sondern weil man die gleichzeitig umlaufenden Gold- und Silbermünzen durch gegenseitige Tarifierungen am einfachsten zu einem einheitlichen Geldsysteme vereinigen zu können glaubte.

Da zeigte es sich nun, daß es viel leichter sei, ein festes Wertverhältnis zwischen den gleichmetallischen Münzen durchzusetzen, als zwischen den verschiedenmetallischen. Während es im Laufe der Zeit in den einzelnen Staaten gelang, die Ursachen der gegenseitigen Wertschwankungen der Münzen eines und desselben Metalls zu beseitigen, konnte man die wichtigste Ursache der Wertschwankungen zwischen Gold- und Silbermünzen, nämlich die Veränderungen des Wertverhältnisses zwischen den Metallen Gold und Silber, nicht aus der Welt schaffen.

Teilweise wurde der Versuch gemacht, sich mit dem zunächst Erreichbaren, mit dem Nebeneinander zweier getrennter Geldsysteme, von denen das eine auf das Gold, das andere auf das Silber aufgebaut war, zu begnügen. Andere Staaten beharrten bei den vergeblichen Versuchen, auch die Gold- und Silbermünzen durch bloße gegenseitige Tarifierung zu einem einzigen System zusammenzuschweißen. War in dem angenommenen Verhältnis die Wertrelation nicht getroffen und zeigte sich infolgedessen zwischen Gold- und Silbermünzen eine Agiobildung, oder floß eine der beiden Münzsorten nach dem Ausland ab, dann bestrebte man sich des öfteren, durch Änderungen der gesetzlichen Relation zwischen Gold- und Silbermünzen, oder auch durch Veränderungen des Feingehalts der einen oder der anderen der beiden Geldarten, Abhilfe zu schaffen, um dadurch beide Metalle im Umlauf zu erhalten. Kurz, man tastete nach der Lösung des Problems: einheitliches Geldsystem unter Beibehaltung beider Edelmetalle.

Jedoch konnte weder die sogenannte Parallelwährung, noch die Doppelwährung mit häufigen Veränderungen der Relation als die völlige Lösung dieses Problems erscheinen. Die Parallelwährung brachte an Stelle des gesuchten einheitlichen Systems zwei nebeneinander bestehende, voneinander unabhängige Geldsysteme; die Doppelwährung brachte durch die zu ihrer Aufrechterhaltung notwendigen häufigen Veränderungen des gegenseitigen Wertes der Gold- und Silbermünzen ein Moment der Unsicherheit in das Geldwesen.

Man suchte diese Übelstände abzustellen, und diese Versuche führten in Verbindung mit dem thatsächlichen Zustande des Geldumlaufs und der Entwickelung der allgemein-wirtschaftlichen Verhältnisse in den einzelnen Ländern zu verschiedenen Resultaten.

In England[1] kam die Entwickelung, entsprechend der am weitesten vorgeschrittenen allgemein-wirtschaftlichen Kultur dieses Staates, am frühesten zu einem Abschluß.

In der zweiten Hälfte des 17. Jahrhunderts nahm England, nach vergeblichen Versuchen, ein festes Wertverhältnis zwischen seinen Silber- und Goldmünzen zu erzwingen und dabei beide Metalle im Umlauf zu erhalten, die Parallelwährung an. Der Wert der damals neu eingeführten Goldmünze, der Guinea, wurde nicht gesetzlich festgelegt, sondern das Verhältnis zwischen Silber- und Goldmünzen sollte durch den freien Verkehr bestimmt werden.

Zu einer völligen Trennung des goldenen und silbernen Teils des englischen Geldwesens kam es jedoch nicht. Die Guinea sollte von den öffentlichen Kassen zu ihrem Tageskurs an Stelle des Silbergeldes in Zahlung genommen werden.

Gegen Ende des 17. Jahrhunderts trat eine rapide Gewichtsverringerung des umlaufenden Silbergeldes ein, hervorgerufen teilweise durch die natürliche Abnutzung, teilweise durch betrügerisches Beschneiden und Befeilen der Silbermünzen. Der Kurs der Guinea, welche vollhaltig blieb, stieg infolgedessen sehr stark. Während diese Goldmünze ursprünglich als ein Zwanzig-Schillingstück gedacht war, erreichte sie im August 1695 einen Kurs von 30 Schillingen.

In diesen Schwankungen im gegenseitigen Wert der beiden Teile des englischen Geldes sah man einen unerträglichen Mißstand. Außerdem sah sich die Regierung durch das fortgesetzte Steigen des Guineakurses in ihrer Absicht, den Silberumlauf zu reformieren, sehr behindert. Es war klar, daß sich bei dem hohen Guineakurs kein vollwichtiges Silberstück würde im Umlauf erhalten können.

Deshalb schritt die Regierung ein, und um ein weiteres Steigen des Guineakurses zu verhindern, verbot sie den öffentlichen Kassen, die Guinea zu einem höheren Kurse als zu 30 Schillingen in Zahlung zu nehmen.

Die Wirkung war, daß die Guinea auch im freien Verkehr nicht höher bewertet wurde, obwohl das Silbergeld um die Hälfte abgenutzt

---

[1] Vgl. Kalkmann, Englands Übergang zur Goldwährung im 18. Jahrhundert. 1895, und Beiträge S. 37 ff.

gewesen sein soll und somit einen Guineakurs von etwa 40 Schillingen gerechtfertigt hätte.

Andererseits ging der Kurs der Guinea, als das abgenutzte Silbergeld eingezogen und durch vollwichtiges ersetzt wurde, nicht automatisch unter den Kurs von 30 Schillingen herab. Daran war offenbar der Umstand schuld, daß die öffentlichen Kassen die Guinea zum Tageskurse annahmen. Solange diese Kassen die Guinea zu 30 Schillingen annahmen, ging auch ihr Wert im freien Verkehr nicht unter 30 Schillinge herab, und andererseits setzten die öffentlichen Kassen den Kurs der Guinea nicht niedriger an, solange ihr Kurs im freien Verkehr nicht herabging. Die eigentümliche Modifikation der Parallelwährung, welche von Anfang an bestand, ermöglichte augenscheinlich nur ein Steigen, nicht aber ein Sinken des Guineakurses. So kam es, daß der seit 1695 für die öffentlichen Kassen vorgeschriebene Maximalkurs der Guinea zu gleicher Zeit auch ihr Minimalkurs war.

Mit der Auferlegung eines Maximalkurses war also die bestehende Parallelwährung in einem zweiten Punkte modifiziert worden, und zwar so erheblich, daß sie von nun ab wie eine Doppelwährung wirkte. Der Versuch, vermöge der Parallelwährung beide Metalle in zweckdienlicher Weise im Umlauf zu erhalten, war bereits nach drei Jahrzehnten so gut wie völlig gescheitert. Der bereits fein entwickelte Körper der englischen Volkswirtschaft wehrte sich gegen die durch das System der Parallelwährung gegebene Möglichkeit großer Schwankungen zwischen Gold- und Silbergeld. Die Versuche, Abhilfe zu schaffen, führten zu einem komplizierten System, welches in seinen Wirkungen abermals auf die Doppelwährung hinauskam, deren Folgen wenige Jahrzehnte zuvor zur Annahme der Parallelwährung geführt hatten.

Dieselben Folgen zeigten sich nun abermals. Da in der Tarifierung der Guinea zu 30 Schillingen, und auch in der späteren herabgesetzten Tarifierung zu 21½ Schillingen, das Gold, gegenüber der Marktrelation, überwertet, das Silber unterwertet war, verschwanden alle vollwichtigen Silbermünzen aus dem Umlauf. Nur solche Stücke, deren Abnutzung groß genug war, um die Einschmelzung unlohnend zu machen, hielten sich in der Zirkulation. Die ganze große, mit enormen Kosten durchgeführte Reform der Silbermünzen war umsonst. Es gelang nicht, einen vollwichtigen Silberumlauf herzustellen, und als sich ein empfindlicher Mangel an Silbermünzen für den Kleinverkehr zeigte, gelang es nicht,

[illegible]

[illegible]

[illegible]

Gleichzeitig mit dieser Herabsetzung des Guineenkurses wurde auch der letzte Rest der formell noch bestehenden Silberwährung aufgegeben. Während die früheren Tarifierungen der Guineen [illegible] waren, als Maximalkurse, welche den Kassen auferlegt wurden, die aber keine [illegible] Verbindlichkeit für den Privatverkehr waren, wurde im Jahre 1717 der Guinea ein fester gesetzlicher Kurs von 21 Schillingen beigelegt, zu welchem sie von jedermann in Zahlung genommen werden mußte.

Das war die völlige Rückkehr zur Doppelwährung, und zwar, da seit langer Zeit die freie und sogar unentgeltliche Ausprägung beider Metalle gesetzlich garantiert war, zu einem bimetallistischen System im vollen und modernen Sinne des Wortes.

Der Gedanke, daß man durch ein solches bimetallistisches System das Wertverhältnis der beiden Edelmetalle im freien Verkehr auf die vom Gesetzgeber angenommene Relation festlegen könne, existierte allerdings damals noch nicht. Unsere heutigen Bimetallisten haben keinen Grund, die Autorität Newtons für ihre Theorie in Anspruch zu nehmen. Seine Intentionen waren nicht darauf gerichtet, den Marktwert der Edelmetalle zu beeinflussen, sondern darauf, der Marktrelation der Edelmetalle möglichst nahe zu kommen und dadurch einen gleichzeitigen Umlauf beider Metalle zu ermöglichen, eine Absicht, welche in Anbetracht der steigen Veränderungen des Wertverhältnisses allerdings nur durch fortwährende Veränderungen des Kurses der Goldmünzen hätte erreicht werden können.

Sobald aber die allgemeine wirtschaftliche Entwickelung soweit gediehen war, daß fortgesetzte Schwankungen im Werte der Goldmünzen unerträglich erschienen, verbot sich ebensosehr wie die Parallelwährung auch die Doppelwährung mit häufigen Änderungen der gesetzlichen Relation. Beharrte man aber ohne Rücksicht auf die Schwankungen des Wertverhältnisses zwischen den rohen Metallen Gold und Silber auf der einmal angenommenen Relation, dann mußte die Doppelwährung als alternierende Währung erscheinen, welche den Goldumlauf auf Kosten des Silberumlaufs oder den Silberumlauf auf Kosten des Goldumlaufs begünstigte.

England war längst auf dieser Stufe der wirtschaftlichen Entwickelung angelangt. Obwohl Newton selbst die von ihm vorgeschlagene Herabsetzung der Guinea nur als eine vorläufige Maßregel ansah, deren Erfolg er abwarten wollte, obwohl der erwartete Erfolg ausblieb, wurde späterhin eine weitere Herabsetzung der Guinea nicht vorgenommen. Das Bedürfnis des Geldverkehrs verlangte endlich stabile Zustände. Unter dem Druck der öffentlichen Meinung kam im Jahre 1718 ein Gesetz zustande, welches jede Änderung des Kurses oder des Feingehalts der Guinea für die Zukunft untersagte.

Damit hatte England die Doppelwährung mit einer in aller Form für die Dauer festgelegten Wertrelation, und dieses System war nicht etwa aus der Hoffnung, die Marktrelation der beiden Metalle beherrschen zu können, durchgesetzt worden, sondern es war ganz ohne eine solche Absicht aus dem Bedürfnis des Verkehrs nach einem festen Wertverhältnis zwischen den einzelnen Münzsorten, aus dem Bedürfnis nach einem für alle Zeiten festgefügten einheitlichen Geldwesen hervorgegangen.

In der That zeigte die englische Doppelwährung nicht jene Wirkung, welche die Bimetallisten diesem Währungssysteme zuschreiben: das Wertverhältnis der beiden Edelmetalle im freien Verkehr blieb unabhängig von der dem englischen Doppelwährungs-Systeme zu Grunde gelegten Relation; bis zu den letzten Jahren des 18. Jahrhunderts war das Wertverhältnis auf dem Markte für das Silber günstiger als die Newtonsche Relation von 1 : 15,2.

So behielt England auch unter dem neuen Systeme seinen Goldumlauf, aber es gelang ihm nicht, seinen Silberumlauf zu verbessern und zu vermehren. Da das Silber auf dem Markte einen höheren Preis erzielte, als seinem gesetzlichen Ausmünzungswert entsprach, war die Ausmünzung von Silber sowohl für private Rechnung wie auch für

diesem Übelstand abzuhelfen, da alle neugeprägten Stücke, weil vollwichtig, sofort wieder verschwanden.

Dagegen erfuhr der englische Goldumlauf eine bedeutende Ausdehnung. England wurde zu einem thatsächlichen Goldwährungsland und hielt seinen Goldumlauf von nun an dauernd fest. Ermöglicht wurde diese Entwickelung sehr wesentlich durch das starke Anwachsen der Goldproduktion gegen Ende des 17. Jahrhunderts.

Im Jahre 1717 wurde ein letzter Versuch gemacht, zu einem guten und genügenden Silberumlauf zu kommen. Auf Newtons Rat wurde der Kurs der Guinea von 21½ auf 21 Schillinge herabgesetzt. Dieser neue Kurs entsprach einem Wertverhältnis von 15,2 : 1 zwischen Silber und Gold, während nach Newtons eigener Aufstellung das damalige Wertverhältnis im freien Verkehr 14,97 : 1 war. Diese Herabsetzung war also nicht groß genug, um den Grund des schlechten und allzukleinen Silberumlaufs, nämlich die Unterwertung des Silbers, zu beseitigen.

Gleichzeitig mit dieser Herabsetzung des Guineakurses wurde auch der letzte Rest der formell noch bestehenden Parallelwährung aufgegeben. Während die bisherigen Tarifierungen der Guinea nichts waren, als Maximalkurse, welche den Kassen auferlegt wurden, die aber ohne jede Verbindlichkeit für den Privatverkehr waren, wurde im Jahre 1717 der Guinea ein fester gesetzlicher Kurs von 21 Schillingen beigelegt, zu welchem sie von jedermann in Zahlung genommen werden mußte.

Das war die völlige Rückkehr zur Doppelwährung, und zwar, da seit langer Zeit die freie und sogar unentgeltliche Ausprägung beider Metalle gesetzlich garantiert war, zu einem bimetallistischen System im reinen und modernen Sinne des Wortes.

Der Gedanke, daß man durch ein solches bimetallistisches System das Wertverhältnis der beiden Edelmetalle im freien Verkehr auf die vom Gesetzgeber angenommene Relation festlegen könne, existierte allerdings damals noch nicht. Unsere heutigen Bimetallisten haben keinen Grund, die Autorität Newtons für ihre Theorie in Anspruch zu nehmen. Seine Intentionen waren nicht darauf gerichtet, den Marktwert der Edelmetalle zu beeinflussen, sondern darauf, der Marktrelation der Edelmetalle möglichst nahe zu kommen und dadurch einen gleichzeitigen Umlauf beider Metalle zu ermöglichen, eine Absicht, welche in Anbetracht der stetigen Veränderungen des Wertverhältnisses allerdings nur durch fortwährende Veränderungen des Kurses der Goldmünzen hätte erreicht werden können.

Sobald aber die allgemeine wirtschaftliche Entwickelung soweit gediehen war, daß fortgesetzte Schwankungen im Werte der Goldmünzen unerträglich erschienen, verbot sich ebensosehr wie die Parallelwährung auch die Doppelwährung mit häufigen Änderungen der gesetzlichen Relation. Beharrte man aber ohne Rücksicht auf die Schwankungen des Wertverhältnisses zwischen den rohen Metallen Gold und Silber auf der einmal angenommenen Relation, dann mußte die Doppelwährung als alternierende Währung erscheinen, welche den Goldumlauf auf Kosten des Silberumlaufs oder den Silberumlauf auf Kosten des Goldumlaufs begünstigte.

England war längst auf dieser Stufe der wirtschaftlichen Entwickelung angelangt. Obwohl Newton selbst die von ihm vorgeschlagene Herabsetzung der Guinea nur als eine vorläufige Maßregel ansah, deren Erfolg er abwarten wollte, obwohl der erwartete Erfolg ausblieb, wurde späterhin eine weitere Herabsetzung der Guinea nicht vorgenommen. Das Bedürfnis des Geldverkehrs verlangte endlich stabile Zustände. Unter dem Druck der öffentlichen Meinung kam im Jahre 1718 ein Gesetz zustande, welches jede Änderung des Kurses oder des Feingehalts der Guinea für die Zukunft untersagte.

Damit hatte England die Doppelwährung mit einer in aller Form für die Dauer festgelegten Wertrelation, und dieses System war nicht etwa aus der Hoffnung, die Marktrelation der beiden Metalle beherrschen zu können, durchgesetzt worden, sondern es war ganz ohne eine solche Absicht aus dem Bedürfnis des Verkehrs nach einem festen Wertverhältnis zwischen den einzelnen Münzsorten, aus dem Bedürfnis nach einem für alle Zeiten festgefügten einheitlichen Geldwesen hervorgegangen.

In der That zeigte die englische Doppelwährung nicht jene Wirkung, welche die Bimetallisten diesem Währungssysteme zuschreiben: das Wertverhältnis der beiden Edelmetalle im freien Verkehr blieb unabhängig von der dem englischen Doppelwährungs-Systeme zu Grunde gelegten Relation; bis zu den letzten Jahren des 18. Jahrhunderts war das Wertverhältnis auf dem Markte für das Silber günstiger als die Newtonsche Relation von 1 : 15,2.

So behielt England auch unter dem neuen Systeme seinen Goldumlauf, aber es gelang ihm nicht, seinen Silberumlauf zu verbessern und zu vermehren. Da das Silber auf dem Markte einen höheren Preis erzielte, als seinem gesetzlichen Ausmünzungswert entsprach, war die Ausmünzung von Silber sowohl für private Rechnung wie auch für

Rechnung des Staates nicht lohnend, sondern ein Geschäft, welches Verlust bringen mußte. Seine Ausprägung für Privatrechnung unterblieb deshalb ganz und gar, und wenn der Staat, trotz des ihm erwachsenden Verlustes, den Versuch machte, durch Ausprägung neuer Silbermünzen den Silberumlauf zu ergänzen, so brachte er dieses Opfer umsonst; denn die neuen Stücke, deren Silberwert höher war als ihr Nennwert, verschwanden in kürzester Zeit in den Schmelztiegeln. Nur abgenutztes Silbergeld konnte sich im Umlauf halten.

Dieser Umstand wurde immer schwerer empfunden, die Klagen über den schlechten Zustand der Silbermünzen und den Mangel an kleinem Geld wurden immer lauter.

Aber auf dem Boden des bestehendes Systems war jede dauernde Abhilfe unmöglich. Da sich, wie jedermann sah, das Wertverhältnis der beiden Metalle auf dem Markte nicht nach dem Wertverhältnis des englischen Münzgesetzes richtete, wäre der einzig denkbare Weg gewesen, das Wertverhältnis der englischen Münzen entsprechend dem Wertverhältnis des Marktes zu verändern. Da letzteres selbst kein dauerndes, sondern ein leicht wechselndes war, hätte diese Lösung, welche dem Bedürfnis nach einem stabilen Geldwesen widersprochen hätte, nicht einmal einen dauernden Erfolg in Aussicht gestellt. Eine solche Maßregel konnte also nicht ergriffen werden. Ein anderer Ausweg wurde nicht gefunden.

So blieb die englische Doppelwährung, welche thatsächlich von allem Anfang an eine Goldwährung war, während des ganzen achtzehnten Jahrhunderts ohne jede wesentliche Veränderung, obwohl sich immer deutlicher zeigte, daß dieses System nicht die Möglichkeit gewährt, beide Metalle gleichzeitig im Umlauf zu erhalten.

Als einzige Maßregel verdient ein Schritt hervorgehoben zu werden, welcher bereits zur gesetzlichen Goldwährung hinüberleitete: ein Gesetz von 1774, welches bestimmte, daß Silbermünzen für Beträge über 25 £ nicht nach ihrem Nennwert, sondern nur nach ihrem Gewicht gesetzliches Zahlungsmittel sein sollten. Die Absicht dieser gesetzlichen Beschränkung der Zahlungskraft der Silbermünzen war, die Zahlungsempfänger vor dem bei dem Mangel an Silbergeld höchst unwahrscheinlichen Falle zu schützen, größere Zahlungen in dem sehr abgenutzten Silbergeld annehmen zu müssen.

Am Ende des achtzehnten Jahrhunderts führte ein unerwartetes Ereignis den entscheidenden Schritt herbei. Der Silberwert auf dem offenen Markte begann zu sinken und erreichte den Punkt, bei welchem die Ausmünzung von Silber Gewinn versprach. Diese Konjunktur wurde sofort benutzt, die Edelmetallhändler lieferten bei der Münze Silber ein und verlangten dessen Ausmünzung.

Damit war die Lage des englischen Geldwesens von Grund aus geändert.

Bisher litt man an der einen möglichen Wirkung der Doppelwährung: Man hatte einen fast ausschließlichen Goldumlauf, aber einen ungenügenden und herabgekommenen Silberumlauf. Die Änderung des Marktverhältnisses der beiden Metalle stellte die andere mögliche Wirkung in Aussicht: die Verdrängung des Goldumlaufs durch einen Silberumlauf.

Die englischen Staatsmänner begriffen mit praktischem Blick sofort die Lage. Sie wollten, so sehr sie einen ausreichenden Silberumlauf wünschten, den Goldumlauf nicht verlieren. Um dessen Verdrängung durch das den Münzen zuströmende Silber zu verhindern, thaten sie den einzigen Erfolg versprechenden Schritt: sie erließen ein Edikt, welches der Münze die Prägung von Silber für Private untersagte (1798).

Diese Maßregel war in Anbetracht des gesetzlich festgelegten freien Prägerechts für beide Metalle zweifellos ein Verstoß gegen das strenge Recht. Aber sie erschien im allgemeinen Interesse so selbstverständlich, daß das Parlament nicht zögerte, sie nachträglich zu legalisieren.

Mit der Einstellung der freien Silberprägung war, ohne daß der bestehende thatsächliche Zustand des englischen Geldwesens auch nur in einem Punkte geändert worden wäre, das juristisch vorhandene System der Doppelwährung verlassen. Die Schließung der englischen Münzstätte für das Silber verhinderte nur einen gänzlichen Umschwung in den thatsächlichen Verhältnissen des englischen Geldumlaufs, welcher bei Aufrechterhaltung der gesetzlichen Doppelwährung infolge des Rückganges des Silberpreises hätte eintreten müssen. Die thatsächliche Verfassung des englischen Geldumlaufs entsprach schon längst einer Goldwährung: der weitaus überwiegende Teil des Umlaufs bestand aus Goldmünzen, die Silbermünzen waren unterwertig, allerdings nicht durch absichtliche Ausmünzung, sondern durch Abnutzung, und sie dienten ausschließlich dem Ausgleich kleiner Zahlungen. Die Aufhebung des Rechts der freien Silberprägung gab diesem thatsächlichen Zustand die gesetzliche Sanktion, indem sie für alle Zeit die Rückkehr zu einem Silberumlauf und die Verdrängung des Goldes ausschloß. Freilich war durch diese Maßregel des Jahres 1798 noch nicht eine klar geordnete Goldwährung geschaffen. Der Zustand, in welchen das englische Geldwesen durch die Einstellung der Silberprägung geriet, war vielmehr ein augenscheinlich abnormer, welcher deutlich verriet, daß er nicht aus einem einheitlichen, durchdachten Plane, sondern aus tastenden Versuchen zur Abstellung von Mißständen des früheren Systems hervorgegangen war. Seine Grundzüge waren:

Freies Prägerecht für das Gold allein.

Die Goldmünzen gesetzliches Zahlungmittel für jeden Betrag.

Die Silbermünzen gleichfalls gesetzliches Zahlungsmittel für jeden Betrag, aber nicht wie die Goldmünzen nach ihrem Nennwert, sondern nur nach ihrem Gewicht; dagegen waren sie nach ihrem Nennwert gesetzliches Zahlungsmittel für Beträge von nicht mehr als 25 £.

Die politischen Wirren jener Zeit, welche die Suspension der Barzahlungen der Bank von England herbeiführten, verhinderten die notwendige gründliche Neuordnung des englischen Geldwesens für eine Reihe von Jahren.

Erst im Jahre 1816 zog die Gesetzgebung die vollen Konsequenzen aus der bisherigen Entwickelung und gründete auf dem Boden der seit einem Jahrhundert gegebenen thatsächlichen Verhältnisse ein juristisch neues Geldsystem, dessen Grundzüge waren:

Das freie Prägerecht für Gold, die Ausprägung unterwertiger Silbermünzen ausschließlich für Rechnung des Staates, die Beschränkung der Zahlungskraft dieser Silbermünzen.

Wie die Erfahrung gezeigt hatte, mußte die Silberprägung dem Staate vorbehalten bleiben, wenn man die Möglichkeit einer Verdrängung des Goldumlaufs durch das Silber ausschließen wollte. Wie der vorhandene, durch die natürliche Abnutzung unterwertig gewordene Silberumlauf lehrte, mußte man den Silbermünzen einen geringeren Feingehalt geben, als ihrem Nennwert und dem Marktwert des Silbers entsprach, um sie auch bei absehbaren Steigerungen des Silberwertes im Umlauf erhalten zu können. Um jedermann gegen den Zwang, größere Zahlungen in unterwertigen Münzen annehmen zu müssen, sicher zu stellen, mußte man die Zahlungskraft der Silbermünzen beschränken.

Der Grundinhalt der englischen Währungsgeschichte ist also: Das Bedürfnis nach einem aus beiden Metallen bestehenden aber einheitlichen Geldsystem führte von dem Versuch mit der Parallelwährung zur gesetzlichen Doppelwährung zurück. Dieses System brachte wohl ein einheitliches Geldwesen, aber es ermöglichte nicht den gleichzeitigen Umlauf beider Metalle in einer ihrer Natur und den Bedürfnissen der englischen Volkswirtschaft entsprechenden Ausdehnung. Das Bestreben, sich den überwiegenden Goldumlauf zu erhalten und sich gleichzeitig einen für die Bedürfnisse des Verkehrs genügenden Silberumlauf zu sichern, führte mit Notwendigkeit zur Ausbildung desjenigen Geldsystems, welches wir Goldwährung nennen.

Wir haben uns so eingehend mit der Währungsgeschichte Englands beschäftigt, weil auf englischem Boden ohne Vorbild und gewissermaßen unbewußt aus dem Drange der wirtschaftlichen Notwendigkeit heraus das System der Goldwährung entstand, welches sich später die ganze Kulturwelt erobern sollte.

In der Währungsgeschichte der übrigen Länder der europäischen Civilisation wiederholen sich mit kleinen Variationen die Entwickelungstendenzen, welche wir in England beobachtet haben, aber die endliche Lösung war beeinflußt durch das englische Vorbild.

Während England bereits im Laufe des siebenzehnten Jahrhunderts zu einem überwiegenden Goldumlauf gekommen war, herrschte in den andern wichtigen Ländern noch im achtzehnten Jahrhundert das Silber unbedingt vor; die erste Hälfte des neunzehnten Jahrhunderts brachte für die Länder Mitteleuropas sogar noch ein langsames aber entschiedenes Überhandnehmen der Silberzirkulation.

Die Entwickelung der deutschen Währungsverfassung haben wir bereits ausführlich dargestellt. Wir heben hier nur noch kurz diejenigen Punkte hervor, in welchen sie sich von der englischen charakteristisch unterscheidet.

Etwa ein Jahrhundert später als England kam Deutschland zur Parallelwährung; die Nutzlosigkeit der staatlichen Tarifierungen von Gold- und Silbermünzen war zu augenscheinlich. Während aber in England die Parallelwährung wegen der Schwankungen im gegenseitigen Wert der Gold- und Silbermünzen bald unerträglich schien und dadurch zu einem bimetallistischen System zurückleitete, welches zu einem thatsächlichen Goldumlauf führte, verliefen die Dinge in Deutschland ganz anders. Der Grund war, daß die wirtschaftliche Entwickelung in Deutschland noch auf einer weit tieferen Stufe stand, als diejenige Englands. In England war bereits in der zweiten Hälfte des siebenzehnten Jahrhunderts ein starker Bedarf nach Goldmünzen vorhanden. In Deutschland dagegen, wo der Volkswohlstand viel geringer und alle Verhältnisse viel kleiner waren, genügte noch am Anfang des 19. Jahrhunderts das Silber durchaus den Ansprüchen des Verkehrs. Die Goldzirkulation war infolgedessen in Deutschland nicht so groß, daß der schwankende Wert der Goldmünzen im Gelde des gewöhnlichen Verkehrs allzulästig empfunden worden wäre. Man blieb deshalb bei der Parallelwährung, und dieses System verhinderte seinerseits eine kräftige Ausbildung des Goldumlaufs, ja es führte, wie wir gesehen haben, zu einer völligen Verkrüppelung der Goldzirkulation und ward dadurch schließlich zu einer Silberwährung, deren feierliche Proklamation im Wiener Münzvertrag einen Verzicht auf das Gold be- bebeutete.

Solange Deutschland ohne Unzuträglichkeiten des Goldes entraten konnte, war diese Lösung eine befriedigende. Sobald aber die Entwickelung der allgemeinen wirtschaftlichen Verhältnisse die Notwendigkeit einer Goldzirkulation schuf, stand Deutschland vor derselben Frage, welche in England zur Goldwährung gedrängt hatte, vor der Frage: wie läßt sich in zweckentsprechender Weise ein Goldumlauf und ein Silberumlauf vereinigen?

Frankreich blieb im Gegensatz zu England und Deutschland bei den Versuchen, ein festes Wertverhältnis zwischen seinen Gold- und Silbermünzen im Wege der gesetzlichen Tarifierung herzustellen. Diese Tarifierungen wurden während des siebenzehnten und achtzehnten Jahrhunderts häufig geändert, da sie stets nach kurzer Zeit in Widerspruch mit dem im freien Verkehr geltenden Wertverhältnis zwischen den beiden Edelmetallen standen.

Die letzte Tarifierung ist enthalten in einer Deklaration von 1785. Sie beruhte auf einem Wertverhältnis von $15^1/_2:1$ zwischen Silber und Gold.

Dieses Wertverhältnis wurde von nun an beibehalten, auch in dem Münzgesetz aus dem Jahre XI. der Republik (1803), welches an Stelle des alten französischen Münzsystems ein neues mit dem „Frank" als Münzeinheit setzte.

Während in dieser Relation anfänglich das Gold günstiger bewertet war, als seinem Marktpreise entsprach, führte ein Steigen des Goldwertes gegenüber dem Silberwert im freien Verkehr dahin, daß seit Beginn unseres Jahrhunderts das Silber in der französischen Relation überwertet erschien.

Die Folge war, daß fast ausschließlich Silber geprägt wurde, während das Goldgeld immer mehr sich aus dem freien Umlauf zurückzog.

So kam auch Frankreich zu einem weit überwiegenden Silberumlauf. Die goldenen Zwanzigfrankstücke notierten an der Pariser Börse ein schwankendes, zeitweise beträchtliches Agio.

Ebenso herrschte das Silber vor in den Ländern, welche später mit

Frankreich den „lateinischen Münzbund" abschlossen, in der Schweiz, Belgien und Italien.

Die Niederlande allein hatten unter allen mitteleuropäischen Staaten einen überwiegenden Goldumlauf. Ihre Münzverfassung war seit 1825 eine Doppelwährung auf Grund einer Relation von 1:15,873. Das Silber war in dieser Relation zu ungünstig bewertet. Ähnlich wie in England während des achtzehnten Jahrhunderts gelang es deshalb nicht, einen ausreichenden Silberumlauf herzustellen. Dazu kam, daß die Niederlande, eingeschlossen von Wirtschaftsgebieten, in welchen das Silber herrschte, sich durch ihren Goldumlauf isoliert fühlen mußten. Noch wichtiger jedoch war der Umstand, daß in der für das Mutterland überaus wichtigen Kolonie, in Niederländisch Indien, Silberwährung bestand und an eine Änderung dieses Zustandes nicht gedacht werden konnte.

Diese Verhältnisse führten zu einer Reform der niederländischen Münzgesetzgebung. Nach langen Verhandlungen kam im Jahre 1847 ein Gesetz zu stande, welches an Stelle der bisherigen Doppelwährung die reine Silberwährung einführte und die Einschmelzung der umlaufenden Goldmünzen anordnete.

Dieser Schritt der Niederlande charakterisiert die damals herrschende Auffassung der währungspolitischen Lage; er ist überaus bezeichnend für die allgemeine Annahme, daß das Geldwesen auf dem europäischen Kontinent fest auf dem Silber begründet sei. Niemand ahnte die nahe bevorstehenden Ereignisse auf dem Gebiet der Edelmetallgewinnung, durch welche mit einem mächtigen Schlag die Herrschaft des Silbers aufs tiefste erschüttert werden sollte.

Im Gegensatz zu den Ländern Mitteleuropas führte die Entwickelung in den Vereinigten Staaten zu einem fast ausschließlichen Goldumlauf.

Seit 1792 bestand dort eine Doppelwährung mit der Relation von 1:15. Ebensowenig wie in England und in Frankreich gelang es in Amerika, auf dem Boden dieses Systems zu einem gleichzeitigen Umlauf beider Metalle zu kommen. Da das Gold auf dem offenen Markte höher bewertet wurde, als in dem amerikanischen Münzgesetz, rentierte es, Goldmünzen einzuschmelzen, während die Ausprägung von Gold nur unter Verlusten möglich war. Die Folge war ein ausschließlicher Silberumlauf.

Die frühzeitige Entwickelung der amerikanischen Volkswirtschaft und die regen Handelsbeziehungen zu dem Goldwährungslande England ließen die Schaffung eines Goldumlaufs als wünschenswert erscheinen.

Um einen Goldumlauf möglich zu machen, wurde im Jahre 1834 die gesetzliche Relation zwischen Gold und Silber auf 1:16 abgeändert. In dieser neuen Relation war nun, umgekehrt wie früher, das Gold zu günstig bewertet, das Silber zu ungünstig. Die Folge war, daß Amerika wohl zu einem Goldumlauf kam, daß es aber seinen bisherigen Silberumlauf völlig verlor. Einheimische Silbermünzen hielten sich meist nur mit Agio im Verkehr, und neben ihnen versah eine Reihe ausländischer Silbermünzsorten, die zu ihrem Kurswert gegeben und genommen wurden, den Dienst von Scheidemünzen.

Außer England und den Vereinigten Staaten war die Währungsverfassung kleinerer Staaten, wie Portugal, auf das Gold begründet, ebenso diejenige wichtiger englischer Kolonien, namentlich das Geldwesen Canadas, des Kaplands und Australiens.

Dagegen herrschte die Silberwährung in den meisten übrigen Ländern, namentlich in Indien (gesetzlich seit 1835) und in Ostasien.

In dem weitaus größten Teil der Erde, soweit sie wirtschaftlich in Betracht kommt, war also das Geldwesen auf das Silber begründet, während das Gold entweder gar keine oder eine nur nebensächliche Verwendung fand. England, das gesetzliche Goldwährung hatte, und die Vereinigten Staaten, welche thatsächlich einen fast ausschließlichen Goldumlauf besaßen und deren Valuta so gut wie die englische vom Gold abhängig war, nahmen währungspolitisch eine isolierte Stellung ein.

Die Erfahrungen des letzten Vierteljahrhunderts, namentlich die aus der Silberentwertung hervorgegangenen Schwankungen in den Valuten der Silberländer, haben uns die handelspolitischen Bedenken und Gefahren der Währungsverschiedenheit erkennen lassen. In der ersten Hälfte dieses Jahrhunderts dagegen war der Währungsunterschied von verhältnismäßig harmloser Natur, und zwar aus folgenden Gründen:

Der ganze Handel war noch nicht so sehr ausgestaltet und feinfühlig wie heute. Das Risiko und die Gewinn-Chancen waren in gleicher Weise größer als bei dem heutigen Geschäft, Veränderungen in den Wechselkursen, welche heute als sehr störend empfunden würden, hatten deshalb damals eine geringere Bedeutung.

Vor allem aber wurde der Währungsunterschied zwischen England und Nordamerika einerseits und den Ländern mit gesetzlicher oder thatsächlicher Silberwährung andererseits dadurch erträglich, daß die Veränderungen in dem gegenseitigen Wert der beiden Edelmetalle verhältnismäßig geringfügig waren. Von 1816 an, dem Jahre, in welchem England die Barzahlungen wieder aufnahm, bis zum Jahre 1850 hielt sich nach Soetbeers Berechnungen[1] die durchschnittliche jährliche Wertrelation zwischen 1:15,62 und 1:15,95.

Der Grund für diese geringen Veränderungen ist in der Wirksamkeit der französischen Doppelwährung gesucht worden, wie mir scheint ohne zwingenden Grund. Die Ursache war vielmehr augenscheinlich das Fehlen der Vorbedingungen für eine größere Verschiebung des Wertverhältnisses der beiden Metalle.

Das Verhältnis der Goldproduktion zur Silberproduktion blieb bis zur Mitte unsres Jahrhunderts verhältnismäßig konstant. Während von der Produktion beider Edelmetalle in der Periode von 1801—1810 auf das Gold 1,9% kamen, machte die Goldproduktion im Jahrzehnt 1831—1840 3,3% aus. Wenn man das vorige Jahrhundert, in welchem die Schwankungen der Wertrelation, wenn auch größer als von 1800 bis 1850, so doch immerhin nur unerhebliche waren, in fünf Abschnitte zu 20 Jahren einteilt, so schwankte der Anteil des Goldes im Durchschnitt dieser Periode zwischen 4,4 von 1741—1760 und 2,0 von 1781 bis 1800. Was bedeuten diese Schwankungen gegenüber der Thatsache, daß der Anteil des Goldes im Durchschnitt von 1851—55 auf 18,4% stieg, um gegen Ende der 80 Jahre wieder unter 5% herabzusinken[2]!

Ebenso geringfügig wie die Schwankungen der Produktion, waren die Veränderungen in der monetären Verwendung der Edelmetalle.

Als England zu Anfang des Jahrhunderts die Goldwährung gesetzlich einführte, brauchte es weder erhebliche Goldmengen zu beschaffen noch Silber zu demonetisieren, denn die Goldwährung hatte thatsächlich schon seit einem Jahrhundert bestanden.

Die Vereinigten Staaten gingen durch die Änderung seiner gesetzlichen Relation wohl von einem Silberumlauf zu einem Goldumlauf über. Da jedoch die Marktrelation bis zur Mitte des Jahrhunderts sich nicht weit von der neuen amerikanischen Relation von 1 : 16 entfernt hielt, vollzog sich dieser Übergang nur allmählich. Keinesfalls konnte die Änderung des amerikanischen Münzgesetzes die Wirkung haben, das Wertverhältnis für das Gold günstiger zu gestalten, wie 16 : 1, da in diesem Falle die Aus-

[1] Materialien. 2. Aufl. S. 25.
[2] Vgl. Beiträge S. 4 und S. 37—43.

prägung von Silber wieder lohnend geworden wäre und damit die amerikanische Nachfrage nach Gold zu Münzzwecken aufgehört hätte.

Die Wirkungen der niederländischen Münzreform von 1847 konnten in Anbetracht des geringen Goldumlaufs, welcher demonetisiert wurde, kaum erheblich sein; sie fielen überdies zeitlich bereits mit der Wirkung von bedeutend mächtigeren Faktoren zusammen.

In allen andern Ländern blieb es beim Alten. Es lagen also keine Gründe für erhebliche Änderungen des Wertverhältnisses beider Metalle vor.

Wenn die verhältnismäßige Stabilität des Wertverhältnisses aus der Währungsverschiedenheit keine Nachteile für den Welthandel entstehen ließ, so ließen andererseits die Gründe dieser Stabilität die baldige Herstellung einer Währungsgleichheit, auch nur unter den Staaten der europäischen Kultur, als unmöglich erscheinen. England hatte gezeigt, daß es nicht bereit war, auf seinen Goldumlauf zu verzichten, und es hatte aus der Erfahrung von anderthalb Jahrhunderten gelernt, daß das einzige Mittel zur dauernden Aufrechterhaltung eines Goldumlaufs die Goldwährung sei. Die verhältnismäßig geringe Goldproduktion machte für die Länder des europäischen Kontinents — von einem Übergang zur Goldwährung gar nicht zu reden! — einen ausgiebigeren Gebrauch des Goldes als Geld selbst dort unmöglich, wo die Doppelwährung das Gold rein juristisch auf gleichem Fuß wie das Silber behandelte. So sehr auch in diesen Ländern der allgemeine wirtschaftliche Fortschritt eine stärkere Verwendung des Goldes als Umlaufsmittel wünschenswert erscheinen lassen mochte, praktische Folgen für die internationalen Währungsverhältnisse und für die Münzpolitik der einzelnen Staaten konnten sich daraus so lange nicht ergeben, als nicht genug Gold vorhanden war, um den Platz des Silbers auszufüllen.

Bis zur Mitte unsres Jahrhunderts waren also die internationalen Währungsverhältnisse in einem Zustande des Beharrens, welcher nur durch große Umwälzungen in der Edelmetall-Produktion den Anstoß zu einer weiteren Entwickelung erhalten konnte.

Zweiter Abschnitt.

Die Goldfunde und ihre Einwirkung auf die internationalen Währungsverhältnisse.

Um die Mitte unseres Jahrhunderts gelangte nach der alten Welt die Kunde von reichen Goldfunden in den Sandablagerungen Kaliforniens. Wenige Jahre später kamen ähnliche märchenhaft klingende Nachrichten aus Australien.

Die alte Macht des Goldes über die menschlichen Gemüter bewahrheitete sich aufs neue. Leute aller Berufsklassen verließen ihre Heimat und strömten nach den gepriesenen Ländern, wo das Glück dem Mutigen unermeßliche Reichtümer spendete.

Wie durch einen Zauberschlag entstanden in der Wildnis bevölkerte Städte. Wo bisher kaum ein menschlicher Laut gehört worden war, begann aufgeregtes Leben. Tausende und Abertausende mühten sich in atemloser Hast, aus dem Sande die kleinen Körnchen des Metalles zu gewinnen, welches von den ältesten Zeiten an der Menschheit als der Inbegriff allen Reichstums erschien.

So reich waren die neuen Goldfelder, und so fieberhaft wurde ihre Ausbeutung betrieben, daß in den zwei Jahrzehnten von 1850 bis 1870 nicht unerheblich mehr Gold zu Tage gefördert wurde, als in den zwei Jahrhunderten vor 1850.

Die gesamte Goldproduktion während dieser 20 Jahre betrug fast 4 Millionen kg, im Werte von fast 11 Milliarden Mark. Was das bedeutet, wird klar, wenn man bedenkt, daß diese Summe viermal so groß ist, als der gesamte zu Geldzwecken dienende Goldvorrat, den Deutschland gegenwärtig besitzt, und fast ebensogroß, wie der ganze monetäre Goldvorrat Deutschlands, Frankreichs, Englands und der Vereinigten Staaten zusammen genommen.

Durch diese enorme Goldgewinnung wurde eine ausgedehntere Verwendung des Goldes als Umlaufsmittel möglich gemacht, als sie bisher denkbar war. Nicht wie ein Zufall, sondern wie eine wohl erwogene That der Vorsehung erscheint das glückliche Zusammentreffen, durch welches den europäischen Völkern diese großen Goldmassen gerade zu der Zeit zur Verfügung gestellt wurden, in welcher das Silber infolge eines glänzenden Aufschwunges der Volkswirtschaft anfing, zum allgemeinen Umlaufsmittel zu schwer und unbequem zu werden.

Fast gleichzeitig mit den kalifornischen und australischen Goldfunden traten Verhältnisse ein, welche, nicht das Gold, sondern das Silber berührend, den Übergang der europäischen Völker zum Gebrauch des Goldes noch ganz besonders beförderten: eine überaus starke und anhaltende Nachfrage nach Silber zur Versendung nach Ostasien.

Hervorgerufen wurde diese Nachfrage anfangs hauptsächlich durch indische Silberanleihen in England, welche zu umfassenden Eisenbahnbauten im indischen Reiche, zur Bekämpfung der häufig wiederkehrenden Hungersnot und zur Bewältigung des großen Aufstandes von 1857 verwendet wurden; später durch das Anwachsen der indischen Ausfuhr, namentlich während der Jahre des amerikanischen Bürgerkrieges und der Baumwollennot.

Der starke Begehr nach Silber beförderte in den europäischen Ländern sehr wesentlich die gänzliche oder teilweise Ersetzung der Silberzirkulation durch einen Goldumlauf, indem er für das durch das neue Gold zu verdrängende Silber die Möglichkeit einer günstigen Verwertung schuf; ja noch mehr: die indische Silbernachfrage bewirkte, daß die neuen Goldmengen das Silber nicht erst zu verdrängen brauchten, sondern daß sie ohne weiteres an die Stelle des aus dem europäischen Umlauf herausgezogenen Silbers treten konnten.

Es ist eine überaus beachtenswerte Thatsache, daß die entscheidende Wandlung in den Währungsverhältnissen der Kulturwelt nicht durch zielbewußte Handlungen von Menschen herbeigeführt worden ist, sondern daß sie sich aus dem Zusammentreffen der geschilderten Umstände mit innerer Notwendigkeit von selbst ergab, gänzlich unabhängig vom Willen, ja teilweise gegen den Willen derjenigen, welche glaubten, durch Gesetze die Entwickelung der Währungsverhältnisse beherrschen zu können.

Die wenigsten derjenigen Männer, welche sich mit der Münzfrage beschäftigten, hatten eine Ahnung, von welcher Bedeutung die Goldfunde für die Währungsverhältnisse werden würden. Sie konnten deshalb auch nicht auf den Gedanken kommen, die Wirkung der Goldfunde zielbewußt zu fördern.

Die mit einem Schlag fast auf das zwanzigfache gesteigerte Goldproduktion erzeugte vielmehr gerade bei den Nationalökonomen eine völlige Verwirrung.

Daß die neu gewonnenen Goldmengen, weil das Gold infolge der Entwickelung der allgemein-wirtschaftlichen Verhältnisse für einen großen Teil des Geldumlaufs tauglicher geworden war als das Silber, sich an die Stelle des Silbers setzen würden, daß dadurch dem neuen Golde sofort eine entsprechende Verwendung geboten, und daß durch die Goldfunde zunächst Silber in erheblichen Mengen frei gemacht werden würde, diese Einsicht zeigte sich klar ausgeprägt nirgends. An ihrer Stelle trat bei vielen bedeutenden Volkswirten die Befürchtung auf, der Wert des Goldes werde infolge der so riesig gesteigerten Goldgewinnung dem Silberwert gegenüber einen beträchtlichen Rückgang erfahren. Chevalier schrieb seine berühmte Schrift „La baisse probable de l'or". In der Tübinger Zeitschrift veröffentlichte Kolb einen Aufsatz, welcher eine Entwertung des Goldes bis unter den Silberwert hinab für nicht ausgeschlossen erklärte. Allgemein erschien die Wertbeständigkeit des Goldes aufs tiefste erschüttert.

Auf Grund dieser Ansicht kam man zu der Folgerung, daß das Gold die Fähigkeit verloren habe, als Grundlage des Geldwesens zu dienen. Man erwog die verhängnisvollen Wirkungen einer starken Geldentwertung, und um diesen Wirkungen aus dem Wege zu gehen, fand man als einzige Möglichkeit das Festhalten am Silber, wo man Silberwährung hatte; die Rückkehr zum Silber, wo Goldwährung bestand.

Die Gründe, mit welchen auf der Wiener Münzkonferenz im Jahre 1854 die österreichische Forderung, die Goldwährung anzunehmen, zurückgewiesen wurde[1], zeugen von diesem Geist. In Frankreich, wo vermöge der rechtlich bestehenden Doppelwährung Goldgeld gesetzliches Zahlungsmittel war, wenn auch thatsächlich vor 1850 der Silberumlauf fast ausschließlich vorherrschte, wo indes durch ein Sinken des Goldwertes unter die gesetzliche Relation ein thatsächlicher Goldumlauf entstehen mußte, schlug Chevalier vor, das Goldgeld nur als Handelsmünzen ohne gesetzliche Zahlungskraft zu dulden. In England, das seit anderthalb Jahrhunderten einen weit überwiegenden Goldumlauf besaß, empfahl Cobden die Rückkehr zur Silberwährung.

Einzig und allein Soetbeer vertrat bereits zu Beginn der fünfziger Jahre die Ansicht, die reiche Goldausbeute müsse zu einer stärkeren Verwendung des Goldes als Umlaufsmittel verwendet werden.

So stark jedoch der Eindruck der Goldfunde auf die Gemüter der Nationalökonomen war, so gering war ihre unmittelbare Einwirkung auf die Münzgesetzgebung: es blieb zunächst überall beim alten; allerdings nur in der Gesetzgebung.

Dagegen erfuhren die thatsächlichen Verhältnisse die weitgehendsten Veränderungen.

Frankreich und die anderen Länder des Frankensystems boten den

[1] Siehe oben S. 20 u. 21.

Massen des neuen Goldes ein breites Aufnahmefeld. Der Wert des Goldes im Verhältnis zum Silberwert sank unter die der französischen Doppelwährung zu Grunde gelegte Relation. Dadurch wurde die Versendung von Gold nach Frankreich und dessen Ausprägung in französisches Geld lohnend, ebenso die Einschmelzung der nicht wesentlich abgenutzten Silberstücke. In kurzer Zeit vollzog sich die Ersetzung eines großen Teiles des bisherigen französischen Silberumlaufs durch einen Goldumlauf. Die Länder des französischen Münzsystems kamen unter Aufrechterhaltung der gesetzlichen Doppelwährung von ihrer bisher bestehenden thatsächlichen Silberwährung zu einer thatsächlichen Goldwährung.

Die kalifornischen und australischen Goldfunde führten also vermöge der Wirkung des in Frankreich und in einigen anderen Staaten bestehenden bimetallistischen Systems zu einer erheblichen Ausdehnung der thatsächlichen Goldwährung. Das französische Münzgebiet trat, allerdings noch nicht gesetzlich und unwiderruflich, zu England und Nordamerika auf die Seite des Goldes hinüber. Deutschland und Holland waren die einzigen handelspolitisch wichtigen Länder Europas, welche beim Silber blieben, während Österreich und Rußland ihre metallische Währungsbasis überhaupt verloren hatten und zur Papierwirtschaft gekommen waren.

Wenn man die damalige handelspolitische Bedeutung Deutschlands und Hollands mit derjenigen Englands, der Vereinigten Staaten, Frankreichs und der übrigen Länder des Frankensystems vergleicht, dann erhält man ein zutreffendes Bild davon, wie sehr im internationalen Verkehr die Silberwährung durch die Goldfunde und ihre Wirkungen an Bedeutung verlor, wie sehr die Silberwährungsländer in Gefahr gerieten, währungspolitisch völlig isoliert zu werden.

Solange die Neugestaltung der Dinge sich noch nicht ganz vollzogen hatte, und so lange sie noch nicht als eine unwiderrufliche erschien, konnte diese Erkenntnis noch nicht allgemein Platz greifen. Solange die Gefahr einer starken Entwertung des Goldes nicht ausgeschlossen war, solange in Frankreich und selbst in England sich Stimmen vernehmen ließen, welche die Ausschließung des Goldes und die Rückkehr zum Silber empfahlen, war für die Silberwährungsländer die Gefahr einer währungspolitischen Isolierung noch nicht gegeben.

Eine kurze Reihe von Jahren genügte jedoch, um zu zeigen, daß die Befürchtungen eines starken Rückganges des Goldwertes unbegründet waren und daß die Länder, welche durch die Goldfunde ohne eigenes

Zuthun einen Goldumlauf erhalten hatten, nicht daran dachten, freiwillig zu einem überwiegenden Silberumlauf zurückzukehren.

Die Erscheinung, daß trotz einer fast zwanzigfachen Steigerung der Goldproduktion und trotz einer bei ungefähr gleichbleibender Silbergewinnung enorm gewachsenen Silbernachfrage für Indien das Wertverhältnis beider Edelmetalle nur eine Verschiebung um wenige Prozente erfuhr, war geeignet, das namentlich bei den Theoretikern erschütterte Vertrauen auf das gelbe Metall aufs neue zu befestigen. Die Wertbeständigkeit des Goldes schien die stärkste Feuerprobe glänzend überstanden zu haben. Die Länder des französischen Systems lernten in kurzer Zeit die Vorzüge einer überwiegenden Goldzirkulation schätzen, und immer allgemeiner verbreitete sich die Ansicht, weit über die Grenzen der Länder mit Goldumlauf hinaus, daß die Goldwährung das Währungssystem der Zukunft für alle civilisierten Nationen sei.

Die Gründe, welche das Gold befähigten, trotz der unerhörten Produktionssteigerung und trotz der stark gesteigerten indischen Silbernachfrage seinen Wert im Verhältnis zum Silber im wesentlichen zu bewahren, sind bereits angedeutet. Sie lagen darin, daß die Länder der Frankenwährung vermöge der Wirkung ihres bimetallistischen Systems, sobald der Goldwert unter die gesetzliche Relation herabgegangen war, das Gold in großen Massen aufnahmen und ihren bisherigen Silberumlauf dem Weltmarkt zur Verfügung stellten; mit anderen Worten: die Länder des Frankensystems paralysierten vermittelst einer durch ihr bimetallistisches System ermöglichten automatischen Änderung ihres thatsächlichen Währungszustandes die Tendenzen, welche das Wertverhältnis beider Metalle gewaltig zu verschieben drohten. Sie stellten dem massenhaften Goldangebot eine intensive Goldnachfrage entgegen, dem erheblich gesteigerten Begehr nach Silber gegenüber gaben sie ihren bisherigen starken Silberumlauf frei. So kam es, daß der Wert des Goldes im Verhältnis zum Silberwert zwar nicht unverändert blieb, aber doch nur um wenige Hundertteile zurückging.

Wenn wir die Thatsache, daß durch die Wirkungen des französischen bimetallistischen Systems damals eine starke Verschiebung des Wertverhältnisses der beiden Edelmetalle verhindert wurde, rückhaltlos zugeben, so stimmen wir damit nicht den allgemeinen Folgerungen zu, welche aus diesem Einzelfall gezogen worden sind, daß nämlich das bimetallistische System, die Freigabe der Prägung beider Edelmetalle und die gesetzliche Festlegung eines Wertverhältnisses, an sich und unter allen Umständen genüge, dieses Wertverhältnis gegenüber allen Veränderungen der preisbildenden Faktoren aufrecht zu erhalten.

Betrachtet man den historischen Vorgang, um welchen es sich hier handelt, so findet man, daß die Wirkung des bimetallistischen Systems an ganz bestimmte Vorbedingungen geknüpft war; daran nämlich, daß die Doppelwährungsländer, als die Goldproduktion so gewaltig anwuchs und die Silbernachfrage eine so große Steigerung erfuhr, völlig mit Silber gesättigt waren, daß sie also dem neuen Goldangebot eine völlig neue Goldnachfrage, der Silbernachfrage ein enormes Silberangebot gegenüberstellen konnten. Diese bestimmten Vorbedingungen waren es, welche es den Ländern der französischen Doppelwährung ermöglichten, das im relativen Werte sinkende Metall in weitem Umfang aufzunehmen, das im relativen Werte steigende Metall in großen Mengen abzugeben und so ausgleichend zu wirken. Es kommt weiter hinzu, daß die Länder des bimetallistischen Systems den automatischen Umschwung ihrer Zirkulationsverhältnisse willig, ja sogar freudig ertrugen, denn dieser Umschwung brachte ihnen einen Goldumlanf an Stelle eines Silberumlaufs, ein bequemeres Zirkulationsmittel an Stelle eines unbequemeren. Erst als der in beschränkten Mengen unbedingt notwendige Silberumlauf gänzlich zu verschwinden drohte, wurden Störungen hervorgerufen, welche Maßregeln zur Abhilfe notwendig machten. Im großen und ganzen jedoch sah man in dem Übergang vom Silber- zum Goldumlauf einen wichtigen Fortschritt. Um den Gegensatz dazu hervorzuheben, genüge der unserer weiteren Darstellung vorgreifende Hinweis, daß man in Frankreich, als in den siebenziger Jahren das bimetallistische System den Umlauf abermals mit Silber anzufüllen begann, allgemein diese Wirkung als eine sehr unerwünschte ansah, und daß man, um nicht den Goldumlauf durch einen Silberumlauf ebenso verdrängen zu lassen, wie zwei Jahrzehnte zuvor der Goldumlauf den Silberumlauf verdrängt hatte, das bimetallistische System durch Einschränkung der Silberprägung aufhob.

Die Vorbedingungen für die Wirkung des bimetallistischen Systems in den fünfziger und sechziger Jahren waren also, daß Frankreich und die anderen Frankenländer sich im Besitze des infolge verstärkter Nachfrage im relativen Werte steigenden Metalles befanden und ihren aus diesem Metall bestehenden Umlauf gegen einen Umlauf aus dem infolge des vermehrten Angebots sinkenden Metall austauschen konnten; daß sich ferner diese Länder zu einem solchen Austausch bereit finden ließen, weil er ihnen ein bequemeres an Stelle eines unbequemeren Umlaufsmittels, das

Gold an Stelle des Silbers brachte. Nicht das bimetallistische System an sich, sondern nur das bimetallistische System verbunden mit diesen Vorbedingungen hat damals die Wirkung gehabt, eine starke Veränderung des Wertverhältnisses zu verhindern.

Trotz der günstigen Vorbedingungen war die Wirkung des bimetallistischen Systems nur eine beschränkte und unvollkommene, und zwar so beschränkt und so unvollkommen, daß man in Hinblick auf das Grundprinzip des bimetallistischen Systems nicht von einem Bewähren sondern nur von einem Versagen sprechen kann.

Die französische Doppelwährung hatte keineswegs die ihr nachmals zugeschriebene Wirkung, die sogenannte „Parität" der beiden Edelmetalle, das Wertverhältnis von $15^1/_2$ zu 1, aufrecht zu erhalten; schon deshalb konnte sie diese Wirkung nicht haben, weil auch vor den Goldfunden diese Parität nicht bestand. Wie vorher das Silber auf dem Markte weniger wert war, als der französischen Relation entsprach, so jetzt das Gold, und zwar nicht nur auf dem Londoner Edelmetallmarkt, sondern auch in Paris selbst[1], sodaß auch die versuchte Erklärung, die Schwankungen des Wertverhältnisses in London seien nur durch die Transportkosten von London nach der französischen Münze veranlaßt, hinfällig ist. Von einer Aufrechterhaltung des Wertverhältnisses der Edelmetalle durch die französische Doppelwährung kann also nicht die Rede sein, sondern nur von einer Verminderung der durch die Änderung der preisbildenden Faktoren veranlaßten Schwankungen des Wertverhältnisses.

Scharf und klar zu Tage tritt das Versagen der Doppelwährung, wenn man die Einwirkung der Goldfunde auf die Geldverfassung der Doppelwährungsländer ins Auge faßt. Die beiden seit langer Zeit erstrebten Ziele, nach welchen die Entwickelung der Währungsverhältnisse der gesamten Kulturwelt hinstrebte, nämlich die Einheitlichkeit des Geldumlaufs und der gleichzeitige zweckentsprechende Umlauf beider Edelmetalle wurde in den Doppelwährungsländern niemals erreicht, weder vor noch nach den Goldfunden. Für Frankreich bedeutete vor 1850, für die Vereinigten Staaten vor 1834, solange das Silber in dem Münzgesetz günstiger bewertet war als auf dem freien Markt, die Doppelwährung einen Verzicht auf das Gold. Als die Vereinigten Staaten im Jahre 1834 ihre Wertrelation zu Gunsten des Goldes veränderten, mußten sie auf einen ausreichenden

[1] Vgl. Beiträge S. 24—29.

und geordneten Silberumlauf verzichten, und als die Goldfunde und die indische Silbernachfrage den Goldwert unter die französische Relation hinabdrückten, wurden die Silbermünzen der Frankenwährung eingeschmolzen, der Silberumlauf wurde für die Bedürfnisse des Verkehrs, wie anderthalb Jahrhunderte zuvor in England, zu knapp, und die Silbermünzen wurden mit Aufgeld gegeben und genommen. Es gelang also dem bimetallistischen System in Frankreich und den Vereinigten Staaten ebensowenig wie vorher in England, einen ausreichenden Silberumlauf zu sichern und die Gleichwertigkeit der Gold- und Silbermünzen aufrecht zu erhalten. Dieses Versagen des bimetallistischen Systems war für den ganzen Geldverkehr so deutlich und empfindlich, daß sich die Vereinigten Staaten sowohl als Frankreich zu Maßregeln gedrängt sahen, welche eine erhebliche Einschränkung des bimetallistischen Systems bedeuteten und deshalb später von bimetallistischen Puritanern scharf getadelt worden sind.

In den Vereinigten Staaten kam im Jahre 1853 ein Gesetz zu stande, welches, um eine ausreichende und geordnete Silberzirkulation herzustellen, denselben Weg betrat, welchen England im Jahre 1816 eingeschlagen hatte. Es wurde die Prägung von Silberscheidemünzen mit einem um 7 % geringeren Feingehalt als dem der ursprünglichen Silberkurantmünzen angeordnet. Die Zahlungskraft dieser Silberscheidemünzen wurde auf 5 Dollar beschränkt. Als Scheidemünzen wurden jedoch nur die Stücke vom halben Dollar abwärts ausgeprägt, während der Silberdollar selbst, wenigstens auf dem Papier, als vollwertige und frei ausprägbare Kurantmünze erhalten blieb.

In Wirklichkeit hatte die Erhaltung des Silberdollars als Kurantgeld keine Bedeutung. Der Silberdollar war bereits in der Periode der thatsächlichen Silberwährung (vor 1834) nicht mehr geprägt worden. Im Jahre 1805 hatte der Präsident Jefferson aus technischen Gründen seine Ausmünzung eingestellt[1]. Von 1834 bis zum Jahre 1873 wurden insgesamt nur 8 Millionen Dollar in silbernen Eindollarstücken ausgeprägt, und selbst diese geringe Summe fand ihre Verwendung wohl ausschließlich als Handelsmünzen im Verkehr mit Ostasien, aber nicht in der amerikanischen Zirkulation.

Darin, daß der Silberdollar, welcher nach der Lage der Verhältnisse für den amerikanischen Umlauf selbst nicht in Betracht kam, als Handels-

[1] Vgl. Prager, Die Währungsfrage in den Vereinigten Staaten. 1897. S. 33.

münze in den ostasiatischen Ländern benutzt wurde, scheint der Grund für seine Erhaltung gelegen zu haben.

In dem Gebiet der Frankenwährung kam es bald zu ähnlichen Maßregeln wie in den Vereinigten Staaten.

In Frankreich wurde bereits im Jahre 1851 eine Kommission eingesetzt, welche aus Anlaß der Goldfunde und ihrer Einwirkungen auf die französischen Zirkulations-Verhältnisse über die Münzfrage beraten sollte. Aber die Frage war damals noch nicht spruchreif.

Im Jahre 1857 berief der französische Finanzminister abermals eine Kommission. Die Veränderung des Wertverhältnisses zwischen Gold und Silber war damals bereits fühlbarer und in ihren Wirkungen deutlicher: Die Verdrängung des Silbergeldes durch das neue Gold lag klar vor Jedermanns Augen.

Die Kommission sprach die Meinung aus, daß nicht der Goldwert gesunken, sondern der Silberwert gestiegen sei. Daraus wurde aber nicht die Konsequenz gezogen, das vermeintlich wertbeständigere Gold zur alleinigen Grundlage des französischen Währungssystems vorzuschlagen.

Die Kommission kam ferner zu dem nicht sehr tiefsinnigen Urteil, das beste Mittel, die aus der Störung des Wertverhältnisses der beiden Edelmetalle entstandenen Schwierigkeiten zu heben, bestehe darin, mit aller Energie die Wertrelation des Gesetzes von 1803 aufrecht zu erhalten. Über den Weg, auf welchem dieses Ziel erreicht werden sollte, machte sich die Kommission eine sonderbare Vorstellung. Das einzige Mittel zur Aufrechterhaltung der Relation von 1 : 15½ war augenscheinlich, daß Frankreich, soweit es in seinen Kräften stand, es dem Weltmarkt ermöglichte, für 1 Pfund Gold 15½ Pfund Silber zu erhalten. Statt aber die Erleichterung eines solchen Austausches vorzuschlagen, empfahl die Kommission eine Erschwerung desselben: sie schlug vor, die Silberausfuhr mit einem hohen Zoll zu belegen, und die Geschäftsleute, welche die Silberausfuhr betrieben oder erleichterten, mit Strafe zu bedrohen. Daß durch eine solche Maßregel jeder denkbare Einfluß der französischen Doppelwährung auf die Beständigkeit des Wertverhältnisses aufgehoben worden wäre, war der Kommission offenbar unklar.

Diese sich seltsam widersprechenden Beschlüsse zeigen, wie wenig die Meinungen geklärt waren.

Die französische Regierung scheint das empfunden zu haben, und der Bericht der Kommission verschwand wirkungslos in den Akten.

Zu einer praktischen Maßregel entschloß sich von allen Frankenländern zuerst die Schweiz. Seit dem Jahre 1860 prägte sie ihre kleineren Silbermünzen zwar im selben Gewicht aber in geringerem Feingehalt als bisher, nämlich in einer Feinheit von 8/10 statt 9/10. Dadurch war ein Einschmelzen dieser Silbermünzen unrentabel gemacht.

Frankreich setzte nun (1861) abermals eine Münzkommission ein, um die gegen das Verschwinden der Silbermünzen zu ergreifenden Mittel zu beraten, und diese Kommission endlich schlug vor, das Beispiel Englands, Amerikas und der Schweiz zu befolgen. Sie empfahl für die kleineren Silbermünzen eine Legierung von 800 Tausendteilen Feingehalt im Minimum, 850 Tausendteilen im Maximum.

Die Regierung brauchte abermals einige Jahre, bis sie zu einem Entschlusse kam. Sie entschied sich dahin, Silberscheidemünzen in einem Feingehalt von 835 Tausendteilen ausprägen zu lassen. Für die Wahl dieser merkwürdigen Legierung, welche den Ärger aller Anhänger des metrischen und decimalen Systems erweckte, war ausschlaggebend die Erwägung, daß damit eine annähernde Übereinstimmung mit der Unterwertigkeit der englischen und amerikanischen Silberscheidemünzen erzielt wurde. Das Streben nach einem Weltmünzbund, welches später für die französische Münzpolitik der maßgebende Gesichtspunkt wurde, hatte also schon damals praktische Bedeutung.

Erst im Jahre 1864 jedoch ließ Frankreich Stücke in dem neuen Feingehalt ausprägen, und zwar nur 50- und 20 Centimesstücke, während die größeren Silbermünzen vollwertiges Kurantgeld blieben.

Noch ehe die Unterhandlungen in Frankreich selbst zu diesem Ende gediehen waren, verfügte Italien die Prägung einer ansehnlichen Summe von Zwei-, Ein-, Einhalb- und Einfünftel-Lire-Stücken als Scheidemünzen in dem von der französischen Regierung in Aussicht genommenen Feingehalt.

Man empfand es nun als einen Übelstand, daß im Gebiet der Frankenwährung Silberscheidemünzen von verschiedener Feinheit geprägt wurden und umliefen; denn der Münzumlauf der Frankenländer war damals schon, obwohl darüber kein Vertrag bestand, ein fast gänzlich gemeinschaftlicher. Die einzelnen Länder duldeten nicht nur das Frankengeld der anderen in ihrer Zirkulation, sondern sie hatten sogar teilweise dem Frankengeld der anderen Staaten gesetzlichen Kurs gleich dem eigenen Landesgelde verliehen.

Die Störung des Wertverhältnisses zwischen Gold und Silber und ihre Wirkung auf den Silberumlauf gab den Anlaß, diese autonome

Münzgleichheit in einen förmlichen Münzbund zu verwandeln. Auf Anregung Belgiens erließ Frankreich im Jahre 1865 an die Frankenländer eine Einladung zu einer Münzkonferenz, deren erster Zweck war, die gestörte Gleichheit der Silberausmünzung kraft eines förmlichen Münzvertrags wieder herzustellen. Im Dezember 1865 wurde zwischen Frankreich, Italien, Belgien und der Schweiz die sogenannte „Lateinische Münzkonvention“ abgeschlossen.

Thatsächlich neues wurde durch diese Konvention kaum erreicht. Was die Hauptsache, das Münzsystem selbst, anlangte, brachte sie nur die bestehenden Verhältnisse zur vertragsmäßigen Festlegung. Neu war die Bestimmung, daß die Silbermünzen, vom Zweifrankenstück abwärts, in allen Frankenländern als Scheidemünzen ausgeprägt werden sollten, und zwar im bisherigen Gewicht, aber in einer Feinheit von nur 835 statt von 900 Tausendteilen und in einem Maximalbetrag von 6 Franken pro Kopf der Bevölkerung; neu war ferner, daß die vertragenden Staaten sich gegenseitig die Annahme ihrer Münzen an ihren öffentlichen Kassen zusagten.

Dagegen blieben alle die wichtigen Fragen, welche damals die öffentliche Meinung schon stark bewegten, ungelöst. So fehlte jede Bestimmung über die Pflicht zur Einlösung und Umprägung abgenutzter goldener und silberner Kurantmünzen. Vor allem aber blieb die Währungsfrage in der Schwebe. Belgien, Italien und die Schweiz waren für den Übergang zur Goldwährung, aber der energische Widerstand Frankreichs verhinderte, daß dieser wichtigste Punkt überhaupt auf die Tagesordnung kam. Die öffentliche Meinung in Frankreich und die Ansichten der maßgebenden Kreise waren in dieser Frage noch zu wenig geklärt. Der Präsident der Konferenz, Herr de Parieu, war allerdings schon damals ein eifriger und überzeugter Anhänger der Goldwährung; aber die Anhänger des alten bimetallistischen Systems waren damals in Frankreich noch zu mächtig, als daß die französische Regierung sich in der Münzkonvention für die Goldwährung hätte engagieren können.

Von ganz besonderer Wichtigkeit war der Umstand, daß die Bank von Frankreich, deren Leiter als Fachmänner ersten Ranges naturgemäß einen bedeutenden Einfluß auf die Regierung ausübten, einer völligen Beseitigung des Silbers als Kurantgeld ganz und gar abgeneigt waren. Die Bank von Frankreich hat späterhin diese Gesinnung konsequent beibehalten, und ihre Vorsteher lieben es heute noch, hin und wieder ihre Vorliebe für das bimetallistische System zur Schau zu tragen.

Diese Stellung der Bank von Frankreich, welche für die Währungsgeschichte der Länder des Frankensystems von großer Bedeutung geworden ist, erscheint erklärlich, wenn man weiß, wie sehr die Bankpolitik dieses Institutes auf das bimetallistische System begründet ist.

Die Bank benutzte von jeher auf das ausgiebigste das Recht, welches die bestehende Doppelwährung ihr gab, ihren Verbindlichkeiten nach ihrer Wahl in Gold oder in Silber nachzukommen. Vor allem diente ihr dieses Recht, und zwar auch nach der Beseitigung des reinen bimetallistischen Systems bis herab auf den heutigen Tag, um die Nachfrage nach einem bestimmten der beiden Edelmetalle von sich fern zu halten. Wurde durch Präsentation ihrer Noten von der Bank Gold verlangt, sei es für den inländischen Bedarf, sei es für Exportzwecke, so war die Bank berechtigt, sich zu weigern, ihre Noten in Gold einzulösen und gegen den Willen des Einlieferers der Noten Silber zu geben. Bestand der Einlieferer auf Goldzahlung, so konnte die Bank, da sie gesetzlich zur Goldzahlung nicht verpflichtet war, ihre Bedingungen machen: sie konnte, wenn von ihr nicht französisches Geld schlechthin, sondern ein bestimmtes Metall verlangt wurde, bei der Einlösung ihrer Noten eine Prämie berechnen. Von diesem Recht, welches in dem Wesen der Doppelwährung begründet ist, macht die Bank bis zum heutigen Tag Gebrauch.

Diese Prämienpolitik brachte der Bank in doppelter Hinsicht Vorteil.

Einmal gab sie ihr Gelegenheit, das Bargeld ihres Metallvorrats höher zu verwerten, als seinem Nennwert entsprach; sie konnte Spekulation im eigenen Landesgeld treiben, und zwar eine Spekulation, welche zwar nur kleine Gewinne brachte, dafür aber, da jederzeit das Metallgeld zum Nennwert verwendet werden konnte, jeden Verlust ausschloß.

Vor allem aber war die Bank vermöge ihrer Prämienpolitik im stande, einen geringeren Barvorrat zu halten, als sie sonst hätte halten müssen. Das Recht, in Gold oder in Silber zu zahlen, befähigte sie, alle auf das eine oder andere dieser beiden Metalle gerichteten Ansprüche von sich fernzuhalten, namentlich also die Nachfrage nach Zahlungsmitteln für den internationalen Verkehr, welche sich, da gesetzlich in den meisten Ländern, thatsächlich in allen, monometallistische Systeme bestanden, stets auf ein bestimmtes unter den beiden Edelmetallen richtete.

Die Bank war also jederzeit im stande, sich einem Geldbedarf für das Ausland zu verschließen und die internationale Arbitrage zu zwingen, entweder aus dem französischen freien Geldumlauf oder aus anderen Ländern zu schöpfen. Die Prämienpolitik erschien ihr als ein bequemeres und wirksameres Mittel der Verteidigung ihres Barvorrates, als die Diskontpolitik, welche in der Bank von England ihre Ausbildung erfahren hatte.

Es ist hier nicht der Platz, sich über die bankpolitischen und all-allgemein volkswirtschaftlichen Vorzüge und Nachteile der Prämien- und Diskontopolitik zu verbreiten. Nur die wichtigsten Punkte seien hervorgehoben.

Die Prämienpolitik kann Diskonterhöhungen, welche ihren Grund ausschließlich in einem ausländischen Geldbedarf haben, überflüssig machen, solange sich die Bank darauf beschränken will, zu verhindern, daß dieser Geldbedarf aus ihren Kassen schöpfe. Will sie dagegen eine Übertragung von Bargeld aus dem freien Umlauf ins Ausland verhindern, so ist eine Anwendung der Diskontpolitik, trotz der Prämienpolitik, notwendig, denn einer solchen Übertragung kann nur dadurch entgegengewirkt werden, daß durch eine Steigerung der inländischen Zinssätze die Verwendung des Geldes im Inland rentabler gemacht wird.

Auch der Metallbestand der Bank von Frankreich konnte durch die Prämienpolitik nur deshalb wirksam verteidigt werden, weil der französische Bimetallismus verhältnismäßig isoliert war. Wäre das Ziel der Bimetallisten erreicht, würden auf der ganzen Welt Gold und Silber als eine gleichartige Masse angesehen, dann könnte keine monetäre Nachfrage existieren, die sich ausschließlich auf ein bestimmtes der beiden Metalle erstreckte. Die Prämienpolitik, welche aber darauf aufgebaut ist, daß der ausländische Geldbedarf zwischen Gold und Silber einen Unterschied macht, würde also mit der Verwirklichung der bimetallistischen Ziele nicht mehr funktionieren können. Selbst bei den größten Vorzügen könnte also die Prämienpolitik immer nur ein isoliertes System bleiben.

Ihre allgemein-wirtschaftlich günstige Wirkung, in gewissen Fällen eine Diskonterhöhung zu vermeiden, wird ferner nur erreicht durch zwei nicht unerhebliche Nachteile.

Einmal wird durch die Prämienpolitik das feste Wechselpari alteriert. Wenn es nicht möglich ist, für französisches Silber oder Papier das Quantum Gold zu bekommen, welches nach den Prägegesetzen der betreffenden Geldsumme entspricht, wenn die Bank für die Zahlung ihrer Noten in Gold eine Prämie verlangt, dann ist im Falle einer für Frankreich ungünstigen Zahlungsbilanz das Wechselpari für Goldwährungsländer nicht durch den gesetzlichen Goldgehalt der französischen Goldmünzen bestimmt, sondern es ist um den veränderlichen Betrag der von der Bank verlangten Goldprämie für Frankreich niedriger. Die Festigkeit der Wechselkurse wird also durch die Prämienpolitik beeinträchtigt.

Vor allem aber richtet sich die Prämienpolitik direkt gegen das Ziel, nach welchem die münzpolitische Entwickelung seit der frühesten Zeit hinstrebte, gegen die Einheitlichkeit des Geldumlaufs. Die Centralbank, deren Aufgabe es wäre, die Erreichung dieses Zieles nach Kräften zu fördern, macht selbst einen Unterschied zwischen Gold- und Silbergeld, sie zwingt dadurch die mehr oder weniger von ihr abhängigen Geldinstitute, einen ähnlichen Unterschied zu machen und fördert so die Entstehung eines Agios auf die eine oder andere Geldsorte im freien Verkehr.

Wenn bisher die Prämienpolitik diese nachteiligen Wirkungen nur in geringem Umfang gezeigt hat, so liegt das an dem Reichtum Frankreichs und seiner günstigen Zahlungsbilanz.

So ist vom Standpunkt des Gemeinwohles aus der Vorteil der Prämienpolitik zweifelhafter Natur. Um so unzweifelhafter war dagegen der Vorteil der Prämienpolitik für die Bank von Frankreich selbst. Dazu kam die Macht der hergebrachten Tradition. Das erklärt sicherlich zum Teil die energische Parteinahme der Bank von Frankreich für die Grundlage ihrer Bankpolitik, für das bimetallistische System.

Ebenso wie die Bank von Frankreich zeigte sich die Pariser Haute Finance einer gänzlichen Abschaffung der Doppelwährung durchaus abgeneigt. Namentlich das Haus Rothschild trat mit seinem ganzen Anhang und seinem mächtigen Einfluß lange Zeit für das bimetallistische System ein. Nicht nur in Fankreich, sondern auch im Ausland, so auch in Berlin, zeigten sich die mit dem Hause Rothschild in Beziehung stehenden Finanzkreise bemüht, dem Silber seine bedrohte Stellung zu erhalten.

Seinen theoretischen Verfechter fand das bimetallistische System, welches infolge der Erfahrungen der fünfziger und sechziger Jahre von der nationalökonomischen Wissenschaft so gut wie völlig preisgegeben wurde, an Wolowski. Seine Theorie unterscheidet sich von der heutigen bimetallistischen Theorie darin, daß er nicht behauptet, ein bimetallistisches Gesetz könne das Wertverhältnis der beiden Edelmetalle unverrückbar festnageln und beide Metalle gleichzeitig ohne Störung nebeneinander im Umlauf erhalten. Damals lagen die gegenteiligen Erfahrungen so klar vor aller Augen, daß diese Elementarsätze der heutigen bimetallistischen Lehre unmöglich auftauchen konnten.

Wolowski gab die Möglichkeit und die Thatsache der Veränderung des Wertverhältnisses unter dem bimetallistischen System voll zu; er gab ferner zu, daß diese Veränderungen im Wertverhältnis zwischen Gold und Silber Veränderungen in der Zusammensetzung des Münzumlaufs des Doppelwährungslandes hervorrufen müssen, daß immer das auf dem offenen Markte ungünstiger als im Gesetz bewertete Metall das im Wert steigende Metall aus dem Umlauf verdrängen müsse, daß also die Doppelwährung eigentlich keine doppelte Währung, sondern eine wechselnde, eine alternierende Währung sei.

Wolowski behauptet nur, die Doppelwährung vermindere die Schwankungen des Wertverhältnisses zwischen beiden Metallen, und zwar gerade durch den Einfluß dieser Schwankungen auf den Münzumlauf. Damit hatte er zweifellos für bestimmte Fälle recht, wie die Geschichte der fünfziger Jahre glänzend bestätigte. Hätte seine Theorie aber diese Bestätigung finden können, wenn statt der Goldproduktion die Silberproduktion auf ihren zwanzigfachen Betrag gestiegen wäre, wenn sich statt eines starken Silberbedarfs gleichzeitig ein starker Goldbedarf gezeigt hätte? — Augenscheinlich nicht. Denn Frankreich hätte dann trotz seiner Doppelwährung dem Weltmarkt weder bedeutende Silbermassen abnehmen noch ihm erhebliche Beträge Goldes zur Verfügung stellen können.

Die Wolowskische Theorie ist also in diesem Punkte nur bedingt richtig. Sie beruht auf der Voraussetzung, daß die Wertrelation zwischen Gold und Silber beständig um einen festen Punkt pendelartig hin und her schwanke, daß einer Wertverringerung des Silbers stets wieder eine annähernd gleich große Wertverringerung des Goldes folgen müsse. Dann allerdings würde eine Doppelwährung ausgleichend und einschränkend auf diese Schwankungen wirken. Aber die Voraussetzung dieser Schwankung ist, wie die Geschichte gezeigt hat, irrig. Der Wert des Silbers ist seit dem frühen Mittelalter, einerlei aus welchen Gründen, mit ganz kurzen Unterbrechungen gegen den Wert des Goldes zurückgegangen. Seine Entwickelung läßt sich nicht mit einer Pendelschwingung, sondern eher mit einer Fallbewegung vergleichen; um in Wolowskis Sinn zu wirken, müßte die Doppelwährung nicht nur *Schwankungen ausgleichen* können — was sie zweifellos kann —, sie müßte auch einen *Fall aufhalten* können; daß sie dazu im stande ist, läßt sich theoretisch nicht beweisen aber geschichtlich widerlegen.

Selbst wenn Wolowski theoretisch recht hätte, dann fragt es sich, ob die Völker auf die Dauer geneigt wären, sich um der Verminderung der Relationsschwankungen willen unaufhörlich von einem Silber- zu einem Goldumlauf hin- und herwerfen zu lassen. Die geschichtliche Erfahrung in England und Frankreich hat gezeigt, daß ein Volk sich von einem bimetallistischen System wohl eine Goldzirkulation an Stelle eines Silberumlaufs verschaffen läßt, daß aber ohne Rücksicht auf die Stabilität der Wertrelation das bimetallistische System preisgegeben wird, sobald es sich anschickt, den Goldumlauf wieder durch das Silber zu verdrängen.

Nach der Lehre Wolowskis ist ferner der Wert des Geldes in einem Lande mit Doppelwährung geringeren Schwankungen ausgesetzt als bei einem monometallistischen System. Er behauptet, durch die Doppelwährung seien die beiden Edelmetalle in ähnlicher Weise zu einer Einheit verbunden wie zwei Bassins durch eine Verbindungsröhre. Die Wertschwankungen der zu einer solchen Einheit verbundenen Metalle seien geringer als die Wertschwankungen, welche jedes der beiden Metalle isoliert erleiden müßte, denn sie paralysierten sich gegenseitig bis zu einem gewissen Grade ähnlich wie die Veränderungen der Wasserhöhe in den zwei mit einander verbundenen Bassins.

Auch diese Aufstellung ist eine Halbwahrheit. Sie setzt einmal voraus, daß die Doppelwährung wirklich beide Metalle zu einer Einheit verbinde. Sie setzt ferner voraus, daß die gleichzeitigen Wertschwankungen der beiden Edelmetalle in entgegengesetzter Richtung erfolgen; nur dann können sich nämlich die Schwankungen gegenseitig aufheben, andernfalls könnten sie sich gegenseitig verstärken.

Wolowskis Theorie fand einen kleinen Kreis von Anhängern, nicht nur in Frankreich, sondern auch im Ausland. In Deutschland bekannte sich namentlich John Prince-Smith zu seiner Lehre. Auch Otto Michaëlis neigte eine Zeitlang zu Wolowskis Auffassung.

Aber das waren Ausnahmen. Die große Mehrheit aller namhaften volkswirtschaftlichen Theoriker verurteilte die Doppelwährung, weil sie auf Grund der geschichtlichen Erfahrungen und der herrschenden Theorie der Preisbildung nicht an die Möglichkeit glaubten, ein festes Wertverhältnis zwischen zwei Wertgegenständen, wie Gold und Silber herstellen zu können. Sie verlangten einen einheitlichen Wertmesser.

Als solcher konnte namentlich für die Staaten, welche bereits einen überwiegenden Goldumlauf hatten, nur das Gold in Betracht kommen, da niemand auf einen Goldumlauf verzichten wollte, während die Silberwährung, wie das Beispiel Deutschlands klar vor Augen führte, nur unter der Bedingung des Verzichts auf einen zweckentsprechenden Goldumlauf möglich war.

Diese Anschauungen herrschten trotz Wolowskis geistreicher Theorie in den Kreisen der gelehrten Fachleute fast unbedingt. Dagegen herrschten in der rauhen Wirklichkeit — wenigstens innerhalb Frankreichs — die mächtigen Einflüsse der silberfreundlichen Bank- und Finanzwelt.

Der Einfluß der Bank von Frankreich war wohl der wichtigste Umstand, welcher die französische Regierung im Jahre 1865 dazu bestimmte, den Forderungen der anderen Frankenländer gegenüber die Goldwährung auf das entschiedenste abzulehnen. Aber wenn dieser Einfluß im Jahre 1865 noch allmächtig erschien, so wuchs doch in der Folgezeit der Kreis und die Macht seiner Gegner; und zwar fügte es eine merkwürdige Verkettung der Umstände, daß gerade der lateinische Münzvertrag, welcher die Doppelwährung aufrecht erhielt, der Ausgangspunkt mächtiger Bestrebungen wurde, die in Frankreich, dessen währungspolitische Maßnahmen für den ganzen europäischen Kontinent von entscheidendem Einfluß sein mußten, mehr als alles andere die Goldwährung populär machten.

Obwohl nämlich der lateinische Münzvertrag positiv nur wenig neues geschaffen hatte, und trotzdem er die wichtigsten Fragen, welche vor einer allgemeinen Münzeinigung zu entscheiden waren, nicht einmal zu lösen versucht hatte, erregte sein Zustandekommen in der ganzen Welt einen wahren Begeisterungssturm für die Weltmünzeinheit. Die Thatsache, daß durch den Vertrag ein gemeinschaftliches Münzgebiet für 65 Millionen Seelen geschaffen worden war, versetzte alle kosmopolitischen Gemüter in die freudigste Aufregung; überall ließen sich Stimmen vernehmen, welche den Anschluß an das Frankensystem empfahlen.

Diese Wirkung entsprach ganz den Plänen, welche der Leiter der französischen Münzpolitik, Herr de Parieu, verfolgte. Dieser Mann war weit entfernt, die lateinische Münzkonvention als das Ziel seiner Wünsche anzusehen. Sie war ihm nur die erste Stufe zu einem Weltmünzbund unter französischer Hegemonie.

Dieser weitergehende Gedanke war in dem Text des Münzvertrages selbst in klaren Worten ausgesprochen. Der Artikel 12 lautete:

„Das Recht zum Beitritt zur gegenwärtigen Übereinkunft ist jedem Staate vorbehalten, der ihre Verbindlichkeiten übernehmen und das Vereins-Münzsystem in betreff der Gold- und Silbermünzen einführen will."

Diesen Absichten auf eine Erweiterung des lateinischen Münzbundes entsprach es, daß Frankreich den Münzvertrag den europäischen Regierungen offiziell mitteilte und sie zum Beitritt aufforderte.

Der Erfolg war zunächst nicht groß. Griechenland trat der Münzunion formell bei. Der Kirchenstaat[1], Spanien und Rumänien nahmen, ohne dem Münzbund beizutreten, das Frankensystem an. Die übrigen Regierungen trugen Bedenken, ihr Geldwesen mit demjenigen Frankreichs zu verbinden, Bedenken, welche nur auf dem Wege langwieriger Verhandlungen bekämpft werden konnten. Unter diesen Bedenken war das wichtigste der Zweifel an der Richtigkeit des der lateinischen Union zugrunde liegenden Währungssystems, welches mit dem Fünffrankenthaler formell den Bimetallismus aufrecht erhielt. Dadurch mußten die von Frankreich eingeleiteten Verhandlungen über die Weltmünzeinheit zu einem großen internationalen Meinungsaustausch über die Währungsfrage werden. In diesem Umstande liegt die Wichtigkeit dieser von Frankreich eingeleiteten Unterhandlungen für die deutsche Münzreform.

Im Jahre 1867, zur Zeit der Pariser Weltausstellung, berief die französische Regierung eine internationale Münzkonferenz, welche über die Grundlagen, auf welchen sich eine Weltmünzeinheit errichten ließe, beraten sollte. Neunzehn europäische Regierungen und außerdem die Vereinigten Staaten von Amerika entsendeten zu dieser Konferenz offizielle Vertreter. Allerdings hatte die Konferenz nur den Charakter einer unverbindlichen Besprechung, welche die Grundlage für weitere Unterhandlungen liefern sollte. Aber wenn auch diese Versammlung keine Beschlüsse von sofortiger praktischer Tragweite fassen konnte, so gestatteten doch ihre Verhandlungen die wichtigsten Einblicke in die Stellung, welche die verschiedenen Regierungen zur Münzfrage einnahmen, und sie enthüllten die Absichten, welche die einzelnen Staaten in ihrer Münzpolitik verfolgten.

Die Verhandlungen standen unter der geschickten Leitung des Vizepräsidenten des französischen Staatsrates, des Herrn de Parieu, welcher sich in den Vorsitz mit dem Prinzen Napoleon teilte. Er war ein zu feiner Diplomat, um sein ganzes Ziel, einen Weltmünzverein auf Grund des französischen Systems, auf einmal erreichen zu wollen; er begnügte sich mit den bei der obwaltenden Stimmung erreichbaren Beschlüssen,

---

[1] Dem Ansuchen des Kirchenstaates, in die Union aufgenommen zu werden, konnte nicht entsprochen werden, da der Kirchenstaat nicht weniger als 37 Franken pro Kopf seiner Bevölkerung an unterwertigen Scheidemünzen ausgeprägt hatte und sich weigerte, dieses Scheidemünzquantum auf den im Münzvertrag festgestellten Betrag von 6 Franken pro Kopf zu reduzieren.

welche nicht das Frankensystem als solches zum Weltmünzsystem machen wollten, sondern nur empfahlen, daß bei künftigen Münzreformen in Ländern, welche nicht das Frankensystem besaßen, das goldene Fünffrankenstück von 1/620 kg 9/10 feinen Goldes als „dénominateur commun" angenommen werden möge. Mit andern Worten, man empfahl die Annahme von Rechnungseinheiten, welche leicht auf dieses Fünffrankenstück reduziert werden könnten.

Obwohl die Vorschläge des Herrn de Parieu widerspruchlos angenommen wurden, obwohl die meisten Reden in fast überschwenglicher Weise die Weltmünzeinheit feierten, obwohl nirgends in der Konferenz und in der Litteratur der Gedanke der Weltmünzeinheit an sich in Zweifel gezogen wurde, zeigte doch der Verlauf der Verhandlungen jedem tiefer Blickenden, daß wenig Aussicht auf Verwirklichung der Parieu'schen Pläne vorhanden war.

Diejenigen Staaten, deren Vertreter am lebhaftesten für die Weltmünzeinheit eintraten, waren — abgesehen von Frankreich selbst — Länder mit zerrütteten Währungsverhältnissen, namentlich Rußland, Österreich-Ungarn und die Vereinigten Staaten.

Dagegen verhielt sich das wichtigste aller Länder, England, außerordentlich zurückhaltend. Der englische Delegierte erklärte unverhohlen, seine Regierung habe die Einladung zur Konferenz nur angenommen, weil eine Ablehnung ein Mangel an Courtoisie gewesen wäre. England befinde sich in münzpolitischer Beziehung in einer weit unabhängigeren Lage als die meisten Staaten des Festlandes (was offenbar besagen sollte: da das englische Geld ohnedies in der ganzen Welt genommen wird, kann England eine Weltmünzeinheit leichter entbehren, als die Staaten des Kontinents mit beschränktem Geltungsbereich ihrer Münzen). Solange das bestehende englische Münzsystem an sich keine Mängel zeige, und solange es nicht unwidersprechlich bewiesen sei, daß die Annahme eines neuen Systems hinlänglich bedeutende Vorteile biete, um das Aufgeben des bewährten und in den Volksgewohnheiten eingewurzelten Systems zu rechtfertigen, könne die englische Regierung nicht daran denken, die Initiative zu einer Münzeinigung mit dem Kontinent zu ergreifen.

Ähnlich reserviert erklärte sich Holland, und zwar aus Gründen, welche mit seiner Silberwährung zusammen hingen. Auch der preußische Vertreter erklärte, nicht sagen zu können, ob die deutschen Staaten „ohne die Interessen und Ansichten ihrer Bevölkerung zu sehr zu verletzen, irgend eine zu den französischen Goldmünzen in einfachem Verhältnis stehende Rechnungseinheit annehmen könnten.“ Die skandinavischen Königreiche schließlich zeigten sich zwar prinzipiell einer Weltmünzeinheit geneigt, erklärten aber, alle Schritte in dieser Richtung von dem Verhalten Deutschlands abhängig machen zu müssen, auf welches ihr Handel hauptsächlich angewiesen sei.

Diese Erklärungen mußten die praktische Tragweite der platonischen Beschlüsse zu Gunsten eines Weltmünzbundes erheblich einschränken. Nichtsdestoweniger machte die Konferenz einen großen Eindruck auf die öffentliche Meinung und rief allenthalben eine eifrige Bewegung zu Gunsten der Münzeinigung hervor. Aber diese Bewegung sollte sich bald an den praktischen Schwierigkeiten des Problemes brechen, ohne in der Entwickelung des Münzwesens bemerkenswerte Spuren zu hinterlassen.

Um so größere Bedeutung kommt der Pariser Münzkonferenz, wie bereits angedeutet, hinsichtlich der Währungsfrage zu.

In der Frage der Weltmünzeinheit ist die Frage der internationalen Währungsgleichheit enthalten. Auf Grund welchen Währungssystems sollte die Weltmünzeinheit aufgebaut werden?

Mit allen gegen die eine Stimme der Niederlande wurde die Frage dahin entschieden, daß die Weltmünzeinheit weder auf der Grundlage der Silberwährung noch der Doppelwährung, sondern nur auf der Grundlage der reinen Goldwährung erreicht werden könne.

Dieser Beschluß bekundete als die Meinung der versammelten Nationen europäischer Kultur, daß die Goldwährung das Münzsystem der Zukunft sei, daß die bereits im Besitz der Goldwährung befindlichen Staaten nicht daran dachten, die Goldwährung preiszugeben, und daß die Staaten mit anderen Währungssystemen gleichfalls die Goldwährung als das vollkommenste Währungssystem anerkannten. Dieser Beschluß war ein Fingerzeig, wohin die Entwickelung des universellen Geldwesens ging, ein Fingerzeig, welcher für das vor einer durchgreifenden Münzreform stehende Deutschland die größte Bedeutung hatte. Das Votum der Pariser Konferenz über die Währungsfrage konnte keinen Zweifel mehr daran bestehen lassen, daß die Wahl eines anderen Währungssystems als der Goldwährung Deutschlands Geldwesen isolieren müsse.

In neuester Zeit hat man versucht, die Bedeutung dieses Beschlusses zu verringern oder gar völlig zu leugnen. Die Pariser Konferenz habe sich nicht für die Goldwährung entschieden, sondern dafür, daß die Münzeinheit durch die Goldwährung erreicht werden sollte. Nachdem die Erreichung der Münzeinheit unmöglich geworden, habe der Beschluß der Pariser Konferenz jede Bedeutung verloren; insbesondere habe er unmöglich Deutschland zum Übergang zur Goldwährung bestimmen können[1].

In diesem Gedankengang erscheint die internationale Währungsgleichheit lediglich als an und für sich wertloses Mittel zum Zweck der internationalen Münzeinheit. In Wirklichkeit jedoch bedeutet die Währungsgleichheit die Erfüllung des größten und wichtigsten Teiles der durch die Münzeinheit erstrebten Ziele.

Was wollte man denn durch die Weltmünzeinheit erreichen? — Mögen für Frankreich politische Motive mitgespielt haben, für die ganze übrige Kulturwelt handelte es sich lediglich um Vorteile wirtschaftlicher Natur. Der allgemeine Wunsch nach einer Weltmünzeinheit entsprang aus dem Wunsch, den Weltverkehr von allen lästigen Schranken zu befreien. Bezüglich des Geldwesens war dieser Wunsch durch zwei dem Grade nach verschiedene Mittel zu befriedigen: durch eine bloße Währungsgleichheit oder durch eine völlige Münzeinheit.

Die Währungsgleichheit bot den Vorteil, das Geld der verschiedenen Staaten in ein festes gegenseitiges Verhältnis zu bringen; die Münzeinheit bot darüber hinaus den Vorteil, die Umrechnung aus dem Gelde des einen Staates in das Geld eines anderen zu erleichtern oder ganz zu ersparen, eventuell auch für die verschiedenstaatlichen Münzen ein gemeinschaftliches Umlaufsgebiet zu schaffen.

Handelspolitisch weitaus am wichtigsten war der Vorteil, welchen bereits die Währungsgleichheit mit sich brachte.

Darin und außerdem in den einer völligen Münzeinigung entgegenstehenden besonderen Schwierigkeiten ist der Grund zu erblicken, daß besonders in Deutschland schon seit den fünfziger Jahren eine Währungsgleichheit mit den Goldgeld gebrauchenden Kulturstaaten gefordert wurde, weit früher, als eine ernsthafte Strömung zu Gunsten einer universellen Münzeinigung hervortrat.

Wenn auf der Pariser Konferenz die weitergehende Forderung im Vordergrund stand, so findet das seine Erklärung in zwei Umständen. Einmal waren die Vorteile einer Münzeinheit für die große Allgemeinheit augenfälliger und einleuchtender als die Vorteile einer bloßen Währungsgleichheit. Ferner wurde den Aspirationen der Veranstalter der Konferenz, Frankreich an der Spitze der Civilisation marschierend erscheinen zu lassen, durch einen Weltmünzbund in weit höherem Grade genügt als durch

[1] So namentlich Dr. Otto Arendt; siehe Drucksachen Nr. 14 und 20 der Silberkommission. 1894.

die Herstellung einer bloßen Währungsgleichheit, die ohne jede vertragsmäßige Abkunft denkbar war.

Wenn nun die Bestrebungen nach einer Weltmünzeinheit sich als unerreichbar herausstellten, so konnte darin kein Grund liegen, auch die Bemühungen um eine Währungsgleichheit zwischen den handelspolitisch wichtigsten Staaten aufzugeben; für Deutschland insbesondere wurden damit diese Bestrebungen nur auf ihre ursprüngliche Begrenzung reduziert. Die Währungsgleichheit verhielt sich eben zur Münzeinheit nicht wie das Mittel zum Zweck, sondern wie die teilweise Erreichung zur gänzlichen Erfüllung des Zweckes. Und das Votum der Pariser Konferenz, daß die Münzeinheit nur auf Grundlage der Goldwährung erreichbar sei, besagte gleichzeitig, daß auch eine Währungsgleichheit für die wichtigsten Handelsvölker nur auf Grundlage der Goldwährung gedacht werden könne.

Am schärfsten widerlegt wird die bezeichnete Wortklauberei durch die Verhandlungen über den fraglichen Beschluß. Aus den Erklärungen der einzelnen Delegierten ergab sich folgendes Bild der thatsächlichen Lage:

Belgien, Italien und die Schweiz, welche schon bei der Gründung des lateinischen Münzbundes die Goldwährung verlangt hatten, hielten an dieser Forderung fest. Die Erklärungen des österreichischen und des amerikanischen Bevollmächtigten ließen keinen Zweifel, daß ihre Regierungen den Plan verfolgten, ihr Geldwesen auf dem Boden der Goldwährung wiederherzustellen.

Österreich hatte, wie wir wissen, bereits im Jahre 1854 beantragt, die Goldwährung zur Grundlage des deutschen Münzvereins zu machen. Sein Delegierter auf der Pariser Konferenz, Baron von Hock, war einer der eifrigsten Verfechter der Goldwährung. Die Ernsthaftigkeit seiner Absichten dokumentierte Österreich wenige Tage nach dem Schluß der Konferenz dadurch, daß es mit Frankreich eine Präliminar-Konvention über seinen Beitritt zur Münzunion abschloß, welche als Vorbedingung für beide Teile den Übergang zur Goldwährung festsetzte.

Die Vereinigten Staaten hatten bereits seit so langer Zeit die thatsächliche Goldwährung, daß das formelle Fortbestehen des bimetallistischen Systems vermöge des freien Prägerechts für den Silberdollar, von welchem niemand Gebrauch machte, fast gänzlich in Vergessenheit geraten war. Das zeigte sich auch während der Papiergeldperiode deutlich darin, daß die Erhebung der Zölle in Gold erfolgte, und daß die Zinsen der effektiven Nationalschuld in Gold gezahlt werden mußten. Auf der Pariser Konferenz sprach sich der amerikanische Delegierte, Samuel B. Ruggles, in der unzweideutigsten Weise über die Währungsfrage aus. Er sagte:

„Die Gesetzgeber und das Volk der Vereinigten Staaten haben genugsam die Erfahrung gemacht, wenn nicht durch Studium, so doch durch Erlebtes, daß das System der Doppelwährung nicht nur eine Unklugheit sondern eine Unmöglichkeit ist."

Dazu kam, daß England mit dem größten Teil seiner Kolonien die Goldwährung besaß und nicht die mindeste Neigung zeigte, sie aufzugeben. Die englische Regierung erklärte vielmehr auch in der Folgezeit auf das wiederholte Drängen Frankreichs auf das bestimmteste, daß mit einem Doppelwährungs-Lande jede Münzeinigung ausgeschlossen sei [1].

Gegenüber der Haltung dieser wichtigen Staaten konnte es keinen Eindruck machen, daß einzig und allein die Niederlande sich einem Übergang zur Goldwährung grundsätzlich abgeneigt zeigten, zumal da ihr Vertreter auf der Pariser Konferenz erklärte, für eine Doppelwährung, welche er theoretisch für die beste Währungsverfassung halte, nur unter der Voraussetzung stimmen zu können, daß ein allgemeiner Münzverein auf dieser Grundlage zu stande käme. Bei der Haltung der wirtschaftlichen Großmächte, namentlich Englands, war von vornherein jede universelle Doppelwährung ausgeschlossen.

Von größerer Wichtigkeit als die Stellung der Niederlande war das Verhalten Frankreichs. Sobald Frankreich definitiv das bimetallistische System preisgab und unwiderruflich auf die Seite der Goldwährungsländer hinübertrat, war für die Länder der europäischen Kultur die Währungsfrage praktisch entschieden. Für die übrigen Länder, welche noch Silberwährung hatten, wäre dann nichts übrig geblieben, als gleichfalls die Goldwährung anzunehmen, oder die Nachteile eines isolierten Währungssystems zu ertragen.

Für Frankreich selbst lag zur Zeit der Pariser Münzkonferenz noch kein unbedingt zwingender Grund zu einer über die Bestimmungen des lateinischen Münzvertrages hinausgehenden Änderung seiner Währungsgesetzgebung vor. Die minderwertige Ausprägung der kleineren Silbermünzen sicherte dem Umlauf dieses unentbehrliche Verkehrsmittel, und der günstige Stand des Silberpreises verhütete, daß der seit 1850 angesammelte Goldumlauf durch die frei ausprägbaren Fünffrankenthaler verdrängt wurde. Solange das Silber auf dem Markte so hoch stand,

---

[1] So der Schatzkanzler Lowe im Unterhaus am 6. August 1869.

daß seine Ausmünzung in Frankreich nicht lohnte, genoß Frankreich voll und ganz den Vorteil der Goldwährung: einen überwiegenden Goldumlauf und einen ausreichenden Silberumlauf.

Durch diesen befriedigenden Stand der Dinge mag der bimetallistischen Partei, an deren Spitze die Bank von Frankreich, die Pariser Haute Finance und der Finanzminister Magne standen, ihre Stellung bedeutend erleichtert worden sein.

Auf der anderen Seite kam die Begeisterung für einen Weltmünzbund durchaus der französischen Goldwährungspartei zu gute. Die flagrante Thatsache, daß ein solcher Bund nur auf Grundlage der Goldwährung zu erreichen war, mußte die Anhänger der Weltmünzeinheit für die Goldwährung gewinnen.

Noch im März des Jahres 1867, unmittelbar vor der Pariser Konferenz, entschied sich eine von der französischen Regierung berufene unter de Parieus Vorsitz tagende Münzkonferenz mit 5 gegen 3 Stimmen für die Beibehaltung der Doppelwährung. Wie sehr aber die Regierung selbst damals schon einem Übergang zur Goldwährung geneigt war, das zeigen die Worte, welche Prinz Napoleon bei der Eröffnung der Pariser internationalen Münzkonferenz sprach. Er führte aus: Die Doppelwährung habe zur Zeit in Frankreich noch energische Vertreter, welche sicher dagegen wären, das Silber als Münzmetall ganz zu beseitigen. Es käme der französischen Regierung sehr zu statten, wenn sie sich vor der gesetzgebenden Versammlung auf schon geschlossene diplomatische Abmachungen stützen könne, welche davon Zeugnis gäben, daß die Grundlage der alleinigen Goldwährung nicht nur in der Theorie sondern auch praktisch von einigen anderen Staaten acceptiert sei.

Der französische Senat hat später gezeigt, wie sehr die Befürchtung der Regierung gerechtfertigt war, bei einer völligen Preisgabe der Doppelwährung in dem gesetzgebenden Körper auf starken Widerstand zu stoßen.

Obwohl auf der Pariser Konferenz die vom Prinzen Napoleon gewünschten diplomatischen Abmachungen, abgesehen von der Präliminar-Konvention mit Österreich, nicht erfolgten, obwohl die Frage der Münzeinigung außerhalb Frankreichs vielfach auf große und unerwartete Schwierigkeiten stieß, ließen sich die Anhänger der Goldwährung in der französischen Regierung nicht von der weiteren Verfolgung ihrer Pläne abhalten. Im Jahre 1868 wurde eine neue Münzkommission eingesetzt, welche eine umfangreiche Enquete veranstaltete.

Vor allem wurden an die Handelskammern und an die trésoriers-payeurs-généraux, die General-Steuereinnehmer, denen man eine besondere Kenntnis der Bedürfnisse des Geldverkehrs zutraute, Fragebogen ausgegeben.

Die Antworten fielen überwiegend zu Gunsten der Goldwährung aus. Von 66 Handelskammern erklärten sich 45, von 91 Finanzagenten 69 für die Goldwährung. An sich ist der Wert der großen Mehrzahl dieser Gutachten überaus gering. Namentlich die Finanzagenten gingen fast durchweg nur von den kleinlichsten und krämerhaftesten Gesichtspunkten aus und faßten die ganze Frage als eine Frage der Beliebtheit und Zweckmäßigkeit des Fünffrankenstückes auf.

Im Gegensatz zur Mehrheit der Handelskammern und der General-Steuereinnehmer trat die Bank von Frankreich in einem ausführlichen Gutachten für die Aufrechterhaltung der Doppelwährung ein.

Die Enquete-Kommission selbst gelangte zu keinem einstimmigen Beschluß, aber ihre große Mehrheit (17 von 23 Stimmen) empfahl „unter dem Gesichtspunkt sowohl der Münzeinigung als auch des auswärtigen Handels und des inneren Verkehrs“ das Silber als Kurantgeld zu beseitigen, mindestens aber sofort die Ausprägung der Fünffrankenthaler zu begrenzen oder ganz einzustellen und deren Zahlungskraft auf Summen bis zu 100 Franken zu beschränken.

Hier hatte also Parieu einen vollständigen Sieg erfochten.

Dennoch folgte auf diese Kommission nicht ein ihren Vorschlägen entsprechender Gesetzvorschlag. Der Finanzminister, welchem die Ausarbeitung einer solchen Vorlage zugekommen wäre, fügte sich dem Urteil der Kommission noch nicht. Er erstattete vielmehr unter dem 9. November 1869 an den Kaiser einen Rapport, in welchem er auf die sich widersprechenden Beschlüsse der Kommissionen von 1867 und von 1868/69 aufmerksam machte und die Frage als noch nicht hinreichend geklärt bezeichnete; jede Überstürzung sei zu vermeiden, und eine Ergänzung der Informationen erscheine ihm notwendig.

Auf den Antrag des Finanzministers wurde die Währungsfrage einem neuen Forum vorgelegt, und zwar dem Conseil supérieur du commerce, de l'agriculture et de l'industrie. Dieser oberste Rat veranstaltete abermals eine umfangreiche Enquete. Er tagte vom November 1869 bis in den Juli 1870 und vernahm eine große Anzahl von Sachverständigen aller Länder und aller Parteien.

Das Ergebnis war, daß die Appellation des Finanzministers glänzend verworfen wurde. Die große Mehrheit des von ihm selbst berufenen Gerichtshofes entschied sich für die Einführung der Goldwährung.

Der Finanzminister Magne, die Seele des bimetallistischen Widerstandes, war inzwischen aus seiner Stellung ausgeschieden. Er war nicht in das am 27. Dezember 1869 gebildete Ministerium Ollivier mit hinübergetreten. Dagegen zeigte sich in der Beförderung Parieus vom Vize-Präsidenten zum Präsidenten des Staatsrates dessen wachsender Einfluß.

Daß auch trotz dieser letzten Enquete noch nicht alle Hindernisse, welche der Goldwährung entgegenstanden, beseitigt waren, zeigten die Währungsdebatten, welche im Januar 1870 im Senate stattfanden. Aber die Regierung hatte keine Zeit mehr, diese Widerstände zu erproben und zu bewältigen. Die letzte Sitzung des Conseil supérieur fand statt am 29. Juli, also bereits nach der Kriegserklärung. Jede weitere Maßregel wurde durch den Krieg verhindert.

So kam die Entwickelung der Währungsfrage in Frankreich nicht zu ihrem normalen Abschluß. Die wiederholten Kommissionen und Enqueten hatten kein praktisches Ergebnis. Sie haben jedoch einen großen geschichtlichen Wert, indem sie zeigen, daß Frankreich vor dem Krieg auf dem Punkt angekommen war, seine Doppelwährung preiszugeben und durch die Einstellung der freien Silberprägung seinen überwiegenden Goldumlauf in eine gesetzliche Goldwährung zu verwandeln. Beachtenswert ist vor allem, daß die Entwickelung in Frankreich bis zu diesem Punkt gelangte, ehe die seit der Mitte der sechziger Jahre unverkennbar rückläufige Bewegung des Silberpreises so weit fortgeschritten war, daß dadurch die Gefahr der Verdrängung des vorhandenen Goldumlaufs durch das Silber entstanden wäre. Diese äußerste Probe, an welcher zu Ende des vorigen Jahrhunderts die gesetzliche Doppelwährung in England Schiffbruch gelitten hatte, stand dem französischen bimetallistischen System noch bevor.

Wenn wir die Veränderungen überblicken, welche in den zwei Jahrzehnten von 1850 bis 1870 durch die kalifornischen Goldfunde in den internationalen Währungsverhältnissen hervorgerufen sind, dann sehen wir einmal eine erhebliche Ausdehnung des Goldumlaufs in den Ländern der europäischen Kultur; ferner ein immer mächtiger werdendes Bestreben, den Goldumlauf, wo er Boden gefaßt hatte, durch Einführung der gesetzlichen Goldwährung festzuhalten, wo er infolge der bestehenden Währungsverfassung nicht Boden fassen konnte, durch die Annahme der Goldwährung zu ermöglichen.

Deutschland mußte bei der Reform seines Geldwesens diesen Thatsachen Rechnung tragen. Wurde schon in Rücksicht auf den innern Geldumlauf das Fehlen einer ausreichenden Goldzirkulation als ein schwerer Mangel empfunden, so mußte die Rücksicht auf die Gestaltung der internationalen Währungsverhältnisse noch mehr die Schaffung eines Goldumlaufs und als Mittel zu diesem Zweck die Einführung der Goldwährung als die nach der deutschen Münzeinheit wichtigste Aufgabe der Münzreform erscheinen lassen.

Drittes Kapitel.

Die Entwickelung der Reformgedanken.

Es gehört zu den schwierigsten Aufgaben der Geschichtschreibung, die Entwickelung geistiger Bewegungen darzustellen, welche sich in weiten Kreisen, in der sogenannten öffentlichen Meinung, abspielen. Besonders schwierig ist diese Aufgabe, wenn diese Bewegungen so vielgestaltige, vielfach unklare und verworrene sind, wie die Bestrebungen zur Reform des deutschen Geldwesens.

Die eingehende Darstellung des Zustandes des deutschen Geldwesens und der Lage der internationalen Währungsverhältnisse vor Beginn der Münzreform giebt uns hier einen festen Untergrund; sie zeigt uns, wo die Kritik und die positiven Reformvorschläge einsetzen konnten und mußten.

Wenn wir die wichtigsten Punkte ins Auge fassen, in welchen eine Reform notwendig war, dann drängt sich die Unterscheidung auf zwischen der Reform des eigentlichen Münzwesens und der Reform der papiernen Umlaufsmittel. So sehr auch die Mißstände des Papierumlaufs mit den Mängeln des eigentlichen Münzwesens in Verbindung standen, entwickelten sich doch die Reformbestrebungen auf beiden Gebieten verhältnismäßig selbständig. Die Reform des Papierumlaufs erschien viel mehr als ein Teil der „Bankreform“, denn als ein Teil der „Münzreform“; sehr begreiflich und natürlich, soweit die Banknoten in Betracht kamen; aber auch die Reform des staatlichen Papiergeldes, soweit überhaupt an seine Reform und nicht an seine völlige Beseitigung gedacht wurde, erschien dadurch mit der Bankreform aufs engste verknüpft, daß vielfach der Gedanke verbreitet war, man könne die Einzelregierungen für die Einschränkung oder den Wegfall der ihnen aus dem Staatspapiergeld erwachsenden Vorteile auf dem Wege der Bankgesetzgebung entschädigen.

Erster Abschnitt.

Die Bestrebungen zur Reform des Papierumlaufs.

Über die Bestrebungen zur Reform des Papiergeld- und Bankwesens können wir verhältnismäßig kurz hinweggehen; nicht etwa weil diese Bestrebungen von vornherein besonders abgeklärt gewesen wären, sondern weil sie bereits in einem Werk über die deutsche Bankreform ausführlich dargestellt sind [1]. Wir fassen deshalb diese Entwickelung nur in aller Kürze zusammen.

Die Aufklärung der Geister über den Unterschied zwischen Staatspapiergeld und Banknote vollzog sich verhältnismäßig langsam. Noch zur Zeit der Münzreform gab es eine nicht geringe Anzahl von Wirtschaftspolitikern, für welche ein Unterschied in den wirtschaftlichen Funktionen dieser beiden Arten von Papiergeld nicht vorhanden war. Diese Gruppe von Theoretikern (Augspurg, Perrot, Tellkampf, Mohl, Geffcken) verkannte das Wesen der Banknote vollständig. Sie sahen in dem Notenumlauf, welchem nicht ein Äquivalent von metallischem Geld in der Kasse gegenüberstand, ebenso wie in dem Staatspapiergeld eine ungerechtfertigte und schädliche Vermehrung des Geldumlaufs; ungerechtfertigt, weil sie den Zweck der Banknote, dem Geldumlauf die infolge der großen Schwankungen des Geldbedarfs notwendige Elasticität zu verleihen, nicht erkannten; schädlich, weil sie — zumeist Anhänger der oberflächlichsten Sorte von Quantitätstheorie — eine Entwertung des Geldes als die notwendige Folge der Vermehrung des Geldumlaufs durch die papiernen Zahlungsmittel ansahen [2]. Als Ursache der Ausgabe nicht nur des Staatspapiergeldes, sondern auch der ungedeckten Banknote, sah diese Schule lediglich das Bestreben an, sich einen Zinsgewinn aus fiktiven Kapitalien zu verschaffen. Allerdings ist nicht zu leugnen, daß diese Auffassung durch den Geschäftsbetrieb einiger kleinen Banken nur allzusehr bestärkt wurde. Wie wir gesehen haben, kam es diesen keineswegs darauf an, die volkswirtschaftlichen Aufgaben einer Notenbank zu erfüllen, sondern nur darauf, möglichst viele ungedeckte Noten in Verkehr zu setzen.

---

[1] Walther Lotz, Geschichte und Kritik des deutschen Bankgesetzes vom 14. März 1875. Leipzig 1888.

[2] Augspurg, Die Bankfrage. Annalen 1871. S. 1048: „Beide (Staatspapiergeld und Banknoten) vermehren die Zahlungsmittel in künstlicher Weise und bewirken dadurch eine partielle Entwertung des Edelmetalls". Siehe auch Perrot, Annalen 1871. S. 320.

Die konsequente Forderung der Augspurg, Perrot und anderer war die völlige Beseitigung der metallisch ungedeckten Papierscheine jeder Art, sowohl der vom Staate als der von Privaten ausgegebenen.

Obwohl die allgemeine Unbeliebtheit der Zettel dieser extremen Richtung Vorschub leistete, brachte sie es niemals zu einer großen Anhängerschaft, wenigstens nicht, soweit sie sich gegen die Banknoten richtete. Die Erkenntnis von der wirtschaftlichen Notwendigkeit der Banknote war bereits zu weit verbreitet.

Dagegen war die Abneigung gegen das Staatspapiergeld fast allgemein. Aber wer im praktischen Leben stand, konnte sich der Erkenntnis nur schwer verschließen, daß unter den damals obwaltenden Verhältnissen des Münzumlaufs das Staatspapiergeld bis zu einem gewissen Grad ein notwendiges Übel war, weil nämlich das Gold fehlte und das Silber für jede einige Thaler überschreitende Zahlung bereits lästig war. So erklären sich die wiederholten Petitionen der sächsischen Kaufleute um Vermehrung der Kassenanweisungen. Die Schaffung eines Goldumlaufs mußte dem Übel der kleinen Scheine erst seine Notwendigkeit nehmen, ehe praktische Leute an seine gänzliche Beseitigung denken konnten.

Auf dem Gebiete des Notenwesens waren unter denjenigen, welche die ungedeckte Banknote in richtiger Erkenntnis ihrer wirtschaftlichen Notwendigkeit erhalten wollten, die Ansichten über die notwendigen Reformen des Bankwesens sehr verschieden. Sie deckten sich nur in einigen Punkten, hinsichtlich welcher eine Meinungsverschiedenheit überhaupt ausgeschlossen war.

Diese Punkte waren vor allem die Beseitigung derjenigen kleinen Zettel, welche, wie die Einthalerscheine, selbst unter der Silberwährung zu entbehren waren; ferner Abstellung der Mißstände und Mißbräuche bei der Noteneinlösung; größere Publizität der Notenbanken, namentlich periodische Veröffentlichung des Status; schließlich die Aufstellung einheitlicher Vorschriften für die Geschäftsführung der deutschen Notenbanken und die dadurch ermöglichte Aufhebung der einzelstaatlichen Verbote des Umlaufs von Banknoten anderer deutscher Staaten.

Wie auf dem Gebiet des eigentlichen Münzwesens stand auch hier das Verlangen nach Einheit im Vordergrund. Aber wenn im Münzwesen die verschiedenen Konventionen wenigstens zu einigen Ergebnissen führten, blieben auf dem Gebiet des Papiergeldwesens alle Versuche erfolglos. Die Schwierigkeiten waren hier noch größer als dort. Einer einheitlichen Regelung standen vor allem die an die einzelnen Banken erteilten und oft für lange Zeit gültigen Privilegien entgegen; ferner die Abneigung einiger wichtiger Staaten, sich auf Abmachungen über das Bankwesen einzulassen.

So erzielte weder ein preußischer Vorschlag aus dem Frühjahr 1857, noch ein Gegenvorschlag der infolge des preußischen Notenverbotes geschädigten Banken, noch auch ein abermaliger Versuch der deutschen Regierungen im Jahre 1861 irgend ein Ergebnis. Der Knoten von Interessen und Rechten konnte nicht durch Verträge gelöst, sondern nur durch eine neue Centralgewalt durchhauen werden.

Die Einheitsbestrebungen auf dem Gebiete des Notenwesens litten zudem an einer inneren Schwäche. Die Meinungen darüber, wie die einheitliche Verfassung der Notenbanken beschaffen sein sollte, gingen erheblich auseinander; die Anhänger der Bankfreiheit und die Vertreter der staatlichen Konzessionierung der Notenbanken, unter ihnen die Freunde einer Centralbank, standen sich schroff gegenüber.

Ursprünglich war die herrschende Meinung der sogenannten Bankfreiheit überwiegend günstig. Die Bankfreiheit fand in den fünfziger Jahren in Otto Hübner ihren gelehrten, in Harkort ihren parlamentarischen Verfechter. Später wurde Michaëlis der Vorkämpfer der Bankfreiheit, aber bereits in beschränkterem Sinne. Er verlangte die volle Bankfreiheit nur unter der Bedingung der vollen Haftbarkeit der Bankteilhaber. Die Errichtung von Notenbanken in der Form von Aktiengesellschaften sollte zwar nicht von einer staatlichen Konzessionierung abhängig sein, es sollten aber für solche Institute gesetzliche Normativbedingungen aufgestellt werden.

Der „Kongreß deutscher Volkswirte“, welcher im Jahre 1863 in Dresden tagte, stellte sich auf den Boden dieses Programms. Die Schwärmerei für die unbedingte Bankfreiheit war namentlich abgekühlt worden durch die Erfahrungen während der Handelskrisis von 1857. Ein Teil der kleinstaatlichen Banken versagte in dieser ernsten Zeit, beschränkte seine Diskontierungen oder stellte sie vollständig ein. Mehrere Institute wurden nur durch die Intervention ihrer Regierungen über Wasser gehalten. Die dadurch erzeugte Stimmung in der Geschäftswelt war der unbedingten Notenfreiheit keineswegs günstig.

In der Folgezeit machten die Reformbestrebungen eine merkwürdige Wandlung durch. Als im Jahre 1865 die preußische Regierung vom Abgeordnetenhause die Ermächtigung zur Errichtung von Filialen der Preußischen Bank in außerpreußischen Staaten nachsuchte, trat Michaëlis mit seinen Anhängern nicht gegen diese Ausdehnung des Geschäftsbereichs des bisher von ihm hartnäckig bekämpften privilegierten Instituts auf; dagegen knüpfte der bisherige Anhänger der Bankfreiheit an die Genehmigung der Regierungsvorlage die Bedingung, daß der ungedeckte Notenumlauf der Preußischen Bank die Summe von 60 Millionen Thalern nicht überschreiten dürfe. Diese Bedingung wurde vom Abgeordnetenhaus angenommen, nicht aber von der Regierung, welche lieber auf die Ausdehnung des Filialennetzes der Preußischen Bank verzichtete als deren ungedeckten Notenumlauf einer Kontingentierung unterwarf.

In diesem Beschluß des Abgeordnetenhauses scheint ein doppelter Gesinnungswechsel der Bankfreiheits-Partei vorzuliegen: indem sie der Ausdehnung des privilegierten Instituts zustimmte, und indem sie an Stelle der bisher verlangten unbeschränkten Notenausgabe ein der Peels-Akte entsprechendes System der Kontingentierung des ungedeckten Notenumlaufs in Vorschlag brachte.

Bis zu einem gewissen Grad hoben sich jedoch diese beiden Widersprüche auf. Dieselben Garantien gegen eine übermäßige und volkswirtschaftlich ungesunde Ausdehnung des ungedeckten Notenumlaufs, welche man bei der Bankfreiheit des Dresdener Kongresses durch die freie Konkurrenz und die volle Haftbarkeit der Bankteilhaber gegeben glaubte, sollte bei einer privilegierten Bank, bei welcher man einen Mißbrauch des Notenrechts für möglich hielt, durch die Kontingentierung geschaffen werden. Dieser Gedanke blieb der in der allgemeinen Meinung herrschende, als Michaëlis und die Partei der Bankfreiheit auf ihr ursprüngliches Ideal gänzlich verzichteten. Dieser Verzicht trat ein, als man sich der Einsicht nicht mehr verschließen konnte, daß man vor den historisch gewordenen Verhältnissen des deutschen Notenbankwesens kapitulieren müsse, als man einsah, daß „die Entwickelung des Bankwesens von der Erkämpfung der Notenfreiheit abhängig machen, sie ad graecas calendas vertagen hieße“ [1].

Die Preisgabe der Forderung der Notenfreiheit wurde befördert durch die allmählich platzgreifende Erkenntnis, daß die Notenbanken nicht nur zur Befriedigung privatwirtschaftlicher Kreditbedürfnisse dienen, sondern daß sie in engen Beziehungen zu den gesamten Geld- und

---

[1] Michaëlis, „Noten und Depositen“ in Fauchers Vierteljahrsschrift. 1865. III. S. 78.

Währungsverhältnissen stehen. Damit trat der Gedanke einer Centralbank in den Vordergrund. Nur eine Centralbank kann die Aufgabe erfüllen, den gesamten Geldverkehr und die Beziehungen des inländischen Geldwesens zu ausländischen Valuten zu überwachen und zu regulieren. Die hervorragenden Dienste, welche die Preußische Bank während der Krisen von 1857 und 1866 dem gesamten deutschen Verkehr geleistet hatte, trugen zur Erkenntnis dieser wichtigen Funktionen einer Centralbank erheblich bei. Nach dem Krieg mußte die erfolgreiche Thätigkeit der Bank von Frankreich zur Wiederherstellung eines metallischen Umlaufs und ihre Mitwirkung bei der Milliardenzahlung die Vorteile einer Centralbank deutlich vor Augen führen. Als sich das neue Deutsche Reich vor die ungeheuere Aufgabe einer gänzlichen Umgestaltung seiner Geldverfassung und seines Geldumlaufs gestellt sah, wurde das Verlangen nach einer Centralbank, deren man sich zur Durchführung der Reform und zur Sicherung der neugeschaffenen Verhältnisse bedienen könnte, immer stärker. So kam es, daß die Reformbewegung, die mit dem Verlangen der Notenfreiheit begonnen hatte, in dem Ruf nach einer Reichsbank ausklang.

Aber das Verlangen nach einer Reichsbank war nur ein allgemeiner Gedanke. Über alle Einzelheiten gingen die Meinungen auseinander: über die Beschaffenheit der zu errichtenden Reichsbank, ob Staats- ob Privatinstitut; ferner über das Ob und Wie des Fortbestehens der vorhandenen Notenbanken.

Ähnlich wie das Verlangen nach einer mehr oder minder centralistischen Bankverfassung läßt sich aus dem Gewirr der Ansichten und Reformvorschläge die Forderung nach einer Einschränkung des ungedeckten Notenumlaufs herausschälen. Die Mißbräuche einzelner kleiner Banken; das teilweise in dem Gang der allgemeinen wirtschaftlichen Entwickelung wohl begründete, aber in seinen wahren Ursachen verkannte Anwachsen des ungedeckten Notenumlaufs zu ungeahnten Dimensionen; eine unverkennbare Steigerung der Preise, welche den notenfeindlichen Anhängern der Quantitätstheorie Recht zu geben schien, — alle diese Umstände wirkten zusammen, um eine mächtige Strömung zu Gunsten einer Einschränkung des Notenumlaufs hervorzurufen. Kurz bevor die Notenfrage in den Verhandlungen der Regierungen und der gesetzgebenden Körperschaften zur Entscheidung kam, brachte die furchtbare Handelskrisis von 1873, als deren teilweise Ursache gleichfalls das Übermaß des Notenumlaufs angesehen wurde, die Stimmung zu Gunsten einer Kontingentierung des Notenumlaufs auf einen solchen Höhepunkt, daß kein Widerstand dagegen aufkommen konnte, so sehr man sich auch von den verschiedensten Seiten bemühte, die erhobenen Beschuldigungen auf das richtige Maß zurückzuführen.

Auch das Verlangen nach einer Einschränkung des ungedeckten Notenumlaufs war nur vage und allgemein. Über die Mittel und Wege, eine solche Einschränkung herbeizuführen, bestanden ebensoviele verschiedene Ansichten wie über die Beschaffenheit der zu gründenden Reichsbank.

Diese geringe Klarheit über die Ziele der Notenbankreform, welche bei der Schwierigkeit des Gegenstandes nicht verwunderlich ist, trat zu den staatsrechtlichen und privatrechtlichen Hindernissen hinzu, um jeden positiven Schritt der Gesetzgebung vor der Reichsgründung unmöglich zu machen. Wohl wurde durch die Verfassung des Norddeutschen Bundes die Regelung des Papierumlaufs und des Bankwesens ebenso der Bundesgesetzgebung zugewiesen, wie die Ordnung des Münzwesens, aber es war für niemanden zweifelhaft, daß sich auch die Notenbankreform auf ganz Deutschland erstrecken müsse, nicht nur auf die Staaten des Norddeutschen Bundes. Hinsichtlich der süddeutschen Staaten bestanden jedoch die alten Schwierigkeiten bis zur Gründung des Reiches weiter.

So kam es auf dem Gebiete des Papierumlaufs während der Dauer des Norddeutschen Bundes nur zu Maßregeln, welche den Zweck hatten, eine weitere Entwickelung des Notenbankwesens und Staatspapiergeldes bis zur endgültigen Reformgesetzgebung zu verhindern.

Den Anlaß zu diesen Schritten gab der Versuch des Fürstentums Reuß, in Greiz eine neue Notenbank zu gründen.

Diese Gründung wurde vereitelt durch das sogenannte Banknotensperrgesetz vom 27. März 1870.

Dieses Gesetz machte die Gründung neuer Notenbanken und die Erweiterung der bestehenden Notenrechte von der Bundesgesetzgebung abhängig; es bestimmte ferner, daß eine Verlängerung ablaufender Bankprivilegien nur auf einjährige Kündigung erfolgen dürfe.

Das Sperrgesetz sollte bis 1. Juli 1872 gelten; es mußte in der Folgezeit mehrfach verlängert werden, weil die Bankgesetzgebung sich länger verzögerte, als Reichstag und Bundesrat erwarteten.

Durch eine ähnliche Maßregel trat der Norddeutsche Bund einer weiteren Vermehrung des Staatspapiergeldes entgegen.

Ein aus der Initiative des Reichstags hervorgegangenes Gesetz vom 16. Juni 1870 untersagte den Einzelstaaten die Vermehrung ihres Staatspapiergeldes ohne die Genehmigung der Bundesgesetzgebung.

Nach der Reichsgründung wurde die Gültigkeit dieser beiden Gesetze auf Süddeutschland ausgedehnt; das Papiergeldgesetz wurde sofort rechtskräftig, das Banknotensperrgesetz dagegen erst am 1. Januar 1872. Württemberg und Baden waren in der Entwickelung des Notenbankwesens infolge der Haltung ihrer Regierungen so sehr zurückgeblieben, daß sie zur Zeit der Reichsgründung überhaupt noch keine Notenbank besaßen. Wenn überhaupt die scheinbar gleichmäßige Behandlung, welche das Sperrgesetz allen Staaten angedeihen ließ, insofern eine materielle Ungleichheit enthielt, als es durch Anerkennung des status quo die in der Erteilung von Notenprivilegien zurückhaltenden Regierungen verhinderte, sich und ihren Banken die Vorteile zu sichern, welche die weniger zurückhaltenden Regierungen bisher genossen hatten und weiter genießen durften, — wenn darin schon für die Staaten des Norddeutschen Bundes eine Unbilligkeit lag, so hätte sich diese Ungleichmäßigkeit für Württemberg und Baden noch erheblich stärker fühlbar gemacht. Man wollte deshalb diesen Staaten, welche ohnedies seit Jahren sich mit dem Plane einer Notenbank trugen, die Möglichkeit gewähren, in den festgelegten status quo mit ähnlichen Rechten einzutreten, wie die übrigen Glieder des Reichs.

In der That wurde diese Möglichkeit zur Gründung der Badischen Bank und der Württembergischen Notenbank benutzt. Auch Hessen-Darmstadt zog Vorteil aus der gewährten Frist, indem es das der Bank von Süddeutschland verliehene, ohnedies nicht geringe Notenrecht bedeutend erhöhte (bis zu 29.408.400 Gulden).

Die beiden Sperrgesetze für Banknoten und für Papiergeld waren die einzigen praktischen Erfolge, welche die auf eine Reform des Papierumlaufs gerichteten Bestrebungen vor der endgültigen Reform zu erringen vermochten. Es waren lediglich negative Erfolge; abgesehen von einer Lösung der wichtigsten Fragen gelang es auch nicht, jene kleineren positiven Forderungen durchzusetzen, über deren Zweckmäßigkeit volle Übereinstimmunng herrschte, z. B. ein Verbot der Ausgabe der entbehrlichen kleinen Zettel. Die Regierungen zeigten sich abgeneigt, einer solchen positiven Maßregel vor der definitiven Reform ihre Zustimmung zu geben.

Immerhin war durch die Sperrgesetze wenigstens einem weiteren Überhandnehmen der bestehenden Übelstände vorgebeugt. Der status quo wurde festgehalten, bis die Reichsgesetzgebung an die Regelung des ganzen Papiergeld- und Banknotenwesens herantrat.

Zweiter Abschnitt.

Die Bestrebungen zur Reform des Münzwesens.

Der Ausgangspunkt aller Bestrebungen zur Reform des deutschen Münzwesens war der Wunsch nach einer deutschen Münzeinheit. Alle übrigen Reformgedanken, welche in der Zeit zwischen dem Wiener Münzvertrag und der Münzgesetzgebung des Reiches die öffentliche Meinung bewegten, sind erst nachträglich zu dieser ältesten Forderung hinzugekommen.

Bis tief in die Mitte unseres Jahrhunderts hinein war das Verlangen nach der deutschen Münzeinigung nicht viel mehr, als eine unklare Stimmung. Greifbare Vorschläge finden sich aus dieser Zeit eigentlich nur hinsichtlich der Wahl der Rechnungseinheit, welche der zu schaffenden Münzeinigung zu Grunde gelegt werden sollte. Dagegen herrschte völliger Mangel an Vorschlägen über die staats- und völkerrechtliche Konstruktion des erstrebten Ideals. Daß Österreich in die deutsche Münzeinigung mit inbegriffen werden sollte, war bei den damaligen politischen Verhältnissen natürlich.

Es lohnt sich nicht, auf die älteren Vorschläge einzugehen. Bis zum Ende der Befreiungskriege waren sie reine Utopien; es fehlten ihnen alle politischen Voraussetzungen. Erst durch die Konsolidierung der Mittelstaaten wurden die staatsrechtlichen Grundlagen geschaffen, auf welchen sich wenigstens Bauversuche anstellen ließen.

Die Theorie hält sich an große Gesichtspunkte und vernachlässigt gern das Kleinliche und Alltägliche. Der Gang der praktischen Politik dagegen ist in gewöhnlichen Zeiten ganz von dem alltäglich Notwendigen diktiert. Im deutschen Münzwesen lief die thatsächliche Entwickelung, wie wir gesehen haben, darauf hinaus, Abhilfe gegen die schlimmsten Übelstände zu schaffen; dagegen erreichte sie nicht die umfassenden Ziele, in welchen mit der Durchführung des idealen Grundgedankens der Münzeinheit alle jene kleineren Übelstände von selbst verschwunden wären. Statt zur Münzeinheit gelangte man nur zu den Münzvereinen, welche den Wunsch nach einer völligen Münzeinheit mehr anreizten als befriedigten.

Das Verlangen nach der deutschen Münzeinheit war eine rein deutsche Forderung und als solche gänzlich unabhängig und unbeeinflußt von internationalen Bestrebungen irgend welcher Art.

Gegen Ende der fünfziger Jahre trat neben dieser Forderung eine Strömung für den Übergang zur Goldwährung deutlicher hervor; noch etwas später trat mit Macht das Verlangen auf, mit der nationalen Münzeinheit zugleich eine internationale Münzeinigung herbeizuführen.

Diese beiden Strömungen sind auf internationalem Boden entstanden, und ihre Ausgestaltung war von der internationalen Entwickelung in hohem Grade beeinflußt.

Wie die Goldwährung so ist auch die Goldwährungstheorie englischer Herkunft. Wir wissen, daß früher für die Münzfrage nicht der Gesichtspunkt maßgebend war, welches Währungssystem an sich das vorzüglichste sei, sondern der Gesichtspunkt der praktischen Durchführbarkeit eines geschlossenen Münzsystems, der Aufrechterhaltung des festen Verhältnisses zwischen den verschiedenen Münzsorten und der Erhaltung beider Metalle im Umlauf. Die Goldwährungstheorie in England entstand, als die Gestaltung der thatsächlichen Umlaufsverhältnisse den Engländern gezeigt hatte, unter welchen Bedingungen sich bei überwiegendem Goldumlauf Silbergeld im Umlauf halten lasse. Das Problem der Sicherung eines ausreichenden Silberumlaufs bei gleichzeitiger Erhaltung des überwiegenden Goldumlaufs war die Währungsfrage Englands im achtzehnten Jahrhundert, und die Goldwährung war die Lösung dieses Problems.

Als man sich gegen Ende des achtzehnten Jahrhunderts anschickte, die bestehende thatsächliche Goldwährung in eine gesetzlich festgelegte zu überführen, da wurden allerdings von den Vertretern dieser Maßregel, namentlich von Lord Liverpool, bereits Gesichtspunkte geltend gemacht, nach welchen die Goldwährung an und für sich vorzuziehen sei.

Gegen die Doppelwährung hatte man schon seit einem Jahrhundert die bekannte Theorie Lockes, daß es nur einen Wertmesser geben könne. Die Doppelwährung erschien also a priori verwerflich. Für die Goldwährung stellte nun Lord Liverpool die Theorie auf, daß die Völker bei fortschreitender Kultur vom weniger wertvollen zum kostbareren Münzmetall übergehen, und daß für England in Anbetracht seiner hohen wirtschaftlichen Entwickelung ein überwiegender Goldumlauf, welcher, wie die Erfahrung gelehrt hatte, nur durch die Goldwährung dauernd gesichert werden konnte, notwendig sei.

In der Formulierung Liverpools ist diese Theorie zweifellos historisch unrichtig. Die ältesten Münzen waren nicht etwa eiserne oder kupferne, sondern Goldmünzen. Richtig ist dagegen, daß mit der fortschreitenden

Kultur, mit welcher eine fortschreitende Entwertung aller jemals als Geldstoff verwendeten Metalle gegenüber dem täglichen Aufwand aller Völker und Klassen Hand in Hand gegangen ist, das Bedürfnis nach der überwiegenden Verwendung wertvollerer Metalle stetig zugenommen hat[1].

Die Theorie Liverpools fand überall Anhänger; in Deutschland wurde sie von J. G. Hoffmann vertreten und mit Rücksicht auf die besonderen deutschen Verhältnisse ausgestaltet.

Hoffmann schlug die Nachahmung des englischen Beispiels für Deutschland, speciell für Preußen vor, und zwar im wesentlichen vom folgenden äußerst charakteristischen Gesichtspunkte aus.

Im ersten Kapitel ist bereits die Hoffmann'sche Theorie erwähnt, nach welcher jeder Münzfuß seinen Todeskeim bereits bei seiner Entstehung in sich trägt. In der Thatsache, daß sich das Gewicht der umlaufenden Münzen durch die natürliche Abnutzung fortschreitend verringerte, sah Hoffmann die Hauptgefahr für ein geordnetes und solides Münzwesen; und deshalb trat er für die Goldwährung ein.

Wir haben in Hoffmanns Theorie eine besondere Spielart jener früheren Währungspolitik, welche die Währungsfrage von dem Gesichtspunkt der Durchführung eines geordneten Münzsystems aus behandelt; es handelt sich bei ihm nicht mehr um die Durchführung eines geschlossenen Münzsystems durch Erzwingung der Vertretbarkeit und des festen Wertverhältnisses der verschiedenen Sorten, sondern um die Aufrechterhaltung des Münzfußes, um die Festlegung des Verhältnisses zwischen Geld und Währungsmetall.

Die Hauptschwierigkeit, welche sich den staatlichen Bemühungen um die Aufrechterhaltung des Münzfußes entgegenstellte, war der Kostenpunkt. Sollte das Ziel erreicht werden, dann mußte der Staat sowohl den durch die Abnutzung entstandenen Verlust als die Kosten der Umprägung der abgenutzten Münzen übernehmen. Die deutschen Staaten hatten das Münzwesen zu lange als nutzbares Regal betrachtet, um sich leicht zu dauernden großen Ausgaben im Interesse des Münzwesens bereit finden zu lassen.

Nun fand Hoffmann auf Grund eingehender Untersuchungen, daß die Kosten der Aufrechterhaltung des Münzfußes geringer seien bei einem Goldumlauf als bei einem Silberumlauf, und zwar deshalb, weil einmal die Prägekosten für Goldstücke im Verhältnis zu ihrem Wert sich

[1] Vgl. Beiträge, I. Teil, Abschnitt 2.

bedeutend geringer stellten, als für Silbermünzen, und weil ferner ein Goldumlauf sich im Verhältnis zu seinem Wert weniger abnutze als ein Silberumlauf. Die Gefahr einer Verschlechterung des Münzfußes erschien ihm deshalb geringer bei einer Goldwährung nach englischem Muster, als bei der bestehenden deutschen Silberwährung. Deshalb empfahl er die Goldwährung. Auch ihm war also die Art der Währung noch nicht Selbstzweck, sondern nur Mittel zum Zweck eines geordneten Münzwesens.

Hoffmann blieb jedoch mit seiner Schwärmerei für die Goldwährung isoliert und fand vielen Widerspruch.

Praktisch waren seine Vorschläge unter den obwaltenden Verhältnissen der Edelmetallproduktion völlig aussichtslos. Zur Erweiterung des Gebietes der Goldwährung über England hinaus fehlte es an der ersten Voraussetzung, an dem dazu notwendigen Golde. Die wirtschaftliche Entwickelung wird eben durch das Wünschenswerte nur dann bestimmt, wenn das Wünschenswerte auch das Mögliche ist. So wünschenswert auch die Einführung der Goldwährung von Hoffmanns Standpunkt der Aufrechterhaltung des Münzfußes gewesen sein mag, so wünschenswert sie auch später von Liverpools Gesichtspunkt des Fortschreitens der Kulturvölker zum kostbareren Metall erschienen sein mag, so sicher auch eine überwiegende Goldzirkulation den Verkehrsbedürfnissen der modernen Wirtschaftsverhältnisse besser entspricht als ein Silberumlauf: erst die Goldfunde der fünfziger und sechziger Jahre haben die Möglichkeit der Ausbreitung des Goldumlaufs und der Goldwährung geschaffen.

Diese Möglichkeit, welche durch die Wirkungen des französischen Münzsystems in einem großen und mächtigen Wirtschaftsgebiet von selbst zur Wirklichkeit wurde, gab dem Goldwährungsgedanken seine Flugkraft.

Die thatsächliche Entwickelung beseitigte die Verwirrung, welche die Goldfunde in vielen Köpfen, so bei Cobden und Chevalier hervorgerufen hatte. Die unbestreitbaren Vorteile eines Goldumlaufs verhalfen dem zuerst von Soetbeer ausgesprochenen Gedanken zum Sieg, daß die vermehrte Goldproduktion zu einer Ausbreitung der Goldwährung verwendet werden müsse.

In Deutschland traten namhafte Gelehrte auf Soetbeers Seite, so Bergius, Lorenz von Stein und Schäffle. Andere verhielten sich abwartend. Mit der Zerstreuung der thörichten Befürchtungen einer enormen Goldentwertung schrumpfte der Kreis der gelehrten Gegner der

Goldwährung auf die kleine Gruppe der Anhänger der Wolowskischen Lehre zusammen.

In den Kreisen der Industrie und des Handels machte der Goldwährungsgedanke langsamere Fortschritte, so sehr man auch unter den Mängeln der Silberwährung zu leiden hatte. Die Herstellung eines ausreichenden Goldumlaufs, die Schaffung einer zur deutschen Rechnungseinheit in einem bequemeren Verhältnis stehenden Goldmünze war der allgemeine Wunsch; aber die Ansichten darüber, auf welchem Weg dieses Ziel erreicht werden solle und könne, waren um die Wende der fünfziger und sechziger Jahre bei den deutschen Gewerbetreibenden und Kaufleuten noch keineswegs geklärt. Das Bestreben, Anschluß an die gesetzlich oder thatsächlich auf dem Golde beruhenden Währungssysteme der wichtigsten außerdeutschen Handelsvölker zu gewinnen, war namentlich in den Hansestädten stark vertreten. Soetbeer hatte in Hamburg bereits in der zweiten Hälfte der fünfziger Jahre einen starken Anhang. Aber es dauerte lange, bis die neuen Gedanken den namentlich im Senate vertretenen konservativen Geist zu überwinden vermochten, welcher mit fast abergläubiger Pietät an der veralteten Hamburger Bankvaluta hing.

Um die Klärung der Ansichten über die Münzreform haben sich zwei Körperschaften besondere Verdienste erworben, der „Kongreß deutscher Volkswirte“ und der „Deutsche Handelstag“. Wiederholt setzten sie die Münzfrage auf die Tagesordnung ihrer Versammlungen und ermöglichten dadurch einen großen Meinungsaustausch vor der freien Öffentlichkeit. Hier wie dort war der unermüdliche Soetbeer die eigentliche treibende Kraft, er gab die Anregung zur immer neuen Behandlung der im stetigen Flusse befindlichen Frage, er übernahm die Referate und die Ausarbeitung von Denkschriften, er weckte und verbreitete durch eine außerordentliche journalistische Thätigkeit in Zeitungen und Zeitschriften das Interesse der weitesten Kreise des deutschen Volkes.

Die Verhandlungen und Beschlüsse des Volkswirtschaftlichen Kongresses und des Handelstages sind der klarste Ausdruck der schrittweisen Entwickelung der Münzreform-Bestrebungen während des Jahrzehnts vor der Reform.

Die Volkswirtschaftlichen Kongresse von 1859 (Köln), 1860 (Frankfurt) und 1861 (Stuttgart), ebenso der erste Deutsche Handelstag, welcher 1861 in Heidelberg tagte, begnügten sich noch mit der Forderung einer deutschen Münzeinigung. Man hielt die Münzeinigung für ein so dringendes Bedürfnis, daß man ihre Durchführung nicht durch die Verbindung mit dem neuen und verwickelten Problem der Goldwährung verketten wollte.

Die Frage der Rechnungseinheit des künftigen deutschen Münzwesens stand damals noch im Vordergrund.

Im Gegensatz zu den ausschweifenden Phantastereien in der Broschüren-Litteratur, welche alle denkbaren und undenkbaren Münzeinheiten in Vorschlag brachten, über die Wahl der zukünftigen Münznamen stritten und selbst über die Ausführung des Gepräges die genauesten Vorschläge machten, hielten sich die Beschlüsse des Handelstages und des Volkswirtschaftlichen Kongresses von allem Anfang an auf dem Boden der gegebenen Verhältnisse. Sie hüteten sich davor, um theoretischer Vorzüge Willen, wie z. B. wegen der genauen Übereinstimmung mit dem metrischen Gewichtssystem, dem Volke große praktische Unbequemlichkeiten, wie die komplizierte Umrechnung aller Preise und Kontrakte zuzumuten.

Daß man die weitaus wichtigste deutsche Münze, den Thaler, nicht als Rechnungseinheit vorschlagen mochte, hatte zwei Hauptgründe. Man wollte dem süddeutschen Partikularismus, der es billig fand, daß mit seinem Gulden auch der norddeutsche Thaler fallen müsse, eine Konzession machen. Man wollte ferner die rein decimale Teilung der Rechnungseinheit durchführen, hielt aber den hundertsten Teil des Thalers für zu groß, um als kleinste Münze des neuen Systems dienen zu können.

Man schwankte zwischen dem Eindrittel- und Zweidrittel-Thaler, der „Mark" und dem „Gulden". Beide hatten eifrige Freunde, der Gulden namentlich in Süddeutschland, wohl hauptsächlich aus Sympathie mit dem Namen; denn er entsprach nicht dem süddeutschen Gulden, sondern nur dem österreichischen.

Die Mark hatte jedoch von Anfang an die Mehrheit für sich und wurde von allen Handelstagen und Kongressen empfohlen, bis in der zweiten Hälfte der sechziger Jahre zeitweise andere Gesichtspunkte maßgebend wurden.

Im Februar 1864 brachte der bleibende Ausschuß des Deutschen Handelstages die W ä h r u n g s f r a g e in Fluß, indem er die Handelskammern in einem Rundschreiben aufforderte, zur Frage der Goldwährung Stellung zu nehmen. Sechsunddreißig Handelskammern kamen dieser Aufforderung nach und sandten Gutachten an den Ausschuß ein, welche zusammengestellt und veröffentlicht wurden.

Diese Gutachten zeigten, daß seit dem Heidelberger Handelstag das Bedürfnis nach einem Goldumlauf erheblich dringender geworden war.

Nur fünf Kammern nahmen den Standpunkt ein, welcher in dem Heidelberger Beschluß zum Ausdruck gekommen war, daß die Verbindung der Goldwährungsfrage mit der Frage der Münzeinigung inopportun sei.

Neunzehn Kammern schlugen die Einführung einer dem Zwanzigfrankenstück entsprechenden Goldmünze vor, andere stimmten für eine dem halben Sovereign ganz oder nahezu entsprechende Münze. Über die Art der Einfügung dieser Goldmünzen in das deutsche Münzsystem, waren die Ansichten noch verschwommen und unklar. Nur Bremen schlug den sofortigen Übergang zur Goldwährung vor.

Für den dritten Handelstag, welcher im Jahre 1865 in Frankfurt stattfand, wurde die Münzfrage als Hauptgegenstand auf die Tagesordnung gesetzt. Die Verhandlungen zeigen ungefähr das gleiche Bild, wie die 36 Gutachten der Handelskammern aus dem vorhergegangenen Jahre. So kam ein Beschluß zu stande, welcher die Beschlüsse des Heidelberger Tages über die Wahl der Rechnungseinheit aufrecht erhielt, aber gleichzeitig die Prägung einer Goldmünze vom Feingehalt des Zwanzigfrankenstückes verlangte, welcher ein fester Kassenkurs, sollten die Regierungen sich aber dazu nicht entschließen können, ein von Zeit zu Zeit veränderlicher Kassenkurs beigelegt werden sollte.

Der Handelstag beharrte also auf seinem alten Standpunkt: Vor allem die deutsche Münzeinheit! Die Verwirklichung dieser Forderung sollte durch die Währungsfrage nicht verzögert werden. Dem dringenden Bedürfnis nach einem Goldumlauf wollte man einstweilen durch ein provisorisches Auskunftsmittel entsprechen, welches gleichzeitig zur „Anbahnung der Goldwährung" dienen sollte. Der Handelstag zeigte damit ein hervorragendes Maß von Vorsicht und Mäßigung bei dem Betreten eines Weges, über dessen Ende man sich noch in jeder Beziehung unklar war.

Von nun an vereinigten sich die internationalen Vorgänge auf münzpolitischem Gebiete mit den politischen Umwälzungen in Deutschland, um die Münzfrage akut zu machen und das allgemeine Interesse an ihr hochgradig zu steigern.

Der Abschluß des lateinischen Münzbundes fachte die Schwärmerei für die Weltmünze, welche fast so alt ist, wie die Verschiedenheit der Münzsysteme, zu neuen Flammen an. Der Gedanke der Weltmünzeinheit hat stets einen Zauber auf die Geister ausgeübt, aber zu keiner Zeit war ihm die allgemeine Stimmung in ganz Europa so günstig, wie in der Mitte der sechziger Jahre, als Parieu seine Verwirklichung in die Hand nahm.

Die Zeit war beherrscht von dem Geiste des Freihandels. Die fabelhafte Entwickelung der Verkehrs- und der Transportmittel hatte die Völker einander näher gerückt, alle Zweige der Volkswirtschaft empfanden die Segnungen des internationalen Güteraustausches. Wo Dampf und Elektricität das größte natürliche Verkehrshindernis, die räumliche Entfernung, zur Bedeutungslosigkeit zusammenschrumpfen ließen, sollten da von menschlicher Willkür geschaffene Einrichtungen noch länger den Weltverkehr hemmen dürfen? Sollten die Schranken des Zollwesens bestehen bleiben? Sollte die Verschiedenheit von Maß, Gewicht und Münze die Wohlthaten des freien Weltverkehrs verkümmern?

Der teilweise Erfolg dieser Bestrebungen auf dem Gebiet des Maß- und Gewichtssystems steigerte das Verlangen nach einer internationalen Übereinkunft auf dem Gebiete des Münzwesens. Nachdem durch den lateinischen Münzbund ein einheitliches Münzwesen in einem Gebiet von etwa 70 Millionen Einwohnern geschaffen war, schien der Mittelpunkt gegeben, an welchen sich die übrigen Staaten angliedern konnten.

Aber bereits die große internationale Münzkonferenz zu Paris (1867) zeigte, so glänzend auch die ganze Veranstaltung war, welch große Schwierigkeiten der Verwirklichung der Weltmünzeinheit entgegenstanden.

Gleichwohl wirkten zunächst die hochtönenden Worte zur Verherrlichung der Weltmünzeinheit, welche während der Pariser Verhandlungen gesprochen wurden, stärker auf die Geister, als die kühlen und nüchternen Erklärungen des englischen Bevollmächtigten, aus welchen man mit klaren Augen damals schon das Scheitern der Weltmünzidee hätte lesen können. Für einige Zeit gerieten die deutschen Münzreform-Bestrebungen in den Bann des Gedankens der internationalen Münzeinheit, bis die thatsächliche Entwickelung der Dinge den Weltmünzbund als eine Utopie erscheinen ließ.

Der Volkswirtschaftliche Kongreß des Jahres 1867 und der Deutsche Handelstag von 1868 faßten Beschlüsse, welche gleichzeitig mit der Schaffung der deutschen Münzeinheit den Anschluß an das Frankensystem verlangten. Selbst Soetbeer, welcher bisher aufs eifrigste die Mark als künftige Rechnungseinheit vertreten hatte, empfahl den Übergang zum Frankensystem[1]. Der Norddeutsche Reichstag beschloß im Juni 1868 eine Resolution, welche ein Münzsystem verlangte, das „möglichst viel Garantien einer Erweiterung zu einem allgemeinen Münzsystem aller civilisierten

---

[1] Bremer Handelsblatt Nov. 1867.

Staaten biete", und noch im Juni 1869 fand ein gleichlautender Antrag im Zollparlament Annahme.

Dieselben Beschlüsse des Volkswirtschaftlichen Kongresses und des Handelstages, welche den Übergang zum Frankensystem in Vorschlag brachten, empfahlen den Übergang zur reinen Goldwährung. Die Pariser Münzkonferenz hatte die Währungsfrage, welche dem Handelstag im Jahre 1865 noch nicht völlig spruchreif erschienen war, geklärt. Die Frage, ob die Beschaffung eines hinreichenden Goldumlaufs, über deren Notwendigkeit nirgends ein Zweifel vorhanden war, durch Annahme der Goldwährung oder der Doppelwährung geschehen solle, war zu Gunsten der Goldwährung dadurch entschieden, daß selbst der niederländische Bevollmächtigte Mees, der einzige, welcher gegen die Goldwährung auftrat, erklärte, für die Doppelwährung könne er nur dann stimmen, wenn sie zur Grundlage eines Weltmünzbundes gemacht werde, und diese Ansicht wurde damals allgemein von den Anhängern des bimetallistischen Systems geteilt. Die Möglichkeit eines Weltmünzbundes auf Grund der Doppelwährung war jedoch völlig ausgeschlossen. Englands Haltung war scharf und klar zu Gunsten der Goldwährung. In Frankreich waren die Anhänger der Goldwährung mindestens stark genug, um einen Münzvertrag auf Grund des bimetallistischen Systems zu verhindern. In den Vereinigten Staaten wurde von offizieller Seite die Undurchführbarkeit der Doppelwährung proklamiert.

Unter diesen Umständen war für Deutschland der Weg vorgezeichnet. Sobald die Münzreform nicht zur Goldwährung führte, riskierte Deutschland eine Währungs-Isolierung. Die Thatsache, daß der Silberpreis seit der Mitte der sechziger Jahre langsam von seinem hohen Stande herabging, verstärkte diese Gefahr. Deutschland hätte die Doppelwährung nicht wohl auf Grund eines für das Gold günstigeren Verhältnisses einführen können, als das der französischen Doppelwährung zu Grunde liegende war. Bei der rückläufigen Tendenz des Silberpreises hätte Deutschland kein Gold an sich ziehen können und seinen überwiegenden Silberumlauf selbst dann behalten, auch wenn Frankreich und die anderen Münzbundstaaten ihr bimetallistisches System nicht preisgegeben hätten.

Sowohl vom Gesichtspunkte des Weltverkehrs als vom Gesichtspunkte des inneren Goldumlaufs blieb Deutschland, unabhängig von allem theoretischen Für und Wider, keine Wahl als der Übergang zur Goldwährung.

Der später gegen die damaligen Förderer der Goldwährung erhobene Vorwurf, sie hätten die Folgen der von ihnen empfohlenen Maßregel für den Wert des Geldes und für das Wertverhältnis der Edelmetalle nicht in Erwägung gezogen, entspricht nicht den Thatsachen. Allerdings fürchtete man von der Ausdehnung der Goldwährung keine Goldverteuerung, aber man hatte dafür gute Gründe. Die Ausdehnung der Goldnachfrage war nur ein Gegengewicht gegen die enorme Zunahme der Goldproduktion, mußte also nicht eine Goldverteuerung herbeiführen, sondern konnte sich darauf beschränken, einer durch die Produktionszunahme veranlaßten Goldentwertung entgegenzuwirken. Das Gold war da, ehe der Goldwährungs-Gedanke auf dem Kontinent praktische Bedeutung erlangte, und die Gegner der Goldwährung in den fünfziger Jahren bekämpften die Goldwährung, weil sie von ihr eine Geldentwertung, nicht eine Geldwertsteigerung befürchteten. Zur Zeit der Pariser Konferenz war die lateinische Union bereits von selbst in den Besitz eines überwiegenden Goldumlaufs gelangt, brauchte also das zur Goldwährung notwendige Gold nicht erst zu beschaffen. Die Thatsache, daß von 1850 bis zur deutschen Münzreform fast ebensoviel Gold produziert wurde, als heute in England, Frankreich, den Vereinigten Staaten und Deutschland zusammengenommen monetären Zwecken dient, war geeignet, auch den Vorsichtigsten über die Gefahr einer Goldverteuerung zu beruhigen.

Die Folgen einer Demonetisation des Silbers für das Wertverhältnis der Edelmetalle wurden gleichfalls nicht außer Acht gelassen. Soetbeer erwartete, die Abstoßung des deutschen Silberkurants müsse „die gegenseitige Wertrelation der Edelmetalle zum Nachteil des Silbers aufs gewaltigste erschüttern, selbst wenn man sich die Ordnung auf zehn Jahre verteilt denkt“[1].

Aber Deutschland konnte die Aufrechterhaltung des Silberwertes unmöglich zum Hauptzweck seiner Münzpolitik machen. Abgesehen davon herrschte die Ansicht vor, daß eine Wertverringerung des Silbers auch durch Deutschlands Verzicht auf die Goldwährung nicht verhindert werden könne, daß „Deutschland selbst in Gemeinschaft mit Holland und den skandinavischen Staaten nicht im stande sein möchte, auf die Dauer ein wesentliches Sinken des Silberpreises zu hindern, sobald ein nachhaltiger starker Silberabfluß nach Ostasien unterbleibt und die Länder

[1] Bremer Handelsblatt vom 19. Juli 1869.

des französischen Münzsystems die Doppelwährung aufgeben"[1]. Die Preisgabe der französischen Doppelwährung wurde allgemein erwartet.

Man hatte damals schon sehr wohl den tieferen Grund der bevorstehenden Silberentwertung erkannt, als dessen Folgen die für den Silberwert so verhängnisvollen währungspolitischen Maßregeln der siebenziger Jahre sich darstellen, so oft diese auch als willkürliche Einzel-Maßregeln aufgefaßt worden sind. Soetbeer sprach bereits im Jahre 1869 den richtigen Gedanken aus[2]:

„Wie paradox es anfangs vielleicht lauten mag, es liegt doch eine gewisse Wahrheit darin, daß im großen und ganzen genommen, und auf die Dauer die außerordentliche Steigerung der Goldproduktion mehr auf die Wertverringerung des Silbers als des eignen Produkts ihre Wirkung äußern muß." Das Gold als das tauglichere Geldmetall findet Verwendung, indem es das weniger taugliche Silber verdrängt und die monetäre Verwendbarkeit des Silbers verringert.

Gerade die Thatsache, daß man die Silberentwertung voraussah, und zwar nicht als eine bloße Folge von Deutschlands Währungswechsel, sondern als eine durch die Verhältnisse der Edelmetallproduktion geschaffene Notwendigkeit, — gerade diese Thatsache mußte für Deutschland die Notwendigkeit des Übergangs zur Goldwährung noch verstärken.

Die Entwickelung der Münzfrage in den verschiedenen Ländern nach der Pariser Münzkonferenz mußte die Goldwährungs-Bewegung in Deutschland ebenso sehr fördern, wie sie die Begeisterung für einen internationalen Münzbund abzukühlen geeignet war. Während England nach wie vor die ganze Schwere seiner handelspolitischen Macht für die Goldwährung in die Wagschale legte, während die Verhandlungen des amerikanischen Kongresses an der Absicht der Vereinigten Staaten keinen Zweifel ließen, bei der Wiederaufnahme der Barzahlungen die reine Goldwährung anzunehmen — man stritt sich nur noch über die zu wählende Rechnungseinheit —, während in Frankreich die Macht und der Einfluß der Anhänger der Goldwährung in unverkennbarem Wachsen begriffen war, zeigte sich England jeder Konzession zu Gunsten einer internationalen Münzeinigung gänzlich abgeneigt, und auch die Vereingten Staaten, deren Vertreter auf der Pariser Konferenz sich als einer der eifrigsten Freunde

---

[1] Soetbeer, Bremer Handelsblatt vom 15. Februar 1871.

[2] Hamburger Börsenhalle vom 15. Juli 1869.

der Münzeinigung gezeigt hatte, nahmen eine Haltung ein, welche der Münzeinigung nichts weniger als förderlich war.

In England wurde wohl im Februar 1868 eine Kommission zur Prüfung der von der Pariser Konferenz beschlossenen Vorschläge eingesetzt; aber so sehr diese Kommission[1] theoretisch den Münzeinigungs-Gedanken anerkannte, so energisch machte sie auf die außerordentlichen praktischen Schwierigkeiten aufmerksam und wies vor allem mit größter Entschiedenheit den Vorschlag einer Reduktion des Goldgehaltes des Pfund Sterling auf den eines 25-Frankenstückes zurück. Auch der Vorschlag des Schatzkanzlers Lowe, eine solche Reduktion gleichzeitig mit der Einführung eines Schlagschatzes in der Höhe der Differenz (von etwa 22 cts.) vorzunehmen, fand keinen Anklang.

In Amerika zeigten selbst die Freunde des Frankensystems keine Lust einem förmlichen Münzbund beizutreten. Der Vorsitzende der Finanz-Kommission des Senates, John Sherman, dessen Briefwechsel mit Samuel B. Ruggles, dem Bevollmächtigten auf der Pariser Konferenz amtlich veröffentlicht worden ist, schrieb bereits in einem Briefe vom 8. Mai 1867, er halte das Fünffrankenstück für die geeignete Basis einer internationalen Münzeinheit, aber es sei klar, daß die Vereinigten Staaten einem Münzbund nicht beitreten könnten. Bei ihrer dünnen Bevölkerung hätten sie mehr Silber pro Kopf nötig als die europäischen Staaten und könnten sich deshalb einer vertragsmäßigen Beschränkung der Silberprägung nach Art der diesbezüglichen Bestimmung des lateinischen Münzbundes nicht unterwerfen. Das einzige, was in Aussicht gestellt wurde, war, der Kongreß könne ohne Münzvertrag die zukünftige Goldmünze im Sinne der Münzeinheit bestimmen.

Aber auch die Erfüllung dieses einzigen Punktes stieß auf Schwierigkeiten. Den Anhängern des Frankensystems, welche den Goldgehalt des Dollars auf den des Fünffrankenstückes reduzieren wollten, standen nicht nur die Gegner einer jeden Änderung des Dollars gegenüber, sondern auch verschiedene andere Reduktions-Vorschläge, welche dem Dollar den Feingehalt von $^1/_5$ Sovereign, oder einen Gehalt von $1^1/_2$ gr Feingold geben wollten[2]. Keiner dieser Vorschläge vermochte durchzudringen. Alles, was Amerika der internationalen Münzeinigung zu bieten hatte, ist in einem Rundschreiben aus dem Jahre 1870 enthalten, in welchem es den

---

[1] Bericht vom 25. Juli 1868.

[2] Antrag Kelley vom 21. Juli 1868.

europäischen Regierungen den Vorschlag machte, den Feingehalt ihrer Goldmünzen auf Decigramme abzurunden, um dadurch eine kleine Vereinfachung der Umrechnungssätze herbeizuführen.

Der österreichisch-französische Präliminar-Vertrag von 1867 schließlich konnte, da er auf Grundlage der Goldwährung abgeschlossen war, so lange keine Bedeutung beanspruchen, als Frankreich Doppelwährung und Österreich Papierwährung hatte.

Das einzige greifbare Ergebnis der Münzeinheits-Bewegung war, daß Österreich goldene 4- und 8 Guldenstücke im Feingehalt von 10- und 20 Frankenstücken prägen ließ, welche weder gesetzlichen Kurs noch Kassen-Kurs erhielten, sondern nur zu Zollzahlungen verwendet werden konnten, und daß Schweden [1] vorübergehend ein Goldstück im Feingehalt von 10 Franken ausmünzte, welches gleichfalls in keine Beziehungen zu dem bestehenden Münzsystem gesetzt wurde.

Waren schon die großen Hindernisse, auf welche der Münzbund-Gedanke allenthalben stieß, geeignet, auch in Deutschland auf die Weltmünz-Schwärmer ernüchternd zu wirken, so wurde diese Wirkung noch verstärkt durch allerlei andere Erfahrungen.

Die Entwickelung der Verhältnisse innerhalb des lateinischen Münzbundes selbst belehrte in drastischer Weise über die Schattenseiten einer Münzunion.

Italien hatte 1866 den Zwangskurs für sein Papiergeld dekretieren müssen. Es entstand ein bedeutendes Agio auf Metallgeld. Da die italienischen Scheidemünzen auch in den andern Münzbundstaaten allgemein zu ihrem Nennwert in Zahlung genommen wurden und von den öffentlichen Kassen in Gemäßheit des Münzvertrags genommen werden mußten, war die Folge, daß sie Italien verließen und die benachbarten Gebiete überschwemmten; denn in Italien standen sie im Gleichwert mit dem entwerteten Papiergeld, in den andern Staaten im Gleichwert mit dem vollwertigen Metallgeld, so daß es sich lohnte, sie in Italien mit italienischem Papier aufzukaufen, um sie in der Schweiz und in Frankreich in vollwertiges Kurantgeld umzusetzen. Dieser Zustand war für Italien, das seine unentbehrlichen Scheidemünzen einbüßte, unerträglich, für die übrigen Länder, namentlich für die Schweiz, sehr unangenehm. Dazu waren durch die Entwertung des italienischen Papiergeldes die

[1] Gesetz vom 31. August 1868.

Vorteile des Münzbundes mit diesem Lande völlig aufgehoben, da die italienische Lira jetzt nicht mehr mit dem Franken übereinstimmte.

Diese Erfahrungen konnten die Vorteile eines Münzbundes nicht mehr in ungetrübtem Lichte erscheinen lassen. Sie mußten besonders schwer ins Gewicht fallen, als Frankreich selbst bald nach dem Beginn des Krieges die Einlösung der Noten seiner Centralbank suspendierte.

Zu diesen Erfahrungen kamen noch weitere Bedenken, welche sich nicht auf den Scheidemünzumlauf, sondern auf das Kurantgeld selbst bezogen.

Der lateinische Münzvertrag bestimmte keine Abnutzungsgrenze für die Kurantmünzen. In Deutschland hatte man langjährige Erfahrungen in Münzverträgen, und dieser offenkundige Mangel konnte deshalb nicht verborgen bleiben.

In England war wohl ein Passiergewicht für die Goldmünzen festgesetzt, aber im Gegensatz zu Deutschland hatte der Staat nicht die Verpflichtung zur Einziehung und Umprägung der abgenutzten Münzen übernommen. Die bekannte Folge ist die erhebliche durchschnittliche Abnutzung des englischen Münzumlaufs.

Ohne ein einheitliches System der Aufrechterhaltung des Münzfußes konnte an einen gemeinschaftlichen Münzumlauf nicht gedacht werden, denn man mußte befürchten, die abgenutzten Stücke der andern Länder würden die mit nicht geringen Kosten vollwertig erhaltenen deutschen Stücke verdrängen.

Aber nicht nur, daß infolge dieses Mangels eine Verschlechterung des allgemeinen Umlaufs zu befürchten gewesen wäre: nach oft wiederholten und niemals völlig widerlegten Aufstellungen stellte die in Frankreich übliche Art der Ausmünzung von vornherein eine Art Münzverschlechterung dar.

Die Pariser Münze war an Unternehmer verpachtet. Schon im Jahre 1866 wurde in Pariser Zeitungen darüber Klage geführt, daß diese Unternehmer die ohnehin etwas weite Fehlergrenze in Gewicht und Feingehalt ausnützten. Der Vorwurf war insofern unbegründet, als die Unternehmer selbst an der ihnen vorgeworfenen minderwertigen Ausprägung nicht interessiert waren, denn sie mußten das gleiche Gewicht von geprägtem Metall an den Fiskus zurückliefern, welches sie in Rohmetall erhalten hatten. Den Vorteil hatte also der Fiskus, und in der That figurierte der sich aus der fehlerhaften unterwertigen Ausmünzung ergebende Gewinn in den Einkünften der Finanzverwaltung. Dieser Gewinn betrug beispielsweise im Jahre 1863 174.380 Franken bei einer Gesamtausmünzung von 210 Millionen Franken. Die in diesem Jahre ausgeprägten Stücke hatten also im Durchschnitt 0,79 Promille weniger Feingehalt, als sie hätten haben müssen.

Diese Vorwürfe, welche niemals völlig verstummten, griff der belgische Gesandtschafts-Attaché in Berlin, Nothomb, im Jahre 1869 wieder auf und veröffentlichte sie in den Preußischen Jahrbüchern unter dem Titel „Die Weltmünze". Er wies dabei auf die Exaktheit hin, mit welcher die preußischen Münzstätten arbeiteten; dort hatte im Jahre 1867 bei einer Ausmünzung von 31½ Millionen Thalern die Differenz zwischen dem gesetzlichen und dem thatsächlichen Feingehalt nur ⅜ Thaler betragen.

Man erinnerte sich allmählich wieder des schon von J. G. Hoffmann aufgestellten Satzes, daß ein gemeinschaftlicher Münzumlauf ohne einheitliche Verwaltung des Münzwesens bedenklich und gefährlich sei, und alle die geschilderten Bedenken richteten sich nicht nur gegen einen förmlichen Münzbund mit vertragsmäßiger Zulassung des Geldes der sämtlichen Münzbundstaaten, denn bei der Gewohnheit des deutschen Volkes, jedes Geld zu nehmen, hätte man bei gleichem Münzsystem unmöglich die in Frankreich, Belgien und anderwärts geprägten Münzen fernhalten können.

Auch der Schwierigkeiten der Konvertierung wurde man sich immer mehr bewußt. Sollte man dem Publikum eine komplizierte Umrechnung aller Zahlungsverträge und Preise zumuten, nur um dem Ideal der Weltmünzeinheit, dessen völlige Erreichung zunächst ausgeschlossen war, und dessen Schattenseiten immer deutlicher wurden, einen Schritt näher zu kommen?

Alle diese Erwägungen wirkten zusammen, um den Gedanken der internationalen Münzeinigung, welcher in Deutschland von den Fachleuten und dem großen Publikum anfänglich mit der größten Begeisterung aufgefaßt worden war, allmählich zurückzudrängen. Bereits vor Ausbruch des Krieges mit Frankreich brach sich die Ansicht Bahn, daß die Aufgaben der deutschen Münzeinigung und des Übergangs zur Goldwährung schwierig genug seien, und daß man deren Lösung nicht durch die vorläufig aussichtslosen Bestrebungen zu Gunsten der Weltmünzeinheit noch mehr erschweren und verzögern dürfe. War doch die Lage der internationalen Münz- und Währungsverhältnisse dazu angethan, Deutschland zur größten Eile anzutreiben! Niemand zweifelte daran, daß die Annahme der Goldwährung in einem oder mehreren der wichtigsten Staaten Europas das Silber mehr oder weniger entwerten müsse. Finanzielle Verluste waren deshalb mit einem solchen Währungswechsel unbedingt verbunden, aber diese Verluste mußten für Deutschland um so größer werden, je länger sich die Münzreform verzögerte und je mehr fremde Staaten vor Deutschland das Silber demonetisierten. Die deutschen Regierungen wurden deshalb von allen Seiten gedrängt, so rasch wie möglich an das notwendige Werk heranzutreten.

Die Entscheidung lag vor allem beim Norddeutschen Bund, also wesentlich in der Hand der preußischen Regierung.

Bis zur Pariser Münzkonferenz war die Stellung der deutschen Regierungen zur Münzfrage innerhalb und außerhalb des Norddeutschen Bundes durchaus unentschieden. Das einzige, was man unter dem Druck der öffentlichen Meinung naturgemäß wollte, war die deutsche Münzeinigung. Über die Art dieser Münzeinigung, und ebenso über die Fragen der Goldwährung und der Weltmünzeinheit hatten sich noch keine greifbaren Ansichten herausgebildet, geschweige denn irgend welche Beschlüsse. Das zeigte sich deutlich in der Haltung, welche der Delegierte Preußens, Geheimrat Meinecke, auf der Pariser Münzkonferenz einnahm. Er erklärte, in Preußen sei man mit der Silberwährung zufrieden, und man habe keinen zwingenden Grund zum Währungswechsel. Indessen werde die preußische Regierung doch nicht verfehlen, die Frage in Betracht zu ziehen. . . Er müsse sich aller Äußerungen über Detailfragen enthalten, denn er wisse nicht, wann noch wie in Preußen der Übergang von der Silberwährung zur Goldwährung stattfinden könne. . . . Man sympathisiere allerdings mit der Weltmünzeinheit, aber man wolle sie nicht um jeden Preis; er vermöge nicht vorauszusehen, welche Goldmünze Preußen und den andern Staaten zusagen würde, wenn sie sich später entschließen sollten, die Silberwährnng mit der Goldwährung zu vertauschen, und er könne keine Goldmünze, welche leicht in das französische Goldgeld umzurechnen sei, versprechen. Vielleicht werde man die Zollvereinskrone als Grundmünze annehmen müssen. . . .

Es dauerte auch in der Folgezeit verhältnismäßig lange, bis die preußische Regierung einigermaßen zur Klarheit über die vorzunehmende Reform gelangte.

Das erklärt sich aus einer Reihe von Umständen.

Einmal war die von den Ministerien zu bewältigende Arbeitslast gerade in der Zeit des Norddeutschen Bundes eine ganz enorme. Dann war

9*

die Münzfrage, an sich schon schwierig und verwickelt genug, aufs engste mit der Papiergeld- und Bankfrage verflochten. Schließlich waren in Ansehung der süddeutschen Staaten, deren Einbeziehung in die Reform conditio sine qua non war, immer noch große Schwierkeiten politischer und staatsrechtlicher Natur vorhanden. Der Norddeutsche Bund hätte mit jedem dieser Staaten Verträge schließen müssen, zu welchen nicht nur die Zustimmung der einzelnen Regierungen, sondern auch der einzelnen Landtage erforderlich war.

Zur Beseitigung dieses letzteren Hindernisses stellte Ludwig Bamberger im Frühjahr 1870 im Zollparlament den Antrag, das Münzwesen zur Zollvereinssache zu erklären; der Antrag fand besonders bei den württembergischen Partikularisten heftigen Widerstand, wurde aber angenommen.

Das unter Delbrücks Leitung stehende Bundeskanzleramt drängte darauf, die unter den obwaltenden Verhältnissen noch schwierigere Frage des Papiergeldes und Bankwesens zu verschieben und vor allen Dingen eine Entscheidung in der Münzfrage zu treffen. Dementsprechend beschloß der Bundesrat Anfang Juni 1870, eine Enquete über die bei der Ordnung des Münzwesens in Betracht kommenden Verhältnisse zu veranstalten. Mit den süddeutschen Staaten wurden Verhandlungen über ihre Teilnahme an dieser Enquete eingeleitet.

Die Enquete sollte im September stattfinden. Die Fragebogen waren fertiggestellt und zur Versendung bereit, als der Krieg mit Frankreich ausbrach. Der Krieg drängte alles andere in den Hintergrund. Sein Verlauf und seine Folgen schufen neue Verhältnisse, welche in wichtigen Punkten die Bedingungen für eine deutsche Münzreform veränderten.

Vor allem räumte die Gründung des Deutschen Reiches das letzte Hindernis aus dem Weg, welches einer einheitlichen Münzgesetzgebung noch entgegenstand. Die Reichsverfassung erklärte die Ordnung des Münz-, Papiergeld- und Notenwesens zur Angelegenheit der Reichsgesetzgebung.

Der Krieg beseitigte ferner die Weltmünzeinheit definitiv aus dem Programm der Münzreform. Angesichts des gewaltigen Kampfes zwischen den beiden großen Völkern mußte der Glanz der vom kaiserlichen Frankreich bisher besonders gepflegten internationalen Verbrüderungs-Ideen seinen Zauber verlieren. Der blutige Riß zwischen den beiden mächtigen Staaten Mitteleuropas war zu tief, um nicht den Gedanken einer baldigen Einigung auf münzpolitischem Gebiet völlig zu vernichten.

Am meisten jedoch veränderte der Krieg die Bedingungen für einen Währungswechsel.

Frankreich stand, wie wir gesehen haben, beim Ausbruch des Krieges am Ende langwieriger und eingehender Erhebungen über die Währungsfrage, welche entschieden zu Gunsten der Goldwährung ausgefallen waren.

Die allgemeine Ansicht war, daß Frankreich binnen kurzer Zeit sein bimetallistisches Münzsystem mit der Goldwährung vertauschen werde. Die Einführung der Goldwährung bot verhältnismäßig geringe Schwierigkeiten; da Frankreich thatsächlich einen weit überwiegenden Goldumlauf und nur verhältnismäßig wenig Silbergeld im Umlauf hatte, bedurfte es kaum einer Abstoßung von Silber, sondern lediglich eines Gesetzes, welches die freie Silberprägung aufhob und die Zahlungskraft der Fünffrankenstücke beschränkte.

In Deutschland dagegen war man weit entfernt, vom Raten zum Thaten übergehen zu können. Der behufs des Übergangs zur Goldwährung zu beschreitende Weg war durchaus noch nicht klargelegt, ganz abgesehen davon, daß sich die Regierungen über das Endziel der Reform selbst noch nicht entschieden hatten. Außerdem hätte in Deutschland zur Einführung der Goldwährung nicht, wie in Frankreich, der bloße Erlaß eines Gesetzes genügt, sondern der Silberumlauf mußte in einen Goldumlauf verwandelt werden, ein Problem, das ungleich schwieriger war, als das Problem der französischen Goldwährung.

So war vor dem Krieg Frankreich in allen Punkten Deutschland gegenüber in der Vorhand. Das bedeutete sehr viel; denn durch die Schließung der französischen Münzstätten für das Silber mußte dieses Metall nach allgemeiner Ansicht eine größere oder geringere Entwertung erfahren, und diese Entwertung mußte für Deutschland den Übergang zur Goldwährung sehr kostspielig, vielleicht sogar für absehbare Zeit unmöglich machen. Deutschland wäre dadurch in einen Währungsgegensatz zu denjenigen Völkern gekommen, mit welchen es durch die wichtigsten Handelsbeziehungen verbunden war. —

Der Krieg kehrte die Lage geradezu um.

Zunächst erzeugten die glänzenden Waffenerfolge in Deutschland ein thatenlustiges Hochgefühl, sie erweckten die Lust an entschlossenem Handeln und ließen uns so den Vorsprung, welchen Frankreich durch seine sorgfältigen Untersuchungen gewonnen hatte, im Sturme einholen. Die Reichsregierung erklärte die vor dem Krieg ausgeschriebene Enquete für überflüssig, da die Münzfrage durch die Thätigkeit der Publizistik und die Erörterungen vor der großen Öffentlichkeit hinreichend geklärt sei; ohne Umschweif machte sie sich an die Ausarbeitung eines vorläufigen Münzgesetzes.

Die Kriegsentschädigung, welche Frankreich zu zahlen hatte, löste die Frage, woher Deutschland das zur Goldwährung nötige Gold nehmen solle. Die fünf Milliarden brachten, soweit sie nicht in Gold gezahlt wurden, hinreichend Mittel, um Gold zu Prägezwecken auf ausländischen Märkten aufzukaufen.

Dagegen wurde Frankreich durch den Krieg und seine Folgen am unmittelbaren Handeln gehindert; namentlich durch den Zwangskurs seiner Noten und durch die Milliardenzahlung. Wollte sich Frankreich möglichst rasch aus dem Zwangskurs herausarbeiten, und die Kriegsentschädigung, welche auch in Fünffrankenthalern gezahlt werden durfte, möglichst rasch abtragen, dann durfte man sich die Mittel nicht durch Einstellung der Silberprägung verkürzen.

Kurz, die Stellungen waren nach dem Kriege völlig vertauscht: Deutschland in der Vorhand, Frankreich in der Hinterhand. Das mußte auch Leute, welche vorher gegen den Währungswechsel allerlei praktische Bedenken hatten, mit der Goldwährung befreunden, fiel sie uns doch gewissermaßen wie ein Geschenk des Himmels in den Schoß! Dazu verlieh die augenblickliche Gunst der Umstände dem Goldwährungs-Gedanken eine ganz besondere Wucht. Das „Jetzt oder Nie!“ ist immer ein Zauberwort für unentschlossene Geister; es verhalf der Goldwährung zu einer Übermacht, welche die wenigen Doppelwährungsfreunde förmlich erdrückte und sie als Schwärmer oder Sonderlinge erscheinen ließ.

So war der Krieg wie ein reinigendes Gewitter zwischen die chaotischen Pläne und Vorschläge hineingefahren. Über die Ziele der Reform bestanden für die große Mehrheit aller derjenigen, welche der Münzfrage ihre Aufmerksamkeit widmeten, keine Zweifel mehr.

Die Beschlüsse einer im Juni 1871 zur Beratung der Münzfrage gebildeten freien Kommission des Reichstags, ebenso die Verhandlungen des im August 1871 zu Lübeck tagenden Volkswirtschaftlichen Kongresses, dessen Resolutionen fast wörtlich mit denen der freien Kommission übereinstimmten, waren die letzten Kundgebungen der öffentlichen Meinung über die Münzreform. Sie stellten das klare Programm auf: Einführung eines einheitlichen von der Thalerwährung abzuleitenden Münzsystems, mit decimaler Teilung der Münzen, auf Grundlage der reinen Goldwährung.

Das Ergebnis jahrelanger Erörterungen der Münzfrage war, daß diese Forderungen als der Ausdruck einer fast ausnahmslosen Einstimmigkeit erschienen, einer Einstimmigkeit, welche bei großen Entschlüssen für den Einzelnen das beklemmende Gefühl der Verantwortlichkeit mildert und ein gutes Gelingen zu verbürgen scheint.

Zweiter Teil.

Die Reformgesetzgebung.

Viertes Kapitel.

Die Aufgaben der Reformgesetzgebung.

Mit der Klarheit über die Ziele der deutschen Geldreform war nicht auch zugleich die Klarheit über den zur Erreichung dieser Ziele einzuschlagenden Weg geschaffen. Die Ersetzung der bestehenden Verhältnisse durch jene Neuordnung der Dinge, über deren Grundzüge sich im Verlauf der öffentlichen Erörterungen eine so erfreuliche Übereinstimmung herausgebildet hatte, war vielmehr sowohl für die Gesetzgebung als auch für die Staatsverwaltung ein überaus schwieriges und verwickeltes Problem, über dessen Lösung tiefgehende Meinungsverschiedenheiten bestehen konnten und thatsächlich bestanden.

Die Reform des gesamten deutschen Geldwesens war ein so großer Komplex von gesetzgeberischen Aufgaben, daß an ihre gleichzeitige Lösung unmöglich zu denken war. So stark der innere Zusammenhang zwischen den wichtigsten Teilen dieser Aufgabe, der eigentlichen Münzreform, der Ordnung des Staatspapiergeldes und der Regelung der Notenfrage war, jeder dieser Teile war eine große Aufgabe für sich und mußte für sich durch einen eigenen Akt der Gesetzgebung erledigt werden. Namentlich die Münzreform und die Notenbankfrage stellten an die Reichsregierung und den Reichstag die größte Anforderung an Zeit und Arbeitsleistung. Eine Verteilung der gesamten Reformgesetzgebung über einen größeren Zeitraum war deshalb nicht zu vermeiden. Je mehr die einzelnen Teile zur isolierten Behandlung kommen mußten, desto wichtiger war die Aufstellung eines einheitlichen Planes für das gesamte Werk. Es mußte sorgfältig erwogen werden, wie weit die Reformen der einzelnen Teile des Umlaufs von einander abhängig waren. Man mußte zu vermeiden suchen, daß die Durchführung der Münzreform durch die Fortdauer der Mißstände des Papiergeld- und Notenumlaufs, oder daß die Reform der Papierzirkulation durch die Fortdauer der bestehenden Münzverhältnisse gestört und gehindert werde; man mußte sich im Gegenteil bestreben, die eine Teilreform durch die andere möglichst zu unterstützen.

Von diesem Gesichtspunkt aus war vor allem die Frage von der größten Wichtigkeit, in welcher Reihenfolge die einzelnen Reformgesetze zu erlassen seien.

Ludwig Bamberger, der sachkundigste und thätigste Förderer des Reformwerkes im Reichstag, empfahl der Reichsregierung, vor der Ordnung des Münzwesens die Reform des Bankwesens vorzunehmen. Er begründete seinen Vorschlag damit, daß die Reichsbank, welche er sich als das wichtigste Ergebnis der Bankreform dachte, die ungemein schwierige Aufgabe des Übergangs zur Goldwährung in der wirksamsten Weise fördern könne. Die mit dem Währungswechsel verbundenen schwierigen kaufmännischen Aufgaben der Beschaffung des notwendigen Goldes und der Veräußerung des überflüssigen Silbers würden von einer Reichsbank in der zweckmäßigsten Weise gelöst werden können. Die Reichsbank sei ferner notwendig, um durch ihre den deutschen Geldmarkt beherrschende Diskontpolitik die Umwandlung des Münzumlaufs zu unterstützen und die Goldwährung nach ihrer Durchführung zu sichern.

So gut begründet dieser Vorschlag war, so förderlich seine Ausführung, wie sich später gezeigt hat, für das ganze Reformwerk gewesen wäre: er stieß bei der Reichsregierung nicht nur auf eine andere Meinung, für welche gleichfalls gute Gründe vorhanden waren, sondern seiner Durchführung stellten sich auch praktische Hindernisse in den Weg, welche zunächst nicht zu überwinden waren.

Die maßgebenden Persönlichkeiten in der Reichsregierung waren der Ansicht, daß ein großer Teil der Mißstände des Papierumlaufs seine Ursache in den Mängeln der metallischen Zirkulation habe. Vor allem wurde das Übermaß der kleinen Zettel, wie wir wissen mit Recht, auf das Fehlen einer genügenden Goldzirkulation zurückgeführt. Allgemein stimmte man darin überein, daß die Beseitigung der kleinen Noten, und zwar nicht nur der auch unter der Silberwährung entbehrlichen Einthalerscheine, eines der wichtigsten Ziele der Notenreform sei. Da aber, solange kein genügender Goldumlauf vorhanden war, das Bedürfnis des Verkehrs nach bequemen Zahlungsmitteln für Beträge von etwa fünf Thalern aufwärts Papierscheine unbedingt erforderte, konnten diese Zettel erst nach der Herstellung einer Goldzirkulation beseitigt werden. Ein

Verbot der Ausgabe kleiner Noten war aber für die Regelung der ganzen Bankfrage dadurch von der größten Wichtigkeit, daß es einer Anzahl von kleinen Notenbanken, deren Geschäftsführung die Ursache wesentlicher Mißstände des vorhandenen Notenumlaufs war, und deren Privilegien einer einheitlichen und gründlichen Bankreform als schwere Rechtshindernisse im Wege standen, die Existenzgrundlagen beschränkte.

Es wäre nun zwischen diesem Gedankengang der Reichsregierung und dem Vorschlag Bambergers ein Kompromiß denkbar gewesen, welches die Vorteile beider Pläne vereinigt hätte: Vorläufige Umwandlung der Preußischen Bank in eine Reichsbank, dann Münzreform und Herstellung einer Goldzirkulation, daran anschließend Verbot der kleinen Noten und als Abschluß die endgültige Regelung des Papiergeldes und des Bankwesens.

Wenn jedoch die Reichsbank zur Erfüllung der Aufgaben genügen sollte, um derentwillen sie Bamberger gleich zu Anfang der Reform ins Leben rufen wollte, dann hätte gleichzeitig die gesamte Regelung des Bankwesens erfolgen müssen. Solange die übrigen Notenbanken unverändert fortbestanden und ungestört in der bisherigen Weise weiter wirtschaften konnten, hätte eine Reichsbank niemals die volle Herrschaft über den deutschen Geldmarkt erlangen können, welche ihr ermöglicht hätte, die Durchführung der Goldwährung vermittelst ihrer Diskontpolitik zu sichern.

Weitaus wichtiger als solche Erwägungen war jedoch der Umstand, daß innerhalb des Bundesrates über die Errichtung einer Reichsbank die Meinungen soweit auseinander gingen, daß eine baldige Einigung nicht erwartet werden konnte, daß also durch die Befolgung von Bambergers Vorschlag die Münzreform ins ungewisse hätte verschoben werden müssen.

Dieser Grund veranlaßte Delbrück, bereits vor der Reichsgründung beim Bundesrat darauf zu dringen, vor allen Dingen die Erledigung der Münzfrage vorzunehmen und die Reform des Papiergeldes und der Notenbanken vorläufig zurückzustellen. Dieser Weg war zwar vielleicht nicht der glücklichste der denkbaren Wege zu dem erstrebten Ziele, aber er war unter den obwaltenden Verhältnissen der einzig mögliche, auf welchem nach dem Krieg die besondere Gunst der Umstände zum Vorteil der Münzreform voll ausgenutzt werden konnte. Der Bundesrat entschied sich im Sinne Delbrücks.

Die Münzreform sollte die Münzeinigung herbeiführen und an die Stelle der Silberwährung die Goldwährung setzen.

Die Lösung des Problems der **Münzeinigung** war privatrechtlich verhältnismäßig einfach, staatsrechtlich dagegen etwas kompliziert.

In privatrechtlicher Beziehung handelte es sich darum, den Münzen des zu gründenden einheitlichen Reichsmünzsystems zu einem bestimmten Werte gesetzliche Zahlungskraft an Stelle der Münzen der bisherigen Landeswährungen zu verleihen. Über die Art der Festsetzung der Umrechnungsnormen zwischen den Landeswährungen und Reichswährung konnte, solange nur die Münzeinigung und nicht auch der Übergang zur Goldwährung in Frage kam, keine Meinungsverschiedenheit bestehen. Maßgebend für die Feststellung der Konvertierungsnormen war nach dem geltenden Recht und der allgemeinen Rechtsanschauung das Verhältnis des Feingehalts der neuen Reichsmünzeinheit zu den Münzeinheiten der bisherigen Landeswährungen. Hätte man, bei der Silberwährung beharrend, die Mark von $^1/_{90}$ Pfund Silbergehalt als Grundlage des neuen Systems angenommen, so hätten sich daraus, da der Thaler $^1/_{30}$ Pfund Silber, der Gulden $\frac{1}{52^1/_2}$ Pfund Silber enthielt, und da Thaler, Gulden und Mark ihren Wert von ihrem Silbergehalt ableiteten, die Konvertierungsvorschriften ergeben, daß die Mark zum Wert von $^1/_3$ Thaler oder $^7/_{12}$ Gulden gesetzliches Zahlungsmittel sein solle.

Die staatsrechtlichen Schwierigkeiten der Münzeinigung gingen daraus hervor, daß das Deutsche Reich kein einfaches, sondern ein zusammengesetztes Staatsgebilde, ein Bundesstaat ist.

Um das im Wege der Reichsgesetzgebung festzustellende Reichsmünzsystem durchzuführen, war die Beseitigung mindestens einer großen Anzahl der bisherigen Landesmünzen notwendig. Die vorhandenen deutschen Landesmünzen konnten nach der wohlbegründeten allgemeinen Rechtsanschauung nur dadurch beseitigt werden, daß sie vom Staate eingelöst, d. h. gegen Münzen des neuen Systems ausgetauscht wurden. Die Zeiten waren vorüber, wo der Staat unbequeme Geldstücke durch einfaches Verrufen ohne Einlösung aus der Welt schaffen konnte. Wenn er ein Münzstück, welches bisher kraft seiner Autorität die Eigenschaft eines gesetzlichen Zahlungsmittels besessen hat, dieser Eigenschaft entkleidet und es dadurch in der Hand des zufälligen Inhabers aus Geld zu einer bloßen Ware macht, dann ist er verpflichtet, dem Inhaber der demonetisierten Münze im Austausch gegen dieselbe den entsprechenden Nennwert in neuen gesetzlichen Zahlungsmitteln zu geben; d. h. der

Staat kann sein Geld nur dann außer Kurs setzen, wenn er dessen Einlösung übernimmt.

Der Staat? — welcher Staat in unserem Falle, das Reich oder die Einzelstaaten?

Diese Frage hatte durchaus nicht nur eine formal-staatsrechtliche Bedeutung, sondern auch eine finanzielle. Aus der Beseitigung des vorhandenen Münzumlaufs mußten mit Notwendigkeit finanzielle Verluste entstehen, und zwar nicht nur bei der Einlösung und Einschmelzung der von vornherein unterwertig ausgeprägten Scheidemünzen, sondern auch bei der Einlösung der vollwertig ausgeprägten, aber durch den Umlauf mehr oder weniger abgenutzten Kurantmünzen. Wie die Dinge lagen, war der aus diesen Umständen erwachsende Verlust verhältnismäßig geringer für die Thaler- als für die Guldenstaaten; denn die süddeutschen Staaten hatten ein verhältnismäßig erheblich größeres Quantum von Scheidemünzen in ihrem Umlauf, als die Staaten der Thalerwährung.

Auf der einen Seite erklärte man es nun für unbillig, auch diejenigen Staaten, welche streng auf Ordnung in ihrem Münzwesen gesehen hatten, unter den Folgen der unordentlichen Münzpolitik der süddeutschen Staaten, welche ohnedies ehedem bei der Ausprägung ihrer vielen Scheidemünzen einen finanziellen Gewinn gemacht hatten, leiden zu lassen. Auf der anderen Seite verlangte man, das Reich solle ohne weiteres den gesamten vorhandenen Landesmünz-Umlauf übernehmen und auf Reichskosten beseitigen; im Interesse der Reichseinheit müsse man über die dadurch verursachten kleinen finanziellen Unbilligkeiten hinwegsehen.

Schwierigkeiten anderer Art bot die Beseitigung verschiedener Münzsorten, welche im bisherigen deutschen Münzwesen eine besondere Stellung einnahmen.

Da waren zunächst die verschiedenen deutschen Landes-Goldmünzen, welche nirgends gesetzlichen Kurs hatten, sondern nur einen Kassenkurs, manche nicht einmal einen Kassenkurs. Der Wiener Münzvertrag hatte diese Münzen gewissermaßen als außerhalb des deutschen Geldwesens stehend erklärt. Aber niemand dachte daran, diese Münzen in die neue Ordnung mit hinüberzunehmen. Sie sollten durch die Münzreform beseitigt werden. Damit entstand die Frage, wie es hinsichtlich ihrer Einlösung zu halten sei.

Da waren ferner Münzen nichtdeutscher Staaten, denen teilweise gesetzliche Zahlungskraft gleich dem deutschen Landesgeld, teilweise ein Kassenkurs verliehen war. Die österreichischen Thaler waren in sämtlichen Zollvereinsstaaten gesetzliches Zahlungsmittel; die österreichischen Gulden, die französischen Fünffrankenthaler und andere ausländische Münzen genossen in einzelnen deutschen Staaten Kassenkurs. Die Münzreform konnte unmöglich diese fremden Sorten innerhalb des deutschen Geldwesens auch fernerhin dulden. Aber auf welche Weise sollten sie beseitigt werden? — Diese Frage erschien späterhin sehr kompliziert. Während der Reformgesetzgebung selbst wurde sie jedoch völlig übersehen.

Soviel über die bei der Beseitigung des vorhandenen Münzumlaufs in Betracht kommenden Fragen!

Ähnliche Fragen stellten sich bezüglich der Ordnung und Verfassung des zukünftigen Münzwesens. Es handelte sich dabei im wesentlichen um folgende Punkte:

Übt das Reich lediglich die Münzgesetzgebung aus, überläßt aber die Ausführung derselben vollständig den Einzelstaaten? oder übernimmt das Reich auch die ganze Verwaltungsthätigkeit hinsichtlich des Münzwesens? oder ist schließlich ein Kompromiß zwischen diesen beiden Extremen vorzuziehen?

Mit anderen Worten: Sollte die Verfassung des Reichsmünzwesens eine Art Nachbildung der Münzvereine werden, staatsrechtlich von ihnen nur dadurch unterschieden, daß die Münzgesetzgebung vom Reiche ausgeübt wird, statt daß — wie bisher — ein zwischen den Einzelstaaten abgeschlossener Vertrag durch Landesgesetze Geltung erhielt? Sollte aber, von diesem Unterschied abgesehen, jeder Einzelstaat wie bisher seine Münzen prägen, welche nun allerdings den reichsgesetzlichen Vorschriften hätten entsprechen müssen und im ganzen Reichsgebiet Geltung gehabt hätten; sollten folgerichtig die Prägekosten und Prägegewinne Ausgaben und Einnahmen der Einzelstaaten darstellen, und sollte ebenso die Aufrechterhaltung des Münzfußes, die Einlösung und Umprägung unterwichtig gewordener Stücke, Sache der Einzelstaaten sein?

Die entgegengesetzte Meinung verlangte, daß den Einzelstaaten das Recht der Münzprägung zu Gunsten des Reichs entzogen werde, und daß die aus dem Münzwesen entstehenden Ausgaben und Einnahmen in den Reichshaushalt zu übernehmen seien.

Staatsrechtlich möglich waren beide Lösungen. Das Reich ist ein Bundesstaat, und es ist nicht nur denkbar, sondern auch thatsächlich der Fall, daß auf einzelnen Gebieten das Reich nur die Gesetzgebung und die Kontrolle ihrer richtigen Ausführung ausübt, die Verwaltungsthätigkeit selbst aber den Einzelstaaten überläßt, während für andere Materien das Reich Gesetzgebung und Verwaltung für sich in Anspruch nimmt. Es handelte sich also hier um eine Entscheidung aus Zweckmäßigkeitsgründen. Eine solche Entscheidung war wesentlich erschwert dadurch, daß nicht nur der rein sachliche Gesichtspunkt der möglichst zweckentsprechenden Organisation des neuen Münzwesens in Frage kam, sondern daneben auch die widerstreitenden finanziellen Interessen der einzelnen Bundesstaaten und die Rücksichten, welche hauptsächlich die süddeutschen Staaten für ihre Souveränität in Anspruch nahmen.

Weit schwieriger als die Aufgabe der Münzeinigung war das Problem des Währungswechsels.

Es handelte sich für die Münzgesetzgebung bei dem zu vollziehenden Übergang zur Goldwährung darum, die juristische Verbindung zwischen dem bestehenden Silberkurantgeld mit dem künftigen Goldgelde herzustellen, den Wert des deutschen Geldes, welcher bisher vom Silber abhängig war, mit dem Golde zu verknüpfen.

Vorbedingung für die Lösung dieser Aufgabe war zu allererst die Schaffung einer Reichsgoldmünze, welche deutsches Geld mit gesetzlicher Zahlungskraft darstellte. Ferner mußte man, um den Wert des deutschen Geldes vom Silberwert loszulösen, die thatsächlich bestehende freie Prägung für Silber aufheben. Andrerseits mußte, um den Wert des deutschen Geldes mit dem Golde zu verbinden, die Prägung von Gold freigegeben, mindestens aber für das Gold ein nur wenig von seinem Ausmünzungswert abweichender Ankaufspreis seitens der Münzstätten eingeführt werden, ein System, welches bisher für das Silber bestand und in seiner Wirkung der Freigabe der Prägung ungefähr gleichkam. Schließlich war den Silbermünzen die Kurantgeld-Eigenschaft zu entziehen.

Soweit waren erhebliche Meinungsverschiedenheiten ausgeschlossen; nur darüber, ob diese einzelnen Maßregeln früher oder später eingeführt werden sollten, gingen die Ansichten auseinander.

Größere Meinungsverschiedenheiten herrschten über folgende Fragen:

Wie soll das neue Goldgeld in den Umlauf eingeführt werden, soll es von allem Anfang an gesetzlichen Kurs an Stelle des bisherigen Silbergeldes in einem definitiv festzustellenden Verhältnis zu diesem erhalten, oder soll es zunächst nur Kassenkurs an Stelle des Silbergeldes bekommen, der von Zeit zu Zeit eventuell noch verändert werden könnte? Oder soll es vollkommen ohne jede Verbindung mit dem Silbergeld in Umlauf gebracht werden, so daß es dem Verkehr überlassen bliebe, nach und nach zum Gebrauch des Goldgeldes überzugehen und auf das alte Silbergeld lautende Schulden nach freier Übereinkunft der Kontrahenten in Schulden auf das neue Goldgeld zu verwandeln?

Ein Pfund Silber ist identisch mit einem Pfund Silber; zwischen Silber und Gold dagegen besteht eine ähnliche Gleichung nicht. So einfach bei einer deutschen Münzreform auf Grundlage der bestehenden Silberwährung die Frage der Konvertierung aus dem alten in das neue Geld gewesen wäre, so schwierig wurde diese Frage durch den Währungswechsel.

Eine Anzahl von Schriftstellern erklärten die „Zwangskonvertierung" bei einem Übergang von der Silberwährung zur Goldwährung für einen unstatthaften Eingriff des Staates in die bestehenden privaten Zahlungskontrakte. Man sagte, der Schuldner hat Silber zu zahlen versprochen, der Gläubiger hat erklärt, Silber annehmen zu wollen; wie kann nun der Staat den Schuldner von der Verpflichtung entbinden oder ihm das Recht entziehen, Silber zu zahlen und ihm dafür erlauben oder ihn zwingen, seine Schuld in Gold abzutragen; wie kann der Staat dem Gläubiger das Recht geben, Gold an Stelle des ausbedungenen Silbers zu verlangen, oder ihn zwingen, sich mit Gold statt mit Silber zufrieden zu geben! — Sieht sich aber der Staat aus irgendwelchen Gründen zu einem solchen „Eingriff in die privaten Rechte" genötigt, so müsse er sich mindestens enthalten, Vorschriften darüber zu geben, wieviel Gold statt eines bestimmten Quantums Silber gegeben und genommen werden soll. Allermindestens dieser Punkt müsse der Vereinbarung der Parteien überlassen bleiben.

Nach der weitaus vorherrschenden Auffassung dagegen galt die sogenannte „Zwangskonvertierung der auf Silber lautenden Kontrakte" in „auf Gold lautende Kontrakte" nicht als ein „Rechtsbruch", und zwar auf Grund der Ansicht, daß eine Konvertierung von „Silber" in „Gold" überhaupt nicht stattfinde. Die auf das bisherige Geld lautenden Zahlungsverträge waren keine Kontrakte auf das Metall Silber. Der Preuße, welcher Thaler auslieh, dachte ebensowenig wie derjenige, welcher Thaler zu zahlen versprach, irgendwie daran, eine Silberspekulation zu machen. Das Geschäft wurde deshalb in Thalern abgeschlossen, weil die Thaler das preußische Geld waren, nicht weil sie ihren Wert vom Silber ableiteten. Dadurch, daß in Deutschland Silberwährung bestand, wurden die Kontrakte auf deutsches Geld noch nicht zu Kontrakten auf Silber.

Wenn nun der Staat hinsichtlich des Wertes seines Geldes eine Verpflichtung hat, dann ist es die, dafür Sorge zu tragen, daß der Geldwert möglichst konstant bleibt. Die Forderung der möglichsten Wertkonstanz des Geldes deckt sich aber so wenig mit der Forderung, daß das Geld seinen Wert stets von einem und demselben Wertgegenstand, im vorliegenden Falle von dem Silber, ableiten müsse, daß gerade die Rücksicht auf die Wertbeständigkeit des Geldes einen Währungswechsel notwendig machen kann, wenn nämlich das bisherige Währungsmetall erhebliche Wertveränderungen erleidet.

Die Gesetzgebung hat also nicht nur das Recht seine Währungsbasis zu ändern, sondern ein Währungswechsel kann mitunter geradezu zur Pflicht werden.

Die Gründe, welche es für Deutschland wünschenswert und notwendig erscheinen ließen, die Silberwährung mit der Goldwährung zu vertauschen, gaben Deutschland auch das Recht, den Goldmünzen gesetzliche Zahlungskraft an Stelle der bisherigen Silbermünzen zu verleihen, die Silberprägung einzustellen, die Goldprägung freizugeben, kurz, den Wert des deutschen Geldes, welcher bisher durch den Wertgang des Silbers bestimmt wurde, vom Wertgang des Goldes abhängig zu machen. Nur dazu durfte die Gesetzgebung niemanden zwingen, auf altes Silbergeld lautende Verträge in neuem Goldgeld zu erfüllen, wenn sie nicht gleichzeitig das alte Silbergeld gegen neues Goldgeld eintauschte, ein Erfordernis, das für jedermann außer Zweifel stand.

Die Frage der „Zwangskonvertierung“ in diesem Sinne als entschieden angenommen, taucht sofort die weitere noch verwickeltere Frage der sogenannten „Relation“ auf.

Bisher war der Thaler in seinem Werte bestimmt durch seinen Silbergehalt von 1/30 Pfund fein. Wenn nun der Thaler durch ein Geldstück ersetzt werden sollte, das seinen Wert vom Gold ableitete, dann war die nächste Frage: wieviel Gold entspricht im Werte einem Dreißigstel-Pfunde Silber? — Die Mark als der dritte Teil des Thalers als Rechnungseinheit des neuen Geldsystems angenommen, stellte sich diese Frage so: durch welches Goldquantum soll der Wert der Mark bestimmt sein?

[illegible]

[illegible]

[illegible]

[illegible]

[illegible]

[illegible] Der [illegible] entsprach. [illegible] zum Golde steht.

Nun aber sagt die eine Theorie: der Schuldner hat sich zur Leistung eines gewissen Quantums Silber verpflichtet; da er nach dem Währungswechsel den Wert in Gold zahlen muß, und er nicht mehr und nicht weniger zahlen soll als den Wert, zu dessen Zahlung er sich verpflichtet hat, ist zu untersuchen, welches Gewichtsquantum Gold zur Zeit des Entstehens der Schuld im Werte gleich einem Pfund Silber war. Dieses zur Zeit der Entstehung der Schuld bestehende Wertverhältnis ist deshalb ihrer Konvertierung zu Grunde zu legen.

Die entgegengesetzte Theorie dagegen behauptet: Weil der Schuldner keinen anderen Wert in Gold zahlen soll, als er in Silber zu zahlen versprochen hat, ist abzuwarten, welches Gewichtsquantum Gold zur Zeit der Tilgung der Schuld im Werte gleich einem Pfund Silber sein wird. Dieses Wertverhältnis zur Zeit der solutio ist für die Umrechnung der Schuld maßgebend.

Auf Grund der gleichen Vordersätze kommen also beide Theorien zu sich diametral entgegenstehenden Schlüssen. Die Ursache liegt in dem Umstand, daß der eine wie der andere Gedankengang eine unausgesprochene Fiktion enthält: die erste Theorie nimmt stillschweigend an, daß ein Pfund Gold zur Zeit der Schuldentstehung denselben „Wert" darstellte wie zur Zeit der Tilgung; die zweite Theorie fingiert dieselbe Wertbeständigkeit hinsichtlich des Silbers.

Daß diese beiden Fiktionen an sich in gleicher Weise falsch sind, bedarf keines Wortes. Aber davon abgesehen stehen diese beiden Fiktionen mit einer anderen Fiktion in Widerspruch, welche mit dem Wesen des Geldes unlöslich verbunden ist. Das Recht sieht das Geld selbst als etwas unveränderliches an. Verschiebungen in seinem Wert und seiner Kaufkraft, hervorgerufen durch Wertschwankungen des Währungsmetalles, sind für das Recht nicht vorhanden. Wer hundert Mark geliehen hat, muß hundert Mark zurückzahlen, ob nun der Wert oder die Kaufkraft dieser Summe zur Zeit der Tilgung größer oder kleiner ist als zur Zeit der Entstehung der Schuld. Diese juristische Fiktion der Wertbeständigkeit des Geldes ist eine unbedingte Notwendigkeit, da Wertveränderungen des Geldes überhaupt nicht mit Sicherheit festgestellt, geschweige denn gemessen werden können.

Hat nun ein Staat Silberwährung, ist die Fiktion der Wertbeständigkeit des Geldes gleichzeitig die Fiktion der Wertbeständigkeit des Silbers; hat er Goldwährung, so gilt dasselbe für das Gold. Im Falle eines Währungswechsels besteht die Fiktion der Wertbeständigkeit des Silbers bis zu dem Augenblick, in welchem das Silber aufhört den Geldwert zu bestimmen; und die Fiktion der Wertbeständigkeit des Goldes beginnt mit dem Augenblick, in welchem der Geldwert sich mit dem Wert des ihm zu Grunde gelegten Goldquantums zu decken anfängt. Die Fiktion, nach welcher ein Thaler im Jahre 1800 gleich einem Thaler im Jahre 1870 gewesen ist, kann nicht nachträglich dadurch aufgehoben werden, daß dem im Jahre 1800 ausgeliehenen Thaler infolge des Währungswechsels ein anderer Wert beigelegt wird, als dem 1870 ausgeliehenen Thaler, je nach dem Wertverhältnis, in welchem Gold zu Silber in den beiden Zeitpunkten stand. Ebensowenig kann nach dem Währungswechsel auf die Fiktion der Wertbeständigkeit des nunmehr auf der Basis der Goldwährung beruhenden Geldes verzichtet und dem Silber auch noch für die Zeit der Goldwährung jene fingierte Wertbeständigkeit hinsichtlich der aus der Silberwährungszeit stammenden Geldschulden beigelegt werden.

Eine individuelle Behandlung der Geldschulden erscheint deshalb unzulässig.

Die weitere Frage, welche einheitliche Relation dem Währungswechsel zu Grunde zu legen sei, beantwortet sich, wie es scheint, aus dem bisherigen Gedankengang von selbst. Da bis zu dem Augenblick des Währungswechsels Silber die Währungsgrundlage war, kam ihm bis zu diesem Augenblick die fingierte Wertbeständigkeit zu. Mit dem Augenblick des Währungswechsels tritt das Silber diese Eigenschaft an das Gold ab. Wenn nun die Kontinuität des Geldwesens dadurch aufrecht erhalten werden soll, daß das neue Geld zu dem alten in eine feste Beziehung gesetzt wird, so erscheint es vernunftgemäß, daß als Grundlage dieses festen Verhältnisses das Wertverhältnis zwischen den beiden Edelmetallen gewählt wird, welches im Augenblick des Währungswechsels thatsächlich besteht.

Das wäre die dem juristischen Charakter des Geldes am meisten entsprechende Lösung.

Aber diese Lösung hat von vornherein ihren schwachen Punkt: Der „Augenblick des Währungswechsels“ ist eine praktisch nicht faßbare Abstraktion. Nimmt man als den Augenblick des Währungswechsels den Zeitpunkt, in welchem das den Währungswechsel verfügende Gesetz in Kraft tritt, wie ließe sich dann die Relation in dem Gesetz selbst, das wochen- oder gar monatelang vorher beraten worden sein muß, festsetzen? Und doch kann ohne gleichzeitige Bestimmung der

Relation ein Währungswechsel nicht verfügt werden. Man ist also gezwungen, auf das Wertverhältnis zur Zeit der mehr oder minder lang dauernden Beratungen über das Währungsgesetz zurückzugreifen, während welcher das Wertverhältnis selbst mancherlei Schwankungen erfahren kann. Die Willkür hat hier also einen gewissen Spielraum.

In dieser Frage, in welcher eine unbestritten richtige Lösung von juristischem Gesichtspunkt aus nicht vorhanden ist, und wo die Lösung, welche am besten begründet ist, in sich selbst noch nicht eine mathematisch feste und jede Willkür ausschließende ist, müssen allerlei andere, dem juristischen Gebiete fernliegende Erwägungen auf die praktische Entscheidung von Einfluß sein.

Ein Währungswechsel darf ebensowenig, wie eine Änderung des Münzsystems bei gleichbleibender Währungsbasis, eine Verschiebung des Geldwertes bezwecken. Es muß vielmehr bei einem Währungswechsel die Absicht der Gesetzgebung sein, dem neuen Geld möglichst denselben Wert zu geben, welchen das alte Geld besessen hat.

Nun ist es aber leicht denkbar, daß der Wert des bisherigen Währungsmetalls in der Zeit vor dem Währungswechsel heftige und abnorme Schwankungen durchgemacht hat, während Preise, Löhne u. s. w. sich diesen Wertveränderungen noch nicht angepaßt haben. Es ist andererseits möglich, daß für die Zeit unmittelbar nach dem Währungswechsel eine starke Wertveränderung des neuen Währungsmetalls, vielleicht infolge des Währungswechsels selbst, zu erwarten ist. In solchen Fällen kann die Wahl einer von dem Wertverhältnis zur Zeit des Währungswechsels abweichenden Relation im Sinne einer größeren Wertbeständigkeit des Geldes wirken. Allerdings ist die größte Vorsicht geboten, wenn man diese Umstände in Rechnung ziehen will. Die Wertschwankungen des Geldes lassen sich nicht einmal nach ihrer Richtung, geschweige denn nach ihrer Größe mit Sicherheit feststellen, und über die zukünftigen Wertbewegungen eines Edelmetalles sind überhaupt nur die unbestimmtesten Vermutungen möglich. Die Berücksichtigung dieser Momente macht also die Wahl der Relation noch schwieriger als sie es ohnedies schon ist.

Durch diese Verhältnisse ist die Versuchung geschaffen, für die Wahl der Relation irgendwelche Nebenabsichten den Ausschlag geben zu lassen. Bei der deutschen Münzreform tauchten zahlreiche Relationsvorschläge auf, welche den Zweck hatten, die neue Münzeinheit bei einem einfachen Verhältnis zur Thalerwährung gleichzeitig in ein einfaches Verhältnis zu einer fremden Rechnungseinheit zu bringen, oder ihr einen in Grammen leicht auszudrückenden Goldgehalt zu geben. So wurde eine Relation von 1 zu 15,32 vorgeschlagen, weil dann der Goldgehalt der Mark genau dem Wert von 5/4 Goldfranken entsprochen hätte; die Relation 1 zu 15,43 wurde empfohlen, weil sie dem Zwanzigmarkstück einen Feingehalt von 7,2 gr und bei einer Feinheit von 900 Tausendteilen ein Gewicht von 8 gr gegeben hätte.

Besonders verwickelt liegt die Frage des Währungswechsels hinsichtlich des internationalen Privatrechts. Während die deutsche Gesetzgebung den Deutschen, der einem anderen Deutschen Thaler schuldete, zwingen konnte, an Stelle des Thalers drei Mark des neuen Geldes zu geben, ist diese Macht der deutschen Gesetzgebung hinsichtlich der deutsches Geld schuldenden Ausländer nicht nur theoretisch angezweifelt, sondern in dem praktisch überaus wichtigen Fall der Einlösung der auf Silbergulden oder Thaler lautenden Coupons der Obligationen österreichischer Eisenbahn-Gesellschaften bestritten worden.

Vor und während der deutschen Münzreform-Gesetzgebung ist das Bestehen dieser Frage gänzlich übersehen worden. Nach ihrem inneren Zusammenhang mit dem vorhergehenden muß sie jedoch hier in aller Kürze erörtert werden.

Die Voraussetzung, von welcher alle diejenigen ausgingen, welche die ausländischen Schuldner für nicht verpflichtet erklärten, sich den Konvertierungsvorschriften des deutschen Münzgesetzes zu unterwerfen, ist, wie bei den Gegnern der „Zwangskonvertierung", die Annahme, daß eine auf Silberwährungsgeld lautende Schuld eine Schuld auf Silber sei. Die deutsche Gesetzgebung könne nun wohl die deutschen Schuldner zwingen, an Stelle des geschuldeten Silbers Goldgeld zu geben, nicht aber die ausländischen Schuldner. Das deutsche Münzgesetz sei wohl für die Rechtsprechung der deutschen Gerichte maßgebend, nicht aber für die ausländischen. Die ausländischen Schuldner hätten also auch nach dem Währungswechsel das Recht, Silber zu zahlen, und keinerlei Verpflichtung, ihre Schuld in Gold zu tilgen.

Das Unzutreffende dieser Voraussetzung ist bereits nachgewiesen. Der Inhalt einer Geldschuld ist nicht irgend ein Rohmetall, sondern gesetzliches Zahlungsmittel. E. J. Bekker[1], welcher gleichfalls die Macht der deutschen Gesetzgebung über die auf inländisches Geld lautenden Schulden

[1] Über die Couponprozesse der österr. Eisenbahngesellschaften u. s. w. 1881. Vgl. zum folgenden auch G. Hartmann, Internationale Geldschulden. 1882.

von Ausländern bestreitet, fühlt die Mangelhaftigkeit dieser Voraussetzung und modifiziert sie dahin, der Inhalt der Geldschuld sei unter der Silberwährung „Währungssilber“, d. h. Silber und gesetzliches Zahlungsmittel in einem und demselben Gegenstand. Der Währungswechsel beseitigt die Möglichkeit in „Währungssilber“ zu zahlen, weil es nun kein Silber in Form voller gesetzlicher Zahlungsmittel mehr giebt, in dem Sinne, daß der Wert dieser Zahlungsmittel sich mit ihrem Silbergehalt deckt. Nun, sagt Bekker, erlischt für den Schuldner durch die Unmöglichkeit, in „Währungssilber“ zu zahlen, nicht die Verpflichtung, in deutscher „Währung“, d. h. in den durch den Währungswechsel geschaffenen neuen deutschen Zahlungsmitteln zu zahlen. Aber andererseits erwächst daraus für ihn nicht die Pflicht, einen größeren Wert in deutscher Währung zu zahlen, als dem ursprünglich geschuldeten Silberquantum entspricht.

Bekker erkennt also an, daß Geld etwas anderes ist, als das Rohmetall, das der Währung zu Grunde liegt; daß also eine Geldschuld, auch unter einer Silberwährung, nicht eine Schuld auf Silber ist. Geld muß deshalb unter allen Umständen gezahlt werden, aber die Höhe der nach dem Währungswechsel von den Ausländern zu zahlenden Summe soll nicht durch die deutschen Gesetzesvorschriften bestimmt werden, sondern sich stets mit dem Wert des Silberquantums decken, mit welchem die Schuld ursprünglich übereinstimmte. Danach wäre das Geld nur die Form, das Währungsmetall der Wertinhalt der geschuldeten Materie.

Die Voraussetzung für diesen Gedankengang ist, daß das Geld nur die Form eines auch ohne Geldform den gleichen Wert repräsentierenden Gutes wäre. Denn der Metallgehalt der geschuldeten Münzen ist ja nach Bekker der Wertinhalt der Geldschuld, welcher durch einen Währungswechsel nur für die inländischen Schuldner alteriert werden kann.

Diese Voraussetzung ist aber offenkundig falsch. Sie trifft schon hinsichtlich der metallischen Währungssysteme mit freier Prägung nur cum grano salis zu, denn auch hier hat das Währungsmetall in dem aus ihm geprägten Gelde einen wenn auch nur geringfügig veränderlichen Preis. Auch hier ist das Geld nicht eine bloße Erscheinungsform des Edelmetalles, welche dessen Wert nicht beeinflußt, sondern Geld und Währungsmetall sind selbständige Wertgegenstände.

Diese Thatsache wird noch deutlicher, wenn man die von ihrer metallischen Grundlage losgelösten Währungssysteme betrachtet, sei es die Papierwährungen oder die Silberwährungen mit gesperrter Silberprägung.

Wenn das Geld nur eine Form ist, die, um zu existieren, einen materiellen Inhalt braucht, welches ist dann der Inhalt eines im Verhältnis zu allen Metallen und sonstigen Gütern schwankenden Papiergeldes? Hier leitet sich der Wert des Geldes von keinem konkreten Wertgegenstande ab, hier kann nicht bezweifelt werden, daß das Geld nicht nur eine Form sondern ein selbständiger Wertgegenstand ist. — Seit der Einstellung der Silberprägungen in Indien hat sich der Wert der Rupie erheblich über ihren Silbergehalt erhoben. Der Inhalt einer indischen Geldschuld ist in seinem Wert erheblich vom Silbergehalt der geschuldeten Anzahl von Rupien verschieden.

Wenn nun das Geld nicht nur eine Erscheinungsform des Währungsmetalles, sondern ein selbständiger Wertgegenstand ist, dann kann eine Geldschuld auch nicht in Bezug auf die Quantität des zu zahlenden Geldes durch den Wert irgend eines Metalles bestimmt werden. So gut bei einer auf Silber lautenden Schuld soviele Pfunde Silber gezahlt werden müssen, als geschuldet sind, ebenso gut kann eine auf eine bestimmte Summe Geldes lautende Schuld nur durch die Zahlung der ausbedungenen Rechnungseinheiten Geldes getilgt werden.

Der Einwand, daß dies nur soweit zutreffe, als der Staat keine Änderung der den Wert seines Geldes beeinflussenden Verhältnisse vornehme, ist hinfällig, denn jedermann, der eine Geldschuld eingeht, weiß, daß das Geldwesen der Gesetzgebung untersteht. — Vor der willkürlichen Veränderung des Geldwertes ist der ausländische Gläubiger oder Schuldner durch die Rücksichten geschützt, welche die Gesetzgebung auf die inländischen Gläubiger und Schuldner und auf das Gemeinwohl, dem alle Geldwertveränderungen schaden, zu nehmen hat. —

Die Lösung dieses Problems war seiner Natur nach nicht Aufgabe der deutschen Münzgesetzgebung, sondern der Rechtsprechung deutscher und ausländischer Gerichte. —

Alle bisher besprochenen Fragen des Währungswechsels lagen auf dem Gebiete des Privatrechts. In staatsrechtlicher Beziehung brachte der Währungswechsel keine anderen Aufgaben als die Herstellung der Münzeinheit, er trug nur dazu bei, die bereits durch die Münzeinheit gegebenen Aufgaben wichtiger erscheinen zu lassen.

Die aus der Umwandlung des Silberumlaufs in einen Goldumlauf infolge der erwarteten Silberentwertung entstehenden Verluste gaben der Frage, auf wessen Kosten die Beseitigung des vorhandenen Münzumlaufs erfolgen solle, ob auf Kosten des Reichs, ob auf Kosten der Einzelstaaten, ob hinsichtlich der im Umlauf befindlichen fremden Silbermünzen etwa auf Kosten der zufälligen Inhaber, eine erhöhte Bedeutung.

Zugleich war jedoch in dieser neuen Erschwerung der staatsrechtlichen Frage der Weg der besten Lösung angedeutet. Sprach im Falle der Münzeinigung ohne Währungswechsel gegen die Übernahme des bestehenden Münzumlaufs auf das Reich die Unbilligkeit, die norddeutschen Staaten die Folgen süddeutscher Fehler mittragen zu lassen, so trat dieser Einwand bei einem mit der Münzeinigung verbundenen Währungswechsel in den Hintergrund gegenüber der Schwierigkeit, die bei der Veräußerung des Silbers gegen Gold zu erwartenden Verluste in einer allen Anforderungen der Gerechtigkeit entsprechenden Weise auf die Einzelstaaten zu verteilen.

Soviel über die Aufgaben, welche die Reform des Münzwesens an die Gesetzgebung stellte. Es handelte sich darum, über die Lösung dieser teilweise sehr schwierigen und verwickelten juristischen Probleme in Bundesrat und Reichstag Übereinstimmung zu erzielen und die sich teilweise widerstreitenden Interessen zu einigen. Die folgenden Abschnitte werden zeigen, wie die deutsche Gesetzgebung diesen Aufgaben gerecht geworden ist.

Fünftes Kapitel.

Das Gesetz, betreffend die Ausprägung von Reichsgoldmünzen, vom 4. Dezember 1871.

Erster Abschnitt.

Der Präsidialantrag, die öffentliche Meinung und die Bundesratsverhandlungen.

Der Entwurf eines Gesetzes über die Ausprägung von Reichsgoldmünzen[1], welcher am 10. Oktober 1871 dem Bundesrat vorgelegt wurde und welcher die Grundlage der deutschen Münzgesetzgebung geworden ist, war keines jener leichten Erzeugnisse eines frei und ungehindert schaffenden Geistes, die auf den ersten Wurf fertig und in sich geschlossen dastehen. Einige ergebnislose Ansätze waren seiner Ausarbeitung vorausgegangen, Entwürfe über die Ausprägung goldener Fünf- und Zehnthalerstücke, welche die Umprägung und Verausgabung des aus der französischen Milliardenzahlung zu erwartenden Goldes ermöglichen sollten, ohne in irgend einem Punkte die bestehende deutsche Münzverfassung zu berühren. Über das Verhältnis dieser Goldmünzen zu dem vorhandenen Silbergeld herrschte Unklarheit und Meinungsverschiedenheit. Schließlich wurde auf die Ausprägung von Goldmünzen vor der endgültigen Feststellung des künftigen deutschen Münzsystems Verzicht geleistet.

Der dem Bundesrat im Oktober vorgelegte Gesetzentwurf ist im Reichskanzleramt ausgearbeitet worden. Das Reichskanzleramt als solches konnte jedoch im Bundesrat keinen Gesetzentwurf einbringen; das konnte

[1] Siehe Beiträge S. 163 ff.

nur der Reichskanzler in seiner Eigenschaft als Bevollmächtigter Preußens. Das Reichskanzleramt mußte deshalb bei der Ausarbeitung des Entwurfs Bedacht nehmen, für die Vorlage die Zustimmung der preußischen Regierung zu gewinnen [1].

Infolge dieses Verhältnisses stand die Gestaltung des Entwurfs nicht ausschließlich bei Delbrück, dem Präsidenten des Reichskanzleramtes, sondern auch der preußische Finanzminister Camphausen war in der Lage, seinen Einfluß geltend zu machen.

Bei dem großen Einfluß, welchen diese beiden Staatsmänner auf die Neuordnung des deutschen Geldwesens ausübten, erscheinen einige Worte über ihre Stellung zu den wichtigsten der damals zu lösenden Fragen angebracht.

Camphausen war im Grunde ein durchaus konservativer Charakter. Es wurde ihm nicht leicht, sich über den Gedankenkreis, in welchem er aufgewachsen war, zu erheben.

Wer seine Haltung sowohl in der Münzfrage als auch in andern Angelegenheiten der Reichsgesetzgebung verfolgt, muß den Eindruck gewinnen, daß Camphausen sich nur schwer in die durch die Reichsgründung geschaffenen neuen Verhältnisse hinein fand, daß ihm das neue Reich mehr als der alte Staatenbund vorschwebte, denn als ein einheitliches Staatswesen. Er war deshalb einer durchaus partikularistischen Ordnung des Münzwesens nicht abgeneigt.

In der Währungsfrage war seine Stellungnahme nicht ganz klar. Er war dem Übergang zur Goldwährung freundlich gesinnt, und zwar hauptsächlich, weil er eine starke Abneigung gegen die papiernen Zirkulationsmittel — namentlich soweit sie nicht preußischen Ursprungs waren — hegte, und weil er hoffte, durch die Goldwährung dem teilweise auf den Mängeln der Silberwährung beruhenden Papiergeld-Unwesen steuern zu können. Aber er vermochte lange Zeit nicht, sich rückhaltlos für die Goldwährung zu entschließen. Es ging ihm darin ähnlich, wie dem Präsidenten der Preußischen Bank, von Dechend, welcher sich erst spät und vielleicht niemals von ganzem Herzen mit der Goldwährung befreundete. Auch Michaëlis, welcher als Vortragender Rat im Reichskanzleramt die Münz- und Bankgesetz-Entwürfe ausarbeitete, hatte sich noch im Jahre 1868 in einer Sitzung der Volkswirtschaftlichen Gesellschaft in Berlin zu Gunsten der Doppelwährung ausgesprochen. Der

[1] Poschinger, Fürst Bismarck im Bundesrat, II S. 96 behauptet irrigerweise, der Entwurf sei aus dem preußischen Finanzministerium hervorgegangen.

Gang der Ereignisse hatte jedoch einen vollständigen Wechsel seiner Anschauungen zu Gunsten der Goldwährung bewirkt.

Der Präsident des Reichskanzleramtes, Rudolf Delbrück, dem der Reichskanzler die Leitung aller wirtschaftlichen Angelegenheiten während jener Zeit vollständig anvertraute, besaß im Gegensatz zu Camphausen eine gewisse Geschmeidigkeit des Geistes gegenüber den neuen Verhältnissen in politischer und wirtschaftlicher Beziehung. Er hing nicht ängstlich am Alten, sondern er verstand es, auf dem neuen Boden, bei dessen Bereitung er in hervorragender Weise mitgewirkt hatte, weiter zu bauen.

In der Frage der Geldreform befürwortete er von allen maßgebenden Personen am eifrigsten die möglichst einheitliche Ordnung des Münzwesens, die Übernahme nicht nur der Münzgesetzgebung, sondern auch der gesamten das Münzwesen betreffenden Verwaltungsthätigkeit auf das Reich. Ebenso war Delbrück der entschiedenste Befürworter der Goldwährung innerhalb der Regierung, und eine sofortige Benutzung der durch den Ausgang des Krieges und die Kriegskosten-Entschädigung gebotenen günstigen Gelegenheit, den Währungswechsel durchzuführen, hätte seiner Auffassung am meisten entsprochen.

Die preußische Regierung war aber damals für diese entschiedenen und klaren Gedanken augenscheinlich noch nicht reif. Delbrück war ein feiner Kopf und ein sehr geschickter Diplomat, aber keine Kraftnatur. Es fehlte ihm ein gewisses Pathos im Reden und Handeln. So trat er auch in der Münzfrage nichts weniger als leidenschaftlich für seine Pläne ein. Wo er Widerstand fand, scheint er sich nicht allzusehr bemüht zu haben, schon in diesen ersten Stadien der Gesetzgebung seiner Auffassung volle Geltung zu verschaffen. Er konnte mit Sicherheit darauf rechnen, außerhalb der Regierung und des Bundesrates, in der öffentlichen Meinung und namentlich im Reichstag ohne sein Zuthun eine äußerst wirksame Unterstützung für die Verwirklichung seiner Intentionen zu finden.

So kam es, daß der Präsidialantrag in manchen Punkten mehr der Auffassung Camphausens als der Delbrücks entsprach, und daß später bei den Reichstagsverhandlungen über den Gesetzentwurf Camphausen bei der zweiten Lesung manchmal eifrig verteidigte, was Delbrück bei der dritten Lesung leichten Herzens preisgab.

Der unter den geschilderten Verhältnissen im Reichskanzleramt ausgearbeitete Entwurf strebte noch nicht die endgültige und vollständige Regelung des deutschen Münzwesens an. Man wollte zunächst nur dem

Bedürfnis des Verkehrs nach Goldmünzen gerecht werden, und diese Goldmünzen sollten in das künftige einheitliche Münzsystem passen. Alle übrigen Fragen, welche ihrer Entscheidung harrten, namentlich die Frage der Währung, sollten zunächst noch offen bleiben.

In dem geplanten provisorischen Gesetze war also zunächst die Frage der Rechnungseinheit des künftigen Münzsystems zu entscheiden.

Der Thaler zu 100 Neukreuzern hatte innerhalb der Regierung eifrige Freunde. Für den echten Preußen von altem Schrot und Korn war der Thaler gewissermaßen ein Vermächtnis aus der großen friderizianischen Zeit, und seine Preisgabe erschien als ein großes Opfer. Aber die Annahme des Thalers als Rechnungseinheit schien sowohl im Bundesrat, als namentlich im Reichstag ausgeschlossen. Delbrück, der sich nicht durch eine inhaltlose und unangebrachte Pietät leiten ließ, war gerne bereit, in dieser verhältnismäßig unwichtigen Frage, auf welche sich der partikularistische Eigenwille der süddeutschen Staaten besonders versteifte, ein Opfer zu bringen und Süddeutschland für die Beseitigung des Guldens durch die Preisgabe des Thalers zu versöhnen. Er war für den Drittelsthaler, die „Mark“ zu 100 Pfennigen.

Die Mark wurde im Entwurf formell als Rechnungseinheit aufgestellt, aber gleichzeitig wurde alles gethan, um dem Thaler auch unter dem neuen System ein Weiterleben zu ermöglichen

Das Dreißigmarkstück sollte die Hauptmünze des neuen Systems sein. Daneben sollten Fünfzehn- und Zwanzigmarkstücke geprägt werden.

Das stand im Widerspruch mit den Einrichtungen sowohl der bisherigen deutschen als auch aller ausländischen Münzsysteme, und außerdem mit der Schwärmerei für das Decimalsystem. Man kannte Fünf-, Zehn-, Zwanzig-, Fünfzig-, und Hundert-Frankenstücke; selbst Vierzig-Frankenstücke sind eine Zeitlang geprägt worden. In England hatte man Sovereigns und halbe Sovereigns, welche Zwanzig- und Zehn-Schillingstücke darstellten. In Süddeutschland gab es Fünf- und Zehn-Guldenstücke in Gold, in Norddeutschland Fünf- und Zehn-Thalerscheine. Aber ein Geldstück, welches das Dreißigfache oder Fünfzehnfache der Rechnungseinheit darstellte, war unerhört neu.

Mit Recht wies man sofort darauf hin, daß das Dreißigmarkstück eigentlich als Zehnthalerstück gedacht sei, das Fünfzehnmarkstück als Fünfthalerstück. Das gleichfalls vorgeschlagene Zwanzigmarkstück wurde nur als unwesentliche Konzession an das Marksystem angesehen. Zu allem Überfluß sprachen es die Motive des Entwurfs ganz offen aus, daß die Dreißig- und Fünfzehn-Markstücke im Umlauf den Platz der „sehr beliebten Zehn- und Fünf-Thalerscheine“ einnehmen sollten [1]. Außerdem trat die Tendenz, den Thaler in das neue Münzsystem hinüberzunehmen deutlich in dem Vorschlag hervor, neben den Thaler- und Doppelthalerstücken auch den Eindrittel- und Einsechstelthalerstücken gesetzliche Zahlungskraft im ganzen Reichsgebiet zu verleihen.

Über die staatsrechtliche Ordnung des neuen Münzwesens enthielt der Entwurf keine Bestimmung. Im Text der Gesetzesvorlage war nicht ausgesprochen, wer die Reichsgoldmünzen zu prägen habe, ob das Reich auf einer zu errichtenden Reichsmünzstätte, ob die Einzelstaaten in ihren bestehenden Münzanstalten. Nur in den Motiven findet sich die Bemerkung: „Die Ausprägung der Goldmünzen dürfte dem Reiche vorzubehalten sein, damit die volle Übereinstimmung der Münzen in jeder Beziehung von vornherein gesichert werde [2]“. — Ebenso wenig war gesagt, ob die Prägung der Reichsgoldmünzen auf Kosten des Reichs oder eventuell auf Kosten der Einzelstaaten erfolgen sollte. Nur im § 7 des Entwurfes hieß es, die unter das Passiergewicht abgenutzten Münzen sollten auf Kosten des Reiches eingeschmolzen werden. Im übrigen ließ nur die Bezeichnung „Reichsgoldmünzen“ darauf schließen, daß der Entwurf beabsichtigte, nicht nur die Münzgesetzgebung, sondern das gesamte Münzwesen zur Reichsangelegenheit zu machen.

Die Frage nach der Währungsgrundlage des neuen Münzwesens ließ der Entwurf mit Absicht unentschieden. Das Gesetz sollte noch nicht den Übergang zur Goldwährung dekretieren, sondern zunächst nur die Schaffung eines thatsächlichen Goldumlaufs durch die Ausprägung von Reichsgoldmünzen ermöglichen [3].

Es war deshalb nur folgerichtig, daß der Entwurf weder eine Bestimmung über die Einstellung der Silberprägungen noch über die Einziehung des umlaufenden Silbergeldes enthielt; daß er sich vielmehr damit begnügte, die Aufhebung der Bestimmung des Wiener Münzvertrags, welche die Münzvereinsstaaten zur Prägung eines gewissen Minimums von Vereinsthalern verpflichtet, vorzuschlagen.

Die Begründung des Entwurfs ging über diese Zurückhaltung hinaus, indem sie eine Verständigung über eine zeitweilige Einstellung der Silber-

---

[1] Siehe Beiträge S. 182.
[2] Siehe Beiträge S. 184.
[3] Siehe Beiträge S. 179.

prägung empfahl, sowohl in Hinblick auf die Beschleunigung der Goldausmünzung, als auch in Anbetracht einer eventuellen künftigen Silberabstoßung [1].

Abgesehen von den Bestimmungen über das Silbergeld konnte eine einschneidende Änderung des bestehenden Währungssystems herbeigeführt werden durch die juristische Qualifizierung der neuen Reichsgoldmünzen. Gab man ihnen gesetzliche Zahlungskraft in einem festen Verhältnis zu den Landessilbermünzen, so hatte man eine Doppelwährung. Aber das that der Entwurf nicht. Er wollte den Goldmünzen nur einen Kassenkurs zugestehen, der eventuell noch geändert werden könnte.

Die Motive bemerkten zu diesen Bestimmungen: es empfehle sich als vorbereitende Maßnahme zunächst eine mehr freiwillige Einbürgerung der Goldmünzen durch bloße Tarifierung bei den öffentlichen Kassen zu versuchen, damit, wenn in der Wahl des Wertverhältnisses zwischen Gold und Silber erheblich fehlgegriffen sein sollte, vor der Treffung jener tief in alle Verkehrsverhältnisse eingreifenden Maßnahme noch eine Korrektur vorgenommen werden könne [2]; solange aber der Schuldner verpflichtet bleibe, in Silberkurant zu zahlen, könne das Gesetz nicht die Ausmünzung von Silberkurant verbieten [3].

Die Frage der Konvertierung der bestehenden Geldschulden konnte unter diesen Verhältnissen, wo eine Preisgabe der Silberwährung noch nicht entschieden war, überhaupt nicht auftauchen. Es handelte sich nur insoweit um die Relation, als die neuen Goldmünzen in dem bisherigen Gelde Kassenkurs haben sollten. Die Wahl dieser Relation war privatrechtlich bedeutungslos, da kein Privater gezwungen war, die neuen Goldmünzen an Stelle des bisherigen Landesgeldes in Zahlung zu nehmen, und sie war um so weniger verantwortungsvoll, als der Kassenkurs eventuell sollte korrigiert werden können. Man entschied sich zunächst für die Relation von 1 : 15½, das Wertverhältnis, auf welchem die französische Doppelwährung beruhte, welches annähernd dem durchschnittlichen Wertverhältnis des ganzen Jahrhunderts entsprach und welches zur damaligen Zeit auf dem Londoner Silbermarkt mit verschwindenden Abweichungen thatsächlich in Geltung war. Da die neuen Goldmünzen

---

[1] Siehe Beiträge S. 180.
[2] Siehe Beiträge S. 182 u. 183.
[3] Siehe Beiträge S. 180.

einen Kassenkurs von 10, 5 und $6^{2}/_{3}$ Thaler haben sollten, wurde ihr Goldgehalt durch diese ihre Äquivalente in Silber und die angenommene Wertrelation zwischen Silber und Gold von 1 : $15^{1}/_{2}$ bestimmt. 10 Thaler enthielten $^{1}/_{3}$ Pfund Feinsilber. Auf Grund der bezeichneten Relation war also ihr Goldäquivalent $\frac{1}{3 \times 15^{1}/_{2}} = \frac{1}{46^{1}/_{2}}$ Pfund fein; ebenso berechnete sich für das Fünfzehnmarkstück der Feingehalt von $\frac{1}{93}$ und für das Zwanzigmarkstück der Feingehalt von $\frac{1}{69^{3}/_{4}}$ Pfund Gold.

Fügen wir diesen Bestimmungen die münztechnischen Vorschriften über Fehlergrenzen in Schrot und Korn und über das Passiergewicht bei, so ist der Inhalt des Präsidialantrags erschöpft.

Der Entwurf änderte also die bisherige deutsche Münz- und Währungsverfassung in ihren Grundzügen nicht, er ließ die gesetzliche Silberwährung und ebenso die bisherigen Landesmünzsysteme bestehen. Neu war nur, daß auch die $^{1}/_{3}$- und $^{1}/_{6}$ Thalerstücke im ganzen Reichsgebiet gesetzliche Zahlungskraft haben, und daß drei neue Reichsgoldmünzen geprägt werden sollten, welche, wie die bisherigen Landesgoldmünzen, nicht als gesetzliche Zahlungsmittel, sondern nur als Handelsmünzen mit veränderlichem Kassenkurs gedacht waren; die Reichsgoldmünzen unterschieden sich also von den Zollvereinskronen, den Friedrichsdors u. s. w. nur dadurch, daß sie R e i ch s goldmünzen und nicht L a n d e s goldmünzen sein sollten, wobei der Unterschied zwischen Reichs- und Landesgoldmünzen noch nicht einmal scharf präcisiert war, und ferner dadurch, daß die Kassenkurs-Bewertung des Dreißig- und Fünzehnmarkstücks in Thalerwährung ausgedrückt, die runden Zahlen 10 und 5 ergab.

Der Entwurf nannte sich deshalb mit allem Recht „Gesetz, betreffend die Ausprägung von Reichsgoldmünzen", denn viel mehr als die Anordnung der Ausprägung von Reichsgoldmünzen enthielt er wirklich nicht.

Schon ziemlich frühzeitig, bereits im Frühjahr 1871, war durch Mitteilungen der offiziösen Presse bekannt geworden, daß die Absicht nicht bestehe, dem Bundesrat und dem Reichstag ein definitives Münzgesetz vorzulegen, sondern daß man sich vorerst mit der Schaffung von Goldmünzen begnügen wolle, welche zu dem Thalergeld in einem bequemen Verhältnis ständen. Die Beurteilung, welche diese Absicht allgemein erfuhr, war keine günstige. Die weitesten Kreise hielten vor allem die Einführung eines für ganz Deutschland gemeinschaftlichen Münz- und Rechnungssystems von decimaler Konstruktion für ein so dringendes Bedürfnis, daß man seine Erfüllung nicht ins ungewisse aufschieben dürfe. Soetbeer schrieb damals (am 12. April 1871 in der Hamburger Börsenhalle) über den in die Öffentlichkeit durchgesickerten Plan:

„Gerade die Hauptdesiderien der deutschen Münzreform würden also bis auf weiteres unerfüllt bleiben. Denn es hat nichts darüber verlautet, ist auch im höchsten Grade unwahrscheinlich, daß es die Absicht sei, bei Einführung der 10- und 5-Thaler-Goldmünzen gleichzeitig in Süddeutschland die Thalerrechnung an Stelle der Guldenrechnung vorzuschreiben oder die Hundertteilung des Thalers statt der Groschen und Pfennige einzuführen. Wir müssen daher den dringenden Wunsch äußern, daß eine etwa beabsichtigte Vorlage der erwähnten Art unterbleiben und dafür ein weitergehender Gesetzentwurf möge vorgelegt werden."

Als nun im Oktober der dem Bundesrat vorgelegte Gesetzentwurf in seinen Einzelheiten näher bekannt wurde, und sich die früher gemachten Andeutungen vollauf bestätigten, regte sich in den Kreisen, welche sich bisher mit der Münzfrage beschäftigt hatten, lebhafter Widerspruch. Die Berliner Ältesten der Kaufmannschaft, die Hamburger Handelskammer und der bleibende Ausschuß des Handelstages unterzogen den Entwurf einer eingehenden, in ihren Ergebnissen sich deckenden Kritik und formulierten die Forderungen, deren Erfüllung sie bereits in dem ersten, provisorischen Münzgesetz für unerläßlich hielten.

Der bleibende Ausschuß des Deutschen Handelstages überreichte am 17. Oktober dem Bundesrat eine ausführliche, von Soetbeer verfaßte, Denkschrift, welcher die Hamburger Handelskammer und die Berliner Ältesten der Kaufmannschaft noch speciell zustimmten[1].

Auf die sofortige Einführung eines einheitlichen Rechnungssystems hatten die beteiligten Kreise in richtiger Würdigung der großen praktischen Schwierigkeiten einer solchen Maßregel verzichtet; dagegen verlangte die Eingabe, daß das Marksystem, wenn man es als Grundlage für die künftige deutsche Münzverfassung annehmen wolle, in sich konsequent nach dem Decimalsystem durchgebildet werde, ohne Rücksicht auf den Thaler, daß also die Stückelung der Reichsgoldmünzen lediglich in

[1] Die Denkschrift ist veröffentlicht im „Deutschen Handelsblatt" vom November 1871.

Rücksicht auf die Mark, nicht in Rücksicht auf den Thaler gewählt werden möchte.

Ferner verlangte man, daß der Übergang zur Goldwährung mit mehr Entschiedenheit unternommen werde als es der Entwurf beabsichtigte. In richtiger Konsequenz des Standpunktes, welchen der Handelstag seit 1868 in der Währungsfrage einnahm, verlangte die Denkschrift sofort energische Schritte nach dieser Richtung. Besonders abfällig kritisierte sie die Verleihung des bloßen Kassenkurses an die Goldmünzen und den in den Motiven ausgesprochenen Vorbehalt, die gewählte Relation eventuell noch zu korrigieren; sie wies vor allem darauf hin, daß es unbillig sei, die Gläubiger durch eine vielleicht teilweise durch die Münzreform selbst entstehende Silberentwertung leiden zu lassen, indem man dieser Silberentwertung nachträglich noch einen Einfluß auf die Konvertierung des deutschen Geldes gestatte. Deshalb, und außerdem in der Absicht, direkt auf die Goldwährung loszusteuern, forderte die Eingabe die sofortige Verleihung eines festen gesetzlichen Kurses an die Goldmünzen. Außerdem beantragte sie die Sperrung der Silberprägung, um jedes weitere Anwachsen des deutschen Silberumlaufs, welcher ja in Durchführung der Goldwährung beseitigt werden mußte, zu unterbinden, und um für den allgemein als wahrscheinlich angenommenen Fall einer Wertverringerung des Silbers im Verhältnis zum Golde dem deutschen Gelde die Möglichkeit zu gewähren sich über seinen inneren Silberwert auf dem ihm durch die Tarifierung der neuen Reichsgoldmünze zugedachten Goldwerte zu erhalten.

Schließlich muß hervorgehoben werden, daß schon damals der Deutsche Handelstag den größten Wert auf die Freigabe der Goldprägung für Private legte.

Kurz zusammengefaßt waren die Forderungen der Denkschrift:

Konsequente decimale Durchführung des Marksystems und sofortiger Übergang zur Goldwährung, wobei im wesentlichen nur die Bestimmungen über die künftigen Silberscheidemünzen und über die Durchführung der Reform, besonders über die Einziehung des vorhandenen Münzumlaufs, einem späteren definitiven Münzgesetz vorbehalten blieben.

Die Eingabe verfehlte, wie die Ergebnisse der Bundesratsverhandlungen zeigen werden, eine gewisse Wirkung nicht, wenn sich auch der Bundesrat bei weitem nicht allen ihren Forderungen anschloß.

Der Bundesrat ist außer durch seine staatsrechtliche Stellung in folgendem Punkte wesentlich vom Reichstage unterschieden. Er setzt sich zusammen aus Bevollmächtigten der einzelnen Landesfürsten, und diese Bevollmächtigten stimmen ab nach den Instruktionen, welche ihnen von ihren Regierungen erteilt werden. Auf den Reichstag dagegen haben die Landesregierungen keinen Einfluß. Während im Reichstag die Gesetzentwürfe deshalb eine rein sachliche, von den Interessen der Landesregierungen losgelöste Behandlung erfahren können, müssen im Bundesrat notwendigerweise vor allem die Interessen der einzelnen Landesfürsten und Landesregierungen einen Gesichtspunkt für die Prüfung der Gesetzvorlagen abgeben. Diese partikularistische Grundstimmung des Bundesrates trat bei den Verhandlungen über den Münzgesetzentwurf deutlich zu Tage[1].

Insbesondere die Mittelstaaten zeigten sich entschlossen, so wenig als möglich von ihrem „Münzregal", das sie als einen wesentlichen Bestandteil ihrer Souveränität ansahen, der deutschen Münzeinheit zu opfern. Dabei war ihr Partikularismus sehr eifersüchtig. Die Mittelstaaten gönnten Preußen keinen auch nur scheinbaren Vorteil, welcher ihnen nicht ebenso zuteil werden konnte. Wo sie der Münzeinheit unvermeidliche Opfer bringen mußten, da verlangten sie diese Opfer auch von Preußen.

Vor allem war es den süddeutschen Staaten sehr unangenehm, daß in dem preußischen Entwurf das Dreißigmarkstück, das doch offenbar nur dazu bestimmt war, den Thaler in das neue System hineinzuschmuggeln, an die Spitze gestellt war. Ebensowenig vermochten sie sich mit dem Fünfzehnmarkstück, welches in Wirklichkeit ein Fünfthalerstück zu werden drohte, zu befreunden. Schon die Mark war einzelnen Staaten zu „preußisch" und ihr Verhältnis zum Thaler erschien ihnen zu einfach, um Gewähr für die Beseitigung des Thalers zu bieten. Bayern und Württemberg verlangten deshalb, daß an Stelle der Mark ein Gulden, entsprechend dem Wert von 2/3 Thaler und im doppelten Goldwert der von Preußen vorgeschlagenen Mark, zur Rechnungseinheit des neuen

---

[1] Neben dem in den Beiträgen abgedruckten Bericht der Bundesratsausschüsse und persönlichen Mitteilungen des Herrn Staatsministers von Delbrück ist in diesem Abschnitt benutzt der „Rapport sur la loi monétaire allemande du 4. XII. 1871", erstattet von dem belgischen Legationssekretär E. Rothomb an den belgischen Minister des Auswärtigen.

Systems bestimmt werde. Aber ihr Antrag fand keinen Beifall. Ebenso fiel der Vorschlag des Großherzogtums Hessen, als Hauptgoldmünze ein mit dem englischen Sovereign an Feingehalt übereinstimmendes Münzstück zu wählen, ohne jegliche Unterstützung unter den Tisch. Dieser hessische Vorschlag war im Bundesrat die einzige Sympathie-Kundgebung zu Gunsten einer internationalen Münzeinigung. Zu Gunsten eines Anschlusses an das Frankensystem wurde keine Stimme laut.

Die Mark wurde mit übergroßer Majorität als Rechnungseinheit anerkannt, und die süddeutschen Staaten mußten sich dem fügen. Aber so sollte wenigstens die Mark wirklich voll und ganz die Grundlage des neuen Systems werden, nur ja nicht der Thaler. Man wollte ihm alle Thüren verschließen, und am liebsten hätte man die beiden in die Thalerrechnung passenden Goldmünzen zu 30 und 15 Mark ganz beseitigt. Aber nur das Fünfzehnmarkstück fiel dem antipreußischen Partikularismus und den Forderungen einer konsequenten Durchführung des Decimalsystems zum Opfer. Dagegen ließ der Bundesrat allerdings das Dreißigmarkstück bestehen, und zwar aus besonderen Gründen. Es war den einzelnen Landesregierungen bekannt, daß Kaiser Wilhelm selbst einen großen Wert gerade auf dieses Goldstück legte. Das goldene „Zehnthalerstück" war ein Lieblingsgedanke des hohen Herrn, welcher, mit dem Thalersystem aufgewachsen, sich nur schwer zur Preisgabe dieses Stückes preußischer Tradition entschließen konnte. Die Regierungen respektierten den Wunsch des Kaisers, und so erhielt das Dreißigmarkstück die Zustimmung des Bundesrates. Um aber in aller Deutlichkeit zu dokumentieren, daß es ihm trotzdem mit der Markrechnung ernst sei, ließ der Bundesrat das Dreißigmarkstück nicht an der Spitze des Gesetzes stehen, sondern er stellte an diesen wichtigen Platz statt des „Zehnthalerstückes" das Zehnmarkstück, welches er an Stelle des Fünfzehnmarkstückes beschlossen hatte.

Aus derselben thalerfeindlichen Stimmung heraus wurde der § 8 des preußischen Entwurfes, welcher dem Thalergeld, auch dem 1/3- und 1/6 Thaler, gesetzlichen Kurs im ganzen Reichsgebiet verleihen wollte, beseitigt.

Bayern that noch ein übriges an Partikularismus und ließ sich speciell das Recht zur Prägung von halben Pfennigen reservieren, von dem es jedoch bisher noch keinen Gebrauch gemacht hat.

Sofort, nachdem die Stückelung der neuen Reichsgoldmünzen festgestellt war, ging man an die staatsrechtliche Seite der Münzreform.

Der Entwurf enthielt über das Gepräge der Reichsgoldmünzen überhaupt keine Bestimmung. Den Mittelstaaten dagegen erschien dieser Punkt so wichtig, daß seine Regelung sofort in Angriff genommen wurde. Die isolierte Lösung der Frage des Gepräges war aber unmöglich, denn diese Frage stand im engsten Zusammenhang mit der ganzen staatsrechtlichen Konstruktion der zukünftigen deutschen Münzverfassung, und so mußte man unvermeidlich sogleich die ganze staatsrechtliche Frage aufrollen.

Wie wir wissen, nahm der Präsidialentwurf diesen Fragen gegenüber einen allerdings mehr angedeuteten als scharf präcisierten centralistischen Standpunkt ein. Die Verfasser des Entwurfs verstanden unter der zu schaffenden „Münzeinheit" nicht nur eine einheitliche Münzgesetzgebung, sondern ein völlig einheitliches Münzwesen überhaupt, und ein solches konnte natürlich nur voll und ganz Reichsangelegenheit sein. Das war nicht nur die Auffassung von Delbrück und Michaelis, sondern auch die Auffassung Bismarcks, welcher für die politische Seite der Münzreform ein stärkeres Interesse zeigte als für ihre wirtschaftliche Seite.

Gegen diese Auffassung erhoben nun die Mittel- und Kleinstaaten den heftigsten Widerspruch. Sie weigerten sich entschieden, das Recht der Münzprägung, einen angeblich wesentlichen Bestandteil ihrer angeblichen Souveränität, freiwillig zu Gunsten des Reichs aufzugeben. Sie stellten ferner auf, daß ihnen dieses Recht nicht durch ein einfaches Reichsgesetz, sondern nur durch eine Verfassungsänderung genommen werden könne, da nach der Reichsverfassung nur die Münzgesetzgebung, nicht auch die Münzprägung zur Kompetenz des Reiches gehöre. Preußen widersprach dieser Verfassungs-Auslegung, wurde aber überstimmt. Man einigte sich schließlich auf folgende Punkte:

Die Einzelstaaten behalten das Recht der Münzprägung, während das Reich als solches keine Münzen schlägt.

Die neuen Reichsgoldmünzen tragen, um ihren Namen nicht gänzlich Lügen zu strafen und um einigermaßen den Forderungen der öffentlichen Meinung, welche überwiegend einheitliche Reichsmünzen verlangte, zu genügen, auf der einen Seite den Reichsadler und die Inschrift: „Deutsche Reichsmünze" (welche vom Reichstag später in „Deutsches Reich" abgeändert wurde). Auf der anderen Seite sollte das Bildnis des Landesherrn oder das Hoheitszeichen der Freien Städte beweisen, daß die deutschen Einzelstaaten das Recht der Münzprägung auch in der neuen Münzverfassung nicht aufgegeben hätten.

Bis zum Erlaß des definitiven Münzgesetzes bestimmt der Reichskanzler unter Zustimmung des Bundesrats die in Gold auszumünzenden Beträge und ihre Verteilung auf die einzelnen Münzstätten und Münzgattungen.

Die Ausprägung erfolgt bis zu demselben Zeitpunkt auf Kosten des Reichs, und die prägenden Bundesstaaten erhalten eine vom Reichskanzler unter Zustimmung des Bundesrats für jede einzelne Münzsorte gleichmäßig festzusetzende Vergütung.

Dagegen hat von allem Anfang an die Einziehung und Umprägung der im Umlauf unter das Passiergewicht abgenutzten Münzen auf Kosten desjenigen Staates zu erfolgen, der die betreffenden Münzen geprägt hat, und auch nur für die öffentlichen Kassen dieses Staates wurde die Verpflichtung, diese Münzen jederzeit für voll anzunehmen, festgesetzt.

Die Frage war durch diesen „Kompromiß" in durchaus partikularistischem Sinne geregelt.

In demselben Sinne wurde die weitere Frage der Beseitigung des vorhandenen Münzumlaufs wenigstens in Angriff genommen. Der Bundesrat schob einen Paragraphen ein, welcher die Einziehung der Landesgoldmünzen anordnete, sobald ein gewisses Quantum von Reichsgoldmünzen in Umlauf gebracht sei. Die Einziehung der Landesgoldmünzen sollte ebenfalls auf Kosten derjenigen Einzelstaaten, welche sie ausgeprägt hatten, nicht auf Kosten des Reichs erfolgen. Der in dem definitiven Münzgesetz anzuordnenden Einziehung des Umlaufs an Landessilbermünzen war dadurch natürlich nach der gleichen Richtung präjudiziert.

Diese Lösung war von münzpolitischem Standpunkt aus so verkehrt wie möglich; von rein politischem Standpunkt aus war sie, wie sich später herausstellte, nicht notwendig, wenigstens nicht in ihrer ganzen Ausdehnung.

Die preußischen Staatsmänner nahmen sie mit sehr verschiedenen Gefühlen hin. Camphausen fand sie zum mindesten ganz erträglich und wurde ihr eifrigster Anwalt bei den Verhandlungen des Reichstags. Delbrück fand sie unerträglich und rechnete auf ihre Abänderung durch den Reichstag. Bismarck hielt die ganze Münzangelegenheit schließlich doch nur für eine Bagatelle, um derenthalben es sich nicht verlohne, die Stimmung der Landesregierungen und Landesfürsten zu verderben.

Wir kommen nun zur Währungsfrage. Diese war durch die Abfassung des Präsidialantrags dahin präcisiert: in welcher gesetzlichen Eigenschaft sollen die Reichsgoldmünzen in den Umlauf eingeführt werden?

Der vorgeschlagene Kassenkurs, welcher eventuell noch sollte geändert werden können, war in der Eingabe des Deutschen Handelstages am schärfsten angegriffen worden. Die Gründe, welche Soetbeer gegen eine solche Maßregel ins Feld geführt hatte, scheinen nicht ohne Einfluß auf den Bundesrat geblieben zu sein. Ausschlaggebend war die Erwägung, daß die Schwierigkeiten, welche sich der gesetzlichen Tarifierung des Goldes entgegenstellten, im wesentlichen auch in jedem späteren Zeitpunkt sich geltend machen würden, und daß die Vertagung der Feststellung des Wertverhältnisses in den Verkehr ein solches Moment der Unsicherheit bringen würde, daß die eventuellen Vorteile der Vertagung dadurch aufgewogen würden[1]. Diesen Vorstellungen verschloß sich auch Preußen nicht. So fiel der Kassenkurs und an seine Stelle trat der feste Zwangskurs.

Damit war nun weit mehr entschieden, als eine bloße Frage der Einrichtung des Münzumlaufs. Dadurch daß der abgeänderte Paragraph bestimmte:

„Alle Zahlungen, welche gesetzlich in Silbermünzen der Thalerwährung, der süddeutschen Währung u. s. w. zu leisten sind oder geleistet werden dürfen, können in Reichsgoldmünzen dergestalt geleistet werden, daß gerechnet wird:

„Das Zehnmarkstück zum Wert von 3 1/3 Thalern oder 5 Gulden 50 Kreuzer süddeutscher Währung u. s. w.",

erfuhr die deutsche Währungsverfassung eine grundlegende Änderung. Die Silberwährung kennt keine Goldmünzen mit fester gesetzlicher Zahlungskraft, sondern höchstens Goldmünzen mit Kassenkurs. Durch den neuen Paragraphen war also die Silberwährung aufgehoben. Den Schuldnern, welche bisher in Silbermünzen zahlen mußten, wurde das Recht gegeben, sich auch in Goldmünzen zu liberieren.

Zugleich war durch die Verleihung des gesetzlichen Kurses an die Goldmünzen die dem Übergang zur Goldwährung zu Grunde zu legende Relation, deren Wahl der Präsidialantrag noch hatte offen halten wollen, definitiv bestimmt, und zwar auf die Relation des Kassenkurses der Präsidialvorlage, auf 1 zu 15 1/2. Die Erwägungen, welche zur definitiven

---

[1] Siehe Beiträge S. 190.

Beibehaltung dieser Relation bestimmten, teilen die Motive des dem Reichstag vorgelegten Gesetzentwurfes mit: „Das vorgeschlagene Wertverhältnis habe sich bei der französischen Doppelwährung Menschenalter hindurch bewährt und habe den Vorzug, daß in einem großen Gebiete das bestehende Münzsystem darauf gebaut sei, wodurch ein Gravitieren der Marktpreise der Edelmetalle nach diesem gegenseitigen Wertverhältnisse hin für längere Zeit gesichert erscheine. Auch würde das öffentliche Bewußtsein sich mit dieser Fixierung am leichtesten befreunden, weil sie die legale Geltung in einem hochkultivierten Nachbarlande für sich habe."

Man ging also bei der Erledigung dieser Hauptfrage des Währungswechsels von rein praktischen Gesichtspunkten aus. Dabei enthielt allerdings die Motivierung der Wahl des Wertverhältnisses eine irrige Voraussetzung, indem sie annahm, durch die lateinische Doppelwährung erscheine ein Gravitieren der Marktpreise von Gold und Silber nach dem Wertverhältnis von $15^1/_2$ zu 1 für längere Zeit gesichert. Das konnte doch augenscheinlich, wenn es überhaupt zutraf, nur so lange zutreffen, als die lateinische Doppelwährung aufrecht erhalten blieb, und darauf konnte man nach der währungspolitischen Entwickelung innerhalb des lateinischen Münzbundes, namentlich nach den Ergebnissen der im Juli 1870 abgeschlossenen Enquete vor dem Conseil supérieur in Paris, mindestens nicht mit Sicherheit rechnen. Wurde doch allseitig zur Begründung eines möglichst raschen Währungswechsels in Deutschland schon seit längerer Zeit geltend gemacht, daß man, um ihn unter günstigeren Bedingungen vollziehen zu können, Frankreich zuvorkommen müsse. Für den Augenblick war allerdings durch die Kriegskostenentschädigung die französische Aktionsfähigkeit auf währungspolitischem Gebiete erheblich geschwächt [1], aber ein voraussehender Gesetzgeber mußte unbedingt über die nächsten Jahre hinaus die Möglichkeit eines französischen Währungswechsels, mindestens die Einstellung der freien Silberprägung in der lateinischen Union, ins Auge fassen.

Auch die Behauptung, daß sich die französische Relation „Menschenalter hindurch" bewährt habe, kann von jedem Kenner der Verhältnisse nur cum grano salis genommen werden.

---

[1] Der Bericht des Bundesrats-Ausschusses über den Entwurf hebt ausdrücklich hervor, „daß die dermalige politische und finanzielle Lage Frankreichs, welche den demnächstigen Übergang dieses Landes zur reinen Goldwährung ausschließt, eine mehr oder minder große Stabilität des Wertverhältnisses der Edelmetalle für längere Zeit in Aussicht zu stellen scheint". (Siehe Beiträge S. 191.)

Dagegen war das Argument, die öffentliche Meinung werde sich mit der vorgeschlagenen Relation wegen ihrer gesetzlichen Geltung in Frankreich am meisten befreunden, zutreffend und gewichtig. Man hatte sich daran gewöhnt, dieses Wertverhältnis wegen seines ausgedehnten gesetzlichen Geltungsgebietes und weil es das ganze Jahrhundert hindurch wenigstens annähernd thatsächlich bestanden hatte, als das normale Pari zwischen Gold und Silber zu betrachten.

Von allem Anfang an wurde nur eine einheitliche Konvertierung, sowohl des vorhandenen Münzumlaufs als auch aller Geldschulden, ohne Rücksicht auf den Zeitpunkt ihrer Entstehung oder den Termin ihrer Fälligkeit, in Betracht gezogen. Auf die juristischen Schwierigkeiten und feinen Bedenken der Relationsfrage ließ man sich erfreulicherweise nicht ein, sondern man zerhieb den Knoten des verwickelten Problems mit einem entschlossenen und glücklichen Schlag. —

Die Währungsfrage war nun aber durch die definitive Tarifierung der Goldmünzen und durch die Verleihung des gesetzlichen Kurses an dieselben nur nach der negativen Seite entschieden. Die Silberwährung war damit aufgegeben. Aber welche Währungsverfassung sollte an ihre Stelle treten?

Die Vorstellung des Handelstags-Ausschusses hatte die Einstellung der Silberprägung verlangt, und schon vorher war diese Forderung von allen denen erhoben worden, welchen es ernst mit der Einführung der Goldwährung war. Der Präsidialantrag hatte — wie wir gesehen haben — in seinen Motiven ausdrücklich ein solches Verbot der Silberprägung abgelehnt, und zwar mit Hinblick darauf, daß die Reichsgoldmünzen zunächst noch nicht als gesetzliches Zahlungsmittel gedacht seien. Diese Begründung war nun durch die Verleihung des gesetzlichen Kurses an die Goldmünzen hinfällig geworden. Aber nichtsdestoweniger gab der Bundesrat dem Verlangen des Handelstags-Ausschusses in diesem Punkte keine Folge. Man wollte freilich innerhalb des Bundesrats die Goldwährung, und zwar entschiedener als innerhalb der preußischen Regierung [1].

---

[1] In den vereinigten Ausschüssen wurde zwar ein Antrag Württembergs abgelehnt, welcher an die Spitze des Gesetzes folgenden Paragraphen stellen wollte:

„Die Grundlage des Münzwesens im Deutschen Reich bildet, von einem durch Gesetz zu bestimmenden Termine an, die reine Goldwährung."

Aber diese Ablehnung erfolgte nicht, weil man die Goldwährung nicht wollte, sondern lediglich, weil man diesen Artikel formell für überflüssig hielt. Darüber, daß nur die reine Goldwährung als Endziel der Münzreform in Aussicht zu nehmen sei,

Man war sich auch darüber ganz klar, daß der Übergang zur Goldwährung die Einstellung der Silberprägung zur ersten Voraussetzung habe. Aber die verbündeten Regierungen konnten sich augenscheinlich nicht dazu entschließen, einen Vorschlag zu machen, welcher ihnen die weitere Silberausmünzung reichsgesetzlich untersagt hätte. Sie konnten ja auch ohne ein solches Verbot thun, was sie für vernünftig hielten, und sie einigten sich auch protokollarisch dahin, daß sie bis auf weiteres ihre Silberprägungen einstellen wollten. Sie schufen damit eine gewisse Garantie dagegen, daß vielleicht irgend ein Bundesstaat mit seinen Silberprägungen fortfahren und dadurch den Übergang zur Goldwährung unnötigerweise erschweren könnte. Da gesetzlich nirgends in Deutschland ein freies Prägerecht bestand und da der Bundesrat der Bestimmung des Entwurfes, welche die Aufhebung der einzigen Verpflichtung der deutschen Regierungen, Silber auszuprägen, enthielt, zustimmte, konnte allerdings durch ein solches Übereinkommen der Bundesstaaten die Silberprägung in ganz Deutschland eingestellt werden, aber es stand jederzeit im Belieben der Einzelregierungen, dieses Übereinkommen wieder zu lösen und zur Silberprägung zurückzukehren.

Für eine weitere Forderung, welche allgemein erhoben wurde, nämlich die Prägung von Gold für private Rechnung zu gestatten, hatte der Bundesrat so wenig Verständnis, wie die preußische Regierung und das Reichskanzleramt. Das freie Prägerecht war bisher in Deutschland unbekannt. Man hielt es für überflüssig und betrachtete diese Institution überdies mit einem gewissen Mißtrauen.

In den Ausschüssen hatte der Vertreter Hamburgs die Freigabe der Goldprägung wenigstens im Prinzip beantragt. Aber die Mehrheit „hielt es nicht für ratsam, hierauf einzugehen und die Übernahme einer Verpflichtung der Regierungen durch das vorliegende Gesetz festzustellen“ [1].

Der Währungszustand, wie ihn die vom Bundesrat modifizierte Vorlage schuf, war also ein höchst unklarer: die Silberprägung durch protokollarische Übereinkunft der Einzelregierungen vorläufig eingestellt,

---

zeigte sich, wie der Bericht der vereinigten Ausschüsse ausdrücklich hervorhebt, allseitiges Einverständnis. Siehe Beiträge S. 192 u. 193.

[1] Siehe Beiträge S. 193.

die Goldprägung nicht freigegeben. Was daraus werden sollte, das hing von der Gestaltung der thatsächlichen Verhältnisse und von der Einsicht und dem guten Willen der Einzelregierungen und besonders des preußischen Finanzministers ab. Eine Verbesserung gegenüber der preußischen Vorlage war nur, daß den Goldmünzen wenigstens ein definitiver gesetzlicher Kurs verliehen wurde und daß damit die künftige Goldzirkulation wenigstens einigermaßen einen festen Boden erhielt.

Aber diese eine Verbesserung wurde reichlich aufgewogen durch die Verstümmelung des Entwurfes im Sinne des übertriebensten Partikularismus. Es kann deshalb sehr zweifelhaft erscheinen, ob der Entwurf, wie ihn der Bundesrat aus der Hand gab, dem Präsidialentwurf vorzuziehen war. Jedenfalls war sein Zustand kein derartiger, daß er dem Reichstag die Möglichkeit erheblicher Verbesserungen entzogen hätte.

Zweiter Abschnitt.

Der Gesetzentwurf vor dem Reichstag.

Ehe wir uns mit den Beratungen und Beschlüssen des Reichstags über den Entwurf des Gesetzes, betreffend die Ausprägung von Reichsgoldmünzen beschäftigen, wollen wir einen kurzen Blick auf die damalige Beschaffenheit und Zusammensetzung dieser Körperschaft werfen, und auf die Stimmung, welche der Gesetzentwurf dort vorfand.

Die Wahlen zum ersten Deutschen Reichstag hatten unter dem unmittelbaren Eindrucke des Kriegs und der Begründung des Reichs stattgefunden. In jener Zeit der frischen Begeisterung für das neuerstandene Vaterland konnte es nicht fehlen, daß sich eine starke Mehrheit für die reichsfreundlichen Parteien ergab. Die stärkste Partei des Reichstags waren die Nationalliberalen, denen 116 Sitze zur Verfügung standen. Die Partei war im Kampfe für die nationale Einigung entstanden und groß geworden; damals hatte sie in der Erfüllung ihres vornehmsten Zieles den Höhepunkt ihres Ansehens und ihrer Macht erreicht. An ihrer Spitze standen Männer wie v. Bennigsen, Lasker, Bamberger, Forkenbeck und Miquél, alle von ausgesprochen reichsdeutscher, entschieden antipartikularistischer Gesinnung.

Dieselbe Grundstimmung herrschte bei den beiden kleineren, etwas weiter nach rechts stehenden Gruppen, bei der liberalen Reichspartei und bei der deutschen Reichspartei. Im Verein mit diesen beiden Fraktionen hatten die Nationalliberalen fast die absolute Mehrheit, es fehlten ihnen dazu nur wenige Stimmen.

Bei dem größeren Teil der Konservativen uud ebenso bei dem größten Teil der Fortschrittspartei, schließlich auch bei den meisten „Wilden" — es gab damals deren 27 — konnte eine auf den Ausbau und die Befestigung der deutschen Einheit gerichtete Politik gleichfalls auf kräftige Unterstützung rechnen.

Der Partikularismus war in erster Linie durch das Centrum vertreten, das von vornherein dem protestantischen Kaisertum abgeneigt war; dann natürlich durch die kleinen Parteien mit ausgesprochen reichsfeindlicher Tendenz, wie die Polen; schließlich durch einen Teil der radikalen Demokraten und Konservativen. Gegenüber dem großen Übergewicht der einheitsfreundlichen Parteien waren diese Elemente der Zersplitterung zur Ohnmacht verurteilt.

Bei dieser Zusammensetzung des Reichstags mußte die vom Bundesrate vorgeschlagene partikularistische Regelung der neuen deutschen Münzverfassung auf den heftigsten Widerstand stoßen. Die Begeisterung für das Reich war damals noch eine politische Macht. Man war der Kleinstaaterei gründlich überdrüssig, insbesondere auch der Kleinstaaterei im Münzwesen, und für diese Stimmung konnte die neue Münzeinheit nicht radikal genug ausfallen. Und nun schlug der Bundesrat eine Regelung vor, wie sie kaum partikularistischer gedacht werden konnte!

Ebensowenig wie die vom Bundesrat in Aussicht genommene staatsrechtliche Organisation des neuen Münzwesens die öffentliche Meinung und die große Mehrheit des Reichstags befriedigen konnte, durften die vorgeschlagenen Maßregeln bezüglich des Währungswechsels auf vollen Beifall rechnen. Dieselben weiten Kreise, welche das Münzwesen ausschließlich zur Reichsangelegenheit machen wollten, verlangten mit Entschiedenheit die Goldwährung. Die beiden Bewegungen waren eng miteinander verbunden. Das Streben nach der politischen Einheit Deutschlands, vertreten im „Nationalverein", war ja in den letztvergangenen anderthalb Jahrzehnten Hand in Hand gegangen mit dem wirtschaftlichen Liberalismus, dessen Anhänger sich im „Verein deutscher Volkswirte" zusammengeschlossen hatten, und beide Geistesströmungen waren in der Nationalliberalen Partei aufs engste miteinander verschmolzen. Der wirtschaftliche Liberalismus, welcher fast unbestritten die Zeit beherrschte, war im Laufe des letzten Jahrzehnts für die Goldwährung gewonnen worden, nicht zum wenigsten durch die eifrige Thätigkeit, welche Soetbeer sowohl im bleibenden Ausschusse des Deutschen Handelstages, als auch auf den volkswirtschaftlichen Kongressen und in der Presse entfaltete. Seit Beginn der fünfziger Jahre hatte dieser Mann in unermüdlicher publizistischer Thätigkeit für die Goldwährung gewirkt und außerordentlich viel dazu beigetragen, Interesse und Verständnis für die Währungsfrage in Deutschland zu wecken. — Im Reichstag hatte die Goldwährung an Ludwig Bamberger einen energischen, sachkundigen und gewandten Vertreter, dessen Autorität auch von seinen Gegnern — wenigstens damals noch — willig anerkannt wurde. Seine führende Stellung in der stärksten Partei des damaligen Reichstags, seine Beredsamkeit und schließlich auch das Ansehen, welches er bei den leitenden Männern der Reichsregierung, insbesondere bei Delbrück und bei Bismarck selbst, genoß, sicherten ihm einen großen Einfluß auf die Gestaltung der Münzgesetzgebung.

Man hat darüber gestritten, wer mehr Anspruch auf den Titel „Vater der Münzreform" habe, Soetbeer oder Bamberger. Ein solcher Streit ist unfruchtbar und müßig. Beide Männer ergänzten sich gegenseitig in der glücklichsten Weise. Soetbeer war ein Gelehrter von seltener Gründlichkeit. Er hat als solcher der Währungswissenschaft die größten Dienste geleistet. Er war ferner ein überaus eifriger Publizist, und als solcher hat er, auf Grund seines reichen Wissens, in jahrzehntelanger Thätigkeit in Deutschland den Boden für die Goldwährung vorbereitet. Was ihm fehlte, das war der sprühende Geist der Beredsamkeit, der politisch-praktische Blick und die parlamentarische Gewandtheit, und gerade diese Eigenschaften besaß Bamberger in hohem Grade.

Im Reichstage selbst hatten die beiden Forderungen der möglichst centralistischen Münzeinigung und des Übergangs zur Goldwährung nur wenige Gegner von persönlicher Bedeutung.

John Prince-Smith, einer der bedeutendsten Vertreter des wirtschaftlichen Liberalismus, war schon früher — so in Hirths „Annalen" von 1869 und auf dem Volkswirtschaftlichen Kongreß zu Lübeck von 1871 — für die Doppelwährung eingetreten, aus juristischen wie aus volkswirtschaftlichen Gründen, sehr geistreich und scharfsinnig, aber ohne jede Schroffheit und ohne jeden Fanatismus. In Anbetracht der Thatsache, daß sich die öffentliche Meinung mit aller Entschiedenheit gegen die Doppelwährung ablehnend verhielt, änderte er zwar nicht seine theoretische Überzeugung, aber er glaubte deshalb doch nicht, auf die praktische Mitarbeit an der Münzgesetzgebung verzichten zu müssen. Im Reichstag erhob er keinen Widerspruch gegen die Annahme der Goldwährung, da er einen solchen doch für völlig aussichtslos halten mußte.

Eine ausgeprägtere Stellung in der ganzen Münzreformfrage nahm der Württemberger Moritz Mohl ein. Mohl war ein charakterfester Demokrat und Partikularist, dabei ein wenig Kosmopolit. In seiner politischen Thätigkeit in seinem engeren Vaterlande hatte er als Mitglied der württembergischen Kammer mit eiserner Zähigkeit alle Schritte zur Einigung Deutschlands bekämpft, vor allem nach dem Krieg von 1866 das Schutz- und Trutzbündnis mit Preußen und den neuen Zollvereinsvertrag, von welch letzterem er den Ruin der ganzen württembergischen Industrie prophezeite. Im Jahre 1870 war er das einzige Mitglied der württembergischen Kammer, welches beim Ausbruch des Kriegs mit Frankreich erklärte, er würde für bewaffnete Neutralität stimmen, wenn Bayern neutral bliebe; er wurde in dieser antinationalen Haltung nur noch durch einen Pfarrer übertroffen, welcher bedingungslos gegen die Teilnahme am Kriege gegen Frankreich stimmte.

In der Münzfrage strebte Mohl mit gleicher Hartnäckigkeit vor allem nach zwei Zielen: nach der internationalen Münzeinigung auf Grund des Frankensystems und nach der Doppelwährung. Er trat für diese beiden Forderungen mit seiner ganzen Zähigkeit und einer langweiligen Beredsamkeit ein, aber die wenigsten nahmen den Sonderling ernst.

Unter diesen Verhältnissen war vorauszusehen, daß der Reichstag an dem ihm vorgelegten Gesetzentwurf wichtige Änderungen vornehmen werde, und dieser Eindruck fand in der Generaldebatte über die Vorlage sofort seine Bestätigung.

Das Gesetz wurde nicht an eine Kommission verwiesen, sondern eingehend im Plenum selbst beraten. Man glaubte, daß eine Klärung der Ansichten, soweit eine solche möglich war, bereits eingetreten sei, und man fürchtete, daß die noch vorhandenen Meinungsverschiedenheiten auch in einer Kommission nicht auszugleichen seien, daß man sich dort vielmehr zu sehr in diese Meinungsverschiedenheiten vertiefen und so mindestens einen erheblichen Zeitverlust verursachen werde. Auch hatte man damals überhaupt noch den guten Grundsatz, möglichst viel im Plenum zu verhandeln.

Gewissermaßen als ein Ersatz für die Kommissionsberatung bildete sich nun eine „freie Kommission" zur Besprechung des Münzgesetzentwurfs, an welcher sich jeder Abgeordnete beteiligen konnte. An ihren Sitzungen nahmen hauptsächlich, aber nicht ausschließlich, Mitglieder der nationalliberalen Partei teil, und die von ihr beschlossenen Abänderungsanträge trugen den Namen Bambergers.

Bei den Verhandlungen im Plenum kam es bei den ersten Paragraphen, welche den Feingehalt der Reichsgoldmünzen und die künftige Rechnungseinheit bestimmten, noch einmal zu einem Streit über nationale oder internationale Münzreform. Mohl brachte einen Antrag auf Annahme des Frankensystems mit einer Hauptgoldmünze von 25 Franken ein.

Alle Punkte für und gegen eine internationale Münzeinigung, welche wir ausführlich behandelt haben, wurden nochmals eingehend erörtert.

In Anbetracht der geringen Aussichten eines wirklichen Weltmünzvereins und in Berücksichtigung der schweren Bedenken gegen einen internationalen Münzvertrag, erschien es der großen Mehrheit des Reichstags angezeigt, in Übereinstimmung mit der Reichsregierung, dem Bundesrat und der öffentlichen Meinung, auf einen internationalen Anschluß zu verzichten und bei der Wahl der neuen Rechnungseinheit die deutschen Verhältnisse den Ausschlag geben zu lassen. Der Thaler als Rechnungseinheit blieb dabei aus den bekannten Gründen völlig außer Betracht; man schwankte, wie im Bundesrat, hauptsächlich zwischen dem Gulden (= $^{4}/_{7}$ Thaler) und der Mark. Für den Gulden wurde namentlich angeführt, daß der Süddeutsche mit ihm besonders vertraut sei, da durch den Zwangskurs in Österreich große Massen österreichischen Silbergeldes nach Deutschland gekommen seien; daß ferner der österreichische Silbergulden in Süddeutschland überall gerne genommen werde, was man von den Teilstücken des Thalers nicht behaupten könne. Mit Recht machte Camphausen diesen Argumenten gegenüber darauf aufmerksam, daß der österreichische Silbergulden und ein künftiger deutscher Goldgulden nicht identisch sein würden. — Schließlich glaubte man vielfach, durch Annahme des Guldens radikal verhindern zu können, daß der Thaler mit in das neue System hinübergenommen werde

Die große Mehrheit entschied jedoch für die Mark. Der Antrag, welcher den Gulden an ihre Stelle setzen wollte, erhielt nur 93 gegen 196 Stimmen.

Ähnliche Debatten entspannen sich darüber, ob die Mark in 10 Groschen und der Groschen in 10 Pfennige, oder ob ohne Vermittelung des Groschens die Mark direkt in 100 Pfennige eingeteilt werden solle — ein ziemlich sinnloser Streit um Namen. Abermals ein kleiner Kampf gegen die preußischen Thalertraditionen, welchen man auch im Groschen entgegentreten wollte, und der Groschen verschwand aus dem Münzgesetz; aus dem praktischen Verkehr ist sein Name allerdings — wenigstens in Norddeutschland — heute noch nicht ganz verschwunden, ohne daß dadurch das Funktionieren unseres neuen Geldwesens gestört worden wäre.

Am schärfsten spitzte sich der Kampf um Mark und Thaler zu bei der Erörterung über das vorgeschlagene Dreißigmarkstück. Zwei Anträge, der eine von Bamberger, der andere von Mohl, verlangten übereinstimmend dessen Beseitigung. Der deutsche Unitarier ging hier Hand in Hand mit dem süddeutschen Partikularisten, der erstere, weil er das Marksystem als solches rein durchführen wollte, der letztere, weil er dem preußischen Partikularismus nicht gönnte, was dem schwäbischen Partikularismus versagt war.

Vom Regierungstisch aus wurde das Dreißigmarkstück mit großem Eifer verteidigt. Als erster legte Delbrück ein Wort für dasselbe ein. Der Kaiser hatte ihm vor der Verhandlung die Verteidigung dieses Stückes ganz besonders anbefohlen. Aber Delbrück sprach wenig glücklich. Er behauptete die Unentbehrlichkeit dieser Münze für den Verkehr, welche von Bamberger sofort durch einen Hinweis auf Frankreich und England widerlegt wurde. Sodann griff Bismarck in die Debatte ein — der Fall wiederholte sich bei der Beratung dieses Gesetzes nur noch einmal —. Er erklärte das Dreißigmarkstück für unentbehrlich „als Übergangsstadium“. „Man wird noch jahrelang das Bedürfnis haben,“ sagte er, „nach Thalern zu rechnen. Wer hundert Thaler zu zahlen hat, dem wird es noch lange ein Bedürfnis sein, das in zehn in hundert Thaler gerade aufgehenden Stücken zu thun.“ Aber die Gegner fürchteten, durch das Dreißigmarkstück dem Publikum den Übergang so bequem zu machen, „daß es gar nicht vorwärts kommen kann“. Auch Geheimrat Meinecke trat zur Verteidigung des Dreißigmarkstückes auf, und bei der dritten Lesung machte Camphausen einen letzten Versuch es zu retten. Vergeblich!

Mit der Ablehnung dieses Münzstückes war das Marksystem in voller Reinheit hergestellt, und seine deutlichsten Anklänge an das Thalersystem waren beseitigt.

Wir kommen nun zur staatsrechtlichen Frage.

Bei der Generaldebatte ging man über diese Seite des Gesetzentwurfes, um welchen sich die heftigsten Kämpfe entspinnen sollten, fast achtlos hinweg. Daß nur vorläufig die Ausprägung der Reichsgoldmünzen auf Kosten des Reichs erfolgen sollte, daß die Aufrechterhaltung des Münzfußes durchaus als Sache der Einzelstaaten behandelt war, daß die Landesgoldmünzen, und in Konsequenz dessen natürlich auch die Landessilbermünzen, auf Kosten der Einzelstaaten, welche sie geprägt, eingezogen werden sollten — das alles blieb fast unbemerkt. Es scheint fast, als ob die Tragweite dieser Bestimmungen seitens der Abgeordneten nicht ganz erkannt worden wäre, und als ob erst die Äußerungen des preußischen Finanzministers und anderer Bundesrats-Bevollmächtigter während der ersten Lesung volles Licht über das Wesen dieser Bestimmungen verbreitet hätten. Camphausen erklärte mit aller Deutlichkeit, die verbündeten Regierungen seien der Ansicht, „daß es Sache jedes Staates sein muß, die Münzen, die von ihm in Zirkulation gesetzt sind, auch auf seine Kosten aus der Zirkulation herauszuziehen". — Trotzdem blieb bei der Generaldebatte dieser wichtige Punkt unbeachtet.

Dagegen erregte die rein formelle Frage des Gepräges der neuen Münzstücke bereits bei der ersten Lesung einen gelinden Sturm. Graf Münster, der jetzige Botschafter in Paris, protestierte mit großem nationalen Pathos gegen den Vorschlag, daß die Reichsgoldmünzen das Bildnis des Landesherrn tragen sollten, aus dessen Münze sie hervorgegangen seien. „Die erste Münze des Kaiserreichs," sagte er, „ist eine Denkmünze der größten Epoche deutscher Geschichte, und auf dieser Münze darf das Bildnis des Gründers, des Mehrers des Reiches nicht fehlen."

Sofort erhob sich der bayerische Bevollmächtigte und nach ihm der sächsische, um in aller Schärfe und Deutlichkeit ihren bereits im Bundesrat eingenommenen Standpunkt zu präcisieren, und um den Reichstag vor den Schwierigkeiten zu warnen, welchen im Falle der Nichtbeachtung ihres Standpunktes das Gesetz unfehlbar entgegengehen müßte.

Graf Münster stellte nichtsdestoweniger bei der zweiten Lesung den Antrag, alle Reichsgoldmünzen mit dem Bildnis des Kaisers zu versehen.

Der württembergische Bevollmächtigte v. Mittnacht sprach in gemäßigter und staatsmännischer Rede gegen diesen Antrag. Er betonte, daß der angefochtene Paragraph mit einigen andern bereits einen Kompromiß zwischen verschiedenen Standpunkten darstelle, dem alle Bundesregierungen beigetreten seien. Mit einer feinen Huldigung vor dem deutschen Einheitsgedanken schloß er seine Rede, indem er sagte: „Das Bildnis des Kaisers und Königs wird auf so vielen Münzen des größten deutschen Staates glänzen, und es wird vor allen Dingen jedem deutschen Herzen so unauslöschlich eingeprägt sein und bleiben, daß ich es beinahe klein finden möchte, einen Gewinn darin erblicken zu wollen, daß man es auf allen deutschen Münzen findet."

Nach Mittnacht ergriff Fürst Bismarck selbst das Wort. Ein Staatsmann, führte er aus, könne nicht allein seinen Überzeugungen Ausdruck geben, sondern müsse es verstehen, hier und dort Nachgiebigkeit zu zeigen. „Wenn es sich um Interessen des Reiches handelt," sagte er, „durch die seine Einheit, seine Festigkeit, sein Vorteil wirklich bedingt ist, dann habe ich ja auch gezeigt, daß die partikularistischen Bedenken unserer Bundesgenossen mich unter Umständen nicht abhalten, das Recht und die Majorität, die wir etwa im Bundesrat haben, soweit geltend zu machen, als die Verfassung uns erlaubt, auch wenn die Grenze zweifelhaft ist oder von anderer Seite bestritten wird. In dieser Frage aber einen politisch in hohem Grade verstimmenden Druck auf die Bundesgenossen auszuüben, dafür hat uns Gott die Macht, die Preußen in Deutschland angewiesen ist, nicht gegeben." Als Reichskanzler müsse er mit den persönlichen Stimmungen namentlich der mächtigeren Bundesfürsten sehr sorgfältig rechnen. „Und ich kann dem Grafen Münster," so schloß er, „nicht verhehlen, daß nach allen schwierigen Vereinbarungen, wie ich seinen Antrag hier gehört, — so war mein Gefühl, ich hoffe nicht ganz so ohnmächtig wie das des Archimedes, zu sagen: Noli turbare circulos meos!"

Selbst ein Unitarier wie Treitschke riet unter diesen Umständen zur Nachgiebigkeit, indem er sagte: „Wir wollen in allem Wesentlichen die Einheit, in allen Fragen der Macht die volle, unbedingte Einheit — wir wollen in allem Unwesentlichen, in allen Fragen der Form, Schonung und Rücksichtnahme."

Diese staatsmännische Klugheit eines großen Teiles der Einheitsfreunde, verbunden mit der Hartnäckigkeit der Partikularisten, führte zur Ablehnung des Antrags Münster.

Mit dem Paragraphen 6 kam man zu den Bestimmungen, welche den Kern der staatsrechtlichen Ordnung des neuen Münzwesens bildeten. Zu diesen Paragraphen hatte Bamberger Anträge gestellt, welche in der freien Kommission formuliert worden waren, und welche bezweckten, das Münzwesen durchaus zur Reichsangelegenheit zu machen.

Da diese Paragraphen und die zu ihnen gestellten Anträge ein untrennbares Ganzes bildeten, entspann sich über diesen Teil des Gesetzentwurfes, der bei der ersten Lesung kaum beachtet worden war, eine neue Generaldebatte, welche insbesondere auch Gelegenheit bot, die Freigabe der Goldprägung für private Rechnung zur Sprache zu bringen.

Bamberger vertrat seine Anträge ebenso maßvoll wie eindringlich. „Der Grundgedanke," so führte er aus, „von dem die Antragsteller bei Fassung aller folgenden Verbesserungsanträge ausgingen, war der, daß nicht bloß in der Übergangszeit, sondern ein- für allemal das Anfertigen und das Überwachen der Reichsmünze eine Angelegenheit des Reichs sein soll und nicht eine Angelegenheit der Partikularstaaten." Ebenso wendete er sich entschieden gegen die Äußerungen Camphausens, nach welchen die Einziehung des vorhandenen Landesmünzumlaufs Sache der Einzelstaaten sein sollte. Er erklärte es für unbedingt notwendig, die Sorge für die Durchführung der Münzreform und ebenso deren Kosten auf das Reich zu übernehmen. „Es handelt sich," sagte er, „hier um eine Reform, die wir im Interesse des Ganzen unternehmen, die aus einem gemeinsamen Sinne hervorgeht, wobei es außerordentlich schwer, ja geradezu unmöglich ist, zu sehen, inwiefern der einzelne Teil dem Ganzen, inwiefern das Ganze dem einzelnen Teile dient."

Speziell zu § 6 hatte Bamberger einen Antrag gestellt, nach welchem die Ausmünzung nicht nur vorläufig während des Übergangszustandes, sondern ein- für allemal auf Kosten des Reichs erfolgen sollte, soweit sie nicht später auf private Rechnung geschehe.

Camphausen wendete sich gegen die Bambergerschen Anträge. Vor allem gehöre der § 6 zu denjenigen, über welche ein Kompromiß zwischen den Regierungen getroffen worden sei, und den man deshalb nicht ohne die dringendste Not ändern solle. Die Frage der Privatprägung sei überhaupt noch nicht spruchreif; gebe man die Prägung frei, dann sei zu überlegen, ob der Staat, wie bisher in Deutschland üblich, die Kosten für die Aufrechterhaltung des Münzfußes tragen könne. Bei Feststellung des Gesetzentwurfes sei man übereingekommen, das Prägen der „Territorialhoheit" zu überlassen, und das führe dazu, daß auch die Kosten der

Aufrechterhaltung der Vollwichtigkeit des Umlaufs von den Einzelstaaten getragen werden müßten. Aber alles das sollten, wie er sagte, nur „rationes dubitandi“ sein; man wollte eine definitive Entscheidung jetzt noch nicht treffen.

Viele, die mit der Bambergerschen Grundauffassung einverstanden waren, wollten den „Kompromiß“ zwischen den Bundesregierungen respektieren, soweit sich das mit ihren Grundsätzen vereinbaren ließ; und beim § 6 hielt man eine solche Vereinbarung für möglich, da ja vorläufig die Ausmünzungen auf Anordnung und auf Kosten des Reichs vorgenommen werden sollten, und der Reichstag bei der definitiven Regelung auch mitzusprechen hatte.

Nach nicht allzulanger und allzugründlicher Debatte wurde der Antrag Bamberger abgelehnt und der § 6 in der Fassung der Regierungsvorlage angenommen.

Damit war an und für sich nichts gewonnen und nichts verloren. Es war nur eine provisorische Anordnung getroffen, welche den reichsdeutschen Bestrebungen entsprach. Die definitive Regelung blieb dem definitiven Münzgesetz vorbehalten, und nichts konnte beweisen, daß sie in partikularistischem Sinne ausfallen werde.

Man hatte deshalb weder seitens der Regierung noch seitens des Reichstags gerade dieser Abstimmung eine besondere Bedeutung beigelegt.

Um so mehr war man überrascht, als bei der Fortsetzung der Beratung über diesen Gegenstand beim § 9, welcher vom Passiergewicht handelte und die Aufrechterhaltung der Vollwichtigkeit des Münzumlaufs den Einzelstaaten überwies, Bamberger sich zu folgenden Ausführungen erhob:

Über zwei Kardinalfragen der Münzreform bestehe infolge der Abstimmung über den § 6 nach wie vor völlige Unklarheit, nämlich darüber, ob die Ausprägung und Erhaltung der Reichsmünzen Sache des Reichs oder Sache der Einzelstaaten sei, und ferner über das freie Prägerecht. Camphausen habe über diese beiden Punkte Erklärungen abgegeben, „welche sämtliche Antragsteller und einen großen Teil des Hauses auf das höchste überraschten“. Er seinerseits könne einem Gesetze seine Zustimmung nicht geben, das diese wichtigen Fragen unter solchen Umständen unentschieden lasse, und er ziehe deshalb alle seine folgenden Anträge zurück, „weiteres für die dritte Lesung vorbehaltend“.

Überschätzte Bamberger wirklich so sehr die Tragweite der Abstimmung des vorhergegangenen Tages oder fürchtete er, der Reichstag möchte die Bedeutung der noch zur Verhandlung stehenden Paragraphen unterschätzen und sich vor dem Kompromiß der Regierungen beugen? Jedenfalls war nichts geeigneter, die Aufmerksamkeit des Reichstags in höchstem Grade auf die Wichtigkeit der Frage: „partikularistische oder reichsdeutsche Münzreform"? zu lenken, als daß Bamberger, die anerkannte Autorität in der Münzfrage, der Parlamentarier, welcher bisher am eifrigsten für das Zustandekommen der Münzreform gearbeitet hatte, jetzt auf einmal die Karten mitten im Spiel wegwarf.

Die Regierung selbst war verblüfft und Camphausen lenkte ein. Rom ist nicht an einem Tage gebaut worden, sagte er; das Gesetz soll nur ein provisorisches sein und kein definitives, wir müssen uns doch für das definitive Münzgesetz noch einige Entscheidungen von Wichtigkeit aufheben. — Das traf wohl zu für den bereits abgethanen § 6, nicht aber für die noch zu beratenden Bestimmungen des Gesetzentwurfs, welche bereits definitiv in partikularistischem Sinne über die Einziehung der Landesgoldmünzen und über die Aufrechterhaltung des Münzfußes entschieden.

Lasker nahm sofort die Bambergerschen Anträge wieder auf, und Camphausen bekämpfte sie nun, aber mit sehr engherzigen Gründen, deren Widerlegung nicht schwer war.

Camphausen hielt gleichwohl seinen Widerspruch aufrecht; als aber nach der zweiten Lesung der Antrag Lasker angenommen wurde, verzichtete die Regierung darauf, bei der dritten Lesung noch einmal die Fassung des Bundesrats zu verteidigen.

Mit der Annahme dieser Bamberger-Laskerschen Abänderung war das partikularistische Eis gebrochen. Die analogen Anträge zum § 11, welche die Einziehung der umlaufenden Landes- (Gold- und Silber-) Münzen auf Kosten des Reichs, statt, wie im Entwurf vorgeschlagen, auf Kosten der Einzelstaaten forderten, fanden überhaupt keinen Widerspruch, weder aus dem Reichstag heraus noch seitens der Regierung, für welche diesmal nicht Camphausen, sondern Delbrück das Wort führte.

Damit war der staatsrechtliche Aufbau des neuen Münzwesens vollendet. An Stelle der vom Bundesrat vorgeschlagenen, durchaus partikularistischen Regelung, welche mehr dem Wesen eines Staatenbundes als dem eines Bundesstaates entsprochen hätte, war es dem Reichstag, insbesondere Dank der Bemühungen Bambergers und Laskers, gelungen, eine dem *Wesen* nach einheitliche Münzverfassung zu schaffen. Nur in der Form hatte man dem Partikularismus einige Zugeständnisse gemacht, namentlich hinsichtlich des Gepräges der Reichsgoldmünzen. Aber dieses Zugeständnis war staatsrechtlich ohne jede Bedeutung.

Das Bildnis des Landesherrn auf den verschiedenen Münzstücken begründet nicht den leisesten juristisch erfaßbaren Unterschied; es bekundet nicht einmal mit Sicherheit die Herkunft der Münzen aus einer bestimmten Münzstätte, wie es das Münzzeichen thut. Da die Ausprägung der Reichsgoldmünzen nach § 6 des Gesetzes „für sämtliche Bundesstaaten auf den Münzstätten derjenigen Bundesstaaten, welche sich dazu bereit erklärt haben“ erfolgen soll, kann ein Einzelstaat für sich auf der Münzstätte eines anderen Staates Reichsgoldmünzen prägen lassen, und thatsächlich ist es auch vorgekommen, daß kleinere Einzelstaaten, welche keine Münzstätte besitzen, an der Berliner Münzstätte Reichsmünzen mit den Köpfen ihrer Landesherrn haben versehen lassen.

Diese Bestimmung des § 6 ist geeignet, die ganze Hohlheit und Verschwommenheit des „Münzregal“ genannten „Souveränitätsrechtes“ zu beleuchten. „Münzregal“ bedeutete nach der partikularistischen Auffassung ja nicht Münzgesetzgebung, sondern, wie der bayerische Bevollmächtigte sagte, das Recht „Münzen aus edlem Metall zu prägen“. Nun besaß aber die große Mehrzahl der Bundesstaaten keine Münzstätte. Aber auch diesen Einzelstaaten ohne Münzstätten sollte das Münzregal nicht entzogen werden, man verstattete ihnen deshalb „für“ sich auf den Münzstätten der anderen Staaten Reichsgoldmünzen prägen zu lassen. Was bedeutet in diesem Zusammenhang das Wort „für“? — Nicht etwa soviel wie „auf Kosten“, denn die Ausprägung erfolgte ja auf Kosten des Reichs, auch nicht für den eigenen Umlauf, denn es gab ja nur mehr einen gemeinschaftlichen Münzumlauf für das ganze Reichsgebiet. Solange der Reichskanzler allein das Prägegold an die Münzstätten überweisen durfte, bedeutete es auch nicht, daß die Einzelstaaten Goldbarren bei einer beliebigen Münzstätte einliefern und ihre Ausprägung verlangen durften; und späterhin, nachdem die Prägung für Privatrechnung freigegeben war, stand den Bundesstaaten in dieser Hinsicht nicht mehr Recht zu als dem nächsten besten Privatmann. Die Ausprägung der Goldmünzen „für“ sämtliche Bundesstaaten bedeutete also nicht mehr und nicht weniger, als daß den Bundesstaaten das Recht zugestanden wurde, das Bildnis ihrer Landesherren auf die Reichsmünzen zu prägen; den Bundesstaaten mit Münzstätten das Recht, ihre Ausmünzungen mit dem landesherrlichen Bildnisse zu versehen; den Bundesstaaten ohne Münzstätten das Recht, bei einem gefälligen Nachbarstaat in besserer Situation

Münzstempel mit dem Bildnis ihrer Landesherrn einzuliefern und um deren gelegentliche Verwendung zu bitten. Dieses „Münzregal" konnte man gewiß unangetastet lassen, ohne die Einheit des Reichs und seines neuen Münzwesens zu gefährden.

Nachdem wir uns bis jetzt mit der Wahl der Rechnungseinheit des Reichsmünzsystems und mit der staatsrechtlichen Organisation des Münzwesens beschäftigt haben, kommen wir zu der Währungsfrage.

Da der Entwurf die Entscheidung zwischen Goldwährung und Doppelwährung noch in der Schwebe ließ, hatten weder seine Motive noch die Vertreter der Reichsregierung bei den Reichstagsverhandlungen die Aufgabe, die Notwendigkeit oder Nützlichkeit des Übergangs zur Goldwährung zu begründen; die Ausführungen der Regierung mußten sich vielmehr korrekterweise auf die Begründung der Notwendigkeit eines Goldumlaufs, welcher theoretisch sowohl durch die Goldwährung als auch durch die Doppelwährung erreicht werden konnte, beschränken. Daraus, daß die Reichsregierung sich im großen und ganzen diese Beschränkung wirklich auferlegte, kann deshalb nicht — wie es beispielsweise der Holländer Rochussen[1] thut — gefolgert werden, daß es keine Gründe für den Übergang zur Goldwährung gegeben habe. In Anbetracht des Zweckes, welchen die Regierung mit dem Gesetz, betreffend die Ausprägung von Reichsgoldmünzen, erreichen wollte, that sie eher zu viel als zu wenig in der Begründung eines Übergangs zur Goldwährung. Delbrück, welcher die Verhandlungen des Reichstags über den Gesetzentwurf in einer längeren Rede einleitete, wies darauf hin, daß seit 1857 „sowohl in den Kreisen der Wissenschaft, als in den Kreisen des Handelsstandes und des großen Publikums" die Überzeugung von der Notwendigkeit des Übergangs zur Goldwährung immer größere Fortschritte gemacht habe, und als Grund für diese Entwickelung führte er den bereits erwähnten Übelstand einer ungesunden Papierzirkulation an, und außerdem die internationale Strömung zu Gunsten der Goldwährung, welche sich bereits 1865 bei der Gründung der lateinischen Münzunion, besonders aber gelegentlich der Pariser Münzkonferenz von 1867 gezeigt hatte.

Bei den Verhandlungen des Reichstags selbst wurde die Währungsfrage ziemlich breit besprochen. Die Gründe auf beiden Seiten waren naturgemäß dieselben, welche bereits außerhalb des Hauses zur Genüge

[1] Reichsgold und Weltgold. Berlin 1894.

erörtert waren. Auf der einen Seite wurden der Doppelwährung die bekannten Vorzüge nach Wolowskis Lehre zugeschrieben, auf der andern Seite wurde die Herstellung eines Goldumlaufs vermöge der Doppelwährung für unmöglich, die Doppelwährung selbst für undurchführbar erklärt. Die Doppelwährungsfreunde drohten ferner mit einer Silberentwertung und einer Goldverteuerung. Die Anhänger der Goldwährung selbst waren auf eine Silberentwertung gefaßt, Bamberger sprach sogar seine Verwunderung darüber aus, daß die Reichsregierung nicht zur Deckung der aus der Abstoßung des Silbers infolge der Silberentwertung zu erwartenden Verluste einen Kredit verlangt habe. Hinsichtlich der Gefahr einer Goldverteuerung war man guten Mutes. Eine der größten Beschwerden jener Zeit war die rapid steigende Verteuerung aller Preise. Solange man augenscheinlich unter einer Entwertung des Geldes litt, hatte die Drohung mit einer Geldverteuerung keine Schrecken. Ein Sinken der enorm gestiegenen Preise galt als eine glückliche Aussicht.

Später hat man den damaligen Vertretern der Goldwährung einen großen Vorwurf daraus gemacht, daß sie diesen Kernpunkt der Währungsfrage so wenig geprüft hätten. Zu ihrer Verteidigung läßt sich anführen, daß sogar alle nachträglichen Prüfungen der Wertbewegung, welche das Gold seit der Münzreform durchgemacht hat, kein unbestrittenes Ergebnis aufweisen, um wieviel geringer wären die Ergebnisse der scharfsinnigsten Prüfung über die zukünftige Wertbewegung des Goldes gewesen! Schließlich lag angesichts der enormen Goldproduktion der vergangenen zwei Jahrzehnte die Furcht vor einer Goldverteuerung überaus fern. Betrug doch das von Deutschland zu beschaffende Gold nach den höchsten Schätzungen etwa 450 Millionen Thaler, während die Goldproduktion seit 1850 ein Goldquantum im Wert von fast 4 Milliarden Thalern zu Tage gefördert hatte.

Eine förmliche Abstimmung über die Währungsfrage konnte nicht stattfinden, weil nirgends in der Vorlage oder in einem Antrage formell der Übergang zu einem bestimmten Währungssystem vorgeschlagen war. Daß die große Mehrheit des Reichstags gewillt war, die Goldwährung einzuführen, steht nichtsdestoweniger durch die Äußerungen der Wortführer während der Verhandlungen fest und geht vor allem auch aus den Abstimmungen über diejenigen Anträge hervor, welche bereits im ersten Münzgesetz die Möglichkeit der Doppelwährung ausschließen und die Goldwährung zum bestimmten Ziel der Münzreform machen wollten.

Wir haben nun zu betrachten, welche Maßregeln zum Zweck des Übergangs zur Goldwährung getroffen wurden, und wie weit das Problem des Übergangs zur Goldwährung bereits jetzt seine Lösung fand.

Da war zunächst die Frage der Umwandlung des Geldumlaufs und der Konvertierung der Geldschulden. Der Reichstag entschied hier im selben Sinne, wie der Bundesrat entschieden hatte. Auch in der Wahl des Wertverhältnisses stimmte der Reichstag der Vorlage zu. Die Verhältnisse waren für die Entscheidung dieser schwierigsten und bedenklichsten Frage der Münzreform so günstig wie nur irgend möglich. Die Frage der Relation war in der Münzreform-Litteratur gründlich erwogen worden. Camphausen fällte ein durchaus unzutreffendes Urteil, wenn er sagte: „Ich will nicht leugnen, daß es während der Verhandlungen, die seit Monaten Deutschland bewegt haben, zuweilen einen unheimlichen Eindruck auf mich gemacht hat, daß dieses eigentliche Problem der Frage, diese schwierigste Seite der Frage, kaum in Erörterung gezogen, daß als völlig selbstverständlich behandelt wurde das Verhältnis von 15½ zu 1." Man hatte sich redlich nach der Lösung dieses Problems abgequält, aber man war fast allgemein zu dem Resultat gekommen, daß theoretisch eine restlose, gänzlich unanfechtbare Lösung nicht möglich sei, und daß man, für welche Theorie man sich auch entscheiden mochte, einen mehr oder weniger willkürlichen Griff nicht vermeiden könne. Nun traf es sich besonders glücklich, daß die praktischen Resultate der verschiedensten Theorien so ziemlich zusammenfielen. Ob man die durchschnittliche Relation einer kürzeren oder längeren Vergangenheit für die richtige hielt, oder ob man mit Bamberger der Ansicht war, „daß weder rückwärtsgehende Durchschnittsnormen noch vorwärtsgehende Berechnungen zu entscheiden haben, in welcher Proportion dieser Übergang gegriffen werden soll, sondern einzig und allein der Moment, in dem der Übergang bewerkstelligt wird" — man kam stets auf ein Wertverhältnis, welches gar nicht oder nur unbedeutend von dem des Gesetzentwurfes abwich. Ein besonders günstiger Umstand war, daß in den Tagen, an welchen der Reichstag das Gesetz beriet, der Londoner Silberpreis „auf ein Haar" das vorgeschlagene Wertverhältnis ergab. Das trug zweifellos erheblich dazu bei, daß das vorgeschlagene Wertverhältnis ohne ernstlichen Widerspruch zur Annahme gelangte. Diejenigen, welche aus irgend welchen Nebenrücksichten, z. B. um die neuen Goldmünzen in ein einfacheres Verhältnis zum Gewichtssystem zu bringen, nicht abgeneigt gewesen wären, eine geringfügig abweichende Relation zu befürworten, nahmen davon

Abstand, um nicht der glatten Erledigung dieser heikeln Frage Hindernisse zu bereiten.

So wurde dieses schwierigste Problem unter allgemeinem Einverständnis entschieden, ohne daß es zu einem Kampf zwischen den bei dieser Entscheidung in hohem Grade beteiligten mächtigen Interessen der Schuldner und der Gläubiger gekommen wäre, von denen die ersteren eine möglichst hohe, die letzteren eine möglichst niedere Tarifierung der Goldmünzen wünschen mußten.

Soweit konnten die Befürworter der Doppelwährung und die Freunde der Goldwährung miteinander gehen. Durch die Verleihung der gesetzlichen Zahlungskraft an die Reichsgoldmünzen und ihre feste Tarifierung in dem alten Silbergeld war vorerst nur ein Zustand geschaffen, welcher der Doppelwährung entsprach. Die Einführung der Goldwährung erforderte noch weitere Maßnahmen.

Vor allem die Einstellung der Silberausmünzung. — Mit dem Verbot der weiteren Silberprägung war aber mehr erreicht, als ein bloßes Zurückhalten des Silberumlaufs auf seiner bestehenden Ausdehnung; diese Maßregel mußte zugleich den Wert des umlaufenden Geldes vom Silber unabhängig machen, indem sie die Verbindung zwischen Barrensilber und Silbergeld zerschnitt.

Über die Notwendigkeit, die Prägung von Silberkurant einzustellen, falls man zur Goldwährung übergehen wollte, bestand keine Meinungsverschiedenheit. Der Gesetzentwurf enthielt zwar darüber keine Bestimmung, aber, wie wir wissen, waren die Bundesregierungen protokollarisch dahin übereingekommen, die Silberausmünzung einzustellen.

Camphausen machte dem Reichstag von dieser Übereinkunft Mitteilung. Aber diese Mitteilung befriedigte nicht überall. Man wußte, daß diese Übereinkunft nicht einfach und vollständig jede weitere Silberkurantprägung untersagte, sondern daß einzelne Staaten wichtige Vorbehalte gemacht hatten. So erzählte man sich, Bayern habe sich das Recht reservieren lassen, die ihm aus der französischen Kriegskosten-Entschädigung zufließenden silbernen Fünffrankenstücke umzuprägen. Ferner bot diese Übereinkunft dem Reichstag nicht die genügende Sicherheit. Sie konnte, ohne Zustimmung des Reichstags, durch eine neue Übereinkunft der Bundesregierungen wieder aufgehoben werden. Bamberger stellte deshalb den Antrag, das Verbot der weiteren Silberausmünzung ausdrücklich in das Gesetz aufzunehmen, und als er diesen Antrag später mit allen seinen andern Anträgen zurückzog, wurde er, wie diese, von Lasker wieder aufgenommen.

Die Regierung erhob keinen grundsätzlichen Widerspruch. Camphausen hatte bereits bei der Generaldebatte geäußert, Preußen wünsche noch Siegesthaler auszuprägen, woran es durch ein absolutes Verbot der Silberausprägung gehindert werde, und diesem Wunsche trug der Bamberger'sche Antrag Rechnung, indem er ausdrücklich die Ausmünzung von Denkmünzen gestattete[1].

Delbrück, welcher bei der zweiten Lesung die Regierung vertrat, beschränkte sich darauf, ein Amendement zum Bamberger'schen Antrag zu befürworten, welches lediglich die fernere Ausmünzung der groben Silbermünzen verbieten wollte, nicht auch eine eventuell notwendige Ausmünzung von Silberscheidemünzen. Den Antrag Bamberger selbst bekämpfte er mit keinem Wort.

Der Antrag „Lasker, geborene Bamberger", wie ihn Dr. Braun unter schallender Heiterkeit des Hauses nannte, fand unwidersprochene Annahme, und damit war die erste gesetzliche Vorbedingung für die künftige Goldwährung geschaffen.

Es ist in späteren Jahren ein Unterschied konstruiert worden zwischen „Goldwährung" und „Goldvaluta". „Goldvaluta" hat man ganz allgemein den Währungszustand genannt, in welchem der Wert des Geldes vom Goldwert abhängig ist; als „Goldwährung" dagegen bezeichnete man ausschließlich diejenige Währungsverfassung, in welcher nur Goldmünzen gesetzliches Zahlungsmittel bis zu jedem Betrag sind und alle übrigen Geldsorten auf Verlangen des Inhabers in Gold eingelöst werden müssen. Nach dieser Unterscheidung, welcher eine Zeit lang in der Währungslitteratur eine außerordentliche Wichtigkeit beigelegt wurde, hat z. B. Deutschland bis auf den heutigen Tag keine „Goldwährung", sondern nur eine „Goldvaluta", weil neben den Goldmünzen auch Silbermünzen bis zu jedem Betrag gesetzliches Zahlungsmittel sind, während

---

[1] Das Wort „Denkmünze" erfuhr dabei keine weitere Definition. In Wirklichkeit wurden diese Denkmünzen als gesetzliches Zahlungsmittel, wie die übrigen Silberkurantmünzen, ausgeprägt. Wenn das die Meinung des Antrags Bamberger war, dann wäre es — sollten die Einzelregierungen nicht vermöge der Erlaubnis, solche Denkmünzen zu schlagen, das ganze Verbot der weiteren Silberausmünzungen illusorisch machen können — mindestens am Platze gewesen, den Betrag dieser Denkmünzen zu kontingentieren.

der Wert des deutschen Geldes nichtsdestoweniger ausschließlich durch den gesetzlichen Goldwert der Mark bestimmt ist. Später hat man die Währungsverfassung, in welcher zwar der Wert des Geldes mit seinem gesetzlichen Goldgehalt übereinstimmt, aber neben dem goldnen auch silbernes Kurantgeld vorhanden ist — ein Zustand, dessen Vorbedingung offene Prägung für Gold und beschränkte oder gesperrte Prägung für Silber ist — „hinkende Goldwährung" (auch „hinkende Doppelwährung"), genannt, im Gegensatz zu der „reinen Goldwährung", welche nur Goldmünzen als Kurantmünzen kennt.

Die „hinkende Goldwährung" war zur Zeit der deutschen Münzreform noch unbekannt; sie hatte nirgends in concreto existiert und an ihre theoretische Möglichkeit dachte niemand. Wer die Goldwährung wollte, der wollte die reine Goldwährung, wie sie in England bestand; und wollte man diese, dann mußte man den vorhandenen Silberumlauf beseitigen und durch ihn Goldgeld ersetzen, soweit nicht Silberscheidemünzen benötigt waren.

Der Entwurf des Bundesrates, welcher die Entscheidung zwischen Goldwährung und Doppelwährung dem definitiven Münzgesetz überlassen wollte, konnte natürlich über die Zurückziehung des Silbergeldes keine Bestimmung enthalten; er begnügte sich damit, die Einziehung der Landesgoldmünzen anzuordnen. Da es aber der Wille des Reichstags war, die Währungsfrage gleich jetzt zu entscheiden, und zwar im Sinne der reinen Goldwährung, stimmte er einem Antrag Bamberger-Lasker zu, welcher den Reichskanzler ermächtigte, die Einziehung der bisherigen groben Silbermünzen anzuordnen. Das war eine Ergänzung der Einstellung der Silberprägung nach der positiven Seite, aber noch keine vollkommene.

Der Antrag gab der Reichsregierung die Befugnis, den vorhandenen Silberumlauf durch Einbehaltung von Silbermünzen, welche bei den öffentlichen Kassen eingingen, zu vermindern, nicht aber die Befugnis, Silbermünzen außer Kurs zu setzen, d. h. ihnen die gesetzliche Zahlungskraft zu entziehen.

Widerspruch erfuhr dieser Antrag nur durch Mohl, der meinte, das hieße denn doch „in der Frage der Doppelwährung den Prozeß mit der Exekution anfangen". Die Frage der Doppelwährung war indessen bereits durch die Einstellung der Silberprägung entschieden.

Mit der Annahme auch dieses Antrags war die Kette der die Währung betreffenden Bestimmungen abgeschlossen.

Überblicken wir die Ergebnisse der Reichstagsverhandlungen, so finden wir, daß der Reichstag das Gesetz gegenüber der Vorlage des Bundesrats in allen Punkten erheblich verbessert hat.

Die Mark war, wie vorgeschlagen, als Rechnungseinheit angenommen, aber jeder allzudeutliche Anklang an das Thalersystem war konsequent beseitigt.

Die Münzverfassung war centralistisch geordnet, im Gegensatz zur Bundesratsvorlage. Man hatte den Einzelstaaten das Recht gelassen, den Akt der Münzprägung auszuüben und die Reichsmünzen mit dem Bildnis ihrer Landesherren zu versehen. Aber die Anordnung, die Kontrolle und die Kosten der Prägung hatte man dem Reich übertragen und ebenso die Aufrechterhaltung der Vollwichtigkeit des Münzumlaufs. Von höchster Wichtigkeit für die Durchführung der Reform war, daß nach den Beschlüssen des Reichstags die Landesmünzen von Reichswegen und auf Reichskosten eingezogen werden sollten, während nach der Auffassung des Bundesrats die einzelnen Landesregierungen selbständig die Beseitigung ihres Münzumlaufs hätten vornehmen müssen. Dadurch, daß der Reichstag die Leitung der Reform in die Hände der Reichscentralgewalt gab, ermöglichte er überhaupt erst die Durchführung der Münzreform. Der Übergang zur Goldwährung, an sich und bei einheitlicher Leitung schon schwierig genug, hätte niemals gelingen können, wenn man es den Einzelstaaten überlassen hätte, für sich und jeder nach seinen Kräften und seinem guten Willen auf die Goldwährung loszumarschieren.

Schließlich that der Reichstag, über die Bundesratsvorlage hinaus, einen bedeutenden Schritt zur Goldwährung. Da man eingestandenermaßen allgemein die Goldwährung wollte, so mußte man alle Maßregeln ergreifen, um sich jetzt schon den Übergang zur Goldwährung möglichst zu erleichtern. Der Bundesrat hatte in dieser Hinsicht das Gesetz gegenüber dem Präsidialantrag schon bedeutend verbessert, indem er den Goldmünzen an Stelle des vorgeschlagenen Kassenkurses gesetzlichen Kurs gegeben hatte. Aber erst der Reichstag zog aus dem Willen, zur Goldwährung überzugehen, die vollen Konsequenzen, indem er das Verbot der weiteren Silberprägung und die Ermächtigung zur Einziehung von Landessilbermünzen in das Gesetz einschob, Bestimmungen, ohne welche sich die Schwierigkeiten des unvermeidlichen Währungswechsels noch erheblich vergrößert hätten.

Man mag heute zur Währungsfrage stehen wie man will, in jedem Falle wird man anerkennen müssen, daß der Reichstag das Beste an diesem grundlegenden Gesetze geleistet hat. Der Reichstag setzte sich mit kühnem Schwung über die Bedächtigkeit und Engherzigkeit der Einzelregierungen und des Bundesrats hinweg und gab vor allem dem deutschen Volke eine wirklich einheitliche Münzverfassung. Seine Verdienste um den Übergang zur Goldwährung mögen heute von den Gegnern der Goldwährung bestritten werden. Ich glaube, gezeigt zu haben, daß damals nur die Goldwährung das Ziel einer deutschen Münzreform sein konnte, und unter diesen Verhältnissen erwarb sich der Reichstag ein großes Verdienst dadurch, daß er den Übergang zur Goldwährung in einer Weise einleitete, welche wirklich Erfolg versprach. —

Das „Gesetz, betreffend die Ausprägung von Reichsgoldmünzen," welches unterm 4. Dezember 1871 publiziert wurde, war unter den Händen des Bundesrats und besonders des Reichstags bedeutend über seinen Titel hinausgewachsen. Es bestimmte definitiv die künftige deutsche Rechnungseinheit, es regelte die staatsrechtliche Organisation des deutschen Münzwesens, und es setzte an Stelle der bisherigen Silberwährung einen Übergangszustand, der die Grundlagen der Goldwährung bereits enthielt und nur in der Goldwährung seinen konsequenten Abschluß finden konnte.

Sechstes Kapitel.

Die Reformen in Bremen und Hamburg.

Die in Deutschland vor der Münzreform vorhandenen Münzsysteme standen fast alle miteinander in einfachen Zahlenverhältnissen. Der Gulden war 4/7 Thaler, die Hamburgisch-Lübische Mark war 2/5 Thaler, der in Elsaß-Lothringen geltende Frank war auf 8 Silbergroschen tarifiert. Auch die alten Überreste verschwundener Systeme, wie die Kronenthaler, die Münzen der schleswig-holsteinischen Währung und andere fügten sich verhältnismäßig leicht in die bestehenden Systeme ein.

Völlig abseits von allen andern deutschen Landeswährungen standen nur die Bremische Thaler-Goldwährung und die Hamburger Bankvaluta, erstere als isolierte Goldwährung unter Silberwährungen, letztere als ein auf Feinsilber in Barren begründetes Buch-Geld.

Schon längst hatte man es in den beiden Hansestädten höchst lästig empfunden, nach einem Geld rechnen zu müssen, das mit den Systemen des deutschen Binnenlandes nichts gemein hatte. Die Bestrebungen nach einer deutschen Münzeinheit hatten gerade dort — man denke nur an den Hamburger Soetbeer! — ihre eifrigsten Vertreter.

Als nun das erste Reichsmünzgesetz die bisherigen Landesmünzsysteme bestehen ließ und das künftige Reichsmünzsystem nur durch die Anordnung der Ausprägung von 10- und 20-Markstücken festlegte, da erhob sich für Bremen und Hamburg die Frage, ob sie darauf warten wollten, bis durch ein definitives Reichsmünzgesetz mit den übrigen Landesmünzsystemen auch die Thaler-Goldwährung und die Bankvaluta beseitigt würden, oder ob sie bereits vorher diese Systeme durch die Reichsmarkrechnung in irgend einer Form ersetzen sollten. In beiden Städten wurde diese Frage im letzteren Sinne entschieden.

Erster Abschnitt.

Bremens Übergang zur Reichswährung.

In Bremen bestanden schon seit längerer Zeit unleidliche Münzverhältnisse.

Das Grundgeld der Bremischen Goldwährung war die Pistole (der Louisdor), aber Bremen sebst prägte überhaupt keine Goldmünzen, sondern beschränkte sich darauf, den von andern Staaten geprägten Pistolen gesetzlichen Kurs zu verleihen.

Als nun im Jahre 1857 die deutschen Staaten in Gemäßheit des Wiener Münzvertrags die Prägung von Pistolen einstellten, blieb für Bremen nur die Wahl, entweder selbst eine Münzstätte zu errichten und Pistolen auszuprägen, oder andere Goldmünzen als gesetzliches Zahlungsmittel zuzulassen.

Der letztere Weg wurde gewählt, und die durch den Wiener Münzvertrag geschaffene Zollvereinskrone, welche in den Staaten des Münzvereins selbst nur eine Handelsgoldmünze mit veränderlichem Kassenkurs oder ohne Kassenkurs sein sollte, wurde in Bremen als gesetzliches Zahlungsmittel angenommen, so schlecht sie auch in das Bremische Rechnungssystem hineinpaßte.

Aber die Ausmünzung von Kronen erreichte niemals große Summen und hörte im Jahre 1870 völlig auf. Es zeigte sich infolgedessen in Bremen ein solcher Mangel an Goldmünzen, daß durch ein Gesetz vom 25. Juli 1870 eine Reihe von ausländischen Goldmünzen in Bremer Währung tarifiert und legalisiert werden mußten, so die französischen, englischen und amerikanischen Goldmünzen. Auch diese Sorten fügten sich nur schlecht in das bestehende Münzsystem ein.

Dieser Zustand wurde nur dadurch erträglich, daß in normalen Zeiten nur wenige Goldmünzen im freien Verkehr sichtbar waren; die große Menge lag in der Bremer Bank und war im Umlauf durch die Noten dieses Institutes vertreten.

Aber die Notenausgabe der Bremer Bank war nicht unbegrenzt, sondern auf den Betrag ihres Grundkapitals (5 Millionen Thaler Gold) zuzüglich ihres Reservefonds beschränkt. Sobald nun die Bank das Maximum ihrer Notenausgabe erreicht hatte und damit vor die Unmöglichkeit gestellt war, im Austausch gegen Goldmünzen Noten zu geben, mußten die verschiedenen fremden Münzsorten unmittelbar in den Umlauf übergehen, und dieser Fall trat nach der Beendigung des Krieges mit Frankreich ein.

Zur Erhöhung der Verwirrung trug der Umstand bei, daß neben der Bremischen Goldwährung die preußische Thalerwährung in gewissem Umfang dadurch eingeführt war, daß sie für Eisenbahn-, Post- und Telegraphentarife Geltung hatte.

Die Unhaltbarkeit des bestehenden Zustandes veranlaßte den Senat, bald nach dem Erlaß des Reichsmünzgesetzes vom 4. Dezember 1871 den Übergang zur künftigen Reichswährung in Erwägung zu ziehen. Die Bremische Handelskammer ließ es an nachdrücklichen Vorstellungen in derselben Richtung nicht fehlen.

Der erste Plan sowohl des Senates als der Handelskammer war, das künftige Reichsmünzsystem sofort auf Grundlage der für das Reich in Aussicht genommenen, in Bremen aber schon längst bestehenden, reinen Goldwährung einzuführen. Allen Goldmünzen außer den Reichsgoldmünzen, welche durch Reichsgesetz bereits gesetzlichen Kurs hatten, sollte die gesetzliche Zahlungskraft von einem bestimmten Termin ab entzogen werden; ebenso den Silber- und Kupfermünzen bremischen Gepräges. An Stelle der letzteren sollten — aber ausschließlich als Scheidemünzen — die in das Marksystem passenden Stücke des 30-Thalerfußes gesetzt werden.

Die Durchführbarkeit dieses Planes beruhte auf der Voraussetzung, daß es möglich sein werde, die für den bremischen Verkehr erforderlichen Summen von Reichsgoldmünzen ohne Schwierigkeiten zu beschaffen. Diese Voraussetzung konnte, nachdem das Gesetz vom 4. Dezember 1871 die Goldprägung nicht freigegeben hatte, nur durch eine Zusicherung seitens der Reichsregierung geschaffen werden, daß sie bereit sei, für das von Bremen einzuliefernde Gold Reichsgoldmünzen zu liefern. Ohne diese Zusicherung konnte der Staat Bremen sich nicht zur Einlösung des bisherigen Geldes in Reichsgoldmünzen, dem künftigen alleinigen Kurantgeld, verpflichten.

Es wurden deshalb Verhandlungen mit dem Reichskanzleramt angeknüpft, die aber zu keinem Ende führten. Das Reichskanzleramt glaubte sich nicht nur durch den Wortlaut des Gesetzes von 1871 außer stand gesetzt, die von Bremen verlangte Zusicherung, welche in ihrem Wesen eine Freigabe der Goldprägung speciell für Bremen gewesen wäre, zu geben; es war außerdem nicht mit den Absichten des Bremer Senats einverstanden. Die Reichsregierung fürchtete, durch die alleinige Geltung der Reichsgoldmünzen in Bremen, welche die unbedingte Möglichkeit der Beschaffung von Reichsgoldmünzen sicher stellte, werde der Abfluß von Reichsgoldmünzen nach dem Ausland erleichtert werden, und ein solcher Abfluß müsse während der Übergangszeit vermieden werden.

Dagegen stellte das Reichskanzleramt zur Erwägung, ob man in Bremen neben den Reichsgoldmünzen nicht auch die groben Silbermünzen der Thalerwährung als gesetzliches Zahlungsmittel anerkennen wolle. Der große Vorrat von Thalermünzen würde Bremen gegen einen Mangel an Zirkulationsmitteln, die in das Marksystem paßten, sicher stellen.

Auf Grundlage dieser Anregung traten Senat und Handelskammer in neue Verhandlungen ein.

Die Zulassung von Silbermünzen als Kurantgeld erregte Bedenken. Da Bremen bisher Goldwährung gehabt hatte, da ferner das Endziel der deutschen Münzreform die reine Goldwährung war, konnte es sinnlos und unbillig erscheinen, während des Übergangs von dem einen Goldwährungssystem zum andern Silbermünzen zum gesetzlichen Zahlungsmittel für jeden Betrag zu machen. Außerdem erschien es fraglich, ob nicht durch eine solche Maßregel eine Erschwerung der Handelsbeziehungen mit den nach Gold rechnenden Ländern eintreten würde.

Nach den Erklärungen des Reichskanzleramtes stand es jedoch außer Zweifel, daß das definitive Münzgesetz die Kurantmünzen der Thalerwährung bis zu ihrer völligen Einziehung, und zwar jedenfalls noch längere Zeit über die Einführung der Reichswährung hinaus, als gesetzliche Zahlungsmittel für das ganze Reichsgebiet beibehalten werde. Unter diesen Umständen konnte Bremen den silbernen Kurantmünzen nicht entgehen. Es handelte sich also nur um die Wahl zwischen der sofortigen freiwilligen Zulassung der groben Thalermünzen und ihrer späteren notgedrungenen Zulassung. Im letzteren Falle hätte der Anschluß an das Geldwesen der übrigen deutschen Staaten bis zum Erlaß des endgültigen Münzgesetzes verzögert werden müssen.

Unter diesen Verhältnissen befürwortete die Handelskammer auf das entschiedenste die schleunige Reform des bremischen Geldwesens auf Grund der vom Reichskanzleramt gegebenen Anregung.

Auch der Senat gelangte nach gründlichen Beratungen zu der Überzeugung, daß der möglichst schleunige Anschluß an die Markrechnung Vorteile biete, welchen gegenüber die frühere Zulassung des nach Lage der Dinge unvermeidlichen Silberkurantes von keiner Bedeutung war. Er arbeitete nun einen Gesetzentwurf aus, nach welchem am 1. Juli 1872 an die Stelle der bisherigen Thaler-Gold-Rechnung die durch das Reichsgesetz vom 4. Dezember 1871 begründete Rechnung nach Mark und Pfennigen treten sollte; vom gleichen Zeitpunkt ab sollten alle bisher gesetzlichen Kurs genießenden Goldmünzen (außer den Reichsgoldmünzen), ferner die bremischen Silber- und Kupfermünzen nicht mehr als gesetzliche Zahlmittel gelten; gesetzliche Zahlmittel sollten vielmehr vom 1. Juli an nur noch folgende Münzsorten sein:

Für jeden Betrag: die Reichsgoldmünzen, die Thaler und Doppelthaler deutschen Gepräges;

Für Beträge bis zu 30 Mark: die 1/3- und 1/6-Thalerstücke deutschen Gepräges;

Für Beträge bis zu 99 Pfennigen: die Silberscheidemünzen der Thalerwährung;

Für Beträge bis zu 9 Pfennigen: die Kupferscheidemünzen der Thalerwährung.

Die bremischen Silber- und Kupfermünzen, nicht auch die legalisierten ausländischen Goldmünzen, sollten in der Zeit vom 1. Juli bis zum 30. September von den öffentlichen Kassen eingelöst werden.

Die Umrechnungsnorm aus der alten in die neue Währung war durch die im Reichsmünzgesetz vom 4. Dezember 1871 bereits angenommene Tarifirung des 10-Markstückes auf 3 1/93 Thaler-Gold gegeben.

Der Entwurf wurde am 3. April 1872 der Bürgerschaft vorlegt und erhielt am 30. April Gesetzeskraft.

Das Gesetz wurde in der festgesetzten Weise durchgeführt. Die Gesamtkosten der Durchführung, welche hauptsächlich aus den beim Verkauf der eingeschmolzenen Silber- und Kupfermünzen erlittenen Verlusten bestanden, beliefen sich auf 283.406,36 Mark. Bis auf einige Ausgaben lokaler Natur und auf die von der bremischen Staatskasse an den in ihren Beständen befindlichen ausländischen Goldmünzen erlittenen Verluste wurden diese Kosten vom Reich übernommen, im ganzen 274.939,28 Mark. Für die bremische Staatskasse hat sich also der Anschluß an das Marksystem nur auf 8.466,93 Mark gestellt.

Zweiter Abschnitt.

Das Ende der Hamburger Bankvaluta.

Weniger rasch und glatt als der Anschluß Bremens an das Reichsmünzsystem ging die Umwandlung der Hamburger Bankvaluta vor sich.

Schon seit den vierziger Jahren hatten sich Bestrebungen nach einer Reform der Hamburger Bank und der Bankvaluta geltend gemacht, die Ende der 60er und Anfang der 70er Jahre erheblich an Kraft zunahmen. Die Hamburger Kaufleute empfanden, nachdem die Ursache der Schaffung des Bankogeldes, die fortgesetzte Münzverschlechterung in allen Nachbarländern, weggefallen war, fast nur noch die Unbequemlichkeiten, welche der Geldverkehr durch Überschreibungen in den Büchern der Bank verursachte. Sie waren durch die gesetzlichen Bestimmungen über den Wechselverkehr und das Hypothekenwesen gezwungen, sich des Bankogeldes zu bedienen. Aber alle auf die Reform der Bankvaluta gerichteten Bestrebungen vermochten keinen Erfolg zu erzielen; Handelskammer, Kaufmannschaft und Bürgerschaft waren machtlos gegenüber der konservativen Gesinnung des Senats.

Sogar nach der Einführung der Goldwährung, so glaubte der Hamburgische Senat, werde die Bankvaluta sich neben der Reichswährung ihre Stellung bewahren können.

Die Gegner der Bankvaluta suchten deshalb zunächst dadurch ihre Absicht zu erreichen, daß sie im Reichstag den Gesetzentwurf betreffend die Reichsgoldmünzen durch eine Bestimmung über die Hamburger Bankowährung zu ergänzen suchten, welche den Senat zur Nachgiebigkeit zwingen mußte.

Dr. Wolffson, einer der beiden Abgeordneten für Hamburg, beantragte, in dem § 8 des Gesetzes, welcher die neuen Reichsgoldmünzen in den verschiedenen Landeswährungen tarifierte, der Reichsmark auch einen festen Wert in Mark Banko beizulegen.

Die Reichsregierung erhob gegen diesen Antrag im wesentlichen folgende Einwände:

Die Bankowährung sei keine Landeswährung, kein Geld im juristischen Sinn, sondern nur ein konventionelles Zahlungsmittel; die Mark Banko stelle $\frac{1}{59^1/_8}$ Pfund Feinsilber dar und sei juristisch nichts anderes als dieses bestimmte Quantum Feinsilber, also eine Ware wie jede andere.

Es liege also für das Reich, welches lediglich die bestehenden Landeswährungen in die Reichswährung überführen wolle, weder ein Grund noch ein Recht vor, den neuen Reichsgoldmünzen gesetzliche Zahlungskraft an Stelle der Mark Banko zu gewähren.

Eine solche Tarifierung sei außerdem höchst bedenklich, weil sie im Grunde nichts anderes sei als die Bestimmung, daß 1 Pfund Gold = $15^1/_2$ Pfund Silber sein solle. (Der Wert der Mark Banko konnte sich nicht wie der Wert des Thalers und der anderen Silbermünzen vermöge der gesperrten Prägung von der Silbergrundlage loslösen.)

Eine solche Tarifierung werde, da das Reich die Kosten der Einziehung des bisherigen Landesgeldes zu tragen haben werde — und durch die Tarifierung hätte man die Mark Banko als Landeswährung anerkannt — die Spekulation veranlassen, massenhaft Silber in die Bank zu bringen und damit Bankowährung zu „kreieren", während das Reich später den durch die Wiederveräußerung des Silbers entstehenden Verlust decken müsse.

Dr. Wolffson bemühte sich, diese Einwände zu widerlegen. Vor allem wies er nach, daß die Mark Banko keine Ware und kein konventionelles Geld sei; denn die in Mark Banko abgeschlossenen Geschäfte seien keine Tausch-, sondern Kaufgeschäfte, und die Wechsel müßten in Mark Banko bezahlt werden.

Allerdings bestehe zwischen der Mark Banko und dem andern deutschen Silbergeld der Unterschied, daß die Prägung des letzteren eingestellt werden solle, während die Kreierung von Bankogeld durch Einbringen von Feinsilber bei der Bank nach wie vor möglich sei. Dadurch werde die Tarifierung wirkungslos. Es sei deshalb nötig, analog zu verfahren wie mit dem geprägten Silbergeld; wie hier die Münzstätten, müsse man dort die Bank für das ungemünzte Silber schließen.

Diese Ausführungen trafen den Nagel auf den Kopf.

In der That war die Mark Banko Geld in juristischem Sinn, wenn ihr auch das gewöhnlich als wesentlich angenommene, juristisch in Wirklichkeit aber unwesentliche Merkmal der Prägung fehlte. Denn der Handel war durch die Gesetzgebung gezwungen, sich in manchen Geschäftszweigen, so im Wechsel- und Hypothekengeschäft, der Bankowährung zu bedienen.

War die Mark Banko also Geld und nicht Ware, so unterschied sie sich ferner von dem Quantum Feinsilber, auf welchem sie basiert war. Ein $\frac{1}{59^1/_8}$ Pfund Feinsilber war so wenig eine Mark Banko, wie

$^1/_{80}$-Pfund Silber ein Thaler war. Um zum Thaler zu werden, mußte das Silber auf der staatlichen Münzstätte ausgeprägt werden; um zur Mark Banko zu werden, mußte das Silber in die Bank eingebracht, amtlich geprüft und abgewägt und in den Büchern der Bank auf das Konto des Einbringers gutgeschrieben werden. Wie man die Prägung von Silbermünzen einstellen konnte, so konnte man auch die Verwandlung von Silber in Mark Banko inhibieren, und zwar mit der gleichen Wirkung der Loslösung der Mark Banko von ihrem ursprünglichen Silberwert. Mit dem gleichen Recht wie die Umwandlung des Silberumlaufs mußte das Reich die Umwandlung des Silberbarrenbestandes der Hamburger Bank auf sich übernehmen: Das wäre die einzige der juristischen Natur des Bankogeldes entsprechende Lösung gewesen.

Die Frage war jedoch für den Reichstag zu schwierig und undurchsichtig. Er schloß sich der Meinung der Reichsregierung an, zumal Delbrück sich für seine Ansicht auf den Hamburger Senat und die Hamburger Bundesratsbevollmächtigten berufen konnte. Die Tarifierung der Mark Banko unterblieb.

Dagegen ließ die Reichsregierung deutlich erkennen, daß sie ein Fortbestehen der Bankowährung neben der Reichsgoldwährung für unmöglich halte, daß aber die Beseitigung oder Umwandlung der Bankvaluta Sache des Hamburgischen Staates sei.

Noch im November 1871 richtete die Hamburger Handelskammer an den Senat Vorschläge zur Umwandlung der Bankvaluta. Die Notwendigkeit einer Umwandlung begründete sie mit der drohenden Silberentwertung, durch welche der gesamte Handel und alle Hypothekengläubiger schwer geschädigt werden müßten, falls die Bankvaluta unverändert auf Feinsilber gegründet bliebe.

Der wesentliche Inhalt der Vorschläge war:

Das Einbringen von Feinsilber in die Bank behufs Kreierung von Bankogeld wird sistiert; nur die Belehnung von Silberbarren ist auch fernerhin gestattet.

Zur direkten Fundierung eines Guthabens bei der Bank werden nur Reichsgoldmünzen, Thaler oder Doppelthaler deutschen Gepräges zugelassen; daneben bis zu einem gewissen Maximalbetrag Gold in Barren und Sorten.

Die Bank geht zur Rechnung nach Reichsmark über.

Alle Zahlungsverpflichtungen auf Mark Banko werden in Reichsmark konvertiert auf Grundlage der Relation von $59^1/_8$ Mark Banko = 90 Reichsmark.

Die Bank wird ermächtigt und beauftragt, den in Silberbarren vorhandenen Bankfonds auf eigne Rechnung gegen Reichsgoldmünzen oder Thaler umzutauschen.

Der Senat beharrte auch jetzt noch auf seinem Widerstand, und die Frage kam für ein halbes Jahr völlig ins Stocken.

Im Juli brachte der Handelskammerpräsident bei der Bürgerschaft einen Antrag ein, der im ganzen den Vorschlägen der Handelskammer an den Senat entsprach. Nur die Konvertierungsrelation war für die Bankvaluta um eine Kleinigkeit ungünstiger: 150 Thaler waren 300 Mark Banko gleichgesetzt, oder 60 Mark Banko, statt $59^1/_8$, gleich 30 Thaler oder 90 Mark angenommen.

Die Bürgerschaft gab ein fast einstimmiges Votum für den Entwurf ab.

Ehe der Senat Stellung zu diesem Beschluß der Bürgerschaft nahm, traten Verhältnisse ein, welche gebieterisch eine schleunige Umwandlung der Bankvaluta erforderten.

Diese Verhältnisse hingen zusammen mit der Zahlung der französischen Kriegskosten-Entschädigung.

Da die Bankowährung gegenüber den andern deutschen Landeswährungen eine Sonderstellung einnahm, hatte sich das Reich nicht verpflichtet, Wechsel auf Mark Banko zu einem festen Satz in Zahlung zu nehmen, sondern nur zu dem erlösten Wert.

Nichtsdestoweniger verschaffte sich die französische Regierung enorme Summen in Banko-Wechseln, und zwar namentlich, indem sie mit zwei Hamburger Banken, der Norddeutschen Bank und L. Behrens Söhne — wie mit vielen ausländischen Banquiers — einen Vertrag schloß, nach welchem sie Wechsel auf diese Banken ziehen durfte.

Teilweise gab sie diese Wechsel der deutschen Regierung in Zahlung, teilweise machte sie von ihnen Gebrauch, um andere Werte damit zu kaufen, welche sich günstiger verwenden ließen, teilweise bediente sie sich ihrer, um Silber aus der Hamburger Bank zu beziehen und daraus Fünffrankenstücke zu prägen, welche gleichfalls der deutschen Regierung in Zahlung gegeben werden konnten. Nach Mitteilungen, die Léon Say[1] macht, ergaben $59^1/_8$ Mark Banko abzüglich der Transportkosten nach

[1] In dem offiziellen Bericht über die Zahlung der Kriegskosten-Entschädigung.

Paris 110 Frcs. 27½ cts. War der Kurs der Banko-Wechsel in Paris niedriger, so bezog die Regierung Silber aus Hamburg, war er höher, verkaufte sie Banko-Wechsel.

Gegen den 12. September 1872[1] wurden 48 Millionen Mark Banko fällig. Die Banquiers, welche diese Wechsel acceptiert hatten, mußten Sorge tragen, ihr Guthaben in der Bank durch Einbringen von Feinsilber entsprechend den von ihnen zu zahlenden Summen zu erhöhen. Denn die Zahlung in Mark Banko hatte für Kontoinhaber durch Umschreibung in den Büchern der Bank, für Dritte durch Abschreibung und Auszahlung des entsprechenden Quantums Feinsilber zu geschehen. Da die Hamburger Bank kein Kreditinstitut, sondern lediglich eine Girobank war, konnte niemand eine größere Summe in Mark Banko zahlen, als sein Guthaben bei der Bank betrug.

Nun war allerdings neben dem Einbringen von Feinsilber noch ein andres Mittel gegeben, vermöge dessen man sein Guthaben verstärken konnte: die Belehnung von Silbermünzen; als solche kamen namentlich Thaler in Betracht[2]. Da die Bank jedoch jederzeit bereit sein mußte, in Feinsilber zu zahlen, war die Belehnung auf die Maximalsumme von 7 Millionen Mark Banko beschränkt.

Da die Summe der Belehnungen bereits im Juli 3 Millionen Mark Banko überstieg, war für die bezogenen Banken eine wirksame Erhöhung ihrer Guthaben auf dem Wege der Belehnung vollständig ausgeschlossen.

Die Banquiers mußten also auf die Herbeiziehung von Feinsilber Bedacht nehmen.

Obwohl der gesamte Silberbarren-Vorrat bei der Bank von etwa 16 Millionen Mark Banko Mitte Juli auf über 39 Millionen am 12. September stieg, gelang die Beschaffung von Silber nicht in dem nötigen Umfang; die Ursachen sind nicht klargestellt. Teils wird behauptet, die Lage des Silbermarktes habe den Bezug des notwendigen Silberquantums nicht ermöglicht, teils wird die Schuld auf einen Rechenfehler seitens der beteiligten Banken geschoben.

Die bezogenen Banken gerieten dadurch in große Verlegenheit. Um sich zu helfen, beschränkten sie ihre Kreditgewährung und zogen ihre auf kurze Frist ausgeliehenen Gelder zurück. Die Folge war, daß vom

---

[1] Siehe Nothomb, Gesandtschaftsbericht über die Umwandlung der Hamburger Bankvaluta. 1872.

[2] Daneben war auch die Belehnung auf Gold in Münzen und Barren gestattet.

24. August bis zum 9. September 1872 der Diskont in Hamburg von $3^{1}/_{4}$ auf 5 % stieg.

Aber alles wäre umsonst gewesen. Bei allem Überfluß an sonstigen Zahlungsmitteln war es für die Banken unmöglich, ihren Banko-Verbindlichkeiten in Mark Banko nachzukommen. Abgesehen davon, daß die Einschmelzung und Affinierung von Thalern bei dem damaligen hohen Thalerkurs bedeutende Verluste mit sich gebracht hätte, war zu diesen Operationen mehr Zeit notwendig, als zur Verfügung stand.

Die beteiligten Banken traten nun in Unterhandlung mit dem Reichskanzleramt, in dessen Besitz ein großer Teil der Bankowechsel übergegangen war. Sie baten, in Thalern oder Goldmünzen zum Kurs zahlen zu dürfen, aber das Reich ließ sich darauf nicht ein [1]; wie die Hamburger Börsenhalle vom 14. September 1872 behauptet, um zu zeigen, welche nachteiligen Folgen die Bankowährung habe [2].

Um eine Krisis zu vermeiden, sah sich nunmehr der Hamburgische Senat genötigt, einen Schritt vorwärts zu thun; er erhöhte das zulässige Maximum der Belehnung auf 15 und später auf 20 Millionen Mark Banko. Dadurch wurde es den bezogenen Banken möglich gemacht, ihre Vorräte an gemünztem Geld zur Erhöhung ihres Banko-Guthabens zu verwenden. Allerdings war die Stellung der Bank dadurch erheblich geschwächt. Die Sicherheit jederzeit in Feinsilber zahlen zu können, war stark gemindert. Die Reichsverwaltung sowohl wie die französische Regierung konnten die Bank durch das Verlangen der sofortigen Auszahlung fälliger Wechsel in die Unmöglichkeit versetzen, ihrer Verpflichtung, in Feinsilber zu zahlen, nachzukommen.

Beide machten indessen von ihrer Macht keinen Gebrauch. Die französische Regierung bezog nur soviel Silber, „als ihr nötig erschien, um die Kurse zu halten und um für die Bankowechsel, welche sie behielt, günstige Bedingungen für die Umwandlung in Thaler zu erlangen“ [3]. — Die deutsche Regierung verwendete den größten Teil ihrer Bankowechsel zum Ankauf von Wechseln auf London.

So ging die Gefahr an der Hamburger Bank vorüber; aber die Bankvaluta hatte durch sie ihren letzten Stoß erhalten.

---

[1] Nothomb a. a. O. S. 5.

[2] Vgl. Dr. Ernst Levy von Halle, Das Ende der Hamburger Girobank. S. 61.

[3] Léon Say.

Der Senat selbst sah die Unhaltbarkeit der Lage ein und machte der Bürgerschaft auf ihre Beschlüsse vom 12. Juni Gegenvorschläge.

Er nahm Stellung gegen die von der Bürgerschaft beschlossene Aufstellung von Konvertierungsnormen. Die Konvertierung müsse — unter der alten Begründung, daß es sich nur um konventionelles Geld handle — der privaten Vereinbarung überlassen bleiben. Ebenso sei es Sache jedes Konten-Inhabers, nicht Sache der Bank, das deponierte Feinsilber zu verwerten.

Die Bürgerschaft verwarf den Entwurf des Senates am 2. Oktober.

Aus der Mitte der Bürgerschaft wurde nun ein neuer Antrag gestellt, in welchem die gesetzliche Konvertierung der auf Mark Banko lautenden Geldschulden aufrecht erhalten wurde, dagegen die Umwandlung des Bankfonds in einer der Auffassung des Senates entsprechenden Weise geregelt war.

Aus diesem Kompromißvorschlag ging das definitive Gesetz vom 11. November 1872 hervor.

Seine wesentlichen Bestimmungen waren.

1) Am 15. Februar 1873 werden die bisherigen, auf ungemünztes Silber begründeten Konten der Hamburger Bank geschlossen. Von diesem Tag an kann über diese Konten nur durch Zurückziehen des Silbers verfügt werden.

2) Es werden binnen acht Tagen nach Publikation des Gesetzes Konten auf „Mark Reichsmünze" eröffnet, zu deren Fundierung Reichsgoldmünzen und Thaler (1- und 2-Thalerstücke) deutschen Gepräges einzubringen sind.

3) Nach Schluß der Silberkonten sind alle auf Mark Banko lautenden Zahlungsverpflichtungen durch Bankzahlung in Reichsgoldmünzen, oder in Thalern und Doppelthalern zu erfüllen, und zwar nach dem Verhältnis von 150 Mark Reichsmünze für 100 Mark Banko.

Wir haben also hier den merkwürdigen Fall, daß die auf Mark Banko lautenden Zahlungsverpflichtungen zu einem festen Satz konvertiert wurden, während die Besitzer von Mark Banko, die Inhaber von Konten bei der Bank, sich damit begnügen mußten, das Silber, auf welches die Mark Banko begründet war, zurückzuerhalten und selbst für dessen Veräußerung zu sorgen. Die wirkliche Mark Banko wurde ihren Besitzern nicht durch einen neuen Wert ersetzt, dagegen wurde den Geldschulden auf Mark Banko ein neuer Inhalt gegeben. Wer in den Büchern der Bank Mark Banko stehen hatte, konnte damit von einem bestimmten

Termin ab nicht mehr seine auf Mark Banko lautenden Schulden zahlen.

Juristisch war diese Lösung durchaus unlogisch wie jeder Kompromiß, der zwei Auffassungen, von denen nur eine korrekt sein kann, versöhnen will.

Praktisch wurde die Lösung rasch und glatt durchgeführt. Bis zum Juni 1873 verschwand das Silber fast vollständig aus der Bank. Während zu Beginn des Jahres ihr Vorrat an Silberbarren noch 45 Millionen Reichsmark betragen hatte, beliefen sich die Belehnungen auf Silber in Barren im Juni nur noch auf 655.200 Mark. Die Silberbezüge der französischen Regierung trugen viel zur Erleichterung des Übergangs bei. Die Norddeutsche Bank verwertete ihr Silberkonto sogar mit einem Gewinn von 60.000 Mark, jedenfalls infolge ihrer Beziehungen zur französischen Regierung[1].

Damit war auch das zweite jener völlig isolierten deutschen Währungssysteme beseitigt und durch die Reichswährung ersetzt. Eine aus den Verhältnissen hervorgehende Notwendigkeit hat es gefügt, daß das neue einheitliche Reichsmünzsystem gerade dort zuerst seinen Einzug hielt, wo es mit den alten Geldverfassungen die wenigsten Berührungspunkte hatte.

[1] E. v. Halle a. a. O. S. 69.

Siebentes Kapitel.

Das Münzgesetz vom 9. Juli 1873.

Nachdem mehr als ein Jahr seit der Publikation des Gesetzes, betreffend die Ausprägung von Reichsgoldmünzen, verflossen war, legte der Reichskanzler am 21. Februar 1873 dem Bundesrat den Entwurf eines „Gesetzes, betreffend die Münzverfassung“, vor.

Es handelte sich bei diesem Gesetz nicht mehr um die Feststellung der Grundlagen der deutschen Münzreform. Alle Punkte, über welche große prinzipielle Meinungsverschiedenheiten hätten entstehen können, waren in dem Gesetz vom 4. Dezember 1871 bereits entschieden.

Es empfiehlt sich deshalb nicht, auch bei diesem Gesetz den Präsidial-Entwurf, die Verhandlungen des Bundesrats und des Reichstags getrennt zu behandeln, zumal der Gesetzentwurf in seinen verschiedenen Stadien nur wenig Veränderungen zeigt[1].

Das erste Reichsmünzgesetz hatte lediglich die Grundlagen zur Erfüllung der beiden Hauptforderungen, welche an die Münzreform gestellt wurden, gelegt.

Es hatte noch nicht an die Stelle der verschiedenen Landesmünzsysteme ein einheitliches Reichsmünzsystem gesetzt, sondern es hatte nur zwei Reichsmünzen, das Zwanzigmarkstück und das Zehnmarkstück geschaffen. Diese beiden Münzen hatte es in den verschiedenen Landesmünzsystemen tarifiert; im übrigen hatte es jedoch das Bestehen der Landeswährungen nicht angetastet. Der Norden rechnete nach wie vor nach Thalern, der Süden nach Gulden.

[1] Präsidialentwurf, Bundesratsvorlage und Gesetz sind nebeneinander gestellt in den Beiträgen S. 194—216.

Ebensowenig hatte das Gesetz die Goldwährung eingeführt; es hatte nur eine Reihe wichtiger Maßregeln, welche notwendige Vorbedingungen für die Einführung der Goldwährung waren, getroffen.

Das „Münzgesetz" hatte also die Aufgabe, die deutsche Münzeinheit auf Grund des im Prinzip angenommenen Marksystems durchzuführen, und an Stelle des etwas verwickelten provisorischen Währungszustandes die definitive Goldwährung treten zu lassen.

Die Erfüllung dieser doppelten Aufgabe proklamierte der erste Artikel des Gesetzes mit folgenden Worten:

„An die Stelle der in Deutschland geltenden Landeswährungen tritt die Reichsgoldwährung. Ihre Rechnungseinheit bildet die Mark, wie solche durch § 2 des Gesetzes vom 4. Dezember 1871, betreffend die Ausprägung von Reichsgoldmünzen, festgestellt worden ist."

Nun konnte aber das Münzgesetz selbst unmöglich vom Tage seiner Proklamation ab die Reichswährung an Stelle der Landesmünzsysteme und die Goldwährung an Stelle des vorhandenen Währungszustandes setzen. Ehe man die Reichswährung einführen konnte, mußte der Verkehr unbedingt mit einer genügenden Menge von Münzen des Marksystems in allen notwendigen Wertgrößen versehen sein; und die Prägung der außer den zwei Reichsgoldmünzen erforderlichen Stücke hatte ja das Gesetz selbst erst anzuordnen. Ehe man die Goldwährung proklamieren konnte, war es notwendig, die umlaufenden Silberkurantmünzen zu beseitigen und ihnen die gesetzliche Zahlungskraft, mindestens die Zahlungskraft für jeden Betrag, zu entziehen.

Da sich der Zeitpunkt, bis zu welchem die notwendigen Operationen durchgeführt sein könnten, unmöglich absehen ließ, wollte der Entwurf die Bestimmung des Tages, an welchem die „Reichsgoldwährung" im ganzen Reichsgebiet in Kraft treten sollte, einer mit Zustimmung des Bundesrats zu erlassenden kaiserlichen Proklamation vorbehalten; dabei wollte man es den einzelnen Landesregierungen überlassen, schon vor dieser Proklamation in ihrem Gebiet die „Reichsmarkrechnung" einzuführen.

Der Reichstag nahm auf Antrag Bambergers an diesem Artikel eine redaktionelle Änderung von großer Wichtigkeit vor.

Das Wort „Reichsgoldwährung" war in dem Entwurf in zwei verschiedenen Bedeutungen gebraucht. In dem oben wiedergegebenen Eingangssatze bedeutete es den Zustand einer reinen Goldwährung, in welchem Silbermünzen nur als Scheidemünzen existieren; in anderen

Artikeln des Gesetzes war es als Bezeichnung des Übergangszustandes gebraucht, in welchem zwar nach Mark gerechnet wird, aber an Stelle der Reichsgoldmünzen die noch nicht völlig beseitigten groben Silbermünzen der Thalerwährung für jeden Betrag in Zahlung gegeben werden können. Aus den Motiven ging hervor, daß die kaiserliche Proklamation nicht den Zustand der reinen Goldwährung verkündigen sollte, sondern den Übergang zur Reichsmarkrechnung, aus welcher sich die „eigentliche Reichsgoldwährung" (sic!) erst allmählich durch die Einziehung der Silberkurantmünzen zu entwickeln hatte.

Dadurch, daß die Bezeichnung „Reichsgoldwährung" gleichmäßig auf den Übergangszustand und auf das Endziel der Reform angewendet wurde, konnte der Eindruck entstehen, als ob zwischen beiden Zuständen kein wesentlicher Unterschied vorhanden sei, als ob die Proklamation der „uneigentlichen" Reichsgoldwährung bereits das Ziel der Münzreform bedeute.

Um keinen Zweifel aufkommen zu lassen, daß die reine Goldwährung das Endziel der Reform sei, beantragte Bamberger, den zwei verschiedenen Zuständen zwei verschiedene Namen zu geben. Er schlug vor, überall dort, wo unter „Reichsgoldwährung" der Übergangszustand verstanden wurde, das Wort „Reichswährung" zu gebrauchen und nur im ersten Satz das Wort „Reichsgoldwährung" zur Bezeichnung des Zieles der Münzreform anzuwenden.

Er äußerte dabei die Befürchtung, die unklare Anwendung des Wortes „Reichsgoldwährung" sei nicht ohne Absicht erfolgt; es sei nicht ausgeschlossen, daß namentlich die preußische Regierung hoffe, den Thaler als Kurantgeld beibehalten zu können.

Michaëlis trat dieser Befürchtung entgegen und sagte, der Reichstag könne sich der Auffassung hingeben, daß die Bundesregierungen soviel Liebe zu ihrem großen Werke „haben und gewinnen werden", daß sie, „selbst wenn Liebhabereien für die Aufrechterhaltung (des Thalers) bestehen sollten", diese überwinden würden.

Diese Worte waren eher eine leise Bestätigung als eine Beseitigung der Befürchtungen. Der Reichstag ließ sich durch sie nicht abhalten, gemäß dem Antrag Bambergers zwischen „Reichsgoldwährung" und „Reichswährung" zu unterscheiden. Die kaiserliche Proklamation sollte nur die Einführung der Reichswährung, nicht den definitiven Abschluß der Reform verkündigen.

Nachdem im ersten Artikel die Goldwährung mit der Mark als Rechnungseinheit als Ziel der Münzreform festgestellt war, beschäftigten sich die folgenden Artikel mit dem Ausbau des Marksystems; zunächst mit der Frage der Stückelung.

Hinsichtlich der auszuprägenden Nickel- und Kupfermünzen ergaben sich keine Meinungsverschiedenheiten; umsomehr über die zweckmäßige Stückelung der Silbermünzen. Hier kam namentlich der Umstand erschwerend in Betracht, daß die Silbermünzen, um sich in das System der Goldwährung einzupassen, unterwertig ausgeprägt werden mußten.

Michaëlis war bei der Ausarbeitung des Entwurfs von der gesunden Ansicht ausgegangen, daß sowohl in Hinsicht auf die Einfachheit des Verkehrs als auch in Rücksicht auf die Kosten der Ausmünzung eine Beschränkung der Münzsorten auf eine möglichst geringe Anzahl geboten sei. Als Silbermünzen schlug er deshalb das Fünfmarkstück, das Einmarkstück und das Fünfzigpfennigstück vor. Die Lücken zwischen dem Fünf- und dem Einmarkstück einerseits, dem Fünfzigpfennigstück und dem nickelnen Zehnpfennigstück andrerseits, erschienen jedoch allgemein als zu groß.

Man einigte sich leicht darüber, die letztere Lücke durch ein Zwanzigpfennigstück auszufüllen. Von allem Anfang an war man zweifelhaft, ob man dieses Stück aus Silber oder aus Nickellegierung prägen solle. Man wählte das Silber. Als sich zeigte, daß der Verkehr das Stück wegen seiner Kleinheit zu unpraktisch fand, bestimmte im Jahre 1886 ein Gesetz[1] seine Ausprägung in Nickel. Aber auch in dieser Form hat sich das Zwanzigpfennigstück nicht einzubürgern vermocht. Es erschien zu plump und in Legierung und Gepräge zu häßlich. Es zeigte sich auf diese Weise, daß der Verkehr in der That mit einer sehr geringen Zahl von Münzsorten auskommen kann, und daß ein Zwanzigpfennigstück keine Notwendigkeit ist.

Schwieriger gestaltete sich die Frage hinsichtlich der größeren Silbermünzen.

Der Umstand, daß die Silbermünzen nur Scheidemünzen sein und als solche unterwertig ausgebracht werden sollten, brachte dem vorgeschlagenen silbernen Fünfmarkstück eine starke Gegnerschaft. Man fand es vielfach zu groß für eine unterwertige Scheidemünze.

Um es überflüssig zu machen, wurde die Schaffung eines goldnen

---

[1] Gesetz, betreffend die Ausprägung einer Nickelmünze zu zwanzig Pfennig, vom 1. April 1886 (R.G.Bl. S. 67).

Fünfmarkstückes beantragt und beschlossen. Aber auch das silberne fand eine Mehrheit, und die Reichsregierung erklärte, das goldene nur zu acceptieren, wenn auch das silberne bestehen bleibe. Die Wahl zwischen beiden Münzen solle dem Verkehr überlassen bleiben.

Um die Lücke zwischen dem Einmarkstück und dem Fünfmarkstück auszufüllen, wurde im Bundesrat ein Zweieinhalbmarkstück in Anregung gebracht[1]; aber diese Anregung fand keinen Beifall.

Im Reichstag wurde ein Zweimarkstück beantragt.

Dieses Münzstück war der am meisten und heftigsten umstrittene Punkt im ganzen Münzgesetz. Die Frage, ob ein silbernes Zweimarkstück geprägt werden solle, wurde mit einem Ernst und einem Eifer behandelt, als ob die ganze Münzreform von ihr abhängig sei.

Der Grund, warum diesem Münzstück eine solche Wichtigkeit beigemessen wurde, war der österreichische Silbergulden.

Dieser lief, wie wir wissen, seit langer Zeit fast in ganz Deutschland zum Werte von 20 Silbergroschen um, also zum gleichen Werte, welchen das Zweimarkstück haben sollte. Solange Deutschland Silberwährung hatte, war der Umlauf österreichischer Silbergulden nicht gerade bedenklich, denn solange entsprach sein Silbergehalt dem Wert von 20 Silbergroschen, zu welchem er genommen wurde. Er wurde erst gefährlich, als Deutschland Anstalten traf, zur Goldwährung überzugehen, und als das Silber im Verhältnis zum Gold unter die dem deutschen Währungswechsel zu Grunde gelegte Relation zu fallen begann.

Der Silbergulden war in Österreich frei ausprägbar, er konnte also unbeschränkt vermehrt werden.

Die Goldwährung kann aber nur durch eine strenge Kontingentierung des Silberumlaufs aufrecht erhalten werden. Solange der österreichische Silbergulden ungestört nach Deutschland einwandern und dort zu zwei Mark umlaufen konnte, war deshalb an eine Reichsgoldwährung nicht zu denken; solange hatte man vielmehr lediglich eine Doppelwährung, bei welcher das Gold in Deutschland geprägt wurde und das Silber in Österreich frei ausprägbar war. Wollte man also ernstlich die Goldwährung durchführen, so mußte man den österreichischen Silbergulden aus Deutschland aussperren.

Nun glaubten die einen, das Zweimarkstück sei so nahe mit dem österreichischen Gulden verwandt, daß seine Existenz die Ausschließung des österreichischen Guldens unmöglich mache; könne man doch nie-

[1] Siehe Beiträge S. 221 ff.

mandem zumuten, stets zu prüfen, ob ein solches Stück den einköpfigen Reichsadler oder den Doppeladler Österreichs trage. Andere, die ebensosehr von der Notwendigkeit der Aussperrung des österreichischen Guldens durchdrungen waren, wollten dieses Übel auf homöopathischem Wege bekämpfen — similia similibus: Man müsse den österreichischen Gulden durch die deutsche Doppelmark austreiben. Ein Zweimarkstück sei so sehr ein Bedürfnis für den Verkehr, daß sich der österreichische Gulden als Zweimarkstück trotz aller sonstigen Maßregeln im deutschen Umlauf erhalten werde, wofern nicht das Deutsche Reich ein legitimes Zweimarkstück schaffe. Wieder andere begriffen überhaupt nicht, worum es sich bei diesem Meinungsstreit eigentlich handelte. Sonst ganz kluge Leute stellten die Behauptung auf, es sei ganz undenkbar, daß sich der vollwichtig ausgeprägte österreichische Silbergulden, der $^{1}/_{45}$ Pfund Feinsilber enthielt, mit den unterwertig auszumünzenden deutschen Zweimarkstücken, deren 50 erst ein Pfund Feinsilber enthalten würden, vermengen könne; als ob der Geldwert des deutschen Zweimarkstückes trotz der Goldwährung durch seinen Silbergehalt bestimmt wäre und nicht vielmehr durch den Goldwert von 2 Mark, der damals bereits um einige Prozent höher war als der Silberwert des nur für eine Silberwährung vollwertigen österreichischen Guldenstückes! Ein weiterer Teil verkannte die Ursachen des Einströmens des österreichischen Guldens nach dem Deutschen Reich und eben deshalb die Größe der Gefahr, welche von seiten des österreichischen Silberguldens der ganzen Währungsreform drohte. Man glaubte, lediglich der Zwangskurs für österreichisches Papiergeld sei Schuld an dem österreichischen Silberumlauf in Deutschland. Man übersah, daß durch die in Deutschland bereits getroffenen Maßregeln, welche den Übergang zur Goldwährung bezweckten, der Wert des deutschen Geldes bereits höher war als der Wert seines ursprünglichen Silbergehalts; man übersah die auf der Hand liegende Thatsache, daß der Wert von zwei Mark oder von $^{2}/_{3}$ Thaler deutschen Geldes damals bereits nicht unbeträchtlich höher war als der Silbergehalt eines österreichischen Guldens, daß die Edelmetallhändler und Arbitrageure deshalb ihren Gewinn dabei fanden, auf den österreichischen Münzen Guldenstücke prägen zu lassen und diese in Deutschland zum Wert von zwei Mark oder von $^{2}/_{3}$ Thaler in Umlauf zu setzen. Infolgedessen sah man nicht die große Gefahr, welche der österreichische Gulden für die angestrebte deutsche Goldwährung bedeutete, und man hoffte, der österreichische Gulden werde von selbst wieder nach Österreich zurückwandern, sobald es diesem Lande gelungen sei, die Barzahlungen in Silber wieder aufzunehmen. Andere schließlich glaubten sogar, der österreichische Gulden sei für den deutschen Münzumlauf eine unbedingte Notwendigkeit und zwar im Interesse unserer ausgedehnten Handelsbeziehungen mit der österreichisch-ungarischen Monarchie.

Da der Unverstand sein ganzes Schwergewicht für das Zweimarkstück in die Wagschale legte, und da die Verständigen selbst geteilter Ansicht waren, fand das Zweimarkstück in zweiter und dritter Lesung in namentlichen Abstimmungen eine Majorität. Die Regierung, welche bis zum letzten Augenblick Widerstand leistete, wollte das Gesetz wegen dieses Münzstückes nicht fallen lassen. Aber der Bundesrat beeilte sich nicht, die Ausprägung von Zweimarkstücken anzuordnen. Erst als der österreichische Gulden im Deutschen Reiche längst ausgerottet war, wurden im Jahre 1876 die ersten Zweimarkstücke geschlagen.

Wichtiger als die Wahl der einzelnen Münzsorten war die Einrichtung des gesamten Scheidemünzsystems. Da die Scheidemünzen bei der Silberwährung innerhalb des gesamten Münzwesens einen wesentlich kleineren Raum einnehmen und eine wesentlich unbedeutendere Rolle spielen als bei einer Goldwährung, war eine Anlehnung an bisher vorhandene Bestimmungen ausgeschlossen. Dagegen gab das englische und auch das französische Scheidemünzwesen Anhaltspunkte.

Die Motive des dem Bundesrat vorgelegten Gesetzentwurfes stellten als Erfordernisse eines Silberumlaufs bei einer Goldwährung folgende Punkte auf:

1. Unterwertige Ausprägung.
2. Beschränkte Zahlungskraft.
3. Kontingentierte Ausmünzung und Möglichkeit einer Einwechselung gegen Goldmünzen.

Dem ersten Punkt wurde entsprochen, indem beschlossen wurde, aus einem Pfund Feinsilber nicht 90 Mark, sondern 100 Mark zu prägen. Da aus einem Pfund Feingold 1395 Mark geprägt werden sollten, war das Silber in den Scheidemünzen zu dem Gold in den Kurantmünzen in ein Wertverhältnis von 1 : 13,95 gesetzt. Gegenüber der bei dem Währungswechsel angenommenen Relation von 1 : 15,5 bedeutete das eine Unterwertigkeit der Silberscheidemünzen von 10 Prozent.

Diese Unterwertigkeit war größer als die Unterwertigkeit der Silberscheidemünzen in irgend einem andern Lande[1]. Der Münzgesetzentwurf

---

[1] In Frankreich wurden damals und werden heute noch die Silberscheidemünzen gegenüber dem Silberkurantgeld, den vollhaltigen Fünffrankenstücken, um 7,2 Prozent

schlug diese starke Unterwertigkeit vor, weil — wie die Motive sagten — der gewählte Münzfuß (100 Mark auf das Pfund Feinsilber) sich dem Decimalsystem anschließe, und weil er alle Zahlenverhältnisse innerhalb des Systems sehr vereinfache, indem namentlich jedesmal eine runde Zahl von Stücken (90 Einmarkstücke u. s. w.) auf das Bruttopfund gingen. Sehr triftig war diese Begründung einer für damalige Begriffe verhältnismäßig starken Unterwertigkeit der Silbermünzen nicht, und es kann daher nicht Wunder nehmen, daß diese Bestimmung des Entwurfs sowohl im Bundesrat als im Reichstag Gegner fand.

Hauptsächlich wurde gegen eine so starke Unterwertigkeit die Gefahr der „echten Nachprägung" ins Feld geführt. Namentlich der badische Bevollmächtigte äußerte bei der Beratung des Gesetzes in den Bundesratsausschüssen schwere Bedenken in dieser Hinsicht[1]. Der Bundesrat verschloß sich der Wichtigkeit dieser Frage nicht, sondern sah sich veranlaßt, ein technisches Gutachten darüber einzuholen. Dieses Gutachten[2] hielt die Gefahr der echten Nachprägung hinsichtlich der kleineren Silbermünzen für ausgeschlossen, teilte aber die Bedenken hinsichtlich des Fünfmarkstückes. Um alle Gefahr zu beseitigen, schlug es vor, aus dem Pfund Feinsilber nur 19 Fünfmarkstücke statt 20 auszubringen. Die vereinigten Ausschüsse und später das Plenum des Bundesrates schlossen sich jedoch in dieser Hinsicht dem Gutachten nicht an. Sie hielten auch für das Fünfmarkstück die Unterwichtigkeit von 10 Prozent aufrecht.

In Hinsicht auf den heutigen Währungsstreit, in welchem seitens der Bimetallisten die Gefahr der echten Nachprägung unserer Silbermünzen als Argument für die Unhaltbarkeit unseres gegenwärtigen Währungszustandes aufgeführt wird, ist es interessant zu sehen, wie genau damals schon diese Frage erwogen wurde. Man erkannte damals schon, daß, wenn man überhaupt die Gefahr der echten Nachprägung als bestehend annehmen wolle, hauptsächlich Nachprägungen im Ausland zu befürchten seien, wo diese eventuell nicht als Münzverbrechen behandelt werden würden. Als Schutzmittel gegen diese Nachprägung im Ausland wurde damals schon ein Einfuhrverbot deutscher Silbermünzen in Erwägung gestellt. Aber die Mehrheit im Bundesrat, und später auch die

---

unterwertig ausgebracht; in England gegenüber dem ursprünglichen Silberkurantgeld um 6,1 Prozent; in den Vereinigten Staaten werden die Silberscheidemünzen gegenüber dem Standard-Silberdollar um 6,9 Prozent unterwertig geschlagen.

[1] Siehe Beiträge S. 222 ff.

[2] Siehe Beiträge S. 225 ff.

Mehrheit des Reichstags, hielt die Besorgnis vor der echten Nachprägung nicht für begründet. Man machte darauf aufmerksam, daß bis dahin bei den alten, gleichfalls stark unterwertigen Silberscheidemünzen eine Nachprägung nicht vorgekommen sei. Der Bericht der Ausschüsse und übereinstimmend mit ihm die Motive des dem Reichstag vorgelegten Entwurfs führen aus, daß der Fälscher sich kaum mit dem Gewinn aus der echten Nachprägung begnügen könne, sondern seinen Gewinn durch geringeren Gehalt der Falschstücke vergrößern müsse; daß aber solche Fälschungen nicht lange unentdeckt bleiben könnten. Zur Herstellung echter Münzen bedürfe man nach dem heutigen Stand der Technik so vollkommener Betriebseinrichtungen und so beträchtlichen Kapitals, daß der Betrieb weder im geheimen erfolgen könne noch in Hinblick auf das Risiko sich lohnen werde. Zudem sei in England, von woher ein unerlaubter Münzbetrieb in der Regel gefürchtet werde, die Nachprägung fremder Münzen streng verboten[1].

Inzwischen ist allerdings durch das starke Sinken des Silberpreises der Anreiz zur echten Nachprägung bedeutend stärker geworden. Die Unterwertigkeit der Reichssilbermünzen hat sich durch die Silberentwertung von 10 Prozent auf etwa 60 Prozent erhöht. Aber die Schwierigkeit, die echte Nachprägung wegen der erforderlichen Betriebseinrichtungen u. s. w. im geheimen zu betreiben, besteht fort, und sie scheint so groß zu sein, daß bis heute noch kein erheblicher Fall einer echten Nachprägung in Deutschland nachgewiesen ist.

Die Zahlungskraft der Silberscheidemünzen wollte der Präsidialentwurf auf Beträge von nicht über 50 Mark beschränken. In den Motiven wurde darauf hingewiesen, daß in der lateinischen Union die Silberscheidemünzen bis zu 50 Francs gesetzliches Zahlungsmittel seien. In England müssen sie bis zu 40 Schilling in Zahlung genommen werden.

Der Bundesrat hielt die Grenze für zu weit gegriffen und er beschloß, die Zahlungskraft der Silberscheidemünzen auf Beträge von nicht über zwanzig Mark zu beschränken, um „die Goldmünzen im Verkehr einzubürgern und sie namentlich im kleineren Verkehr des täglichen Lebens heimisch zu machen“[2]. — Solange die Thaler gesetzliches Zahlungsmittel für jeden Betrag sind, ist diese rigorose Begrenzung illusorisch.

---

[1] Siehe Beiträge S. 226.

[2] Siehe Beiträge S. 227.

Die Reichs- und Landeskassen, nicht auch die Kommunal- und anderen öffentlichen Kassen, wurden zur unbeschränkten Annahme von Silberscheidemünzen verpflichtet. Dagegen brauchen auch die erstgenannten Kassen, ebenso wie jeder Privatmann, Nickel- und Kupfermünzen nur bis zum Höchstbetrag von einer Mark in Zahlung zu nehmen.

Der Maximalbetrag der auszuprägenden Silberscheidemünzen wurde auf 10 Mark pro Kopf der Reichsbevölkerung festgesetzt.

In England und den Vereinigten Staaten ist die Prägung der Scheidemünzen dem Gutdünken der Regierung überlassen. Der lateinische Münzvertrag hatte die Prägung von Silberscheidemünzen auf 6 Francs pro Kopf beschränkt. Da diese Staaten das silberne Fünffrankenstück noch als Kurantmünze prägten, das Deutsche Reich dagegen die reine Goldwährung anstrebte und mithin alle Silbermünzen als Scheidemünzen ausprägen mußte, wurde im Münzgesetz der Maximalbetrag der Silberprägung höher gegriffen.

Für die Ausmünzung von Nickel- und Kupfermünzen wurde ein Maximum von $2^1/_2$ Mark pro Kopf der Bevölkerung gewählt und zwar in Anlehnung an die Bestimmung des Wiener Münzvertrags, welche $^5/_6$ Thaler als Maximum der zulässigen Scheidemünzprägung festsetzte. Der Betrag war soviel zu hoch gegriffen, daß dem Bedarf des Verkehrs bereits genügt war, noch ehe ein Betrag von einer Mark pro Kopf der Bevölkerung von diesen Münzen in Umlauf kam.

Um den Scheidemünzumlauf durch das Bedürfnis des Verkehrs von selbst regeln zu lassen und um den Scheidemünzen ihren vollen Wert trotz ihrer Unterwertigkeit zu sichern, wurde bestimmt, daß vom Bundesrat zu bezeichnende Kassen Reichsgoldmünzen gegen Einzahlung von Reichssilbermünzen in Beträgen von mindestens 200 Mark und gegen Einzahlung von Nickel- und Kupfermünzen in Beträgen von mindestens 50 Mark auf Verlangen zu verabfolgen haben.

Der Schwerpunkt dieser Bestimmung sollte nach der Absicht des Entwurfes in der örtlichen Regulierung des Scheidemünzumlaufs liegen; in der Praxis wird diese Regulierung durch die Reichsbank vollzogen. Schon die Bekanntmachung des Reichskanzlers vom 19. Dezember 1875 (Centralblatt S. 802), durch welche die Umwechselungskassen bezeichnet wurden, beauftragte mit dem Austausch von Goldmünzen gegen Scheidemünzen die Reichsbankhauptkasse und die Kassen dreier Reichsbankhauptstellen. Aber die Reichsbank befolgt darüber hinaus die Praxis, bei allen ihren selbständigen Zweiganstalten Scheidemünzen, wenigstens in ihren Geschäftsräumen, bis zu jedem Betrag in Zahlung zu nehmen und auf Verlangen Kurantgeld dagegen zu verabfolgen, soweit sich das mit der ordnungsmäßigen Erledigung der laufenden Geschäfte vereinigen läßt. Andrerseits verabfolgt sie auf Verlangen, soweit ihre Bestände ausreichen, Scheidemünzen gegen Einzahlung von Gold oder gegen ihre Banknoten.

Überblickt man die gesamte Organisation des deutschen Scheidemünzwesens, so wird man finden, daß dieselbe eine sehr straffe ist. Man hatte damals noch wenig Erfahrung bezüglich eines großen Scheidemünzumlaufs, wie er bei der Goldwährung notwendig ist; es ist deshalb erklärlich, daß man lieber etwas zu streng reglementierte. Man ging in dieser Hinsicht vielfach weiter als die englische Gesetzgebung, namentlich indem man eine feste Grenze für die Ausmünzung der Scheidemünzen zog, indem man die Zahlungskraft der Silberscheidemünzen auf den verhältnismäßig sehr niedrigen Betrag von 20 Mark beschränkte und indem man dem Staat die Pflicht auferlegte, die Scheidemünzen gegen Goldgeld einzulösen.

Weder England noch Amerika haben eine gesetzliche Bestimmung über das zulässige Maximum der Ausprägung von Scheidemünzen; man überläßt es dort der Regierung, den Bedürfnissen des Verkehrs, die sich in der Praxis ja überall bei den großen Banken zeigen, Genüge zu thun, und man hat zu der Regierung das Vertrauen, daß sie sich lediglich nach den Bedürfnissen des Verkehrs richten und sich nicht durch den fiskalischen Gewinn bei der Prägung unterwertiger Scheidemünzen zu einer diese Bedürfnisse überschreitenden Ausmünzung verleiten lassen wird. Wir in Deutschland dürften zu der Regierung dasselbe Vertrauen haben und könnten die Scheidemünzprägung ihrem Ermessen ebensogut anheimgeben, wie die Regelung vieler anderer nicht minder wichtiger Dinge. Die gesetzlich festgelegten Maximalgrenzen haben sich ja sowohl hinsichtlich der Silbermünzen als der kleineren Scheidemünzen für verfehlt erwiesen. Hätten wir die Thaler nicht mehr, die, trotzdem sie gesetzlich Kurantgeld sind, im Umlauf hauptsächlich Scheidemünzdienste verrichten, so wäre es schon längst notwendig geworden, den zulässigen Betrag der Silberausmünzung erheblich zu erweitern.

Die ziffermäßige Beschränkung der Scheidemünzprägung, wie sie das Münzgesetz ausspricht, scheint eine Nachbildung der analogen Bestimmungen in Münzverträgen zwischen mehreren souveränen Staaten zu sein, nämlich der betreffenden Bestimmungen im Wiener Münzvertrag und im lateinischen Münzbund. In solchen völkerrechtlichen Verträgen hat eine feste Kontingentierung der Scheidemünzprägung ihren guten Sinn. Hier, wo ein mehr oder weniger gemeinschaftlicher Umlauf erstrebt wird, hat jeder Staat ein Interesse daran, die übrigen Vertragsstaaten an feste Grenzen gebunden zu sehen. Dieser Grund kommt aber für Deutschland seit der Reichsgründung nicht mehr in Betracht.

Ähnlich steht es mit der dem Reiche auferlegten Pflicht, Scheidemünzen gegen Goldgeld einzutauschen. Die Regulierung und örtliche Ausgleichung des Scheidemünzumlaufs erfolgt am besten, und erfolgt auch bei uns thatsächlich durch eine große Bank, nicht unmittelbar durch den Staat. Behufs Aufrechterhaltung des Nennwertes der Scheidemünzen kann, wie das Beispiel Englands zeigt, die Umtauschverpflichtung entbehrt werden. Erfolgt die Scheidemünzprägung in einem nicht größeren Umfang, als es die Bedürfnisse des Umlaufs erfordern, so ist schon dadurch eine genügende Garantie für die Aufrechterhaltung des Nennwerts gegeben. Selbst in kritischen Zeiten können dann nur verhältnismäßig geringe Beträge dem Umlauf behufs Präsentation bei den Umwechselungskassen entzogen werden. Findet dagegen eine übermäßige Ausprägung von Scheidemünzen statt, dann kann auch die gesetzliche Umtauschverpflichtung nicht die Gefahr einer gelegentlichen Entwertung beseitigen; denn der Staat hat keine bereiten Bestände, in kritischen Zeiten am allerwenigsten, mit welchen er den Ansprüchen behufs Einlösung der Scheidemünzen entsprechen könnte. Eine solche Verpflichtung, welche in den Fällen, in welchen sie allein praktische Bedeutung erhielte, nicht erfüllt werden kann, wirkt eher schädlich. Eine notgedrungene Weigerung der Umwechselungskassen, der gesetzlichen Verpflichtung nachzukommen, müßte den Scheidemünzumlauf viel mehr diskreditieren, als es bei einem Nichtbestehen einer solchen Bestimmung geschehen würde.

Auch die Umwechselungspflicht scheint den Bestimmungen in den erwähnten Münzverträgen nachgebildet zu sein. Dort haben nicht die Privaten, sondern die kontrahierenden Staaten ein Interesse an dieser Umtauschspflicht. Sie müssen jederzeit in der Lage sein, bei ihnen umlaufende fremde Scheidemünzen in ihr Ursprungsland zurückzuleiten, und deshalb ist es hier geboten, daß sich die einzelnen Staaten zur Einlösung ihrer Scheidemünzen in vollwertiges Geld verpflichten. In England und den Vereinigten Staaten dagegen besteht ebensowenig eine staatliche Umtauschverpflichtung, wie eine ziffermäßige Beschränkung des Scheidemünzumlaufs.

Damit haben wir den Aufbau des neuen deutschen Münzwesens erledigt. Dadurch, daß in dieser neuen Münzverfassung nur Goldmünzen als Kurantgeld figurierten, während die Silbermünzen mit den Nickel- und Kupfermünzen lediglich als Scheidegeld Verwendung fanden, war das neue deutsche Münzwesen rein äußerlich als Goldwährung auf das schärfste charakterisiert. Das wesentlichste Moment der Währung aber liegt in der Art und Weise, ob und wie der Wert des Geldes mit dem Wert des einen oder andern Metalles verbunden ist.

Wie bereits des öfteren erwähnt, war bisher in Deutschland das Geld mit dem Währungsmetall, dem Silber, dadurch verbunden, daß die Münzstätten alles ihnen angebotene Silber zu öffentlich bekannt gemachten, unwesentlich schwankenden Preisen kauften, welche sich stets um ein Geringes unter dem Ausmünzungswert des Silbers hielten. Gesetzlich verpflichtet waren die Münzstätten nicht zu diesen Silberkäufen. Fast in allen andern Staaten bestand damals schon seit kürzerer oder längerer Zeit das System des gesetzlich festgelegten freien Prägerechts auf private Rechnung. Selbst in Österreich war dieses System zur Zeit des deutschen Münzvereins (im Jahre 1858) angenommen worden.

Im Deutschen Reich hatte das System des privaten Prägerechts schon längst viele und eifrige Verteidiger. Namentlich bei der Beratung des ersten Münzgesetzes hatten sich innerhalb und außerhalb des Reichstags gewichtige Stimmen zu seinen Gunsten erhoben. Ein Bambergerscher Antrag, welcher schon in diesem Gesetz das freie Prägerecht wenigstens im Prinzip festgelegt haben wollte, wurde zwar abgelehnt, weil die Regierung die Entscheidung der Frage für verfrüht erklärt; dagegen wurde am Schlusse der Beratung des Münzgesetzes eine Resolution zu Gunsten der Ausmünzung auf Privatrechnung angenommen. Alle Autoritäten auf dem Gebiete des Geldwesens waren der Ansicht, daß das freie Prägerecht mit einer möglichst geringen Prägegebühr für eine gedeihliche Entwickelung der Münzverhältnisse mindestens sehr wünschenswert sei.

Innerhalb der Regierung waren die Ansichten geteilt und dem freien Prägerecht nicht sehr günstig. Augenscheinlich glaubte man, mit dem bisherigen System des freiwilligen Edelmetallankaufs zu veränderlichen Preisen auch für die Folgezeit auszureichen. Camphausen hatte bei der Beratung des ersten Münzgesetzes die Frage für noch nicht spruchreif erklärt und hinzugefügt, es sei fraglich, ob bei der Einführung des privaten Prägerechts das Deutsche Reich die Sorge und die Kosten für die Aufrechterhaltung der Vollwichtigkeit des deutschen Münzumlaufs auch fernerhin übernehmen könne; dabei war hinlänglich bekannt, daß man insbesondere innerhalb der preußischen Regierung auf die Aufrechterhaltung eines vollwichtigen Münzumlaufs den größten Wert legte.

In der That lag in der vermeintlichen Unverträglichkeit dieser beiden Systeme, des freien Prägerechts mit möglichst niedriger Prägegebühr und der strengen Intakthaltung des Münzumlaufs die Hauptschwierigkeit.

Michaëlis war zu klug, um nicht die Vorzüge des freien Prägerechts zu erkennen, und um nicht einzusehen, daß mangelndes Entgegenkommen in dieser Frage einen ernsten Konflikt mit den eifrigsten Förderern der Münzreform innerhalb des Reichstags hätte herbeiführen müssen. Andererseits war doch auch er von der Auffassung durchdrungen, daß durch das freie Prägerecht der staatlichen Fürsorge für die Vollwertigkeit des Münzumlaufs widersprochen werde. Sein Münzgesetz-Entwurf enthielt deshalb eine Bestimmung, welche den Reichskanzler ermächtigte, auf einzelnen Münzstätten die Ausprägung von Reichsgoldmünzen auf Privatrechnung zuzulassen. In den Motiven sagte er: „Bei solchen Goldausmünzungen wird zu Gunsten des Reichs ein Zuschlag zu den Prägekosten erhoben werden müssen, um die Reichskasse dafür schadlos zu halten, daß sie die Kosten der Aufrechterhaltung der Vollwichtigkeit auch für die auf Privatrechnung geprägten Goldmünzen übernehmen muß.“ Das bedeutete eine Art von Kompromiß. Die Privatprägung sollte freigegeben werden, aber um dem Staat nicht die Kosten aufzubürden, welche durch die Abnutzung der auf Privatrechnung ausgemünzten Stücke entstehen mußten, sollten diejenigen, welche Gold ausprägen lassen wollten, nicht nur die Prägekosten zahlen, sondern obendrein noch die Kosten für die Deckung des durch die künftige Abnutzung dieser Münzen entstehenden Verlustes.

Der ganze Ideengang, der zu diesem Kompromiß geführt hatte, war von Grund aus verkehrt; denn in Wirklichkeit besteht überhaupt kein Widerspruch zwischen der Ausprägung auf Privatrechnung und der Aufrechterhaltung der Vollwichtigkeit des Münzumlaufs durch den Staat. Die Sache lag ja nicht so, daß im Falle der Einführung des freien Prägerechts der Staat seine Ausmünzungen im selben Maße wie bisher fortgesetzt hätte, und neben diese Ausmünzungen weitere Prägungen getreten wären, welche von Privaten, lediglich zu ihrem Vergnügen, veranlaßt worden wären. Es handelte sich nicht um eine doppelte Versorgung des Geldumlaufs, sondern es handelte sich um eine Änderung im System der Versorgung des Geldumlaufs. Die Ausprägungen auf Privatrechnung wären nicht zu den Ausprägungen auf Reichsrechnung hinzugekommen, sondern hätten diese in weitem Umfange ersetzt und überflüssig gemacht, wie denn in der That seit 1878 die gesamte Goldausmünzung des Reichs auf Privatrechnung erfolgt ist. Da es sich also nur um eine bloße Änderung in der Art der Versorgung des Münzumlaufs handelte, lag nicht der mindeste Grund vor, eine Änderung in dem bisherigen Systeme der Aufrechterhaltung der Vollwichtigkeit eintreten zu lassen.

Wie war man denn in Deutschland zu dem bestehenden System gekommen? Warum hatte man es vorgezogen, die durch die allmähliche Abnutzung der Münzen entstehenden Verluste auf den Staat zu übernehmen? — Einmal, weil man sah, daß die Systeme anderer Länder, zum Beispiel das System Englands, wo der Verlust am letzten Inhaber des abgenutzten Stückes hängen bleibt, ihren Zweck nicht vollkommen erfüllten, aber der Hauptgrund war doch wohl die richtige Einsicht, daß die Münzen sich im Dienste und im Interesse der Allgemeinheit abnutzen, und daß es unbillig wäre, Einzelne, z. B. den zufälligen letzten Inhaber eines abgenutzten Stückes, mit der Deckung dieses Verlustes zu belasten. An dieser Begründung des deutschen Systems wurde durch die Einführung der Prägung auf Privatrechnung nicht das mindeste geändert. Auch die auf Privatrechnung geprägten Münzen mußten sich künftighin, sogut wie die auf Staatsrechnung geprägten, im Dienste der Gesamtheit abnutzen, und es lag kein Grund vor, die Abnutzung gerade dieser Stücke von Einzelnen tragen zu lassen, ob diese Einzelnen nun wie in England die letzten Inhaber waren, oder wie es nach Michaëlis in Deutschland werden sollte, diejenigen, welche die Münzen ausprägen ließen.

Hält man sich diesen Sachverhalt gegenwärtig, so kann die Beurteilung des Streites um die Privatprägung, wie er bei der Beratung des Münzgesetzes im Bundesrat und Reichstag stattfand, ein Streit, welcher erst im Bankgesetz einen befriedigenden Abschluß fand, nicht schwer fallen.

Schon im Bundesrat stieß die Auffassung des Entwurfes auf entschiedenen Widerspruch. Hamburg brachte, von Bayern unterstützt, bereits bei den Vorberatungen in den vereinigten Ausschüssen einen Antrag ein, welcher im großen Ganzen der im Reichstag zum ersten Münzgesetz beschlossenen Resolution über die Privatprägung entsprach[1]. Der Hamburgische Antrag wendete sich vor allem gegen zwei Punkte des Entwurfs. Er wollte erstens an Stelle einer bloßen Ermächtigung des Reichskanzlers, Goldprägungen für Privatrechnung zuzulassen, den Münzstätten die gesetzliche Verpflichtung auferlegen, sofern sie nicht vom Reiche im Anspruch genommen seien, für Privatrechung Goldmünzen auszuprägen. Des weiteren wendete er sich gegen die Absicht, die Prägegebühren für Private höher zu normieren, als die regelmäßige Gebühr betrage. Der letztere Punkt wird erst dann vollkommen verständlich, wenn man weiß, daß seitens der Reichsregierung nicht eine feste, sondern eine veränderliche Prägegebühr geplant war, eine Thatsache, die allerdings nicht aus dem Entwurf des Münzgesetzes, wohl aber aus dem Bericht der Bundesratsausschüsse und aus den Motiven des dem Reichstag vorgelegten Entwurfes erhellt.

Weder in den Ausschüssen noch im Plenum des Bundesrats vermochte Hamburg mit seinen Ansichten durchzubringen. Die Mehrheit schloß sich — „zumal es sich vorerst nur um ein Experiment handelte" wie der Ausschußbericht sagte — der Auffassung des Präsidial-Entwurfes rückhaltlos an.

Die Begründung, welche die vereinigten Bundesrats-Ausschüsse für die Ablehnung der hamburgisch-bayerischen Anträge gaben, und welche fast wörtlich in die Motive des dem Reichstag vorgelegten Entwurfes übergegangen ist, enthält eine Stelle, welche für die Verkehrtheit der Auffassung in der Reichsregierung so bezeichnend ist, daß sie hier nicht übergangen werden kann. Wenn einmal der Bedarf an Goldmünzen für die Zirkulation des Reichsgebiets hergestellt sei, so heißt es dort, dann „besteht für die Reichsregierung kein Interesse an Vermehrung der betreffenden Zahlungsmittel und für Private nur etwa in sofern, als sich Reichsgoldmünzen im Ausland als gangbares Zahlungsmittel einbürgern sollten." Dann aber trage die Reichsregierung die Last der Erhaltung der Vollwichtigkeit von Münzen, welche ihrem Verkehr nicht dienen. Es sei daher ganz in Ordnung, daß für die auf Privatrechnung geprägten Goldmünzen eine Gebühr in die Reichskasse fließe, welche eine Entschädigung für die Übernahme der Erhaltung der Vollwichtigkeit bietet. In diesem Sinne solle der Reichskanzler die Prägegebühr normieren

---

[1] Siehe Beiträge S. 229.

können und er wird, — so heißt es — sobald die Ausmünzung nicht dem inländischen Verkehr zu gute kommt, regelmäßig eine höhere Gebühr, als die den Münzstätten sonst zu bewilligende festsetzen, deren Mehrbetrag alsdann zur Reichskasse fließt [1].

Heute, wo das Wesen und die Wirkungen des freien Prägerechts längst klar erkannt sind, erscheinen uns solche Ausführungen fast als volkswirtschaftliche Barbarei. Heute zweifelt kein Mensch mehr daran, daß der Bedarf eines Staates an Umlaufsmitteln weder ein fester ist, noch daß er seitens der Staatsregierung im voraus abgeschätzt werden kann. Ebensowenig zweifelt man daran, daß gerade vermittelst des freien Prägerechts der Umfang der Zirkulation sich am besten dem Bedarf nach Zirkulationsmitteln anpaßt. Die Thatsache, daß die Ausprägung auf Privatrechnung nur dann einen Gewinn läßt und infolgedessen nur dann vorgenommen wird, wenn ein mindestens relativer Bedarf nach Zahlungsmitteln besteht, und daß ferner bei einem Überfluß an geprägtem Geld eine Ausprägung für Private sich nicht rentiert, gehört heute fast zu den elementarsten volkswirtschaftlichen Weisheiten. Es lag also kein Grund vor, zu fürchten, die auf Privatrechnung erfolgenden Ausmünzungen möchten lediglich dem Ausland zu gute kommen. War aber wirklich zu erwarten, die deutschen Goldmünzen möchten wie der englische Sovereign auch außerhalb ihres Vaterlandes, in fernen Weltteilen festen Fuß fassen, so wäre das, wie Bamberger im Reichstag sehr richtig ausführte, ein solcher Vorteil für den gesamten deutschen Handel und mittelbar für das gesamte deutsche Erwerbsleben gewesen, daß das Reich unbedenklich die verhältnismäßig geringen Kosten für die Erhaltung der Vollwichtigkeit auch der draußen umlaufenden Stücke hätte übernehmen dürfen.

Im Reichstag entspann sich für die Privatprägung ein lebhafter Kampf, in welchem gegen die Auffassung des Bundesrats ziemlich alle die soeben geltend gemachten Einwände ausführlich entwickelt wurden.

Die Regierung zeigte sich ziemlich hartnäckig. Angesichts der entschiedenen Stellung, welche die große Majorität des Reichstags zu der Frage der Privatprägung einnahm, konnte sie sich jedoch nicht unbedingt ablehnend verhalten. Sie mußte schließlich zugeben, daß im Gesetz das Recht der Privaten ausdrücklich festgelegt wurde, auf denjenigen Münzstätten, welche sich zur Ausprägung auf Reichsrechnung bereit erklärt haben, Zwanzigmarkstücke für ihre Rechnung ausprägen zu lassen, soweit diese Münzstätten nicht für das Reich beschäftigt sind.

[1] Siehe Beiträge S. 229.

Damit war die Hauptsache zugestanden. Um so hartnäckiger zeigte sich die Regierung in der Frage der Prägegebühr. Michaëlis hielt mit Zähigkeit daran fest, das Reich habe keinen Grund, für die Erhaltung der Vollwichtigkeit der auf Privatrechnung geprägten Goldmünzen mit den Mitteln der Allgemeinheit aufzukommen. Er folgerte daraus, daß diejenigen Privatpersonen, welche von dem freien Prägerecht Gebrauch machen wollten, außer den Kosten der Prägung einen Zuschlag zu zahlen hätten, aus welchem der durch Abnutzung der betreffenden Stücke entstehende Verlust gedeckt werden könne; damit nicht genug, wies er darauf hin, daß dem Reich auch die Pflicht obliege, die abgenutzten Stücke umzuprägen, zu den erstmaligen Prägekosten und den Kosten für die Abnutzung kämen also für die Berechnung der von Privatpersonen zu zahlenden Prägegebühr auch noch die Kosten der späteren Umprägung hinzu. Auf diese Weise errechnete er eine Prägegebühr von gegen 8 Mark.

Diese „Apothekerrechnung" fand den lebhaftesten Widerspruch. Man entgegnete, konsequenterweise müsse auch der Betrag der zweiten Abnutzung und der zweiten Umprägung u. s. w. hinzugefügt werden, und schon dadurch sei die Auffassung der Regierung ad absurdum geführt. Die Regierung aber zeigte keine Lust, sich überzeugen zu lassen. Michaëlis wußte vielmehr gerade für eine hohe Prägegebühr noch besondere Vorzüge ins Feld zu führen, namentlich behauptete er, durch einen hohen Schlagschatz werde der Wert des Geldes in entsprechender Weise über seinem Metallwert gehalten und dadurch die Goldausfuhr und das Einschmelzen deutschen Geldes erschwert. Er übersah dabei, daß eine hohe Prägegebühr den Wert des Geldes nur solange über seinem Metallwert hält, als die Zirkulation die Tendenz hat, neue Umlaufsmittel anzuziehen, daß aber, sobald Neigung zu Geldabfluß eintritt, der Wert des Geldes auf seine untere Grenze, den Metallwert hinabsinkt; daß also der angebliche Schutz gegen die Geldausfuhr gerade dann versagt, wenn er in Wirkung zu treten hätte. Er ließ sich auch nicht darüber belehren, daß eine hohe Prägegebühr, während sie den Geldabfluß nicht hindern kann, den Geldzufluß geradezu erschwert. Bamberger führte mit klaren Worten aus, wie gerade bei den internationalen Edelmetallbewegungen die kleinsten Gewinnchancen ausschlaggebend sind, wie der Edelmetallhändler und Arbitrageur, der vor dem Fall steht, ob er Wechsel auf Deutschland kaufen oder Gold nach Deutschland schicken soll, genau berechnet, was ihn die Goldsendung und was ihn die Ausprägung kostet und wie in einer hohen Prägegebühr eine Art Zoll auf die Einfuhr von Gold liege.

Nach langem Hin und Wieder einigte man sich dahin, dem Reichskanzler und dem Bundesrat die Normierung der Prägegebühr zu überlassen und nur einen Maximalbetrag, 7 Mark für das Pfund Feingold, festzusetzen. Die Anhänger einer möglichst geringen Prägegebühr rechneten dabei darauf, daß das Schwergewicht der Vernunft innerhalb der Regierung schließlich den Sieg davontragen werde, da ja die Vorteile und die Notwendigkeit einer geringen Gebühr sich in kürzester Zeit von selbst herausstellen mußten, und sie hofften weiter, bei der Regelung des Bankwesens auch die Frage der Privatprägung definitiv in ihrem Sinn erledigen zu können. Sie haben sich in beiden Hoffnungen nicht getäuscht. Die Bekanntmachung des Reichskanzlers vom 8. Juni 1875, welche die Münzstätten für die Prägung auf Privatrechnung freigab, setzte eine Prägegebühr von 3 Mark pro Pfund fein fest, nur 25 Pfennige mehr, als dem Reiche selbst die Ausprägung eines Pfundes Gold in Zwanzigmarkstücken kostet.

Mit der Einführung des freien Prägerechts für Gold war die Reihe der das Münzsystem und die Währung betreffenden Bestimmungen abgeschlossen. Das neue deutsche Münzwesen war damit im Sinne einer reinen Goldwährung gesetzlich auf das genaueste festgelegt und geordnet.

Es erübrigen uns nun noch einige Worte über die staatsrechtliche Verfassung des neuen Münzwesens.

Das Gesetz von 1871 hatte in staatsrechtlicher Beziehung formell noch kein Definitivum geschaffen.

Doch hatte es durch einige Bestimmungen die staatsrechtliche Frage bereits so weit entschieden, daß nur mehr eine Lösung möglich war. Dadurch, daß es definitiv die Sorge und die Kosten für Aufrechterhaltung der Vollwichtigkeit des Goldumlaufs dem Reiche übertragen und ebenso die Einziehung der Landesgold- und Landessilbermünzen auf Reichsrechnung verfügt hatte, war jede Möglichkeit ausgeschlossen, die Ausmünzung der neuen Gold- und Scheidemünzen auf Anordnung und Rechnung der Einzelstaaten geschehen zu lassen.

Die Bestimmung, daß auch fernerhin die Ausmünzung der Goldmünzen und ebenso die Prägung der Scheidemünzen von Reichs wegen und für Reichskosten zu geschehen habe, daß der Reichskanzler unter Zustimmung des Bundesrats die auszuprägenden Beträge, deren Verteilung auf die einzelnen Münzgattungen und Münzstätten und die für die einzelnen Münzsorten dem letzteren zu gewährende Prägegebühr zu bestimmen habe, fand deshalb weder im Bundesrat noch im Reichstag Widerspruch.

Mit diesen Bestimmungen hatte das deutsche Münzwesen definitiv die staatsrechtliche Verfassung erhalten, welche provisorisch bereits im ersten Münzgesetz festgelegt war.

Damit haben wir den ersten Teil des Münzgesetzes, welcher das neue deutsche Münzwesen technisch und juristisch ordnete, erledigt. Wir kommen jetzt zu demjenigen Kreis von Bestimmungen, welche den Übergang aus den noch bestehenden Landesmünzsystemen zu der neuen Münzverfassung regelten.

Den bisherigen Münzsystemen war der Lebensnerv bereits durch das Verbot der ferneren Silberkurantausmünzung im Gesetz von 1871 unterbunden.

Es handelte sich nun in erster Linie um die Art und Weise der Beseitigung des bisherigen Umlaufs. Es galt, dem bisherigen Landesgelde die Geldeigenschaft zu entziehen und außerdem handelte es sich darum, die fremden Münzen, welche in Deutschland teils mit, teils ohne Kassenkurs, teils, wie die österreichischen Thaler, mit gesetzlichem Kurs umliefen, zu entfernen.

Bereits nach dem Gesetz von 1871 stand dem Reichskanzler die Befugnis zu, die Einziehung der groben Landessilbermünzen anzuordnen. Die Einziehung von Landesgoldmünzen „nach Maßgabe der Ausprägung der neuen Goldmünzen" war ausdrücklich vorgeschrieben. Von einer Außerkurssetzung, d. h. einer Entziehung der Geldeigenschaft, also einer juristischen Beseitigung des bisherigen Landesgeldes war in dem Gesetz von 1871 noch nicht die Rede.

Das Münzgesetz übertrug nun die Anordnung der Außerkurssetzung von Landesmünzen dem Bundesrat. Es schrieb vor, daß die Außerkurssetzung erst eintreten dürfe, wenn eine Einlösungsfrist von mindestens drei Monaten vor ihrem Ablaufe in ordnungsmäßiger Weise bekannt gemacht sei.

Damit war festgesetzt, daß die deutschen Landesmünzen nicht ohne Einlösung außer Kurs gesetzt werden sollten, und zwar nicht nur diejenigen deutschen Landesmünzen, welche bisher — wie die Silbermünzen — gesetzliche Zahlungskraft, sondern auch solche, welche lediglich einen Kassenkurs, oder nicht einmal einen Kassenkurs besessen hatten.

Über die Beseitigung der in Deutschland mit gesetzlicher Zahlungskraft oder Kassenkurs umlaufenden fremden Münzen enthielt das Münzgesetz expressis verbis nichts. Dagegen heißt es in Artikel 14:

„Von dem Eintritt der Reichswährung an gelten folgende Vorschriften:

„§ 1. Alle Zahlungen, welche bis dahin in Münzen einer inländischen Währung oder in landesgesetzlich den inländischen Münzen gleichgestellten ausländischen Münzen zu leisten waren, sind vorbehaltlich der Vorschriften Artikel 9, 15 und 16 in Reichsmünzen zu leisten."

In diesen Paragraphen 9, 15 und 16 findet sich aber kein Vorbehalt bezüglich der ausländischen Silbermünzen, welche in Deutschland Geldeigenschaft genossen. Mit dem Eintritt der Reichswährung war also nach Artikel 14 diesen ausländischen Münzen ipso iure der Charakter als gesetzliches Zahlungsmittel oder der Kassenkurs entzogen, und zwar ohne jede Einlösung. Während man also Münzen deutschen Gepräges, welche nur einen Kassenkurs genossen, wie z. B. die Friedrichsdor, ja sogar solche, welche nicht einmal einen Kassenkurs hatten, wie die hannöverschen Pistolen und die Goldkronen, bei ihrer Außerkurssetzung gegen gesetzliche Zahlungsmittel einlösen wollte, trug man keine Bedenken, den ausländischen Münzen, selbst wenn sie gesetzliches Zahlungsmittel waren, die Geldeigenschaft ohne Einlösung zu entziehen.

War diese auffällig verschiedenartige Behandlung der deutschen und der ausländischen Münzen gerechtfertigt?

Die Beantwortung dieser Frage nötigt uns, tief in die Erörterung eines der Hauptprobleme des Geldwesens hinabzusteigen. Es handelt sich darum, den Ursprung, das Wesen und die Ausdehnung der dem Staate, wenn er einer Münze den Geldcharakter entzieht, obliegenden Einlösungspflicht festzustellen.

Die gewöhnliche Anschauung ist, daß ein Staat für Münzen seines Gepräges, aber auch nur für diese aufzukommen habe, daß er diese nicht außer Kurs setzen darf, ohne sie gegen Münzen, welche nach wie vor gesetzliche Zahlungskraft besitzen, einzulösen. Dieser gewöhnlichen Anschauung entsprach die Entscheidung der Einlösungsfrage, wie sie im Münzgesetz getroffen wurde, ganz und gar. Es fragt sich nur, ob diese Anschauung richtig ist.

An anderer Stelle[1] habe ich ausführlich nachgewiesen, daß die bloße Münzprägung an und für sich juristisch völlig indifferent ist, daß deshalb

[1] Archiv für öffentliches Recht. Bd. XI. S. 386 ff.

aus dem Gepräge keine Verpflichtung irgendwelcher Art für den Staat abgeleitet werden kann. Dagegen ist dort die staatliche Einlösungspflicht aus der Verleihung des Geldcharakters hergeleitet. „Daraus, daß der Staat mich zwingt, einen Gegenstand als sein Geld in Zahlung zu nehmen, folgt für ihn die Verpflichtung, mir nicht die Möglichkeit zu entziehen, diesen Gegenstand auch meinerseits als Geld zu verwenden. Wenn nun der Staat seinem bisherigen Gelde die Geldeigenschaft entzieht, so muß er seinen Unterthanen im Austausch dafür anderes Geld geben [1]."

Es ist nun klar, daß die Verleihung des Geldcharakters die Einlösungspflicht seitens des Staates involviert, ob nun die Münze, welcher der Geldcharakter verliehen war, auf einer inländischen oder einer ausländischen Münzstätte geprägt worden ist. Es ist höchstens denkbar, daß der Staat, welcher einer fremden Münze den Geldcharakter innerhalb seines Gebietes verliehen hat, einen Rechtsanspruch an den Staat besitze, aus dessen Münzstätte diese fremden Münzen hervorgegangen sind. Aber diese Frage interessiert uns hier nicht, denn hier kommt es lediglich darauf an, daß der Staat eine Münze, welcher er den Geldcharakter verliehen hat, nicht außer Kurs setzen kann, ohne sie einzulösen.

Anders liegt die Frage bezüglich derjenigen fremden Münzen, welchen der Staat nicht den gesetzlichen Kurs, sondern lediglich einen Kassenkurs verliehen hat. Hier zwingt der Staat niemanden, die betreffenden Münzstücke in Zahlung zu nehmen, sondern er erklärt sich lediglich bereit, die Stücke an seinen Kassen in Zahlung nehmen zu wollen. Nun führt allerdings der Kassenkurs dazu, und in der Regel wird er in dieser Absicht verliehen, daß die betreffende Münzsorte thatsächlich von jedermann anstandslos in Zahlung genommen wird. Der Kassenkurs stellt sich also in der Regel als eine Garantie des Staates dar, welche gewissen Münzsorten den allgemeinen Umlauf im Staatsgebiete verschaffen soll. Daß diese Garantie nicht einseitig entzogen werden kann, dürfte kaum zu bezweifeln sein. Derjenige, welcher in Rücksicht auf den Kassenkurs das betreffende Geld in Zahlung genommen hat, wäre nach Entziehung des Kassenkurses nicht mehr imstande, seinerseits dieses Geld in Zahlung zu geben. Die thatsächlichen Folgen für den Einzelnen wären also dieselben, wie bei der Entziehung des gesetzlichen Kurses ohne Einlösung.

Immerhin ist es nicht möglich, aus der Verleihung des Kassenkurses

---

[1] A. a. O. S. 402.

die Einlösungspflicht mit derselben Notwendigkeit zu folgern, wie aus der Verleihung des gesetzlichen Kurses.

Auf keinen Fall aber war es gerechtfertigt, daß durch das Münzgesetz speciell den österreichischen Vereinsthalern die ihnen in Deutschland verliehene gesetzliche Zahlungskraft mit dem Eintritt der Reichswährung ohne jede Einlösung entzogen wurde. Wie wir später sehen werden, ließ sich die durch das Münzgesetz getroffene Entscheidung, weil sich ihre Unbilligkeit zu offenkundig zeigte, in der That nicht aufrecht erhalten.

Höchst merkwürdig ist die Thatsache, daß nicht nur die einen festen Kassenkurs genießenden Goldmünzen außer Kurs gesetzt und eingelöst wurden, sondern auch diejenigen Goldmünzen deutschen Gepräges, welche — wie die hannöverschen Pistolen und die Goldkronen — entweder gar keinen oder nur einen veränderlichen Kassenkurs hatten. „Außer Kurs setzen" heißt einer Münze die Geldeigenschaft entziehen. Die Geldeigenschaft besteht in der gesetzlichen Zahlungskraft oder mindestens in dem Kassenkurs. Die erwähnten Goldmünzen hatten beides nicht, sie waren nach allgemeiner Ansicht und nach der Willensmeinung der Gesetzgeber, welche sie geschaffen hatten, lediglich „Handelsgoldmünzen" ohne jeden Geldcharakter, also kein Geld, sondern lediglich Ware. Die Konsequenz wäre gewesen, daß man sie nicht hätte außer Kurs setzen können, denn einer Münze, welche keinen Geldcharakter hat, kann man den Geldcharakter nicht entziehen.

Das führt uns zu der Erwägung des Umstandes, daß es fast in ganz Deutschland üblich war, das Honorar für Ärzte, Gelehrte u. s. w. in Goldmünzen zu entrichten, daß ebenso in großen Teilen Deutschlands gewisse Geschäftszweige, in Hannover z. B. der Pferdehandel, nach Gold rechneten; hätten diese Goldmünzen wirklich nicht das besessen, was man gewöhnlich den Geldcharakter nennt, wären sie als sogenannte Handelsgoldmünzen wirklich kein Geld, sondern lediglich Ware gewesen, so wären alle diese Geschäfte nicht Zahlung und Kauf, sondern lediglich Tauschgeschäfte gewesen.

Wir erinnern uns ferner, daß Zahlungsverträge auf Goldmünzen ohne Kassenkurs bestanden. Das hätten also, will man die Konsequenz der allgemeinen Auffassung ziehen, keine Geldschulden, sondern nur Lieferungsverträge sein können.

Dem entsprach aber die juristische Praxis ganz und gar nicht. Wer ein Pferd nahm und den Preis dafür in hannöverschen Pistolen zahlte, schloß ein Kaufgeschäft und nicht ein Tauschgeschäft ab. Zahlungsverträge auf die sogenannten Handelsgoldmünzen wurden stets als Geldschulden behandelt. Wechsel und Hypotheken konnten auf Goldmünzen lauten.

Die juristische Praxis erkannte also diese Münzen als Geld an.

Man sieht also, der juristische Begriff der Handelsgoldmünze ist kein ganz einfacher. Es geht nicht an, ihnen ohne weiteres die Qualität als Geld abzusprechen. Sie repräsentierten in der That ein Geld, das neben dem Geld der eigentlichen Landeswährung einherging.

Wenn der Wiener Münzvertrag ausdrücklich die Silberwährung proklamierte, so bedeutete das in der That nicht, daß keine Goldmünzen als Geld neben den Silbermünzen existieren sollten, wenn vielleicht auch die Verfasser des Vertrages sich selbst dessen nicht bewußt waren. Im ganzen privatrechtlichen Verkehr waren die Goldmünzen so gut Geld wie die Silbermünzen. Die Goldmünzen waren „gesetzliches Zahlungsmittel" in allen Fällen, wo die Zahlung in Gold bedungen oder herkömmlich war. Goldmünzen konnten bedungen werden in allen den Fällen, in welchen Obligationen ausschließlich auf Geld lauten durften, so bei Wechseln und Hypotheken. Sie standen hierin den Silbermünzen juristisch vollkommen gleich. Die Silbermünzen hatten juristisch vor den Goldmünzen nur das voraus, daß der Haushaltsetat der einzelnen Staaten auf Silber basiert war, daß ferner alle auf Geldbeträge lautenden Urteile auf Silbermünzen gestellt sein mußten, und daß Silbermünzen das eventuelle letzte zwangsweise Solutionsmittel waren.

In öffentlichrechtlicher Beziehung gab es also nur Silbergeld; in privatrechtlicher Beziehung dagegen waren die Handelsgoldmünzen nicht bloße Waren, sondern Geld so gut wie die Silbermünzen. Wenn man nur die öffentlichrechtlichen Seiten des Geldbegriffes ins Auge faßt, dann kann man sagen, daß in der That in Deutschland mindestens seit dem Wiener Münzvertrag eine reine Silberwährung bestand. Sobald man aber die privatrechtlichen Charakteristika des Geldes mit in Erwägung zieht, kann man in korrekt-juristischer Weise den deutschen Währungszustand nur als Parallelwährung bezeichnen.

Nach diesen Erwägungen, durch welche wir gelernt haben, die sogenannten „Handelsgoldmünzen" vor der Münzreform nicht als des Geldcharakters völlig ermangelnd anzusehen, sind wir imstande, die Außerkurssetzung dieser Münzen juristisch zu erfassen. Die Außerkurssetzung bedeutete hier, daß die betreffenden Goldmünzen nach Ablauf der festgesetzten Zeit nicht mehr zur Erfüllung der auf sie lautenden Zahlungsverträge sollten benutzt werden können. Das Reich wollte auch im privaten Verkehr nicht mehr zwei Arten von Geld nebeneinander bestehen lassen, und deshalb sollten die auf Handelsgoldmünzen lautenden Zahlungsverträge fürderhin nur noch in der neuen Reichswährung erfüllt werden können. Ebensowenig wie den Silbermünzen konnte das Reich den Goldmünzen die ihnen bisher zukommende Fähigkeit, als solutio zu dienen, entziehen, ohne sich bereit zu erklären, im Umtausch gegen sie solche Münzen zu geben, welche von nun an statt ihrer in Zahlung sollten gegeben werden können.

Damit ist die Erklärung für die Außerkurssetzung und Einlösung der Landesgoldmünzen, auch der keinen Kassenkurs genießenden, gegeben; eine Erklärung, welche auf Grund der oberflächlichen Erfassung des Begriffs der deutschen Handelsgoldmünze nicht möglich ist. Obwohl Klarheit über diesen Begriff zur Zeit der Münzreform nicht vorhanden war, führte ein gewisser praktischer Instinkt zur richtigen Lösung dieser komplizierten Frage.

Kehren wir nach dieser Abschweifung zum Münzgesetz zurück! Nachdem wir gesehen haben, auf welche Weise die Beseitigung des bisherigen Münzumlaufs geregelt war, kommen wir nun zu den Bestimmungen, welche den ausschließlichen Umlauf von Münzen des neuen Systems für die Zukunft sicher stellen sollten. Daß zunächst die Ausmünzung anderer Münzen als die von Reichsgoldmünzen verboten wurde, war selbstverständlich. Die Sicherheitsbestimmungen hatten sich so gut wie ausschließlich gegen das Eindringen fremder Münzsorten in den deutschen Umlauf zu wenden. Um diesen Zweck zu erreichen wurde dem Bundesrat die Ermächtigung erteilt, den Wert zu bestimmen, über welchen hinaus fremde Gold- und Silbermünzen nicht in Zahlung angeboten und gegeben werden dürfen; darüber hinaus wurde ihm die Befugnis gegeben, den Umlauf fremder Münzen gänzlich zu untersagen. Auf gewohnheitsmäßige oder gewerbsmäßige Zuwiderhandlung gegen die vom Bundesrat getroffenen Anordnungen wurde Geldstrafe bis zu 150 Mark oder Haft bis zu sechs Wochen gesetzt.

Begreiflicherweise fand die Bestimmung heftigen Widerspruch. — Allerdings war die vom Bundesrat verlangte Verbotsermächtigung mit der zugehörigen Strafbestimmung etwas neues, und sie mochte wohl manchem als allzu hart und unzulässig erscheinen; aber damals war diese Beschränkung des „Vertragsrechts des Einzelnen“ eine Notwendigkeit. Bei der „demoralisierten Münznatur des deutschen Volkes, das gewohnt ist, sich mit allem Janhagel von fremden Münzsorten zu vertragen“ (Bamberger), bedurfte es solcher energischer und vielleicht gewaltthätig erscheinender Maßregeln, um fremde Münzsorten, besonders fremde Silbermünzen, auszusperren, und solche, welche damals — wie die österreichischen Silbergulden — in Deutschland allgemein gegeben und genommen wurden, auszutreiben.

Diese Erkenntnis drang im Reichstag durch, und der betreffende Artikel wurde angenommen, nachdem ausdrücklich nur „gewohnheitsmäßige oder gewerbsmäßige“ Zuwiderhandlungen unter Strafe gestellt waren.

Auf diese Weise waren die Modalitäten der Beseitigung des vorhandenen Münzumlaufs und der Reinerhaltung des künftigen Münzumlaufs geregelt. Die thatsächliche Beseitigung des vorhandenen Münzumlaufs und seine völlige Ersetzung durch Reichsmünzen des neuen Systems konnte unmöglich mit einem Schlage geschehen. Man wollte deshalb die völlige Beseitigung des alten Münzumlaufs nicht abwarten, um an Stelle der alten Landeswährungen die neue Reichswährung einzuführen. Hatte man doch dem neuen Münzsystem eine Rechnungseinheit zu Grunde gelegt, zu welcher der größere Teil der vorhandenen Landesmünzen, die Münzen des Thalersystems bis zum halben Groschen hinab, in einfachem Verhältnis stand. Deshalb gab man dem Kaiser die Ermächtigung, schon vor Beendigung der Einziehung der Landesmünzen die Reichswährung zu proklamieren.

Bereits am Eingange dieses Abschnittes ist ausführlich auseinandergesetzt worden, wie sich die „Reichswährung“ von der „Reichsgoldwährung“, welche als Endziel der Münzreform gedacht war, dadurch unterscheidet, daß unter ihrer Herrschaft noch silberne Kurantmünzen existieren, während die durchgeführte Reichsgoldwährung Silbermünzen nur noch als Scheidemünzen kennt. Es erübrigt uns hier, festzustellen, welche Änderung die Einführung der **Reichswährung** gegenüber dem bis dahin bestehenden Zustande bedeutete.

Vor Eintritt der Reichswährung war für jeden einzelnen Staat die offizielle Rechnungseinheit noch die alte Landesmünzeinheit [1]; nach Eintritt der Reichswährung war die amtliche Rechnungseinheit für das ganze Reich die Mark.

[1] Soweit die Einzelstaaten nicht von ihren Recht, schon vor der Verkündigung der Reichswährung die Reichsmarkrechnung einzuführen, Gebrauch machten.

Durch die Einführung der Reichswährung wurde aber nicht nur die Markrechnung an Stelle der Thaler- und Guldenrechnung etc. gesetzt, sondern auch der Inhalt der Geldschulden selbst erfuhr eine Veränderung.

Mit dem Eintritt der Reichswährung waren alle auf bisheriges Landesgeld lautenden Zahlungsverträge auf Zahlungsverträge in Reichswährung verwandelt. Während bisher im Prinzip in Landesgeld zu zahlen war, mußte nun im Prinzip in Reichsmünzen gezahlt werden; während bisher die Reichsgoldmünzen an Stelle der eigentlich geschuldeten Landesmünzen in Zahlung gegeben werden konnten, bestimmten nun die Artikel 15 und 16 des Münzgesetzes, welche Landesmünzen nach Eintritt der Reichswährung an Stelle der nunmehr eigentlich geschuldeten Reichsmünzen in Zahlung gegeben werden könnten, und in welchen Fällen.

Die Umrechnungsnormen aus den alten Landeswährungen in die Reichswährung waren in der Hauptsache bereits durch das Gesetz von 1871 gegeben, indem dieses die Reichsgoldmünzen in den verschiedenen Landeswährungen tarifiert hatte. Der Thaler war dadurch gleich 3 Mark, der Gulden gleich 12/7 Mark, die Mark Kurant gleich 6/5 Mark. Artikel 14 des Münzgesetzes bestimmte nun, daß alle Münzen, für welche ein bestimmtes Verhältnis zu den Silbermünzen der Landeswährungen gesetzlich feststand, worunter alle Goldmünzen mit festem Kassenkurs fielen, zu entsprechenden Werten nach ihrem Verhältnis zu den Einheiten der Landeswährungen berechnet werden sollten.

Es blieb noch die Festsetzung der Umrechnungsnormen für solche Goldmünzen, für welche „ein bestimmtes Verhältnis zu Silbermünzen gesetzlich nicht feststand." Gemäß den Grundsätzen des gemeinen Rechts bestimmte das Münzgesetz, die Umrechnung solcher Goldmünzen in Reichswährung sollte „nach Maßgabe des gesetzlichen Feingehaltes dieser Münzen zu dem gesetzlichen Feingehalt der Reichsgoldmünzen" erfolgen.

Indem das Münzgesetz diese Bestimmungen über die Umrechnung von Landesgoldmünzen mit und ohne Kassenkurs traf, wich es von der Anschauung ab, welche bezüglich dieses Punktes bei der Feststellung des Gesetzes vom 4. Dezember 1871 maßgebend gewesen war.

Bei der Beratung dieses Gesetzes im Reichstag hatte es die Reichsregierung gegenüber Anträgen aus der Mitte des Hauses ausdrücklich abgelehnt, die Reichsgoldmünzen in anderen Münzen als denen der gesetzlichen Landeswährungen zu tarifieren und so ein gesetzliches Verhältnis zwischen Reichsgoldmünzen und den bisherigen Landesgoldmünzen, welche man nicht als Geld im juristischem Sinne ansah, herzustellen. Deshalb war das einzige Goldgeld, in welchem damals die Reichsgoldmünzen tarifiert wurden, der Thaler-Gold Bremer Rechnung, weil Bremen der einzige Bundesstaat war, welcher bereits Goldwährung hatte. Diese Stellungnahme wurde damit motiviert, daß es sich lediglich darum handeln könne, feste Verhältnisse zwischen den bisherigen gesetzlichen Landeswährungen und der zukünftigen Reichswährung zu schaffen, daß dagegen die Konvertierung von Zahlungsverträgen, welche nicht auf eine der gesetzlichen Landeswährungen, sondern auf Handelswährungen irgend welcher Art lauteten, der freien Vereinbarung der Parteien überlassen werden müßte.

Aber diese damalige Anschauung war im Münzgesetz bereits durch die Bestimmungen über die Außerkurssetzung und Einlösung der Landesgoldmünzen aufgegeben; wir haben gesehen, mit welchem Recht. Aus denselben, oben ausführlich entwickelten Gründen, aus welchen das Reich die Beseitigung der Landesgoldmünzen vermittelst einer Außerkurssetzung und Einlösung unternahm, folgte die Verpflichtung, für die auf solche Goldmünzen abgeschlossenen Verträge Umrechnungsnormen festzusetzen. Auch durch die Festsetzung der Umrechnungsnormen wurden die Landesgoldmünzen, welche nach dem Wiener Münzvertrag als „Handelsmünzen" gedacht waren, als „Geld" anerkannt; denn es kann nicht die Absicht einer Änderung der Münzverfassung sein, Kontrakte, welche nicht auf Geld lauten, in Geldschulden im engsten Sinn des Wortes umzuwandeln.

Damit ist die juristische Verfassung der „Reichswährung" — im Präsidial- und Bundesrats-Entwurf „Reichsgoldwährung" genannt — und der Weg des Übergangs zur Reichswährung völlig gezeichnet. Die Proklamierung der Reichswährung, die, wie wir wissen, durch eine kaiserliche Verordnung zu erfolgen hatte, bedeutete demnach nichts mehr und nichts weniger, als die Ersetzung der verschiedenen Landesmünzsysteme durch eine einheitliche Münzverfassung, also die Erfüllung des einen Hauptzieles der Münzreform, der deutschen Münzeinheit.

Dagegen bedeutete sie noch nicht die Erreichung des zweiten Hauptzieles, der reinen Goldwährung; denn noch gab es silberne Kurantmünzen. Die Reichsgoldwährung hatte sich aus der Reichswährung dadurch zu entwickeln, daß seitens der Reichsregierung die Masse der noch umlaufenden Landeskurantmünzen durch fortgesetzte Einziehungen stetig verringert wurde, und sie sollte ohne Proklamation von selbst in Erscheinung treten, sobald der letzten Sorte von Silberkurantmünzen durch die Außerkurssetzung die gesetzliche Zahlungskraft genommen war.

Damit ist die Genesis und der Inhalt des Münzgesetzes erledigt, in dem Umfange, in welchem es vom Präsidium dem Bundesrat vorgelegt und vom Bundesrat an den Reichstag weitergegeben wurde. Die Verhandlungen im Bundesrat und Reichstag über alle Punkte gingen im allgemeinen glatt von statten, wenn auch hin und wieder die verschiedenen Meinungen heftig auf einander stießen, so namentlich im Kampf um das Zweimarkstück. Aber auch hier kam — wie wir gesehen haben — verhältnismäßig leicht eine Einigung zwischen den maßgebenden Faktoren zu stande.

Nun war aber, wie wir wissen, die Ansicht weit verbreitet, daß zwischen der Münz- und Währungsfrage einerseits und der Papiergeld- und Banknotenfrage andererseits ein so enger Zusammenhang bestehe, daß es nicht möglich sei, die Regelung dieser Aufgaben getrennt zu behandeln. Innerhalb des Reichstags waren die sachkundigsten Männer stark von der Überzeugung durchdrungen, daß die Münzreform und namentlich die Durchführung der reinen Goldwährung auf große Schwierigkeiten stoßen, wenn nicht gar völlig Schiffbruch leiden werde, falls nicht gleichzeitig mit dem Münzgesetz einige einschneidende Bestimmungen über das Papiergeld- und Banknotenwesen getroffen würden.

Von verschiedenen Seiten wurde deshalb im Reichstag beantragt, dem Münzgesetz noch einen Artikel anzuhängen, welcher einige wichtige Bestimmungen über das Papiergeld- und Banknotenwesen enthalten sollte. Der Reichstag hielt solche Bestimmungen für notwendig und beschloß demgemäß einen 18. Artikel zum Münzgesetz. Die Regierung dagegen erklärte sich mit dem Inhalt dieses Artikels nicht einverstanden. Da es sich hier bereits nicht mehr um die Münzgesetzgebung, sondern um die allerdings mit dieser untrennbar verbundene Reform des Papierumlaufs handelt, gehe ich hier auf diese Frage nicht weiter ein. Wir werden uns im nächsten Kapitel ausführlich mit ihr beschäftigen. Hier sei nur erwähnt, daß die Verhandlungen über das Münzgesetz bei dem 18. Artikel, da sich Regierung und Reichstag über diesen nicht einigen konnten, für einige Wochen abgebrochen wurden, bis dann kurz vor Schluß der Session ein Kompromiß zu stande kam, welcher das Münzgesetz rettete.

Das Münzgesetz vom 9. Juli 1873 bildet in der Hauptsache den Abschluß der Münzreform-Gesetzgebung. Die kleineren Ergänzungen und Änderungen, welche später angenommen wurden, ließen seine Grundzüge unberührt[1].

Wenn wir seinen Inhalt mit dem des Gesetzes, betr. die Ausprägung von Reichsgoldmünzen vergleichen, kommen wir zu folgenden Ergebnissen:

Während das Gesetz von 1871 nur zwei Reichsgoldmünzen geschaffen hatte, schuf das Gesetz von 1873 ein vollständiges Reichs-Münzsystem.

Während das Gesetz von 1871 die verschiedenen Landeswährungen nicht beseitigt und den Reichsgoldmünzen lediglich gesetzliche Zahlungskraft an Stelle des Landesgeldes verliehen hatte, bestimmte das Gesetz von 1873, daß von einem durch Kaiserliche Verordnung festzusetzenden Zeitpunkte an Stelle der Landeswährungen für das ganze Reich die einheitliche Reichswährung treten sollte, und gab die hierzu erforderlichen Übergangsvorschriften.

Während das Gesetz von 1871 nur die Einziehung der Landesgoldmünzen angeordnet und die der Landessilbermünzen gestattet hatte, ermächtigte das Gesetz von 1873 den Bundesrat zur Außerkurssetzung dieser Münzen und regelte auf diese Weise die Beseitigung des bisherigen Münzumlaufs.

---

[1] Die wichtigsten Ergänzungen betreffen die österreichischen Thaler und die Einführung der Reichswährung in Elsaß-Lothringen (durch Gesetz vom 15. November 1874). Mit den österreichischen Thalern werden wir uns im Lauf der Darstellung noch zu beschäftigen haben. Über das Elsaß-Lothringen betreffende Gesetz sei hier folgendes bemerkt.

Nach der Occupation war durch Verordnung des Generalgouverneurs vom 8. November 1870 den Silbermünzen der Thalerwährung gesetzliche Zahlungskraft verliehen worden, und zwar wurden 8 Silbergroschen einem Franken gleichgesetzt. Im übrigen blieb die Frankenwährung unberührt. Obwohl das Frankengeld in diesem Verhältnis zu ungünstig tarifiert war, hielt es sich bei dem damaligen hohen Stand der deutschen und bei der allerdings nur geringen Entwertung der französischen Valuta (infolge der Suspension der Barzahlungen der Bank von Frankreich) noch längere Zeit im Umlauf, namentlich die Silber- und Kupfermünzen.

Das Gesetz von 1874 dehnte die Wirksamkeit der Reichsgesetze vom 4. Dezember 1871 und vom 9. Juli 1873 auf Elsaß-Lothringen aus und bestimmte, daß die Münzen der Frankenwährung von noch zu bestimmenden Terminen ab außer Kurs gesetzt sein sollten, und zwar ohne Einlösung. — Über den Verlauf der Umwandlung des elsaß-lothringischen Münzumlaufs und den Einfluß derselben auf den Geldverkehr siehe Dr. Karl von Lumm, Die Entwickelung des Bankwesens in Elsaß-Lothringen seit der Annexion. 1891.

Was schliesslich die metallische Währungsgrundlage des deutschen Geldwesens anlangt, so hatte sich das Gesetz von 1871 darauf beschränkt, die Prägung von Silberkurantmünzen zu untersagen, ohne jedoch gleichzeitig die Goldprägung für Private freizugeben. Das Gesetz von 1873 gab im Prinzip die Goldprägung frei. Es liess fernerhin nur eine kontingentierte Prägung von unterwertigen Reichssilbermünzen mit beschränkter Zahlungskraft zu. Nach der vorgesehenen Beseitigung der Landesmünzen konnten demnach im deutschen Geldwesen Silbermünzen nur noch als Scheidemünzen existieren. Das Münzgesetz ordnete also das deutsche Münzwesen definitiv im Sinne der reinen Goldwährung, und es stellte formell die Goldwährung als Endziel der Münzreform auf, während das Gesetz von 1871 — allerdings nach den im Reichstag an ihm vorgenommenen Änderungen nur noch formell — die Frage ob Gold- ob Doppelwährung offen gelassen hatte.

Damit waren die Hauptaufgaben der Münzreform erfüllt, soweit ihre Erfüllung im Bereiche der Gesetzgebung lag. Es war jetzt an der Verwaltungsthätigkeit der Reichsregierung, die Reichswährung und Goldwährung aus dem Gesetzbuche heraus zu wirklichem Leben zu führen.

Achtes Kapitel.

Die Reform der papiernen Umlaufsmittel.

Erster Abschnitt.

Der Artikel 18 des Münzgesetzes.

Das große und schwierige Werk der Münzreform-Gesetzgebung war in jener ersten Zeit des neuen deutschen Reiches, in welcher Regierung und Reichstag mit einer Fülle ähnlicher gewaltiger Aufgaben belastet waren, in der außerordentlich kurzen Zeit von nicht ganz 18 Monaten bis zu einem Punkte gefördert, der seine völlige Vollendung in die nächste Aussicht stellte. Obwohl innerhalb der gesetzgebenden Körperschaften hinsichtlich einzelner Punkte, namentlich hinsichtlich der staatsrechtlichen Regelung des neuen Münzwesens zwischen dem Bundesrat und dem Reichstag, weitgehende Meinungsverschiedenheiten sich geltend gemacht hatten, war es bei gutem Willen und bei weiser Mäßigung von beiden Seiten gelungen, ein Werk zu schaffen, das zwar nicht in allen Einzelheiten die absolut beste Lösung der zu entscheidenden Fragen darstellte, wohl aber in allen seinen Teilen annehmbar und erträglich war und eine gesunde Entwickelung der deutschen Münzverhältnisse ermöglichte.

Je rascher und glatter nun die Münzreform-Gesetzgebung von statten ging, um so mehr mußte es auffallen, daß seitens der Reichsregierung augenscheinlich bezüglich der Reform des Papiergeld- und Banknotenwesens nichts Positives geschah. Bestand doch nirgends ein Zweifel darüber und hatte es doch die Reichsregierung selbst zu verschiedenen Malen anerkannt, daß eine isolierte Münzreform ein Ding der Unmöglichkeit sei, und daß Papiergeld und Banknoten ebenso sehr wie das Münzwesen einer Reform bedurften.

Wir wissen, aus welchen Gründen die Reichsregierung ihren Einfluß dafür geltend gemacht hatte, daß zuerst die Grundlagen für das neue Münzwesen gelegt werden sollten, ehe man die Reform der papiernen Umlaufsmittel in Angriff nehme. Sie wies darauf hin, daß die Auswüchse des Papiergeld- und Banknotenumlaufs ihre Ursache in den Verhältnissen der Silberwährung hatten, daß bei dem Mangel an Goldmünzen die kleinen Zettel eine Notwendigkeit für den Verkehr seien; daß man also gut daran thue, erst die Ursache dieser Mißstände zu beseitigen und einen genügenden Goldumlauf zu schaffen, ehe man an den Papierumlauf selbst die bessernde Hand lege.

Das waren vernünftige Erwägungen, denen sich nicht leicht jemand verschließen konnte, und deshalb fand die isolierte Vorlegung des Gesetzes, betreffend die Ausprägung von Goldmünzen auch bei denjenigen keinen Widerspruch, welche ein reformiertes und gut organisiertes Bankwesen als das beste Mittel für die Durchführung der Münzreform ansahen und deshalb im Grunde am liebsten das Bankwesen vor der Münzverfassung reformiert hätten.

Aber die Gründe, welche von der Reichsregierung im Jahre 1871 für ein Hinausschieben der Papiergeld- und Bankreform ins Feld geführt wurden, bestanden zur Zeit der Einbringung des Münzgesetzes längst nicht mehr in vollem Maße. Die Prägung von Reichsgoldmünzen hatte damals schon, dank der unausgesetzten und angespannten Thätigkeit der deutschen Münzstätten, einen ansehnlichen Betrag erreicht und machte täglich neue Fortschritte. Waren auch bisher von den neuen Goldmünzen nur wenige in den Verkehr gedrungen, vielmehr die große Masse in den damals reichlich gefüllten Kassen des Reichs und der Bundesstaaten und namentlich der großen Bankinstitute festgehalten, so konnte es doch keinem ernstlichen Zweifel unterliegen, daß bei den fortgesetzten Ausprägungen die Goldmünzen in kürzester Zeit in großem Umfang für den täglichen Verkehr verfügbar werden mußten. Sobald dies der Fall war, lag kein Grund mehr vor, eine Reform des Papiergeld- und Banknotenwesens in Rücksicht auf die kleinen Zettel zu verzögern. Ein Gesetz, welches eine derartig schwierige und verwickelte Materie wie den Papierumlauf eines großen Reiches auf völlig neue Grundlagen zu stellen hat, läßt sich aber nicht in dem Augenblick, der es wünschenswert erscheinen läßt, herbeizaubern. Eine weise Voraussicht erforderte deshalb, die notwendigen Reformentwürfe einige Zeit vor diesem Augenblick wenigstens zur Beratung zu stellen.

Es kam hinzu, daß die Ansicht weit verbreitet war, eine weitere Vertagung dieser Fragen müsse die Durchführung der Münzreform erheblich beeinträchtigen. Man sah mit den größten Bedenken, wie auf der einen Seite der deutsche Münzumlauf durch die riesigen Goldprägungen eine erhebliche Vermehrung erfuhr, ohne daß ihm auf der anderen Seite Silber oder Papiergeld in entsprechender Weise entzogen wurde. Man sah, wie darüber hinaus die Banken im stande waren, diese Überfülle von Zirkulationsmitteln durch die Emission neuer Noten zu vermehren. Alle Einsichtigen waren der Überzeugung, daß diese Verhältnisse schließlich zu einem Ausströmen deutschen Goldes ins Ausland führen müßten, und daß in diesem Falle das seinem Gehalt nach wertvollste deutsche Geld, die neuen Reichsgoldmünzen, zuerst den deutschen Umlauf verlassen würde. Es war also mindestens ein zeitweiliges Scheitern der angestrebten Goldwährung zu befürchten.

Ließen schon diese Verhältnisse eine Einschränkung des nicht vollwertigen deutschen Geldes, also namentlich des Staatspapiergeldes und der ungedeckten Banknoten, notwendig erscheinen, so kam außerdem noch der Umstand in Betracht, daß gerade die kleinen Scheine, etwa bis zu 10 Thalern, welche bisher als Ersatz für eine Goldzirkulation gedient hatten, nunmehr die Einbürgerung des Goldes im freien Umlauf erschwerten, denn gerade diese Scheine, welche durch die Gewohnheit des Publikums im Umlauf auch fernerhin geduldet, durch das Interesse der Staaten und Banken mit allen Mitteln im Umlauf erhalten wurden, machten dem Golde, welches sie überflüssig machen sollte, eine viel schärfere Konkurrenz, als das in größeren Beträgen unbequeme Silbergeld.

Aus diesen Gründen mußte es zur Zeit der Einbringung des Münzgesetzes nicht nur als möglich und zulässig, sondern auch im Interesse der sachgemäßen Durchführung der Münzreform als dringend notwendig erscheinen, an eine Reform des Papierumlaufs mit allem Ernst heranzutreten.

Wir haben keinen Anlaß zu glauben, daß die Männer, welche innerhalb der Reichsregierung für diese Fragen maßgebend waren, solchen Erwägungen unzugänglich gewesen wären. Wissen wir doch, mit welchem Eifer Michaëlis seit langer Zeit für eine durchgreifende Bankreform eingetreten war, und daß Camphausen die Beseitigung des Papiergeld-Unwesens für den besten Teil der Münzreform ansah. Aber gerade in Hinsicht auf diese Thatsachen mußte es um so bedenklicher erscheinen, daß die Reichsregierung bisher keinen Schritt weiter gekommen war, sondern nur eine Verlängerung des Banknoten-Sperrgesetzes in Vorschlag gebracht hatte. Das deutete darauf hin, daß innerhalb der Reichsregierung oder zwischen der Reichsregieruug und der preußischen Regierung mindestens über die Art und Weise der geplanten Reform ernste Meinungsverschiedenheiten bestanden, oder gar daß innerhalb des Bundesrates die Ziele der geplanten Reform auf erheblichen Widerstand stießen.

Dem war in der That so.

Bereits am Ende des Jahres 1872 war das Reichskanzleramt an die Ordnung des Bankwesens herangetreten. Michaëlis hatte einen Entwurf ausgearbeitet, dessen Schwerpunkt in der Umwandlung der Preußischen Bank in eine Reichsbank lag. Die Einbringung des Entwurfes war so gut wie gesichert; Bismarck hatte ihn bereits unterzeichnet. Aber noch im letzten Augenblicke gelang es dem energischen Widerspruch Camphausens, die Vorlegung des Entwurfes im Bundesrat zu verhindern.

Camphausen bekämpfte von allem Anfang an hartnäckig den Gedanken einer Reichsbank. Er wollte die Notwendigkeit eines solchen Institutes nicht einsehen, und vor allem lag ihm daran, die Preußische Bank, an deren Geschäftsgewinn der Preußische Staat stark beteiligt war, zu erhalten. Sein Widerstand bildete ein geradezu unüberwindliches Hindernis für eine Lösung der Bankfrage, welche dem Reichskanzleramt und der öffentlichen Meinung hätte annehmbar erscheinen können.

Diese Verhältnisse waren damals schon nicht unbekannt[1]; und sie waren darnach angethan, alle diejenigen, welchen es Ernst mit der Geldreform war, schwer zu beunruhigen.

Auch bezüglich des Staatspapiergeldes mißtraute man dem guten Willen der Einzelstaaten im stärksten Grad. Eine wirklich eingreifende Reform auf diesem Gebiete, durch welche diejenigen Staaten, welche über ihre Verhältnisse hinaus Papiergeld emittiert hatten, nicht zu erheblichen finanziellen Aufwendungen genötigt worden wären, war unmöglich; und mit vollem Recht hielt man die Einzelstaaten nicht für sehr geneigt zu solchen Griffen in ihre Kassen.

---

[1] Siehe Bamberger, Zur Embryologie des Bankgesetzes, Deutsche Rundschau I, 4. S. 115.

Man mißtraute deshalb einerseits dem guten Willen der Einzelregierungen, andererseits hielt man den offenkundigen guten Willen einzelner Personen innerhalb der Reichsregierung nicht für stark genug, um aus eigener Kraft alle Hindernisse überwinden zu können.

Diejenige Gruppe des Reichstags, welche mit Eifer, Geschick und Erfolg an der vernünftigen Gestaltung der Münzgesetze mitgewirkt hatte, war nun keineswegs gesonnen, in Rücksicht auf sachliche Meinungsverschiedenheiten von Ministern und vortragenden Räten, noch weniger in Rücksicht auf die finanziellen Interessen einzelner Bundesstaaten, eine unbedingt notwendige Reform ins Ungewisse hinausschieben zu lassen. Diese Parlamentarier waren vielmehr entschlossen, auf das Reichskanzleramt und die Einzelregierungen jeden möglichen und zulässigen Druck auszuüben, um eine schleunige und annehmbare Lösung der Frage des Papierumlaufs zu erzwingen.

Die gelindeste Form der Pression, welche einem Parlament gegenüber der Regierung zu Gebote steht, ist die der Resolution. Der Reichstag hatte diese Form in Rücksicht auf die Papiergeld- und Bankreform bereits bei der Beratung des Gesetzes, betreffend die Ausprägung von Reichsgoldmünzen angewendet, ohne einen Erfolg zu erzielen. Jetzt, bei der Beratung des Münzgesetzes, wurden von mehreren Seiten Anträge eingebracht, welche über das Staatspapiergeld und die Banknoten einschneidende Bestimmungen trafen, und welche als 18ter Artikel dem von der Regierung vorgelegten Münzgesetz angehängt werden sollten. Dadurch wollte man den Bundesrat zwingen, entweder das Münzgesetz mit diesen der Papiergeld- und Bankreform vorgreifenden Bestimmungen anzunehmen, oder das ganze Münzgesetz abzulehnen. Natürlich rechnete man darauf, daß der Bundesrat, vor eine solche folgenschwere Entscheidung gestellt, lieber sich zu einer baldigen den Wünschen des Reichstags entsprechenden Reform des Papierumlaufs entschließen werde, als daß er die Verantwortung für ein Scheitern des Münzgesetzes tragen wolle.

Die Anträge aus der Mitte des Reichtags kamen allerdings nicht miteinander überein. Die einen wollten das Staatspapiergeld überhaupt beseitigen, und zwar schon bis 1. Januar 1874; die andern hielten nur ein Staatspapiergeld der Einzelstaaten für bedenklich, wollten aber ein Reichspapiergeld in mäßigem Umfang zulassen; wieder andere wollten zunächst nur die Papiergeld- und Banknotenabschnitte unter 100 Mark beseitigen. Aber alle Anträge kamen in der Intention ihrer

Urheber darin auf das Gleiche hinaus, daß sie nicht die ganze Frage definitiv regeln, sondern sie nur in einer Weise in Angriff nehmen wollten, welche Reichsregierung und Bundesrat zu einer baldigen definitiven Regelung im eigensten Interesse nötigen würde.

Delbrück machte den Versuch, den Reichstag zu bewegen, den Bundesrat nicht vor ein solches Entweder — Oder zu stellen. Er sagte, es sei nicht unbedenklich, ein Schiff zu schwer zu beladen; es sei möglich, daß durch einen den Anträgen entsprechenden Schlußartikel das ganze Gesetz zum Falle komme. Er hätte aber leicht in schärferer und eindrucksvollerer Weise für diesen Fall die Verantwortung dem Reichstag zuweisen und so auf die zweischneidige Natur der Waffe, welche man anzuwenden im Begriffe war, aufmerksam machen können. Aber Delbrück selbst stand ja im Grunde genommen auf der Seite derjenigen, welche eine Reform des Papierumlaufs verlangten. Das Reichskanzleramt war in den Hauptpunkten dieser Frage gleicher Meinung wie die Majorität des Reichstags: Beseitigung des Staatspapiergeldes und der kleinen Banknoten, Errichtung einer Reichsbank, das waren ebenso sehr die Ziele des Reichskanzleramtes wie der führenden Mitglieder des Reichstags.

Nach langen Verhandlungen wurde im Reichstag mit großer Mehrheit ein Artikel 18 in folgender Fassung angenommen:

„Bis zu einem vom Reichskanzler mit Zustimmung des Bundesrates und zwar spätestens auf 1. Januar 1875 festzusetzenden Termin sind sämtliche nicht auf Reichswährung lautenden Noten der Banken einzuziehen. Von diesem Termin an dürfen nur solche Banknoten, welche auf Reichswährung in Beträgen von nicht weniger als 100 Mark lauten, im Umlauf bleiben oder ausgegeben werden.“

„Dieselben Bestimmungen gelten für das Staatspapiergeld und für die bis jetzt von Korporationen ausgegebenen Scheine.“

Damit schloß die zweite Lesung, und das ganze Münzgesetz kam nun mit dem angehängten Artikel 18 vor den Bundesrat.

Mit Leichtigkeit einigte sich die Mehrheit der verbündeten Regierungen, den ersten Absatz des Artikels 18, der lediglich die Banknoten betraf, für annehmbar zu erklären. Camphausen konnte sich darauf berufen, daß er schon vor Monaten als preußischer Finanzminister den Antrag gestellt habe, die Banknoten in Abschnitten unter 100 Mark zu beseitigen. Auch die übrigen wichtigen Einzelstaaten hatten weder Anlaß noch Lust, einer solchen Bestimmung entgegenzutreten. Nur eine Ausstellung hatte man an dem ersten Absatz des Artikels zu machen. Man fand, der für die Beseitigung der bisherigen Banknoten gestellte Termin (1. Januar 1875) sei zu kurz; der Termin müsse mindestens bis zum 1. Januar 1876 hinausgeschoben werden.

Für die Verlängerung des Termins machte Delbrück später im Reichstag zwei Gründe geltend. Einmal einen Grund rein technischer Natur: die Neuherstellung des Banknotenumlaufs in Deutschland sei innerhalb der vom Reichstag gestellten Frist bei der verhältnismäßigen Beschränkung derjenigen Anstalten, welche sich mit der Verfertigung von Banknoten beschäftigten und damit beauftragt werden könnten, nicht möglich. Aber außerdem spreche für eine Hinausschiebung die Absicht, vor Ablauf der Frist das definitive Bankgesetz zustande zu bringen.

Der Reichstag bemängelte die Gründe, aber er gab nach.

Weit schwieriger gestaltete sich die Einigung über den Teil des Artikels 18, der über das Staatspapiergeld Bestimmungen traf.

Das vom Reichstag beabsichtigte Verbot des Staatspapiergeldes in Abschnitten unter 100 Mark ging zu sehr gegen die finanziellen Interessen fast sämtlicher Staaten, um nicht den lebhaftesten Widerspruch des Bundesrates zu finden. Die ganze Existenzmöglichkeit namentlich des von einzelnen Kleinstaaten im Übermaß ausgegebenen Papiergeldes, beruhte ja einzig und allein darauf, daß es in kleinen Abschnitten ausgegeben war, die erfahrungsmäßig vom Umlauf viel zäher festgehalten werden als große Abschnitte. Ein Verbot der kleinen Abschnitte wäre deshalb für einen großen Teil des Staatspapiergeldes gleichbedeutend gewesen mit einer Einlösung seitens der Staaten, welche es ausgegeben hatten.

Man kann in diesen Thatsachen den Hauptgrund für den energischen Widerstand des Bundesrates gegen den Beschluß des Reichstags in der Staatspapiergeldfrage sehen, ohne deshalb die weiteren Argumente, welche seitens der Bundesratsbevollmächtigten im Reichstag selbst gelegentlich der dritten Lesung des Münzgesetzes vorgebracht wurden, lediglich für Vorwände zu halten, die bestimmt waren, die Hauptsache zu verdecken.

Delbrück sagte, die verbündeten Regierungen könnten sich mit dem zweiten Absatz des Artikels 18 nicht einverstanden erklären, in Rücksicht auf die „Interessen des Verkehrs". Er sei der Meinung, daß es an sich innerhalb verständiger Grenzen durchaus nicht unrichtig sei, ein Papiergeld in kleinen Abschnitten zuzulassen (z. B. für Postsendungen u. s. w.).

Das war, wie heute wohl jedermann auf Grund der Erfahrungen, welche wir seither mit unserem Reichspapiergeld gemacht haben, zugeben wird, ein durchaus richtiger Gesichtspunkt, der dadurch nichts verliert, daß damals selbst Minister, wie Camphausen, bis vor kurzem die Beseitigung der kleinen Zettel als Hauptaufgaben der Geldreform erklärt hatten.

Da jedoch der Bundesrat das Münzgesetz an dem Artikel 18 nicht scheitern lassen wollte, war eine schlankweg ablehnende Haltung gegenüber den Forderungen des Reichstags in der Papiergeldfrage ausgeschlossen. Man mußte dem Reichstag als Ersatz für die als unannehmbar erklärte Bestimmung einen positiven Vorschlag machen.

Damit begannen nun erst die größten Schwierigkeiten.

Die Ansichten und Wünsche der einzelnen Regierungen liefen nach allen Richtungen auseinander. Ein Teil, darunter namentlich Sachsen, für welches eine baldige definitive Lösung in Anbetracht seiner an dieser Lösung stark interessierten Staatsfinanzen höchst wünschenswert war, brachte in Anregung, sofort die Regelung der ganzen Staatspapiergeldfrage in Angriff zu nehmen. Preußen war mit diesem Vorschlag einverstanden, und Camphausen trat lebhaft für eine gänzliche Beseitigung des Landespapiergeldes und dessen teilweise Ersetzung durch ein Reichspapiergeld ein. Andere Staaten hielten eine definitive Lösung der ganzen Frage für verfrüht und glaubten, einige vorläufige Bestimmungen seien genügend. Namentlich Bayern war durchaus gegen die Camphausenschen Pläne. Seine Stellungnahme erfordert eine nähere Erläuterung.

Zunächst hielt die bayerische Regierung die gleichzeitige Erledigung der Papiergeld- und der Bankfrage für eine Notwendigkeit, nicht nur wegen des inneren Zusammenhangs beider Materien, sondern namentlich deshalb, weil sie glaubte, Kompensationen und Erleichterungen für die Beseitigung des Landespapiergeldes auf dem Wege der Bankgesetzgebung erreichen zu können. Man hatte dabei ungefähr folgenden Gedanken:

Es sei eine Reichsbank zu gründen und mit mehr oder weniger weitgehenden Vorrechten auszustatten: Als Entgelt für diese Privilegien könne man die Reichsbank verpflichten, die Einlösung des Papiergeldes der Einzelstaaten zu einem gewissen Teil zu übernehmen. Auf diese Weise hoffte man den Einzelstaaten finanzielle Opfer ersparen zu können, ohne diese dem Reich selbst aufzubürden.

Dieser Gedankengang war der Grund, warum das sonst durchaus nicht centralistische Bayern schon lange den Gedanken einer Reichsbank eifrig vertrat. —

Neben dem offen ausgesprochenen Wunsch nach einer gleichzeitigen Regelung des Papiergeld- und Bankwesens mag zu der ablehnenden Haltung der bayerischen Regierung gegenüber Camphausens Plänen der Umstand mitgewirkt haben, daß in der bayerischen Bevölkerung die Abschaffung des Landespapiergeldes zu Gunsten eines Reichspapiergeldes wenig Beifall erwarten durfte. Auch der bayerischen Regierung selbst wäre es wohl am liebsten gewesen, sie hätte ihr Papiergeld in irgend einer Form erhalten können.

Unter diesen Verhältnissen fand das bayerische Kabinett den vom Reichstag formulierten Artikel 18, welcher das Staatspapiergeld bestehen ließ und nur die kleinen Abschnitte untersagte, annehmbarer, als alle auf die Schaffung eines Reichspapiergeldes hinzielenden Vorschläge. Da sein Papiergeld zum größeren Teil aus Zetteln zu 50 Gulden bestand, wurde es ohnehin durch das Verbot der kleinen Abschnitte verhältnismäßig wenig getroffen.

Eine Einigung war bis zur dritten Lesung des Münzgesetzes nicht zu erzielen. So begnügte man sich damit, Camphausen den Auftrag zu geben, formulierte Vorschläge auszuarbeiten. Dem Reichstag sollte bei der dritten Lesung die ablehnende Haltung des Bundesrats mitgeteilt werden, mit dem Hinzufügen, daß sich der Bundesrat mit der Regelung der Papiergeldfrage beschäftige.

Als am 8. Mai die dritte Lesung des Münzgesetzes begann, war Camphausen mit sich über die Grundzüge des Papiergeld-Gesetzentwurfs, dessen Ausarbeitung ihm aufgetragen war, völlig im Reinen.

Die Grundzüge waren:

1. An Stelle des Papiergeldes der Einzelstaaten tritt ein Reichspapiergeld im Betrag von etwa einem Thaler pro Kopf der Reichsbevölkerung.

2. Dieses Reichspapiergeld wird auf die Einzelstaaten nach Maßgabe ihrer Bevölkerung verteilt.

3. Die Einzelstaaten haben ihr Papiergeld spätestens bis zum 1. Juli 1875 außer Kurs zu setzen und thunlichst schnell einzuziehen. —

Wenn man das Landespapiergeld durch ein Reichspapiergeld ersetzen wollte, so konnte man die Frage kaum einfacher lösen. Nur eine Bestimmung war dann nicht unbedingt geboten: warum soll das Reichspapiergeld auf die Einzelstaaten verteilt werden, warum soll es nicht vielmehr dem Reich selbst zu gute kommen? Wollte man wirklich ein

Reichspapiergeld, so war es doch nur logisch und konsequent, auch die finanziellen Vorteile des Reichspapiergeldes dem Reiche zu gute kommen zu lassen.

Aber Camphausen war preußischer Finanzminister und hinreichend Realpolitiker, um die rein logische Konsequenz hin und wieder zu Gunsten praktischer Gesichtspunkte außer acht zu lassen. Wenn der Staat Preußen sein Staatspapiergeld einziehen mußte; dann war es für ihn eine große Erleichterung, wenn er die dazu erforderlichen Mittel nicht in Bar aus der Staatskasse zu entnehmen genötigt war, sondern wenn er die Einlösung vermittelst des ihm vom Reiche überwiesenen Reichspapiergeldes besorgen konnte. Speciell bei Preußen lagen die Verhältnisse so, daß bei einer mäßigen Ausgabe von Reichspapiergeld von etwa 1 Thaler pro Kopf der Bevölkerung — und eine solche Bemessung schwebte Camphausen vor — der Betrag des auf Preußen fallenden Anteils an Reichspapiergeld nicht nur den von Preußen einzuziehenden Betrag an Staatspapiergeld ausglich, sondern diesen sogar überstieg; denn Preußen hatte nur etwa 5/6 Thaler pro Kopf an Staatspapiergeld in Umlauf. Die preußischen Finanzen standen sich also bei der von Camphausen geplanten Regelung vorzüglich.

Bei den meisten anderen Staaten war das Verhältnis jedoch ein ganz anderes. Sachsen z. B. hatte einen Umlauf von Staatspapiergeld, der 4 1/2—5 Thaler pro Kopf seiner Bevölkerung betrug. Bayern hatte gegen 3 Thaler pro Kopf im Umlauf. Bei vielen anderen Staaten waren die Verhältnisse ähnliche, bei den Kleinstaaten sogar ganz erheblich schlimmer. Nach dem Camphausenschen Entwurf waren alle diese Staaten genötigt, behufs der Einziehung ihres Papiergeldes erhebliche finanzielle Aufwendungen zu machen.

Nun mag man das ganz in Ordnung finden. Man kann sagen, die Ausgabe von Staatspapiergeld bedeutet ein unverzinsliches Anlehen. Daß die Einzelstaaten bisher die Vorteile eines solchen unverzinslichen Anlehens genossen hatten, gab ihnen keinen Anspruch auf einen weiteren Genuß desselben. Wenn es das Reichsinteresse erforderte, mußten sie diese Schulden zurückzahlen oder sie in verzinsliche Anlehen verwandeln.

Dieses Verlangen war durchaus gerechtfertigt; so gut gerechtfertigt, daß die Einzelregierungen im Prinzip nichts dagegen vorzubringen wußten. Aber sie wiesen darauf hin, daß ihnen eine plötzliche Regulierung in dieser Art große und unvorhergesehene finanzielle Schwierigkeiten machen müsse, und sie stellten an das Reich das Verlangen, ihnen, wenn nicht einen partiellen Schuldenerlaß, so doch mindestens gewisse Erleichterungen bei der Schuldentilgung zu gewähren.

Im Grunde genommen war diese Forderung nur eine weitere Ausbildung des Camphausenschen Gedankens. Die große Erleichterung, welche dieser den Einzelstaaten in einer allerdings speciell für Preußen mehr als hinreichenden Art gewährte, war die Verteilung des Reichspapiergeldes an die Einzelstaaten. Sachsen, Bayern und die meisten anderen Staaten wollten nun für sich noch weitere Erleichterungen, sei es auf dem Weg der Gesetzgebung über das Papiergeldwesen selbst, sei es auf dem Weg der Bankgesetzgebung. Camphausen jedoch, der in dieser Frage für die preußische Regierung maßgebend war, zeigte sich durchaus abgeneigt, sich auf irgendwelche weiteren Erleichterungen einzulassen. Hatten die Einzelstaaten mehr Papiergeld ausgegeben, als ihr Anteil an dem zukünftigen Reichspapiergeld nach Maßgabe ihrer Bevölkerung betrug, so war das ihre Schuld; sie mochten sehen, wie sie nun mit dessen Beseitigung fertig würden.

Camphausen wußte, daß er mit seinem Entwurf bei den meisten der Bundesstaaten auf den heftigsten Widerstand stoßen würde. Er suchte deshalb im Reichstag bei der dritten Lesung des Münzgesetzes für sein Projekt Stimmung zu machen, noch ehe er seinen Plan, als Gesetzentwurf formuliert, dem Bundesrat vorgelegt hatte.

Bei der dritten Lesung sprach zum Artikel 18 als Vertreter der Reichsregierung zunächst Delbrück. Er entledigte sich seines Auftrags, indem er dem Reichstage eröffnete, den zweiten Absatz des Artikels hielten die verbündeten Regierungen nicht für annehmbar; dagegen seien sie weit entfernt, die Notwendigkeit einer Regelung der Papiergeldfrage zu verkennen. „Es finden darüber unter ihnen Verhandlungen statt," sagte er, „die mit dem ganzen Ernst und dem ganzen guten Willen geführt werden, welcher zur Lösung dieser ungemein wichtigen Frage erforderlich ist." Über den Inhalt der Verhandlungen, über das ihm persönlich wünschenswerte Ziel machte er keine Andeutungen.

Anders Camphausen. Er wies darauf hin, wie verschieden die Papiergeldemission der einzelnen Staaten im Verhältnis zu ihrer Bevölkerung sei und fuhr dann fort:

„Das werden wir uns doch nicht dürfen nehmen lassen, daß wir daran erinnern dürfen, mit welchem Gleichmut Preußen es ertragen hat, daß der Norddeutsche Bund ein provisorisches Notgesetz erließ, wonach allen Staaten untersagt wurde, weiteres Papiergeld auszugeben. In Bezug auf diesen Punkt fand in gewissem Sinne eine Gleichstellung statt, aber eine Gleichstellung, welche den faktischen Zustand fortbestehen ließ, die einer Reihe von Staaten ein außerordentliches Privilegium gewährte, und welche andere Staaten in die Unmöglichkeit versetzte, ihnen auf diesem Wege nachzueilen." Er wolle sich nicht darüber beklagen, aber es scheine ihm evident zu sein, daß ein solcher Zustand nicht für immer aufrecht erhalten werden könne. Die definitive Regelung könne nur in einer Kassierung sämtlichen Staatspapiergeldes und der Schaffung eines Reichspapiergeldes bestehen.

Eine solche Lösung mußte im Prinzip auch dem Reichstage sympathisch sein, und Camphausen versicherte ausdrücklich, was die preußische Regierung betreffe, so glaube er nicht, daß eine Schwierigkeit bestehe, den Wünschen des hohen Hauses noch in der laufenden Session entgegenzukommen; er sei aber nicht in der Lage, eine gleiche Versicherung für die übrigen Staaten abzugeben.

Damit deutete er an, daß sein, dem Reichstag jedenfalls zusagender Plan bei anderen Regierungen auf Hindernisse stoßen werde, daß es also vor allem gelte, diesen Widerstand zu brechen. Er zeigte darüber hinaus dem Reichstag in freundschaftlicher Weise den Weg, auf welchem man die verschiedenen Einzelregierungen zu einer Preisgabe ihres Widerstandes veranlassen könne, indem er darauf hinwies, daß die Einzelstaaten niemals leichter ihr Papiergeld beseitigen könnten, als gerade jetzt, „wo nächstens", sagte er, „unter ihrer Mitwirkung bestimmt werden soll, wie die Kontributions-Überschüsse den einzelnen Staaten zufließen, und daß sie ihnen zufließen, und wo es gar nicht ausgeschlossen wäre, daran eine solche Bestimmung zu knüpfen, daß in den Staaten unverzinsliches Papiergeld bis zu einer gewissen Höhe eingelöst werden muß."

Mit anderen Worten, Camphausen machte den Reichstag darauf aufmerksam, daß sich der damals eingebrachte Gesetzentwurf über die Verteilung der Kriegsentschädigungsgelder vorzüglich eigne, um auf die Einzelstaaten eine Pression im Sinne einer dem Reichstag zusagenden Regelung der Papiergeldfrage auszuüben.

Der Wink wurde aufgefaßt, und Lasker brachte bei der zweiten Lesung des erwähnten Gesetzentwurfs einen Antrag des Inhalts ein: Die Verteilung der Kontributions-Überschüsse an die Einzelstaaten solle erst nach der Regelung der Papiergeldfrage erfolgen.

Obwohl man so ein Mittel in der Hand hatte, die Einzelstaaten gefügig zu machen — denn die meisten hatten ihre Finanzwirtschaft bereits auf die erwarteten Zuflüsse aus der Kriegsentschädigung eingerichtet —, hielt man es nicht für geraten, ohne weiteres den Absatz 2 des Artikels 18 fallen zu lassen und das Münzgesetz ohne jede Bestimmung über das Staatspapiergeld zu genehmigen. In Anknüpfung an die Camphausensche Andeutung, daß er einen den Wünschen des Reichstags entsprechenden Entwurf in Bereitschaft habe, beantragte Bamberger, den Artikel 18 solange von der Tagesordnung abzusetzen, bis der Finanzminister bestimmte Vorlagen und Propositionen zu machen imstande sei und bis der Reichstag darüber entscheiden könne, ob mit diesen das Münzgesetz annehmbar sei oder nicht.

Der Reichstag gab diesem Antrag Folge.

Damit hatte sich die Lage folgendermaßen zugespitzt:

Der Reichstag weigerte sich, das Münzgesetz zu Ende zu beraten und anzunehmen, bevor ihm seitens der Reichsregierung bestimmte Vorschläge über die Regelung der Papiergeldfrage gemacht seien. Der Plan des Bundesrates, den Beschluß des Reichstags in dieser Frage abzulehnen, ohne einen positiven Gegenvorschlag zu machen, lediglich mit dem Hinweis darauf, daß über die Frage eifrige Verhandlungen zwischen den Regierungen stattfänden, war damit durchkreuzt. Wollte der Bundesrat das Münzgesetz nicht scheitern lassen, so war er genötigt, noch vor Schluß der Session sich über die Papiergeldfrage zu einigen. Überdies wurden die Regierungen zu einer schleunigen Einigung dadurch gedrängt, daß im Falle der so gut wie zweifellosen Annahme des Antrages Lasker die Verteilung der Kriegskosten-Entschädigungsgelder bis zur Erledigung der Papiergeldfrage ausgesetzt wurde.

Die Unterbrechung der dritten Lesung des Münzgesetzes hatte vollkommen die beabsichtigte Wirkung. Der Bundesrat beschloß sofort, das Reichskanzleramt zu ersuchen, so rasch wie möglich Gesetzentwürfe über die Regelung des Papiergeldwesens und des Bankwesens vorzulegen. Zum Teil lag diesem Beschluß die auch von anderen Regierungen geteilte Auffassung Bayerns von dem Zusammenhang der Papiergeld- und der Bankfrage, welche wir bereits erörtert haben, zu Grunde.

Diese Auffassung hatte in Camphausen einen äußerst hartnäckigen Gegner. Camphausen wollte überhaupt keine Reichsbank, und sein zäher Widerstand hatte die ganze Bankfrage völlig ins Stocken gebracht.

Nun hatte Camphausen neuerdings durch seine Haltung in der Papiergeldfrage und namentlich durch seine wenig „bundesfreundliche" Rede im Reichstag die außerpreußischen Regierungen sehr gegen sich aufgebracht. Da ohnedies durch die Haltung des Reichstags die Notwendigkeit einer Entscheidung wenigstens in der Papiergeldfrage brennend geworden war, nahmen diese Regierungen nun den Streit gegen Camphausen in energischer Weise auf der ganzen Linie auf. Aus dieser Stimmung heraus erhält das vom Bundesrat an das Reichskanzleramt gerichtete Ersuchen, Entwürfe über Papiergeld und Bankwesen auszuarbeiten, seine richtige Bedeutung. Die Spitze kehrte sich gegen Camphausen, dem wenige Tage zuvor der Bundesrat die Ausarbeitung eines Gesetzentwurfs über das Papiergeldwesen aufgetragen hatte.

Wie der fast fertige Camphausensche Entwurf ausfallen würde, darüber war niemand im Zweifel, namentlich nicht nach Camphausens Rede im Reichstag. Die sächsische Regierung hielt es deshalb für angezeigt, in aller Schnelligkeit einen Gegenentwurf auszuarbeiten, der die Abschaffung des Landespapiergeldes und seine Ersetzung durch Reichspapiergeld von geringerem Betrage, ebenso auch die Verteilung des Reichspapiergeldes auf die Einzelstaaten nach Maßgabe ihrer Bevölkerung adoptierte, aber für diejenigen Einzelstaaten, welche mehr Landespapiergeld ausgegeben hatten, als Reichspapiergeld auf ihren Anteil fallen sollte, erhebliche Erleichterungen vorsah.

Diese Erleichterungen waren folgende:

Soweit ein Einzelstaat mehr Landespapiergeld ausgegeben hatte, als ihm Reichspapiergeld zufiel, sollte ihm vom Reich bis zur Hälfte des überschießenden Betrages ein unverzinslicher Vorschuß in Form von Reichskassenscheinen gewährt werden. Der Gesamtbetrag von Reichskassenscheinen sollte vorübergehend um den zu dieser Vorschußleistung erforderlichen Betrag erhöht werden. Der Vorschuß war von den Einzelstaaten binnen eines noch näher zu fixierenden Zeitraumes in gleichen Raten zurückzuerstatten und diese Tilgungsquoten sollten zur Einziehung einer entsprechenden Summe von Reichskassenscheinen verwendet werden.

Beide Entwürfe, der preußische und der sächsische, lagen dem Bundesrat vor, als die Papiergeldfrage abermals zur Beratung kam.

Delbrück, welcher in der Regel bei Beratungen des Bundesrates über solche Fragen den Vorsitz führte, war ein viel zu gewandter Diplomat, um den Camphausenschen schroffen Standpunkt zu teilen. Er hielt es für überflüssig, Staaten wie Bayern und Sachsen in einer solchen Frage vor den Kopf zu stoßen, wo man ihnen ohne allzugroße Bedenken entgegenkommen konnte. Es erschien ihm nicht angezeigt, aus der Papiergeldfrage einen scharfen und allgemein-politisch mit Notwendigkeit stark verstimmend wirkenden Konflikt heraufzubeschwören. Der Weg, welchen der sächsische Entwurf in Vorschlag brachte, er schien ihm als durchaus gangbar.

Er schlug deshalb vor, den Verhandlungen nicht den preußischen, sondern den sächsischen Entwurf zu Grunde zu legen, und der Bundesrat ging auf diesen Vorschlag ein [1].

Die Verhandlungen wurden von Sachsen, Bayern und anderen Staaten abermals benutzt, um mit Nachdruck auf den Zusammenhang zwischen Papiergeld- und Bankgesetzgebung hinzuweisen. Bayern erkannte das dringende Bedürfnis einer raschen Erledigung der Papiergeldfrage an, erklärte aber, definitiven Bestimmungen über diese Frage ohne gleichzeitige Regelung der Bankfrage nicht zustimmen zu können. In Anbetracht der durch den Reichstag geschaffenen Lage und in Rücksicht auf das Zustandekommen des Münzgesetzes empfehle sich dringend die Annahme des Artikel 18 in der vom Reichstag vorgeschlagenen Fassung.

Sachsen gab zu, daß eine definitive Ordnung der Bankfrage in der laufenden Session nicht mehr möglich sei, während die Papiergeldfrage unter allen Umständen erledigt werden müsse. Es erbat sich aber von Camphausen eine „beruhigende Erklärung" darüber, daß Preußen der Umwandlung der Preußischen Bank in eine Reichsbank nicht fernerhin durch seine fiskalische Hartnäckigkeit im Wege stehen werde. Aber Camphausen erklärte sich nach wie vor außer stande, irgendwelche Zusagen zu machen.

Der sächsische Entwurf wurde nun im einzelnen durchberaten, aber ohne verbindliche Beschlußfassung.

Als definitiv über das ganze Gesetz abgestimmt werden sollte (am 18. Juni), erklärte der bayerische Bevollmächtigte, auf seinem bisherigen Standpunkt beharren zu müssen und einer getrennten Regelung der Papiergeld- und Bankfrage nicht zustimmen zu können. Das Großherzogtum Hessen schloß sich dieser Erklärung an. Alle übrigen Staaten waren geneigt, dem Entwurf, wie er aus der unverbindlichen Beratung hervorgegangen war, ihre Zustimmung zu erteilen.

---

[1] Dadurch ist der sächsische Entwurf die Grundlage des späteren Reichskassenschein-Gesetzes geworden, nicht der preußische, wie Poschinger, Fürst Bismarck im Bundesrat, II S. 348 behauptet.

Es wäre also ein leichtes gewesen, Bayern und Hessen zu überstimmen und den Entwurf an den Reichstag weiterzugeben.

Aber das geschah nicht.

Fürst Bismarck kümmerte sich um die Geldreform nur dann, wenn diese Frage anfing, auf das eigentliche politische Gebiet hinüberzuspielen.

Dieser Fall war nun eingetreten.

Bayern hatte mit aller Entschiedenheit gegen die isolierte Erledigung der Papiergeldfrage protestiert. Bismarck, der bisher stets darauf Bedacht genommen hatte, den größeren Mittelstaaten, ganz besonders Bayern, in keiner Weise zu nahe zu treten, hielt auch dieses Mal die Reform des Geldwesens für zu unwesentlich, um Bayern deshalb irgendwie zu verstimmen. Es kam hinzu, daß für den Herbst Neuwahlen zum Reichstag in Aussicht standen. Auf gute Wahlen zum Reichstag hat Bismarck stets gehalten. Er fürchtete nun, daß gerade eine Majorisierung Bayerns in der Papiergeldfrage, die er für sehr verwickelt und dunkel hielt, einen zugkräftigen Agitationsstoff für die bayerischen Partikularisten abgeben könnte, und er hatte keine Lust, wegen der Papiergeldfrage auch nur einen einzigen bayerischen Wahlkreis dem Centrum auszuliefern.

In Rücksicht auf den letzteren Gesichtspunkt handelte es sich für ihn vor allem darum, die Entscheidung in der Papiergeldfrage mindestens bis über die Reichstagswahlen hinaus zu verschieben.

Delbrück handelte deshalb ganz in seinem Sinn, als er, nachdem Bayern und Hessen ihren entschiedenen Widerspruch gegen das Gesetz erklärt hatten, beantragte, die Beschlußfassung über das Gesetz auf unbestimmte Zeit zu vertagen. Die Beschlußfassung über diesen unerwarteten Antrag wurde, da die Bevollmächtigten ohne Instruktionen für diesen Fall waren, auf den folgenden Tag verschoben.

Die Lage war inzwischen durch das Herannahen des Schlusses der Reichstagssession akut geworden. Am 20. Juni fand jene Bundesratssitzung statt, welche jegliches Ergebnis der langen Verhandlungen völlig in Frage stellte, am 25. Juni sollte die Session geschlossen werden.

Der Reichstag selbst konnte unter diesen Umständen, obwohl die von ihm verlangten Vorschläge über die Regelung der Papiergeldfrage immer noch auf sich warten ließen, die Wiederaufnahme der dritten Lesung des Münzgesetzes unmöglich länger verzögern. Als kein Aufschub mehr möglich war, wurde die dritte Lesung des Münzgesetzes für Montag, den 23. Juni auf die Tagesordnung gesetzt.

In dieser kritischen Situation richtete sich der ganze Groll der mit dem Papiergeldgesetz einverstandenen Mittelstaaten gegen Bayern und Hessen, deren Widerstand jede erträgliche Lösung unmöglich zu machen drohte.

Man machte den bayerischen und hessischen Bevollmächtigten die lebhaftesten Vorstellungen. Man warf ihnen vor, daß sie das Zustandekommen des Münzgesetzes gefährdeten. Man wies auf den Laskerschen Antrag über die Verteilung der Kriegskostenentschädigung hin und schob Bayern die Verantwortlichkeit zu für eine eventuelle erhebliche finanzielle Schädigung sämtlicher Einzelstaaten, wie sie aus einer Zurückhaltung der Kontributionsgelder entstehen könnte. Man machte darauf aufmerksam, welch schlechten Eindruck es hervorrufen werde, wenn die verbündeten Regierungen, nachdem man den Reichstag von ihren Verhandlungen über die Frage in Kenntnis gesetzt, mit leeren Händen vor den Reichstag treten müßten; man werde naturgemäß den Grund im Mangel an gutem Willen seitens der Einzelstaaten suchen.

Aber alles war umsonst. Bayern und Hessen beharrten bei ihrem Widerspruch.

Am 21. Juni beschloß der Bundesrat gegen eine Reihe wichtiger Staaten, z. B. gegen Sachsen, Württemberg und Baden, die Abstimmung über den Entwurf auf unbestimmte Zeit zu vertagen.

Fürst Bismarck selbst leitete an diesem Tage die Verhandlungen.

Er war sehr geärgert und verdrießlich über den Gang, den die ganze Sache genommen hatte. Der rücksichtslose preußische Partikularismus, den Camphausen von allem Anfang an in dieser Angelegenheit zur Schau getragen hatte, und der hauptsächlich die Schuld an der scharfen Zuspitzung der Frage trug, verdroß ihn in hohem Grade. Aber auch der Eifer, mit welchem Delbrück im Interesse des Zustandekommens des Münzgesetzes auf eine möglichst rasche gütliche Beilegung der Streitfrage hingearbeitet hatte, erfreute sich offenbar nicht seines Beifalls. Gerade dadurch war diese ganze unangenehme Frage im ungeschicktesten Augenblick, wo Reichstagswahlen in Aussicht standen, akut geworden, und die Unmöglichkeit einer alle Teile befriedigenden Lösung trat gerade in diesem unpassenden Moment klar hervor. Und warum hatte man die Frage nicht bis nach den Wahlen auf sich beruhen lassen? — Nur wegen dieses Münzgesetzes!

Doch was geschehen war, ließ sich nicht mehr ändern. Es galt, in der allerkürzesten Zeit einen Ausweg aus der Sackgasse zu finden, und eine Einigung zwischen Reichstag und Bundesrat herbeizuführen.

Da die Reichsregierung nach dem Scheitern der Verhandlungen im

Bundesrat dem Reichstag keine offiziellen Vorschläge machen konnte, blieb ihr nur der Weg der privaten Unterhandlung mit den führenden Reichstagsabgeordneten.

Bismarck selbst ließ noch am Abend des 21. Juni Bamberger zu sich bitten, der bereits über das Schicksal des Papiergeldgesetzes unterrichtet war. Den Inhalt der Unterredung gebe ich nach den Aufzeichnungen wieder, die mir Herr Dr. Bamberger in liebenswürdiger Weise zur Verfügung gestellt hat.

Bismarck hielt Bamberger eine lange Anrede. Er sei, so sagte er, im ganzen offiziellen Preußen der einzige deutsch und reichsmäßig gesinnte. Er wolle nicht, daß in Bayern die Wahlen unter Hinweisung auf eine Majorisierung Bayerns in der Papiergeldfrage verschlechtert würden. Um zu verstehen, daß Bayern hier kein Unrecht geschehe, müsse man mehr Einsicht haben, als dem Wähler zuzutrauen sei. Er folge hierin den Angaben von Bambergers liberalen Kollegen aus Bayern. Gerade daß das bayerische Papiergeld aus dem Kriege von 1866 datiere (Bayern hatte bis dorthin kein Papiergeld ausgegeben), sei das Üble. „Ich habe," sagte Bismarck, „im Jahre 1871 gewollt, man sollte den süddeutschen Staaten ihre Kontributionen von 1866 aus den Kriegsentschädigungsgeldern Frankreichs zurückgeben. Diesen Wunsch hätte man mir doch wohl erfüllen können! Ich hätte ja für Deutschland ebenso gut eine halbe Milliarde weniger ausbedingen können; und die 200 Millionen von Paris, wer anders hat denn die dem König geradezu auf den Tisch gelegt, als ich! Aber damals, als ich dieses Ansinnen stellte, begann der König an die Erzählung zu glauben, daß es in meinem Kopfe nicht ganz richtig sei." —

„Ich stellte ihm nun die Frage," so heißt es in Bambergers Aufzeichnungen weiter, „welche der beiden Lösungen, der alte Artikel 18 oder die Substanz des sächsischen Vorschlages er vorziehe. Aber er hatte sich offenbar weder mit dem einen noch mit dem andern vertraut gemacht. Jetzt erst merkte ich, worauf er hinauswollte: auf das Unglaubliche, daß ich das Münzgesetz in dieser Session unvollendet stehen lassen sollte. Dieser Gedanke war so absurd selbst für Bismarcks Reichspolitik, so zweckwidrig und geradezu unmöglich, daß ich mir anfangs selbst nicht glauben wollte, richtig verstanden zu haben."

„Da sagte er kalt-verdrießlich:

„„Sobald Sie's fertig machen wollen, ist es mir einerlei wie.""

„Nun verstand ich erst, und ich kann mir diesen Gedankengang nicht anders erklären, als damit, daß er das unfertig gebliebene Münzgesetz als socium malorum zum unerledigten Militärgesetz dem Könige zu Füßen legen wollte [1]. Ich erklärte ihm nun rund heraus, daran sei nicht zu denken. Wollte ich mich auch zu einem solchen Unternehmen hergeben, so würde meine Autorität in diesen Dingen nicht hinreichen, diesen selbstmörderischen Akt durchzusetzen. Alles was ich damit erreichen könnte, wäre, mich selbst zu ruinieren. Ich sagte: „Sie mögen Ihre Politik darin haben, aber der Reichstag muß auch seine Politik der Selbsterhaltung haben, und schließlich fällt diese doch mit der Ihrigen zusammen."

„Als ich ihn am Ende der Besprechung fragte, ob er für keines der beiden Projekte eine Präferenz habe, setzte ich, um ihn zu orientieren, dazu:

„„Das eine wird Preußen unangenehm sein, das andere Bayern. Was ziehen Sie vor?""

Da sagte er lachend:

„„Nun, dann seien Sie lieber Preußen unangenehm."" —

Der Reichstag stand nun vor folgender Lage:

Man wußte, daß der alte Art. 18, welcher die kleinen Abschnitte des Staatspapiergeldes beseitigen wollte, die Zustimmung des Bundesrates nicht erhalten würde, daß seine Aufrechterhaltung also das ganze Münzgesetz zum Fall bringen mußte. Man war ferner darüber unterrichtet, daß der Bundesrat im Prinzip geneigt war, zu einer völligen Abschaffung des Staatspapiergeldes der Einzelstaaten die Hand zu bieten, unter der Bedingung, daß an dessen Stelle ein an die Einzelstaaten zur Erleichterung der Einziehung des Landespapiergeldes zu verteilendes Reichspapiergeld treten sollte, und unter der ferneren Bedingung, daß den Einzelstaaten, welche mehr Papiergeld im Umlauf hatten, als ihr Anteil am künftigen Reichspapiergeld betrug, noch weitere Erleichterungen gewährt würden.

Es fragte sich nun, ob diese Grundsätze der Regulierung des Papiergeldwesens, welche der Zustimmung des Bundesrats sicher waren, seitens des Reichstags im Interesse der Münzreform angenommen werden konnten. In der That handelte es sich nur darum. Der alte Artikel 18, für dessen Annahme im Bundesrat Bayern ganz isoliert eingetreten

---

[1] Der wirkliche Grund dürfte, wie oben entwickelt ist, gewesen sein, daß Bismarck die unangenehme Entscheidung über die schwebende Frage vor den Neuwahlen vermeiden wollte.

war, kam völlig außer Frage, trotz Bismarcks Rat, lieber Bayern zu Willen zu sein.

Am liebsten hätte man im Reichstag fast allgemein die völlige Abschaffung jedes Staatspapiergeldes gesehen. Aber neben den Doktrinären, welche durchaus gegen jedes Papiergeld waren, standen Leute, welche es verstanden zur richtigen Zeit die richtigen Konzessionen zu machen. Diese sahen ein, daß ohne ein Reichspapiergeld eine Einigung in der schwebenden Frage unmöglich war, daß also ein hartnäckiges Festhalten an der Gegnerschaft gegen jedes Papiergeld zur Zeit nicht nur die Ordnung der Papiergeldfrage unmöglich gemacht hätte, sondern auch das Münzgesetz hätte scheitern lassen. Sie erkannten ferner, daß ein einheitliches Reichspapiergeld gegenüber dem Landespapiergeld von 21 Staaten einen großen Fortschritt bedeute, zumal damit eine Verringerung des ganzen Papierumlaufes Hand in Hand gehen sollte.

Aus solchen Erwägungen ging ein Antrag Bambergers hervor, welcher folgende Bestimmungen über das Staatspapiergeld traf:

„Das von den einzelnen Bundesstaaten ausgegebene Papiergeld ist spätestens bis zum 1. Januar 1876 einzuziehen und spätestens sechs Monate vor diesem Termine öffentlich aufzurufen. Dagegen wird nach Maßgabe eines zu erlassenden Reichsgesetzes eine Ausgabe von Reichspapiergeld stattfinden. Das Reichsgesetz wird über die Ausgabe und den Umlauf des Reichspapiergeldes, sowie über die den einzelnen Bundesstaaten zum Zwecke der Einziehung ihres Papiergeldes zu gewährenden Erleichterungen die näheren Bestimmungen treffen."

Im Reichstage erläuterte Bamberger seinen Antrag folgendermaßen: Der neue Artikel 18 enthalte die absolute Bestimmung, daß das Staatspapiergeld eingezogen werden müsse. Er spreche ferner von Erleichterungen, welche den Einzelstaaten zu diesem Zwecke zu gewähren seien; „es ist," fuhr er fort, „als eine dieser Erleichterungen angedeutet die Ausgabe von Reichspapiergeld, welche zwar noch in einem anderen Sinne als nötig und nützlich gefaßt werden kann, welche aber hier noch zunächst entsprungen ist aus dem Gedanken, daß sie eines der Erleichterungsmittel bieten kann. Dieser Gedanke wäre wohl meinen Herren Mitantragstellern und mir nicht gekommen, wenn wir nicht die Gesetzesvorlage gekannt hätten, mit welcher die verbündeten Regierungen sich bisher beschäftigt haben. Er ist einfach daraus entsprungen, daß wir uns, als wir noch nicht wußten, daß diese Vorlage nicht zu einem Gesetzentwurf reif würde, in uns darüber schlüssig zu machen hatten, ob wir die bewußte Vorlage mit Modifikationen zwar, aber doch mit dem Grundgedanken einer beschränkten Reichspapiergeldemission schließlich acceptieren würden oder nicht." Er sei zwar im Prinzip gegen Reichspapiergeld; aber er mache eine praktisch unschädliche Konzession, um das Münzgesetz vor einem schmählichen Untergang zu retten. Der wahre Sinn des Artikels 18, wie er gewesen sei und wie er jetzt vorgeschlagen werde, sei einzig und allein, „daß ein unwiderstehliches Compelle existiert, auf daß uns ein Bank- und ein Papiergeldgesetz vorgelegt werde."

Da der Bundesrat keine Gelegenheit gehabt hatte, zu dem neuen Antrage Stellung zu nehmen, konnte Delbrück nur als seine persönliche Überzeugung äußern, daß die verbündeten Regierungen dem Antrag zustimmen würden; denn der neue Artikel 18 enthalte ja nur ein Prinzip, über welches die verbündeten Regierungen in ihrer überwiegenden Mehrheit einig gewesen seien.

Es wurden zwar aus der Mitte des Hauses Einwendungen gegen den Antrag gemacht. Es wurde als verkehrt bezeichnet, daß wohl der absolute Wegfall des Staatspapiergeldes dekretiert werde, während die näheren Bestimmungen über das zukünftige Reichspapiergeld in der Schwebe blieben; namentlich, so wurde ausgeführt, ständen sich die verbündeten Regierungen unter diesen Verhältnissen sehr schlecht, denn sie seien unbedingt darauf angewiesen, daß ein Reichsgesetz über das Papiergeld spätestens bis zum 1. Juli 1875, dem Termin für die Aufrufung des Landespapiergeldes, zu stande käme. Aber auf der andern Seite fand man gerade darin einen Vorzug des Antrags. Es lag ja in der Absicht, die verbündeten Regierungen zu einer möglichst raschen Einigung in der Papiergeld- und Bankfrage zu veranlassen.

Der neue Artikel 18 wurde vom Reichstag mit großer Mehrheit gutgeheißen, und das Münzgesetz gelangte in der Fassung der dritten Lesung an den Bundesrat zur definitiven Beschlußfassung.

Auch der neue Reichstagsbeschluß über das Papiergeld fand dort keine allzufreudige Aufnahme. Aber Delbrück setzte alles daran, um die Zustimmung des Bundesrats zu dem Artikel zu erlangen. Bei seinen Bemühungen kam ihm sehr zu statten, daß der Reichstag inzwischen bei der zweiten Lesung des Gesetzes über die Verteilung des Restbetrags der französischen Kontribution in der That den Antrag Laskers angenommen hatte, nach welchem die Verteilung erst nach der Ordnung der Papiergeldfrage erfolgen sollte. Dieser Beschluß war sämtlichen Einzelstaaten sehr unangenehm. Delbrück konnte nun den Bevollmächtigten mitteilen, die Beseitigung dieses Zusatzes sei voraussichtlich ohne Schwierigkeiten durchzusetzen, falls der Bundesrat sich zur Annahme des Münzgesetzes mit dem neuen Art. 18 entschließen würde.

Die überwiegende Mehrzahl der Einzelstaaten zeigte sich geneigt, dem Münzgesetz in der Fassung der dritten Lesung zuzustimmen, aber fast alle knüpften ihre Zustimmung an die Bedingung, daß der Reichstag in dritter Lesung des Gesetzentwurfs über die Verteilung der Kontributionsgelder von dem Antrag Lasker Abstand nehme. Delbrück machte dem Reichstag davon Mitteilung, und der Antrag Lasker wurde nunmehr als überflüssig zurückgezogen.

Daraufhin nahm der Bundesrat das Münzgesetz in definitiver Abstimmung an. Nur Sachsen stimmte dagegen. Die Fassung des neuen Artikels 18 ließ es nach Ansicht der sächsischen Regierung an der Sicherheit fehlen, daß bei dem definitiven Papiergeldgesetz genügende Erleichterungen für die Einzelstaaten geschaffen würden.

So war nach manchen Fährlichkeiten das Münzgesetz glücklich in den sicheren Hafen gebracht. Am 9. Juli 1873 wurde es publiziert.

Die Papiergeldfrage war durch seinen Schlußartikel in einer Weise in Angriff genommen, welche ihre baldige und endgültige Erledigung gerade für die Einzelstaaten zu einer gebieterischen Notwendigkeit machte.

Zweiter Abschnitt.

Das Gesetz, betreffend die Ausgabe von Reichskassenscheinen, vom 30. April 1874.

Der Verlauf, welchen die Bundesratsverhandlungen über die Ordnung des Papiergeldwesens im Mai und Juni 1873 genommen hatten, machte es dem Reichskanzleramt zur Pflicht, gleichzeitig mit einem Papiergeld- und einem Bankgesetzentwurf an den Bundesrat heranzutreten. Wir brauchen uns nur zu erinnern, daß der Inhalt des aus dem sächsischen Vorschlage hervorgegangenen Entwurfes der Zustimmung des Bundesrates unbedingt sicher war, und daß die Abstimmung über diesen Entwurf nur deshalb ausgesetzt worden war, weil Bayern im Verein mit Hessen auf der gleichzeitigen Regelung der Papiergeldfrage bestand. Bismarck selbst hatte, als er am 21. Juni im Bundesrat die Vertagung des Papiergeld-Gesetzentwurfes verlangte, darauf hingewiesen, daß diese

Vertagung die Möglichkeit einer gleichzeitigen Ordnung der Papiergeld- und Bankfrage schaffe, eine Möglichkeit, die auch ihm sehr erwünscht sei.

Nun war aber durch den Artikel 18 des Münzgesetzes wohl die baldige Erledigung der Papiergeldfrage dringend notwendig gemacht; denn nach ihm mußte das Staatspapiergeld bis zum 1. Januar 1876 eingezogen sein. Wollten die Einzelregierungen ein Reichspapiergeld schaffen und unter sich zur Erleichterung der Einziehung ihres Landespapiergeldes verteilen, und wollten sie außerdem noch weitere Erleichterungen erhalten, so mußten sie für das rechtzeitige Zustandekommen eines Reichspapiergeld-Gesetzes Sorge tragen. Für die Finanzwirtschaft der Einzelstaaten war es dringend wünschenswert, daß die Frage so rasch als möglich endgültig entschieden werde, damit sie sich auf größere oder geringere Aufwendungen für die Beseitigung ihres Papiergeldes einrichten konnten. Es kam hinzu, daß mehrere Staaten der Guldenwährung die Einführung der Reichsmarkrechnung für nicht allzuferne Zeit in Aussicht genommen hatten, und diese Staaten mußten deshalb auch die baldige Beseitigung ihres auf Gulden lautenden Papiergeldes anstreben.

Alle diese Umstände vereinigten sich, um die Papiergeldfrage nach wie vor als brennend erscheinen zu lassen.

Anders stand es hinsichtlich des Bankwesens.

Der Schlußartikel des Münzgesetzes traf über die Banknoten nur die eine Bestimmung, daß vom 1. Januar 1876 ab nur noch Noten, welche auf Reichswährung im Betrage von nicht unter 100 Mark lauteten, umlaufen dürften. Das war zwar für eine Reihe kleinerer Banken, welche von den kleinen Notenabschnitten förmlich lebten, ein empfindlicher Schlag. Aber diese kleinen Banken hatten keine einflußreichen Beschützer. Ein Interesse an ihrer Existenz und an ihrer Rentabilität hatten höchstens die Kleinstaaten, welche sie konzessioniert hatten. Die übrigen Staaten sahen diese Banken — wie wir wissen, nicht mit Unrecht — als Schmarotzerpflanzen an, und sie waren mit dem Reichstag und der öffentlichen Meinung völlig darüber einig, daß es eine Hauptaufgabe der Bankgesetzgebung sein müsse, diesen kleinen Notenbanken den Lebensnerv zu unterbinden. Ließ sich also für die wenigen interessierten Kleinstaaten von dem Bankgesetz keine Erleichterung gegenüber dem Artikel 18 des Münzgesetzes erwarten, und hatten diese also kein Interesse an einer Beschleunigung der Bankgesetzgebung, so hatte auf der anderen Seite der Artikel 18 für die größeren Notenbanken und die an ihnen interessierten Staaten eine durchaus erträgliche Lage geschaffen, eine Lage, welche gleichfalls durch ein definitives Bankgesetz kaum erleichtert werden konnte, da man völlig darüber einig war, auch in Zukunft keine Noten unter 100 Mark zuzulassen. Diejenigen Einzelstaaten, welche an dem Geschäftsgewinn von Banken, denen eine sehr ausgedehnte oder gar unbeschränkte Notenausgabe gestattet war, beteiligt waren, konnten ohnedies von dem definitiven Bankgesetz nur weitere Einschränkungen erwarten, hatten also ebenfalls nicht den mindesten Anlaß, die Bankgesetzgebung zu beschleunigen. Nur diejenigen Staaten, welche — wie z. B. Bayern — in der Konzessionierung von Notenbanken bisher eine fast übergroße Zurückhaltung gezeigt hatten, mußten dringend die endgültige Regelung der Bankfrage wünschen.

Die Absicht, welche der Reichstag mit dem Artikel 18 des Münzgesetzes verfolgte, für die verbündeten Regierungen einen unwiderstehlichen Antrieb zur Vorlegung eines Papiergeld- und Bankgesetzes zu schaffen, war also vollkommen nur hinsichtlich des Papiergeldes erreicht, nicht aber hinsichtlich der Banknoten.

Nichtsdestoweniger darf man wohl annehmen, daß die Bankfrage seitens der Reichsregierung auch ohne die dringende Nötigung, wie sie hinsichtlich der Papiergeldfrage bestand, mit dem gleichen Eifer wie jene behandelt worden wäre, und daß, entsprechend den Wünschen der meisten Einzelstaaten und dem Verlangen des Reichstags, eine gleichzeitige Behandlung beider Fragen — soweit es auf das Reichskanzleramt ankam — ermöglicht worden wäre.

Aber das alte Hindernis, welches der Lösung der Bankfrage von allem Anfang an entgegenstand, verhinderte immer noch jeden Fortschritt in dieser Angelegenheit. Die Meinungsverschiedenheit zwischen dem Reichskanzleramt und dem preußischen Finanzminister über die Verwandlung der Preußischen Bank in eine Reichsbank bestand in der alten Schärfe fort. Für einen Bankgesetzentwurf mit der Reichsbank war die Zustimmung Camphausens nicht zu erlangen, oder höchstens unter Bedingungen, welche die geplante Gründung so gut wie unmöglich machen mußten. Ohne die Zustimmung Camphausens wollte Bismarck dem Bundesrat keinen Entwurf vorlegen. Andererseits konnten sich Delbrück und Michaëlis nicht entschließen, einen Entwurf ohne die Reichsbank in Vorschlag zu bringen. Camphausen selbst zeigte keine Lust, einen seinen Intentionen entsprechenden Entwurf im preußischen Finanzministerium auszuarbeiten, und wenn er in der Öffentlichkeit, wo man über den Stand der Frage im allgemeinen richtig unterrichtet war, wegen seines Widerstandes gegen die Regelung der Bankfrage angegriffen wurde, so verteidigte er sich damit, daß keine der verbündeten Regierungen im Bundesrat bisher mit positiven Vorschlägen hervorgetreten sei; dabei verschwieg er, daß er im Bundesrat auf alle Anfragen, ob Preußen geneigt sei, Zugeständnisse bezüglich der Umwandlung der Preußischen Bank in eine Reichsbank zu machen, nur die Antwort hatte, daß er nach Lage der Dinge keine Antwort geben könne.

Da sich das Reichskanzleramt auf diese Weise verhindert sah, Vorschläge über die Regelung des Bankwesens an den Bundesrat gelangen zu lassen, da es sich auf der anderen Seite durch den Verlauf der Bundesratsverhandlungen über den sächsischen Papiergeld-Gesetzentwurf wenigstens formell für genötigt hielt, eine neue Vorlage über die Regelung der Staatspapiergeldfrage nur in Verbindung mit einem Bankgesetzentwurf einzubringen, konnte es auch in der Papiergeld-Angelegenheit keinen weiteren Schritt unternehmen, sondern mußte sich auf eine abwartende Haltung beschränken.

Die Regierungen der Einzelstaaten waren jedoch nicht in der Lage, auch ihrerseits abwarten zu können.

Abermals war es Sachsen, welches die Frage von neuem anregte (zu Beginn des Jahres 1874).

Das Reichskanzleramt stellte nun die definitive Beratung und Beschlußfassung über den unerledigt gebliebenen Entwurf des vergangenen Jahres dem Bundesrat anheim. In der That wurde beschlossen, diesen Entwurf wieder hervorzuholen, obwohl über eine Vorlage über die Bankfrage noch nichts verlautete.

Da sich der Zeitpunkt einer Einigung über die Grundlagen der Bankreform unter den obwaltenden Verhältnissen überhaupt nicht absehen ließ, konnte auch Delbrück nicht wünschen, die Papiergeldfrage mit der Bankfrage zu verketten. Er teilte deshalb dem Bundesrat auf eine Anfrage des bayerischen Bevollmächtigten mit, daß er einen Bankgesetzentwurf zur Zeit noch nicht einbringen könne; er beabsichtige jedoch eine solche Vorlage dem Bundesrat im Herbst des Jahres so frühzeitig zuzustellen, daß sie vom Bundesrat bis zum Beginn der Herbstsession des Reichstags erledigt sein könne.

Die Folge war ein scharfer Protest Bayerns gegen den Versuch, die Papiergeldfrage abermals isoliert zu behandeln. Im vergangenen Jahre sei die Verbindung von Papiergeld- und Bankreform von allen Seiten als unbedingt notwendig anerkannt worden, und die Verhältnisse seien noch ganz dieselben wie damals. Bayern stellte deshalb den förmlichen Antrag, die Verhandlungen über die Papiergeldreform bis zu der für den Herbst in Aussicht gestellten Bankvorlage auszusetzen [1].

In der That waren die sachlichen Gründe, welche für eine gleichzeitige Regelung der Papiergeld- und Bankfrage sprachen, Anfang 1874 noch dieselben wie Mitte 1873. Wenn diese sachlichen Gründe damals für einen Aufschub der Verhandlungen über das Papiergeldgesetz entscheidend waren, mußten sie es auch jetzt sein.

Aber diese Gründe waren eben damals nicht entscheidend gewesen. Damals wollte Bismarck eine Majorisierung Bayerns vermeiden, das entschieden gegen die isolierte Behandlung der Papiergeldfrage eintrat. Maßgebend für dieses Verhalten war sein Bestreben, die wichtigeren Mittelstaaten und namentlich Bayern, in guter Stimmung zu erhalten, vor allem aber gerade damals die Rücksicht auf die bevorstehenden Reichstagswahlen. Die Wahlen waren jetzt vorüber, und jetzt konnte man allenfalls Bayern majorisieren, ohne die politische Ausnutzung dieser „Vergewaltigung" fürchten zu müssen. Bismarck machte deshalb jetzt keine Einwendung mehr gegen die einseitige Regelung der Papiergeldfrage eventuell gegen den Willen Bayerns.

Delbrück that sein bestes, um Bayern zu bewegen, seinen Widerspruch fallen zu lassen.

Aber Bayern hielt seinen Antrag auf Vertagung der Papiergeldfrage aufrecht. Der Antrag wurde jedoch abgelehnt, und die im Juni 1873 vermiedene Majorisierung Bayerns wurde so im Januar 1874 zur Thatsache.

Der Bundesrat trat nun in die Beratung des wieder von den Toten auferstandenen Entwurfes ein.

Man einigte sich darüber, daß die Summe des auszugebenden Reichspapiergeldes 120 Millionen Mark betragen solle [2].

---

[1] Vgl. Hirths Annalen des Deutschen Reichs. 1874. S. 717 ff. Die dort gegebene Darstellung deckt sich vollkommen mit der meinigen, welche im wesentlichen auf persönlichen Mitteilungen des Herrn Staatsministers v. Delbrück beruht. — Vgl. auch Poschinger a. a. O. III S. 100 ff.

[2] Der Betrag beruhte auf dem ursprünglichen sächsischen Entwurf, welcher 1 Thaler pro Kopf der Bevölkerung vorschlug. Die Übereinstimmung mit den 120 Millionen Mark des Kriegsschatzes ist eine rein zufällige, wie überhaupt Reichskassenscheine und Kriegsschatz in gar keinem Zusammenhang stehen. Gleichwohl wurde diese zufällige Übereinstimmung in den Motiven des dem Reichstag vorgelegten Gesetzentwurfes als Begründung des vorgeschlagenen Betrags der Reichskassenscheine verwendet. Dort heißt es nämlich (Drucksache Nr. 70 des Reichstags, 1874):

Der vorgeschlagene Verteilungsmaßstab, daß jeder Staat einen seiner Bevölkerung entsprechenden Anteil an den Reichskassenscheinen erhalten sollte, wurde bemängelt. Man beanstandete, daß der eine oder andere Staat auf diese Weise mehr Reichskassenscheine erhalten würde, als er Landespapiergeld ausgegeben hatte, so namentlich Preußen; oder daß gar Staaten, welche überhaupt kein Papiergeld in Umlauf gesetzt hatten, nämlich die Hansestädte und Lippe-Detmold, einen Anteil an dem Reichspapiergeld bekommen sollten, das doch eigentlich nur zur Erleichterung der Einziehung des Landespapiergeldes erfunden worden war.

Namentlich die bayerische Regierung trat gegen diesen Verteilungsmaßstab auf. Getreu seinem Prinzip, die Papiergeld- und Banknotenfrage als untrennbare Einheit zu behandeln, wies sie mit Nachdruck darauf hin, daß die Ausgabe von Papiergeld nicht die einzige Art sei, auf welche deutsche Regierungen bisher aus der Geldzirkulation Einkünfte gezogen hätten. Verschiedene Regierungen seien an dem Reingewinn von Notenbanken beteiligt, denen sie die Ausgabe von ungedeckten Banknoten in unbeschränktem Maße gestattet hätten [1]. Der Vorteil, den diese Regierungen aus der Zirkulation papierner Umlaufsmittel gezogen hätten, dürfe bei der Verteilung der zur Beseitigung des Staatspapiergeldes notwendigen Opfer nicht unberücksichtigt bleiben.

Nun war allerdings aus der Gewinnbeteiligung einzelner Regierungen an Notenbanken ein sicherer Maßstab für die Verteilung des Reichspapiergeldes nicht herzuleiten. Darauf kam es Bayern nicht an; es wollte nur eine etwas günstigere Behandlung derjenigen Staaten erwirken, welche mehr als 3 Mark pro Kopf ihrer Bevölkerung an Papiergeld emittiert hatten.

Der bayerische Bevollmächtigte stellte deshalb den Antrag, die Reichskassenscheine so zu verteilen, daß jeder Staat den Betrag des von ihm ausgegebenen Staatspapiergeldes erhalte, soweit dieser Betrag 3 Mark pro Kopf nicht übersteige, daß der verbleibende Rest an diejenigen Bundesstaaten verteilt werde, deren Papiergeldausgabe 3 Mark pro Kopf der Bevölkerung übersteige, und zwar nach Maßgabe ihrer den Betrag von 3 Mark pro Kopf ihrer Bevölkerung übersteigenden Papiergeldemission [2].

„Indem der Entwurf als normalen Betrag die Summe von 120 Millionen Mark bezeichnet, bleibt er innerhalb der Grenze, welche durch die ängstlichste Rücksicht auf die Sicherheit der metallischen Währung und auf den Kredit des Reichs nur immer gezogen werden kann, denn dieser Betrag ist gleich der Summe, welche das Reich in geprägtem Gelde als Kriegsschatz unverzinslich niedergelegt hat."

[1] Dabei war natürlich in erster Linie an Preußen gedacht.

[2] Hirths Annalen 1874 S. 723.

Kein Staat sollte also mehr Reichspapiergeld bekommen, als er Landespapiergeld emittiert hatte. Die Hansestädte, Lippe-Detmold und Elsaß-Lothringen sollten von vornherein ausscheiden. Der auf diese Weise frei werdende Betrag von Reichskassenscheinen sollte denjenigen Staaten zu gute kommen, deren Papiergeldemission mehr als 3 Mark pro Kopf der Bevölkerung betrug.

Das war ein Vorschlag, über den sich verhandeln ließ.

Nur war die Begründung, mit welcher ihn Bayern vorbrachte, durchaus verfehlt.

Einmal war sie juristisch inkorrekt. Die finanziellen Vorteile, welche einzelnen Staaten durch ihre Beteiligung am Reingewinn ihrer Notenbanken zuflossen, stellten Einkommen aus einem privaten Geschäftsbetrieb dar, also einen endgültigen Vermögenserwerb, während die Ausgabe von Papiergeld nach der allgemeinen Anschauung die Übernahme einer unverzinslichen schwebenden Schuld bedeutete, deren frühere oder spätere Rückzahlung niemals außer Acht gelassen werden durfte.

Aber selbst wenn man darüber hinwegsehen will und bereitwillig anerkennt, daß es gleichgültig sei, ob der Geldumlauf seitens eines Staates unmittelbar durch die Ausgabe von Staatspapiergeld oder mittelbar durch die Beteiligung am Gewinn aus ungedeckten Banknoten vermehrt werde: selbst dann war die Begründung des bayerischen Antrags, der die günstigere Behandlung derjenigen Staaten verlangte, die für ihre Verhältnisse große Mengen von Papiergeld ausgegeben hatten, ganz und gar verkehrt.

Die Begründung traf zufällig für Bayern zu, das gegen 3 Thaler pro Kopf seiner Bevölkerung an Papiergeld ausgegeben, dagegen den ungedeckten Banknotenumlauf innerhalb der engsten Grenzen gehalten hatte, während es auf die verhältnismäßig großen Einkünfte hinweisen konnte, die Preußen aus der Preußischen Bank zog.

Aber sobald man über Bayern und sein Verhältnis zu Preußen hinaussieht, ändert sich die Sache. Ein großer Teil derjenigen Staaten, welche im Verhältnis zu ihrer Bevölkerung am meisten Papiergeld in Umlauf gesetzt hatten, war ebenso an der Ausgabe ungedeckter Banknoten interessiert. Während der bayerische Antrag diese Staaten günstiger behandeln wollte, als es durch eine Verteilung der Reichskassenscheine nach dem Verhältnis der Bevölkerung geschehen konnte, wäre die logische Konsequenz der Begründung des bayerischen Antrags gewesen, diese doppelten

Sünder durch Verkürzung der nach ihrer Bevölkerung auf sie fallenden Anteile zu strafen.

Aber trotz der verfehlten Begründung war der bayerische Vorschlag im Grunde genommen nicht zu verachten; allerdings von einem Gesichtspunkt aus, der Bayern vielleicht fremder war als irgend einem anderen Einzelstaat, nämlich von dem weitherzigen Gesichtspunkt der vollen Reichseinheit.

Der Gedanke war nicht schlecht, daß in dieser Frage an Stelle des kleinlichen Abrechnens zwischen den einzelnen Regierungen eine gewisse Noblesse walten sollte, ähnlich wie man bei der Regulierung des Münzwesens hinsichtlich des gleichfalls unter den einzelnen Staaten ungleichmäßig verteilten Scheidemünzumlaufs verfahren war. Die Regulierung des Papiergeldwesens geschah ja im Interesse des Reiches, und die Schaffung des Reichspapiergeldes an sich schon war ja ein Ausfluß des Gedankens, daß das Reich den Einzelstaaten bei der „Rückzahlung ihrer unverzinslichen Schulden", weil es sich dabei um ein Reichsinteresse handelte, zu Hilfe kommen müsse.

Die ganze Auffassung des staatlichen Papiergeldes als einer unverzinslichen schwebenden Schuld ist an und für sich nicht ganz unanfechtbar. Die Ausgabe von Papiergeld stellt sich weniger als die Kontrahierung einer Schuld dar, als vielmehr als eine Ausübung des staatlichen Rechtes, Geld zu schaffen; ob die Ausübung dieses Rechtes im einzelnen Falle eine volkswirtschaftlich angebrachte war oder nicht, kommt dabei juristisch nicht in Frage. Jedenfalls war die Einziehung des Papiergeldes solange der freien Entschließung der Einzelstaaten anheimgegeben, als diese souveräne Staaten waren und ihre Münzhoheit nicht an das Reich übertragen hatten. Der Eintritt dieses letzteren Falles war aber bei der Ausgabe von Papiergeld kaum irgendwo vorgesehen worden und die Ausgabe von Papiergeld war meistens nicht, um vorübergehenden Bedürfnissen zu genügen, erfolgt, sondern in der Absicht, das Papiergeld dauernd im Umlauf zu erhalten.

Auch diese Erwägung hätte allerdings kaum den Anspruch rechtfertigen können, das Reich möge Vergangenes einfach vergangen sein lassen und das Papiergeld der Einzelstaaten ohne weiteres übernehmen. Der Mißbrauch, welchen einzelne Staaten auf Kosten der Ordnung, der Solidität und der Bequemlichkeit des deutschen Münzumlaufs mit ihrem Recht der Papiergeldausgabe getrieben hatten, war zu schreiend, als daß man diesen Staaten mehr gutmütig als großmütig den ganzen Vorteil ihrer Papiergeldausgabe hätte überlassen dürfen. Daran dachte im Ernste niemand. Aber zwischen diesem Weg und dem kleinlichen Abrechnen und der strengen ziffermäßigen Gerechtigkeit Camphausens gab es auch Mittelwege, und einen solchen stellte der bayerische Antrag gar.

Es kann nicht Wunder nehmen, daß Camphausen am heftigsten gegen den bayerischen Antrag auftrat. Wie gewöhnlich berief er sich darauf, daß Preußen stets darauf gehalten habe, seinem Papierumlauf enge Grenzen zu ziehen, daß es im Jahre 1856 etwa 15 Millionen Thaler Papiergeld eingezogen und zu diesem Zweck eine verzinsliche Anleihe aufgenommen habe. Im Grunde war es seine Meinung, die Einzelstaaten thäten gut daran, die ihnen überwiesenen Kriegsentschädigungsgelder zur Einziehung ihres Staatspapiergeldes zu verwenden; weiterer Erleichterungen bedürfe es überhaupt nicht. Wenn aber schon ein Reichspapiergeld geschaffen und unter die Einzelstaaten verteilt würde, dann sollte dies nach dem strengen Maßstab ihrer Bevölkerung geschehen. Das Reich habe nicht die mindeste Veranlassung, die Schulden der Einzelstaaten zu bezahlen.

Bei dieser Argumentation war vergessen, daß das Reichspapiergeld ausschließlich deshalb geschaffen war, um die Einziehung des Landespapiergeldes für die Einzelstaaten zu erleichtern. Die Verteilung des Reichspapiergeldes an die Einzelstaaten war in der That ein Geschenk des Reichs an diese Staaten und stellte eine ganze oder teilweise Bezahlung der Schulden dieser Staaten dar, wenn man Camphausens Auffassung konsequent verfolgen will. Es kommt hinzu, daß jeder Reichskassenschein, der an einen Staat gezahlt wurde, welcher kein Papiergeld einzuziehen hatte, und jeder Schein, der an einen Staat über den Betrag des von ihm einzuziehenden Papiergeldes hinaus überwiesen wurde, den Zweck verfehlte, zu welchem man das Reichspapiergeld schaffen wollte. Der bayerische Vorschlag hätte ferner keinem Staat irgendwelchen Schaden zugefügt; es wäre nur einzelnen Staaten der Gewinn ganz oder teilweise entgangen, welchen sie nach dem Verteilungsmodus des Gesetzentwurfs daraus zogen, daß andere Staaten in größerem Umfang Papiergeld ausgegeben hatten. Der bayerische Vorschlag verlangte von niemandem Opfer, sondern mutete nur einzelnen Staaten zu, es geschehen zu lassen, daß anderen zu einem bestimmten, für das Reich im höchsten Grade wünschenswerten und ersprießlichen Zweck Erleichterungen gewährt würden, die das Reich, da es sich um unverzinsliches Papiergeld handelte, finanziell nicht belasteten, und deren sie selbst, dank ihrer weiseren Papiergeld-Politik, nicht bedurften.

Der bayerische Antrag hätte sehr wohl in den Gedankenkreis der

Bismarckschen Reichspolitik hineingepaßt, welcher es auf kleine Mittel und auf die Preisgabe von unbedeutenden preußischen Interessen nicht ankam, wenn es galt, den Reichsgedanken populär und selbst den partikularistisch gesinnten einzelstaatlichen Kabinetten angenehm zu machen. Gerade weil gewöhnlich in Geldsachen die Gemütlichkeit aufhört, hätte in diesem Fall etwas mehr gemütliche Noblesse und etwas weniger hartnäckiges Bestehen auf der strengen Gerechtigkeit doppelt gut gewirkt.

Aber Bismarck hatte, nachdem die Reichstagswahlen vorüber waren, kein Interesse mehr an der Papiergeldfrage, und der Bundesrat vermochte sich nicht zu einer solchen Anschauung aufzuschwingen. So wurde der bayerische Antrag abgelehnt.

Auch hinsichtlich der übrigen Bestimmungen blieb der Entwurf im wesentlichen unverändert. Wichtig ist nur, daß im Bundesrat der Vorschuß, welcher den Staaten, die über ihren Anteil an den Reichskassenscheinen Landespapiergeld ausgegeben hatten, seitens des Reiches in Reichskassenscheinen gewährt werden sollte, von der Hälfte des überschießenden Betrages auf Zweidrittel erhöht und die Tilgungsfrist, welche ursprünglich auf 10 Jahre festgesetzt war, auf 15 Jahre verlängert wurde.

Bayern wollte über die Art der Tilgung noch keine Anordnungen treffen, sondern beantragte, alle diesbezüglichen Bestimmungen erst im Bankgesetz festzustellen, indem es dabei an seiner Ansicht festhielt, daß die zu gründende Reichsbank für die ihr zu verleihenden Rechte die Einlösung des Landespapiergeldes wenigstens teilweise übernehmen müsse.

Die Ansichten über diese Frage waren geteilt. Namentlich Camphausen wollte an den Bestimmungen, welche der im Juni 1873 zurückgestellte Entwurf über den Vorschuß an die Einzelstaaten und dessen Tilgung traf, strikte festhalten. Der Gedanke, den Einzelstaaten die Tilgung des ihnen gewährten Vorschusses erst durch die Bankgesetzgebung zu ordnen und eine kräftige Reichsbank mit dieser Tilgung zu belasten, mußte natürlich einem Gegner der Reichsbank, wie Camphausen es war, gänzlich verfehlt und unpraktisch erscheinen; aber auch für die Freunde der Reichsbank war er nicht ohne Bedenken. Man wollte es aber vermeiden, den von Bayern von allem Anfang vertretenen Lieblingsgedanken jetzt schon zu durchkreuzen. Es kam deshalb zu einem Kompromiß. Der bayerische Antrag wurde angenommen, aber mit folgendem Zusatz:

„In Ermangelung einer solchen Bestimmung (nämlich über die Art der Tilgung des Vorschusses auf dem Wege der Bankgesetzgebung) hat die Rückzahlung des Vorschusses innerhalb 15 Jahren, vom 1. Januar 1876 an gerechnet, in gleichen Jahresraten zu erfolgen."

Die Mehrheit des Bundesrates rechnete also von vornherein mit der Wahrscheinlichkeit, daß durch die Bankgesetzgebung den Einzelstaaten keine Erleichterungen bei der Tilgung des Vorschusses gewährt werden würden.

Damit war die politische Seite der Papiergeldfrage erledigt.

Die sachlichen Bestimmungen des Entwurfs über die Rechtsverhältnisse der Reichskassenscheine, über den ihnen zu verleihenden Kassenkurs und ihre Einlösbarkeit, gaben im Bundesrat zu keinen weiteren Erörterungen Anlaß.

Am 12. März 1874 wurde der Entwurf dem Reichstag vorgelegt, in einer für seine gründliche Beratung ausgesucht ungünstigen Zeit. Die damals zur Beratung stehende Militärvorlage und der Kulturkampf nahmen alle Aufmerksamkeit für sich in Anspruch. Besonders unglücklich traf es sich, daß die Vorlage am letzten Sitzungstag vor den Osterferien zur zweiten Lesung kam und daß so die ausschlaggebende zweite Beratung durch die Osterferien zerrissen wurde.

Die Reichsregierung fürchtete einigermaßen, der Reichstag möchte an dem unter so großen Schwierigkeiten zustande gekommenen Entwurf Änderungen vornehmen, welche das ganze Gesetz abermals in Frage zu stellen geeignet wären. Delbrück, welcher zur Begründung der Vorlage zuerst das Wort ergriff, wies deshalb nachdrücklich darauf hin, wie schwer eine Verständigung unter den Einzelregierungen in dieser Frage zu erlangen gewesen sei, und er bat, den Entwurf unverändert anzunehmen.

Ein großer Teil des Reichstags hatte wenig Neigung, dieser Bitte zu entsprechen.

Vor allem flammte hier und dort die eingewurzelte Feindschaft gegen jedes Papiergeld noch einmal heftig auf.

Die Motive des Gesetzentwurfs sagten selbst, die Ausgabe von Reichspapier sei keine durch finanzielle Bedürfnisse des Reichs geforderte Maßregel; sie sei begründet in der Notwendigkeit, die Einziehung des Staatspapiergeldes für die Einzelstaaten durchführbar zu machen. Dem gegenüber wurde behauptet, für die Zirkulation und namentlich für die Durchführung der Goldwährung sei die Beseitigung aller papiernen Umlaufsmittel in kleinen Abschnitten eine Notwendigkeit. Vollends die Ausgabe von Staatspapiergeld, für dessen Einlösung kein Fonds vorhanden sei, stelle, wo die höchsten Staatsinteressen eine solche Ausgabe von Papiergeld nicht mit Notwendigkeit erforderten, einen Frevel an der Gesundheit des Geldumlaufes dar. Bedurften die Einzelstaaten zur Einziehung ihres Papiergeldes Erleichterungen, so solle das Reich ihnen auf irgend einem andern Wege zu Hülfe kommen, nicht aber auf Kosten der Geldzirkulation und der sicheren Durchführung der Münzreform.

Ferner war man allgemein unzufrieden darüber, daß immer noch kein Bankgesetz in Aussicht gestellt war. Der Reichstag habe seinem Verlangen nach einer schleunigen Regelung des Bankwesens durch den Artikel 18 den deutlichsten Ausdruck gegeben, und es sei jetzt höchste Zeit geworden, an diese Frage heranzutreten.

Über die Gründe des Fehlens eines Bankgesetzentwurfs gab Camphausen Auskunft. Er behauptete abermals, hinsichtlich der Ordnung des Bankwesens habe immer noch keine Regierung ihre Wünsche und Ansichten zur Kenntnis des Bundesrats gebracht. Das entsprach, wie wir wissen, nicht ganz den Thatsachen. Formulierte Vorschläge waren dem Bundesrat bis dahin allerdings nicht gemacht worden, dagegen war mehr als einmal seitens der verschiedensten Regierungen der Wunsch nach Errichtung einer Reichsbank ausgesprochen worden; und ebenso war Camphausen speciell bei Beginn der Beratungen über das Papiergeldgesetz um eine beruhigende Erklärung darüber ersucht worden, daß er die Umwandlung der Preußischen Bank in eine Reichsbank nicht weiter durch unannehmbare Forderungen hinsichtlich des preußischen Gewinnanteils verhindern werde. Im übrigen war es ja nicht Sache der Einzelregierungen, in dieser Frage eingehende Vorschläge zu machen; sie hatten ihrem Verlangen nach einer baldigen Erledigung der Frage bereits im Mai 1873 dadurch in aller Form Ausdruck gegeben, daß ein Bundesratsbeschluß das Reichskanzleramt mit der Ausarbeitung eines Bankgesetzentwurfes beauftragte. Camphausens Widerstand gegen eine Reichsbank hatte die Vorlegung eines Entwurfes bisher verzögert, und für Eingeweihte mußte es etwas merkwürdig klingen, wenn er nun dem Reichstag versprach, er werde sein möglichstes thun, um in der nächsten Session die Bankfrage zur Erörterung zu bringen. Die Verhältnisse, namentlich die Rechtsverhältnisse seien zwar sehr verwickelt, aber er halte es durchaus nicht für unmöglich, trotzdem zu einem „durchaus erwünschten Resultate“ zu gelangen. „Nein, meine Herren,“ sagte er, „im Kopfe ist mein Plan längst fertig.“ Aber er fügte einen Zweifel hinzu, daß man sich in einer Session über diese schwierige Materie einigen werde.

Der Reichstag mußte sich mit diesen Erklärungen zufrieden geben. An eine glatte Abweisung des gesamten Entwurfs wegen des Fehlens des Bankgesetzentwurfs oder gar aus Gegnerschaft gegen das Reichspapiergeld überhaupt, hatte ohnedies niemand im Ernst gedacht.

Um so mehr wurde die Höhe des in Aussicht genommenen Betrages von Reichspapiergeld und namentlich die Art der Erleichterungen, welche einzelnen Regierungen über die ihnen zukommenden Reichskassenscheine hinaus gewährt werden sollten, ein Gegenstand scharfer Kritik.

Der allgemeine Wunsch nach Abschaffung des Landespapiergeldes war zwar unmittelbar veranlaßt durch die Verschiedenartigkeit des Papiergeldes, durch die Thatsache, daß verschiedene Sorten überhaupt nicht oder nur mit Disagio anzubringen waren, daß einzelne Staaten, allerdings mit wenig Erfolg, den Umlauf fremden Papiergeldes innerhalb ihres Gebietes untersagt hatten, und schließlich nicht zum wenigsten durch den jämmerlichen Zustand, in welchem sich ein großer Teil dieses Papiergeldes befand. Aber es wirkte dabei in hohem Grade der Wunsch mit, entweder das Papiergeld als etwas grundsätzlich Verwerfliches überhaupt zu beseitigen, oder wenigstens den Betrag des umlaufenden Papiergeldes erheblich zu vermindern. Schon mehrfach haben wir darauf hingedeutet, wie damals alle einsichtigen Volkswirte und Laien mit großen Bedenken das stetige Anwachsen der deutschen Geldzirkulation ansahen, wie sie diesem Anwachsen einen Teil bereits eingetretener Mißstände zur Last schrieben und von ihm das Eintreten weiterer schlimmer Folgen erwarteten, und wie man namentlich allgemein das Gelingen der Durchführung der Goldwährung nur bei einer rechtzeitigen und genügenden Einziehung von Silber- und insbesondere von Papiergeld in kleineren Abschnitten für möglich hielt.

Nun waren nach den von den Einzelstaaten gegebenen Nachweisungen damals etwa 184 Millionen Mark an Staatspapiergeld in Umlauf. An dessen Stelle sollte Reichspapiergeld im Betrag von 120 Millionen Mark treten. Das wäre immerhin eine Verminderung um etwa 35 vom Hundert gewesen. Nun schlug aber der Gesetzentwurf vor, den Einzelstaaten, welche mehr Staatspapiergeld ausgegeben hätten als Reichspapiergeld auf ihren Anteil kam, Zweidrittel dieses Mehrbetrags vorzuschießen und den Reichskanzler zu ermächtigen, bis zur Höhe dieses Vorschusses Reichskassenscheine über den Betrag von 120 Millionen Mark auszugeben. Eine dem Entwurf beigegebene Berechnung ließ ersehen, daß 19 Bundesstaaten aus Landesmitteln Papiergeld im Betrag von mehr als 27 Millionen Thalern einzulösen hatten, der in Reichskassenscheinen zu leistende Reichsvorschuß belief sich auf mehr als 54 Millionen Mark. Das ergab mit dem Grundstock von 120 Millionen Mark für die erste Zeit einen Umlauf von über 174 Millionen Mark an Reichskassenscheinen. Dieser Betrag bedeutete gegenüber dem vorhandenen Umlauf an Landespapiergeld zunächst nur die ganz geringfügige Verminderung um kaum 10 Millionen Mark. Nach den Tilgungsvorschriften des Entwurfs hätte sich dieser anfängliche Reichskassenscheinumlauf von ca. 174 Millionen Mark jährlich um ca. 3,6 Millionen Mark vermindert, um im Jahre 1891 auf 120 Millionen anzukommen.

Diese Festsetzung entsprach durchaus nicht den Zielen, welche die Förderer der Münzreform mit der Ordnung der Papiergeldfrage verfolgten. Wir wissen ja, daß diese Bestimmungen auch keineswegs in Berücksichtigung der Verhältnisse des Geldumlaufs und der glatten Durchführung der Münzreform getroffen worden waren, sondern lediglich im fiskalischen Interesse derjenigen Einzelstaaten, welche mehr Papiergeld als 3 Mark pro Kopf ihrer Bevölkerung ausgegeben hatten. Es zeigte sich hier wie beim ersten Münzgesetz abermals der große Nachteil unserer Reichsverfassung, daß im Bundesrat Entwürfe, welche Interessen der Einzelstaaten berühren, weniger von rein sachlichen Gesichtspunkten aus behandelt werden als vom Standpunkte der einzelstaatlichen Interessen. Der Reichstag hat die Aufgabe, hier ein gesundes Gegengewicht zu bilden.

Daß die Mehrausgabe von Reichskassenscheinen zwecks des Vorschusses an die Einzelstaaten der Entwickelung der deutschen Geldverhältnisse nicht förderlich war, darüber konnte kein einsichtiger Mensch im Zweifel sein. Delbrück sowohl als auch Camphausen erklärten bei jeder Gelegenheit, daß sie die Notwendigkeit einer Verringerung der Zirkulationsmittel als Gegengewicht gegen ihre fortwährende Vermehrung durch die Prägung und Ausgabe von Reichsmünzen vollkommen zu würdigen wüßten. Sie bedauerten nur, aus den und jenen Gründen bei der Silbereinziehung nicht mit der wünschenswerten Schnelligkeit vorgehen zu können. Um so dringender mußte ihnen die Notwendigkeit einer Verringerung des Papierumlaufs erscheinen. Camphausen erkannte das gelegentlich der Beratung des Artikels 18 des Münzgesetzes ausdrücklich an. Er sagte damals:

„Man hat sich in diesem Hause sehr viel unterhalten über die Notwendigkeit, möglichst rasch das Silbergeld einzuziehen. Ich halte es für unendlich wichtiger, daß wir mit der Einziehung der kleinen Banknoten vorgehen."

Ob Banknoten oder Papiergeld, das machte für den in Betracht kommenden Zweck keinen Unterschied.

Wenn nun seitens der Reichsregierung die Mehrausgabe von Reichskassenscheinen als unschädlich dargestellt wurde, so konnte das nur zur Rettung des unter großen Schwierigkeiten zu stande gekommenen Entwurfes geschehen.

Die Art der Verteilung des Reichspapiergeldes unter die Einzelstaaten und ebenso die diesen zu gewährenden Erleichterungen, die Punkte, welche im Bundesrat die Hauptrolle gespielt hatten, waren dem Reichstag an sich verhältnismäßig gleichgültig. Für ihn handelte es sich nur darum, die Sache in einer den deutschen Geldverhältnissen zuträglichen Weise zu regeln. Erst dadurch, daß die „Erleichterungen" für die Einzelstaaten mit den Interessen des deutschen Geldumlaufs zusammenstießen, wurde der Reichstag veranlaßt, sich auch um diese Punkte zu kümmern, die er sonst jedenfalls gerne der Vereinbarung der Regierungen überlassen hätte. Für die Freunde der Münzreform im Reichstag handelte es sich darum, mit dem Reichspapiergeldgesetz von vornherein die als notwendig geltende erhebliche Verringerung des Papiergeldumlaufs herbeizuführen, und das konnte nicht geschehen, ohne den Verteilungsmodus des Reichspapiergeldes und die Art der Vorschußgewährung an die Einzelstaaten zu berühren.

Man hätte sich dabei auf den strengen Camphausen'schen Standpunkt stellen und von den Einzelstaaten verlangen können, sie sollten ihr Papiergeld aus eigenen Mitteln, deren sie ja infolge der Überweisung der Kriegsentschädigungsgelder zur Genüge zur Verfügung hatten, einlösen. Aber dieses Verlangen trat im Reichstag nicht hervor. Gerade die entschiedensten Unitarier zeigten hier durch ihre Stellungnahme, daß eine weitherzige reichsdeutsche Gesinnung oft für die Einzelstaaten ersprießlicher ist, als ein engherziger Partikularismus. Bamberger wendete sich gegen das kleinliche Abrechnen zwischen den Regierungen und machte Vorschläge, welche dem Antrag Bayerns im Bundesrat ihrem Sinne nach entsprachen. Als eine andere Art der Verteilung des Reichspapiergeldes als die im Entwurf vorgesehene seitens der Regierung mit Entschiedenheit zurückgewiesen wurde, und als auch ein Vorschlag Bambergers, diejenigen Einzelstaaten, welche mehr Reichspapiergeld erhielten als sie Landespapiergeld einzuziehen hätten, sollten auf den sofortigen Bezug des Mehrbetrags verzichten, und diesen zur Vorschußleistung an die übrigen Staaten zur Verfügung stellen, lebhaften Widerspruch namentlich durch Camphausen erfuhr, da stellte Bamberger einen Antrag, welcher bezweckte, den Umlauf von Reichskassenscheinen von vornherein auf 120 Millionen Mark zu beschränken und den Einzelstaaten, welche zur Einziehung des Landespapiergeldes weiterer Erleichterungen bedürften, seitens des Reichs einen unverzinslichen Vorschuß in effektivem Gelde zu gewähren. Der Zinsverlust, welcher dadurch dem Reich erwachse, bedeute nichts gegenüber der Schädigung des Geldumlaufs durch eine zu große Papiergeldemission.

Aber auch gegen diesen Vorschlag protestierte die Reichsregierung.

Schließlich wurde ein Vermittelungsantrag angenommen, nach dem die Vorschüsse an die Einzelstaaten, so weit es die Bestände der Reichskasse gestatteten, in barem Gelde gewährt werden sollten, so weit sie es nicht gestatteten, in Reichskassenscheinen. Man wollte der Reichsfinanzverwaltung mit dieser Bestimmung wenigstens die Möglichkeit geben, die den Einzelstaaten zukommenden Erleichterungen auf einem andern Weg als auf Kosten der Durchführung der Münzreform zu gewähren.

Aber diese Bestimmung blieb lediglich auf dem Papier. Die Vorschüsse wurden nicht in barem Geld, sondern ausschließlich in Reichskassenscheinen gewährt.

Wir kommen nun zu den Bestimmungen über die Einrichtung und Verfassung des Reichspapiergeldes.

Die Frage der Stückelung gab zu den alten Erörterungen über die Nützlichkeit und Schädlichkeit, Notwendigkeit und Entbehrlichkeit kleinerer Papiergeld-Abschnitte Anlaß. Es blieb schließlich bei den Bestimmungen dieses Entwurfs, welcher Abschnitte zu 5, 20 und 50 Mark vorschlug.

Die juristische Verfassung des Reichspapiergeldes anlangend, gab der Entwurf des Bundesrats folgende Bestimmungen:

Die Reichskassenscheine haben keinen Zwangskurs für Private.

Dagegen sind die Kassen des Reichs und sämtlicher Bundesstaaten gehalten, sie zu ihrem Nennwert in Zahlung zu nehmen.

Außerdem ist die Reichshauptkasse verpflichtet, die Reichskassenscheine jederzeit auf Verlangen gegen bares Geld einzulösen.

Diese Bestimmungen waren entsprungen aus der damals herrschenden Anschauung über das Wesen des Papiergeldes. Man hielt es für be-

denklich, ein Papiergeld mit gesetzlichem Kurs zu versehen, und außerdem glaubte man, es sei für den ungestörten Umlauf der Reichskassenscheine unbedingt notwendig, daß das Reich ihre Einlösung auf sich nehme.

Im Reichstag kritisierte Bamberger diese Bestimmungen scharf und treffend. Er führte aus, daß der Kassenkurs den Reichskassenscheinen in genügender Weise ihren Nennwert sichere, daß es gar nicht nötig sei, sie einlösbar zu machen. Die Einlösbarkeit erschien ihm direkt verwerflich, weil kein Fonds zur Einlösung vorhanden sei, große Präsentationen zu irgend welchen Zwecken also die Staatskasse in Verlegenheit setzen könnten. Die Einlösbarkeit werde gerade dann versagen, wenn sie zur Aufrechterhaltung des Pariwerts der Kassenscheine erforderlich sein könnte. „Ihre Einlösungspflicht," sagte Bamberger, „ist ein gemaltes Fenster, weiter gar nichts. Sie werden einlösen, so lange man Ihnen es nicht abverlangt, und Sie werden nicht einlösen können, wenn einmal das Unglück wollen sollte, daß man es von Ihnen verlangte."

Ähnlich kritisierte er die Bestimmung, daß die Kassenscheine nicht gesetzliches Zahlungsmittel sein sollten. So lange sie freiwillig genommen werden, brauche man niemanden zu zwingen; wenn aber einmal unglückliche Ereignisse den Reichskredit erschüttern sollten, dann werde man sich genötigt sehen, den Zwangskurs für die Reichskassenscheine nachträglich einzuführen.

In der That wäre das Bedürfnis des Verkehrs nach kleinem Papiergeld, welches gerade die Regierung bei diesen Verhandlungen zur Rechtfertigung der Reichskassenscheine betonte, verbunden mit dem Kassenkurs vollauf genügend, um den Scheinen ihren Pariwert so weit zu sichern, als diese Sicherung überhaupt in der Macht des Staates liegt. Auch die Verleihung des gesetzlichen Kurses hätte sich empfohlen, denn in der Praxis fällt es niemandem ein, einen Reichskassenschein zurückzuweisen, und die im Falle der Not unvermeidliche Einführung der Annahmepflicht ist gar zu geeignet, den Kredit des Reiches in ungünstigen Augenblicken zu erschüttern. In England genießen die Noten der Bank von England gesetzlichen Kurs, ohne daß jemals Klagen darüber laut geworden sind; und in Frankreich, wo vor 1870 die Noten der Bank von Frankreich keinen gesetzlichen Kurs hatten, sah man sich nach den Ereignissen von 1870, welche die Verleihung des Zwangskurses und die Einstellung der Noteneinlösung nötig machten, veranlaßt, nach der Aufnahme der Barzahlungen und der Wiederherstellung der Noteneinlösung den Noten den gesetzlichen Kurs zu belassen. Was in diesen Staaten den Noten privater Institute zugebilligt wird, könnte das Deutsche Reich sehr wohl den Reichskassenscheinen zugestehen.

Was die Gefahren der Einlösbarkeit der Reichskassenscheine für die Reichskasse betrifft, die Bamberger schilderte, so haben sich die Verhältnisse folgendermaßen gestaltet: Die Einlösung ist der Reichs-Hauptkasse auferlegt. In Gemäßheit der später durch das Bankgesetz getroffenen Bestimmung, durch welche die Reichsbank verpflichtet wurde, für Rechnung des Reichs Zahlungen anzunehmen und bis auf Höhe des Reichsguthabens zu leisten, übertrug eine Bekanntmachung vom 29. Dezember 1875 die Wahrnehmung der Centralkassengeschäfte des Reichs auf die Reichsbank-Hauptkasse, „welche dieselben unter der Benennung ‚Reichs-Hauptkasse' führen wird." Die Reichs-Hauptkasse wurde durch diese Bekanntmachung zu einer Abteilung der Reichsbank-Hauptkasse gemacht, und die Einlösung der Reichskassenscheine erfolgt also in der That durch die Reichsbank, allerdings für Rechnung des Reichs. Dadurch entsteht das Verhältnis, daß in kritischen Fällen die Reichsbank mit ihrem Barvorrat nicht nur die Einlösung ihrer Noten, sondern auch die Einlösung der Reichskassenscheine unmittelbar zu bewirken hat, ein Verhältnis, welches für die Sicherheit dieses Institutes in kritischen Zeiten nicht gerade förderlich ist.

Die Ausstellungen gegen diese Punkte der Vorlage hatten jedoch keinen Erfolg. Der Reichstag zeigte im Verein mit der Regierung gegenüber dem Papiergeld dieselbe Ängstlichkeit, die er gegenüber den Silberscheidemünzen bewiesen hatte. Man glaubte die Gefahren, welche ein Papiergeldumlauf in sich schließt, dadurch zu vermindern, daß man eine Reihe von Sicherheitsvorschriften traf, welche, wenn die Gefahren brennend werden sollten, nicht innegehalten werden können.

Im April wurde das Gesetz vom Reichstag in dritter Lesung angenommen. Der Bundesrat, welcher froh war, seinen Entwurf in der Hauptsache aufrecht erhalten zu sehen, nahm an der geringfügigen Änderung hinsichtlich der Vorschußleistung in Bargeld statt in Reichskassenscheinen keinen Anstoß, zumal die Art der Vorschußleistung ins Belieben der Reichsregierung gestellt war.

Das Gesetz befriedigte nur wenig die Erwartungen, welche man an die Reform des Papiergeldwesens geknüpft hatte. Ungemischten Beifall hatte nur die definitive Beseitigung des Landespapiergeldes [1], welche indes schon im Schlußartikel des Münzgesetzes vorgeschrieben war.

Über die Wirkungen und Folgen des Gesetzes für die Münzreform ist hier noch kein Urteil möglich. Es genüge die Wiederholung der Thatsache, daß in diesem Gesetz die fiskalischen Interessen der Einzelstaaten und des Reichs den Sieg über die sachlichen Erwägungen der Erfordernisse des Geldumlaufs davongetragen hatten.

Dritter Abschnitt.

Die Reform des Banknotenwesens.

Nachdem die Münzgesetzgebung zum Abschluß gebracht und die Papiergeldfrage erledigt war, fehlte an dem großen Gesetzgebungswerk der deutschen Geldreform nur noch die Ordnung des Banknotenwesens.

Die besonderen Schwierigkeiten, welche sich diesem Teil der Reform entgegenstellten, sind zum Teil bereits ausführlich geschildert. Sie lagen überwiegend in den Meinungsverschiedenheiten zwischen dem Reichskanzleramt und dem preußischen Finanzministerium hinsichtlich der Errichtung einer Reichsbank. Wir haben gesehen, wie nicht einmal das energische Verlangen des zweitgrößten Bundesstaates nach der gleichzeitigen Regelung der Papiergeld- und Banknotenfrage dieses Hindernis zu brechen vermochte.

Nach der Verabschiedung des Reichskassenschein-Gesetzes war die schleunige Ausarbeitung und Einbringung eines Bankgesetz-Entwurfes

[1] Das Gesetz ordnete nur die Einziehung des bisher von den Einzelstaaten selbst ausgegebenen Papiergeldes an; nicht auch die Beseitigung des von Korporationen emittierten Papiergeldes (so von der Stadt Hannover, der Leipzig-Dresdener Eisenbahn und den Oberlausitzer Ständen). Lediglich dem Anwachsen dieses letzteren Papiergeldes war durch die Bestimmung des Papiergeld-Sperrgesetzes und durch die identische Bestimmung in § 8 des Reichskassenschein-Gesetzes ein Riegel vorgeschoben, und außerdem war durch den Artikel 18 des Münzgesetzes dem Umlauf dieses Papiergeldes der Boden dadurch entzogen, daß es nur noch in Abschnitten von 100 Mark und mehr gestattet war. Im Bundesrat wurde schon gelegentlich der Verhandlungen über den sächsischen Entwurf im Juni 1873 die Frage der Beseitigung auch dieses Papiergeldes angeregt worden, aber man glaubte in Hinsicht auf die verschwindende praktische Bedeutung dieses Papiergeldes ein Eingehen auf diese Frage vermeiden zu sollen, insbesondere da es sich hier um verwickelte Rechtsfragen handelte.

eine gebieterische Notwendigkeit geworden; die öffentliche Meinung, der Reichstag und die Einzelregierungen drängten das Reichskanzleramt mit der größten Ungeduld, und Delbrück selbst war dem Bundesrat gegenüber durch das Versprechen gebunden, er werde so frühzeitig einen Bankgesetz-Entwurf vorlegen, daß die Beratungen darüber bis zum Beginn der Herbstsession des Reichstags erledigt sein könnten.

Von der Reichsbankfrage abgesehen, war das schwierige Problem zu lösen, wie sich die Achtung vor den „wohlerworbenen Rechten" der bestehenden Notenbanken mit einer durchgreifenden Reform des Bankwesens vereinigen lasse.

Ohne Beseitigung eines Teiles dieser Privilegien war eine nur halbwegs durchgreifende Bankreform gänzlich ausgeschlossen. Eine zwangsweise Aufhebung dieser Privilegien galt als juristisch durchaus unzulässig. Die Banken durch Entschädigungen zum Aufgeben ihrer Rechte zu bewegen, dagegen sträubte sich ebenso sehr die den Banken nicht gerade wohlwollende öffentliche Meinung, wie der fiskalische Geist eines Camphausen. Zwar gab es Leute, welche einen einfachen Ausweg aus diesem Dilemma gefunden hatten: die Notenprivilegien der Banken seien durch den Währungswechsel hinfällig geworden, denn die Banken seien nur zur Ausgabe von Noten, die auf die alten Münzen der Silberwährung lauteten, berechtigt[1]. Auch Camphausen macht sich dieses Argument gelegentlich einmal zu eigen, indem er bei den Verhandlungen über den Art. 18 des Münzgesetzes ausführte, es entstehe für das Reich die Frage, „ob das Reich zulassen will, daß die auf Silberwährung ausgestellten Noten ohne weiteres und in beliebigen Appoints auf die Goldwährung übertragen werden, und ich möchte meinerseits glauben, daß nicht in wohlerworbene Rechte eingegriffen wird, wenn in dieser Beziehung eine Bestimmung getroffen wird."

Von diesem Standpunkt aus war die Lösung der komplizierten Rechtsfrage allerdings ein Kinderspiel.

Aber diese Auffassung wurde nicht ernst genommen, wahrscheinlich nicht einmal von denen, welche ihr Ausdruck gaben. Sie sollte vielleicht nur die Bedeutung eines Schreckschusses für die Privatnotenbanken haben. Es konnte ja niemand im Ernste daran denken, den Grundsatz der rechtlichen Kontinuität des Geldes, der für alle Modalitäten des Übergangs zur Goldwährung maßgebend gewesen war, hier aus Opportunitätsgründen in Frage zu stellen.

---

[1] Geffcken, Das Deutsche Reich und die Bankfrage. 1873. S. 71.

Die Rücksicht auf die wohlerworbenen Rechte der bestehenden Notenbanken machte nun eine gänzliche Neuordnung des Bankwesens nach großen und konsequent durchgeführten Gesichtspunkten unmöglich. Solange man sich nicht entschloß, diese Rücksichten abzustreifen, hatte man keine tabula rasa, sondern man mußte sich darauf beschränken, die gegebenen Verhältnisse im großen Ganzen bestehen zu lassen und sie nur in der einen oder andern Richtung zu verbessern und auszugestalten.

Alle großen theoretischen Streitfragen, welche damals namentlich in wissenschaftlichen Kreisen lebhaft erörtert wurden, die Frage, ob Staatsbank- oder Privatbanksystem, ob Centralisation, ob Decentralisation, waren durch die Achtung vor den erworbenen Rechten bis auf einen verhältnismäßig engen Spielraum entschieden.

Die bestehenden Banken waren Privatbanken, teilweise mit Kapital- und Gewinnbeteiligung des Staates und teilweise unter der Aufsicht der Staatsregierung stehend. Damit war auch die Möglichkeit, die eventuell zu gründende Reichsbank zu einer reinen Staatsbank zu machen, so gut wie ausgeschlossen; denn die Regelung des Verhältnisses einer staatlichen Reichsbank zu den übrigen privaten Notenbanken hätte große Schwierigkeiten gemacht.

Die Thatsache, daß 33 Notenbanken bestanden, deren Existenzrecht man nicht antasten wollte, machte eine rein centralistische Bankverfassung unmöglich. Es konnte sich nur darum handeln, der zu gründenden Reichsbank mehr oder weniger Vorzugsrechte vor den übrigen Banken einzuräumen und ihr dadurch eine stärkere oder schwächere Vorherrschaft im ganzen Reichsgebiet zu sichern.

Sobald man also über die Wahrung der Privilegien der bestehenden Notenbanken einig war, hatte man die Entscheidung über die wichtigsten prinzipiellen Streitfragen gefällt.

Unentschieden blieb nur die Frage der Errichtung einer Reichsbank, oder richtiger: der Umwandlung der Preußischen Bank in eine Reichsbank, und zwar bis zum letzten Augenblick.

Da Camphausen auf seinem entschiedenen Widerstand gegen eine Reichsbank beharrte, mußte sich Delbrück schließlich mit dem Gedanken abfinden, einen Entwurf ausarbeiten zu lassen, der sich darauf beschränkte, Reglements für die bestehenden Banken zu geben, ohne eine Reichsbank ins Leben zu rufen.

Schweren Herzens unterzog sich Michaelis dieser Aufgabe.

Man tröstete sich im Reichskanzleramt damit, daß der einfache

Erlaß von Normativbestimmungen für die bestehenden Notenbanken die spätere Errichtung einer Reichsbank in keiner Weise ausschließe. Außerdem durfte man, ähnlich wie beim ersten Münzgesetz, auf eine energische Unterstützung des Reichstags im Kampfe gegen den preußischen Finanzminister rechnen. —

Im Juli 1874 wurde dem Bundesrat ein von Michaëlis ausgearbeiteter Entwurf eines Bankgesetzes vorgelegt.

Ehe wir in die Besprechung dieser Vorlage, welche — allerdings mit wesentlichen Änderungen — die Grundlage der deutschen Bankverfassung geworden ist, eingehen, sei folgendes bemerkt:

Eine Geschichte der deutschen Geldreform hat sich mit der Reform des Bankwesens nur so weit zu beschäftigen, als es sich einmal um den Notenumlauf, und dann um direkt mit der Durchführung und Aufrechterhaltung der Goldwährung verbundene Bestimmungen handelt. Alle Bestimmungen über die Geschäftsführung und Verwaltung der Banken kommen deshalb für uns nur soweit in Betracht, als sie mit dem Notenumlauf und der Währungsreform in direktem Zusammenhang stehen.

Auch bei der Behandlung dieser Bestimmungen können wir uns auf das Allerwesentlichste beschränken, da die Geschichte der Bankreform in erschöpfender Weise bereits dargestellt ist[1].

Das Wichtigste an dem Bankgesetzentwurfe war, daß er nicht ein Wort von einer Reichsbank enthielt.

Hatte Michaëlis sich in diesem Punkte den Wünschen Camphausens unterworfen, so war der Entwurf in allen übrigen Punkten das eigenste Werk seines Verfassers, der vollkommene und ungetrübte Ausdruck seiner bankpolitischen Gedanken und Überzeugungen.

Seine leitenden Gesichtspunkte waren: Verminderung und Kontingentierung des metallisch ungedeckten Notenumlaufs, bankmäßige Deckung der Noten, Verminderung der Zahl der Notenbanken durch Begünstigung der Verwandlung in Depositenbanken[2].

Daneben kam es darauf an, die Schwierigkeit der Noteneinlösung und die dem Umlauf der Noten außerhalb ihres Territoriums entgegenstehenden Hindernisse, namentlich die noch zu Recht bestehenden Umlaufsverbote zu beseitigen.

---

[1] Walter Lotz, Geschichte und Kritik des Bankgesetzes, 1888.

[2] Lotz S. 164.

Diese Gesichtspunkte mußten ohne Verletzung der „wohlerworbenen Rechte“ der Notenbanken durchgeführt werden.

Der Entwurf hielt vor allem daran fest, daß kein Privilegium die „staatlichen Hoheitsrechte“ in der Festsetzung „allgemeiner Vorschriften“ beschränken könne. Der Umfang dieser „allgemeinen Vorschriften“ ist nicht näher abgegrenzt, und in der That läßt sich zwischen den aus den staatlichen Hoheitsrechten fließenden allgemeinen Vorschriften, welche ohne Berücksichtigung wohlerworbener Privatrechte erlassen werden können, und Bestimmungen, welche vor diesen Privilegien Halt machen müssen, nur eine sehr willkürliche Grenze ziehen. Die allgemeinen Vorschriften, welche der Entwurf allen Banken ungeachtet ihrer Privilegien als zwingendes Recht auferlegte, waren, wie wir sehen werden, in Wirklichkeit eng begrenzt und hätten nicht entfernt zu dem gewollten Ziele geführt.

Außer den Vorschriften für alle Banken erließ der Entwurf zwei eingehende Normalstatuten, deren Annahme den Banken freigestellt wurde.

Diejenigen Banken, welche sich nur den für alle Banken als zwingendes Recht aufgestellten Vorschriften, nicht aber einem der beiden Normalstatuten, zu unterwerfen gedachten, beschränkte das Gesetz in ihrem Geschäftsbetrieb mit aller Strenge auf das Gebiet desjenigen Staates, der ihnen das Notenprivileg verliehen hatte. Selbst der Umlauf ihrer Noten außerhalb dieses Gebietes sollte verboten sein.

„Die Befugnisse und Privilegien der Noten ausgebenden Banken,“ so führten die Motive aus, „können als erworbenes Recht nur für das Gebiet desjenigen Staates in Anspruch genommen werden, welcher sie erteilt hat.“ Der Umstand, daß die meisten Banken ihren Geschäftsbetrieb und Notenumlauf über dieses Gebiet hinaus ausgedehnt hätten, biete eine Handhabe, die Reform der bestehenden Bankprivilegien herbeizuführen.

Diese strengen Beschränkungen sollten jedoch für diejenigen Banken wegfallen, welche freiwillig eines der beiden Normalstatuten des Entwurfes annehmen wollten.

Das mildere Statut sollte für diejenigen Banken gelten, welche ihren Notenumlauf auf den Betrag ihres Grundkapitals einschränken wollten, das strengere für die Institute, welche diese Beschränkung ihres Notenrechts nicht zu übernehmen geneigt waren.

Die für alle Notenbanken bestimmten Vorschriften waren im wesentlichen nur folgende:

1. Der ganze durch die vorhandenen Kassenvorräte an gemünztem Geld, Edelmetall, Reichskassenscheinen und Noten anderer Banken nicht gedeckte Notenumlauf unterliegt einer Steuer von 1 Prozent, die an die Reichskasse fließt.

(Motiviert war diese Bestimmung damit, daß „ein so einträgliches Privilegium, wie das der Schaffung unverzinslichen Kredits mittelst der Erzeugung von Geldsurrogaten" einen geeigneten Gegenstand der Besteuerung biete.)

2. Der durch den Kassenvorrat nicht gedeckte Notenumlauf, der ein jeder einzelnen Bank zugewiesenes bestimmtes Kontingent überschreitet, ist mit 5 Prozent zu versteuern.

3. Einmal monatlich ist der Status der Bank im Reichsanzeiger zu veröffentlichen.

Den Banken, welche ihren Notenumlauf auf den Betrag ihres Grundkapitals einschränken wollten, wurden folgende Vorschriften auferlegt:

1. Dritteldeckung der Noten durch Metall und Reichskassenscheine, Deckung des Restes durch Wechsel.

2. Errichtung zweier Noteneinlösungsstellen, davon eine in Berlin, eine nach Wahl des Bundesrats in Hamburg, Leipzig, Frankfurt oder München. Außerdem Noteneinlösung an jeder Zweiganstalt in Städten von mehr als 100000 Einwohnern.

3. Die Verpflichtung zur Annahme der Noten aller Banken, welche sich einem der beiden Normalstatute unterwerfen und dadurch das Recht zum Umlaufe ihrer Noten im ganzen Reich erhalten; verbunden damit die Verpflichtung, diese Noten nicht wieder auszugeben, sondern der Bank, welche sie ausgegeben, zur Einlösung zu präsentieren.

4. Verzicht auf alle Privilegien, welche einer künftigen einheitlichen Regelung des Bankwesens entgegenstehen würden, vor allem auf die teilweise sehr weit gesteckten Konzessionsfristen; zum 1. Januar 1891 kann ihnen durch ihre Landesregierung oder den Bundesrat das Notenrecht aufgekündigt werden.

Die Banken, welche nicht auf ihr Landesterritorium beschränkt sein, jedoch ihren Notenumlauf nicht auf ihr Grundkapital beschränken wollen, unterliegen allen diesen Vorschriften gleichfalls; außerdem gelten für sie hauptsächlich die folgenden Bestimmungen:

1. Viermalige Statusveröffentlichung im Monat, öffentliche Bekanntmachung ihres jeweiligen Diskont- und Lombardzinssatzes.

2. Beschleunigte Ansammlung eines Reservefonds bis zu einem Viertel des Grundkapitals.

3. Beschränkung der Aktivgeschäfte auf Diskont- und Lombardgeschäfte.

4. Zum Betrieb von Bankgeschäften außerhalb des bisherigen Konzessionsgebietes ist ein Antrag der zuständigen Landesregierung und Genehmigung des Bundesrats erforderlich.

In welcher Weise waren durch dieses System die Ziele der Bankreform erreicht?

Indem der Entwurf die wohlerworbenen Rechte der Notenbanken anerkannte, aber in formell korrekter Weise diese Anerkennung auf das Territorium des Staates beschränkte, der dies Privilegium verliehen hatte; indem er ferner den Notenbanken das Recht zum Geschäftsbetrieb und Notenumlauf im ganzen Reich nur unter der Bedingung zugestand, daß sie sich eine erhebliche Verkürzung ihrer Privilegien durch Unterwerfung unter eines der beiden Normalstatuten gefallen ließen, nötigte er die Notenbanken, freiwillig auf wichtige Bestandteile ihrer Privilegien zu verzichten und sich den im Interesse des deutschen Geldwesens notwendig erscheinenden Bestimmungen zu unterwerfen.

Die Banken, welche sich nicht unterwerfen wollten, kamen nicht mehr in Betracht. Es konnten das von vornherein nur kleinstaatliche Banken sein, denn die Satzungen für die preußischen Banken und die der größeren Mittelstaaten waren meist schärfer oder nur in unwichtigen Punkten weniger scharf, als die Normativbestimmungen des Bankgesetzentwurfs. Eine kleinstaatliche Bank mit einem auf ihr Staatsgebiet beschränkten Notenumlauf hatte aber, wenn sie in dieser Beschränktheit überhaupt weiter existieren konnte, für das deutsche Geldwesen jede Bedeutung verloren.

Die in Wirklichkeit für das Deutsche Reich weiter existierenden Banken unterlagen nach ihrer Wahl einem der beiden Normalstatuten. Wir haben also zu untersuchen, wie die leitenden Reformgedanken in diesen Normalstatuten in Verbindung mit den für alle Notenbanken geltenden Vorschriften zum Ausdruck kamen.

Die Verminderung des ungedeckten Notenumlaufs war im wesentlichen durch vier Mittel angestrebt.

Einmal dadurch, daß der Entwurf sich bemühte, die mittleren und kleinen Notenbanken zur Beschränkung ihres Notenumlaufs auf den Betrag ihres Grundkapitals zu veranlassen. Die Banken, welche diese Beschränkung ihres Notenumlaufs übernahmen, unterlagen dem milderen Normalstatut, das sich von dem schärferen hauptsächlich darin unterschied, daß dies letztere die Aktivgeschäfte der Banken auf das Wechsel- und Lombardgeschäft beschränkte, eine Beschränkung, welche für kleinere Banken, die von der Notenausgabe und dem Diskont- und Lombardgeschäft allein kaum existieren konnten, unmöglich war.

Das zweite Mittel zur Einschränkung des ungedeckten Notenumlaufs war die allen Banken auferlegte Steuer von 1 Prozent auf den Betrag ihrer durch den Kassenvorrat nicht gedeckten Noten. Die Steuer mußte die Wirkung haben, den Gewinn an der Notenausgabe zu verringern und dadurch den von Michaelis und vielen andern vorausgesetzten Anreiz zur Ausgabe ungedeckter Noten, dem man teilweise die Schuld an der Ausdehnung des Notenumlaufs zuschrieb, abzuschwächen.

Das wichtigste Mittel war die indirekte Kontingentierung des Notenumlaufs durch die fünfprozentige Notensteuer, welche die Banken für den Fall, daß ihre ungedeckte Notenausgabe das ihnen zugewiesene Kontingent überschreiten würde, von der Mehrausgabe entrichten sollten.

Diese Einrichtung lehnte sich in gewissem Sinn an das englische Bankgesetz von 1844, die sogenannte Peelsakte, an, berücksichtigte aber die Erfahrungen, welche man in England mit diesem Bankgesetz in kritischen Zeiten gemacht hatte. Die Peelsakte gab der Bank von England eine feste Maximalgrenze für ihren ungedeckten Notenumlauf, die nicht überschritten werden durfte. Sobald sich nun in kritischen Zeiten der Notenumlauf dieser Grenze näherte, entstand eine panikartige Beängstigung der Geschäftswelt und alles wartete auf den Augenblick, wo die Bank keinen Wechsel mehr würde diskontieren können. Die Folge war, daß zur Beruhigung des Publikums und zur Verhinderung einer Stockung des ganzen Kreditverkehrs die Bankakte bei allen großen Handelskrisen, zuletzt im Jahre 1866, suspendiert werden mußte. Die Bedingungen, welchen sich damals die Bank unterwerfen mußte, haben sichtlich auf das im deutschen Bankgesetzentwurf vorgeschlagene System der indirekten Kontingentierung eingewirkt. Sie waren folgende:

1. Solange der ungedeckte Notenumlauf die gesetzliche Maximal-

grenze überschreitet, darf der Diskont nicht unter 10 Prozent herabgesetzt werden.

2. Der Reingewinn aus dieser Mehrausgabe fließt an den Staat.

Diese Normen für Krisen legte der deutsche Entwurf in abgeschwächtem Maße seinem Kontingentierungssystem zu Grunde. Es sollte den deutschen Banken freistehen, das ihnen zugewiesene Kontingent zu überschreiten, aber sie mußten von der das Kontingent überschreitenden Notenausgabe eine Steuer von 5 Prozent an das Reich zahlen. Durch diese Steuer glaubte der Entwurf Vorsorge zu treffen, „daß der ungedeckte Notenumlauf seinen regelmäßigen Umfang nur dann überschreite, wenn ein außergewöhnlicher Bedarf sich durch außerordentliche Vermehrung der Geldnachfrage und Steigerung des marktgängigen Zinsfußes legitimiert, und daß er die Tendenz haben müsse, sobald als möglich auf seinen regelmäßigen Umfang zurückzukehren". Diese Wirkung sollte die fünfprozentige Steuer dadurch ausüben, daß sie die Banken veranlaßte, bei Überschreitung ihres Kontingents ihren Diskontsatz über 5 Prozent hinaufzusetzen, dadurch Barmittel herbeizuziehen und gleichzeitig das Verlangen nach Kreditgewährung zu verringern. Die fünfprozentige Steuer sollte also nach der Absicht ihres Erfinders ein Anwachsen des indirekten Notenumlaufs über das Kontingent (von 300 Millionen Mark für das Reich, ausschließlich Bayern) erschweren, indem sie die Banken durch ihr eigenes finanzielles Interesse zu einer straffen Diskontpolitik nötigte.

Die vierte Bestimmung schließlich, welche gleichfalls auf eine Verringerung des ungedeckten Notenumlaufs hinwirken mußte, war die Vorschrift, daß die sich einem der Normalstatuten unterwerfenden Banken ihre Noten gegenseitig in Zahlung nehmen, jedoch nicht wieder ausgeben, sondern ihrer Herkunftsbank zur Einlösung präsentieren sollten. Dadurch wurde ein rascheres Zurückkehren der Noten zu ihrer Bank bewirkt, und die Banken waren in Rücksicht auf die kürzere Umlaufszeit ihrer Noten zu besseren Vorkehrungen hinsichtlich ihrer Notendeckung gezwungen.

Außerdem diente diese Vorschrift dem Zweck, den Noten der Banken, welche sich das Recht des Notenumlaufs im ganzen Reich erwarben, auch wirklich Annahme im ganzen Reichsgebiet zu verschaffen.

Soviel über die Verminderung des ungedeckten Notenumlaufs.

Die sogenannte „bankmäßige" Deckung des Notenumlaufs, d. h. die Deckung durch Bargeld oder Wechsel, war bisher nicht für alle Banken vorgeschrieben. Die Kapitalanlage und die Notendeckung mancher Banken war bisher durchaus nicht zweckentsprechend. Namentlich wurde die Notenausgabe häufig zum Betrieb von Effektengeschäften verwendet. Ja die Meininger Bank hatte ihre Mittel teilweise in industriellen Unternehmungen, in einer Cigarrenfabrik und einer Champagnerfabrik, festgelegt.

Das mildere Normalstatut des Bankgesetzentwurfes verlangte nun Deckung des Notenumlaufs zu mindestens einem Drittel in Metallgeld und Reichskassenscheinen, zum Rest in Wechseln; das schärfere Statut fügte das Verbot jeden Geschäfts, außer dem Diskont- und Lombardgeschäft, hinzu.

Die Michaëlis sehr am Herzen liegende Einschränkung der Notenbank-Entwickelung zu Gunsten des Giro- und Depositenverkehrs sollte hauptsächlich durch folgende Bestimmungen bewirkt werden:

Wie bereits ausgeführt, war es die Absicht des Entwurfes, möglichst viele der kleineren Banken zur Annahme des milderen Normalstatuts und damit zur Beschränkung ihres Notenumlaufs auf ihr Grundkapital zu bewegen. Für die Banken, welche auf diese Absicht eingingen, hätte der Notenumlauf, wie die Motive richtig ausführen, nur mehr die Bedeutung eines festen Betriebsfonds gehabt, „der, je mehr es den Banken gelinge, ihr Geschäft durch Heranziehung anderweitiger Betriebsfonds auszudehnen, an verhältnismäßiger Bedeutung sowohl für sie selbst, wie für den gesamten Geldverkehr verliere". Das Notengeschäft dieser Banken war unterbunden, eine Geschäftsausdehnung konnte nur in andern Geschäftszweigen erfolgen, namentlich im Giro- und Depositengeschäft.

Ganz besonders aber mußten die Notenbanken, welche als solche bestehen blieben, auch wenn sie ihre Notenausgabe nicht auf ihr Grundkapital einschränkten, auf die Pflege des Giro- und Depositengeschäfts hingewiesen werden durch die Bestimmungen über die Deckung des Notenumlaufs und über die Berechnung der ein- und fünfprozentigen Notensteuer. Als Notendeckung durften die Banken ihre gesamten Kassenbestände in Anrechnung bringen, gleichviel zu welchem Zweck sie gehalten wurden. Alle die Gelder, welche eine Bank zur Deckung täglich fälliger Verbindlichkeiten zu halten genötigt ist, figurieren als Notendeckung und werden angesetzt, um den Betrag der ungedeckten Noten zu berechnen. Ein ausgedehntes Giro- und Depositengeschäft mußte also einen erheblichen Beitrag zur Notendeckung liefern und damit den Betrag der zu zahlenden einprozentigen Notensteuer, und die Gefahr einer Überschreitung des Notenkontingents vermindern.

Das waren die Grundzüge des von Michaëlis ausgearbeiteten Entwurfs.

Ende Juli wurde die Vorlage mit den Motiven in der Weserzeitung veröffentlicht.

Das Fehlen der Reichsbank erregte im Publikum großes Erstaunen und heftigen Widerspruch. Die Eingeweihten wußten ja genau, wie sehr man im Reichskanzleramt und in den wichtigsten Regierungen — abgesehen von Preußen — der Errichtung einer Reichsbank günstig gesinnt war, und man hatte deshalb einen Sieg Camphausens in dieser Frage für ausgeschlossen gehalten.

Der Bundesrat verwies den Entwurf zur Beratung an die vereinigten IV. und VII. Ausschüsse.

Dort wurde von Baden der Antrag gestellt, zwar den Entwurf zu beraten, aber gleichzeitig den Reichskanzler zu ersuchen, mit der preußischen Regierung über die Umwandlung der Preußischen Bank in eine Reichsbank in Verhandlung zu treten. Der Antrag wurde abgelehnt.

An dem Entwurf nahmen die Ausschüsse nur geringfügige Änderungen vor, die aber gleichwohl zum Teil sehr charakteristisch für den Gesichtspunkt sind, unter welchem der Bundesrat häufig derartige sachliche Vorlagen zu betrachten pflegt.

Der Entwurf hatte zur Bemessung der den einzelnen Banken zu überweisenden Notenkontingente, welche von der fünfprozentigen Steuer frei sein sollten, als Normalzeit die Jahre 1867/69 zu Grunde gelegt. Bayern erhielt ein willkürlich gegriffenes Kontingent, für die Württembergische und Badische Bank wurden die Jahre 1873 bezw. 1872 als Normaljahr angenommen, weil diese Banken erst 1870 gegründet worden waren.

Die Ausschüsse legten nun auch für die Bemessung der Kontingente für die Oldenburgische Landbank das Jahr 1872 zu Grunde, weil diese Bank erst 1869 gegründet war. Ferner billigten sie auch der Bank für Süddeutschland in Darmstadt das Normaljahr 1872 zu, trotzdem diese Bank seit 1855 bestand. Das war für die Bank für Süddeutschland ein gewaltiger Vorteil. Kurz vor dem Termin der Erstreckung des Banknoten-Sperrgesetzes über Süddeutschland (1. Januar 1872) hatte sie es verstanden, ihr Notenausgaberecht von 9.863.700 Gulden auf 29.408.400 Gulden zu steigern. Die Bank für Süddeutschland günstiger zu behandeln als die anderen Banken, dazu lag eine sachliche Veranlassung nicht vor. Es konnte sich nur darum handeln, durch diese Bevorzugung die Stimme des Großherzogtums Hessen für das Bankgesetz zu gewinnen.

Eine weitere Änderung war, daß die Ausschüsse einige Paragraphen beseitigten, welche auf das Reichskassenschein-Gesetz Bezug hatten. Dort war angedeutet, daß über die Art der Tilgung des den Einzelstaaten zu gewährenden Vorschusses im Wege der Bankgesetzgebung Bestimmung getroffen werden sollte — eine Konzession an den Wunsch Bayerns und anderer Staaten, die zu gründende Reichsbank an den Kosten der Beseitigung des Staatspapiergeldes teilnehmen zu lassen.

Man hatte Bayern von diesem Gedanken und damit gleichzeitig von seinem Interesse an der Reichsbank abgebracht, indem man ihm andere Vorteile dagegen bot: einige Separatrechte im Bankwesen und vor allem eine enorme Erhöhung seines Notenrechts. Nach dem Sperrgesetz betrug das Notenrecht der Bayerischen Hypotheken- und Wechselbank, der einzigen Bayerischen Notenbank, 12 Millionen Gulden. Man gab ihnen jetzt ein Notenausgaberecht von 70 Millionen Mark und ein von der fünfprozentigen Steuer freies Kontingent von 40 Millionen Mark.

Während man auf diese Weise Bayern mit der Rückzahlung des Reichsvorschusses behufs Einziehung des Landespapiergeldes aussöhnte, suchte Camphausen aus jener Bestimmung des Reichskassenschein-Gesetzes wenigstens für Preußen das denkbarste herauszuschlagen. Ganz leicht war das nicht, denn Preußen hatte ja mehr Reichskassenscheine erhalten, als es Staatspapiergeld einzuziehen hatte, ein zu tilgender Reichsvorschuß kam also für Preußen gar nicht in Betracht. Aber Camphausen wußte sich zu helfen.

Diejenigen Banken, welche die Leistung der den einzelnen Regierungen für die Einziehung ihres Papiergeldes vom Reich zu gewährenden Vorschüsse übernehmen würden, sollten nach dem Artikel 15[1] des Entwurfs

---

[1] „Übernimmt eine Bank die Einziehung desjenigen Teils des von einem Bundesstaate ausgegebenen Staatspapiergeldes, dessen Betrag diesem Bundesstaate nach den Bestimmungen in § 3 des Gesetzes, betr. die Ausgabe von Reichskassenscheinen, vom 30. April 1874, vorschußweise aus der Reichskasse zu überweisen sein würde, so wird bei Feststellung des steuerpflichtigen Notenumlaufs der von ihr eingezogene Betrag im ersten Jahre in seiner vollen Höhe, in jedem folgenden Jahre um seinen fünfzehnten Teil vermindert, ihrem Barvorrat hinzugerechnet."

eine Vergrößerung ihres von der fünfprozentigen Notensteuer freien Kontingents um den Betrag des Vorschusses und für die Dauer der Vorschußzeit erhalten.

An dieser Bestimmung an sich hatte offenkundig niemand ein Interesse; weder die Landesregierungen, denen es gleichgültig sein konnte, ob sie ihren Vorschuß vom Reich oder von ihrer Notenbank erhielten, noch die Banken, die für die Vorstreckung einer bestimmten Summe nur das Recht bekamen, die gleiche Summe mehr in Noten zu emittieren.

An diese Bestimmung war jedoch eine für die Preußische Bank sehr nützliche Folgerung geknüpft. Die Preußische Bank hatte im Jahre 1856 als Gegenleistung für eine Verlängerung und erhebliche Ausdehnung ihres Privilegiums die Einziehung von 15 Millionen Thaler preußischer Kassenscheine auf ihre Kosten übernommen. Dafür sollte nun ihr Kontingent um 45 Millionen Mark vergrößert werden.

Da aber an diesen Bestimmungen nur Preußen ein Interesse hatte, wurden sie gestrichen [1].

Das Plenum des Bundesrates schloß sich im großen und ganzen dem Entwurfe an, wie er aus den Ausschüssen hervorgegangen war. Er wurde gegen eine nicht unerhebliche Minderheit angenommen. Gegen ihn stimmten meist Staaten, welche ihren Banken das Recht unbegrenzter Notenausgabe verliehen hatten, darunter auch das Königreich Sachsen.

Nach Annahme des Entwurfs gab eine Reihe von Bevollmächtigten, darunter die von Württemberg, Baden und Hessen, Erklärungen ab, daß die Errichtung einer Reichsbank nach wie vor das Ziel einer gesetzlichen Regelung des Bankwesens sein müsse. Baden insbesondere betonte, daß eine sofortige Umwandlung der Preußischen Bank in eine Reichsbank dem vorliegenden Entwurf vorzuziehen gewesen wäre.

Delbrück gab die beruhigende Versicherung, daß der vorliegende Entwurf der Errichtung einer Reichsbank nicht präjudiziere, nicht einmal bis zum Jahre 1886, in welchem die Reichsgesetzgebung völlig freie Hand haben sollte.

So ging der Bankgesetzentwurf mit geringfügigen Änderungen an den Reichstag. Es war ein fein erdachter und geistreicher Plan zur Einschränkung des ungedeckten Notenumlaufs und zu einer zwar alle bestehenden Privilegien formell achtenden aber doch durchgreifenden Reglementierung der bestehenden Notenbanken. Aber es fehlte ihm das, was

---

[1] Vgl. Bamberger, „Zur Embryologie des Bankgesetzes“. Deutsche Rundschau I, 4. S. 118.

nach fast allgemeiner Anschauung die Krönung des Baues bedeutete: die Reichsbank.

Am 16. November begann die erste Lesung des Bankgesetz-Entwurfs.

Man wußte von vornherein, daß die Frage der Reichsbank ausschlaggebend für das Schicksal der Vorlage sein werde. Es bestanden wohl Meinungsverschiedenheiten prinzipieller Art auch hinsichtlich anderer wichtiger Punkte, namentlich in der Frage der indirekten Kontingentierung des Notenumlaufs, aber schon in der bisher stattgehabten öffentlichen Diskussion des Entwurfes waren diese Punkte gegenüber der Frage der Reichsbank völlig in den Hintergrund getreten.

Die Freunde sowohl, wie die Gegner einer Reichsbank setzten sich aus verschiedenartigen Elementen zusammen; aus Personen und Gruppen, die hauptsächlich von politischen Motiven geleitet wurden, und aus solchen, für deren Stellungnahme wirtschaftliche Gründe ausschlaggebend waren. Den Freunden der Reichseinheit war der Gedanke einer Reichsbank von vornherein ebenso sympathisch, wie er den Partikularisten antipathisch war; die deutsch-national gesinnten Parteien, namentlich die Nationalliberalen und die Reichspartei, konnten deshalb von vornherein als sicher für die Reichsbank gelten, während man fast mit derselben Sicherheit auf die Gegnerschaft der partikularistischen Parteien und Gruppen, namentlich des Centrums, zählen konnte.

In wirtschaftlicher Beziehung standen sich schroff zwei Ansichten gegenüber: diejenige, nach welcher eine Centralbank zur Durchführung und Aufrechterhaltung der Goldwährung und zur Überwachung des Geldverkehrs eine unbedingte Notwendigkeit war; daneben jene andere Richtung, welche die Schwärmerei für unbedingte Bankfreiheit, wie sie in den fünfziger Jahren herrschte, als wichtigen Bestandteil des wirtschaftlichen Liberalismus konserviert hatte.

Es scheint, daß man es in Regierungskreisen für zweifelhaft hielt, wie die Entscheidung des Reichstags ausfallen würde. Mit großer Spannung sah man dem Verlauf der Dinge entgegen. Sogar Fürst Bismarck, der während der Debatten über die Münzgesetzgebung spazieren zu reiten pflegte, erschien zum Beginn der Verhandlungen.

Delbrück ergriff zuerst das Wort und erläuterte in ausführlicher Rede die Grundzüge des Entwurfs. Er bemerkte dabei, der Gedanke einer Reichsbank sei dem Reichskanzleramt „nichts weniger als antipathisch“ gewesen, aber wegen der Schwierigkeit einzelner Fragen, wie der Stellung der Reichsbank zu den anderen Notenbanken und der Auseinandersetzung mit Preußen sehe der vorliegende Entwurf von einer Reichsbank ab.

Man konnte aus diesen Sätzen eine Aufforderung heraushören, diese schwierigen Fragen zu lösen, und die Andeutung, daß, wenn der Reichstag nur ernstlich wolle, die Reichsbank gesichert sei.

Die bedeutendste Rede des Tages hielt Bamberger.

Seine Ausführungen hatten hauptsächlich den Zweck, nachzuweisen, daß eine Reichsbank im Interesse der Durchführung und Erhaltung der Goldwährung und zum Zweck der Überwachung des gesamten Geldverkehrs des Reichs eine unbedingte Notwendigkeit sei. Namentlich, betonte er, sei es die wichtigste Aufgabe der künftigen Reichsbank, „der Vermittler zwischen der Münzprägung des Landes und dem Ankauf von Gold zu sein“. In geschickter Weise zeigte er zur Unterstützung dieses Gedankens auf die erfolgreiche Hülfeleistung, welche die Bank von Frankreich der Republik bei der Milliardenzahlung gewährt hatte, und welcher es gelungen war, nach Erledigung dieser Zahlungen aus allen Ländern sofort wieder Gold herbeizuziehen.

Deshalb kein Bankgesetz ohne Reichsbank!

Alles übrige in dem Entwurf behandelte er mehr oder weniger als Nebensache. Weder mit der indirekten Kontingentierung, noch mit dem gegenüber den Banken angewandten System des freiwilligen Zwangs erklärte er sich einverstanden. Die Reichsbank werde durch eine Kontrolle der Geschäftsgebarung und des Notenumlaufs und durch eventuelle Repressalien die durch den Entwurf bekämpften Mißstände viel wirksamer beseitigen, als alle Kontingentierung und all die feingesponnenen Netze, welche der Gesetzentwurf über die Banken werfen wolle.

Scharf bekämpfte er den Geist, aus welchem der Entwurf hervorgegangen sei, und zwar in doppelter Beziehung, als bureaukratisch und als partikularistisch.

In nicht ausgesprochener, aber deutlicher Anspielung auf Camphausen rühmte er die Verdienste, die sich Thiers in der schwierigsten Zeit um die französischen Finanzen erworben, und zwar vermöge zweier Eigenschaften. Thiers habe es verstanden, nicht am unrechten Ort zu knausern und die Geschäftswelt durch Gewährung eines legitimen Gewinnes sich für die Durchführung staatlicher Finanzoperationen dienstbar zu machen; und ferner habe er es verstanden, „sich nicht einzuschließen in die Schranken seiner administrativen Einsicht, sondern von denen, welche mit den großen Operationen des Geldverkehrs am meisten vertraut sind, Rat anzunehmen". Die deutsche Reichsregierung habe sich dagegen bei der Abfassung des Bankgesetzentwurfs von vornherein in Widerspruch gesetzt „mit dem Begehr und der Auffassung des deutschen Handelsstandes beinahe in seiner ausnahmslosen Gesamtheit."

Sehr wirksam betonte er zum Schluß die politische Seite der Bankfrage, warnte eindringlich vor dem Partikularismus, der den Entwurf diktiert habe, und appellierte dabei mit Wärme an den Reichskanzler, der mit Aufmerksamkeit den Verhandlungen folgte.

Ein stark unterstützter Antrag, den Entwurf an eine Kommission zu verweisen, mit dem Auftrag, die Reichsbank in den Entwurf einzufügen, kennzeichnete die Stimmung des Hauses.

Zum vollen Durchbruch gelangte diese Stimmung bei der feurigen Rede, welche Lasker zu Gunsten der Reichsbank hielt.

Lasker war auf dem Gebiet der Bankfrage eigentlich Laie. Seine Ausführungen beschäftigten sich deshalb nicht, wie diejenigen Bambergers, wesentlich mit technischen Fragen. Nur der allgemein verbreiteten Überzeugung von der Notwendigkeit der Kontingentierung des Notenumlaufs gab er beredten Ausdruck.

Der Schwerpunkt seiner Rede lag auf politischem Gebiet. Mit Begeisterung und dem vollen Schwunge seiner glänzenden Beredsamkeit führte er den deutschen Einheitsgedanken für die Reichsbank ins Feld. Der lebhafte Beifall, den seine Worte auf allen Seiten weckten, zeigte mit aller Deutlichkeit, daß eine große Majorität für die Reichsbank einzutreten bereit war.

Diesen Eindruck noch deutlicher zu machen, war ein Verdienst Eugen Richters, des Führers der Fortschrittspartei.

Aus wirtschaftlichen und politischen Gründen bekämpfte Richter aufs schärfste den Gedanken einer Centralbank. Freie Konkurrenz auch im Notenbankwesen sei das einzig richtige. Jede Verbindung von Staat und Bankwesen sei von Übel, vor allem auch die Annahme von Noten an öffentlichen Kassen, durch welche das Publikum zu dem Glauben veranlaßt werde, „daß eine Note, auf der ein Wappen und eine Ziffer gesetzt ist, gleich barem Gelde sei".

Die für die Reichsbank angeführten wirtschaftlichen Gründe seien unrichtig. Er könne sich nicht denken, daß man zur Durchführung der Goldwährung eine Centralbank nötig habe. Statt die Möglichkeit einer Kontrollierung der Privatnotenbanken durch eine Centralbank anzuerkennen, behauptete er, die vom Staat gezüchtete Übermacht der Preußischen Bank und ihr Filialennetz habe die Entwickelung eines freien Bankwesens in ganz Deutschland gehindert.

Auch politisch seien Centralbanken höchst bedenklich. Bei Niederlagen führten sie mit Unvermeidlichkeit zum Zwangskurs, und schließlich sei die Centralisation des Bankwesens eine Gefahr für den Konstitutionalismus, indem die Regierung durch Ausnutzung der Reichsbank das wichtigste Recht der Volksvertretung, das Recht der Geldbewilligung, illusorisch machen könne.

Diese Anschauungen, die in den fünfziger Jahren allgemein verbreitet waren, fanden zwar lebhaften Beifall, aber nur seitens eines verhältnismäßig kleinen Häufleins Getreuer.

Dennoch wurde der Antrag, das Gesetz an eine Kommission zu verweisen, mit dem ausdrücklichen Auftrag, die Reichsbank in den Entwurf einzufügen, mit geringer Mehrheit abgelehnt, aber nur aus einem formellen Grund. Windthorst hatte darauf aufmerksam gemacht, die Geschäftsordnung gestatte nicht, einer Kommission zur Beratung eines Gesetzentwurfs von vornherein Direktiven zu geben. Trotzdem der Präsident des Reichstags, Forckenbeck, dieser Auslegung der Geschäftsordnung entgegentrat, schlossen sich auch Freunde der Reichsbank der Auffassung Windthorsts an, und so wurde der Entwurf schlechthin, ohne speciellen Auftrag, an eine Kommission von 21 Mitgliedern verwiesen (18. November 1874).

Die Kommission konstituierte sich am 21. November. Zum Vorsitzenden wurde v. Unruh, zum Berichterstatter Bamberger gewählt.

Sofort wurde mit 13 gegen 4 Stimmen die Erklärung beschlossen,

„daß die Kommission die Diskussion des Bankgesetzes nicht für wünschenswert erachte, ehe ein Beschluß über die Einführung einer Reichsbank und deren Modalitäten gefaßt sei.“

Die Kommission vertagte sich, um die Stellungnahme des Bundesrats abzuwarten.

Die Wirkung dieses Beschusses auf die einer Reichsbank feindlichen Elemente innerhalb der verbündeten Regierungen war durchschlagend.

Camphausen beeilte sich, Vorschläge über die Umwandlung der Preußischen Bank in eine Reichsbank zu formulieren und dem Bundesrat zu unterbreiten. Preußen erklärte sich in diesen Vorschlägen bereit, die Preußische Bank, nach Zurückziehung seines Einschußkapitals von 1.906.800

Thlr. und des ihm gesetzlich bei Auflösung der Bank zufallenden Anteils am Reservefonds, behufs Umwandlung in eine Reichsbank an das Reich abzutreten, und zwar

1. gegen eine Entschädigung von 5 Millionen Thlr. für den ihm von nun ab entgehenden Anteil am Reingewinn der Preußischen Bank. (Der Anteil Preußens hatte im Durchschnitt der letzten 10 Jahre 1.346.293 Thlr. betragen. 5 Millionen Thlr. war also eine sehr mäßige Entschädigung.)

2. sollte die Reichsbank verpflichtet sein, die der Preußischen Bank im Vertrag von 1856 auferlegte, bis zum Jahre 1925 laufende jährliche Rente von 621.010 Thaler zu übernehmen.

3. Die Übernahme der Grundstücke der Preußischen Bank sollte nach künftiger Verständigung erfolgen.

Außerdem bedang Preußen für die bisherigen privaten Anteilseigner der Preußischen Bank das Recht aus, ihre Anteilscheine gegen Anteilscheine der Reichsbank im gleichen Nennwert auszutauschen.

Die Beratung im Bundesrat ergab zunächst, daß nicht eine einzige Regierung gegen die Errichtung einer Reichsbank opponierte; ferner, daß man allgemein die Vorschläge Camphausens für annehmbar erklärte.

In eingehenden Kommissions- und Plenarberatungen wurde beschlossen, die Preußische Bank unter Annahme der preußischen Vorschläge in eine Reichsbank umzuwandeln.

Die Reichsbank sollte ein unter der Leitung und Beaufsichtigung des Reiches stehendes Privatinstitut mit 120 Millionen Mark Grundkapital sein. Etwa die Hälfte davon sollte durch den Umtausch der Anteilsscheine der bisherigen Preußischen Bank in Reichsbankaktien aufgebracht, der Rest neu beschafft werden. Von einer Kapitalbeteiligung des Reichs wurde abgesehen.

Die Verwaltungs-Organisation, welche der Reichsbank gegeben wurde, lehnte sich durchaus an die Organisation der Preußischen Bank an. Die Reichsbankbeamten sind Reichsbeamte. Der Reichskanzler ist Chef der Bank. An der Spitze der Geschäftsleitung steht das Reichsbankdirektorium. Oberste Anfsichtsbehörde ist das vom Kaiser und dem Bundesrat zu ernennende Kuratorium. Die Anteilsinhaber der Reichsbank haben ihre Vertretung in der praktisch einflußlosen Generalversammlung und in dem von der Generalversammlung zu wählenden Centralausschuß. Der Centralausschuß kontrolliert die Verwaltung der Bank. In einer Reihe wichtiger Fragen ist der Centralausschuß gutachtlich zu vernehmen, zum Ankauf von Effekten ist seine Zustimmung notwendig; er wählt drei Deputierte, die berechtigt sind, allen Direktoriumssitzungen mit beratender Stimme beizuwohnen und Einsicht in die Bücher zu nehmen. Außergewöhnliche Geschäfte mit den Finanzverwaltungen des Reichs oder deutscher Bundesstaaten müssen vor ihrem Abschluß zur Kenntnis der Deputierten gebracht, und auf Verlangen auch nur eines derselben muß die Zustimmung des Centralausschusses eingeholt werden.

Über den Geschäftsbetrieb der Reichsbank wurde folgendes bestimmt.

Die Reichsbank ist berechtigt, im ganzen Reich Filialen zu errichten.

Die Geschäfte, zu deren Betrieb die Reichsbank berechtigt ist, sind genau festgesetzt (hauptsächlich Edelmetallhandel, Diskont- und Lombardgeschäft, Ankauf von näher bezeichneten inländischen Schuldverschreibungen, Depositen und Girogeschäft). Zur unentgeltlichen Besorgung der Kassengeschäfte des Reichs wurde die Reichsbank verpflichtet. Die Kassenführung für Bundesstaaten wurde ihr nach freier Vereinbarung gestattet. — Sie ist frei von staatlichen Einkommen- und Gewerbesteuern. Am Geschäftsgewinn wird das Reich nach bestimmten Vorschriften beteiligt.

Sie hat das Recht der unbegrenzten Notenausgabe, ihre durch Barvorrat nicht gedeckten Noten unterliegen bis zu 250 Millionen Mark der 1prozentigen, darüber hinaus der 5prozentigen Notensteuer. Die indirekte Kontingentierung wurde also auch der Reichsbank gegenüber aufrecht erhalten. Die Kontingente von Banken, welche auf ihr Notenrecht verzichteten, sollten ihr ipso iure zufallen; außerdem sollte sie berechtigt sein, mit Notenbanken behufs Abtretung ihrer Kontingente Verträge abzuschließen.

Hinsichtlich der Deckung der Noten wurde bestimmt, daß der Notenumlauf jederzeit mindestens zu einem Drittel in „kursfähigem, deutschen Gelde, Reichskassenscheinen oder in Gold in Barren oder in ausländischen Goldmünzen, das Pfund fein für 1392 gerechnet“ gedeckt sein solle, der Rest durch diskontierte Wechsel mit höchstens 3 Monaten Verfallzeit.

Die Noten der Reichsbank sind nicht gesetzliches Zahlungsmittel, die Annahme der Noten soll jedoch den Reichskassen auf dem Verwaltungsweg befohlen werden.

Die Reichsbank ist zur Annahme der Noten der sich dem Bankgesetz unterwerfenden Banken verpflichtet, darf dieselben aber — ebenso wie die übrigen Notenbanken — nicht wieder ausgeben, sondern hat sie zur Einlösung zu präsentieren.

Sämtliche Privatnotenbanken sind zur Annahme der Reichsbanknoten verpflichtet, brauchen dieselben jedoch nicht zur Einlösung zu präsentieren, sondern dürfen sie wieder ausgeben.

Die Noteneinlösung geschieht nach den bisherigen Grundsätzen bei der Bankhauptkasse sofort, bei den Filialen, so weit es deren Barvorräte gestatten.

Über alle diese Punkte einigte sich der Bundesrat ohne Schwierigkeit, so unlösbar auch kurze Zeit zuvor das Problem der Reichsbank erschienen war.

Nur Camphausen konnte sich noch immer nicht über den Verlust der Preußischen Bank trösten. Sein Groll richtete sich gegen die Einzelstaaten, die sich noch im glücklichen Besitz von Notenbanken befanden, welche ihnen einen finanziellen Gewinn abwarfen. Er beantragte deshalb, diese Einzelstaaten sollten ihr Recht auf den Bezug eines Anteils am Gewinn ihrer Notenbanken an das Reich abtreten. Der Antrag wurde abgelehnt.

Durch die Einfügung der Reichsbank und die dadurch notwendig gewordenen Änderungen war, wenn diese Änderungen nach dem vom Bundesrat beschlossenen Entwurf erfolgen sollten, eine neue Bankgesetz-Vorlage notwendig geworden. Um jedoch eine abermalige erste Lesung zu vermeiden, half man sich, indem man ein Mitglied der Kommission, den Abgeordneten Harnier, veranlaßte, die vom Bundesrat festgestellten Ergänzungen und Änderungen formell als seine Anträge zu vertreten.

Der von Bamberger verfaßte umfangreiche Kommissionsbericht giebt ein genaues Bild der Verhandlungen. Im allgemeinen blieb der Entwurf unverändert, so sehr auch über einzelne prinzipielle Punkte die Meinungen auseinander gingen. Einige wichtige Änderungen wurden vorgenommen.

So wurde die Bevorzugung der Banken, welche ihr Notenrecht auf die Höhe ihres Grundkapitals einzuschränken bereit waren, fast gänzlich aufgehoben; ferner beseitigte die Kommission in der zweiten Lesung die (in der ersten Lesung aufrecht erhaltene) einprozentige Steuer auf den ungedeckten Notenumlauf innerhalb des Kontingents.

Die Verteilung der Kontingente, welche bereits im ersten Entwurf des Bankgesetzes — wie wir gesehen haben — nicht ganz nach einem einheitlichen Prinzip durchgeführt war, mußte infolge der Dotierung der Reichsbank mit 250 Millionen Mark (gegenüber den ca. 184 Millionen der Preußischen Bank) bereits innerhalb des Bundesrats geändert werden, und das geschah in völlig willkürlicher Weise. Zunächst bewilligte man dem Königreich Sachsen zu seinen Kontingenten weitere 4 Millionen, weil die Sachsen über die infolge der Kontingentierung eintretende Kreditеinschränkung ganz besonders bewegliche Klage führten. Dagegen beschloß man, um die Summe sämtlicher Kontingente nicht gar zu sehr anwachsen zu lassen, die Kontingente der übrigen Banken um 30 Millionen Mark zu kürzen. Diese Verkürzung wurde auf Bayern, die Frankfurter Bank, die Württembergische Notenbank, die Bank für Süddeutschland und Badische Bank, ferner die norddeutschen Banken, außer den Zettelbanken der alten preußischen Provinzen und der Hannoverschen Bank, in sehr ungleichmäßiger Weise verteilt. In der Kommission wurde das nun vorhandene Gesamtkontingent von 380 Millionen Mark abermals um 5 Millionen Mark erhöht, weil sich die Hansestädte mit ihrem Anteil unzufrieden zeigten. Von diesen neuen 5 Millionen erhielten jedoch die Hansestädte nur etwa 2 Millionen, den Rest erhielt die Hannoversche Bank, deren Kontingent damit fast verdoppelt war.

Während es sich bei diesen Punkten nur um Änderungen von Bestimmungen handelte, welche in dem umgearbeiteten Gesetzentwurf bereits vorhanden waren, brachte Bamberger durch einen einzigen Paragraphen ein ganz neues Element in das Bankgesetz, welches der Reichsbank erst jene von ihm bereits in der ersten Lesung des Bankgesetzentwurfs betonte Funktion als Vermittlerin zwischen Goldeinfuhr und Münzprägung zuwies. Auf seinen Antrag wurde eine Bestimmung in das Gesetz aufgenommen (§ 14), durch welche die Reichsbank verpflichtet wurde, Barrengold zum festen Satz von 1392 Mark für das Pfund fein gegen ihre Noten umzutauschen. Bamberger hatte ursprünglich beantragt, den Ankaufspreis auf 1392½ Mark festzusetzen, aber diese Normierung hatte heftigen Widerspruch erfahren. Überhaupt hatte die ganze Bestimmung, deren Sinn und Tragweite vielfach nicht erkannt, deren Wirkungen vielfach gänzlich verkannt wurden, gegen starke Opposition zu kämpfen. In jener Zeit des schärfsten Mißtrauens gegenüber den Banknoten scheute man sich namentlich, ungeprägtes Gold als Notendeckung gelten zu lassen. Sehr bezeichnend für die gänzlich irrigen Vorstellungen, welche man sich teilweise über die praktische Tragweite der Goldankaufs-Bestimmung machte, sind folgende Bemerkungen, welche der Abgeordnete Schröder-

Lippstadt, einer der ersten Anhänger des Bimetallismus in Deutschland, bei der zweiten Lesung des Gesetzes im Plenum zu dem neuen § 14 machte. Er widerspreche dem Paragraphen nur wegen seiner prinzipiellen Tragweite, denn praktisch sei er vollkommen unerheblich. „Die alten Parther," sagt er, „haben einmal einen römischen, sehr habsüchtigen Triumvir, namens Crassus, dadurch getötet, daß sie ihm Gold in den Hals gossen. Wenn sie nicht mehr gehabt hätten, als was jetzt meiner Überzeugung nach infolge dieses Paragraphen in die deutsche Reichsbank fließen wird, so würde Crassus heute noch leben." (Die deutsche Reichsbank hat bis zum Jahre 1897 für beträchtlich mehr als 2 Milliarden Mark Gold angekauft.)

Wenn wir die wirkliche Bedeutung und Tragweite des § 14 untersuchen, so finden wir folgendes:

Durch diesen Paragraph erhielt das im Münzgesetz nur im Prinzip anerkannte freie Prägerecht erst volle praktische Bedeutung. Die Prägegebühr, welche nach dem Münzgesetz 7 Mark pro Pfund fein nicht überschreiten sollte, wurde definitiv auf 3 Mark festgesetzt. Sobald das Bankgesetz in Kraft trat, konnte jedermann gegen 1 Pfund Feingold 1392 Mark, also 3 Mark weniger, als aus dem feinen Pfund geprägt werden, erhalten, allerdings zunächst nur in Reichsbanknoten, die nicht als gesetzliches Zahlungsmittel anerkannt wurden; aber die Reichsbanknoten sind auf Präsentation in deutschem Metallgeld einlösbar.

Mit dem § 14 war also gewissermaßen der Schlußstein der Verfassung der deutschen Goldwährung gelegt, indem er zum erstenmal praktisch eine unverrückbare Beziehung zwischen dem rohen Gold und dem deutschen Gelde schuf.

War so die Goldankaufspflicht für die innere Konstruktion der deutschen Goldwährung von großer Wichtigkeit, so war sie von noch größerer Bedeutung für die Beziehungen des deutschen Geldwesens zu ausländischen Valuten.

Um diesen Punkt gebührend zu würdigen, ist zunächst in Betracht zu ziehen, daß durch den festen Ankaufspreis für Barrengold gleichzeitig ein im gleichen Verhältnis zum Ausmünzungswert stehender Ankaufspreis für fremde Goldmünzen gesichert war. Die Folge davon mußte sein, daß bei einem verhältnismäßig geringen Steigen der ausländischen Wechselkurse auf Deutschland der Goldimport nach Deutschland, und zwar sowohl der Import von Barren als auch besonders von Goldmünzen, lohnend wurde. Die Edelmetalle brauchten nicht mehr einen ungewissen von der deutschen Finanzverwaltung in fiskalischem Interesse möglichst niedrig gehaltenen Goldpreis zu fürchten und in Rechnung zu stellen, sondern nur den sehr günstigen Preis, zu welchem die Reichsbank Gold ankaufte.

Selbst gegenüber dem damals in Deutschland noch nicht durchgeführten System der Goldprägung auf Privatrechnung gegen einen gleich niedrigen Abzug vom Ausmünzungswert hatte das System des Goldankaufs seitens der Centralbank nicht zu unterschätzende Vorteile.

Vor allem verursacht die unmittelbare Einlieferung von Gold bei den Münzstätten einen Zinsverlust, da die Münzstätten nirgends verpflichtet sind, auch nicht ohne Schwierigkeiten verpflichtet werden können, gegen das eingelieferte Rohgold sofort geprägtes Geld herauszugeben. Die Münzstätten müßten zu diesem Zweck einen erheblichen Barbestand halten. Dagegen erfolgt bei der Reichsbank der Austausch von Gold gegen Geld Zug um Zug. Die Reichsbank ist zu einem solchen Austausch im stande, da sie in erster Linie das Gold in ihren Noten bezahlt, die ihr ohne Beschränkung zur Verfügung stehen, und da sie, wenn statt der Noten auf dem Wege der Noteneinlösung Metallgeld verlangt wird, einen großen Kassenvorrat in Bereitschaft hat.

Die Folge ist, daß bei dem System des Goldankaufs jede augenblickliche Chance der Goldeinfuhr benutzt werden kann, bei dem System der bloßen Privatprägung auf den Münzstätten wegen des damit verbundenen Zeitverlustes dagegen nur einigermaßen dauernde Konjunkturen.

Weiter wird durch die Verpflichtung der Reichsbank zum Goldankauf in Verbindung mit der Bestimmung, daß nicht nur deutsches Geld, sondern auch Gold in Form von Barren und von fremden Goldmünzen als Bardeckung des Notenumlaufs gilt, eine nicht unerhebliche Kostenersparung möglich gemacht. Indem die Bank rohes Gold und fremde Goldmünzen in ihren Barvorrat aufnimmt und Noten dagegen ausgiebt, verwandelte sie die Barren und fremden Sorten ohne Umprägung, gewissermaßen auf Widerruf, in deutsches Geld. Tritt nun eine Konjunktur ein, welche Deutschland zwingt, Gold an das Ausland abzugeben, so kann das Exportbedürfnis zunächst mit fremden Münzsorten befriedigt werden, die für ihre Herkunftsländer um den Betrag der Prägekosten mehr wert sind, als deutsches Goldgeld oder Barren. Die Bank kann den Verkaufspreis der fremden Sorten so hoch halten, daß darin keine Erleichterung der Goldausfuhr liegt, so hoch, daß die Ausfuhr von fremden Sorten gerade noch besser rentiert, als die Ausfuhr geprägten deutschen Geldes.

Von größter Wichtigkeit ist schließlich der Umstand, daß durch die Goldankaufspflicht alles Gold, welches in das Land hereinkommt, in erster Linie der Centralbank zufließt. Die Bank wird auf diese Weise die Vermittlerin zwischen dem deutschen Geldwesen und dem Ausland, denn der Goldbedarf für Exportzwecke ist ohnedies in erster Reihe darauf angewiesen, aus dem großen Reservoir der Zettelbank zu schöpfen. Während dadurch, daß das Goldankaufssystem der Reichsbank in der Hauptsache alles einströmende Gold zuführt, ein heilsames Gegengewicht zu Exportzwecken geschaffen wird, wird gleichzeitig die Reichsbank in weit höherem Grade, als es ihr sonst möglich wäre, befähigt, die Beziehungen der deutschen Valuta zu übersehen, und ihre gesamte Diskontpolitik wird dadurch auf eine sicherere Grundlage gestellt.

Kurz: erst durch den § 14 wurde die Reichsbank vollkommen in den Dienst der deutschen Goldwährung gestellt.

Der einzige Punkt, der diesen hohen Wert des § 14 zu mindern vermöchte, ist die Wahrscheinlichkeit, daß eine tüchtige und weitblickende Bankverwaltung, ohne vom Gesetz dazu genötigt zu sein, freiwillig das in dem § 14 enthaltene System angenommen haben würde.

So ging der im Bundesrat umgearbeitete Entwurf aus den Kommissionsberatungen ohne erhebliche Verschlechterungen und mit einer wesentlichen Verbesserung hervor

Die darauf folgenden Beratungen im Plenum des Reichstags weckten noch einmal alle prinzipiellen Gegensätze zu einem heftigen Kampf.

Die Frage, ob die Reichsbank eine reine Staatsbank, ob ein staatlich dotiertes Institut, ob — wie der Entwurf vorschlug — ein auf Privatkapital begründetes, aber unter Leitung des Reiches stehendes und von Reichsbeamten verwaltetes Institut sein solle, führte zu scharfen Erörterungen. Demokraten, wie Sonnemann, und extreme Konservative verlangten eine reine Staatsbank oder wenigstens eine Kapitalbeteiligung seitens des Reichs. Delbrück trat diesen Forderungen energisch entgegen. Wenn dem Reiche angesonnen werde, ein Gewerbe zu treiben, so habe man vor allem den Nachweis zu führen, daß aus triftigen Gründen dieser Gewerbebetrieb vom Staat zu übernehmen sei, nicht aber habe umgekehrt das Reich nachzuweisen, weshalb es ein Gewerbe nicht übernehmen will. Trotzdem erörterte auch er nicht nur die von den Freunden der Verstaatlichung der Reichsbank aufgeführten Gründe, die hauptsächlich darin gipfelten, daß der Vorteil aus der Notenemission nicht Privaten, sondern nur dem Staat zufallen dürfe; er führte darüber hinaus auch die wichtigsten Gründe ins Feld, die für die Begründung der Reichsbank auf privatem Kapital sprachen. Diese damals häufig wiederholten Gründe waren namentlich die Rücksicht auf die Möglichkeit einer technisch besseren Leitung, so lange an dem Gedeihen der Reichsbank interessierte Privatleute zugezogen werden konnten; ferner die Erwägung, daß eine staatliche Reichsbank sich nicht gut mit dem Fortbestehen der Privatnotenbanken vereinbaren ließ, schließlich die Rücksicht darauf, daß man die indirekte Kontingentierung auch der Reichsbank gegenüber durchführen wollte, was bei einem staatlichen Institut deshalb unmöglich gewesen wäre, weil eine Besteuerung eines staatlichen Instituts zu Gunsten des Staates völlig unwirksam sein muß.

Ausschlaggebend für die große Mehrheit des Reichstags war zweifellos die Macht des wirtschaftlichen Liberalismus, der damals weit über den Kreis der eigentlichen Liberalen hinaus die Geister beherrschte; und dieser Liberalismus war der Verstaatlichung von Erwerbsunternehmungen grundsätzlich abgeneigt.

Das System der indirekten Kontingentierung wurde gleichfalls noch einmal der eingehendsten Erörterung unterzogen.

Die Gegner der Kontingentierung, wie Bamberger, hatten in Rücksicht auf die Unmöglichkeit, mit ihrer Ansicht durchzubringen, den Kampf für die gänzliche Beseitigung der Kontingentierung im Verlauf der Verhandlungen völlig aufgegeben. Schon in der Kommission wurden in der Hauptsache die Höhe und die Festigkeit der Steuer nicht mehr angegriffen, der Streit drehte sich nur noch um die Größe der Kontingente, namentlich um die Größe des der Reichsbank zu gewährenden Kontingents.

Bamberger, der die Kontingentierung der Reichsbank gegenüber für überflüssig, den Privatbanken gegenüber die überwachende Thätigkeit der Reichsbank für wirksamer hielt, als die Kontingentierung, führte aus, daß die Annäherung an die Kontingentsgrenze bei der Reichsbank Beunruhigung erwecken werde, und daß es, in Anbetracht des Umstandes, daß der normale Zinsfuß in Europa näher an 4 als an 5 Prozent stehe, seine Bedenken habe, häufig an der Grenze, wo der Übergang von 5 zu 6 Prozent eintreten müsse, hin und her zu lavieren.

Lasker, der überzeugteste und eifrigste Verfechter der Notwendigkeit einer Einschränkung des ungedeckten Notenumlaufs, stellte dem entgegen, nicht billiger Diskont, sondern die gehörige Regelung des Geldmarktes sei die wichtigste Aufgabe der Reichsbank, und diese Regelung dachte er sich nur durchführbar vermöge einer Niederhaltung des ungedeckten Notenumlaufs unter der Kontingentsgrenze.

Der von verschiedenen Seiten gestellte Antrag, das Kontingent der Reichsbank um 100 Millionen Mark zu erhöhen, wurde abgelehnt; gegen ihn stimmten diejenigen, welche mit Lasker in einer Kontingentserhöhung eine Gefahr für das gesamte Geldwesen sahen, und diejenigen, welche aus politischen und wirtschaftlichen Gründen der Reichsbank selbst oder doch einer Machterweiterung der Reichsbank feindlich gegenüberstanden.

So blieb das Kontingent der Reichbank 250 Millionen Mark und die Summe sämtlicher Kontingente 385 Millionen Mark.

Daß das Deutsche Reich gerade 385 Millionen Mark an ungedeckten Noten unbedenklich ertragen könne, daß bei einer Steigerung über diesen Betrag der Zinsfuß gerade mehr als 5 Prozent betragen müsse, wurde allerdings nicht nachgewiesen.

Wie in diesen beiden wichtigsten Punkten des Bankgesetzes an den Beschlüssen der Kommission nichts geändert wurde, so blieben auch die übrigen Bestimmungen des Gesetzes im Reichstag im wesentlichen unverändert.

Am 30. Januar 1875 wurde die dritte Beratung abgeschlossen.

Der Bundesrat stimmte den vom Reichstag vorgenommenen Änderungen zu.

Am 14. März 1875 wurde das Bankgesetz vom Kaiser vollzogen. Am 1. Januar 1876 sollte es in Kraft treten.

* * *

Mit dem Bankgesetz war das große Werk der Gesetzgebung über die Reform des deutschen Geldwesens in der Hauptsache abgeschlossen. Innerhalb einer Zeit von nicht ganz 4½ Jahren war es gelungen, diese Riesenaufgabe zu bewältigen, die beiden Münzgesetze, das Reichskassenscheingesetz und das Bankgesetz zu stande zu bringen, auf deren im wesentlichen unveränderter Grundlage seither das deutsche Geldwesen ruht. Das große Werk war in verhältnismäßig kurzer Zeit zu stande gekommen, obwohl die gesetzgebenden Körperschaften in jener ersten Zeit des neuen Reiches mit großen organisatorischen Aufgaben anderer Art stark belastet waren; obwohl gerade die Gesetzgebung über das Münz- und Bankwesen ganz besondere Anforderungen an die Sachkenntnis der Gesetzgeber stellte und eine eingehende Beschäftigung mit Materien verlangte, die dem größten Teil der Politiker ferne liegen; obwohl der politischen Regelung der Frage in dem Interesse der Einzelstaaten und besonders in dem zähen preußischen Partikularismus Camphausens große Schwierigkeiten entgegenstanden; obwohl schließlich in rein sachlicher Beziehung ebenso wirtschaftliche Grundsätze wie Zweckmäßigkeitsgründe sich in vielen Punkten schroff gegenüberstanden.

Wenn allen diesen Hindernissen zum Trotz die Reformgesetzgebung in jener kurzen Zeit durchgeführt wurde, so lag das einmal an wichtigen Umständen, die der Förderung des Werkes sehr günstig waren und manche der vielen Schwierigkeiten von vornherein aufwogen. Namentlich wurde die eigentliche Münzgesetzgebung durch solche glücklichen Verhältnisse sehr gefördert, vor allem durch die Thatsache, daß die Überzeugung von der Notwendigkeit des Übergangs zur Goldwährung so allgemein war, daß über diese Grundfrage kein ernster Streit auszufechten war; ferner durch den weiteren Umstand, daß die schwierigste Frage des Währungswechsels, die Relationsfrage, durch die Lage der praktischen Verhältnisse mit einer förmlich zwingenden Kraft entschieden war.

Das größte Verdienst an der raschen und — wie wir hier wohl vorgreifend bemerken dürften — verhältnismäßig glücklichen Erledigung des ganzen Werkes fällt jedoch der Sachkenntnis, dem parlamentarischen Geschick und der unermüdlichen selbstlosen Thätigkeit jener Männer zu, welche in der Reichsregierung, im Bundesrat und im Reichstag den Reichsgedanken gegenüber partikularistischen Bestrebungen, gesunde wirtschaftliche Grundsätze gegenüber der Unwissenheit und Verkehrtheit vertraten. Namentlich ist das Verdienst des Reichstags und der Männer, deren Führung seine Mehrheit sich anvertraute, nicht hoch genug anzuschlagen. Die bis zur Unmöglichkeit partikularistische Verfassung, welche der Bundesrat dem deutschen Münzwesen in dem ersten Münzgesetz geben wollte, ist durch den Reichstag beseitigt und durch ein immer noch nicht einwandfreies, aber erträgliches Kompromiß ersetzt worden. Der Reichstag hat durch Einstellung der Silberprägung den ersten wirksamen Schritt zu der auch von der Reichsregierung und dem Bundesrat erstrebten Goldwährung gethan; der Reichstag hat nach schweren Kämpfen der Regierung das freie Prägerecht für Gold, das wesentlichste Erfordernis der Goldwährung, abgerungen; durch den Reichstag ist das freie Prägerecht durch die Verpflichtung der Reichsbank zum Goldankauf in sachgemäßer Weise ergänzt worden; dem Reichstag schließlich hat die Reichsbank ihr Dasein zu verdanken.

Mit Stolz konnte damals Bamberger schreiben:

„Der Parlamentarismus ist am Ende doch nicht jenes fünfte Rad am Wagen, als welches eine wohlfeile Kritik ihn zu verspotten beliebt[1].“

[1] Embryologie des Bankgesetzes. S. 122.

Dritter Teil.

Die Durchführung der Reform.

Neuntes Kapitel.

Das Problem der Umwandlung des Münzumlaufs und die Stellung der Reichsregierung.

Erster Abschnitt.

Das Problem der Durchführung der Geldreform.

Auf dem Wege der Gesetzgebung konnte nur ein Teil der großen Aufgaben der Geldreform gelöst werden. Da es sich nicht nur um die Aufstellung neuer Rechtssätze handelte, sondern auch um die Umwandlung konkreter Verhältnisse, waren neben der gesetzgeberischen Arbeit weitgehende Leistungen der staatlichen Verwaltungsthätigkeit erforderlich.

Der Schwerpunkt dieser Leistungen lag in der eigentlichen Münzreform.

Die Reform des Banknotenwesens war in der Hauptsache durch den Erlaß neuer Rechtssätze für die Notenbanken erledigt. Die Reichsregierung hatte nur dafür Sorge zu tragen, daß die Notenbanken den Vorschriften der neuen Gesetze Genüge leisteten. Ähnlich lag es hinsichtlich des Staatspapiergeldes. Hier erstreckte sich die Verwaltungsthätigkeit des Reichs im wesentlichen darauf, die neuen Reichskassenscheine drucken zu lassen und sie gemäß den Vorschriften des Reichskassenscheingesetzes an die Einzelstaaten zu verteilen; ferner hatte die Reichsregierung späterhin die rechtzeitige Zurückziehung der den Einzelstaaten in Reichskassenscheinen gewährten Vorschüsse zu bewirken. Die Einzelstaaten hatten ihr Landespapiergeld bis zum 1. Januar 1876 einzuziehen, und zwar vermittelst der ihnen überwiesenen Reichskassenscheine und, soweit diese nicht ausreichten, in barem Geld. Die Beschaffung der notwendigen Barmittel mag für einzelne Staaten eine schwierige oder wenigstens unangenehme Aufgabe gewesen sein, aber sie unterschied sich in keiner Beziehung von der regelmäßigen Geldbeschaffung für staatliche Zwecke, hat also für uns kein besonderes Interesse.

Dagegen stellte die eigentliche Münzreform Aufgaben von bedeutend größerer Schwierigkeit.

Bei der Reform der Zettel, deren Wert nicht in ihrem Stoff, sondern in ihren rechtlichen Qualitäten beruhte, war die Beseitigung des bisherigen Umlaufs gleichbedeutend mit seiner materiellen Vernichtung. Nachdem ihnen durch die Außerkurssetzung ihre rechtlichen Eigenschaften entzogen waren, konnten sie als wertloses Nichts ins Feuer geworfen werden. — Bei der Umwandlung des Münzumlaufs dagegen handelte es sich darum, das wertvolle Material der zu beseitigenden Landesmünzen in irgendwelcher Form zur Herstellung des Umlaufs von neuen Reichsgoldmünzen zu verwenden.

Durch den Währungswechsel wurde diese Aufgabe besonders schwierig und interessant.

Wie bei der Münzgesetzgebung die Münzeinigung keine wesentlichen Schwierigkeiten bot, während der Währungswechsel die Lösung verwickelter Probleme erforderte, ebenso stellte bei der Durchführung der Münzreform die Münzeinigung fast ausschließlich administrativ-technische Aufgaben von geringer Bedeutung, während die Aufgaben des Währungswechsels das größte volks- und finanzwirtschaftliche Interesse erwecken müssen.

Infolge des beschlossenen Währungswechsels handelte es sich nicht um die vergleichsweise einfache Aufgabe einer Umprägung des vorhandenen Münzumlaufs, sondern um die Verwandlung des größten Teiles des vorhandenen Silberumlaufs in einen Goldumlauf.

Wir wissen heute auf Grund der Ergebnisse, welche die Einziehung von Landessilbermünzen während der Durchführung der Münzreform geliefert hat, daß der deutsche Silberumlauf vor der Reform etwa 1530 Millionen Mark betragen hat. Zieht man davon den Betrag ab, welcher nach der damaligen allgemeinen Auffassung zur Herstellung des neuen Umlaufs von Silberscheidemünzen erforderlich war, einen Betrag, der hochgegriffen auf 450 Millionen Mark geschätzt wurde, so bleiben etwa 1080 Millionen oder etwa 6 Millionen Kilogramm Silber, die gegen Gold auszutauschen waren.

Diese mächtige Aufgabe bildet den Kernpunkt der Durchführung der Münzreform. Ist die Art der Durchführung einer so gewaltigen Operation in volkswirtschaftlicher Beziehung an sich schon hochgradig interessant, so war die Bedeutung dieser Operation für den Edelmetallmarkt und die internationalen Währungsverhältnisse, und damit mittelbar für die gesamte Weltwirtschaft, von einer Tragweite, welche die deutsche Münzreform zu einem der größten volkswirtschaftlichen Ereignisse aller Zeiten macht.

Hier beschäftigen uns noch nicht die Wirkungen des deutschen Währungswechsels, sondern zunächst die Operationen zu seiner Durchführung.

Diese Operationen waren in hohem Grade abhängig von der Zahlung der Frankreich auferlegten Kriegsentschädigung.

Ein allerdings verhältnismäßig geringer Teil der französischen Kontribution wurde in effektivem Gold bezahlt. Ein weiterer Teil ging in Wechseln ein, welche in Gold realisiert werden konnten. Die Beschaffung des für den Währungswechsel notwendigen Goldes war dadurch außerordentlich erleichtert. Vielen, welche theoretisch der Goldwährung günstig gesinnt waren, erschien der deutsche Währungswechsel erst durch die Kriegsentschädigung praktisch ermöglicht.

Um die volle Bedeutung der Kontribution für die Durchführung der Münzreform deutlich hervortreten zu lassen, untersuchen wir zunächst, wie sich diese Aufgabe ohne die Kriegsentschädigung gestaltet hätte.

In diesem Fall hätte das für die Durchführung des Währungswechsels notwendige Gold in erster Linie durch die Veräußerung des aus der Einschmelzung der umlaufenden Silbermünzen gewonnenen Silbers beschafft werden müssen.

Nun wäre für die Einziehung, die Einschmelzung und namentlich für den Verkauf des Silbers ein erheblicher Zeitraum erforderlich gewesen. Der Austausch des alten Silbergeldes gegen das neue Goldgeld hätte also nicht Zug um Zug erfolgen können. Dadurch wäre bis zur Beendigung der Reform der Bestand des umlaufenden Metallgeldes vermindert worden, und zwar um so stärker, je rascher man mit den Einziehungen vorgegangen wäre, denn um so größer hätten die jeweils in der Umwandlung von Silbergeld zu Goldgeld befindlichen Summen sein müssen.

Die Verminderung des Geldbestandes hätte sich zunächst in den Kassenvorräten des Reiches zeigen müssen. Während bei der Einlösung der verschiedenen Landesmünzsorten das Publikum Geldstücke gab und Geldstücke zurückerhielt, mußten die mit der Einlösung beauftragten Kassen wohl Geld hinausgeben; die zur Einlösung gebrachten Münzen waren jedoch für die Reichsregierung kein Geld mehr; sie durften nicht mehr ausgegeben werden, sondern mußten eingeschmolzen und — soweit sie nicht zur Ausprägung von Reichssilbermünzen gebraucht werden konnten — gegen Gold veräußert werden; erst die Ausprägung des so beschafften Goldes konnte für die Reichskasse neues Geld an Stelle des eingezogenen alten Geldes schaffen.

Um die Reform durchführen zu können, mußte also die Reichsregierung ihren Bestand an Barmitteln vorübergehend erheblich steigern.

Ein solcher vorübergehender Geldbedarf wird in geeigneter Weise befriedigt durch die Ausgabe von Schatzanweisungen mit kürzerer oder längerer Laufzeit, je nach der voraussichtlichen Dauer des außerordentlichen Geldbedarfs.

Soweit die Schatzanweisungen auf dem inländischen Geldmarkt untergebracht werden, entnimmt der Staat die von ihm benötigten flüssigen Mittel aus dem freien Verkehr. Gelangen die dem Umlauf entzogenen Gelder sofort wieder zur Verausgabung, so entsteht durch eine solche Operation keine Lücke in der Zirkulation. In unserem Falle hätten jedoch die dem Geldmarkt entzogenen Mittel erst nach der vollständigen Umwandlung des Geldumlaufs zurückerstattet werden können. Der Geldumlauf des Reiches wäre um den vollen Betrag der jeweils in der Umwandlung begriffenen Geldmenge verringert worden, soweit der Staat nicht durch die Begebung der Schatzanweisungen auf ausländischen Märkten für die Ausfüllung der notwendig entstehenden Lücke Sorge getragen hätte. Im übrigen hätte sich der Geldmarkt selbst helfen müssen, durch eine stärkere Benutzung des dehnbaren Umlaufs ungedeckter Noten oder durch Herbeiziehung von Geld aus dem Ausland vermittelst einer Erhöhung der Zinssätze.

In unserem besonderen Falle gab es jedoch neben der Ausgabe von Schatzanweisungen noch ein anderes Mittel zur Befriedigung des vorübergehenden Geldbedarfs, und zwar ein Mittel, durch welches sich die vorübergehende Kontraktion des Geldumlaufs mit ihren störenden Wirkungen auf den Geldmarkt und damit auf das gesamte Wirtschaftsleben hätte vermeiden lassen; nämlich die Ausgabe von Münzscheinen.

Münzscheine in diesem Sinne sind ein Papiergeld, welches die jeweils im Besitz des Staates befindliche Wertmenge, die im Begriffe ist, sich durch eine Reihe von Operationen aus altem Geld in neues Geld zu verwandeln, im Umlauf vertritt. Die Niederlande haben sich bei ihrer Münzreform von 1848 mit gutem Erfolg der Münzscheine bedient. —

Außer der vorübergehenden Verminderung des metallischen Geldumlaufs, welche sich durch die Ausgabe von Münzscheinen ganz oder teilweise hätte ausgleichen lassen, kam noch ein Weiteres in Betracht.

Das Reich hatte die Verpflichtung übernommen, den vorhandenen Silberumlauf, soweit er nicht in Reichssilbermünzen umgeprägt werden konnte, nach Maßgabe des Wertverhältnisses von 1 zu 15½ in Goldgeld einzulösen, einerlei ob es ihm möglich war, bei der Veräußerung der abzustoßenden Silbermengen für je 15½ Pfund Silber 1 Pfund Gold zu erhalten. Man war nun allgemein davon überzeugt, daß — teilweise infolge des deutschen Währungswechsels — eine erhebliche Wertverringerung des Silbers eintreten werde. Der daraus für das Reich entstehende Verlust mußte gleichfalls auf irgend eine Weise gedeckt werden. Da es sich hier nicht um einen vorübergehenden Geldbedarf handelte, sondern um eine definitive Ausgabe, war die Ausgabe sowohl von Schatzanweisungen als auch von Münzscheinen ausgeschlossen. Der Verlust mußte aus den Überschüssen des Reichshaushalts oder durch die Aufnahme einer Anleihe gedeckt werden.

Soweit das Reich die hierzu notwendigen Mittel aus dem inländischen Umlauf entnommen hätte, wäre dieser Verlust gleichfalls eine Verminderung der deutschen metallischen Zirkulation gewesen, und zwar, im Gegensatz zu der soeben besprochenen vorübergehenden, eine dauernde Verminderung. Der deutsche Geldverkehr hätte sich in ähnlicher Weise helfen müssen wie im ersteren Fall.

Eine Münzreform birgt also, namentlich wenn sie einen Währungswechsel enthält, die Gefahr einer Kontraktion des Geldumlaufs in sich.

Bei der deutschen Münzreform verkehrte die Milliardenzahlung diese normalen Verhältnisse geradezu in ihr Gegenteil.

Die Kriegsentschädigung lieferte der Reichsfinanz-Verwaltung die Deckung sowohl für den durch die Münzreform-Operationen verursachten vorübergehenden Mehrbedarf von flüssigen Geldmitteln, als auch für die aus dem Umtausch des Silbers gegen Gold zu erwartenden Verluste. Zur Beschaffung eines Betriebsfonds brauchte es nun keine Schatzanweisungen und keine Münzscheine mehr, zum Ersatz des definitiven Verlustes keine Anleihe. Die Milliardenzahlung setzte das Reich in stand, dem Verkehr bei der Einziehung von Landessilbermünzen sofort das entsprechende Äquivalent an neuen Reichsgoldmünzen zu geben.

Durch die Kriegskostenentschädigung war also die Frage der Goldbeschaffung in einem ganz neuen Sinn gelöst. Man war nicht mehr auf den Umtausch des umlaufenden Silbers gegen Gold angewiesen, sondern man erhielt das Gold unabhängig von dieser Operation. Das ganze Problem der Umwandlung des deutschen Münzumlaufs nahm dadurch einen anderen Inhalt an. Während es sich ohne die Milliardenzahlung um eine einheitliche Operation: Goldbeschaffung vermittelst der Silberverwertung, gehandelt hätte, spaltete die Kontribution diese einheitliche Operation in zwei getrennte: die Goldbeschaffung aus den Eingängen der Kriegsentschädigung einerseits, die Verwertung des umlaufenden und einzuziehenden Silbergeldes andererseits. Während ohne die Milliardenzahlung die beiden Fragen: Woher das Gold? und: Wohin mit dem Silber? identisch gewesen wären, war nun die Frage: Woher das Gold? einseitig gelöst, während die Frage der Silberverwertung noch offen blieb.

Das war an sich für die Durchführung der Münzreform zweifellos eine große Erleichterung, aber eine Erleichterung, die nicht frei von großen Gefahren war.

Dadurch, daß die Kriegsentschädigung für die Reichsregierung große Summen Gold verfügbar machte, schuf sie für die Reichsfinanz-Verwaltung eine starke Versuchung, die Goldprägung und die Silbereinziehung ohne Rücksicht aufeinander zu behandeln. Da die Reichsregierung jetzt der Notwendigkeit überhoben war, sich 'das Gold vermittelst der Silberverwertung zu beschaffen, war für sie die verlockende Möglichkeit gegeben, das durch die Kriegsentschädigung eingehende Gold auszuprägen und in Umlauf zu setzen, ohne die Einziehung und die schwierige und verlustbringende Veräußerung eines entsprechenden Betrages von Silbermünzen durchzuführen, ja ohne überhaupt den vorhandenen Silberumlauf zu verringern.

Damit war zunächst die Gefahr einer plötzlichen und starken Vermehrung der Umlaufsmittel in Deutschland gegeben, während die Gefahr einer Münzreform unter normalen Verhältnissen — wie wir gesehen haben — in einer Kontraktion des Geldumlaufs liegt.

Es ist jedoch von Anfang an daran festzuhalten, daß diese Gefahr nicht erst durch die M ü n z r e f o r m, sondern allein schon durch den Empfang der Kriegsentschädigung gegeben war. Wenn auch die gewaltige Kapitalübertragung unmittelbar nur zu einem verhältnismäßig sehr geringen Teil in Bargeld und zum weitaus größten Teil durch die Übertragung von Wechseln erfolgte, so darf doch nicht übersehen werden, daß ein erheblicher Teil der an die Reichsregierung in Zahlung gegebenen Wechsel nicht durch den Verkauf von Waren oder Wertpapieren an Deutschland gedeckt werden konnte, sondern die Versendung von Edelmetall nach Deutschland im Wege des freien Verkehrs notwendig machen mußte, falls nicht die Reichsregierung selbst einen Teil ihrer Wechsel auf das Ausland durch den Bezug von Edelmetall realisiert hätte. Die Vermehrung, welche der deutsche metallische Umlauf durch die Kontribution erfahren mußte, wäre deshalb beträchtlich größer gewesen, als der von Frankreich in barem Metallgeld gezahlte Betrag, auch wenn die Reichsregierung nicht die Münzreform durchzuführen und nicht zu diesem Zwecke Gold zu beziehen gehabt hätte.

Welches im allgemeinen die Gefahren einer so gewaltigen Übertragung von Metallgeld waren, hat uns hier nicht zu beschäftigen. Uns interessiert an dieser Stelle lediglich die Frage, welche Gefahren für die Münzreform aus ihrer Verkettung mit der Kriegskontribution erwuchsen.

Die durch die Milliardenzahlung bewirkte Übertragung großer Summen Metallgeldes nach Deutschland mußte nicht nur in der französischen Zirkulation, sondern auch in der Verteilung des Metallumlaufs der sämtlichen Länder Mitteleuropas einschließlich Englands im Zeitraum weniger Jahre gewaltige Verschiebungen hervorbringen.

Da Frankreich die Zahlung der fünf Milliarden nur in Metallgeld und in sicheren Wechseln auf bestimmte europäische Länder mit metallischer Valuta oder in Banknoten dieser Länder leisten durfte[1], da Frankreich ferner die Mittel zur Bezahlung der fünf Milliarden unmöglich aus seinem eigenen Geldumlauf schöpfen konnte, war es genötigt, sich auf jede mögliche Weise Forderungen auf das Ausland zu verschaffen, sei es durch den Export von Waren, durch die Abgabe von Wertpapieren an das Ausland oder durch die Ziehung von Kreditwechseln auf das Ausland, für deren Deckung später gesorgt werden mußte.

Dadurch, daß die so entstehenden Wechselforderungen auf England, Belgien und die Niederlande an Deutschland übertragen wurden, entstand

[1] Die Zahlung in französischen Noten war nur für den Betrag von 125 Millionen Francs zugelassen.

eine große Vermehrung der gewöhnlichen Forderungen Deutschlands an diese Länder, welche mindestens zum Teil eine Ausgleichung durch Metallgeldversendungen notwendig machte. So wurden auch diese Länder, unter ihnen vor allem England, an der Übertragung der Kontribution in hervorragendem Maße beteiligt.

Man war nun allgemein der Ansicht, daß die durch die Kontribution bewirkten plötzlichen Veränderungen in der Verteilung des Metallumlaufs mindestens nicht in ihrem ganzen Umfang dauernde sein könnten, daß sich vielmehr allmählich wieder ein Ausgleich vollziehen müsse. Man ging dabei von der Theorie aus, daß die Größe des Geldumlaufs eines Landes und das Verhältnis des Geldumlaufs verschiedener Länder zu einander durch allgemein wirtschaftliche Verhältnisse bedingt seien und deshalb nicht dauernd willkürlich verändert werden könnten.

Es seien hier als Probe einige Sätze aus einer Rede angeführt, die Prince-Smith gelegentlich der Beratung des Münzgesetzes von 1871 im Reichstag gehalten hat.

„Sie wissen," sagte er, „daß der Vorrat des Geldes in der Welt sich nicht zufällig oder willkürlich, sondern durch natürliche Gesetze des Handels verteilt. Wenn also besondere Ereignisse sich zeigen, welche diese natürliche volkswirtschaftliche Verteilung des Geldes stören, — wenn politische Ereignisse große Verlegungen und Überführungen des Geldvorrates aus einem Land in das andere bewirken, so muß die natürliche und wirtschaftliche Verteilung späterhin wieder hergestellt werden, und zwar durch kommerzielle Reaktionen, die in großen Schwankungen der Wechselkurse und in starken Versendungen von Bargeld ihren Ausdruck finden."

Man mag sich zu dieser Deduktion stellen, wie man will, man mag allen sogenannten „natürlichen Gesetzen" in der Volkswirtschaft noch so sehr mißtrauen und an ihrer Stelle konkrete Anschauung verlangen: in unserem besonderen Falle sind die Voraussagungen von Prince-Smith und anderer Wirtschaftspolitiker durch die Entwickelung der Dinge bestätigt worden. Die Übertragung der Kriegskostenentschädigung an Deutschland hat die Bedeutung des großartigsten Experiments zur Feststellung der Reaktionen auf eine willkürliche Störung der internationalen Verteilung des Geldumlaufs gewonnen.

Ohne auf diese Reaktionen, welche uns im weiteren Verlauf der Darstellung beschäftigen werden, einzugehen, sei hier lediglich festgestellt, daß beim Beginn der Milliardenzahlung und der Münzreform in weiten

Kreisen die zutreffende Ansicht herrschte, auf den zunächst zu erwartenden starken Zufluß von Metallgeld werde nach der Erledigung der französischen Zahlungen ein Rückfluß von Metallgeld nach dem Ausland erfolgen.

Welche Folgerungen ergeben sich aus dieser allgemeinen und unbestrittenen Annahme für die Durchführung der Münzreform?

Die Münzreform an sich stellte eine vorübergehende Verminderung des deutschen Geldumlaufs in Aussicht, die Milliardenzahlung an sich schuf die Gefahr einer plötzlichen Vermehrung des deutschen Geldumlaufs, welche sich schließlich durch einen Geldabfluß nach dem Ausland wieder ausgleichen mußte. Münzreform und Kriegsentschädigung bargen also entgegengesetzte Gefahren in sich; was konnte näher liegen, als der Gedanke, die Münzreform und die Einziehung und Verwendung der Kriegsentschädigung so mit einander zu verbinden, daß sich ihre Gefahren bis zu einem gewissen Grad gegenseitig ausgleichen mußten?

Wie wünschenswert eine solche Verbindung beider Operationen war, ergiebt sich aus folgenden Erwägungen:

Wenn die Reichsregierung der durch die Kontribution geschaffenen starken Versuchung nachgab, den vorhandenen Silberumlauf zunächst unangetastet ließ und sich lediglich darauf beschränkte, das mit der Kontribution eingehende und durch die Mittel der Kontribution beschaffte Gold auszumünzen; wenn die Reichsregierung auf diese Weise den deutschen Geldumlauf beträchtlich vermehrte und dadurch ein Abfließen eines Teiles der metallischen Zirkulation nach dem Ausland hervorrief: welches Metall mußte aller Voraussicht nach abfließen, welches im Lande bleiben?

Wenn Geld aus einem Lande abfließt, dessen metallischer Umlauf sich aus Gold- und Silbermünzen zusammensetzt, die in einem festen Wertverhältnis zu einander stehen, dann fließt immer zuerst dasjenige Metall ab, welches in der gesetzlichen Relation gegenüber dem Wertverhältnisse beider Metalle auf dem freien Markte unterwertet ist, und das überwertete Metall bleibt im inländischen Umlauf zurück.

Nun erwartete man zur Zeit des Beginnes der Münzreform allgemein ein Sinken des Silberwertes, und der deutsche Währungswechsel selbst war ganz dazu angethan, die ohnehin schon sinkende Tendenz des Silberpreises erheblich zu verschärfen.

Es mußte also, wenn nach der Abtragung der Kontribution ein Rückfluß von Metallgeld nach dem Ausland eintrat, das Gold eher abfließen als das Silber. Trat ein völliger oder nahezu völliger Ausgleich ein, dann mußte Deutschland fast alles neue Gold wieder verlieren; es mußte wieder auf einen mindestens überwiegenden Silberumlauf zurückkommen, und die ganze, wenn auch noch so umfangreiche Ausmünzung von Gold wäre vom Gesichtspunkte des Währungswechsels aus völlig nutzlos gewesen. Die Reichsregierung hätte, nachdem ihr kurze Zeit die Herstellung und Erhaltung eines Goldumlaufs neben dem vorhandenen Silberumlauf gelungen wäre, sich von neuem vor die Aufgabe gestellt gesehen, den ursprünglichen Silberumlauf in einen Goldumlauf zu verwandeln. Nach einer plötzlichen Vermehrung des Goldumlaufs durch die Kriegsentschädigung und nach der darauf erfolgten Gegenwirkung hätte die deutsche Volkswirtschaft auch noch die sich aus der endlichen Durchführung der Münzreform ergebenden Störungen der Zirkulationsverhältnisse über sich ergehen lassen müssen.

Daß ein solches Vorgehen der Reichsregierung in allgemein-wirtschaftlicher Beziehung sehr nachteilig gewirkt hätte, ist unbestreitbar. Auch die Durchführung der Münzreform mußte durch massenhafte Goldausprägungen ohne entsprechende Silbereinziehungen schwer beeinträchtigt werden. Vor allem konnte auf diese Weise der Vorsprung, welchen Deutschland durch den Krieg und die Kriegskosten vor Frankreich und den übrigen Ländern der Lateinischen Münzunion gewonnen hatte, wieder verloren gehen. Jeder Schritt dieser Länder in der Richtung auf die Annahme der Goldwährung mußte sich in erster Linie gegen die freie Prägbarkeit des Silbers richten und dadurch die Lage des Silbermarktes verschlechtern, also die Silberabstoßung für die Reichsregierung erschweren. Außerdem mußte jeder starke Goldabfluß, der vor der Beseitigung erheblicher Silbermengen erfolgte und dadurch den deutschen Umlauf wieder als vorwiegenden Silberumlauf erscheinen lassen konnte, den Eindruck eines Scheiterns der Münzreform hervorbringen, und dieser Eindruck konnte der wirklichen Durchführung der Reform gefährlich werden.

Um die Schädigungen des gesamten Wirtschaftslebens, welche aus den doppelten Störungen des Geldumlaufs durch die Kontribution und durch die Münzreform hervorgehen mußten, auf den denkbar geringsten Umfang zu beschränken, um Gefahren für die Durchführung des Währungswechsels zu vermindern, und um die Milliardenzahlung für die Durchführung der Münzreform nutzbar zu machen, dazu war es notwendig, Goldprägung und Silbereinziehung, trotz der Möglichkeit einer einseitigen Goldbeschaffung, miteinander zu verbinden; man mußte das Silber rechtzeitig und in einem solchen Umfang beseitigen, daß beim Eintritt der erwarteten internationalen Zirkulations-Ausgleichung Deutschland bei allem Goldabfluß doch einen überwiegenden Goldumlauf behalten mußte. Dadurch konnte man nicht nur einen scheinbaren Rückfall in die Silberwährung vermeiden, sondern man hätte sich auch für die Durchführung der Münzreform insofern eines besonderen Schutzes zu erfreuen gehabt, als die durch die französischen Zahlungen hervorgerufene Nachfrage nach Zahlungsmitteln für Deutschland die Wechselkurse auf Deutschland so hoch halten mußte, daß während der kritischen Zeit der Umwandlung des deutschen Münzumlaufs ein Metallabfluß nach dem Ausland nicht hätte eintreten können. Außerdem wäre durch die rechtzeitige Silbereinziehung ein Gegengewicht gegen die durch die Milliardenübertragung bewirkte Zirkulationsvermehrung geschaffen worden und später hätten die Forderungen, welche für Deutschland aus den Verkäufen des eingeschmolzenen Silbers an das Ausland entstanden, dem Rückfluß von Edelmetall aus Deutschland entgegengewirkt.

Sowohl die Rücksicht auf die möglichst rasche und glatte Durchführung der Münzreform, als auch die Rücksicht auf die allgemeinen wirtschaftlichen Verhältnisse mußte also eine einseitige Goldausmünzung ohne gleichzeitige umfangreiche Silbereinziehung verbieten. Beide Rücksichten verlangten die Einziehung mindestens eines sehr beträchtlichen Teiles der überflüssigen Silbermünzen vor der Beendigung der französischen Zahlungen.

Während die Goldbeschaffung durch die Kontribution erheblich erleichtert wurde, während ferner die Maßregeln zur Einziehung des vorhandenen Silberumlaufs aus den soeben entwickelten Gründen von dem Eingang der Kriegsentschädigung bis zu einem gewissen Grade beeinflußt werden mußten, wurde die Aufgabe der Veräußerung des überflüssigen Silbers durch die Milliardenzahlung in keinem wesentlichen Punkte geändert. Die Schwierigkeit, eine Silbermenge im mehrfachen Betrag der damaligen jährlichen Silberproduktion zu verkaufen, ohne einen starken Druck auf den Silberpreis auszuüben und ohne sehr erhebliche Verluste für die Reichskasse herbeizuführen, blieb in vollem Umfang bestehen. Hier handelte es sich um eine äußerst vorsichtige Behandlung des Silbermarktes, um eine kluge Benutzung aller günstigen Konjunkturen, um eine weise Zurückhaltung bei ungünstigen Verhältnissen. Sowohl ein allzustarkes Forcieren der Silberverkäufe, wie auch eine allzugroße Zurückhaltung konnte zu schlimmen Folgen von großer Tragweite führen. Es bedurfte einer genauen Bekanntschaft und einer engen Fühlung mit den Verhältnissen des Silbermarktes, ferner eines hervorragenden Maßes kaufmännischen Scharfsinnes und volkswirtschaftlicher Urteilsfähigkeit, um hier die Rücksicht auf die Reichsfinanzen und die Schonung des Silbermarktes mit der raschen Durchführung der Münzreform nach Möglichkeit in Einklang zu bringen.

Wenn auch die Aufgabe der Silberveräußerung an und für sich unverändert blieb, so verlor sie durch die Kontribution doch einen Teil ihrer Bedeutung für das gesamte Reformwerk. Für die Umwandlung des Münzumlaufs war es in erster Linie nur erforderlich, das überflüssige Silber aus dem Verkehr zu ziehen und es durch das durch die Milliardenzahlung zu beschaffende Gold zu ersetzen. Ob das eingezogene Silber sofort oder erst nach einiger Zeit verkauft werden konnte, war für die Durchführung des Währungswechsels deshalb von geringerer Bedeutung, weil die Reichsregierung infolge der Kontribution zur Goldbeschaffung nicht auf die Silberverkäufe angewiesen war. Die dem Reich aus einer zeitweisen Aufspeicherung verkaufsbereiten Silbers erwachsenden Kosten und Zinsverluste durften gegenüber der sicheren und schnellen Durchführung der Reform nicht schwer ins Gewicht fallen.

Zweiter Abschnitt.

Der Operationsplan der Reichsregierung.

Nachdem wir gesehen haben, welcher Art das Problem der Durchführung der Geldreform war, und welche Schwierigkeiten und Gefahren insbesondere dem Währungswechsel entgegenstanden, betrachten wir nun, wie sich die Reichsregierung diese Aufgabe vorstellte, welches ihr Organisationsplan war, und welche Einrichtungen sie zur Durchführung der ebenso schwierigen wie ungewöhnlichen Aufgabe traf. Die Untersuchung im vorigen Abschnitt hat den Boden geschaffen, von welchem aus sich die Maßregeln der Reichsregierung beurteilen lassen.

Vor allem ist in Betracht zu ziehen, welches die Anfänge der deutschen Münzgesetzgebung innerhalb der Reichsregierung waren.

Wir erinnern uns, daß zur Zeit der Beendigung des Krieges mit

Frankreich seitens der Reichsregierung der sofortige Übergang zur Goldwährung noch nicht ins Auge gefaßt wurde, daß man vielmehr lediglich ein Gesetz plante, welches die Ausprägung von goldenen 5- und 10-Thalerstücken anordnen und dadurch die unmittelbare Umwandlung der aus der Kontribution zu erwartenden Goldeingänge in deutsches Gold ermöglichen sollte.

Solange man noch nicht den Übergang zur Goldwährung beabsichtigte, konnten noch keine Maßregeln zur Ermöglichung und Erleichterung des Währungswechsels in Betracht gezogen werden.

Anders gestaltete sich die Sache, als sich die Reichsregierung entschloß, sofort die Währungsfrage in Angriff zu nehmen und als Endziel der Reform die Goldwährung ins Auge zu fassen. Bereits die Bundesratsverhandlungen über den Entwurf des ersten Münzgesetzes, in welchen ein allseitiges Einverständnis über die Annahme der Goldwährung zu Tage trat, ließen den Währungswechsel als endgültig beschlossen erscheinen; noch mehr die Zustimmung der Reichsregierung zu den vom Reichstag an dem Gesetzentwurf vorgenommenen Änderungen.

Die leitenden Männer hatten sich schon frühzeitig die zur Durchführung der Goldwährung notwendigen Maßregeln zurechtgelegt.

In erster Linie kommt hier Camphausen in Betracht.

Zwar hatte er als preußischer Finanzminister keine amtliche Machtstellung, welche ihm in offizieller Weise eine weitgehende Mitwirkung in Angelegenheiten der Reichsverwaltung gestattete. Wenn er dennoch in hohem Grade die Durchführung der Münzreform beeinflußte, ja in den wichtigsten Punkten der eigentliche Leiter der Operationen war, so war hauptsächlich sein persönliches Verhältnis zum Präsidenten des Reichskanzleramts die Ursache. Wenn die beiden Herren manchmal in prinzipiellen Fragen, namentlich wo die Interessen des Reichs und die Interessen Preußens zusammenstießen, verschiedener Ansicht waren und sich lebhaft bekämpften, so hatte das keinen Einfluß auf ihre gegenseitige Hochschätzung.

Gerade in der vorliegenden Frage, wo es sich für die Reichsverwaltung um eine praktische Bethätigung auf dem Geld- und Edelmetallmarkt handelte, war Delbrück besonders geneigt, den Rat Camphausens anzunehmen. Delbrück hatte eine Beamtenlaufbahn hinter sich, nie hatte er mitten im Geschäftsleben gestanden. Camphausen dagegen war Praktiker. In der Stellung als Präsident der Seehandlung, welche er vor der Übernahme des preußischen Finanzministeriums bekleidet hatte, war er mit dem Geld- und Edelmetallmarkt in ständiger Fühlung gewesen.

Das mußte ihm eine große Autorität in den entscheidenden, in manchen Beziehungen den kaufmännischen Kreise verleihen. Camphausen selbst war stolz auf seine praktischen Kenntnisse und Erfahrungen, und er schreckte vor der persönlichen Aufgabe der Durchführung der Geldreform keineswegs zurück. Daher war er sehr wenig geneigt, in diesen Dingen sich von anderen Seiten beraten zu lassen, und sein nicht immer freundschaftliches Verhältnis zu Herrn v. Dechend, das für die Durchführung des Währungswechsels und für die Einziehung der französischen Kontribution nicht gerade förderlich war, erklärt sich hauptsächlich daraus, daß er sich bei Meinungsverschiedenheiten in praktischen Fragen des Geld- und Bankwesens für mindestens ebenso kompetent hielt, wie den Präsidenten der Preußischen Bank.

Bei den Reichstagsverhandlungen über das erste Münzgesetz war Camphausen der einzige Regierungsvertreter, welcher einen Plan zur Durchführung der Münzreform durchblicken ließ.

Welcher Art dieser Plan war, konnte man schon aus einigen Andeutungen in der Vorlage und ihrer Begründung entnehmen.

Der Entwurf ordnete die Ausprägung von Goldmünzen an, ohne die Reichsregierung zur Einziehung von Silbermünzen zu ermächtigen. Auch die Landesgoldmünzen sollten erst beseitigt werden, nachdem der zunächst auszuprägende Betrag von Reichsgoldmünzen in Verkehr gebracht worden wäre. Der ursprüngliche Präsidialentwurf hatte, wie wir wissen, nicht einmal die Einziehung von Landesgoldmünzen angeordnet, und der vom Bundesrat formulierte Entwurf zerriß den Zusammenhang zwischen Einziehungen und Ausprägungen vollständig, indem er zwar die Leitung der Ausprägungen der Reichsregierung zuwies, aber die Beseitigung des vorhandenen Umlaufs (zunächst der Landesgoldmünzen) den Einzelstaaten übertrug.

In den Motiven hieß es:

„Der Übergangszustand wird seinen Abschluß finden, sobald der Verkehr mit der für die Durchführung des neuen Systems nötigen Menge von Goldmünzen erfüllt ist. Es wird dann der Zeitpunkt gekommen sein, im gesetzlichen Wege die Bestimmungen über die Einziehung der groben Silbermünzen zu treffen und die Münzreform zum Abschluß zu bringen."

Alle diese Andeutungen konnten keinen Zweifel daran bestehen lassen, daß es wirklich die Absicht der Regierung war, zunächst soviel wie möglich Goldmünzen auszuprägen und in Verkehr zu setzen, ohne die entsprechende Menge von Silbermünzen aus dem Verkehr zu ziehen. Die Regierung war also wirklich auf dem Wege, den Fehler im vollen Umfang zu begehen, dessen Vermeidung für die glatte Durchführung der Reform die erste Notwendigkeit war.

Im Reichstag wurde der in der Vorlage angedeutete Operationsplan — wenn man die zweckwidrige Zerstörung des Zusammenhangs zwischen Goldbeschaffung und -Ausmünzung und der Silbereinziehung überhaupt einen Plan nennen kann — scharf und treffend kritisiert.

Gegen die Überlassung der Einziehung des vorhandenen Münzumlaufs an die Einzelstaaten wehrte sich bereits die reichsdeutsche Gesinnung der Reichstagsmehrheit. In diesem Punkt lag gleichzeitig der schwerste Fehler des Planes zur Durchführung der Reform. Camphausens Ausführungen bei der ersten Lesung des Gesetzes, betreffend die Ausprägung von Reichsgoldmünzen, ergänzten die von den meisten übersehenen Andeutungen des Gesetzentwurfs in einer Weise, welche jedermann, der sich um die Geldreform kümmerte, klar zeigen mußte, daß hier nicht nur eine politische und staatsrechtliche Frage zur Entscheidung stand, sondern daß es sich außerdem um eine der ersten Voraussetzungen für die Durchführung der geplanten Reform handelte.

Am schärfsten kam der Camphausensche Plan zum Ausdruck bei der Erörterung über die Deckung der aus der Silberabstoßung zu erwartenden Verluste. Bamberger sprach den Wunsch aus, die Reichsregierung möge sich zur Deckung dieser Verluste einen umfangreichen Kredit bewilligen lassen. Darauf erwiederte Camphausen, die Reichsregierung könne einen solchen Kredit nicht beanspruchen, da es nach der Auffassung der verbündeten Regierungen Sache jedes Einzelstaates sei, die Münzen, „die von ihm in Zirkulation gesetzt sind, auch auf seine Kosten herauszuziehen". Der Verlust bei der Silberveräußerung sei demgemäß von den Einzelstaaten zu tragen, und ob zur Deckung dieses Verlustes bei den Partikularlandtagen ein Kredit werde in Anspruch genommen werden, das wolle er in diesem Augenblick dahingestellt sein lassen.

Der absurde Gedanke, die Durchführung der Geldreform in einem solchen Umfang von der Mitwirkung der Einzelregierungen und der Partikularlandtage abhängig zu machen, rief den schärfsten Widerspruch wach. Die Beschlüsse des Reichstags machten die ganze Durchführung der Reform zu einer Angelegenheit des Reichs. Damit war wenigstens die Möglichkeit einer Verknüpfung von Goldbeschaffung und Silbereinziehung gegeben, aber eben nur die Möglichkeit. Es stand der Reichsregierung immer noch frei, den Grundfehler zu machen, der bei der Billigung der Ideen Camphausens unvermeidlich gewesen wäre.

Es fehlte im Reichstag nicht an klar denkenden und voraussehenden Männern, welche die Regierung auf die sich aus der Verbindung von Milliardenzahlung und Münzreform ergebenden Gefahren nachdrücklich hinwiesen. Namentlich Bamberger betonte immer wieder, daß unter den obwaltenden Umständen die Hauptfrage sei: Wohin mit dem Silber? daß die rechtzeitige Beseitigung des abzustoßenden Silbers die wichtigste Voraussetzung für das Gelingen des Reformwerkes darstelle, und daß eine große Gefahr für die Reform in dem als Reaktion auf die ungewöhnliche Übertragung von Bargeld mit Notwendigkeit erfolgenden Rückfluß von Metall nach dem Ausland bestehe.

Der Reichstag nahm alle aus dieser richtigen Auffassung der Sachlage hervorgehenden Anträge an. Er änderte den bereits erwähnten Paragraphen über die Einziehung der Landesgoldmünzen dahin ab, daß diese Einziehung nicht erst nach der Ausgabe der zunächst auszuprägenden Summe von Reichsgoldmünzen erfolgen sollte, sondern „nach Maßgabe der Ausprägung der neuen Goldmünzen". Ferner wurde dem Reichskanzler die Ermächtigung zur Einziehung von Silbermünzen auch vor dem Erlaß des definitiven Münzgesetzes erteilt, natürlich mit dem Wunsch, daß von dieser Ermächtigung ein ausgiebiger Gebrauch gemacht werde.

Die Vertreter der Reichsregierung selbst konnten nicht umhin, den Zusammenhang zwischen Münzreform und Milliardenzahlung und die Notwendigkeit der baldigen Beseitigung des überflüssigen Silbers wenigstens theoretisch anzuerkennen.

Aber diese Erkenntnis war nicht so vollkommen, daß sie ausschlaggebend für einen klaren und genau umschriebenen Operationsplan geworden wäre. Sie war nicht stark genug, um die rein fiskalischen Rücksichten, welche der Reform gefährlich werden konnten, in den Hintergrund zu drängen.

Man unterschätzte außerordentlich die Größe und Bedeutung der Verhältnisse, mit welchen man es zu thun hatte. Namentlich Camphausen war geneigt, die Wirkung von verhältnismäßig unbedeutenden Gegenmaßregeln gegen die in Aussicht stehenden Reaktionen auf Milliardenzahlung und Münzreform allzuhoch zu veranschlagen. Wie sein berühmt gewordener Ausspruch von der spielenden Durchführung der

Münzreform zeigt, hielt er das Spiel für gewonnen, ehe es noch recht angefangen hatte.

Auch Michaëlis sah nicht ganz klar. Auch für ihn war die möglichst umfangreiche Goldausmünzung der Kernpunkt der Reform. Zu wiederholten Malen vertrat er die Auffassung, man könne die Goldausmünzung nicht von der Silbereinziehung abhängig machen, ohne das ganze Reformwerk ins Stocken zu bringen; denn die Silbereinziehung sei ihrerseits abhängig von der Möglichkeit der Silberveräußerung; aufspeichern könne man das Silber nicht wegen der großen Zinsverluste.

So mangelhaft war also die Erkenntnis der Notwendigkeit der frühzeitigen Silbereinziehung, daß die Vermeidung von Zinsverlusten an eingezogenem Silber, dessen Veräußerung erst nach einiger Zeit hätte erfolgen können, als ein Hauptgesichtspunkt für die Leitung der Operationen proklamiert werden konnte.

Um diesen fiskalischen Rücksichten die Spitze abzubrechen, schlug Bamberger bei der Beratung des Münzgesetzes die Ausgabe von Münzscheinen vor. Der Reichskanzler sollte ermächtigt werden, gegen eingezogene Silbervorräte, die noch nicht zur Verwertung, oder gegen Goldvorräte, die noch nicht zur Ausprägung gekommen seien, Reichsmünzscheine, auf mindestens 100 Mark lautend, auszugeben. Im Verlauf der Silberveräußerung und der Goldausmünzung sollten die Münzscheine gegen Goldmünzen eingezogen werden.

Wäre dieser Antrag angenommen worden, so hätte das Reich alles überflüssige Silber in der kürzesten Zeit aus dem Verkehr ziehen können, ohne einen Zinsverlust befürchten zu müssen. Nur der definitive Verlust, welcher aus den Silberverkäufen zu erwarten war, hätte bei der Ausgabe von Münzscheinen von Anfang an in Betracht gezogen werden müssen; denn natürlich durften für das eingezogene Silber keine größeren Summen von auf Gold lautenden Münzscheinen ausgegeben werden, als dem zu erwartenden Verkaufserlös des Silbers entsprach.

Die Münzscheine hätten andererseits, da sie entweder durch Gold, das sich noch im Prägeprozeß befand, oder durch Silber, dessen Veräußerung gegen Gold in absehbarer Zeit erfolgen mußte, gedeckt waren, ein durchaus sicheres Papiergeld in der Art metallisch voll gedeckter Banknoten dargestellt.

Sie hätten ferner der Reichsregierung den doppelten Vorteil gewährt, die Ungewißheit über die abzustoßende Silbermenge, welche — wie wir später sehen werden — die Operationen sehr nachteilig beeinflußte, von

Anfang an zu beseitigen; außerdem hätte die Silbereinziehung gegen Ausgabe von Münzscheinen der Reichsregierung jederzeit zur Veräußerung bereite Silberbestände zur Verfügung gestellt, welche die schlagfertige Benutzung jeder günstigen Konjunktur des Silbermarktes ermöglicht hatte.

Aber der Antrag Bambergers fand weder den Beifall der Reichsregierung noch des Reichstags. Die allgemeine Abneigung gegen jedes Papiergeld richtete sich auch gegen die Münzscheine, obwohl diese doch nur als Certifikate für im Besitz des Reiches befindliche Metallbestände gedacht waren. Bamberger zog seinen Antrag als aussichtslos zurück.

So blieb die Gefährdung der Münzreform durch fiskalische Rücksichten bestehen.

Der große Fehler, welcher die Milliardenzahlung für die Münzreform unfruchtbar machen mußte, war durch die Grundsätze, welche die Regierung bei der Durchführung der Reform befolgen wollte, weder begangen noch vermieden. Der Operationsplan der Reichsregierung beschränkte sich im wesentlichen auf die Festsetzung der Reihenfolge, in welcher die einzelnen umlaufenden Münzsorten eingezogen werden sollten: zuerst die am schlechtesten in das Marksystem passenden, zuletzt die Kurantmünzen des 30 Thalerfußes. Außerdem war der Hauptgesichtspunkt die möglichste Beschleunigung der Goldprägungen. Dagegen war der Zusammenhang zwischen der Silbereinziehung einerseits, dem Umfang der Goldausmünzung und dem Termin des Eingangs der Kriegsentschädigung andererseits in dem Plan der Reichsregierung offen gelassen. Bezüglich dieser wichtigsten Frage war der Schwerpunkt in die Entscheidungen von Fall zu Fall verlegt.

Dritter Abschnitt.

Die zur Umwandlung des Münzumlaufs geschaffene Organisation.

Das Reichskanzleramt, jene Verwaltungsbehörde, welche die meisten unserer heutigen Reichsämter in sich schloß, welche gleichzeitig das Ministerium des Innern, das Handelsministerium, Justiz- und Finanzministerium des Reiches war, sah sich durch den Währungswechsel einer fast ausschließlich kaufmännischen Aufgabe von den größten Dimensionen gegenübergestellt. Durch die Notwendigkeit des Austausches des deutschen Münzsilbers gegen Gold wurde es genötigt, den Edelmetallhandel im größten Umfang zu treiben, ohne daß es zur Bewältigung dieses Riesengeschäftes einen organisierten Apparat zur Verfügung gehabt hätte.

Das Reichskanzleramt hatte nicht nur das aus den Einschmelzungen hervorgehende Barrensilber gegen Gold zu verkaufen, es hatte außerdem die Aufgabe, Gold zu beschaffen aus den in Wechseln, Bankanweisungen und fremden Silbermünzen bestehenden Eingängen der Kriegsentschädigung.

Hier war der Punkt, in welchem eine Centralbank die erheblichsten Dienste hätte leisten können. Einer Reichsbank hätte das Reichskanzleramt alle kaufmännischen Operationen ohne weiteres übertragen können, im Bewußtsein, daß sie von ihr in einer den Interessen des Reiches entsprechenden Weise ausgeführt werden würden.

Abgesehen von der Goldbeschaffung aus den Eingängen der Kontribution und den Erlösen der Silberverkäufe hätte eine Reichsbank bei dem durch die französischen Zahlungen herbeigeführten günstigen Stande der auswärtigen Wechselkurse durch Normierung eines Ankaufspreises von Gold in Barren und fremden Sorten große Beträge dieses Metalles an sich ziehen können; durch die Ausgabe von Noten, deren Deckung in diesen Goldvorräten bestanden hätte, wäre dieses Gold für den deutschen Verkehr verfügbar geworden.

Aber die Schaffung einer Reichsbank, welche das Reichskanzleramt schon im Jahre 1872 anstrebte, stieß auf die bekannten Schwierigkeiten, welche erst überwunden wurden, als die Durchführung der Münzreform bereits im vollen Gange war.

Der Übertragung der erwähnten Geschäfte an die Preußische Bank, welche ja damals schon unbedingt zur Reichsbank prädestiniert erschien, standen offenbar starke Hindernisse entgegen, über deren Wesen wir auf Vermutungen angewiesen sind. Offenbar war Camphausen der Meinung, von den hier in Betracht kommenden Geschäften genug zu verstehen, um auf die Mitwirkung der Preußischen Bank verzichten zu können. Thatsache ist, daß die Preußische Bank seitens der Reichsverwaltung anfänglich weder an der Realisation der Kontributions-Eingänge, noch an der Durchführung der Münzreform beteiligt worden ist.

Die Reichsverwaltung bediente sich vielmehr zur Durchführung der notwendigen Operationen zweier Privatinstitute. Die Silberverkäufe übertrug sie der Deutschen Bank. Die Goldbeschaffung erfolgte zum größten Teil durch die London Joint Stock Bank.

Für die Goldbeschaffung bediente sich die Reichsregierung des Londoner Hauses, da sie für die Goldbezüge fast ausschließlich auf den Londoner Markt angewiesen war.

Für die Verwertung des Silbers kam London wohl auch überwiegend, aber doch nicht in dem Maße in Betracht wie für die Goldbeschaffung. Außer der Möglichkeit von Verkäufen auf dem Hamburger Markt und nach Österreich war hier der Umstand bestimmend, daß damals von seiten des deutschen Handels der direkte Absatz von Silber nach dem Osten ins Auge gefaßt wurde. Man hoffte, auf diesem Wege den deutschen Handel mit Asien einigermaßen von England emancipieren zu können, ein Bestreben, welches damals überall zu Tage trat, und in dessen Dienst sich namentlich die Deutsche Bank stellte, indem sie zahlreiche Filialen in Ländern errichtete, die bisher keine deutsche Bankniederlassung gesehen hatten. Die Reichsregierung hatte für diese Bestrebungen sehr viel Wohlwollen; die Absicht, sie zu fördern, mag bei der Übertragung der Silberverkäufe an die Deutsche Bank mitgewirkt haben.

Schon die Verteilung der beiden wesentlichsten Operationen der Münzreform auf zwei verschiedene Bankhäuser machte es der Reichsregierung unmöglich, sich auf die allgemeine Leitung der Operationen zu beschränken. Sie mußte die Durchführung sowohl der Goldankäufe als auch der Silberverkäufe vollkommen in der Hand behalten und konnte ein selbständiges Vorgehen der beiden Banken, wenn nicht aller Zusammenhang zwischen ihren Operationen zerrissen werden sollte, nur innerhalb enger Grenzen gestatten.

Das Verhältnis der beiden Banken zum Reichskanzleramt wurde in der Weise geregelt, daß im allgemeinen jeder einzelne Goldankauf auf dem Londoner Markt und jeder einzelne Silberverkauf nur auf Anordnung oder mit Zustimmung des Reichskanzleramtes abgeschlossen wurde. Die beiden Banken hatten die Aufgabe, der Reichsverwaltung jede günstige Konjunktur zu signalisieren, und das Reichskanzleramt gab den Auftrag, diese Konjunktur in der einen oder andern Weise zu benutzen. Auf der andern Seite machte das Reichskanzleramt den beiden Banken Mitteilung, wenn es Gold zu Prägezwecken benötigte oder wenn es eingeschmolzenes Silber bereit liegen hatte.

Hinsichtlich der Silberverkäufe wurde der Deutschen Bank in Zeiten eines verhältnismäßig ruhigen Silbermarktes dadurch eine größere Selbständigkeit gegeben, daß ein Mindestpreis festgesetzt wurde, zu welchem die Bank das ihr überwiesene Silber verkaufen konnte, ohne im einzelnen Fall die Zustimmung des Reichskanzleramtes einzuholen.

Wie aus den Nachweisungen über die Silberverkäufe hervorgeht, wurde das in Deutschland verkaufte Silber zum größten Teil bar an die Reichshauptkasse bezahlt. Der Erlös aus den außerhalb Deutschlands erfolgenden Verkäufen wurde ganz überwiegend in Tratten auf London realisiert.

Diese Tratten wurden teilweise direkt zur Goldbeschaffung verwendet, teilweise wurden sie auf der Berliner Börse verkauft; zum größten Teil wurden sie, ebenso wie die von Frankreich auf die Kontribution in Zahlung gegebenen Wechsel auf England, zur Einzahlung auf das bei der London Joint Stock Bank gehaltene Reichsguthaben verwendet, aus dessen Mitteln diese Bank, je nach dem Bedarf des Reichs an Prägegold und je nach der Lage des Londoner Marktes, die Beschaffung von Gold vornahm.

Das war die Organisation, vermittelst welcher die Reichsverwaltung das Riesenwerk der Umwandlung des deutschen Münzumlaufs in Angriff nahm. Ihr Fehler lag hauptsächlich darin, daß die Reichsverwaltung mehr, als ihrer Zusammensetzung und ihrer Arbeitskraft entsprach, durch die kaufmännisch-technischen Einzelheiten der notwendigen Operationen in Anspruch genommen wurde, ein Fehler, der ohne die weitgehende Mitwirkung einer Reichsbank nicht zu vermeiden war.

Die Tragweite dieses Mangels erscheint um so bedeutender, wenn man sich erinnert, welche großen Aufgaben damals gerade die Reichsfinanzverwaltung, die im wesentlichen nur durch Michaëlis repräsentiert wurde, zu bewältigen hatte. Man denke nur an die Organisation der ganzen Reichsfinanzwirtschaft und an die Übernahme, Verteilung und Verwendung der Kriegskosten-Entschädigung!

Für Delbrück, den Präsidenten des Reichskanzleramtes, in dessen Händen die Leitung der gesamten wirtschaftlichen Gesetzgebung und der ganzen Verwaltungsthätigkeit des jungen Reiches lag, war es trotz seiner enormen Arbeitskraft eine völlige Unmöglichkeit, sich eingehend mit der Leitung der zur Durchführung der Münzreform nötigen Operationen zu befassen.

In Anbetracht dieser Verhältnisse, welche die sachgemäße Durchführung der Reform erheblich gefährdeten, sprach Bamberger bei der ersten Lesung des Münzgesetzes den Wunsch aus, die Reichsregierung möge die Leitung der Operationen einem sachverständigen Beamten anvertrauen, der durch keine andere Aufgabe behindert sei und die volle Verantwortlichkeit für alle Maßnahmen in sich konzentriere. Aber diesem Verlangen nach einem „Münz-Stephan“ wurde nicht entsprochen. Das Reichskanzleramt glaubte sich offenbar, trotz aller Arbeitsüberlastung, im stande, wie so viele andere, so auch die Geschäfte der Münzreform in befriedigender Weise zu leiten.

Zehntes Kapitel.

Die Durchführung der Reform bis zur Einstellung der Silberverkäufe.

Erster Abschnitt.

Die Maßregeln der Reichsregierung bis zum Erlaß des Münzgesetzes vom 9. Juli 1873.

Es ist ein charakteristischer Zug der modernen Entwickelung der Währungsverhältnisse, daß die wichtigsten Entscheidungen, welche zu dem heutigen Zustande geführt haben, mehr Abwehrmaßregeln waren, als zielbewußte Schritte zur Erreichung positiver Ziele. Die Einstellung der freien Silberprägung, durch welche der ganze Umschwung in den Währungsverhältnissen der Welt hervorgerufen worden ist, war fast in allen Staaten eine defensive Maßnahme zur Verhinderung einer unerwünschten Entwickelung, durch welche man entweder einen vorhandenen Goldumlauf schützen oder einer weiteren Ausdehnung des vorhandenen Silberumlaufs vorbeugen wollte.

Während wir gesehen haben, daß England, ohne es zu wissen und zu wollen, durch die Entwickelung der thatsächlichen Verhältnisse zur Goldwährung kam, daß sich in Frankreich und den anderen Staaten des französischen Münzsystems gleichfalls durch die automatische Wirkung der Verhältnisse ein gänzlicher Umschwung des thatsächlichen Geldumlaufs vollzog, gilt der deutsche Währungswechsel allgemein als ein von Anfang an mit vollem Bewußtsein planmäßig unternommenes Werk.

Nicht ganz mit Recht! Die ersten für die deutsche Geldreform wichtigen Maßregeln zeigen gleichfalls jenen charakteristischen defensiven Zug. Ehe noch in den maßgebenden Kreisen eine Entscheidung über die künftige deutsche Währungsverfassung getroffen war, zu einer Zeit, als noch die ausgesprochene Absicht bestand, eine solche Entscheidung offen zu halten, machte die Entwickelung der Verhältnisse Maßnahmen notwendig, die als Vorbeugungsmaßregeln gedacht waren, während sie in Wirklichkeit ein wichtiges Stück der Entscheidung selbst darstellten.

Im Frühjahr 1871 begannen ungewöhnlich große Summen von Edelmetall nach Deutschland zu fließen. Die Ursache war die Aussicht auf die baldige Beendigung des Krieges und die Erwartung, daß der Friedensvertrag Frankreich eine beträchtliche Kriegskosten-Entschädigung auferlegen werde. Es konnte kein Zweifel obwalten, daß Frankreich zur Abtragung der Kontribution sich in weitem Umfang des ausländischen Kredits werde bedienen müssen, und infolgedessen entstand auf dem gesamten internationalen Geldmarkt eine lebhafte Nachfrage nach Zahlungsmitteln für Deutschland [1].

Die Folge war ein Steigen der ausländischen Wechselkurse auf Deutschland und ein starker Zufluß von Edelmetall.

Da Deutschland Silberwährung hatte und nur das Silber im Wege des Verkaufs an die deutschen Münzstätten sofort in deutsches Geld verwandelt werden konnte, wurde natürlich das Silber zur Versendung nach Deutschland bevorzugt. Die deutschen Münzstätten sahen sich einem ganz gewaltigen Silberangebot gegenüber, welches auch durch ein allmähliches Herabsetzen ihres Ankaufspreises nicht vermindert wurde. England allein sendete im zweiten Quartal 1871 für fast 2 Millionen £ Silber nach Deutschland, während es im ganzen Jahre 1870 nur für 700.000 £ exportiert hatte und uns im Jahre 1872 nur für 1.250.000 £ Silber zuführte.

Dieser starke Silberzufluß kam für Deutschland sehr ungelegen. Eine der ersten Aufgaben nach dem Friedensschluß war die Neuordnung des Geldwesens, und eines der wichtigsten Ziele der Geldreform war die Schaffung eines Goldumlaufs. Konnte eine weise Regierung unter diesen Umständen eine neue starke Ausdehnung des vorhandenen Silberumlaufs dulden? Man brauchte durchaus nicht zum Übergang zur reinen Goldwährung und damit zur teilweisen Beseitigung des bereits vorhandenen Silberumlaufs entschlossen zu sein, um eine solche Passivität unangebracht zu finden. Auch wer einen Goldumlauf nur innerhalb eines Doppelwährungssystems wünschte und einen reichlichen Silberkurant-Umlauf in die neue Ordnung der Dinge hinübernehmen wollte, durfte den Platz des künftigen Goldumlaufs nicht durch ein übermäßiges Anschwellen der

---

[1] Vgl. Beiträge S. 253 u. 417.

Silberzirkulation occupieren lassen. Das war damals die allgemeine Ansicht.

Als nun die Herabsetzung des Silberpreises der Berliner Münze bis auf 29 Thaler 23 Silbergroschen pro Pfund Feinsilber den Zufluß von Silber nicht hemmte, wurde eine wirksamere Verteidigungsmaßregel ergriffen: Die Berliner Münze gab vom 3. Juli 1871 ab nicht mehr ihren Silberpreis bekannt und verweigerte den Ankauf des ihr angebotenen Rohsilbers.

Damit war aber nicht nur einem weiteren Anwachsen des Silberumlaufs vorgebeugt, sondern gleichzeitig war der erste wichtige Schritt zum Währungswechsel gethan: bei der geringen Leistungsfähigkeit der übrigen deutschen Münzstätten bedeutete die Maßregel der Berliner Münze die Aufhebung der bisherigen freien Silberprägung und damit die Preisgabe der offenen Silberwährung, bei welcher der Wert des Geldes an den Silberwert gebunden ist.

Diese wichtige Entscheidung wurde getroffen, ehe eine Verständigung auch nur über den Entwurf eines provisorischen Münzgesetzes stattgefunden hatte.

Auch die Zahlungen auf die französische Kriegskosten-Entschädigung hatten kaum begonnen. Während des Juni waren nur die 125 Millionen Francs an die Reichsregierung übertragen worden, welche nach dem Frankfurter Frieden in Noten der Bank von Frankreich gezahlt werden durften.

Die im Juli beginnenden Übertragungen anderer Zahlungsmittel nötigten die Reichsregierung bald zu einer neuen der Feststellung des Geldreformplanes vorgreifenden Maßregel.

Frankreich zahlte die fünf Milliarden nur zu einem geringen Teil in barem Metallgeld, im ganzen etwa 640 Millionen Francs [1]. Die Zahlungsmittel bestanden zum weitaus größten Teil aus Wechseln und Bankanweisungen. Dabei waren Wechsel auf Frankreich als Zahlungsmittel nicht zugelassen.

Frankreich verschaffte sich die gewaltige Summe von Forderungen auf das Ausland, teilweise indem es über einen Teil seiner Guthaben im Ausland durch Trassierungen verfügte, teilweise indem es Wertpapiere aus seinem bisherigen Besitze an das Ausland abgab und indem

---

[1] Siehe Beiträge Tabellen S. 236.

es seinen Warenexport erheblich steigerte, teilweise indem es den Kredit des Auslandes durch die Ziehung später zu deckender Finanzwechsel in Anspruch nahm.

Unter den auf die ersten zwei Milliarden übertragenen Zahlungsmitteln nahmen die Wechsel auf England die erste Stelle ein. Sie erreichten einen Betrag von fast 25 Millionen £ = 500 Millionen Mark. Auch Wechsel und Bankanweisungen auf deutsche Plätze, Wechsel auf Belgien und auf die Niederlande waren stark vertreten.

So kam die Reichsregierung vom Juli 1871 ab rasch in den Besitz eines sich stetig vermehrenden Bestandes von Forderungen, namentlich von Forderungen auf England.

Der Gedanke, diese Forderungen auf irgend eine Weise im Dienste der Geldreform zu verwenden, entbehrte damals noch völlig seiner wichtigsten Voraussetzung: eines Münzgesetzes, welches wenigstens einige Grundzüge der Reform festgelegt hätte. An eine Verwendung der Auslandswechsel zur Beschaffung von Prägegold — eine bei dem allgemeinen Verlangen nach einem Goldumlauf naheliegende Verwendungsart — konnte man deshalb vorläufig noch nicht denken, weil die Zollvereins-Krone, über deren Unzweckmäßigkeit keine Meinungsverschiedenheit mehr bestand und deren Ausmünzung schon seit längerer Zeit aufgehört hatte, die einzige Goldmünze war, welche unter den geltenden Münzgesetzen geprägt werden durfte.

Unter diesen Verhältnissen war es für die Reichsregierung der nächstliegende Gedanke, ihre Wechselforderungen auf das Ausland durch den Verkauf auf den deutschen Geldmärkten zu realisieren.

War schon vorher in Erwartung der kommenden Dinge auf den ausländischen Märkten ein beträchtliches Steigen der Wechselkurse auf Deutschland und auf den deutschen Märkten ein entsprechendes Sinken der Wechselkurse auf das Ausland eingetreten, so mußte jetzt, als die Reichsregierung ein aus ganz und gar ungewöhnlichen Verhältnissen hervorgehendes sehr umfangreiches Mehrangebot von Auslandswechseln auf den deutschen Märkten zur Begebung brachte, eine wesentliche Verschärfung der Bewegung in den Wechselkursen stattfinden.

Die Bewegungen des Wechselkurses zwischen Ländern mit wohlgeordneten metallischen Valuten haben nun unter normalen Verhältnissen ihre genau bestimmten Grenzen. Der Kurs kann nicht mehr von der Parität abweichen, als die Versendungskosten und eventuell die Umprägungsgebühren für das betreffende Edelmetall betragen.

Das Pari zwischen der englischen und deutschen Valuta war allerdings vor der Münzreform ein schwankendes. Da Deutschland Silberwährung, England Goldwährung hatte, war es abhängig von den Veränderungen des Wertverhältnisses zwischen Silber und Gold. Aber von dieser für jeden Augenblick genau feststellbaren Parität konnte unter normalen Verhältnissen der jeweilige Wechselkurs nur um etwa 1½ Silbergroschen abweichen, denn diese Abweichung genügte, die Versendung von Silber von oder nach Deutschland lohnend zu machen.

Unter normalen Verhältnissen hätte also selbst das stärkste Angebot von Auslandswechseln seitens der Reichsregierung keine ungewöhnliche Erschütterung der ausländischen Wechselkurse, sondern nur einen außerordentlichen Zufluß von Silber herbeiführen können, wie er bereits im zweiten Quartal 1871 begonnen hatte.

Aber gerade dieser Silberzufluß, welcher die zur engen Begrenzung der Wechselkurs-Schwankungen notwendige Ausgleichung darstellte, war seit dem 3. Juli durch die Aufhebung der freien Silberprägung unmöglich gemacht. Sobald das Silber nicht mehr zu einem annähernd festen Preis durch Einlieferung bei der Münzstätte unmittelbar in deutsches Geld verwandelt werden konnte, war die Bedeutung des Silberimports für die Regulierung der Wechselkurse aufgehoben. Jetzt konnte das Silber nur noch wie jede andere Ware auf dem Wege des Verkaufs auf dem offenen Markte zu beliebig schwankenden Preisen und in einem durch den Bedarf an Silberbarren begrenzten Umfang gegen deutsches Geld umgesetzt werden.

Dadurch aber, daß das Silber seinen annähernd festen Preis in deutschem Geld verlor, war die deutsche Valuta von der Verbindung mit dem Silberwert losgetrennt; da für diese Verbindung zunächst kein Ersatz geschaffen wurde (durch Angliederung der deutschen Valuta an das Gold), war gleichzeitig jede Parität mit den ausländischen Valuten zerstört: die deutsche Valuta war eine „freie Valuta“[1] geworden, sie konnte sich unbegrenzt über ihre Silberparität erheben, und die Wechselkurse auf das Ausland konnten unbegrenzt sinken.

Auf Grund dieser Verhältnisse bewirkte in der That das starke Angebot von Auslandswechseln seitens der Reichsregierung binnen kurzer Zeit einen solchen Rückgang der ausländischen Wechselkurse, wie er bis

---

[1] Über die Terminologie siehe meinen Aufsatz: „Außenhandel und Valutaschwankungen“. Jahrbuch für Gesetzgebung, Verwaltung u. Volkswirtschaft XXI, 2. S. 2.

dahin noch nicht erlebt worden war. Die auf Sichtkurse reduzierten Kurse der Dreimonatswechsel auf London stellten sich im September 1871 durchschnittlich um mehr als 5 Silbergroschen (um etwa 2½ %) niedriger als die dem Londoner Silberpreis entsprechende Parität [1].

Die Verhinderung der ausgleichenden Edelmetallbewegung gerade in dem Augenblick, in welchem Deutschland einen so gewaltigen Überschuß von Forderungen an das Ausland hatte, drohte also zu einer schweren Erschütterung des Wechselmarktes zu führen.

Die Ursachen der ungewöhnlichen Bewegung der Wechselkurse wurden nicht völlig erkannt. Man schrieb die Schuld lediglich der durch die Kontribution hervorgerufenen Nachfrage nach deutschen Zahlungsmitteln zu, nicht der Einstellung der freien Silberprägung, welche in Wirklichkeit die Vorbedingung für das ungewöhnliche Sinken der auswärtigen Wechselkurse war [2].

Trotz dieser unvollständigen Erkenntnis der Ursachen der Störungen konnte über die von der Reichsregierung zu ergreifende Maßregel kein Zweifel sein: sie mußte unter den obwaltenden Umständen ihr Wechselangebot vom Markte zurückziehen und an eine anderweitige Verwertung ihrer Forderungen an das Ausland denken.

Die Reichsregierung entschied sich dafür, einen Teil ihrer Auslandswechsel durch den Ankauf von Gold in London zu realisieren. Sie faßte diesen Entschluß, obwohl noch kein Gesetz vorlag, ja noch nicht einmal der Entwurf eines Gesetzes fertig gestellt war, welches die Ausprägung umlaufsfähiger Goldmünzen gestattet hätte. Da aber der Bezug von Silber angesichts des Planes der Herstellung eines Goldumlaufs ausgeschlossen war, blieb der Reichsregierung, wenn sie ihre Forderungen ohne einen weiteren Druck auf den Wechselmarkt auszuüben, realisieren wollte, kein anderer Weg, als der Bezug von Gold, auf dessen spätere Verwendbarkeit zu Prägezwecken man mit Sicherheit rechnen konnte.

Abermals nötigte also die Entwickelung der Verhältnisse zu einer wichtigen Maßregel, ehe noch die Münzreformpläne in einem Gesetzentwurf Gestalt gewonnen hatten.

Deutsche Goldankäufe in London waren eine neue Erscheinung, auf welche sich der Geldmarkt offenbar nicht im mindesten vorbereitet hatte [3].

---

[1] Siehe Beiträge S. 421 u. 444 ff.

[2] Siehe Beiträge S. 254.

[3] Vgl. zum folgenden Beiträge S. 255 ff.

Die ersten kleineren Goldbezüge, welche Ende Juli oder Anfang August begannen, fanden kaum Beachtung. Dagegen trat eine starke Beunruhigung ein, als die Reichsregierung in der zweiten Septemberhälfte größere Beträge von Gold direkt aus der Bank von England entnehmen ließ. Die Bank von England hatte bisher die größte Sorglosigkeit an den Tag gelegt und einen Diskont von nur 2% gehalten. Es scheint nun ihren Direktoren plötzlich klar geworden zu sein, daß ein großer Teil des Goldvorrats aus Depositen von Banken bestand, an welche Deutschland erhebliche Forderungen hatte. Die Gefahr einer plötzlichen Zurückziehung dieser Guthaben veranlaßte eine vom Geldmarkt, der über diese Verhältnisse im unklaren war, nicht erwartete Diskonterhöhung um 1% (am 20. September). Diese Maßregel rief Erstaunen und, da man ihre Gründe nicht kannte, ein Gefühl der Unsicherheit hervor. Man begann weitere Diskonterhöhungen zu fürchten, steigerte deshalb die Wechseleinreichungen und nötigte so die Bank, ihren Diskont weiter zu erhöhen. Am 7. Oktober war ein Diskont von 5% erreicht. Erst allmählich legte sich die Aufregung und man begann in England zu erkennen, daß es nicht das Ziel der Reichsregierung sei, den englischen Geldmarkt in eine Krisis zu stürzen, sondern die zur Erleichterung des deutschen Wechselmarktes notwendigen Goldbezüge unter der möglichsten Schonung des Londoner Marktes durchzuführen.

Diesen ihren eigentlichen Zweck erreichten die Goldbezüge in vollem Umfang. Sie verhinderten nicht nur ein weiteres Sinken der auswärtigen Wechselkurse, sondern sie führten sogar zu einer Steigerung. Während die Abweichung der Kurse auf London von der Parität im Durchschnitt des September mehr als 5 Silbergroschen betragen hatte, zeigte der November nur noch eine Abweichung von 1 5/16 Silbergroschen [1], eine Abweichung, die innerhalb der normalen Grenzen blieb.

Außerdem hatten die Goldbezüge die Wirkung, daß die Reichsregierung, als dem Bundesrat im Oktober 1871 der Entwurf eines Gesetzes, betreffend die Ausprägung von Reichsgoldmünzen, vorgelegt wurde, sich bereits im Besitz eines starken Goldvorrates befand, der bei dem hohen Stand der deutschen Valuta zu überaus günstigen Preisen erworben worden war [2]. Die gesamte während der zweiten Hälfte des Jahres

---

[1] Siehe Beiträge: Tabelle S. 446.

[2] An dem im Jahre 1872 zur Ausmünzung gelangenden Golde wurde infolge des günstigen Kaufpreises ein durchschnittlicher Bruttogewinn von 15,88 Mark pro Pfund fein erzielt. — Siehe Beiträge S. 243.

[illegible]

[illegible]

[illegible] zur Einziehung von Landessilbermünzen. In ihrer Gesamtheit waren diese Anordnungen der Ausfluß der vom Reichstag herbeigeführten und von der Reichsregierung gebilligten Entscheidung, daß als Grundlage des neuen deutschen Münzsystems nur die reine Goldwährung anzusehen sei.

Die Bestimmungen des Gesetzes gewährten der Reichsregierung einen weiten Spielraum für eine durchgreifende Thätigkeit. Sie verschafften ihr die ganze Bewegungsfreiheit, welche vor dem Erlaß der Bestimmungen über die Silbermünzen des neuen Systems und über die formelle Außerkurssetzung der Landesmünzen überhaupt gewährt werden konnte.

Wie benutzte die Reichsregierung diese weitgehenden Vollmachten?

[1] Vgl. Beiträge S. 258.

[2] Auf diese 1½ Milliarden wurden allerdings die 325 Millionen Franks Entschädigung für die elsaß-lothringischen Bahnen angerechnet.

Sie richtete zunächst ihre volle Aufmerksamkeit und ihre ganze Energie auf die Ausprägung der neuen Reichsgoldmünzen.

In Anbetracht des großen bereits im Besitz des Reiches befindlichen Goldvorrates konnte ohne weiteres mit der Prägethätigkeit begonnen werden.

Schon während der Beratungen über das Ausprägungsgesetz hatte das Reichskanzleramt die Einzelregierungen ersucht, mitzuteilen, ob sie bereit seien, auf ihren Münzstätten Reichsgoldmünzen zu prägen, und wieviel sie monatlich zu prägen im stande seien. Preußen stellte seine Münzstätten in Berlin, Hannover und Frankfurt a. M. zur Verfügung; außerdem erklärten sich Bayern, Sachsen, Württemberg, Baden und Hessen zur Prägung von Reichsgoldmünzen bereit[1]. Die gesamte Leistungsfähigkeit aller sieben Münzstätten betrug nach den Deklarationen der Regierungen 2.220.000 Stück pro Monat. Davon entfielen auf die Berliner Münze allein eine Million Stück, auf die preußischen Münzstätten zusammen 1.650.600 Stück. In Berücksichtigung des Bundesratsbeschlusses, daß zunächst ein Zehntel des Prägegoldes in Zehnmarkstücken, neun Zehntel in Zwanzigmarkstücken ausgeprägt werden sollten, ergaben die 2.220.000 Stück pro Monat einen Wert von etwas über 40 Millionen Mark.

Der am Ende des Jahres 1871 vorhandene Bestand von Prägegold mußte sich also in etwa fünf Monaten erschöpfen. Wollte die Reichsregierung die Prägethätigkeit nicht frühzeitig ins Stocken kommen lassen, dann mußte sie an eine baldige Wiederaufnahme ihrer Goldankäufe denken.

Sie wendete sich dieses Mal mit ihrer Goldnachfrage nicht ausschließlich an den englischen, sondern auch an den deutschen Markt[2]. Durch Vermittelung der Seehandlung kaufte sie bis zum März 1873 für etwa 260 Millionen Mark Gold in Münzen und Barren in Deutschland selbst auf. Sicherlich ist ein großer Teil dieses Goldes erst infolge der Kriegskosten-Entschädignng nach Deutschland versendet worden. Vielleicht wurde es zum Teil eigens zu dem Zweck, an die Reichsregierung verkauft zu werden, nach Deutschland gebracht.

Anfang April 1872 begann die Reichsregierung auch in London ihre Goldankäufe wieder aufzunehmen[3], und zwar vom Juli an all-

---

[1] Später kam die Hamburger Münzstätte hinzu.

[2] Siehe Beiträge S. 259.

[3] Siehe Beiträge S. 260.

1871 in London angekaufte Goldmenge mag sich auf etwa 7 Millionen £ = 140 Millionen Mark belaufen haben[1]. Dazu kamen die von Frankreich in Zahlung gegebenen Goldmünzen. Der ganze Betrag von Goldgeld, welcher mit den ersten zwei Milliarden, deren Zahlung Anfang März 1872 beendigt wurde, einging, belief sich auf etwas über 109 Millionen Francs = 87½ Millionen Mark. Da von den 2 Milliarden im Jahre 1871 1½ Milliarden gezahlt wurden[2], kann man annehmen, daß bis zum Schluß des Jahres 1871 etwa 60 Millionen Mark in Goldmünzen an die Reichsregierung übertragen worden sind. Im ganzen besaß also die Reichsregierung am Ende des Jahres 1871 einen Goldbestand im Wert von etwa 200 Millionen Mark, also einen ganz ansehnlichen Prägevorrat für den Beginn der Goldausmünzungen.

Das Gesetz vom 4. Dezember 1871 änderte die merkwürdige Lage, in welche das deutsche Geldwesen durch die Einstellung der Silberankäufe seitens der Berliner Münze geraten war.

Das Gesetz verfügte endgültig die Einstellung der Silberprägung: es ordnete die Ausprägung von Reichsgoldmünzen an, allerdings ohne die Goldprägung freizugeben und ohne den regelmäßigen Goldankauf seitens der Münzstätten einzuführen; es schrieb die Einziehung der Landesgoldmünzen vor und gab der Reichsregierung die Ermächtigung zur Einziehung von Landessilbermünzen. In ihrer Gesamtheit waren diese Anordnungen der Ausfluß der vom Reichstag herbeigeführten und von der Reichsregierung gebilligten Entscheidung, daß als Grundlage des neuen deutschen Münzsystems nur die reine Goldwährung anzusehen sei.

Die Bestimmungen des Gesetzes gewährten der Reichsregierung einen weiten Spielraum für eine durchgreifende Thätigkeit. Sie verschafften ihr die ganze Bewegungsfreiheit, welche vor dem Erlaß der Bestimmungen über die Silbermünzen des neuen Systems und über die formelle Außerkurssetzung der Landesmünzen überhaupt gewährt werden konnte.

Wie benutzte die Reichsregierung diese weitgehenden Vollmachten?

---

[1] Vgl. Beiträge S. 258.

[2] Auf diese 1½ Milliarden wurden allerdings die 325 Millionen Franks Entschädigung für die elsaß-lothringischen Bahnen angerechnet.

Sie richtete zunächst ihre volle Aufmerksamkeit [illegible]
Energie auf die Ausprägung der neuen Reichs[illegible]

In Anbetracht des großen bereits im Besitz des Reiches [illegible]
Goldvorrates konnte ohne weiteres mit der Prägethätigkeit [illegible]
werden.

Schon während der Beratungen über das Ausprägungs[illegible]
das Reichskanzleramt die Einzelregierungen ersucht, [illegible]
bereit seien, auf ihren Münzstätten Reichsgoldmünzen zu [illegible]
wieviel sie monatlich zu prägen im stande seien. Preußen [illegible]
Münzstätten in Berlin, Hannover und Frankfurt a. M. zur [illegible]
außerdem erklärten sich Bayern, Sachsen, Württemberg, Baden und
Hessen zur Prägung von Reichsgoldmünzen bereit [1]. Die gesamte
Leistungsfähigkeit aller sieben Münzstätten betrug nach den Deklarationen
der Regierungen 2.220.000 Stück pro Monat. Davon entfielen auf die
Berliner Münze allein eine Million Stück, auf die preußischen Münzstätten
zusammen 1.650.600 Stück. In Berücksichtigung des Bundesratsbeschlusses,
daß zunächst ein Zehntel des Prägegoldes in Zehnmarkstücken,
neun Zehntel in Zwanzigmarkstücken ausgeprägt werden sollten,
ergaben die 2.220.000 Stück pro Monat einen Wert von etwa [illegible]
40 Millionen Mark.

Der am Ende des Jahres 1871 vorhandene Bestand von [illegible]
mußte sich also in etwa fünf Monaten [illegible]
regierung die Prägethätigkeit nicht [illegible]
dann mußte sie an eine baldige [illegible]
denken.

Sie wendete sich dieses [illegible]
schließlich an den englischen [illegible]
Durch Vermittelung der [illegible]
für etwa 260 Millionen Mark [illegible]
selbst auf. Sicherlich ist [illegible]
Kriegskosten-Entschädigung [illegible]
wurde es zum Teil eigens [illegible]
kauft zu werden, nach [illegible]

Anfang April 187[illegible]
ihre Goldankäufe wieder [illegible]

---

[1] Später kam [illegible]

[2] Siehe Beil[illegible]

[3] Siehe Beil[illegible]

mählich in größerem Umfang. Bis gegen Ende September ging die Goldbeschaffung aus London ohne eine wesentliche Störung des Geldmarktes vor sich; dann vereinigte sich eine Reihe von Umständen, um die Verhältnisse schwieriger zu gestalten, so namentlich die Verminderung der Goldzufuhr aus den Vereinigten Staaten und vor allem der starke innere Geldbedarf infolge des allgemeinen Aufschwungs von Handel und Industrie und des Überhandnehmens der Börsenspekulation. Nicht nur in England, sondern fast in allen Staaten europäischer Kultur trat eine außerordentliche Anspannung des Geldmarktes ein [1].

Die Reichsregierung, deren Prägevorrat sich zusehends verminderte, suchte gleichwohl anfänglich ihre Goldbeschaffung, wenn auch in vermindertem Umfange und mit äußerster Vorsicht, fortzusetzen. Als aber die Bank von England am 9. November ihren Diskont auf 7 % erhöhte, stellte die Reichsregierung ihre Goldbezüge für einige Zeit ein, um nicht durch ihre Nachfrage die schwierige Lage des Geldmarktes noch zu verschlimmern. Um ein langsameres Fortschreiten der Prägethätigkeit herbeizuführen, wurden die Münzstätten angewiesen, bis auf weiteres ausschließlich Zehnmarkstücke zu prägen.

Als sich zu Beginn des Jahres 1873 die Verhältnisse besserten und die Bank von England ihren Diskont wieder auf 3½ % herabsetzte, nahm die Reichsregierung ihre Goldbezüge aus London wieder auf. Bald jedoch entstanden neue Schwierigkeiten. Im Mai begann jene furchtbare Krisis, das notwendige Ende der unsinnigen Überspekulation und Überproduktion. Obwohl England von der eigentlichen Börsenkrisis in geringerem Maße getroffen wurde, als Österreich, Deutschland und die Vereinigten Staaten, konnte sich der Londoner Geldmarkt der Einwirkung des Zusammenbruchs der großen ausländischen Effektenmärkte nicht entziehen. Im Juni mußte die Bank von England mit ihrem Diskont abermals bis auf 7 % in die Höhe gehen [2].

Unter diesen Umständen war die Einigung von Bundesrat und Reichstag über das Münzgesetz, welche so lange zweifelhaft gewesen war, für die Reichsregierung ein willkommener Anlaß, die Goldbeschaffung zu unterbrechen und in großem Umfang mit der Ausprägung von Reichsscheidemünzen zu beginnen.

Im ganzen beliefen sich die Goldankäufe der Reichsregierung in

---

[1] Siehe Beiträge S. 263 ff.

[2] Siehe Beiträge S. 267.

England und Deutschland bis zur Mitte des Jahres 1873 auf kaum weniger als 700 Millionen Mark. Dazu kamen etwa 18—20 Millionen Mark eingezogener Landesgoldmünzen und gegen 200 Millionen Mark ausländischer von der französischen Regierung auf die Kontribution eingezahlter Goldmünzen.

Von diesem Goldbestand waren bis zur Mitte des Jahres 1873 etwa 750 Millionen Mark zur Ausprägung gelangt.

Wenn man bedenkt, unter welchen überaus schwierigen Verhältnissen die Beschaffung dieser gewaltigen Goldmenge, welche der gesamten gleichzeitigen Goldproduktion ungefähr entsprach [1], durchgeführt wurde; welche Störungen allein schon die Übertragung der fünf Milliarden, wie immer sie von der Reichsregierung verwendet werden mochten, hervorrufen mußte; welche Ansprüche der gewaltige wirtschaftliche Aufschwung nach dem Friedensschluß an die Geldmärkte stellte, und welche Erschütterungen durch den Zusammenbruch der Spekulation und die Handelskrisis heraufbeschworen wurden: dann kann man der Reichsregierung die Anerkennung nicht vorenthalten, daß sie diesen wichtigen und schwierigen Teil der notwendigen Operationen mit Energie durchgeführt und mit Umsicht und Geschick geleitet hat.

Gerade der Umstand, daß die Regierung die Goldbeschaffung und Goldausmünzung mit einem solchen Nachdruck betrieb, verleiht der Frage, welche Maßregeln sie zur Verminderung des Umlaufs von Landesmünzen traf, ein besonderes Gewicht.

Die Beseitigung der Landesgoldmünzen wurde dadurch in Angriff genommen, daß das Reichskanzleramt die Bundesregierungen anwies, die Friedrichsdor und die anderen Goldmünzen mit festem Kassenkurs, welche bei ihren Kassen eingingen, nicht wieder auszugeben, sondern sie der Reichshauptkasse zur Umprägung einzuliefern.

Diese Maßregel hatte nur einen geringen Erfolg. Bis zum Ende des Jahres 1873 waren erst für etwa 22 Millionen Mark Landesgoldmünzen eingezogen [2].

Da die Reichsregierung durch das Gesetz vom 4. Dezember 1871 nur die Befugnis zur Einziehung von Landesgoldmünzen erhalten

---

[1] In $1^1/_2$ Jahren wurde für etwa 700 Millionen Mark Gold angekauft. Die durchschnittliche Jahresproduktion betrug damals 485 Millionen Mark.

[2] Siehe Beiträge S. 234.

hatte, während die Bestimmungen über die Außerkurssetzung dem definitiven Münzgesetz vorbehalten blieben, konnte die Regierung die Beseitigung der Landesgoldmünzen nicht durch eine Außerkurssetzung beschleunigen. Sie that bereits ein übriges, indem sie deren Zurückziehung durch freihändigen Aufkauf beförderte, allerdings nur in beschränktem Umfang.

Dagegen zeigte die Reichsregierung eine auffallende Lässigkeit bei der Silbereinziehung. Sie machte so gut wie gar keinen Gebrauch von der ihr erteilten Ermächtigung. Alles, was bis zur Beratung des Münzgesetzes für die Verminderung des Silberumlaufs geschah, bestand darin, daß 10 Millionen Gulden in Ein- und Zweiguldenstücken zum Einschmelzen bereit gehalten wurden — 17 Millionen Mark gegenüber einer Ausprägung von 600 Millionen Mark neuer Goldmünzen!

Aber selbst diese geringfügige Summe von Silbermünzen und diejenigen Beträge, welche in der nächsten Zeit zur Einziehung kommen sollten, waren nicht für den Verkauf bestimmt, sondern sie sollten in der Form von Reichssilbermünzen dem Verkehr zurückerstattet werden. Michaëlis erklärte im Reichstag bei der ersten Lesung des Münzgesetzes, die bereit liegenden 10 Millionen Gulden sollten erst dann eingeschmolzen werden, „wenn sie zur Ausprägung von Reichssilbermünzen benutzt und sofort in die hierzu geeignete Form gebracht werden können".

Mit diesem Verhalten übertraf die Reichsregierung alle Befürchtungen, welche zur Zeit der Beratung des ersten Münzgesetzes Ausdruck gefunden hatten. Der Fehler, dessen Vermeidung für die Durchführung der Reform von fundamentaler Wichtigkeit war, wurde im vollsten Umfang begangen, als ob niemals ein Wort über die Notwendigkeit der rechtzeitigen Silbereinziehung gesprochen worden wäre. Anderthalb Jahre waren seit dem Beginn der Reform vergangen, 600 Millionen Mark neuer Goldmünzen waren ausgeprägt, keine fünf Monate mehr war man von der Beendigung der französischen Kontributionszahlungen entfernt, und noch war nicht eine Landessilbermünze eingeschmolzen!

Heute scheint uns dieses zögernde Vorgehen um so unbegreiflicher, weil wir seine schlimmen Folgen kennen, die allerdings damals schon vorausgesagt wurden; weil wir außerdem wissen, daß gerade jene Zeit, welche die Reichsregierung unbenutzt verstreichen ließ, noch verhältnismäßig günstig für die Silberveräußerung gewesen wäre, während bald darauf die starke Entwertung des weißen Metalls begann. Wir müssen uns deshalb stets vor Augen halten, daß es leichter ist, ex post zu urteilen und zu verurteilen, als im richtigen Augenblick die richtigen Maßregeln zu treffen.

Das Verhalten der Reichsregierung fand schon bei der Beratung des Münzgesetzes eine teilweise sehr scharfe und abfällige Kritik.

Bamberger, dessen Worte sowohl im Reichstag als bei der Regierung am meisten galten, zeigte jedoch eine sehr vorsichtige Zurückhaltung. So sehr er die Notwendigkeit einer raschen und energischen Silberabstoßung betonte, so sehr er über die Unthätigkeit der Regierung verwundert war, erklärte er doch, nicht kritisieren zu wollen, solange er nicht bei der Sache dicht daran stehe und beurteilen könne, welche praktischen Bedenken vielleicht der Ausführung des natürlichen Gedankens im Wege gestanden hätten; er müsse annehmen, daß die Silbereinziehung durch sehr gewichtige Gründe verhindert worden sei.

Bamberger zeigte mit dieser Annahme zu viel Vertrauen.

Die Reichsregierung hat die Gründe, von welchen sie sich bei der Verzögerung der Silbereinziehung leiten ließ, sowohl in den Münzdenkschriften als bei den Reichstagsverhandlungen mehrfach entwickelt.

Am meisten wird ihr Verhalten entschuldigt durch die Ungewißheit, welche über den Zeitpunkt der Beendigung der französischen Zahlungen lange Zeit bestand.

Der Termin war nach dem Frankfurter Frieden der 2. März 1874. Durch ein Abkommen aus dem Juni 1872 wurde die Frist bis zum 1. März 1875 verlängert. Wenn die Reichsregierung diesem Termin eine Wichtigkeit für die Silbereinziehung beimessen wollte, mußte sie annehmen, sich Zeit gönnen zu dürfen. Da wurde auf Ansuchen Frankreichs im März 1873 ein neues Abkommen geschlossen, nach welchem die Zahlungen bis zum 5. September 1873 geleistet werden sollten.

„Hätten wir vor einem halben Jahr gewußt, was wir heute wissen," so sagte Delbrück bei der ersten Lesung des Münzgesetzes, „hätten wir vor einem halben Jahr gewußt, daß die französische Kriegsentschädigung noch im Laufe dieses Jahres bezahlt werden würde, so würden allerdings unsere Maßnahmen andere gewesen sein."

Michaëlis gab in Übereinstimmung mit Ausführungen der zweiten Münzdenkschrift, Andeutungen über die positiven Gründe für das Unterbleiben der Silbereinziehung. Er sagte am 28. März im Reichstag:

„Bei der eigentümlichen Lage des Silbermarktes und bei der großen Gefahr, daß, da Silberprägungen nicht stattfanden, für das Silber, welches aus dem Markte gezogen wurde, sich fremde Silbermünzen substituierten, die nachher wieder schwer aus dem Verkehr zu entfernen sein würden, war es im vorigen Jahre nicht möglich, mit Silbereinziehungen in größerem Umfange vorzugehen."

„Bei der eigentümlichen Lage des Silbermarktes?" — Der Silberpreis stand im Durchschnitt des Jahres 1872 auf $60^{5}/_{16}$ d in London, in Hamburg war das durchschnittliche Wertverhältnis = 1 : 15,56. Silberverkäufe waren also für die Reichsregierung fast ohne Verluste möglich. Zu Beginn des Jahres stand der Londoner Silberpreis zeitweilig sogar höher, als der dem deutschen Währungswechsel zu Grunde gelegten Relation entsprach.

Die Lage des Silbermarktes war also nicht nur kein Grund, mit der Silberveräußerung zurückzuhalten, sie hätte vielmehr in Anbetracht des Umstandes, daß ein beträchtliches Sinken des Silberpreises allgemein erwartet wurde, geradezu Silberverkäufe veranlassen müssen.

Um nichts triftiger war der zweite von Michaëlis angeführte Grund, obwohl er auf den ersten Blick stichhaltig erscheinen mag; sind doch in der That damals große Massen von fremden Silbermünzen in den deutschen Umlauf eingedrungen, namentlich österreichische Gulden!

Aber diese Silbermünzen „substituierten" sich nicht etwa für eingezogene Landessilbermünzen; denn damals wurden ja noch gar keine nennenswerten Beträge eingezogen. Es war nicht nur eine gänzliche Verkennung der Gründe, welche das Einströmen dieser Silbermünzen veranlaßten, sondern es war geradezu eine Ableugnung der wichtigsten Voraussetzung der Goldwährung, wenn Michaëlis behauptete, die Einziehung deutscher Landesmünzen werde dazu führen, daß sich an ihrer Stelle fremde Silbermünzen substituierten. Ein Verkennen der Ursachen des Eindringens fremder Silbermünzen, weil die Ursachen in einem Verkehrsbedürfnis gesucht wurden und nicht darin, daß diese fremden Münzen nach wie vor zu ihrem alten Pariwert in deutscher Silberwährung angenommen wurden, während dieser Pariwert infolge der inzwischen eingetretenen Steigerung des deutschen Geldwertes höher war als der Wert ihres Silbergehaltes, so daß jeder Spekulant, welcher solche Münzen nach Deutschland brachte, einige Prozent profitierte. Sprach doch Michaëlis selbst damals bei einer anderen Gelegenheit das treffende Wort, durch die Steigerung des deutschen Geldwertes über seine Silberbasis sei den ausländischen Silbermünzen förmlich eine Lockspeise hingehalten. — Eine Ableugnung der wichtigsten Voraussetzung der Goldwährung lag darin, daß der von Michaëlis angeführte Grund auf der

Voraussetzung beruht, daß der Verkehr ein Bedürfnis nach dem vollen vorhandenen Quantum von Silbermünzen habe, daß die Silbereinziehungen eine Lücke schaffen würden, welche sich durch fremde Silbermünzen, nicht durch Reichsgoldmünzen, auszufüllen strebe. Dabei war die Ersetzung des größeren Teiles des unbequemen Silberumlaufs durch einen Goldumlauf der allgemeine Wunsch und eines der ersten Ziele der Reform!

Unter diesen Verhältnissen ist es nicht leicht, zu glauben, daß die von Michaëlis für die Verzögerung der Silbereinziehung geltend gemachten Gründe wirklich für eine so schwerwiegende Unterlassung bestimmend waren.

Der tiefere Grund kann nur in einer Unterschätzung der Notwendigkeit einer energischen Silbereinziehung und der Verkennung der Gefahren, welche eine Verschleppung der Silberabstoßung sowohl für die Entwickelung des neuen Geldwesens als auch für die Reichsfinanzen mit sich brachte, gelegen haben.

Wir wissen, welche wichtige Stimme Camphausen in diesen Angelegenheiten hatte. Camphausen stand der Silberveräußerung sehr lau, fast feindlich gegenüber. Er war so sehr Finanzminister, daß er gegen jeden fiskalischen Verlust eine fast unüberwindliche Abneigung hatte, und ohne Verluste war die Silberveräußerung nicht denkbar. Seine Abneigung gegen die Silberverkäufe wurde nicht geringer dadurch, daß die Reichsregierung aus dem Reichstag wiederholt die Versicherung erhielt, niemand erwarte von ihr eine kostenlose Durchführung der Münzreform und daß der Reichstag — ein seltener Fall! — der Regierung, zur Deckung der sich aus den Silberverkäufen ergebenden Verluste, aus eignem Antrieb einen umfangreichen Kredit anbot.

Am gefährlichsten für die Durchführung der Münzreform war, daß Camphausen ein gewisser Blick für — ich möchte sagen: wirtschaftliche Größenverhältnisse gänzlich fehlte.

Er sah die Gefahr nicht, welche für das deutsche Geldwesen aus der notwendigen Reaktion auf die starke Verschiebung der europäischen Zirkulationsverhältnisse entstand; denn er unterschätzte die durch die Milliardenzahlung hervorgerufene Störung und mithin die Größe der bevorstehenden Ausgleichung. Mit den unerheblichsten Maßregeln glaubte er alle Gefahren abwenden zu können.

Mit großem Stolz teilte er dem Reichstag bei der Beratung des Gesetzes vom 4. Dezember 1871 mit, die Kassen des Norddeutschen Bundes hätten bereits 3.600.000 £ der während des Krieges ausgegebenen und auf englische Valuta lautenden Schatzanweisungen zurückgekauft. Mit dieser Operation glaubte er dazu beigetragen zu haben, „den Ausgleichungsprozeß, den uns der Herr Vorredner (Bamberger) so drastisch schilderte, wo plötzlich große Summen auf den Markt geworfen werden, neue Anlagen suchend, — diesen Ausgleichungsprozeß schon mittlerweile sacht vornehmen zu lassen“.

Allerdings war es ein geeignetes Mittel, den durch die Milliardenzahlung hervorgerufenen Verschiebungen entgegenzuwirken, wenn man aus den Eingängen der Kontribution auswärts untergebrachte Obligationen des Bundes zurückzahlte. Aber was bedeuteten 3.600.000 £ oder 72 Millionen Mark gegenüber der Kontributionssumme von 5 Milliarden!

Freilich, wer so kleinen Mitteln so große Wirkungen zutraute, der brauchte sich über einen künftigen die Goldwährung bedrohenden Ausgleichungsprozeß keine Sorgen zu machen, der brauchte nicht zu fürchten, daß ein Rückfluß von Edelmetall das neue Gold zu einem großen Teil entführen und Deutschland in einen weit überwiegenden Silberumlauf zurückwerfen könne! —

Zur Unterschätzung der Zirkulationsvermehrung, welche aus dem einseitigen Goldausmünzen ohne Silbereinziehung entstehen mußte, trug ferner wesentlich die Voraussetzung bei, daß die Goldausmünzungen von selbst eine Verminderung des Papierumlaufs bewirken und sich so von selbst ein gewisses Gegengewicht schaffen würden.

„Da meine ich nun,“ sagte Camphausen gegenüber dem Verlangen nach einer energischen Silbereinziehung, „daß uns doch seit Jahren die Frage beschäftigt hat, werden wir durch die Kreierung von Goldmünzen nicht dem Übermaß der papiernen Geldzeichen eine Schranke setzen?“

Allerdings war das Fehlen eines ausreichenden Goldumlaufs einer der Gründe gewesen, welche die Auswüchse des Papiergeldwesens in Deutschland ganz besonders begünstigt hatten. Aber deshalb war der Übelstand nicht ohne weiteres mit der Beseitigung einer seiner Ursachen aus der Welt zu schaffen. War anzunehmen, daß die Einzelstaaten ihre kleinen Scheine und daß die Banken ihre kleinen Notenabschnitte zurückziehen würden, weil das Bedürfnis des Verkehrs nach bequemen Zahlungsmitteln für mittlere Beträge nunmehr durch Goldmünzen befriedigt werden konnte? Selbst wenn wirklich die neuen Goldmünzen auch in jener ersten Zeit der Reform im wesentlichen in den freien Umlauf gelangt wären, hätte es des Erlasses gesetzlicher Bestimmungen bedurft, um das vorhandene Übermaß papierner Zahlungsmittel zu verringern.

Ein Goldumlauf konnte die Einschränkung des vorhandenen Papierumlaufs nicht von selbst bewirken; er war nur die notwendige Voraussetzung für eines der wichtigsten Einschränkungsmittel, für ein Verbot der kleinen Zettel. Ist es unter diesen Verhältnissen nicht die reine Ironie, daß die Staatspapierscheine bis Ende 1875 umlaufen durften, und daß sie dann für die längere Zeit in fast ungeschmälertem Betrag als Reichskassenscheine erhalten wurden; daß die kleinen Notenabschnitte gleichfalls bis zur zweiten Hälfte des Jahres 1875 unangetastet blieben; daß also während der ersten kostbaren Jahre nach dem Beginn der Goldprägungen, keine Veränderung des Papierumlaufs herbeigeführt wurde, und zwar, wie wir wissen, nicht zum geringsten Teil durch die Schuld der Hartnäckigkeit, mit welcher Camphausen seinen preußisch-partikularistischen Standpunkt bei den Bundesratsverhandlungen über die Papiergeld- und Bankgesetzgebung festhielt!

Aber von all dem abgesehen: Es traf nicht einmal die erste Voraussetzung für die von Camphausen erwartete Verdrängung von papiernen Zirkulationsmitteln durch den neuen Goldumlauf zu, denn in den ersten Jahren der Reform gab es zwar starke Goldbestände, aber keinen Goldumlauf.

Von den Goldprägungen wurden 120 Millionen Mark im Juliusturm als Kriegsschatz niedergelegt; dafür blieben die 90 Millionen Mark Silbergeld des ehemaligen preußischen Kriegsschatzes im freien Umlauf. Die Reichshauptkasse hatte große Goldbestände, aber da man für die Übergangszeit keinen Export von Reichsgoldmünzen ermöglichen oder erleichtern wollte, hielt sie diese Goldbestände fest und zahlte in Silber. Die Banken, allen voran die Preußische Bank, füllten ihre Kassen mit den neuen Reichsgoldmünzen und gaben ihre umfangreichen Silbervorräte an den freien Verkehr ab. Die nächste Folge der großen Goldausmünzungen war also, daß der freie Geldumlauf Deutschlands mehr von Silbergeld erfüllt war als je zuvor, während ihm das Gold, das die kleinen Zettel überflüssig machen und verdrängen sollte, vorenthalten blieb.

An eine von selbst eintretende Verminderung des Papierumlaufs war unter diesen Verhältnissen nicht zu denken und die Notwendigkeit einer Verminderung des Silberumlaufs blieb in vollem Umfang mindestens so lange bestehen, bis wirksame gesetzliche Maßregeln zur Einschränkung der Papierzirkulation ergriffen wurden.

Die Beschleunigung der Silbereinziehung war nicht nur in Rücksicht auf den deutschen Goldumlauf geboten, sondern auch in Rücksicht auf die erwartete ungünstige Gestaltung des Silbermarktes.

Aber auch in der drohenden Silberentwertung sah Camphausen keinen Grund zu einer Beschleunigung der Silbereinziehung und -Veräußerung, denn er glaubte nicht an eine wesentliche Störung des Silberwertes.

„Was spricht dafür," sagte er im November 1871, „daß dieses Verhältnis (die Relation von 1 : 15¹/₂) nicht allzusehr alteriert werden möchte? — Dafür spricht einmal, daß in diesem Augenblick Deutschland bereits in dem Besitz einer ansehnlichen Menge von Goldmünzen und Goldbarren sich befindet, daß ferner, abgesehen von diesem Besitze, unsere deutschen Banken nicht so sorglos in den Tag hineingelebt haben, um sich nicht zu vergegenwärtigen, daß sie (die Banken?) später von der Silberwährung zur Goldwährung übergehen müssen, in der That haben sie, wie mir sehr wohl bekannt ist, auch schon darauf Bedacht genommen, sich in den Besitz von Goldbarren zu setzen; und ferner der gefährliche Ausgleichungsprozeß, welchen der Herr Vorredner (Bamberger) in Aussicht gestellt hat mit seiner drastischen Frage: Wohin mit dem Silber? — Dieser Prozeß soll nicht erst beginnen, er hat schon begonnen; Deutschland hat schon jetzt darauf Bedacht genommen, sich eines Quantums von Silberbarren zu entledigen."

Es ist zunächst der thatsächliche Inhalt dieser auffallenden Bemerkung klarzustellen.

Das Reich hat nach den im Reichsschatzamt aufgestellten Nachweisungen über die Silberverkäufe [1] seinen ersten Silberverkauf im Herbst 1873 abgeschlossen, hat sich also nicht bereits vor der Beratung des Münzgesetzes von 1871 eines Quantums von Barrensilber entledigt.

Da man im Bundesrat die Silberabstoßung zu einer Angelegenheit der Einzelstaaten machen wollte, liegt der Gedanke nahe, daß der von Camphausen erwähnte Verkauf vom Königreich Preußen vorgenommen worden sein könnte. Eine Nachfrage beim preußischen Finanzministerium hat jedoch ergeben, daß seitens der preußischen Finanzverwaltung kein Silber verkauft worden ist.

Dagegen hat die Preußische Bank bereits im September 1871 eine Silbermenge von 222.728¹/₂ Pfund fein im Werte von mehr als

---

[1] Veröffentlicht in den Beiträgen S. 308 ff.

$6^{1}/_{2}$ Millionen Thaler in London verkauft. Sie entledigte sich mit diesem Verkauf der Hälfte ihres gesamten Vorrates an Silberbarren.

Für das Reich hatte dieser Verkauf keine Bedeutung, denn es war selbstverständlich Sache der Banken, ihre Silberbarren rechtzeitig und zu möglichst günstigen Bedingungen zu veräußern. Der vom Reich abzustoßende Silbervorrat wurde aber dadurch um kein Pfund geringer.

Völlig unverständlich ist nun, wie Camphausen den Verkauf dieses verhältnismäßig kleinen Silberquantums mit solchem Nachdruck als den Beginn des „gefährlichen Ausgleichungsprozesses", ja als eine Bürgschaft gegen eine erhebliche Erschütterung des Wertverhältnisses zwischen Silber und Gold ausgeben konnte. Nach der allgemeinen Schätzung mußte eine Silbermenge im Wert von 350 bis 400 Millionen Thaler abgestoßen werden. Was bedeutete gegenüber dieser Summe ein Betrag von $6^{1}/_{2}$ Millionen Thaler?

Was wollten ferner die damals in den Händen der Regierung und der Banken befindlichen Goldvorräte besagen, welche sich auf etwa 200 Millionen Mark belaufen haben mögen, gegenüber den enormen Summen, welche zur Durchführung der Goldwährung noch zu beschaffen waren! Kaum fünf Monate genügten zur Ausprägung dieses Goldbestandes, und trotz großer Goldankäufe während des Jahres 1872 mußte im Herbst dieses Jahres das Prägetempo verlangsamt werden, weil „die Beschaffung von Prägegold", wie die zweite Münzdenkschrift sagt, „in der Lage des Marktes mancherlei Schwierigkeiten fand."

Alles, was bis zum Ende des Jahres 1871 geleistet war, bedeutete also nur ein schwaches Vorspiel zu den Leistungen, welche die Durchführung der Münzreform erforderlich machte. Camphausen aber glaubte damals schon, alle Klippen glücklich passiert zu haben.

Nur in dieser schweren Verkennung der Sachlage kann die Verzögerung der Silbereinziehung, welche später dem ganzen Reformwerk verhängnisvoll zu werden drohte, ihre Erklärung finden.

Zweiter Abschnitt.

Die Handelskrisis 1873 und ihr Zusammenhang mit der Geldreform.

Bei den zwischen dem Geldwesen und der gesamten volkswirtschaftlichen Entwickelung bestehenden engen Beziehungen und Wechselwirkungen sind wir genötigt, bevor wir an die Betrachtung der auf das Münzgesetz von 1873 folgenden münzpolitischen Vorgänge herantreten, uns mit jenem gewaltigen volkswirtschaftlichen Ereignis zu beschäftigen, welches mit der Beratung des Münzgesetzes zeitlich zusammenfiel, mit der sogenannten Handelskrisis des Jahres 1873.

Dieses Ereignis beschäftigt uns indessen, da es sich in diesem Werke um eine Darstellung der Geschichte der Geldreform, nicht um eine allgemeine Wirtschaftsgeschichte der siebenziger Jahre handelt, nur so weit eingehender, als es mit der Geldreform zusammenhängt. Namentlich ist zu untersuchen, ob und wie weit die Münzreform oder die Art der Durchführung der Münzreform die Krisis mit verursacht hat, und welchen Einfluß die Krisis auf den Gang der Münzreform ausübte.

Dabei ist allerdings eine kurze Darstellung des ganzen Ereignisses, seiner Ursachen, seines Verlaufs und seiner Wirkungen unerläßlich.

Die Geschichte und die Analyse der sogenannten Handels- oder Wirtschaftskrisen gehört zu den dunkelsten Gebieten der ganzen Volkswirtschaftslehre. Kaum in irgend einer andern Frage laufen die feinsten Fäden zu einem solchen unentwirrbaren Knäuel zusammen wie hier.

Zum Glück ist das umfangreiche Thatsachenmaterial, soweit es die Krisis von 1873 betrifft, gesammelt und gesichtet, so daß wir, unter Hinweis auf die einschlägigen Arbeiten[1], uns alle Einzelheiten ersparen dürfen.

Eine genauere Betrachtung ergiebt — und das ist für die Erkenntnis der ganzen Erscheinung von Wichtigkeit —, daß diese sogenannte Handelskrisis von 1873 kein einheitliches Ereignis war, daß unter diesem Namen vielmehr zwei zeitlich aufeinander folgende und teilweise ineinander übergehende, in ihrem ganzen Wesen verschiedene, aber doch sich gegenseitig beeinflussende Erscheinungen begriffen werden: eine eigentliche Börsenkrisis oder Spekulationskrisis, beginnend im April, mit ihrem Höhepunkt im Mai und Juni; darauf folgend eine das ganze Wirtschaftsleben stark in Mitleidenschaft ziehende Industriekrisis oder Absatzkrisis, deren akutes Stadium in den Herbst des Jahres 1873 fällt, und deren Folgeerscheinungen lange Jahre hindurch andauerten.

Die Spekulationskrisis hatte ihren Sitz hauptsächlich in Wien; aber auch Berlin und Nordamerika waren stark beteiligt.

---

[1] Besonders Max Wirth, Geschichte der Handelskrisen, und Neuwirth, Die Spekulationskrisis.

Die Industriekrisis traf vor allem **Deutschland**, aber auch **Österreich**, **England** und **Nordamerika**.

Wir erzählen zunächst in kurzen Zügen den Verlauf der Krisis.

Als der Friede gesichert erschien, noch vor dem definitiven Friedensschluß, trat ein ungeheurer Aufschwung auf allen Gebieten der Industrie und des Handels ein. Lebhafte und dringende Nachfrage steigerte die Preise aller Waren auf eine Höhe, die niemals zuvor erreicht worden war. Namentlich die Nachfrage nach Produktionsmitteln, nach Kohlen, nach Eisen und Maschinen, war ungemein intensiv. Die Preise gerade dieser Waren stiegen weit über ihre Produktionskosten. Der Durchschnittspreis für die Tonne Roheisen in Hamburg war im Jahrzehnt 1861—1870 69 Mark. Auch der Durchschnittspreis des Jahres 1871 war noch nicht höher als 72,60 Mark; 1872 aber stieg er auf 125,40 Mark, 1873 gar auf 143,60 Mark[1]. Innerhalb zweier Jahre hatte sich also der Preis des Roheisens verdoppelt!

Das aus der allgemeinen Preissteigerung hervorgehende enorme Steigen des Unternehmergewinns führte zu einer entsprechenden Steigerung der Unternehmungslust. Es sollen in den vier Jahren von 1871 bis 1874 in Preußen ebensoviel Hochöfen, Eisenhütten und Maschinenfabriken gegründet worden sein, als in den sämtlichen 70 Jahren seit Anfang dieses Jahrhunderts[2].

Die erweiterte Produktion machte neue Arbeitskräfte erforderlich. Die Nachfrage nach Arbeit steigerte die Arbeitslöhne auf allen Gebieten. Namentlich den Maurern in großen Städten wurden unglaubliche Löhne gezahlt.

Mit den gewachsenen Einnahmen ging erhöhter Luxus Hand in Hand. Die Konsumtion aller Bevölkerungskreise erfuhr eine wesentliche Steigerung, und die gesteigerte Konsumtion erhöhte ihrerseits wieder die Preise und Unternehmergewinne.

Eine neue Zeit schien angebrochen. Der allgemeine und rapide Aufschwung ließ keine Gedanken an einen Rückschlag mächtig werden. Man rechnete bewußt und unbewußt mit der Dauer der bestehenden Verhältnisse, als ob sie die selbstverständlichen und normalen gewesen wären.

Der Wertberechnung von Fabriken und Eisenwerken wurde der

---

[1] **Soetbeer**, Materialien. 2. Aufl. S. 108.

[2] **Wirth** a. a. O. S. 567.

enorme Unternehmergewinn jener Jahre zu Grunde gelegt. Zu diesem Wert wurden sie teilweise verkauft oder in Aktiengesellschaften umgewandelt.

Die zahlreichen neuen Gründungen gaben der Spekulation außerordentliche Anregungen.

Es wurden Aktienbanken gegründet, deren Hauptzweck war, neue Gründungen auf industriellem Gebiet ins Leben zu rufen. Ihre Aktien wurden auf den Markt gebracht und von dem Börsenpublikum, das blindes Vertrauen in den finanziellen Erfolg der Gründungen setzte, mit Agio aufgenommen und mit stetig wachsendem Agio weiter verkauft. Ähnlich ging es mit den Aktien von Baugesellschaften, von Eisenbahnen, von industriellen Unternehmungen, die wie Pilze aus der Erde schossen, meistens geschaffen durch Gründerbanken, und zwar in einem Umfang, der weit über den wirklichen Bedarf nach den Leistungen und Erzeugnissen der Neugründungen hinausging, lediglich zu dem Zweck, die sich an ihrer eigenen Glut immer mehr erhitzende Spekulation mit Spielpapieren zu versorgen. Die Unmöglichkeit einer Rentabilität lag häufig klar zu Tage. Dafür sind ein gutes Beispiel die Wiener Baugesellschaften[1]. Anfangs gegründet zur Abstellung der Wohnungsnot, wurden sie zu den wildesten Spekulanten in Bauplätzen. Sie kauften solche zu den unsinnigsten Preisen und in einem Umfang, daß zu ihrer Bebauung Jahrhunderte erforderlich gewesen wären. Aber solche Thatsachen schreckten nicht ab. „Man trieb die Kurse, ohne die Ursache zu kennen, ohne nach einer Ursache zu fragen, das allgemeine Delirium ließ Contreminen-Versuche kaum schüchtern hervortreten." Daß in diesen Taumel das breite, der Börse fremde Publikum hineingezogen wurde, welches sah, wie einzelne in wenigen Tagen Millionen gewannen, und welches von der Sucht ergriffen wurde, rasch und ohne Mühe reich zu werden, begünstigte die wahnsinnige Kurstreiberei und daneben die offensichtlichsten Schwindeleien, Betrügereien und Veruntreuungen des verwegenen Gründertums im höchsten Grad. Bezahlte Zeitungsartikel und die Verteilung von Dividenden, die niemals verdient waren, thaten ein weiteres, um dem unkundigen Publikum Sand in die Augen zu streuen.

Der leiseste Hauch eines entstehenden Zweifels und Mißtrauens, ja ein bloßer Stillstand in der tollen Aufwärtsbewegung aller Werte, mußte dem wahnsinnigen Treiben ein Ende mit Schrecken setzen. Sobald nicht

---

[1] Vgl. Neuwirth a. a. O. S. 25.

mehr die sichere Hoffnung bestand, die gekauften Papiere zu höheren Preisen weiter verkaufen zu können, mußte das ganze Gebäude der Spekulation ins Wanken kommen; sobald sich Kursrückgänge zeigten und jedermann seine Spielpapiere noch rechtzeitig abstoßen und niemand sie aufnehmen wollte, war der Zusammenbruch unausbleiblich.

Ende April 1873 begann in Wien ein Sinken der Effektenkurse, und damit die Ernüchterung des Publikums. Der Kurssturz machte rapide Fortschritte, die meisten Papiere waren mit einem Mal unanbringlich. Die riesigen Kursverluste im Differenzgeschäft, die hohen Beleihungen von Spielpapieren, die nun mit einem Mal wertlos waren, führten zu einer zahllosen Reihe von Bankerotten. Alle Gegenmaßregeln, wie die Bildung eines Aushülfskomitees zur Beleihung von Spekulationspapieren, für welches große Häuser, die natürlich selbst an der Haltung der Kurse und der Eindämmung der Krisis interessiert waren, einen starken Garantiefonds zeichneten; die Gewährung eines Moratoriums für Differenzzahlungen, die Festsetzung von Kompensationskursen von Effekten; schließlich die Aufhebung der Maximalgrenze für die Notenemission der Nationalbank — alles blieb ohne Erfolg.

Alle diese Maßregeln konnten naturgemäß nur die Wirkung haben, die Beschaffung von Barmitteln gegen Deckung durch Werte irgendwelcher Art zu ermöglichen, aber die Spielpapiere waren eben mit einem Mal keine Werte mehr, und darin lag der Kern der Börsenkrisis. Während bei den früheren Geld- und Kreditkrisen, namentlich in England, das Verhängnis darin lag, daß nicht einmal gegen unzweifelhaft sichere Deckung Zahlungsmittel zu erhalten waren, oder nur zu einem unglaublichen Zinsfuße, besagen alle Berichte über die Börsenkrisis von 1873 übereinstimmend, daß nicht die Spur einer Geldklemme zu bemerken war.

Diesem eigentümlichen Charakter der Krisis entsprechend war besonders die Suspension des Bankgesetzes, welche sich bei den Krisen von 1857 und 1866 in England als unbedingt notwendig zur Beruhigung des Geldmarktes erwiesen hatte, in diesem Falle eine gänzlich wirkungslose Maßregel; das zeigt sich schlagend darin, daß, während in England bei einem Diskont von 10 und 12% bei den Suspensionen der Notengrenze der Notenumlauf sich für einige Wochen bedeutend über sein gesetzliches Kontingent hinaus ausdehnte, in Österreich die Suspension des Bankgesetzes, welche am 13. Mai erfolgte, überhaupt nicht zu einer Überschreitung des Notenkontingents führte, trotz eines Bankdiskonts von nur 5%. Erst im Oktober, als die Börsenkrisis vorüber war, kam es zu Kontingents-Überschreitungen.

In Deutschland verlief die Krisis in ähnlicher Weise, nur war die Spekulation nicht ganz über so weite Kreise verbreitet, wie in Österreich.

Das Hauptereignis in Berlin war der Fall der Quistorpschen Vereinsbank, einer Riesengründerbank, deren Hauptthätigkeit namentlich die Gründung von Baugesellschaften gewesen war, und die 1871 13%, 1872 19% Dividende gezahlt hatte.

Überall war die Krisis in diesem Stadium eine reine Börsenkrisis, eine Krisis der Aktienkurse, nicht eine Krisis der Preise und der Absatzverhältnisse; Handel und Industrie waren nicht in Mitleidenschaft gezogen, höchstens mittelbar, insoweit Kaufleute, Fabrikanten und Landwirte sich nicht auf ihren Geschäftsbetrieb beschränkt hatten, sondern unter die Börsenspekulanten gegangen waren.

Das war nun allerdings in gewissem Umfang der Fall, sowohl in Deutschland als in Österreich; und so kommt es, daß mit dem Kartenhaus der Spekulationspapiere eine Reihe von industriellen Unternehmungen zusammenkrachte. Aber diese Bankerotte waren nicht durch die Verhältnisse der Industrie und des Handels hervorgerufen, sondern dadurch, daß die Unternehmer sich „gleich den verwegensten Börsenspekulanten kopfüber in den Börsenstrudel geworfen hatten“ [1].

Daß im übrigen die Krisis auf die Börse begrenzt war, ist von allen Seiten bezeugt.

„Der gefürchtete Ultimo (31. Mai),“ schreibt Neuwirth [2], „ist in den eigentlichen Geschäftsbranchen außerhalb der Börse ohne jegliches Falliment abgelaufen, eine Thatsache, welche aufs neue die Behauptung unterstützt, daß eine Handelskrisis nicht nur nicht vorhanden, sondern vorerst auch kein Grund vorhanden sei, eine solche zu erwarten.“

Das Bankgesetz wurde mit der Begründung suspendiert, daß es gelte zu verhindern, daß „die Krisis, welche bisher ausschließlich auf die Kreise der Börse beschränkt blieb, sich nicht bis zu einer nachhaltigen Gefährdung des Handels und der Industrie steigere“ [3].

Ebenso lagen die Dinge in Deutschland. Während die Krisis an der Fondsbörse auf ihrem Höhepunkt war, herrschte (nach der Hamburger

---

[1] Wirth a. a. O. S. 570.

[2] A. a. O. S. 111.

[3] Neuwirth S. 217.

Börsenhalle) an der Warenbörse „wolkenloser Himmel und ein reges, gewinnbringendes Geschäft“ [1].

Aber auch der Aufschwung des der Spekulation fernstehenden Warengeschäfts fand rascher sein Ende, als es der schlimmste Skeptiker zu prophezeien gewagt hätte.

Gegen Ende des Jahres 1873 zeigte es sich immer deutlicher, daß die Konsumtion mit der gesteigerten Produktion nicht weiter Schritt halten konnte. Es traten Absatzstockungen ein und die Preise begannen zu sinken. Fabriken und Werke, welche zur Ausdehnung ihrer Produktion alle Hülfsmittel des Kredits in Anspruch genommen hatten, gerieten in Verlegenheiten und mußten zu den niedrigeren Preisen verkaufen, wenn sie auch die ungünstigere Konjunktur als vorübergehend ansahen. Wer nicht verkaufen mußte, hielt mit Verkäufen zurück, in der Hoffnung auf eine Rückkehr der besseren Preise. Aber die Produktion erfuhr zunächst keine oder nur eine geringe Verminderung.

Der Rückgang der Preise und die Absatzstockung hielten jedoch an und erstreckten sich über eine Reihe von Jahren. Die Lagervorräte in allen Geschäftszweigen häuften sich. Unternehmungen, welche zu übertriebenen Preisen und unter allzustarker Belastung übernommen waren, konnten sich nicht halten und verfielen dem Bankerott. Ihre Produkte kamen teilweise zu Schleuderpreisen auf den Markt. Andere Unternehmungen, welche um jeden Preis Geld brauchten, schlugen, um zu retten was zu retten war, ihre Vorräte gleichfalls zu Schleuderpreisen los.

Gerade weil sich die Unternehmer allzulange der Einsicht verschlossen hatten, daß die Preise der Jahre 1872 und 1873 anormale waren, und daß der Preisrückgang nicht eine vorübergehende ungünstige Konjunktur, sondern die Rückkehr zu den normalen Verhältnissen war; weil sie auf Grund dieses Irrtums nicht an eine Einschränkung der Produktion dachten, sondern Vorräte auf Vorräte häuften, gerade deshalb war der Heilungsprozeß so langwierig und schmerzhaft. Durch eine fortgesetzte Reihe von Bankerotten und Liquidationen wurde die Produktion unter Zuckungen und Erschütterungen des ganzen wirtschaftlichen Körpers langsam und allmählich auf einen dem Bedarf entsprechenden Umfang zurückgeführt.

Wenn wir uns nun zur Untersuchung der Ursachen des Komplexes von Erscheinungen wenden, die man gewöhnlich unter dem Namen der

[1] Ernst Levy von Halle, Das Ende der Hamburger Girobank, S. 71.

„Handelskrisis von 1873“ zusammenfaßt, so haben wir, wie bei allen Krankheitserscheinungen zu unterscheiden zwischen Vorbedingungen, unmittelbaren Ursachen und erschwerenden Momenten.

Die Vorbedingungen zu der Krisis waren geschaffen durch die großen Umwälzungen, welche die Weltwirtschaft seit der Mitte des Jahrhunderts erfahren hatte. Alle technischen Fortschritte haben, solange sie noch nicht Allgemeingut geworden sind, die Tendenz, einzelnen besondere Gewinne zu verschaffen. Das war auch der Fall bei den sich überstürzenden Verbesserungen der Produktions- und Transport-Technik jener Zeit. Verschärft wurde diese Wirkung durch einen Rückgang des Geldwertes infolge der kalifornischen und australischen Goldfunde. Wesentlich durch eine Geldwertverringerung erklärt sich die Thatsache, daß — trotz der enormen Produktionsverbesserungen, welche an sich einen Rückgang der Warenpreise hätten hervorrufen müssen — die Warenpreise im allgemeinen seit 1850 eine nicht ununterbrochene, aber im ganzen entschieden aufsteigende Linie beschreiben.

Die hervorragendste Rolle in der wirtschaftlichen Entwickelung seit 1850 spielt der Eisenbahnbau, besonders in Amerika, Rußland und Österreich. Später kamen alle möglichen Arten von Bankgründungen hinzu. Die Ausbildung des Aktienwesens gestattete dem kleinsten Rentner, an Riesenunternehmungen und ihren vermeintlichen Riesengewinnen teilzunehmen. Die Verbesserung der Transportmittel, und namentlich die Erfindung des Telegraphen und seine Ausdehnung über alle Erdteile verband die ganze Welt zu einer zusammenhängenden Börse und stellte sie der Spekulation als freien Tummelplatz zur Verfügung.

Für Deutschland speciell kam erschwerend hinzu, daß gerade im Jahre 1870 das Aktienrecht geändert und die bisher sehr erschwerte Bildung von Aktiengesellschaften freigegeben wurde.

Alle diese Momente wirkten zusammen, um der Spekulation einen fruchtbaren Boden zu schaffen. Bereits vor dem Krieg mit Frankreich zitterte diese vulkanische Erde mitunter bedenklich. Der September 1869 brachte in Österreich und Ungarn Erschütterungen, welche vor dem großen Krach von 1873, der alles vorhergehende als Kinderspiel erscheinen ließ, bereits Krisis genannt wurden [1].

Es waren also genügende Vorbedingungen gegeben sowohl für eine sich überstürzende Börsenspekulation als auch für eine allzugroße Aus-

---

[1] Wirth a. a. O. S. 463.

dehnung der Produktion auf denjenigen Gebieten der industriellen Thätigkeit, welche, wie die Eisenindustrie und der Kohlenbergbau, durch die besondere Art des damaligen Aufschwungs besonders begünstigt waren und für deren Ausdehnung nicht, wie bei der Landwirtschaft, deren Produkte an der allgemeinen Preissteigerung den lebhaftesten Anteil nahmen, allzu enge Grenzen existierten.

Um jedoch einen solchen Hexensabbath der Spekulation und einen solchen unerhörten und unnatürlichen Aufschwung der industriellen Produktion hervorzurufen, wie er seit 1871 eintrat, dazu brauchte es mächtiger und unmittelbar wirkender Ursachen.

Diese Ursachen wurden hauptsächlich durch die Folgen des deutsch-französischen Krieges geschaffen.

Der Krieg schränkte die Produktion der beiden kriegführenden Nationen erheblich ein. Es entstand dadurch eine Lücke in der Versorgung der normalen Nachfrage. Allein schon die normale Nachfrage mußte deshalb nach dem Friedensschluß gesteigerte Preise, höhere Unternehmergewinne, zeitweilige Ausdehnung der Produktion hervorrufen.

Der Krieg zerstörte ferner eine Menge von Material, in erster Linie natürlich Kriegsmaterial, aber daneben namentlich auch Eisenbahnwagen u. s. w. Nach dem Friedensschluß galt es, in möglichster Schnelligkeit diese Schäden zu ersetzen. Das „Retablissement" des Heeres wurde zur möglichst raschen Wiederherstellung der Kriegsbereitschaft fieberhaft betrieben. Der Ausbau von Festungen, die Anlage neuer strategisch wichtiger Eisenbahnlinien kam hinzu [1].

Für Deutschland wurde die Krisis beschleunigt und verschlimmert durch den Empfang der Kriegskosten-Entschädigung.

Die fünf Milliarden übten einen wahren Zauber auf die Phantasie aller unklaren Köpfe aus. Sie erschienen als ein Goldregen, der für jeden fällt, der das Zugreifen versteht. Sie schufen unternehmungslustige und spekulationsfreudige Stimmung und ein sicheres Vertrauen auf große Gewinne aus jeder produktiven und spekulativen Thätigkeit.

Sie statteten ferner die Reichsregierung mit einer unversiegbar erscheinenden Kaufkraft aus und setzten sie in stand, ihre Nachfrage nach

---

[1] Ende 1869 wurde der Suez-Kanal eröffnet. Der Londoner Economist berichtet, daß dadurch in den Jahren 1870/73 eine dringende Nachfrage nach Schiffen, welche für den neuen Weg nach Indien geeignet waren, hervorgerufen wurde. Auch das war eine starke Erhöhung der Nachfrage auf dem Eisenmarkt.

Gütern und Leistungen aller Art zu einer außerordentlich wirksamen zu machen und die höheren Preise, welche gefordert wurden, im Interesse der schleunigen Förderung des Retablissements unbedenklich zu bewilligen.

Ferner erhöhte die Milliardenzahlung — in Verbindung mit der bereits geschilderten Art und Weise der Durchführung der Geldreform — die Barmittel im deutschen Umlauf sehr beträchtlich. Die Folge war, daß der rapide Aufschwung nicht — wie unter normalen Verhältnissen — in dem Umfang der Zirkulation einen natürlichen und heilsamen Hemmschuh fand und daß er nicht durch eine empfindliche Kreditverteuerung innerhalb vernünftiger Grenzen gehalten wurde.

Von besonderem Einfluß auf den Anlagemarkt war der Umstand, daß ein erheblicher Teil der Kontributionsgelder sowohl seitens des Norddeutschen Bundes als auch seitens der Einzelstaaten zur Rückzahlung ihrer Schulden benutzt wurde. Die Kriegsschuld des Norddeutschen Bundes, welche sich Ende 1871 auf 220.020.800 Thaler belief, war Ende 1872 bis auf etwa 12 Millionen Thaler getilgt.

Die Wirkung der außerordentlichen Schuldentilgung war eine erhebliche Verringerung der solidesten Anlagepapiere.

In derselben Richtung wirkte die vorübergehende Anlage derjenigen Teile der Kontribution, welche nicht sofort verausgabt, sondern für bestimmte Zwecke reserviert wurden; so vor allem des Invalidenfonds, des Festungsbaufonds und des Reichstagsgebäudefonds, welche sich zusammen auf etwa 800 Millionen Mark beliefen. Diese Summen wurden zinsbar angelegt durch Ankauf bestimmter Kategorien von Wertpapieren, für eine am 1. Januar 1876 ablaufende Zeit auch durch Ankauf von Wechseln und die Gewährung von Lombarddarlehen. In ähnlicher Weise wurde ein Teil der disponibeln Bestände der Reichskasse angelegt.

Die vorübergehende Veranlagung und die definitive Verwendung der Kriegsentschädigungsgelder wirkte also dahin, die flüssigen Geldmittel auf dem Markte zu vermehren, und gleichzeitig die für den Markt verfügbaren sicheren Anlagepapiere zu vermindern. Durch die Kündigung der Bundes- und Staatsanleihen wurde weiteren Kreisen die bisherige Anlage ihres Geldes entzogen, sie wurden zur Neuanlage genötigt, und die Knappheit der zinstragenden Papiere wies sie von selbst auf die dividendentragenden Papiere, die Industrieaktien u. s. w. hin.

Allerdings bedarf es hier einer Einschränkung. Zu einem Teil, und zwar zu einem sehr erheblichen Teil, wurde der deutsche Markt dadurch mit Anlagepapieren versorgt, daß Frankreich und zum Teil auch England gegen die Aufnahme der neuen französischen Anleihe sichere Anlagepapiere an Deutschland abgaben. Dadurch wurde die Wirkung der Anleihekündigungen und der Veranlagung der Kriegsentschädigungs-Gelder zum Teil paralysiert.

Wesentlicher als die Summe der dem deutschen Anlagemarkt entzogenenen Staatsanleihen und des für neue Veranlagungen frei gewordenen Geldes war vielleicht die Thatsache, daß einer Reihe von Rentenbesitzern ohne ihr Zuthun an Stelle ihrer bisherigen Rententitel, an deren Veräußerung zwecks anderweitiger Veranlagung ihres Vermögens sie möglicherweise gar nicht gedacht hätten, plötzlich bares Geld in die Hand gegeben wurde, und daß diese Leute so in die Zwangslage gerieten, sich über die neue Veranlagung ihres Geldes zu entscheiden. Bei dem Aufschwung der Industrie und des Handels, in Anbetracht der hohen Dividenden der Aktien-Unternehmungen gegenüber den niedrigen Zinsen der Staatspapiere, wurden diese Leute durch die Anleihekündigungen in die Versuchung geführt, ihr Geld in Aktien anzulegen; sie wurden dadurch in die Kreise der Börsenspekulation gezogen.

Diese Verhältnisse wirkten erheblich mit zu dem raschen und starken Aufflammen der Spekulation. Ihre Folge war es, daß die Börse so schnell selbst den rapiden Aufschwung der Industrie überholte.

Nach diesen Feststellungen sind wir imstande, den Anteil der Geldreform an der Krisis klarzulegen, und den Einfluß der Krisis auf die Durchführung der Geldreform zu beurteilen.

In dem Kampf um die Währung ist späterhin oft die Behauptung wiederholt worden, der seit dem Ausgange des Jahres 1873 eingetretene Rückgang einer Reihe wichtiger Warenpreise sei veranlaßt worden durch die Einführung der Goldwährung. Da die Industriekrisis sich am sichtbarsten in dem damals beginnenden starken Preisrückgang äußerte, wäre demnach die Krisis selbst eine Folge des deutschen Währungswechsels gewesen.

Der einzige Beweis, welcher für diese Behauptung erbracht worden ist, besteht in dem zeitlichen Zusammentreffen der Münzreform und des Beginns des Rückganges des sogenannten „allgemeinen Preisniveaus“, und dieser Beweis ist natürlich nicht überzeugend. Er zerfällt in nichts, sobald man sich nach der Erklärung des inneren Zusammenhangs zwischen der Einführung der Goldwährung und des Preisrückganges umsieht. Die Einführung der Goldwährung und die damit verbundene Demonetisation des Silbers soll eine Kontraktion des Geldumlaufs und dadurch eine Verteuerung des Geldes bewirkt haben, und der Rückgang der Warenpreise soll lediglich der naturgemäße Ausdruck dieser Geldverteuerung gewesen sein.

Ein solcher Zusammenhang wäre denkbar, und es soll an dieser Stelle nicht entschieden werden, ob er thatsächlich in anderen Ländern oder in späteren Zeiten stattgefunden hat. Hier handelt es sich nur darum, ob der scharf hervortretende Beginn des allgemeinen Preisrückgangs, die Krisis von 1873, bei uns in Deutschland durch die Geldreform veranlaßt oder beeinflußt worden ist.

Gerade in diesem besonderen Falle sprechen die Thatsachen so deutlich, wie nur irgend denkbar, gegen eine Erklärung des Preisrückgangs durch eine Einschränkung des Geldumlaufs. Niemals, soweit unsere Kenntnis reicht, hat innerhalb einer ähnlich kurzen Zeit eine ähnlich starke Vermehrung der metallischen Zirkulation stattgefunden, wie in Deutschland vom Frankfurter Frieden bis zur Handelskrisis. Nur durch enorme Emission papierner Umlaufsmittel sind anderwärts und zu anderen Zeiten derartig starke Vermehrungen der Zirkulation hervorgerufen worden.

Bis zur Mitte des Jahres 1873 waren etwa 750 Millionen Mark in neuen Reichsgoldmünzen ausgeprägt, gegen 50 Millionen Mark an eingezogenen Landesmünzen. Die Vermehrung der deutschen Münzen betrug also vom Ende des Jahres 1871 bis zur Mitte des Jahres 1873 etwa 700 Millionen Mark, mehr als 40 Prozent des gesamten vor der Geldreform vorhandenen Bestandes von Münzen deutscher Prägung[1]. In derselben Zeit erfuhr der Betrag der in Deutschland umlaufenden fremden Münzen gleichfalls eine gewaltige Vermehrung, welche auf etwa 200 Millionen Mark zu veranschlagen sein dürfte[2]. Dagegen erfuhr der monetäre Vorrat an Rohsilber durch die umfangreichen Silberverkäufe der Preußischen Bank und durch die Veräußerung des Barrenbestandes der Hamburger Girobank eine Verminderung um etwa 70 Millionen Mark[3]. Die Vermehrung des gesamten Metallgeld-Bestandes bezifferte sich also bis zur Mitte des Jahres 1873 auf etwa 830 Millionen Mark.

---

[1] Siehe Beiträge S. 394.
[2] Siehe Beiträge S. 397 u. 398.
[3] Siehe Beiträge S. 399.

Freilich sind diese Riesensummen von der Reichsregierung nicht in ihrem ganzen Umfang sofort dem freien Umlauf zur Verfügung gestellt worden; denn erhebliche Beträge lagen für längere oder kürzere Zeit in den Kassen des Reiches fest. Aber trotzdem bleibt eine ganz gewaltige Vermehrung auch des freien Umlaufs bestehen. Es fand also gerade das Gegenteil einer Zirkulations-Einschränkung statt, und deshalb kann der starke Rückgang der Warenpreise und die in diesem Rückgang in Erscheinung tretende Industriekrisis nicht durch eine aus der Einführung der Goldwährung entstandene Geldknappheit verursacht oder auch nur beschleunigt oder verschärft worden sein.

Im Gegenteil, wir haben gesehen, daß gerade die Vermehrung der Umlaufsmittel den schwindelhaften Aufschwung der Spekulation, der zur Börsenkrisis führte, und die allzustarke Anspannung der Produktion, welche die Industriekrisis zur Folge hatte, außerordentlich begünstigt hat. Es läge also näher, der Geldreform deshalb eine Mitschuld an der Krisis zuzuschreiben, weil sie zu einer so starken Vermehrung des Geldumlaufs geführt hat.

Aber auch an der Vermehrung der Zirkulation war die Geldreform völlig unschuldig. Wir erinnern uns, daß der starke Zufluß von Bargeld allein schon durch die Milliardenzahlung bewirkt werden mußte, und daß die Geldreform bis zu einem gewissen Grade der Steigerung des Geldumlaufs entgegenwirkte. Freilich hätte sie viel stärker und erfolgreicher entgegenwirken können, wenn die Reichsregierung Geldreform und Milliardenzahlung in einem planmäßigen Zusammenhange behandelt hätte, wenn sie gleich von Anfang an durch starke Silbereinziehungen und kräftige Einschränkungen der Papierzirkulation eine der durch die Goldprägungen und durch das Eindringen fremder Münzen hervorgerufenen Vermehrung entsprechende Verminderung des Umlaufs bewirkt hätte. Aber der Umstand, daß die Geldreform nicht in geschickter Weise als Gegenmittel gegen eines der die Krisis verschärfenden Momente benutzt wurde, kann die Geldreform noch nicht mitschuldig an der Krisis machen.

Während die Geldreform und ihre Durchführung in keinerlei ursächlichem Zusammenhange mit der Handelskrisis stand, wurde umgekehrt die Umwandlung des deutschen Geldumlaufs wesentlich durch den Verlauf der Handelskrisis beeinflußt.

Der nach dem Friedensschluß beginnende fabelhafte Aufschwung der wirtschaftlichen Produktion und der Börsenspekulation stellte ungewöhnliche Ansprüche an den Geldmarkt. Wenn die Fülle von Barmitteln, welche sich damals über den deutschen Markt ergoß, ihrerseits zur Überanspannung der Produktion und Spekulation mitwirkte, so absorbierte auf der andern Seite die fieberhafte Thätigkeit der gesamten Volkswirtschaft mit Leichtigkeit die gewaltigen Summen, welche damals dem deutschen Umlauf zuflossen. Solange der Aufschwung anhielt, war in Deutschland ein der ungewöhnlichen Vermehrung des Geldumlaufs entsprechender außerordentlicher Geldbedarf vorhanden, welcher einen gewissen Schutz gegen einen Goldabfluß nach dem Ausland gewährte. Nur fiel diese für die Durchführung des Währungswechsels förderliche Wirkung des großen Aufschwungs zeitlich mit der Abtragung der Kriegskosten-Entschädigung zusammen, durch welche allein schon in hinreichender Weise ein solcher Schutz geschaffen war.

Der Börsenkrach im Mai und Juni brachte, infolge des plötzlich entstehenden allgemeinen Mißtrauens, zunächst eine noch stärkere Anspannung des Geldmarktes und eine Versteifung der Zinssätze; aber auf die Dauer mußte der Zusammenbruch der Spekulation und die Einschränkung der Umsätze an den Börsen zu einer Verminderung des Geldbedarfs führen. Solange jedoch die günstige Konjunktur für Industrie und Handel vorhielt, konnte die Börsenkrisis keinen wesentlichen Einfluß ausüben [1].

Der Ausbruch der eigentlichen Absatzkrisis brachte gleichfalls zunächst noch keine Abnahme, sondern eine Steigerung des Geldbedarfs. Auch hier machte das allgemeine Mißtrauen eine Steigerung der Barmittel erforderlich. Wenn auch die Umsätze geringer wurden, so stellten doch die Lombardierung der sich häufenden Lagervorräte, überhaupt die gesteigerten Kreditansprüche der bedrängten Unternehmer, fortgesetzt große Ansprüche an den Geldmarkt.

Nachdem aber nach großen Betriebseinschränkungen, Liquidationen und Bankerotten die unvermeidliche Verminderung der Produktion sich durchgesetzt hatte, folgte auf das akute Stadium der Krisis eine lang

---

[1] Die Verminderung des ungedeckten Banknotenumlaufs vom Ende 1872 bis Ende 1873, welche an und für sich auf eine Abnahme des Geldbedarfs schließen ließe, erklärt sich dadurch, daß der Metallvorrat der Preußischen Bank damals durch die Überweisung starker Gelder seitens des Staates außerordentlich vermehrt und ihr ungedeckter Notenumlauf dementsprechend eingeschränkt wurde. Der ungedeckte Notenumlauf der übrigen Banken zeigt im Jahre 1873 nicht nur keine Abnahme, sondern sogar eine Zunahme um 20 Millionen Mark. — Vgl. Beiträge S. 404 ff.

andauernde und schwere wirtschaftliche Depression. Der Bedarf nach Umlaufsmitteln ging erheblich zurück, die großen Summen von Barmitteln, welche dem deutschen Geldmarkt durch die Kontribution zugeflossen waren, und welche bisher durch den großen Aufschwung und dann durch den akuten Geldbedarf der Krisis absorbiert worden waren, fanden nun keine Verwendung mehr und mußten die mit jedem Darniederliegen des Wirtschaftslebens verbundene Geldflüssigkeit beträchtlich verstärken.

Es traf sich unglücklich, daß gleichzeitig die Wirkungen der Milliardenzahlung auf das internationale Verhältnis des deutschen Geldumlaufs aufhörten. Im September 1873 wurden die letzten Zahlungen geleistet. Die außergewöhnliche Versorgung Deutschlands mit Forderungen auf das Ausland fand damit ihr Ende. Solange das Ausland noch die Deckung für diese Forderungen zu beschaffen genötigt war, hielt die für die Durchführung der Münzreform so vorteilhafte Wirkung der ausländischen Nachfrage nach deutschen Zahlungsmitteln vor. Mit dem Aufhören dieser Nachfrage fiel der Schutz gegen einen Rückfluß von Gold über die deutsche Grenze, zur gleichen Zeit, als das Erlahmen des inneren deutschen Geldbedarfs infolge der Handelskrisis einen Gelderport aus Deutschland besonders begünstigte.

Wir werden nunmehr sehen, wie weit bis zu diesem kritischen Augenblick die Durchführung der Geldreform gediehen war.

Dritter Abschnitt.

Die Entwickelung bis zur Mitte des Jahres 1874.

Das Münzgesetz vom 9. Juli 1873 bedeutete einen Wendepunkt in der Durchführung der Münzreform. Es gab die Grundlage zu neuen Maßregeln der Reichsregierung, durch welche in gewissem Grade eine Umkehr der bisherigen Entwickelung des deutschen Geldumlaufs herbeigeführt und das Verhalten der deutschen Valuta wesentlich beeinflußt wurde.

Am 8. Juli 1873, als das Zustandekommen des Münzgesetzes nach langen Kämpfen gesichert war, beschloß der Bundesrat, es sollten zunächst hauptsächlich Scheidemünzen ausgeprägt, und die Goldausmünzung auf die Aufräumung der vorhandenen Bestände beschränkt werden.

Der Übergang zur Ausprägung kleinerer Münzstücke mußte zum mindesten das Tempo der Vermehrung des deutschen Geldumlaufs erheblich verlangsamen. Außerdem stellten die Silberprägungen, da das Material aus der Einschmelzung umlaufender Silbermünzen gewonnen werden mußte, überhaupt nicht, wie die Goldausmünzungen, eine Vermehrung des Umlaufs dar.

Der Bundesratsbeschluß vom 8. Juli zeigte jedoch seine Wirkung nicht augenblicklich. Die Vorbereitungen zur Scheidemünzprägung nahmen geraume Zeit in Anspruch. Die Berliner Münze, welche zuerst zur Scheidemünzprägung überging, begann damit erst Ende Oktober; die andern Münzstätten folgten im November und Dezember 1873 und im Januar 1874.

Unter diesen Umständen nahm die Goldausmünzung auch nach dem Erlaß des Münzgesetzes zunächst noch ihren Fortgang, und zwar beschränkte sie sich nicht auf die Aufräumung der vorhandenen großen Bestände von Prägegold, denn im September nahm die Reichsregierung in London neuerdings Goldankäufe vor[1]. So kam es, daß die Goldausmünzungen des zweiten Halbjahrs 1873 mit 268 Millionen Mark nicht allzusehr hinter den Goldausmünzungen des ersten Halbjahrs im Betrag von 326 Millionen Mark zurückblieben. Erst vom Beginn des Jahres 1874 ab trat eine erhebliche Verminderung ein. In der ersten Hälfte dieses Jahres sanken die Goldausmünzungen auf einen Betrag von nicht ganz 26 Millionen Mark.

Auch die Einziehung von Landesmünzen blieb nach dem Erlaß des Münzgesetzes zunächst noch innerhalb enger Grenzen. Von Landessilbermünzen waren bis zur Mitte des Jahres 1874 nur etwa 90 Millionen Mark eingezogen. Dagegen wurden in der ersten Hälfte des Jahres 1874 erheblichere Beträge von Landesgoldmünzen infolge ihrer Außerkurssetzung zur Einlösung gebracht. Die Summe der eingezogenen und eingelösten Landesgoldmünzen belief sich um die Mitte des Jahres 1874 auf etwa 91 Millionen Mark.

Im ganzen fand während der zweiten Hälfte des Jahres 1873 noch eine beträchtliche Vermehrung der deutschen Münzen statt, während mit dem Beginn des Jahres 1874 eine leichte Verminderung eintrat[2].

[1] S. die Beilage S. [illegible]

[2] Siehe die Tabellen über die Entwicklung des deutschen Geldumlaufs in den Beilagen S. [illegible]

Bereits in der zweiten Hälfte des Jahres 1873 bestand jedoch eine starke Gegenwirkung gegen die Vermehrung des deutschen Geldbestandes. Die Zunahme des Bestandes deutscher Münzen wurde mehr als aufgewogen durch die gleichzeitige *Beseitigung des Umlaufs ausländischer Münzsorten.*

Die Überschwemmung Deutschlands mit ausländischen Münzen, welche durch die eigentümliche Lage des deutschen Geldwesens in den ersten Jahren der Reform herbeigezogen wurden, konnte nach einer ihrer wichtigsten Voraussetzungen nur eine vorübergehende Episode sein. Sie konnte sich nur solange fortsetzen, als das große Publikum sich noch nicht in den Gedanken gefunden hatte, daß infolge der Reformgesetze die alten festen Beziehungen zu den Münzen der benachbarten Silberwährungsländer aufgehoben seien. Es brauchte Zeit, bis diese Erkenntnis zum Durchbruch kam, aber auf die Dauer konnte sie nicht ausbleiben. Die Regierung hatte es in der Hand, sie durch geeignete Maßnahmen zu fördern.

Ohne Störungen und Verluste für das Publikum konnte sich die Beseitigung der fremden Silbermünzen nicht vollziehen.

Obwohl vielfach die Regierungen, indem sie die Annahme der fremden Münzsorten an den öffentlichen Kassen gestattet hatten, mitschuldig an dem Eindringen der fremden Sorten waren, konnte eine Einlösung der ausländischen Münzen seitens der Reichsregierung nicht in Frage kommen. Denn eine Einlösung hätte, wenigstens hinsichtlich der Silbermünzen, für die private Spekulation eine so große Gewinnmöglichkeit geschaffen, daß auch ein großer Teil der noch außerhalb Deutschlands umlaufenden österreichischen und holländischen Gulden und der französischen Fünffrankenthaler eigens zum Zweck der Einlösung nach Deutschland gebracht worden wären.

Es blieb also, wenn sich das Reich nicht unverhältnismäßig große Opfer auferlegen wollte, nur eine allmähliche Austreibung der fremden Sorten auf Kosten des Publikums übrig.

Dieses Schicksal der in Deutschland umlaufenden fremden Münzen war leicht vorauszusehen. Deshalb trat, schon lange bevor die Regierungen irgendwelche Schritte gegen die fremden Münzen unternahmen, hin und wieder ein starkes und weit verbreitetes Mißtrauen namentlich gegen die österreichischen Silbermünzen auf.

Bereits zu Beginn des Jahres 1872 weigerte sich die Filiale der Preußischen Bank zu Frankfurt a. M., österreichische Silbergulden in Zahlung zu nehmen. Die Folge war, daß der gesamte Frankfurter [illegible] neue Münzen in [illegible]. Baden und Württemberg folgten, und schließlich trat im März 1872 in Bayern, wo sich der [illegible] immer mehr [illegible], die [illegible] [illegible] die Annahme einer größeren [illegible] zu [illegible] Gulden zurück. Es brach nun eine förmliche Guldenpanik aus, welche [illegible] wieder die bayerische Regierung veranlaßte, die Annahme der österreichischen Gulden bei den öffentlichen Kassen zu untersagen[1].

Es dauerte jedoch nicht lange, und das Mißtrauen gegen die österreichischen Silbergulden verschwand wieder. Trotz des sinkenden Silberpreises nahm ihr Umlauf immer mehr überhand, nicht nur in Süddeutschland, sondern auch im Norden, wo man sich ihrer bisher mit Erfolg erwehrt hatte. Zur Zeit der Beratung des Münzgesetzes hörte man überall Klagen über diese Eindringlinge. Zahlreiche Petitionen an Bundesrat und Reichstag verlangten, daß gegen sie ein Umlaufsverbot ausgesprochen werde.

Die Verhandlungen des Reichstags über das Münzgesetz, namentlich der Streit um das Zweimarkstück und um die dem Bundesrat zu verleihende Befugnis, den Umlauf fremder Münzen zu untersagen[2], trugen viel zur Aufklärung bei.

Der Bundesrat machte jedoch von der ihm erteilten Ermächtigung, ein Umlaufsverbot gegen fremde Münzen zu erlassen, nicht sofort Gebrauch; aus begreiflichen Gründen. Bei der großen Menge der in Deutschland umlaufenden fremden Silbermünzen hätte ein sofortiges Umlaufsverbot eine heillose Verwirrung angerichtet. Der Bundesrat beschränkte sich deshalb zunächst darauf, die einzelnen Regierungen zu ersuchen, die Annahme der österreichischen Eingulden- und Zweiguldenstücke und der niederländischen Silbermünzen bei den Staats- und sonstigen öffentlichen Kassen sofort zu verbieten.

Die gleiche Maßregel wurde von einzelnen Regierungen aus freien Stücken gegen die Fünffrankenthaler verfügt.

Bereits diese Schritte hatten die Wirkung, die ausländischen Silbermünzen allmählich aus Deutschland auszutreiben; denn von nun an wurden diese Sorten auch im Privatverkehr zurückgewiesen oder nur mit einem Abzug von einigen Prozenten angenommen.

[illegible] dem Publikum [illegible], wie bereits an-

[1] [illegible] S. 66 u. 67.
[2] [illegible]

gedeutet, nicht vermeiden. Aber einzelne Regierungen scheinen ein Übriges gethan zu haben, um diese Härten noch fühlbarer zu machen. Fürst zu Hohenlohe-Langenburg, der gegenwärtige Statthalter in den Reichslanden, beschwerte sich im März 1874 im Reichstag darüber, daß Finanzministerien kurz vor dem Erlaß des Annahmeverbots die öffentlichen Kassen angewiesen hätten, die in ihren Beständen befindlichen österreichischen Gulden und Fünffrankenthaler möglichst rasch auszugeben, ja daß drei Tage vor der Veröffentlichung des Verbots den Beamten ihr Vierteljahrsgehalt in diesen Münzen ausgezahlt worden sei.

Das Disagio der ausländischen Silbermünzen wurde infolge des allgemeinen Mißtrauens bald größer, als ihrem Silberwert entsprach, so daß es sich für die Arbitrage lohnte, sie aufzukaufen und zu exportieren. Anfang September wurde der Münze in Brüssel die Umprägung von 100 Millionen Francs österreichischer Gulden vorgeschlagen. Über die Umprägung eines Betrages von 25 Millionen Francs kam gerade noch ein Vertrag zu stande, ehe die Silberprägung der Brüsseler Münze durch eine Verfügung des Finanzministers kontingentiert wurde.

Bis zum Schluß des Jahres 1873 waren die österreichischen Gulden — noch schneller, als sie gekommen — fast spurlos aus dem deutschen Umlauf verschwunden; mit ihnen die meisten anderen Silbermünzen.

Am 28. Januar 1874 erließ der Bundesrat, um für die Zukunft einem neuen Eindringen der österreichischen Gulden vorzubeugen, eine Verordnung, durch welche deren Umlauf untersagt wurde.

Binnen kurzer Zeit war es also gelungen, den deutschen Umlauf von den meisten Münzsorten ausländischer Herkunft zu säubern. Von allen ausländischen Silbermünzen sind uns nur die österreichischen Thaler geblieben, deren Austreibung aus inneren Gründen unmöglich war[1].

Die österreichischen Thaler unterschieden sich von den österreichischen Gulden in zwei Punkten. Einmal waren sie nicht vermehrbar, denn ihre Prägung war seit 1868 eingestellt; sie waren infolgedessen für die Durchführung der deutschen Goldwährung nicht entfernt so gefährlich, wie die frei ausprägbaren österreichischen Gulden. Sie waren ferner in Deutschland nach den in Gemäßheit des Wiener Münzvertrags erlassenen Landesgesetzen den Vereinsthalern deutschen Gepräges vollkommen gleichgestellt, während die österreichischen Gulden nur hier oder dort Kassenkurs hatten.

[1] Vgl. zu den folgenden Ausführungen meine Arbeit über die Folgen des deutsch-österr. Münzvereins. S. 54 ff.

[illegible] der [illegible] Thaler [illegible]

[illegible] die österreichischen Thaler [illegible] ein Teil des deutschen [illegible] auf ihre Einziehung war [illegible]

[2] Siehe Beiträge S. [illegible]

[illegible] an Stelle der [illegible] denn das [illegible] um ein [illegible] zu verhindern.

Ersterer Umstand machte es nicht notwendig, letzterer Umstand machte es unmöglich, gegen sie in der gleichen Weise vorzugehen, wie gegen die österreichischen Gulden.

Aber man war über diese Verhältnisse damals sehr unklar. Soviel bei der Beratung des Münzgesetzes über die österreichischen Gulden gesprochen wurde, so wenig beschäftigte man sich mit ihren Halbbrüdern, den österreichischen Thalern.

Ohne Widerspruch zu erfahren wurde in das Münzgesetz die Bestimmung aufgenommen, daß nach Eintritt der Reichswährung an Stelle aller Reichsmünzen die Thaler und Doppelthaler deutschen Gepräges unter Berechnung des Thalers zu 3 Mark in Zahlung genommen werden sollten. Der Zusatz „deutschen Gepräges" fehlte im Entwurf und kam durch den Reichstag in das Gesetz. Delbrück erklärte den Zusatz für überflüssig, weil es selbstverständlich sei, daß sich die Bestimmung, durch welche „bestimmten Münzen für bestimmte Zeit ein gesetzlicher Kurs gegeben wird", sich nur auf deutsche Münzen beziehen könne.

Da dieser Entwurf die österreichischen Thaler nicht umfaßte, fielen sie unter den Artikel 14, nach welchem nach Eintritt der Reichswährung alle Zahlungen, die bis dahin in „landesgesetzlich den inländischen Münzen gleichgesetzten ausländischen Münzen" zu leisten waren, in Reichsmünzen geleistet werden mußten.

In Verbindung miteinander bedeuteten diese Paragraphen für die österreichischen Thaler folgendes:

Zunächst blieben sie nach wie vor gesetzliches Zahlungsmittel. Da sie bereits seit 1857 kraft noch in Geltung befindlicher Landesgesetze gesetzlichen Kurs hatten, handelte es sich nicht darum, ihnen, wie Delbrück sagte, für bestimmte Zeit einen gesetzlichen Kurs zu verleihen.

Mit Eintritt der Reichswährung verloren sie ipso iure ihre Geldeigenschaft. Die kaiserliche Verordnung, welche die Reichswährung proklamierte, enthielt implicite ihre Außerkurssetzung; und zwar erfolgte, mangels jeder anderen Bestimmung diese Außerkurssetzung ohne Einlösung.

Es ist bereits ausgeführt worden[1], daß es gegen die rechtliche Natur des Geldes verstößt, einer Münze oder einem Papier den Geldcharakter ohne Einlösung zu entziehen. Die Bestimmungen des Münzgesetzes über die österreichischen Thaler waren also juristisch unhaltbar; sie wurden auch praktisch unhaltbar, sobald ihre praktische Tragweite erkannt wurde.

[1] Siehe oben S. 226, 227.

Aber erst allmählich verbreitete sich Klarheit über das Schicksal, welches den österreichischen Thalern bevorstand. Bei der verhältnismäßig großen Summe von österreichischen Thalern, die damals in Deutschland umliefen (ca. 80 Millionen Mark), entstand im Publikum eine wachsende Beunruhigung, die ihren Höhepunkt erreichte, als in der Petitionenkommission des Reichstags der Regierungskommissar auf die eingelaufenen Petitionen, die sich mit den österreichischen Thalern beschäftigten, erklärte, die Reichsregierung könne keine Verbindlichkeit hinsichtlich der Einlösung dieser Münzen übernehmen.

Die Folge war, daß hier und dort Banken und Eisenbahnkassen die weitere Annahme österreichischer Thaler verweigerten, und daß diese Münzen im Verkehr ein Disagio erhielten, das in Süddeutschland, als sie der Münchener Handlungsverein bis auf weitere Beschlüsse des Bundesrats in Acht und Bann that, bis auf 6 Prozent stieg.

Die allgemeine Verwirrung veranlaßte den Fürsten zu Hohenlohe-Langenburg, die Regierung im Reichstag über ihre Stellung zu der Frage zu interpellieren.

Die Interpellation hatte den Erfolg, daß die Reichsregierung die Eigenschaft der österreichischen Thaler als gesetzliches Zahlungsmittel in aller Form anerkannte, und daß sie eine Gesetzvorlage über die österreichischen Thaler in Aussicht stellte.

In der That wurde bereits wenige Tage später dem Bundesrat ein Gesetzentwurf vorgelegt.

Dieser Entwurf entschied jedoch nicht die Frage der Einlösung, er begnügte sich damit, den österreichischen Thalern auch über den Eintritt der Reichswährung hinaus „bis zu ihrer Außerkurssetzung" ihre gesetzliche Zahlungskraft zu gewährleisten.

Die Frage der Einlösung sollte nach den Motiven eine offene bleiben, da für ihre Entscheidung erst die künftige Gestaltung des Silbermarktes und die künftige Entwickelung der österreichischen Valutaverhältnisse maßgebend sein könne.

Da der Bundesrat nur zur Außerkurssetzung von deutschen Landesmünzen befugt war, konnte von nun an die in dem Entwurf vorgesehene Außerkurssetzung der österreichischen Thaler, wie auch die Motive ausdrücklich hervorhoben, nur im Wege der Gesetzgebung herbeigeführt werden.

Der Entwurf gelangte unverändert zur Annahme, obwohl der Versuch gemacht wurde, die Einlösungspflicht des Reichs hinsichtlich der österreichischen Thaler in das Gesetz aufzunehmen.

Damit waren die österreichischen Thaler bis auf weiteres als ein Teil des deutschen Geldwesens anerkannt; auf ihre Austreibung war definitiv Verzicht geleistet[1].

Überblickt man diese ganze Entwickelung in ihrer Wirkung auf den Umfang des deutschen Geldumlaufs, so findet man, daß die rapide Vermehrung der deutschen Zirkulation bereits im Juli 1873 ins Stocken geriet.

Damals begann die Austreibung der fremden Silbermünzen, und auch der deutsche Bestand an fremden Goldmünzen scheint damals schon erheblich zurückgegangen zu sein.

Am Ende des Jahres 1873 waren keine nennenswerten Beträge fremder Silbermünzen mehr im deutschen Umlauf; an ausländischen Silber- und Goldmünzen zusammen mögen kaum mehr als 100 Millionen Mark noch vorhanden gewesen sein. Das bedeutete gegenüber dem Stand um die Mitte des Jahres 1873 eine Verminderung um etwa 350 Millionen Mark. Diese Verminderung ergab zusammen mit der gleichzeitigen Vermehrung der deutschen Münzen um etwa 240[2] Millionen Mark eine Verminderung des gesamten deutschen Metallgeldbestandes um mehr als 100 Millionen Mark.

Diese Abnahme des deutschen Metallgeldbestandes setzte sich in der ersten Hälfte des Jahres 1874 dadurch fort, daß, wie wir gesehen haben, die Einziehungen deutscher Landesmünzen einen erheblichen Überschuß über die Neuprägungen ergaben.

Die Verminderung des freien Metallgeld-*Umlaufs* entsprach allerdings nicht ganz der Abnahme des Metallgeld-*Bestandes*. Denn gerade in jener Zeit wurden große Summen, welche bis dahin in den

---

[1] Die Befugnis zur Außerkurssetzung dieser Münzen wurde dem Bundesrat erst durch ein Gesetz vom 28. Februar 1892 erteilt, nachdem Österreich-Ungarn sich durch ein Abkommen vom 20. Februar 1892 zur Übernahme von $8\frac{2}{3}$ Millionen Thaler zum Wert von $1\frac{1}{2}$ Gulden pro Thaler bereit erklärt hatte. Seit dieser Zeit sind große Mengen österreichischer Thaler zur Umprägung in Reichssilbermünzen verwandt worden; eine vor kurzem beschlossene Neuprägung von 28 Millionen Mark Reichssilbermünzen wird fast den ganzen noch vorhandenen Bestand österreichischer Thaler absorbieren, so daß die Außerkurssetzung dieser Münzen wohl nicht mehr lange auf sich warten lassen wird.

[2] Siehe *Beiträge* S. 393.

Kassen des Reichs und der Einzelstaaten festgelegt waren, allmählich in den freien Umlauf gebracht.

Andererseits trat gleichzeitig mit der Verminderung des deutschen Metallgeld-Bestandes eine starke Abnahme des ungedeckten Notenumlaufs ein, von etwa 650 Millionen Mark im April 1873 auf 450 Millionen Mark am Schluß des Jahres. Dadurch wurde die Abnahme des gesamten deutschen Geldumlaufs erheblich verschärft.

Die starke Abnahme des deutschen Geldumlaufs seit der Mitte des Jahres 1873 hob für einige Zeit die gefährlichen Wirkungen auf, welche die Handelskrisis und die Beendigung der französischen Zahlungen in ihrem Zusammentreffen für die Durchführung der Münzreform haben mußten. Die Zirkulations-Einschränkung verhinderte, daß die infolge der Handelskrisis eintretende Abnahme des inneren deutschen Geldbedarfs zu einer ausgeprägten Geldfülle führte, durch welche ein Goldabfluß nach dem Ausland hervorgerufen worden wäre, nachdem die durch die Milliardenzahlung geschaffene ausländische Nachfrage nach deutschen Zahlungsmitteln aufgehört hatte. Wie die Dinge standen, war eine solche Einschränkung des deutschen Geldumlaufs das einzige Mittel, das einem beträchtlichen Goldabfluß entgegenwirken konnte. Auch jetzt noch hatte es die Regierung in der Hand, durch energische Silbereinziehungen den an sich unvermeidlichen Goldabfluß zu verschieben und ihn einigermaßen einzudämmen.

Aber eine solche Politik lag der Reichsregierung fern.

Die Verminderung des deutschen Geldumlaufs von der Mitte des Jahres 1873 ab war nicht der gewollte Zweck, sondern nur eine unbeabsichtigte und zufällige Wirkung der Austreibung der fremden Münzen, des Übergangs zur Scheidemünz-Prägung und der Außerkurssetzung der Landesgoldmünzen; nur in bescheidenem Umfang wirkte auch die Einziehung von Landessilbermünzen mit. Eine starke Verringerung des Silberumlaufs wurde auch dann noch nicht vorgenommen, als die Wirkung der übrigen Maßregeln auf den Umfang des deutschen Geldumlaufs anfing sich zu erschöpfen.

So wurde um die Mitte des Jahres 1874 die Abnahme des deutschen Geldumlaufs durch eine neue Zunahme abgelöst, deren wesentlichste Ursache die abermalige Steigerung der Goldausmünzung durch die Umprägung der in der ersten Hälfte des Jahres eingelösten Landesgoldmünzen war.

In dem Augenblick, als diese neue Wendung eintrat, waren erst wenig mehr als 90 Millionen Mark an Landessilbermünzen eingezogen. Dafür waren 27 Millionen Mark an Reichssilbermünzen ausgeprägt. Der Bestand an deutschen Silbermünzen war also in diesem kritischen Stadium der Reform — fast drei Jahre nach dem Beginn des Reformwerkes! — nur um etliche 60 Millionen Mark verringert, während die Vermehrung des Goldumlaufs den Betrag von 950 Millionen Mark überstieg.

Diese Saumseligkeit bei der Silbereinziehung ist um so unverständlicher, da die wichtigsten Gründe, welche vor dem Erlaß des Münzgesetzes für die Verzögerung der Silbereinziehung ins Feld geführt wurden, inzwischen hinfällig geworden waren.

Die Unsicherheit über die Beendigung der französischen Zahlungen war seit dem Abkommen vom 15. März 1873 beseitigt. Wenn die Reichsregierung aus der unerwartet schnellen Abtragung der fünf Milliarden die richtige Konsequenz hätte ziehen wollen, so hätte sie seit diesem Tag die Silbereinziehung aufs äußerste beschleunigen müssen.

Ferner war das an sich schon haltlose Argument beseitigt, man müsse mit der Silbereinziehung zurückhalten, damit sich nicht an Stelle der eingezogenen deutschen Silbermünzen fremde substituierten; denn das Münzgesetz erteilte dem Bundesrat ausreichende Vollmachten, um ein weiteres Eindringen ausländischer Silbermünzen zu verhindern.

Auch die Möglichkeit, ein Gegengewicht gegen die Goldausmünzungen zunächst durch eine Einschränkung der Papierzirkulation zu schaffen, kam nach den Bestimmungen des Artikels 18 des Münzgesetzes vor der zweiten Hälfte des Jahres 1875 nicht in Betracht.

Nur die Rücksicht auf die Absatzmöglichkeit blieb bestehen.

Vor dem Erlaß des Münzgesetzes hatte die Reichsregierung kein Pfund Silber verkauft, obwohl die Absatzverhältnisse so günstig waren, wie sie niemals wiederkehrten. Damals standen noch die Münzstätten des lateinischen Münzbundes dem Silber unbeschränkt offen und der Londoner Silberpreis hielt sich stets höher als 59½ d. Es war also eine fast verlustlose Verwertung des Silbers möglich. Trotzdem verkaufte die Reichsregierung kein Pfund Silber und sah ruhig zu, wie sich deutsche Banken, namentlich die Hamburger Girobank, in kurzer Zeit und zu günstigen Bedingungen ihrer Bestände an ungemünztem Silber entledigten, und wie die inzwischen zur Goldwährung übergegangenen skandinavischen Königreiche ihr Silber gegen Gold umtauschten.

In der zweiten Hälfte des Jahres 1873 wurden die Verhältnisse beträchtlich ungünstiger. Frankreich und Belgien beschränkten im September ihre Silberausmünzung auf bestimmte Maximalbeträge pro Tag und der Silberpreis zeigte einen stärkeren Rückgang.

Diese Gestaltung der Dinge war abermals eine Aufforderung zur Beschleunigung der Silberabstoßung. Einer der Gründe, aus welchen man innerhalb der leitenden Kreise an die unmittelbare Gefahr einer Silberentwertung nicht glauben wollte, war die Annahme, daß Frankreich durch seine finanziellen Verhältnisse an jedem Schritt in der Richtung auf die Goldwährung verhindert sei[1]. Die Beschränkung der freien Silberprägung zerstörte diese Voraussetzung. Der Gedanke mußte sich aufdrängen, daß an Stelle der vorläufigen, verhältnismäßig lockeren Einschränkung der Silberprägung in Belgien und Frankreich bald tiefer eingreifende und endgültige Maßregeln treten würden. In der That kam im Januar 1874 ein Vertrag zwischen den Staaten der lateinischen Union zu stande, welcher die Silberprägung sämtlicher Unionsstaaten kontingentierte.

Der Silberpreis war inzwischen zeitweise unter 58 d hinabgesunken.

Wie verfuhr angesichts dieser Sachlage die Reichsregierung mit der Silberabstoßung? —

Der erste Silberverkauf erfolgte im Oktober 1873; es handelte sich nur um den geringfügigen Betrag von 1.327 Pfund Feinsilber, welche aus der Einschmelzung von 40.000 Thalern hervorgegangen waren. Das Silber wurde bei der Pariser Münzstätte gegen Münzscheine eingeliefert. Bis zum Schluß des Jahres folgten zwei weitere Verkäufe nach Paris.

In den ersten Monaten des Jahres 1874 erfuhr die Lage des Silbermarktes eine erhebliche Besserung durch einen starken Silberbedarf für Indien. Die indische Regierung nahm in England eine Silberanleihe auf und verminderte ihre Begebungen von Councilbills. Der Silberpreis stieg wieder bis auf 59½ d[2].

Die Reichsregierung benutzte die günstige Konjunktur zu Verkäufen nach London und direkt nach Ostasien; aber ihre gesamten Verkäufe, welche im ersten Halbjahr 1874 sich auf 335.000 Pfund fein mit einem

---

[1] So heißt es in dem Bericht, welchen die Bundesrats-Ausschüsse über den Entwurf des ersten Münzgesetzes (von 1871) erstatteten: „Die dermalige politische und finanzielle Lage Frankreichs, welche den demnächstigen Übergang dieses Landes zur reinen Goldwährung ausschließe, stelle eine mehr oder minder große Stabilität des Wertverhältnisses der Edelmetalle für längere Zeit in Aussicht.“ — Siehe Beiträge S. 191.

[2] Vgl. Beiträge S. 338.

Reinerlös von nicht ganz 80 Millionen Mark lieferten[1], standen in keinem Verhältnis weder zu der ausnahmsweisen Gunst der Verhältnisse noch zu der gewaltigen Silbermenge, welche veräußert werden mußte.

Als um die Mitte des Jahres 1874 mit dem Nachlassen der indischen Silbernachfrage wieder ein scharfer Rückgang des Silberpreises eintrat, hörte die Reichsregierung mit ihren Verkäufen völlig auf. Erst im Oktober wurde wieder mit der Silberveräußerung begonnen; namentlich nach Indien wurden größere Posten verkauft.

Am Schluß des Jahres 1874 wurden die Silberverkäufe wegen der matten Haltung des Marktes abermals unterbrochen, diesesmal für volle acht Monate. Bis zu diesem Augenblick waren erst etwa 810.000 Pfund Feinsilber mit einem Erlös von etwas über 70 Millionen Mark verkauft, kaum der vierzehnte Teil der Silbermenge, welche nach den niedrigsten der vor dem Beginn der Reform aufgestellten Schätzungen abzustoßen war! Erst im September 1875, als sich die Verhältnisse etwas günstiger gestaltet hatten, wurden die Verkäufe wieder aufgenommen.

Wir sehen daraus, wie ängstlich die Reichsregierung jeden Druck auf den Silbermarkt bei ungünstigen Verhältnissen vermied, und wie sie andererseits günstige Konjunkturen nur mit der äußersten Zurückhaltung und Vorsicht benutzte.

Das Ergebnis, welches die Reichsregierung durch diese Rücksicht auf die Aufnahmefähigkeit des Silbermarktes erzielte, war, daß sie für das verkaufte Silber die denkbar günstigsten Preise erhielt; das wurde allgemein anerkannt, und die Regierung selbst war nicht wenig stolz auf diesen Erfolg.

Aber es wurde bei verschiedenen Anlässen mit vollem Recht scharf kritisiert, daß die Regierung Verkaufsgelegenheiten versäumte, wenn sie glaubte, durch ihre Zurückhaltung für ein kleineres Silberquantum einen um wenige Tausendteile günstigeren Preis zu erzielen. Es wurde immer wieder betont, daß eine Ersparnis selbst von Millionen nicht die Nachteile und Gefahren aufwiegen könne, welche aus einer Verlängerung des kritischen Übergangsstadiums entstehen mußten. Bei den ungünstigen Aussichten für den Silberpreis war die Zurückhaltung der Reichsregierung nicht einmal rein fiskalisch gerechtfertigt. Die Vermeidung eines augenblicklichen kleinen Verlustes ist keine Ersparnis mehr, wenn sie einen späteren unverhältnismäßig größeren Verlust herbeiführt. —

[1] Siehe Beilage S. 509.

Außer der übertriebenen Rücksicht auf die Lage des Silbermarkts war noch eine Reihe anderer Umstände bestimmend für die Verschleppung der Silbereinziehung.

Vor allem die Ansicht, daß es nicht notwendig sein werde, soviel Silber, wie allgemein angenommen wurde, aus dem Verkehr zu ziehen. Diese Auffassung wurde hauptsächlich von Camphausen vertreten. Bei der ersten Lesung des Reichskassenschein-Gesetzes (am 26. März 1874) betonte er, es bestehe durchaus keine Notwendigkeit, schon bald große Summen Silbergeld einziehen und verkaufen zu müssen, „und wir werden auch schließlich, wie ich glaube", fügte er hinzu, „durchaus nicht in der Lage sein, außerordentlich große Massen von Silbergeld einzuziehen und zum Verkauf bringen zu müssen". Er ließ durchblicken, daß zur Durchführung der Goldwährung eine starke Verminderung des Papiergeld- und Banknotenumlaufs und die Ersetzung der wegfallenden papiernen Geldzeichen durch einen Goldumlauf in der Hauptsache ausreichen werde.

Im November 1874 schätzte er den noch vorhandenen Silberumlauf auf nur 300 Millionen Thaler; die Schätzungen auf 400 bis 500 Millionen Thaler seien übertrieben. Seine niedrige Schätzung gründete er auf die Thatsache, daß damals die Silberbestände der Banken außerordentlich klein waren.

Nach seinen Mitteilungen besaßen die preußischen Zettelbanken allein damals einen Goldvorrat von mehr als 175 Millionen Thaler. Bei der Preußischen Bank, der Frankfurter und der Hannoverschen Bank betrug der Silberbestand gleichzeitig nur 36.717.000 Thaler, nur ein Viertel ihres Bestandes an gemünztem Gold. Das gleiche Verhältnis zwischen Gold- und Silbervorrat bei sämtlichen deutschen Zettelbanken[1] angenommen, ergebe sich für den September bei einem Barvorrat von 283.433.000 Thaler ein Silberbestand von nur 56—57 Millionen Thaler[2].

Aus diesem verhältnismäßig geringen Silbervorrat folgerte Camphausen, der gesamte deutsche Silbervorrat müsse über Erwarten gering sein, und der Verkehr werde nicht sehr viel von dem vorhandenen Silbergeld entbehren können.

Dieser Schluß war jedoch durchaus verkehrt. Er wäre nur unter

---

[1] Außer der Bayerischen Hypotheken- und Wechselbank, deren Barvorrat nicht bekannt war.

[2] Der Sten. Bericht verzeichnet 46—47 Millionen Thaler. Druck- oder Rechenfehler?

der einen Voraussetzung richtig gewesen, wenn die Banken das Verhältnis zwischen ihren Silbervorräten und Goldbeständen durch die Bedürfnisse des freien Verkehrs hätten regulieren lassen. Aber diese Voraussetzung traf nicht zu, denn die Banken bemühten sich Gold anzusammeln, weigerten sich in Gold zu zahlen und suchten soviel wie möglich von ihren Silbervorräten in den Verkehr zu bringen, der bei allem Überfluß an Silbergeld und allem Mangel an Goldgeld gegen die Praxis der Notenbanken ohnmächtig war, solange dieselben nicht verpflichtet waren, in Gold zu zahlen. Wie sich in unserer Zeit bei der Valutaregulierung in Österreich-Ungarn das neugeprägte Gold zunächst in den Kellern der Banken angesammelt, sich dort an die Stelle der Silberbestände gesetzt und die Silbergulden aus den Bankgewölben in den Verkehr hinausgeschoben hat, ebenso vollzog sich damals die Entwickelung in Deutschland.

Die kleinen Silberbestände, welche im Spätjahr 1874 in den deutschen Banken lagen, bewiesen deshalb nicht, daß der deutsche Silbergeld-Bestand kleiner war, als man bis dahin angenommen hatte, sondern nur, daß der freie Silberumlauf — außer durch die 30 Millionen Thaler des aufgehobenen preußischen Kriegsschatzes — auch noch um den größten Teil des früheren Silbervorrats der Banken vermehrt worden war.

Neben den falschen Hoffnungen über die künftige Gestaltung des Silbermarktes und neben der Verkennung der Lage, in welcher sich das deutsche Geldwesen befand, trug zur Verzögerung der Silbereinziehung zum Teil auch ein gewisser passiver Widerstand Süddeutschlands bei.

Für die Staaten der Guldenwährung war das Stadium des Übergangs dadurch unangenehm, daß die Münzen des neuen Systems zu der Guldenwährung nicht in einem sehr einfachen Verhältnisse standen. Ehe man den Übergang zur Markrechnung ausführen konnte, mußte der Umlauf mit den Münzen des neuen Systems, namentlich mit den kleinen Stücken ausreichend versehen sein. Denn nach Mark rechnen und mit Gulden zu $1^{5}/_{7}$ Mark, oder mit Kreuzern zu $2^{6}/_{7}$ Pfennig zahlen, war eine Unmöglichkeit.

Andrerseits war es nicht viel erträglicher, bei der Guldenrechnung zu bleiben und allmählich an Stelle eines Guldenumlaufs die Münzen des neuen Systems zu erhalten.

Es mußte im Interesse der Guldenstaaten selbst liegen, diesen unbequemen Übergangszustand möglichst abzukürzen, energisch mit der Guldeneinziehung vorzugehen und möglichst rasch die Markrechnung einzuführen.

Das Reich selbst konnte auf die Einziehung der Gulden vor ihrer förmlichen Außerkurssetzung keinen unmittelbaren Einfluß ausüben, und für die Bestimmung des Termins der Außerkurssetzung fiel im Bundesrat natürlich das Votum der Guldenstaaten selbst schwer ins Gewicht. Es mußte deshalb im wesentlichen den Einzelstaaten überlassen bleiben, aus ihren Kassen die entbehrlichen Beträge von Guldengeld zu entnehmen und sie dem Reichskanzleramt einzuliefern. Die süddeutschen Staaten haben aber offenbar, statt den in ihrem eigensten Interesse gebotenen Weg zu betreten, den Klagen derjenigen Gehör geschenkt, welche über die Belästigung des Verkehrs durch die unbequemen neuen Reichsmünzen jammerten. Wenigstens hielten sie nur so geringe Beträge von Guldengeld für entbehrlich, daß sogar Camphausen, der gewiß kein Fanatiker der Silbereinziehung war, darüber unwillig wurde, und daß er die süddeutschen Staaten im Frühjahr 1874 vor versammeltem Reichstag zur Beschleunigung der Guldeneinziehung ermahnte. Die Preußische Bank sei gern bereit, soweit die bisher geprägten Silbermünzen des Marksystems als Ersatz für das Guldengeld nicht ausreichten, Eindrittel- und Einsechsteltbalerstücke abzugeben.

Aber diese Mahnung hatte so wenig Erfolg, daß der wichtigste Guldenstaat, das Königreich Bayern, als letzter von allen Einzelstaaten zur Markrechnung überging, nämlich erst mit der Proklamation der Reichswährung, am 1. Januar 1876.

Auch diese Verhältnisse wirkten mit zur Verschleppung der Silbereinziehung. Die Hauptschuld trifft jedoch die auf irrigen Voraussetzungen und auf einer gänzlichen Verkennung der Lage beruhenden Maßregeln der Reichsregierung.

Mit der jahrelangen Verzögerung der Silbereinziehung war der Kardinalfehler, welcher bei der Münzreform gemacht werden konnte, in vollem Umfang begangen. Die schlimmen Folgen traten nicht hervor, solange gegen einen Abfluß von Bargeld aus Deutschland die geschilderten Gegenwirkungen bestanden. Als aber von der Mitte des Jahres 1874 an durch die verstärkten Goldprägungen abermals eine Vermehrung des deutschen Geldumlaufs eintrat, während gleichzeitig die auf die Handelskrisis folgende allgemeine wirtschaftliche Depression, die besonders schwer auf Deutschland lastete, den Bedarf nach Umlaufsmitteln beträchtlich verringerte, da war der Augenblick gekommen, in welchem die verfehlten Maßregeln ihre Früchte tragen mußten.

Vierter Abschnitt.

Die Valutakrisis.

Noch in der ersten Hälfte des Jahres 1874 war in Deutschland keine größere Geldflüssigkeit zu bemerken als in den wichtigsten fremden Ländern. Um die Mitte des Jahres trat ein Umschwung ein. Bei einem Bankdiskont von 4 % schwankte der Marktdiskont in Berlin vom Juni bis zum September zwischen $2^1/_2$ und $2^3/_4$ %, während er sich auf den ausländischen Börsenplätzen, namentlich in Paris und Brüssel meist wesentlich über 3 % hielt.

Die deutschen Wechselkurse auf das Ausland, welche seit dem Friedensschluß fast ununterbrochen einen für Deutschland außerordentlich günstigen Stand gezeigt hatten, begannen seit dem Anfang des Jahres 1874 langsam in die Höhe zu gehen. Um die Mitte des Jahres 1874 hatten die wichtigsten Kurse die Parität erreicht. In den folgenden Monaten überschritten namentlich die Kurse auf Paris und Brüssel die Parität so erheblich, daß die Ausfuhr von Gold lohnend wurde.

Bereits im Juli gelangten die ersten Nachrichten von einer Goldausfuhr in die Öffentlichkeit, und in den folgenden Monaten nannten die Blätter immer gewaltigere Summen als angeblichen Betrag der ausgeführten Reichsgoldmünzen.

Die Reichsregierung war von dieser neuen Wendung nichts weniger als angenehm überrascht. Sie hatte augenscheinlich die Gefahr, einen erheblichen Teil des neugeschaffenen Goldumlaufs zu verlieren, längst als überwunden angesehen.

Die Preußische Bank, deren Umwandlung in eine Reichsbank damals von Camphausen noch verweigert wurde, that ihr Möglichstes, um das deutsche Geldwesen vor der drohenden Gefahr zu schützen und um dem Goldabfluß entgegenzuwirken. Sie erhöhte, obwohl ihr Status ein befriedigender war, und obwohl der deutsche Geldmarkt keineswegs eine ungewöhnliche Anspannung zeigte, ihren Diskontsatz im Anfang Oktober auf 5 %, Ende November gar auf 6 %. Aber die Wirkung dieser Maßregel war gering. Der offene Markt war damals so reichlich mit Mitteln versehen, daß er nicht auf die Preußische Bank zurückgreifen mußte; er folgte den Diskonterhöhungen der Preußischen Bank nur vorübergehend und unvollkommen. In der ersten Dezemberhälfte notierte in Berlin der Marktdiskont zeitweise nur $3^3/_4$ %, $2^1/_4$ % unter dem Bankdiskontsatz.

Entsprechend diesem geringen Einfluß der Diskonterhöhung auf den deutschen Geldmarkt war eine Wirkung der Maßregeln der Preußischen Bank auf die Gestaltung der auswärtigen Wechselkurse und die Goldbewegung kaum zu bemerken. Nur ganz vorübergehend gelang es, die Kurse für Deutschland günstiger zu gestalten. Es zeigte sich damals schlagend, wie wenig eine große Zettelbank imstande ist, eine in den Verhältnissen des Geldmarktes nicht begründete Zinserhöhung durchzusetzen.

Um den Jahreswechsel trat auch in Deutschland eine wesentliche Steigerung des Marktdiskonts ein. Die Spannung des Geldmarktes löste sich aber gleich nach dem Beginn des Jahres 1875 so vollständig, daß die Preußische Bank bereits im Januar ihren Diskont auf 4 % herabsetzte.

Bei dem teilweise beträchtlich höheren Stande der Geldsätze außerhalb Deutschlands dauerte die Goldausfuhr auch im Jahre 1875 fort, ja sie erfuhr, da nun neben Frankreich auch England größere Goldmengen an sich zog, noch eine wesentliche Steigerung.

Trotzdem blieb die Preußische Bank bei einem Diskontsatz von 4 %; bei der bestehenden Geldflüssigkeit war von einer Diskonterhöhung keine Wirkung zu erwarten. —

Um die Mitte des Jahres 1874, als die Zeit der Goldausfuhr begann, waren zwar bereits gewaltige Beträge in Reichsgoldmünzen ausgeprägt, aber nur ein geringer Teil derselben befand sich im freien Verkehr. Nach genauen Berechnungen betrug damals der gesamte Metallgeldbestand Deutschlands 2.655 Millionen Mark; davon kamen 1.160 Millionen Mark oder 43,7 % auf das Gold (Reichsgoldmünzen, fremde Goldmünzen und Goldbarrenvorräte der Banken), auf die Reichsgoldmünzen speciell etwa 1.040 Millionen Mark oder 39,2 %[1].

Von den Reichsgoldmünzen lagen 120 Millionen Mark im Juliusturm als Kriegsschatz. Für Ende Oktober 1874 schätzte Camphausen den gesamten Silbervorrat der deutschen Zettelbanken[2] bei einem Metallvorrat von 283½ Millionen Thaler auf 56—57 Millionen Thaler, so daß für das Gold etwa 227 Millionen Thaler = 680 Millionen Mark blieben[3]. Im Kriegsschatz und in den Zettelbanken lagen also damals allein 800 Millionen Mark in Gold, mehr als ⅔ des gesamten deutschen

---

[1] Siehe Beiträge S. 402.

[2] Außer der Bayerischen Hypotheken- und Wechselbank.

[3] Siehe oben S. 373.

Goldbestandes. Außerdem lagen in den Kassen des Reichs große Summen von Reichsgoldmünzen fest[1], ebenso in den Kassen der Einzelstaaten und den Kassen privater Erwerbsinstitute, welche zur Haltung eines größeren Barvorrates genötigt sind.

Es ist sicher nicht zu hoch gegriffen, wenn man unter Berücksichtigung dieser Verhältnisse das dem freien Umlauf entzogene Goldgeld auf 900 bis 950 Millionen Mark veranschlagt. Im freien Umlauf hätten sich dann insgesamt nur für 200 bis 250 Millionen Mark Goldmünzen befunden.

Als die Goldausfuhr begann, hielten die Zettelbanken und die andern staatlichen und privaten Kassen ängstlich ihre Bestände an Goldgeld zurück, so daß beispielsweise die Goldbestände der Preußischen Bank während der Zeit des Goldabflusses keine Verminderung, sondern sogar eine kleine Vermehrung erfuhren[2].

Aber was halfen die von Camphausen damals so sehr gerühmten großen Goldvorräte der Banken, solange diese Banken nicht auf Verlangen Gold herausgaben, solange sie bei einer Aufnahme der Goldzahlungen ein rapides Zusammenschmelzen ihrer Goldbestände befürchten mußten, und solange im freien Verkehr Goldmünzen kaum zu sehen waren!

Gerade die Aufspeicherung des Goldes in den Banken und in den staatlichen Kassen machte es, trotzdem der deutsche Metallgeldvorrat damals zu mehr als 40 % aus Gold bestand, außerordentlich schwierig, das für die sich aus den Verhältnissen des internationalen Geldmarktes mit Notwendigkeit ergebende Goldausfuhr erforderliche Gold zu beschaffen. Die Folge war nicht, daß die Goldausfuhr unterblieb, sondern daß für Gold ein Aufgeld geboten wurde, das im Mai 1875 bis zu 5 ‰ stieg, daß der Preis des Goldes in Berlin sich zeitweise um ein volles Prozent über seinen Ausmünzungswert erhob, und daß die Wechselkurse auf das Ausland entsprechend der erschwerten Goldbeschaffung beträchtlich über die normalen Goldpunkte hinaus stiegen[3].

[1] Camphausen schätzte damals den zum Ersatz der Noten unter 100 Mark erforderlichen Goldbetrag auf ca. 40 Millionen Thaler und fügte hinzu, diese Summe könne die Reichskasse liefern durch Verwendung von Goldmünzen, die in ihrem Besitze seien und durch Ausprägung der Goldbestände, die das Reich im Ausland besitze. Daraus schloß Nasse (Die Münzreform und die Wechselkurse, Hirths Annalen 1875. S. 195 ff.), daß in den Reichskassen damals keine 40 Millionen Goldmünzen mehr lagen.

[2] Von 482 Millionen Mark Anfang Juli 1874 auf 495 Millionen Mark Anfang Juli 1875. — Siehe Beiträge S. 440.

[3] Der Berliner Goldkurs stieg bis auf 1410 Mark pro Pfund fein, die Berliner

Mit einem Wort: die feste Verbindung des deutschen Geldwertes mit dem Goldwert und den ausländischen Goldvaluten war unterbrochen und das Gelingen des Übergangs zur Goldwährung schien in Frage gestellt. —

So unausbleiblich eine derartige Krisis war, so sehr verblüfften die geschilderten Ereignisse nicht nur das große Publikum, sondern auch Leute, welche mit den Verhältnissen des Geldmarktes praktisch und theoretisch vertraut waren.

Als im Juli 1874 die ersten Nachrichten von einer Goldausfuhr in die Öffentlichkeit gelangten, als in den folgenden Monaten immer gewaltigere Summen ausgeführter Reichsgoldmünzen genannt wurden, entstand eine allgemeine Verwirrung. Die alarmierenden Nachrichten genügten, „um unter einer wahren Sündflut von thörichten Deutungen alles zu begraben, was irgend an korrekten Vorstellungen im Laufe dreier Jahre auf die Beine gebracht worden war“[1].

Leute, welche die Schuld an der Goldausfuhr dem deutschen Währungswechsel zur Last legten, welche den Übergang zur Goldwährung als das unsinnige Unternehmen wirtschaftlichen Größenwahns darstellten, fanden Glauben. Manche, die bei der Gesetzgebung über die Reform des Geldwesens mitgewirkt hatten, schrieben das ganze Unglück der Vernachlässigung ihrer besonderen Lieblingsgedanken zur Last, so namentlich die abgesagten Feinde eines Papierumlaufs. Auch Camphausen gab bei der Beratung des Papiergeldgesetzes die Schuld an der Goldausfuhr der Zunahme des ungedeckten Notenumlaufs. Die Anhänger des Schutzzolls, welche sich damals gegen die Theorie und Politik des Freihandels zusammenzuschließen begannen, wiesen auf die damaligen großen Einfuhrüberschüsse hin, durch welche die Goldausfuhr veranlaßt sei, und sie verlangten wie zu anderen Zwecken so auch zur Verteidigung des Goldumlaufs den Schutz der nationalen Arbeit.

Wer unserer Darstellung mit einiger Aufmerksamkeit gefolgt ist, kann über die wahren Gründe der damaligen Krisis des deutschen Geldwesens nicht im Zweifel sein.

Der Goldabfluß war nicht eine Folge der Geldreform, sondern die

---

Kurse der kurzen Wechsel auf London gingen bis auf 20,65, auf Paris bis auf 81,85 in die Höhe. — Siehe **Beiträge** S. 435 und die Tabellen S. 442 ff.

[1] **Bamberger**, Reichsgold.

notwendige Reaktion auf den gewaltigen Zufluß von Bargeld, welchen die Milliardenzahlung bewirkt hatte.

Auch eine Ausdehnung des Papierumlaufs kann nicht als eine Ursache der Valutakrisis angesehen werden. Der Papierumlauf hatte im Frühjahr 1873 seinen größten Umfang erreicht. Am Ende des Jahres 1874 betrug der metallisch ungedeckte Notenumlauf etwa 500 Millionen Mark, etwa 150 Millionen Mark weniger als im Mai 1873. Auch lassen sich, wie Nasse in seiner erwähnten Abhandlung nachgewiesen hat, keinerlei Zusammenhänge zwischen den Veränderungen der ungedeckten Notenzirkulation und den Schwankungen der ausländischen Wechselkurse nachweisen.

Ebensowenig hatte die Handelspolitik mit dem Goldabfluß etwas zu thun. Freilich war der Überschuß der deutschen Einfuhr von 941 Millionen Mark im Jahre 1872 auf 1.454 Millionen Mark im Jahre 1873 gestiegen; die folgenden Jahre zeigen zwar wieder eine Verminderung (1874: 1.252 Millionen Mark; 1875: 1.036 Millionen Mark), aber absolut genommen war und blieb der Import-Überschuß ein sehr großer.

Diese Gestaltung der Handelsbilanz, welcher ein Einfluß auf die Edelmetallbewegung nicht abgesprochen werden kann, war jedoch keine Folge der freihändlerischen Handelspolitik, sondern, ebenso wie der wichtigste direkte Grund des Goldabflusses, die verhältnismäßige Goldflüssigkeit in Deutschland, eine der Wirkungen der Milliardenzahlung[1], vermittelst welcher sich die Reaktion auf die große Bargeld-Übertragung durchsetzte.

Frankreich zahlte einen großen Teil der fünf Milliarden in barem Geld und in Wertpapieren; ein andrer großer Teil aber wurde in Waren übertragen. Deutschland wurde nicht nur durch den Empfang einer so gewaltigen Wertsumme importfähiger, sondern die großen ungewöhnlichen Aufwendungen der Regierung für das Retablissement des Heeres, den Bau von Festungen und Eisenbahnen, und ebenso die gleichzeitigen gewaltigen Aufwendungen Privater für den Bau von Fabriken, überhaupt für neue Anlagen jeder Art, — diese außerordentlichen Aufwendungen konnten durch eine Steigerung der deutschen Produktion lange nicht gedeckt werden, sondern sie mußten dazu nötigen, die durch den Empfang der Kriegskontribution gesteigerte Importfähigkeit auszunutzen.

Dadurch erklärt sich die für Deutschland ungünstige Handelsbilanz, welche ihr vollendetes Gegenbild an den gleichzeitigen Überschüssen der französischen Ausfuhr hat.

[1] Vgl. zu den folgenden Ausführungen Nasse a. a. O. S. 606 ff.

Die auf dem Empfang der Kriegskontribution beruhende Mehreinfuhr von Waren konnte jedoch erst dann zu einer Goldausfuhr nötigen, wenn sie über die Zeit der thatsächlichen Zahlungen hinaus andauerte, wenn also ein Teil der in Bargeld übertragenen gesamten Wertsumme nach der Beendigung der Zahlungen zu jenen außerordentlichen Aufwendungen verausgabt wurde, für welche die deutsche Gütererzeugung nicht genügte.

Je länger der Zeitraum gewesen wäre, über welchen sich die Abtragung der fünf Milliarden erstreckte, desto leichter hätte man es den Franzosen gemacht, die Wertsumme in Waren abzutragen. Der Umstand, daß die Zahlung innerhalb einer so kurzen Zeit erfolgte, verringerte die Möglichkeit der Zahlung durch Produkte und machte in großem Umfang die vorläufige Hinsendung von Bargeld nach Deutschland notwendig, welches später zum Ankauf von Waren zurückgesendet werden mußte; denn in der kurzen Zeit bis zum September 1873 konnte weder der außerordentliche Bedarf Deutschlands an Gütern jeder Art produziert werden, noch hätten diese Güter Verwendung finden können.

Infolgedessen mußte die deutsche Handelsbilanz auch nach der Beendigung der französischen Zahlungen ein starkes Überwiegen der Einfuhr aufweisen. Die ungünstige Handelsbilanz beruhte also auf derselben Grundursache, wie die relativ niedrigen Zinssätze des deutschen Geldmarkts: Deutschland hatte durch die Milliardenzahlung eine seinen Bedarf weit überschreitende Menge flüssiger Geldmittel erhalten; dadurch wurde die zinsbare Anlage von Geld im Ausland, woselbst ein stärkerer Geldbedarf herrschte, lohnend gemacht, und der Austausch des in Deutschland überflüssigen Geldes gegen ausländische Erzeugnisse, nach welchen ein größerer Begehr vorhanden war, gefördert. Beides im Vereine führte zur Goldausfuhr.

Wie die Ursachen der Valutakrisis verkannt wurden, so wurde ihre Tragweite von vielen Seiten gewaltig überschätzt.

Die wenigsten wagten zu zweifeln, daß die Goldausfuhr ein schweres Nationalunglück sei. Vor allem galt es als ausgemacht, daß die Goldwährung nunmehr scheitern müsse. Die Freunde der Goldwährung beklagten die traurige Thatsache; ihre Gegner, wie Niendorf und sein agrarischer Anhang freuten sich auf den „Einzug der Reichspapierwährung“.

Freilich war die Bedeutung der Valutakrisis nicht gering. Aber sie lag nicht in einem Scheitern der Münzreform, sondern sie zeigte nur, was die wenigen Einsichtigen schon seit Jahren immer wiederholt hatten, daß eine bloße Goldausmünzung ohne Silbereinziehung keine Durchführung des Währungswechsels war. An und für sich war nichts verloren, als daß sich die Verhältnisse für die jahrelang verzögerte Abstoßung des Silbers seit dem Beginn der Reform erheblich verschlechtert hatten, und daß die Möglichkeit einer klugen Verknüpfung von Kontribution und Münzreform verspielt war. Die schwierigsten Aufgaben der Münzreform waren durch die Saumseligkeit der Reichsregierung nicht überflüssig gemacht, sondern mußten nun unter bedeutend ungünstigeren Verhältnissen erfüllt werden. Aber all das war nicht eine Folge der Valutakrisis, sondern die Folge der bisherigen Maßnahmen der Reichsregierung, welche ihrerseits die Valutakrisis erst ermöglicht hatten.

Die größte Gefahr der Valutakrisis lag auf geistigem Gebiete, nämlich darin, daß sie den Anschein erwecken konnte, als ob die Geldreform nahe an ihrer Vollendung ernsthaft bedroht sei. Dieser Glaube konnte das Vertrauen auf die Möglichkeit der erstrebten Ziele erschüttern, er konnte die Aktionskraft der Reichsregierung lähmen, die öffentliche Meinung in Deutschland in einer für die Durchführung der Reform nachteiligen Weise verwirren und im Ausland den Kredit der deutschen Valuta schädigen.

Alles kam darauf an, daß in den maßgebenden Kreisen der unfertige Zustand des deutschen Geldwesens als die Vorbedingung für die Erschütterung der deutschen Valuta erkannt wurde, daß sich die Reichsregierung durch die von ihr nicht erwarteten Erscheinungen nicht in der Durchführung der Münzreform irre machen ließ, sondern daß sie die Überzeugung gewann, daß das einzige Mittel, solchen Krisen für die Zukunft vorzubeugen, die völlige Durchführung des Reformwerkes sei.

Glücklicherweise war die Reichsregierung von dieser Überzeugung, welche die Fortführung der Reform gewährleistete, durchdrungen, und damit war eine dauernde Gefährdung des Reformwerkes ausgeschlossen.

Dagegen fand sie nicht die richtigen Mittel, um der akuten Krisis entgegenzuwirken.

Ein Ankämpfen gegen den Goldabfluß war nur in beschränktem Maße möglich, da der Goldabfluß eine notwendige Folgeerscheinung der durch die Milliarden-Übertragung gestörten internationalen Zirkulationsverhältnisse war. Innerhalb gewisser Grenzen konnte der Goldabfluß nicht verhindert, aber doch eingedämmt werden durch eine Verteuerung der Geldlage in Deutschland. Die Diskonterhöhungen der Preußischen

Bank im letzten Quartal des Jahres 1874 vermochten, wie wir gesehen haben, diese Wirkung nur unvollständig zu erreichen, weil der offene Markt allzureichlich mit flüssigen Mitteln versehen war. Es blieb also nur eine Einschränkung des freien Geldumlaufs, und die Reichsregierung konnte eine solche Einschränkung bewirken durch umfangreiche Einziehungen von Landessilbermünzen; und zwar nur auf diesem Weg: denn eine Einschränkung der Papierzirkulation war nach den bereits getroffenen gesetzlichen Bestimmungen vor der Mitte des Jahres 1875 nicht durchzuführen.

Aber die Reichsregierung machte von dem einzigen wirksamen Mittel gegen die Valutakrisis keinen ausgiebigen Gebrauch. Die Silbereinziehung nahm von der Mitte des Jahres 1874 wohl einen größeren Umfang an; aber von den 126 Millionen Mark Landessilbermünzen, welche vom 1. Juli 1874 bis zum 1. Juli 1875 zur Einziehung gelangten, wurden mehr als 83 Millionen Mark, volle zwei Dritteile, dem deutschen Umlauf in Form von Reichssilbermünzen zurückerstattet; die Wirkung war, daß der gesamte deutsche Silberumlauf in der zweiten Hälfte des Jahres 1874 nur um 37 Millionen, in der ersten Hälfte des Jahres 1875 gar nur um 6 Millionen Mark verringert wurde.

Dagegen nahm die Reichsregierung im Februar des Jahres 1875 ihre seit längerer Zeit unterbrochenen Goldbezüge aus London wieder auf. Die Mittel dazu stammten aus den Silberverkäufen, welche Ende 1874 und Anfang 1875 abgeschlossen wurden [1]. So sehr war die Reichsregierung offenbar selbst jetzt noch von der Ansicht durchdrungen, daß umfangreiche Goldausmünzungen die Hauptaufgabe der Geldreform seien, daß sie, anstatt durch eine Begebung ihrer Forderungen auf London die Wechselkurse auf London zu drücken und dadurch dem Goldabfluß nach England entgegenzuwirken — ein Weg der auch finanziell vorteilhafter gewesen wäre —, es vorzog, Gold aus England zu beziehen, während gleichzeitig im Weg des freien Verkehrs Gold nach England abfloß.

Genau ein Jahr nach dem Beginn der Valutakrisis trat ein Umschwung ein. Der deutsche Marktzinsfuß, welcher seit Monaten der niedrigste in Europa gewesen war, begann zu steigen und sich den Zinssätzen der außerdeutschen Börsenplätze zu nähern. Im Juli waren die deutschen Sätze bereits höher als die Londoner und Pariser.

[1] Siehe Beiträge S. 271.

In demselben Monat sanken die Berliner Wechselkurse auf London und Paris zum erstenmale seit langer Zeit unter die Parität hinab. In den folgenden Monaten sanken sie so tief, daß im Wege des freien Verkehrs große Summen Goldes nach Deutschland flossen.

Der plötzliche und vollständige Umschwung war nicht etwa dadurch verursacht, daß der Goldabfluß seit der Mitte des Jahres 1874 die notwendige Ausgleichung auf den früheren Zufluß von Bargeld vollständig herbeigeführt hätte; dazu war im Vergleich mit der gewaltigen Vermehrung, welche der deutsche Geldumlauf seit dem Beginn der Reform erfahren hatte, die Summe des ausgeführten Goldes selbst nach den höchsten Schätzungen viel zu gering. Die Ursache der neuen Wendung war vielmehr, daß endlich eine energische Verringerung des deutschen Geldumlaufs bewirkt wurde, und daß dadurch die dem deutschen Geldmarkt zur Verfügung stehenden Mittel eine plötzliche und beträchtliche Einschränkung erfuhren.

Vor allem begann mit dem 1. Juli 1875 der Termin für die Zurückziehung der Notenabschnitte unter 100 Mark[1].

Ende Dezember 1874 befand sich an solchen Noten ein Betrag von 540 Millionen Mark im Umlauf. Es war klar, daß ein großer Teil derselben nicht durch Abschnitte von 100 Mark und darüber, sondern nur durch Metallgeld in den entsprechenden Wertgrößen ersetzt werden konnte. Soweit das der Fall war, sahen sich die Banken zur Einlösung der Zettel in Metallgeld genötigt. Die daraus entstehende Verminderung ihrer Barvorräte nötigte sie, durch höhere Zinssätze ihre Kreditgewährung zu beschränken und Metallgeld herbeizuziehen.

Gleichzeitig fand die Einziehung des Landespapiergeldes und deren Umtausch gegen Reichspapiergeld statt. Eine wesentliche Einschränkung des Geldumlaufs wurde dadurch jedoch nicht bewirkt, da nach den Bestimmungen des Reichskassenschein-Gesetzes der zunächst auszugebende Betrag von Reichspapiergeld nur um wenige Millionen Mark hinter dem bisherigen Papiergeldumlauf zurückblieb und erst im Laufe der Jahre allmählich weiter verringern werden sollte.

Dagegen wurde eine weitere beträchtliche Verringerung der Zirkulation dadurch herbeigeführt, daß die Reichsregierung nun endlich anfing, in größerem Umfang mit der Einziehung von Landessilbermünzen vorzu-

[1] Nach einem Gesetz vom 21. Dezember 1875 durften von diesem Termin ab Noten, welche auf Beträge unter 50 Mark lauteten, überhaupt nicht mehr ausgegeben werden.

gehen. Da für den 1. Januar 1876 die Proklamation der Reichswährung in Aussicht genommen wurde, mußten die nicht in das Marksystem passenden Silbermünzen nunmehr außer Kurs gesetzt und eingelöst werden. Es traf sich glücklich, daß von der Mitte des Jahres 1875 an der Silberpreis, welcher inzwischen auf 55½ d gesunken war, sich wieder etwas erholte und zeitweise sogar bis auf 57 d und darüber stieg. Das veranlaßte die Reichsregierung, die seit dem Beginn des Jahres 1875 unterbrochenen Silberverkäufe wieder aufzunehmen, allerdings vorläufig nur in geringem Umfang.

Im ganzen gelangten während des zweiten Halbjahrs 1875 für mehr als 150 Millionen Mark an Landessilbermünzen zur Einziehung, während die gleichzeitigen Ausprägungen von Reichssilbermünzen sich nur auf 54½ Millionen Mark beliefen.

Während die durch die Verminderung der Papier- und Silberzirkulation bewirkte Knappheit von flüssigen Mitteln die Zinssätze steigerte, die Wechselkurse für Deutschland günstig gestaltete und dadurch den Goldabfluß unterbrach, wurden gleichzeitig Maßregeln getroffen, durch welche einmal der Goldzufluß im Wege des freien Verkehrs erleichtert und ferner für die Zukunft die nachteilige Einwirkung ungünstiger Edelmetallbewegungen auf die Festigkeit der deutschen Valuta aufgehoben oder mindestens abgeschwächt wurde. Diese Maßregeln waren die Freigabe der Goldprägung gegen eine Prägegebühr von 3 Mark pro Pfund fein [1]; ferner der Beginn des Ankaufs von Gold, zu 1392 Mark pro Pfund fein, seitens der Preußischen Bank (im August 1875); schließlich die Aufnahme der Zahlungen in Gold seitens der Preußischen Bank (im Juli 1875) [2].

Die letztere Maßregel, welche auf Veranlassung des Reichskanzleramtes erfolgte [3], war für die ganze Entwickelung des deutschen Geldwesens von entscheidender Wichtigkeit. Solange die Preußische Bank und späterhin die Reichsbank auf Verlangen in Gold zahlte — und das ist ohne Unterbrechung auch unter den schwierigsten Verhältnissen bis zum heutigen Tage geschehen —, solange war die absolute Sicherheit, für deutsches Geld

[1] Bekanntmachung des Reichskanzlers vom 8. Juni 1875.

[2] Siehe Beiträge S. 440 u. 441.

[3] Camphausen sagte im Reichstag (Sten. Bericht 1875/76 S. 669): „Seit Anfang Juli 1875 haben wir die Preußische Bank und alle ihre Filialen vermocht, ihre Zahlungen in Goldmünzen zu leisten.“ Daraus könnte man schließen, daß der Schritt von dem preußischen Finanzministerium veranlaßt worden sei. Die Verfügung, welche die Preußische Bank zur Aufnahme der Goldzahlungen aufforderte, ist jedoch vom Reichskanzleramt ausgegangen.

jeder Art im Bedarfsfalle Gold erhalten zu können, gewährleistet. Durch diese Sicherheit war der Wiederkehr eines Goldagios und einer anormalen Steigerung der Wechselkurse bei künftigen Goldabflüssen vorgebeugt.

Andrerseits stellten die von der Preußischen Bank aufgenommenen Goldzahlungen die Reichsregierung vor die Aufgabe, der Preußischen Bank und später der Reichsbank die Aufrechterhaltung der Goldzahlungen unter allen Umständen zu ermöglichen; denn die einmal aufgenommenen Goldzahlungen hätten nicht suspendiert werden können, ohne daß dadurch vor aller Welt der Bankerott der deutschen Geldreform erklärt worden wäre. Und diese Aufgabe war keine leichte; jedenfalls war sie beträchtlich schwerer, als die Reichsregierung sie sich vorstellte. Da die Centralbank Thaler bis zu jedem Betrag in Zahlung nehmen mußte, während sie auf der andern Seite auf Verlangen in Gold zahlte, konnte der freie Verkehr, der bisher gezwungen war, sich des Silbers zu bedienen, das unbequeme Silbergeld in die Bank abschieben und als Ersatz dafür aus dem Reservoir der Bank Gold herausholen. Dieser Umtausch vollzog sich in großem Umfang. Die Reichsregierung mußte ängstlich darüber wachen, daß der Goldvorrat der Bank genügend blieb. Sie war genötigt, fortwährend Silber aus der Bank zu nehmen und es gegen Gold zu verkaufen. Man hatte dem Verkehr die Möglichkeit gewährt, das überflüssige Silbergeld abzustoßen, und dadurch wurde nun die Reichsregierung gezwungen, die lange versäumte Veräußerung des Silbers mit aller Energie zu betreiben. Die gewaltigen Summen von Silbergeld, welche sich fortwährend in den Kassen der Reichsbank ansammelten, zerstörten rasch und gründlich die bequeme Camphausensche Annahme, daß der deutsche Umlauf überhaupt kein allzugroßes Quantum Silber entbehren könne.

So war die Aufnahme der Goldzahlungen seitens der Preußischen Bank nicht nur eine Garantie gegen künftige Erschütterungen der deutschen Valuta, sondern sie war gleichzeitig für die Reichsregierung ein starker Antrieb zur energischen Vollendung der Münzreform.

Fünfter Abschnitt.

Die Reichswährung bis zur Einstellung der Silberverkäufe.

Der 1. Januar 1876 war durch eine Reihe wichtiger gesetzlicher Vorschriften dazu bestimmt, einen Wendepunkt in der Geschichte des deutschen Geldwesens zu bilden.

Der Artikel 18 des Münzgesetzes und das Reichskassenschein-Gesetz hatten diesen Tag als den Endtermin für die Beseitigung des Landespapiergeldes festgesetzt; gleichzeitig trat das Verbot des Umlaufs von Banknoten, welche nicht auf Reichswährung und auf Beträge unter 100 Mark lauteten, in Kraft.

Ferner trat am 1. Januar 1876 das Bankgesetz in Wirksamkeit und die Preußische Bank wurde durch die Reichsbank abgelöst. Die deutsche Banknoten-Zirkulation erfuhr eine erhebliche Vereinfachung, indem von den 33 deutschen Notenbanken, welche zur Zeit der Reformgesetzgebung bestanden, vierzehn sich bereits vor dem Inkrafttreten des Bankgesetzes entschlossen, auf ihr Notenprivilegium Verzicht zu leisten[1].

Für die Papierzirkulation bedeutete also der 1. Januar 1876 in vollem Umfang den Beginn der neuen Ordnung.

Lange Zeit hatte die Reichsregierung geglaubt, bereits am 1. Juli 1875 die Reichswährung in Kraft setzen zu können. Die Ursache der Verzögerung war, daß die süddeutschen Staaten, wie bereits erwähnt, mit der Einziehung des Guldengeldes nur sehr langsam vorgingen. Trotzdem hätte an diesem Tage die Reichswährung proklamiert werden können, wenn nicht Bayern widersprochen hätte. Alle übrigen Bundesstaaten machten bis zu diesem Termin von der Befugnis Gebrauch, die Reichsmarkrechnung im Verordnungswege einzuführen.

Nachdem außer dem Guldengeld alle nicht in das Marksystem passenden Münzen außer Kurs gesetzt und der weitaus größte Teil der süddeutschen Münzen im Wege der Einziehung beseitigt waren, bestimmte eine kaiserliche Verordnung vom 22. September 1875, daß die Reichswährung am 1. Januar 1876 in Kraft treten solle.

So wurde dieser Tag nicht nur der Beginn der Neuordnung des Papierumlaufs, sondern gleichzeitig der erste Tag der vollkommenen deutschen Münzeinheit.

Dagegen war man von der am Eingang des Münzgesetzes von 1873 feierlich als Endziel der Reform proklamierten Reichsgoldwährung noch weit entfernt.

---

[1] Nur zwei Banken weigerten sich, durch Unterwerfung unter die fakultativen Normen des Bankgesetzes für ihre Noten die Umlaufsfähigkeit im ganzen Reich zu erwerben, nämlich die Braunschweiger und die Rostocker Bank. Die erstere hat sich bis auf den heutigen Tag ihre Sonderstellung bewahrt, die letztere sah sich bereits im Juli 1877 zum Verzicht auf ihr Notenrecht veranlaßt.

Die Zusammensetzung des deutschen Münzvorrats war damals folgende:

An Reichsgoldmünzen waren etwa 1.276 Millionen Mark ausgeprägt, ein Betrag, welcher durch Einschmelzungen und Exporte auf etwa 1.190 Millionen Mark verringert worden war. Zuzüglich der in den Kassen der Banken liegenden Bestände von Goldbarren und ausländischen Goldmünzen belief sich damals der gesamte monetäre Goldvorrat auf etwa 1.310 Millionen Mark[1].

An Reichssilbermünzen waren erst 164 Millionen Mark ausgeprägt; dagegen war damals an Landessilbermünzen noch der enorme Betrag von 1.165 Millionen Mark im Umlauf.

Dazu kamen etwa 29 Millionen Mark in Nickel- und Kupfermünzen.

Fast genau die Hälfte des gesamten Metallgeld-Bestandes kam auf das Gold, die andere Hälfte auf das Silber. Der gesamte Silberumlauf war damals noch dreimal so groß, als er nach den Bestimmungen des Münzgesetzes nach der Vollendung der Reform betragen sollte.

Auf Grund der Ergebnisse der Landesmünz-Einziehungen sind wir heute imstande, diese Verhältnisse mit Genauigkeit festzustellen. Während der Durchführung der Reform dagegen fehlten alle brauchbaren Anhaltspunkte zu einer Abschätzung des noch vorhandenen Landesmünz-Umlaufs. Die Ansichten über diesen Punkt gingen weit auseinander.

Vor der Münzreform hatte Soetbeer Schätzungen des noch vorhandenen Umlaufs von Landessilbermünzen aufgestellt, die zwischen 450 und 550 Millionen Thaler schwankten[2]. Der Umlauf betrug in Wirklichkeit etwa 510 Millionen Thaler. Die damaligen Schätzungen Soetbeers trafen also ungefähr das Richtige.

Während der Durchführung der Reform kam dagegen allgemein die Ansicht zur Geltung, daß der Betrag der umlaufenden Landessilbermünzen wesentlich geringer sein müsse.

Diese falsche Annahme wurde hauptsächlich durch die Regierung, namentlich durch Camphausen, geweckt und genährt. Camphausen benutzte jede Gelegenheit, um nachdrücklich hervorzuheben, daß der noch vorhandene Silberumlauf wesentlich geringer sein müsse, als alle bisherigen Veranschlagungen. Am Ende des Jahres 1874 schätzte er den noch vorhandenen Betrag von Landessilbermünzen auf etwa 300 Millionen Thaler. Im Dezember 1875[1] glaubte er einen Betrag von nur noch 600 Mil-

[1] Siehe Beiträge, Tabellen S. 395 u. 402.

[2] Siehe die Denkschrift des Deutschen Handelstags von 1869 über die Münzreform und das Bremer Handelsblatt vom 19. Juni 1869 und vom 25. Februar 1871.

lionen Mark annehmen zu dürfen (außer den österreichischen Thalern). Wie er sich im Jahre 1874 auf die geringen Silberbestände der Zettelbanken gestützt hatte, so beruhte seine Schätzung von 1875 auf einer am 30. September dieses Jahres vorgenommenen Kassenenquete, bei welcher sich in allen öffentlichen Kassen ein Thalervorrat von nur 34.267.900 Thaler ergeben hatte. Davon lagen 20.297.000 Thaler = 60.891.000 Mark in den Banken, deren gesamter Metallgeld-Bestand damals 628.150.000 Mark betrug. Auch bei dieser Schätzung wurde, ähnlich wie bei der Schätzung vom Ende 1874, der Umstand außer Acht gelassen, daß sich bei der damaligen Verfassung des deutschen Geldwesens der größte Teil der untersuchten Kassen mit Erfolg des Silbergeldes erwehren konnte, daß also die Zusammensetzung ihrer Bestände keinen Schluß auf die Zusammensetzung des freien Geldumlaufs gestattete.

Trotzdem machten die Schätzungen der Regierung überall Eindruck. Zwar wurde allgemein die von Camphausen veranschlagte Summe für zu niedrig gehalten, schon deshalb, weil die Reichsregierung in Rücksicht auf eine möglichst günstige Veräußerung des Silbers an einer niedrigen Schätzung des zu verkaufenden Silbervorrats interessiert war; aber die vom Regierungstisch gegebenen Zahlen hatten doch die Wirkung, daß man allgemein zu der Ansicht kam, daß von der Gesamtprägung von Landessilbermünzen ein Abgang von $33\frac{1}{3}$ bis 40 Prozent anzunehmen sei. Solange nicht einmal die Einziehungsergebnisse der süddeutschen Silbermünzen vorlagen, war keine Grundlage zu einer Korrektur dieser Annahme vorhanden.

So erklärt es sich, daß die Schätzungen des von Deutschland noch zu verkaufenden Silbers, welche in jener Zeit vorgenommen wurden, so sehr sie auch unter sich voneinander abwichen, alle beträchtlich zu gering gegriffen waren. Als Beispiel sei erwähnt, daß die von der englischen Silberkommission 1876 eingeholten Veranschlagungen zwischen 160 und 600 Millionen Mark schwankten. Nasse schätzte damals den Betrag des noch abzustoßenden Silbers auf 500 Millionen Mark. Der Direktor der Londoner Zweigniederlassung der Deutschen Bank, welche damals die Silberverkäufe vermittelte und infolgedessen von der Ansicht der Reichsregierung unterrichtet war, nannte einen Betrag von 260 Millionen Mark.

In Wirklichkeit war damals (Mitte 1876) noch mehr als eine Milliarde Mark an Landessilbermünzen vorhanden, von denen zur Ver-

[1] Sten. Ber. 1875/76 S. 665.

vervollständigung des Umlaufs von Landessilbermünzen bis auf den Maximalbetrag des Münzgesetzes [illegible] Millionen Mark mehr Verwendung finden konnten. Abgesehen von den eingezogenen aber noch nicht verkauften Silberbeständen war also ein Betrag von wesentlich über [illegible] Millionen Mark noch zu verkaufen, um die Münzreform programmgemäß zu Ende zu führen. Die höchsten damaligen Schätzungen waren also noch um die Hälfte zu niedrig[1].

Auf Grund dieses allgemeinen Irrtums erschien die völlige Durchführung der Reform leichter, als sie in Wirklichkeit war.

Andererseits hatte die Valutakrisis die Wirkung gehabt, die Überzeugung von der Notwendigkeit der vollständigen Durchführung der Reform zu verstärken.

Nun leiteten zwei Umstände auf den Gedanken hin, ob es nicht

---

[1] Man mag es immerhin für möglich halten, daß bei manchen der damaligen niedrigen Schätzungen bis zu einem gewissen Grad der Wunsch der Vater des Gedankens gewesen ist; gleichwohl liegt nicht der leiseste Anhaltspunkt vor, auf Grund dessen man den Vertretern der Regierung und Männern wie Soetbeer, Nasse, Bamberger u. a. den guten Glauben absprechen könnte. Es muß deshalb im Interesse sowohl dieser um das deutsche Geldwesen und um die Währungswissenschaft hochverdienten Männer, als auch im Interesse der geschichtlichen Wahrheit an dieser Stelle mit allem Nachdruck eine der häßlichsten der vielen bösartigen Verdächtigungen zurückgewiesen werden, welche sich in der Schrift von Dr. Otto Arendt, „Die vertragsmäßige Doppelwährung“, vorfinden. Mit Bezug auf die schwankenden Veranschlagungen des Umlaufs von Landessilbermünzen, namentlich auf die von Soetbeer zu verschiedenen Zeiten auf Grund verschiedener Anhaltspunkte, stets aber mit gebührender Reserve vorgenommenen Schätzungen, heißt es in der erwähnten Schrift (I S. 24):

„In dem Maße, wie später der Silberverkauf schwieriger wurde, sank diese Schätzung. Wollte man dadurch sich selbst, oder wollte man andere belügen?“

Als Antwort auf diese unqualifizierbare Insinuation genügt die Feststellung, daß die niedrigsten Schätzungen dem Jahre 1875 angehören, als die Lage des Silbermarktes noch verhältnismäßig günstig war. Soetbeer schätzte damals (so im Deutschen Handelsblatt vom 31. August; gleichzeitiger Silberpreis 56⅝ d) den Abgang von Landessilbermünzen auf 40 %. Während sich in den folgenden Monaten die Lage des Silbermarkts bis zur Krisis im Juli 1876 (Silberpreis 46¾) erheblich verschlechterte, lautete Soetbeers Schätzung auf Grund der bei der Einziehung des Guldengeldes gewonnenen Ergebnisse auf höhere Beträge. Seine Schätzungen aus dem Jahre 1876 beruhen zumeist auf einem Abgang von 33⅓ %. Als dann auch die Resultate der Einziehung der Doppelthaler vorlagen, nahm Soetbeer im Jahre 1877 nur noch einen Abgang von 25 % an, und die späteren Erfahrungen bestimmten ihn, im Jahre 1879 nur noch einen Abgang von 21 % zu veranschlagen. Die Wandlungen der Soetbeerschen Schätzungen, die für alle damaligen Schätzungen typisch sind, beruhen also durchaus auf der Erweiterung der Erfahrungen mit der Silbereinziehung, und sie bewegen sich direkt entgegengesetzt zu der von Arendt behaupteten Richtung.

möglich sei, den vorhandenen Zustand, bevor man die Reichsgoldwährung exakt im Sinne des Gesetzes durchführen könne, durch ein weniger bedenkliches Zwischenstadium zu ersetzen.

Einmal die Thatsache, daß selbst nach den mäßigsten Schätzungen die noch vorhandenen Münzen der Thalerwährung einen so erheblichen Betrag ausmachten, daß deren völlige Beseitigung noch in weiter Ferne stand.

Außerdem der Umstand, daß von den für die völlige Durchführung des neuen Systems notwendigen Reichssilbermünzen gegen Ende des Jahres 1875 noch nicht einmal die Hälfte ausgeprägt war. Der vom Münzgesetz bestimmte Höchstbetrag von 10 Mark pro Kopf der Reichsbevölkerung stellte sich damals auf 425 Millionen Mark, während bis zum Ende des Jahres 1875 erst 164 Millionen Mark zur Ausmünzung gelangt waren.

Von den noch vorhandenen Landessilbermünzen war für die nächste Zeit die Außerkurssetzung aller Sorten außer den Einthaler- und Einsechsteltthaler-Stücken in Aussicht genommen. Die letzteren Stücke waren durch die Verkündigung der Reichswährung zu Scheidemünzen erklärt. Nun lag der Gedanke nahe, ob man nicht auch den Thalerstücken vor ihrer völligen Beseitigung die Eigenschaft als Kurantgeld entziehen könne. Die in dem Thalerumlauf liegende Gefahr schien beseitigt, sobald ihnen die volle Zahlkraft genommen war, und namentlich, sobald sich das Reich verpflichtete, sie auf Verlangen gegen Gold einzuwechseln.

Dieser Gedanke lag bei der niedrigen Schätzung des noch vorhandenen Thalerumlaufs so nahe, daß er gleichzeitig auf verschiedenen Seiten auftauchte.

B a m b e r g e r empfahl in seiner zur Beruhigung der durch die Goldausfuhr entstandenen Aufregung veröffentlichten Schrift „Reichsgold" die Degradierung der Thaler zu Scheidemünzen. Zu einem solchen Schritt sei kein neues Gesetz notwendig. „Der Bundesrat, welcher nach Artikel 8 befugt ist, die Thaler außer Kurs zu setzen, ist nach den einfachsten Rechtsregeln auch befugt, sie um einen Grad in ihren Funktionen herabzusetzen, nach dem alten Spruch: wer das Plus kann, kann auch das Minus."

Aber Bamberger war, als er diesen Vorschlag machte, keineswegs der Ansicht, daß die damalige Zusammensetzung des deutschen Münzumlaufs eine solche Maßregel bereits ermöglichte; er betonte vielmehr nachdrücklich, daß die zu diesem Schritt notwendigen Vorbereitungen, nämlich die Verminderung des Thalerumlaufs auf einen ungefährlichen Umfang, „mit aller erdenklichen Anstrengung" betrieben werden müßten.

Um die gleiche Zeit tagte in Eisennach ein Kongreß des Vereins für Socialpolitik. Nasse referierte über die Valutakrisis. Seine Vorschläge unterschieden sich von denen Bambergers dadurch, daß sie die Thaler wohl zu Scheidemünzen machen, sie aber doch den Reichssilbermünzen nicht ganz gleichstellen wollten. Statt für Beträge bis zu 20 Mark sollten sie bis zu 100 Mark gesetzliches Zahlungsmittel sein. Die Verpflichtung des Reichs, die Thaler ebenso wie die Reichssilbermünzen auf Verlangen gegen Gold einzuwechseln, verlangte Nasse ebenso wie Bamberger.

Außerdem schlug Nasse vor, der Reichsbank sollten vom Reich Thaler bis zu einem die Hälfte ihres Barvorrats nicht übersteigenden Betrag als vorläufige Notendeckung überwiesen werden, und zwar unter ausdrücklicher Garantie des Reichs für ihren Goldwert.

Die Reichsregierung zeigte sich geneigt, auf den Grundgedanken dieser Vorschläge einzugehen.

Im Dezember 1875 legte sie dem Reichstag einen Gesetzentwurf vor, welcher dem Bundesrat die Ermächtigung erteilte, die Einthalerstücke deutschen und österreichischen Gepräges den Reichssilbermünzen gleichzustellen. Der Entwurf fand im Reichstag keinen Widerspruch, vielmehr kam allgemein der Wunsch zum Ausdruck, die Regierung möchte von der von ihr verlangten Ermächtigung möglichst bald Gebrauch machen.

Camphausen führte das Wort für die Reichsregierung und schilderte die Lage des Reformwerkes so glänzend wie möglich. Er hob insbesondere die Thatsache hervor, daß Ende September 1875 in den Beständen aller Zettelbanken, außer der Preußischen Bank, nur wenig über 6 Millionen Thaler an Thalergeld lagen, sprach von den „Wünschen des Publikums nach hartem Silbergeld", welchen diese Banken nach Einziehung der kleinen Notenabschnitte genügen müßten, und machte schließlich auf die durch die Außerkurssetzung des Guldengeldes entstehende „Lücke" aufmerksam, welche nach seiner Schätzung durch die 6 Millionen Silberthaler der Privatnotenbanken nur zur Hälfte ausgefüllt werden könne. Camphausen glaubte also immer noch, man werde keine großen Silbermengen mehr zu verkaufen haben; auf Grund dieses schweren Irrtums sprach er das Wort von der „wahrhaft spielenden" Durchführung der Münzreform, und er gab die tröstliche Versicherung, wenn nicht mit der Beschränkung der Zahlungskraft der Thaler notwendigerweise für das Reich die Verpflichtung verbunden wäre, die Thaler auf Verlangen in Reichsgoldmünzen einzulösen, „dann hätten sich die verbündeten Regierungen vielleicht schon jetzt entschließen können, mit dem 1. Januar die ganze Sache ins Leben treten zu lassen."

Der Entwurf wurde unverändert angenommen und erhielt am 6. Januar 1876 Gesetzeskraft.

Der Bundesrat hat von der ihm erteilten Ermächtigung bis zum heutigen Tag keinen Gebrauch gemacht. Einzig und allein darin beruhte damals die Bedeutung des Gesetzes, daß die Reichsregierung durch die Vorlage des Gesetzes deutlich an den Tag legte, es sei ihr guter Wille, die Reichswährung möglichst bald zu einer wirklichen Goldwährung zu machen.

In der That ging die Reichsregierung nunmehr mit größerer Energie bei der Abstoßung des Silbers vor[1]. Während sie bisher bei ungünstigen Konjunkturen oft für lange Zeit vollständig vom Markte fern geblieben war, setzte sie nun ihre Verkäufe, allerdings mit großer Vorsicht, fort, auch als mit dem Beginn des Jahres 1876 der Silberpreis erheblich zu sinken begann.

Eine Reihe von Ursachen wirkte damals zusammen, um den Preis des Silbers zu drücken. Die Hauptursache war psychologischer Natur. Lange genug hatten sich die Silberhändler über die große Tragweite der seit dem Jahre 1871 erfolgten währungspolitischen Umwälzungen hinweggetäuscht. Der deutsche Währungswechsel, der Übergang der skandinavischen Staaten zur Goldwährung, die Beschränkung der Silberprägung in der lateinischen Münzunion, die Einstellung der Silberprägung in den Niederlanden, schließlich auch die Annahme der Goldwährung in den Vereinigten Staaten, — alle diese Maßnahmen, welche die Silberverwendung und die Silbernachfrage in außerordentlichem Maße beschränkten, waren vom Silbermarkte gänzlich ignoriert oder nur durch einen geringen Preisrückgang beantwortet worden. Allmählich begann die Erkenntnis der wahren Lage Platz zu greifen. So arglos man die tiefgreifenden währungspolitischen Veränderungen hingenommen hatte, so stark begann man nun vor weit unbedeutenderen, oft lediglich eingebildeten Gefahren zu zittern. Die Furcht vor den deutschen Silberverkäufen, die übertriebenen Angaben über die gesteigerte Silberproduktion Amerikas, um-

[1] Vergleiche zu den folgenden Ausführungen Beiträge S. 341—369.

fangreiche Begebungen indischer Schatzwechsel und grundlose Gerüchte jeder Art verstärkten die Wirkung des immer mehr hervortretenden Mißverhältnisses zwischen Silberangebot und Silbernachfrage. So kam es, daß der Londoner Silberpreis in großen Sprüngen von $56\frac{1}{8}$ d am Anfang des Jahres 1876 bis auf $46\frac{3}{4}$ d im Juli 1876 hinabsank.

Gleichwohl setzte die deutsche Regierung ihre Silberverkäufe fort, indem sie jeden Augenblick einer Beruhigung oder Besserung des Marktes wahrnahm. Noch am 24. Juni schloß sie einen Verkauf zu $51\frac{7}{8}$ d ab. Als das Silber jedoch von Ende Juni ab mit gesteigerter Geschwindigkeit noch tiefer sank, hielt sie sich vom Markt zurück. Dagegen begab der Indische Rat am 5. Juli einen umfangreichen Betrag von Schatzwechseln auf Indien zu einem Kurs von 1 sh $6\frac{1}{2}$ d pro Rupie, welchem ein Silberpreis von nur 49 d entsprach. Darauf erfolgte der Preissturz des Silbers bis auf $46\frac{3}{4}$ d, ein Kurs, welcher noch lange Jahre später für unerhört niedrig galt.

Natürlich war es unter diesen Verhältnissen der Reichsregierung nicht möglich, während der ersten Hälfte des Jahres 1876 wirklich beträchtliche Silbermengen zu verkaufen. Im ganzen wurden in dieser Zeit nur etwa 440.000 Pfund fein im Wert von etwa 35 Millionen Mark abgesetzt.

Um so eifriger benutzte die Reichsregierung die unmittelbar nach der Julikrisis eintretende Besserung des Silbermarktes, welche durch einen starken Silberbedarf für den Osten verursacht war. Am 14. Juli nahm sie ihre Verkäufe zu 48 d wieder auf, und indem sie ihren Preis schrittweise bis auf 54 d steigerte, verkaufte sie innerhalb eines einzigen Monats in London für 675.000 £ Silber. Im letzten Quartal 1876 erfuhren ihre Verkäufe bei einer neuen Besserung des Silberpreises (bis auf $58\frac{1}{2}$ d im Dezember) abermals eine beträchtliche Steigerung, so daß im ganzen während der zweiten Hälfte des Jahres 1876 eine Silbermenge von etwa 900.000 Pfund fein abgestoßen wurde. Die Verkäufe des ganzen Jahres 1876 waren umfangreicher als die sämtlichen bisher bewirkten Verkäufe.

Im Dezember 1876 wurde die Vermittelung der Silberverkäufe der *Reichsbank* übertragen; das Reichskanzleramt setzte für die Verkäufe einen Mindestpreis fest, der nach Lage der Dinge von Zeit zu Zeit verändert wurde und stets so gegriffen war, daß die Reichsbank in der Leitung des Verkaufsgeschäftes so gut wie unbeschränkt war.

Die Silberveräußerung erfolgte von nun ab ganz überwiegend in

London. Die Verkäufe in Deutschland wurden von der Reichsbank selbst abgeschlossen, während sich die Reichsbank zur Vermittelung der in London zu bewirkenden Verkäufe der London Joint Stock Bank bediente.

Der große Silberbedarf für die Ausfuhr nach Indien, verursacht durch eine große Hungersnot in Indien und die gegen sie ergriffenen Abwehrmaßnahmen, hielt während des ganzen Jahres 1877 an. Dagegen wurde die Spekulation auf eine silberfreundliche Gesetzgebung in Amerika und auf die Aufnahme einer ungewöhnlich großen Silberanleihe seitens der indischen Regierung, Hoffnungen, welche den Silberpreis im Dezember 1876 und im Januar 1877 bis auf $58^1/_2$ d gesteigert hatten, bald enttäuscht. Infolgedessen sank der Silberpreis bis zum Ende des ersten Quartals 1877 wieder bis unter 54 d hinab, auf einen Preis, der allerdings immer noch etwas höher war, als die Kurse, welche vor dem spekulativen Aufschwung am Ende des Jahres 1876 bestanden.

Die Reichsbank benutzte den starken indischen Bedarf zur Abstoßung gewaltiger Silbermengen. Das Reich mußte auf eine Vergrößerung der deutschen Affinieranstalten hinwirken und sogar ausländische Scheideanstalten beiziehen, um in der Herstellung von Barren mit den durch die Reichsbank abgeschlossenen Verkäufen Schritt halten zu können.

Fast 3 Millionen Pfund Feinsilber, welche einen Nennwert von mehr als 250 Millionen Mark eingezogener Landessilbermünzen darstellten, sind in dem einen Jahre 1877 veräußert worden.

Dabei gelang es der Reichsbank durch eine kluge und vorsichtige Behandlung des Silbermarktes, durch große Verkäufe bei dringender Nachfrage und durch Zurückhaltung bei einer matten Marktlage, einen Preisdruck zu vermeiden und den Kurs des Silbers vom zweiten Quartal an für länger als ein Jahr zwischen $53^1/_2$ und $55^5/_8$ d zu stabilisieren.

Nachdem gegen Ende des Jahres 1877 der indische Silberbedarf erheblich nachgelassen hatte und infolgedessen die Lage des Silbermarkts ungünstiger geworden war, brachte das erste Quartal 1878 noch einmal einen Aufschwung. Der Februar zeigte für lange Zeit zum letzten Mal eine starke Silbernachfrage für den Osten und am Ende desselben Monats wurde in den Vereinigten Staaten die Blandbill Gesetz, welche umfangreiche Silberankäufe anordnete.

Abermals wurde die günstige Konjunktur zur Abstoßung eines großen Silberquantums benutzt.

Als aber von Anfang April ab die Silberverschiffungen nach dem Osten fast gänzlich aufhörten und als sich gleichzeitig die durch die

Blandbill hervorgerufene Spekulation ernüchterte, als außerdem gesteigerte Verkäufe indischer Schatzwechsel immer schwerer auf den Silbermarkt drückten und der Silberpreis infolge dieser Umstände immer tiefer sank, hörte die Reichsbank mit ihren Verkäufen vollständig auf.

Erst im letzten Quartal 1878, nachdem der Silberpreis inzwischen auf 49½ d gesunken war, kam die Silberabstoßung wieder in Gang. Es hatte sich infolge der langen Stockung der Verkäufe in dem Metalldepot des Reichs ein beträchtlicher Silbervorrat angesammelt. Das Reichskanzleramt drängte auf eine Wiederaufnahme der Verkäufe, und eine Besserung des Silbermarkts, welche namentlich auf einer starken Silbernachfrage für Österreich beruhte, gab Gelegenheit, diesem Wunsche nachzukommen.

Die österreichische Nachfrage beruhte darauf, daß bei dem fortgesetzten Sinken des Silberpreises der Kurs des österreichischen Papiergeldes in Gold sich auf seiner Höhe gehalten hatte. Infolgedessen verschwand schließlich die Differenz zwischen dem Wert des Silberguldens und dem Wert des Papierguldens, das Silberagio, vollständig, ja der fortgesetzt hohe Kurs des österreichischen Geldes machte die Versendung großer Silbermengen nach Österreich zum Zweck der Ausmünzung in Guldenstücke rentabel.

Mit dem Beginn des Jahres 1879 kam jedoch auch diese Nachfrage in Wegfall. Der österreichische Finanzminister verfügte die Aufhebung der freien Silberprägung.

Zwar hatte diese Maßregel keine unmittelbare Wirkung auf den Londoner Silbermarkt, aber mangels jeder starken Silbernachfrage warfen die fortgesetzten starken Begebungen indischer Schatzwechsel, welche die Silbernachfrage für Indien in empfindlicher Weise beschränkten, den Silberpreis, trotzdem seit dem Januar 1879 kein deutsches Silber mehr verkauft wurde, immer tiefer, bis auf 48⅞ d im März.

Von nun an jedoch begann die Lage allmählich sich wieder zu bessern. In Indien machte die schwere Depression, welche auf das Jahr der Hungersnot gefolgt war, einem neuen Aufschwung Platz, welcher den Silberbedarf wieder erhöhte. Der Silberpreis besserte sich bis auf 50¼ d, und die Reichsbank begann wieder, Silber zu verkaufen. Da kam plötzlich und unerwartet die Nachricht, die Reichsregierung habe die Silberverkäufe eingestellt.

Bis zu diesem Augenblick hatte das Reich eine Silbermenge von 7.102.900 Pfund fein verkauft, welche durch die Einschmelzung aus Landessilbermünzen im Nennwert von mehr als 660 Millionen Mark stammte. Davon waren seit der Proklamation der Reichswährung etwa 6.075.000 Pfund im Nennwert von etwa 570 Millionen Mark verkauft, mehr als den höchsten damaligen Schätzungen des noch abzustoßenden Silbers entsprach, und nur etwa 100 Millionen Mark weniger, als der Betrag, auf welchen Camphausen damals den gesamten noch vorhandenen Betrag von Landessilbermünzen veranschlagt hatte[1]. Trotzdem erfolgte die Einstellung der Silberverkäufe nicht etwa, weil das gesamte überflüssige Silber damals abgestoßen war, sondern weil trotz der großen inzwischen bewirkten Silberverkäufe der noch vorhandene Umlauf von Thalern noch so beträchtlich war, daß der Leiter der Reichspolitik die Verantwortlichkeit für die aus der völligen Abstoßung dieses Restes entstehenden Folgen nicht übernehmen wollte.

Die Silberabstoßung war nur ein Teil der zur Durchführung der Reform notwendigen Operationen. Sie konnte ihrer Natur nach nicht so isoliert vorgenommen werden, wie in den ersten Jahren der Reform die Goldbeschaffung; denn während die Goldbeschaffung zum größten Teil durch Mittel erfolgte, welche der Reichsregierung ohne Gegenleistung zuflossen, machten die dem Reiche aus den Silberverkäufen zuwachsenden Erlöse, welche fast ausschließlich in Forderungen auf London bestanden, irgendwelche zweite Operationen notwendig.

An und für sich bestand die Möglichkeit, die Forderungen auf London im Wege der Begebung von Tratten auf London oder im Wege des Bezugs von effektivem Gold zu realisieren. Seitdem die Goldprägung freigegeben und der Ankauf von Gold seitens der Centralbank aufgenommen war, konnte die Begebung von Wechseln auf England nicht mehr eine ähnliche Verwirrung des Wechselmarkts herbeiführen, wie im Herbst des Jahres 1871. Die Kurse hätten nicht tiefer als bis zu dem Punkt gedrückt werden können, welcher die Einfuhr von Gold ermöglichte.

Trotzdem verwendete die Reichsregierung die Erlöse aus den in London abgeschlossenen Silberverkäufen fast ausschließlich zum Ankauf von Gold und nur in Ausnahmefällen durch die Begebung von Tratten auf London. Sie bezog aus London effektives Gold häufig auch bei einem hohen Stande des Wechselkurses auf England, bei welchem der Weg der

---

[1] Siehe oben S. 389. Zu den von Camphausen genannten 600 Millionen Mark kommen etwa 78 Millionen Mark österreichische Thaler hinzu.

Ziehungen auf London beträchtlich vorteilhafter für die Reichskasse gewesen wäre [1].

Die Vermittelung der Goldbeschaffung wurde am Ende des Jahres 1876, gleichzeitig mit der Vermittelung der Silberverkäufe an die Reichsbank übertragen.

Von Ende 1876 bis zur Einstellung der Silberverkäufe im Jahre 1879 wurde für etwa 14 Millionen £ Gold in London angekauft. Trotz ihres beträchtlichen Umfangs vollzog sich diese Goldbeschaffung ohne wesentliche Störungen des Londoner Geldmarktes.

Um die gleiche Zeit, um welche die Silberverkäufe und die Goldbeschaffung der Reichsbank übertragen wurden, änderte die Reichsregierung die Art der Verwendung des beschafften Prägegoldes. Während das Gold bisher von der Reichsregierung direkt an die Münzstätten zur Ausprägung überwiesen worden war, wurde es von nun ab der Reichsbank zu 1392 Mark pro Pfund fein käuflich überlassen, welche es ihrerseits je nach Bedarf auf eigene Rechnung ausprägen ließ. Die Reichsbank behielt also das durch ihre Vermittelung aus den Erlösen der Silberverkäufe beschaffte Gold und schrieb den Wertbetrag der Reichskasse gut. Auf der andern Seite entnahm das Reich die zur Einschmelzung bestimmten Silbermünzen fast ausschließlich aus den Beständen der Reichsbank.

Seit dem Ende des Jahres 1876 ging also die Umwandlung des deutschen Geldumlaufs auf folgende Weise vor sich:

Der freie Umlauf gab fortgesetzt große Beträge von Silberthalern an die Reichsbank ab und zog dafür Goldmünzen aus den Beständen der Reichsbank an sich. Dafür schöpfte die Reichsregierung aus dem sich fortgesetzt vermehrenden Thalervorrat der Reichsbank die zur Einschmelzung und zum Verkauf bestimmten Summen, und ersetzte dieselben der Reichsbank durch Gold.

In welchem Maße der freie Verkehr sich der Reichsbank zum Umtausch der überflüssigen Silberthaler gegen das bequemere Gold bediente, geht aus folgenden Zahlen hervor, welche Michaëlis am 28. März 1878 dem Reichstag mitteilte.

Nach seinen Angaben sind vom 1. Januar 1876 bis zum Ende des Jahres 1877 der Reichsbank aus dem freien Verkehr 469 Millionen Mark

---

[1] Vgl. Beiträge S. 273 ff.

in Thalern zugeflossen; in derselben Zeit hat die Reichsbank 385 Millionen Mark in Reichsgoldmünzen an den freien Verkehr abgegeben. Während sich dadurch in den Kassen der Reichsbank der Silbervorrat auf Kosten des Goldvorrats erheblich vergrößerte, änderte sich vom 30. September 1876 bis zum 31. Oktober 1877 das durch die jährlichen Enqueten festgestellte Verhältnis zwischen Thalern und Reichsgoldmünzen in den öffentlichen Kassen von 100 : 450 auf 100 : 810.

Die fortwährende Entziehung von Goldmünzen gegen Silbergeld, welcher die Reichsbank ausgesetzt war, mußte, sobald der Reichsbank nicht ein genügender Ersatz für das an den freien Umlauf abgegebene Gold zugeführt wurde, Gefahren für die Sicherheit des deutschen Geldwesens heraufbeschwören.

Die Preußische Bank hatte die Goldzahlungen unter den günstigsten Bedingungen aufgenommen. Am 7. Juli 1875 befanden sich in ihren Kassen 495 Millionen Mark in Gold und nur 89,3 Millionen Mark an Thalern und Scheidemünzen. Ferner traf die Aufnahme der Goldzahlungen mit dem Beginn einer für Deutschland günstigen Veränderung der auswärtigen Wechselkurse und einem beträchtlichen Zufluß von Gold zusammen; der Preußischen Bank floß bis zum Ende des Jahres 1875 Gold in Barren und Sorten im Betrag von etwa 80 Millionen Mark zu [1]. Gleichwohl erfuhr ihr Goldbestand in der zweiten Hälfte des Jahres 1875 eine erhebliche Verringerung.

Nach dem Beginn des Jahres 1876 gestaltete sich die Lage bedrohlicher. Es zeigte sich, daß die akute Kontraktion, welche der deutsche Geldumlauf im zweiten Halbjahr 1875 erfahren hatte, die Reaktion auf die Milliardenzahlung nicht abgeschlossen, sondern nur vorübergehend unterbrochen hatte. Als nun der deutsche Geldumlauf nach der Beseitigung der kleinen Notenabschnitte abermals durch einen großen Überschuß der Ausprägungen über die Einziehungen [2] eine beträchtliche Vermehrung erfuhr, begannen die auswärtigen Wechselkurse abermals zu sinken, und ein neuer Goldabfluß, namentlich nach England, begann. Die ungünstige Haltung der Wechselkurse blieb mit kurzen Unterbrechungen bis in die zweite Hälfte des Jahres 1879 bestehen; namentlich zogen Frankreich und Belgien während des Jahres 1877 und England während der zweiten Hälfte des Jahres 1878 große Beträge von Gold aus Deutschland an sich.

---

[1] Siehe Beiträge S. 245.

[2] Siehe Beiträge S. 393.

[illegible]

[illegible]

[illegible]

[illegible] ... 1876 bis 1879 von der Reichsregierung 313½ Millionen Mark erhielt, und obwohl sie von der Mitte des Jahres 1875 bis zum Ende des Jahres 1879 von der Regierung und von Privaten zusammen für 430 Millionen Mark Gold ankaufte, sank ihr Goldbestand von 495 Millionen Mark am 7. Juli 1875 auf 220 Millionen Mark im Durchschnitt des Jahres 1879, verminderte sich also um 275 Millionen Mark. Im ganzen hat also die Reichsbank in jener Zeit Gold im Betrag von 705 Millionen Mark abgegeben, von welchem nur ein kleiner Bruchteil exportiert worden ist, während der deutsche Geldumlauf den größten Teil der ganzen Summe an sich gezogen hat.

Mit der Einstellung der Silberverkäufe mußte auch die Ergänzung des Goldvorrates der Reichsbank durch die Reichsregierung ihr Ende finden. Die Reichsbank war nunmehr völlig auf sich selbst gestellt. Da noch immer große Mengen von Silberthalern sich im freien Verkehr befanden, war die Möglichkeit gegeben, daß auch in Zukunft große Summen Goldes im Wege des Austauschs gegen Silbergeld der Reichsbank entzogen wurden. Die Reichsbank hatte kein wirksames Mittel, ihren Goldbestand gegen das eindringende Silber zu verteidigen, solange sie nicht von dem Recht Gebrauch machen wollte oder durfte, ihre Zahlungen auch gegen den Willen des Empfängers in Silberthalern zu leisten.

Wie gestaltete sich unter diesen Verhältnissen die Entwickelung des deutschen Geldwesens? —

Ehe wir an die Beantwortung dieser Frage herantreten, wenden wir uns zur Untersuchung der Vorgeschichte des folgenschweren Schrittes, welcher die Durchführung der Geldreform völlig unerwartet unterbrach.

Elftes Kapitel.

Der Abschluß der Geldreform.

Erster Abschnitt.

Die Entwickelung der internationalen Währungsverhältnisse von 1871 bis 1879.

Die Währungsfrage in der deutschen Geldreform war nicht nur durch die Bedürfnisse des inneren deutschen Geldverkehrs, sondern auch durch die internationale Entwickelung der währungspolitischen Verhältnisse und Bestrebungen entschieden worden; und zwar war diese Entscheidung in einem Augenblick erfolgt, in welchem sich fast sämtliche Nationen europäischer Kultur mit schwerwiegenden Entschlüssen über ihre Währungsverfassung beschäftigten. Seit Jahren zeigte sich allenthalben eine stetig wachsende Bewegung, welche die gesetzliche Festlegung der reinen Goldwährung verlangte; aber diese Bewegung hatte noch nirgends einen entscheidenden Erfolg erzielt, als Deutschland nach der siegreichen Beendigung des großen Krieges mit der Ordnung seines Geldwesens begann.

Weit entfernt, zu einem Abschluß gekommen zu sein, stand die aus den kalifornischen Goldfunden hervorgegangene gewaltige Verschiebung der Währungsverhältnisse, soweit die Gestaltung der Münzgesetze in Betracht kommt, damals noch in den ersten Anfängen. Es ist deshalb nichts weniger als erstaunlich, daß auf den Entschluß Deutschlands, zur Goldwährung überzugehen, ähnliche Maßregeln in einer Reihe anderer Staaten folgten.

Wie die Entscheidung der Währungsfrage in Deutschland durch die internationalen Währungsverhältnisse beeinflußt wurde, so wirkte der deutsche Währungswechsel seinerseits in gewissem Grade auf die internationalen Währungsverhältnisse zurück, und schließlich übte auch die weitere Gestaltung dieser Verhältnisse auf die Durchführung der deutschen Münzreform einen großen Einfluß aus.

Es ist deshalb notwendig, die großen währungspolitischen Umwälzungen, welche nach der Entscheidung der deutschen Gesetzgebung im Auslande erfolgten, in kurzen Zügen zu schildern.

Am frühesten folgten die drei skandinavischen Königreiche dem deutschen Beispiel.

Der auswärtige Handel der skandinavischen Staaten war in der Hauptsache auf Deutschland angewiesen. Ihre Währungspolitik war infolge dessen von Deutschland insofern bis zu einem gewissen Grade abhängig, als sie wünschen mußten, die gleiche Währungsbasis wie Deutschland und damit eine feste Parität mit der deutschen Valuta zu besitzen. In voller Würdigung dieses Umstandes hatten die Vertreter Schwedens und Norwegens auf der Pariser Konferenz von 1867 sich zwar für eine Münzeinigung auf Grundlage der Goldwährung erklärt, aber hinzugefügt, daß sie nichts unternehmen könnten, ehe Deutschland sich einer solchen Münzeinigung angeschlossen habe.

Mit Bezugnahme auf diese Erklärung ist oft behauptet worden, Deutschlands Übergang zur Goldwährung habe die skandinavischen Staaten zu einem gleichen Vorgehen „gezwungen". In Wirklichkeit hätte Deutschland durch ein Verharren bei der Silberwährung Schweden und Norwegen vielleicht verhindert, ihrer Überzeugung zu folgen und die Goldwährung anzunehmen; denn da die Währungspolitiker dieser Staaten sich schon 1867 zur Goldwährung bekannten, zwang die deutsche Münzreform Skandinavien nicht zur Goldwährung, sondern ermöglichte ihm nur das zu thun, was es für richtig hielt.

Ähnlich wie in Deutschland war damals in den skandinavischen Königreichen eine Münzreform aus Gründen der inneren Geldzirkulation dringend notwendig. Ihre Münzsysteme, welche auf der reinen Silberwährung beruhten, waren einander sehr ähnlich, ohne sich völlig gleich zu sein. Kleine Verschiedenheiten im Geldsystem von Ländern, welche so sehr aufeinander angewiesen sind, wirken jedoch oft lästiger, als große Unterschiede, welche auch der gewöhnliche Verkehr nicht übersehen kann.

Die Münzsysteme der drei Staaten waren verwandt mit den deutschen Systemen des 16. Jahrhunderts, wie sie sich in der schleswig-holsteinischen Währung, in der lübischen Kurantwährung und insbesondere in der Hamburger Bankvaluta bis in die Zeit der Münzreform erhalten haben. Sie beruhten auf dem Speciesthaler mit einem Silbergehalt von $\frac{1}{9^1/_4}$ Mark. Die Mark selbst zeigte jedoch in den drei Staaten — ähnlich wie vor 1838 in den deutschen Einzelstaaten — kleine Abweichungen, und dadurch kam ein Element der Verschiedenheit in die ursprünglich auf der gleichen Grundlage beruhenden Münzsysteme der drei Königreiche. Auch die Rechnungseinheit war in jedem Lande eine andere; in Norwegen der Speciesthaler selbst, der in 120 Schillinge geteilt wurde; in Schweden der Reichsthaler, gleich $^1/_4$ Speciesthaler zu 100 Öre; in Dänemark der Reichsthaler, gleich $^1/_2$ Speciesthaler, zu 6 Mark à 16 Schillinge.

Der Wunsch nach einer Übereinstimmung des Münzsystems der drei Staaten war allgemein. Seine Erfüllung war verzögert worden, hauptsächlich weil man den Erfolg der auf eine internationale Münzeinheit gerichteten Bestrebungen abwarten wollte. Deutschlands isoliertes Vorgehen zerstörte den letzten Rest der an diese Bestrebungen geknüpften Hoffnungen.

Die skandinavischen Staaten zogen sofort die Folgerungen aus diesen Verhältnissen. Durch einen Vertrag vom 18. Dezember 1872 nahmen sie das bisherige schwedische Münzsystem als gemeinschaftliches Rechnungssystem an, mit der Benennung „Krone" für die Münzeinheit. Aus dem Kilogramm Feingold sollten 2480 Kronen geprägt werden. Das bedeutete für Schweden eine Konvertierungsrelation von 15,57, für Norwegen von 15,44, für Dänemark von 15,43 zu 1 zwischen Silber und Gold.

Die Durchführung der Reform vollzog sich in kurzer Zeit und ohne erhebliche Schwierigkeiten. Die abzustoßenden Silbermengen waren im Verhältnis zu den Gesamtumsätzen auf dem Silbermarkt so gering, daß sie glatt von statten gingen, ohne dem Silbermarkt überhaupt fühlbar zu werden.

Gänzlich unbeeinflußt von dem deutschen Währungswechsel vollzogen die Vereinigten Staaten von Nordamerika durch ein Gesetz vom 12. Februar 1873 den Übergang zur Goldwährung, allerdings, da noch der seit dem Bürgerkrieg bestehende Zwangskurs herrschte, vorläufig nur auf dem Papier.

Im Streite der Parteien ist die Geschichte des amerikanischen Währungswechsels so entstellt und verzerrt worden, daß es notwendig erscheint, sie auf Grund des offiziellen Materials in allen ihren Phasen in einer jeden Zweifel ausschließenden Weise festzustellen.

Es sei zunächst daran erinnert, daß die Vereinigten Staaten seit 1834 bis zum Bürgerkriege einen überwiegenden Goldumlauf besaßen, in dem Maße, daß ein starker Mangel an Silbergeld bestand, bis im Jahre 1853 die Ausmünzung unterwertiger Silberscheidemünzen angeordnet wurde. Nur das Eindollarstück selbst blieb im Münzgesetz als vollwertige Silberkurantmünze erhalten, aber bei dem Stand des Wertverhältnisses zwischen Silber und Gold wurde diese Münze nur in verschwindendem Umfang geprägt, und zwar wohl ausschließlich als Handelsmünze für Ostasien [1].

Es sei ferner daran erinnert, daß sich die Vereinigten Staaten auch während der mit dem Bürgerkrieg beginnenden Papiergeldperiode als Goldwährungsland betrachteten, denn für die in Metallgeld zu leistenden Zahlungen des Staates und an den Staat wurde Goldgeld vorgeschrieben. Dem entsprach es, daß in der zweiten Hälfte der sechziger Jahre, als die Rückkehr zu einer Metallwährung und der eventuelle Anschluß an eine internationale Münzeinheit ins Auge gefaßt wurde, niemand an eine Rückkehr zum bimetallistischen System dachte, sondern daß alle Vorschläge, sowohl die von der Regierung als auch die von Kongreßmitgliedern ausgehenden, sich unbedingt auf die Grundlage der Goldwährung stellten [2].

Im Jahre 1869 ließ das Schatzamt den Entwurf zu einer Revision sämtlicher Münzgesetze ausarbeiten. In dem Entwurf war der Silberdollar als Kurantmünze beseitigt; in dem beigefügten Report war darauf ausdrücklich aufmerksam gemacht.

Im April 1870 wurde der Entwurf der Finanzkommission des Senates vorgelegt. Er gelangte im Januar 1871 im Senat zur Annahme.

Darauf wurde die Bill an das Repräsentantenhaus weitergegeben, aber vor dem Schluß der Session kam sie nicht mehr zur Erledigung.

---

[1] Siehe oben S. 88.

[2] Siehe oben S. 102 u. 127.

Die Reichsbank fand also für die in den deutschen Umlauf abfliessenden Goldmünzen nicht nur keinen Ersatz in Zufuhren aus dem Ausland, sondern sie war sogar selbst zu Abgaben von Gold für das Ausland genötigt.

Sie konnte ferner diese ungünstigen Verhältnisse nicht aus eigner Kraft ändern, denn ein knapper Goldvorrat in ihren Kassen war nicht gleichbedeutend mit knappen Geldmitteln weder in ihren Kassen noch auf dem offenen Markt. Unter diesen Verhältnissen konnten, wie die Erfahrungen des Jahres 1874 gezeigt hatten, Diskonterhöhungen nur eine geringe Wirkung haben.

Jetzt zeigten sich die Folgen der Aufnahme der Goldzahlungen, auf welche wir bereits aufmerksam gemacht haben: Die Reichsregierung sah sich, um eine Suspendierung der Goldzahlungen zu verhindern, genötigt, den Austausch von Silber gegen Gold mit allen Kräften zu betreiben. Die Reichsbank, welche seit dem Ende des Jahres 1876 die Leitung der Silberverkäufe in Händen hatte, mußte schon in ihrem eigenen Interesse die Silberabstoßung mit dem größten Nachdruck fördern.

Obwohl dies, wie wir gesehen haben, in so großem Umfang geschah, als es die Verhältnisse des Silbermarkts gestatteten, obwohl die Reichsbank von 1876 bis 1879 von der Reichsregierung 313½ Millionen Mark erhielt, und obwohl sie von der Mitte des Jahres 1875 bis zum Ende des Jahres 1879 von der Regierung und von Privaten zusammen für 490 Millionen Mark Gold ankaufte, sank ihr Goldbestand von 495 Millionen Mark am 7. Juli 1875 auf 220 Millionen Mark im Durchschnitt des Jahres 1879, verminderte sich also um 275 Millionen Mark. Im ganzen hat also die Reichsbank in jener Zeit Gold im Betrag von 765 Millionen Mark abgegeben, von welchem nur ein kleiner Bruchteil exportiert worden ist, während der deutsche Geldumlauf den größten Teil der ganzen Summe an sich gezogen hat.

Mit der Einstellung der Silberverkäufe mußte auch die Ergänzung des Goldvorrates der Reichsbank durch die Reichsregierung ihr Ende finden. Die Reichsbank war nunmehr völlig auf sich selbst gestellt. Da noch immer große Mengen von Silberthalern sich im freien Verkehr befanden, war die Möglichkeit gegeben, daß auch in Zukunft große Summen Goldes im Wege des Austauschs gegen Silbergeld der Reichsbank entzogen wurden. Die Reichsbank hatte kein wirksames Mittel, ihren Goldbestand gegen das eindringende Silber zu verteidigen, solange sie nicht von

Dadurch wurde eine nochmalige Beratung in beiden gesetzgebenden Körpern erforderlich.

Das Repräsentantenhaus nahm die Bill im Mai 1872 mit 110 gegen 13 Stimmen an. Der Paragraph, welcher die unterwertige Ausprägung des Silberdollars anordnete und seine Zahlungkraft auf 5 $ beschränkte, wurde ausführlich diskutiert. Der Abgeordnete Kelley, später einer der eifrigsten Bimetallisten, verteidigte die Abschaffung des vollwertigen Silberdollars mit der Motivierung, daß es unmöglich sei, die Doppelwährung aufrecht zu erhalten.

Im Januar 1873 gab auch der Senat dem Gesetzentwurf seine Genehmigung; im Februar wurde das neue Gesetz, welches die Goldwährung gesetzlich einführte, verkündigt[1].

Daß die Bill damals kein großes Aufsehen erregte, findet seine natürliche Erklärung darin, daß sie unmittelbare praktische Bedeutung nicht hatte; einmal, weil immer noch der Zwangskurs für Papier herrschte, dann weil sie praktisch alles beim Alten ließ. Der Silberdollar wurde nicht eigentlich demonetisiert, wie etwa bei uns die Silbermünzen, ja nicht einmal wie in Frankreich die Fünffrankenthaler. Eine Einschmelzung von Silberdollars kam nicht in Frage; denn der „Dollar der Väter" war seit Menschengedenken in Amerika nur als Kuriosität gesehen worden. Es wurde auch nicht, wie später in Frankreich und in andern Ländern, die freie Silberprägung aufgehoben, während die Edelmetallhändler sich mit Silberbarren zur Münze drängten; es wurde nur ein totes Recht auf freie Silberprägung beseitigt, das seit vier Jahrzehnten von niemandem ausgeübt worden war. Das war eine praktisch bescheidene und geringfügige Maßregel, nicht dazu angethan, sensationelles Aufsehen zu erregen.

Diese Darlegung der thatsächlichen Vorgänge zeigt, daß alle später auftauchenden Behauptungen, die Goldwährung sei in Amerika eingeführt worden, ohne daß der Kongreß es gemerkt hätte, also durch Unaufmerksamkeit oder gar durch Betrug, — daß alle diese Aufstellungen ganz und gar der Begründung entbehren. In ihrem Wert werden diese Aufstellungen am besten dadurch gekennzeichnet, daß derselbe Kelley, welcher 1872 die Demonetisation des vollwertigen Silberdollars verteidigte, einige Jahre später behauptete, er habe, obwohl Referent über das

[1] Siehe Horace White, Money and Banking, 1896. S. 213 ff.; Prager. Die Währungsfrage in den Vereinigten Staaten, 1897. S. 93 ff.; Helfferich, Zur Geschichte der Goldwährung, 1896. S. 29 ff.

Gesetz, nichts davon gewußt, daß das Gesetz den Silberdollar demonetisiere.

Während sowohl Skandinavien wie die Vereinigten Staaten völlig aus freien Stücken zur Goldwährung übergingen, zwang die Entwickelung der Verhältnisse die Niederlande gegen den Willen der Regierung und des Parlamentes zu Maßregeln, welche die bestehende Silberwährung aufhoben.

Wie bereits erzählt[1], hatten die Niederlande im Jahre 1847 an Stelle der bestehenden Doppelwährung, welche infolge einer zu günstigen Tarifierung des Goldes zu einer thatsächlichen Goldwährung geworden war, die Silberwährung eingeführt.

Unter den Gründen für diese Maßregel war von Wichtigkeit hauptsächlich die Rücksicht auf die Währungsgleichheit mit den damals fast ausschließlich Silbergeld gebrauchenden europäischen Nachbarländern und mit der wichtigsten holländischen Kolonie, mit Niederländisch Indien.

Zum Teil veränderten sich diese Verhältnisse, noch ehe die holländische Münzreform völlig durchgeführt war: Die kalifornischen und australischen Goldfunde führten in Belgien und Frankreich zu einem überwiegenden Goldumlauf.

Auf der Pariser Münzkonferenz von 1867 und in den folgenden Jahren trat die Regierung der Niederlande völlig isoliert gegen die Goldwährung auf und empfahl die Doppelwährung auf internationaler Grundlage als die beste Währungsverfassung.

Durch die deutsche Münzreform wurde die Lage der Niederlande unhaltbar. Als Silberwährungsland inmitten von Ländern mit gesetzlicher oder thatsächlicher Goldwährung konnte Holland ohne die größte Gefährdung seines Handels nicht weiter existieren.

Im Oktober 1872 setzte deshalb die Regierung eine Kommission ein, um die Münzfrage zu prüfen und über die notwendigen Maßregeln zu beraten.

In ihrem Bericht vom 28. Dezember 1872 führte die Kommission aus, die Silberwährung sei für Holland unhaltbar. Die glücklichste Lösung der Münzfrage sei theoretisch die internationale Doppelwährung, aber diese sei praktisch aussichtslos. Der Übergang zur Goldwährung sei also unvermeidlich — wenn sich nicht Deutschland noch nachträglich zur Doppelwährung entschließen sollte.

---

[1] Siehe oben S. 77.

In der Hoffnung, daß eine solche Wendung eintreten möchte, empfahl die Kommission die vorläufige Annahme einer Doppelwährung mit der Modifikation, daß die Silberprägung nötigenfalls beschränkt oder gänzlich gesperrt werden könne.

Die Regierung ließ sich Anfang 1873 zunächst zur Einstellung der Silberprägung ermächtigen, aber nur bis Ende des Jahres 1874, und ohne die Prägung von Goldmünzen in Vorschlag zu bringen.

Als im Jahre 1874 noch keine endgültige Lösung gefunden war, ließ sie ihre Befugnis zur Sperrung der Silberprägung um zwei Jahre verlängern.

Als Deutschland sich definitiv für die Goldwährung entschieden hatte, wurde abermals eine Münzkommission eingesetzt [1].

Ihrem Rat folgend schlug die Regierung die Ausprägung von goldenen Zehnguldenstücken und die Demonetisierung des Silbers vor. Das Gesetz wurde am 2. März 1874 abgelehnt [2], hauptsächlich, damit nicht die Währungsgleichheit mit den Kolonien zerstört werde. An eine Einführung der Goldwährung auch in den Kolonien dachte damals niemand.

Da die Regierung von ihrem Recht, die Silberprägung einzustellen, Gebrauch machte, ohne daß Goldmünzen existierten, geriet das niederländische Geldwesen in dieselbe Verfassung, wie im Jahre 1871 das deutsche, später das österreichische und indische. Es war die Möglichkeit geschaffen, daß sich der Wert des niederländischen Silbergeldes beliebig über seinen Silberwert erheben konnte, ohne daß seinem Steigen durch die freie Prägung von Goldgeld eine Grenze gezogen war.

Die günstige Zahlungsbilanz, welcher sich die Niederlande erfreuten, bewirkte in der That, daß, während der Wert des Silbers im Verhältnis zum Golde sank, der Wert des gemünzten holländischen Silbergeldes gegenüber dem Werte des Geldes der Goldwährungsländer erheblich stieg. Während der Silberpreis in London allmählich bis auf $57\frac{1}{2}$ d herabging, sank der Kurs des Wechsels auf London von 12 Gulden für 1 £ auf 11,6 Gulden. Das bedeutete, daß sich der Geldwert der holländischen Silbergulden um etwa 9 Prozent höher stellte als ihr Silberwert.

Der niederländische Handel empfand diese Veränderungen der aus-

[1] Bericht vom Juni 1873.

[2] Die zweite Kammer der Generalstaaten lehnte die ersten beiden Artikel mit allen dazu gestellten Anträgen ab; die Regierung zog darauf die ganze Vorlage zurück.

ländischen Wechselkurse sehr unangenehm. Das Sinken des ausländischen Geldes in holländischer Währung schädigte in erster Linie die Empfänger von Zahlungen aus dem Ausland, sowohl die Kaufleute, welche nach dem Ausland verkauften, als die Kapitalisten, welche ausländische Wertpapiere besaßen. Außerdem wurde durch die unberechenbaren Bewegungen der Wechselkurse der ganze auswärtige Handel auf einen unsicheren Boden gestellt.

Die Handelskammern und die Niederländische Bank richteten Petitionen an die Regierung, durch Einführung der Goldwährung Abhilfe zu schaffen.

Am 18. April 1875 brachte die Regierung einen Entwurf ein, der ein Goldstück im Wert von 10 Gulden als frei ausprägbares gesetzliches Zahlungsmittel vorschlug. Das Kilogramm Feingold sollte in 1653,43 Gulden ausgebracht werden. Das bedeutete im Verhältnis zum Silbergulden eine Relation von $15^{5}/_{8}$ zu 1. Die Parität auf London war demnach 12,01 Gulden für 1 £.

Der Entwurf wurde Gesetz. Das Verhältnis der niederländischen Valuta zu derjenigen der Goldwährungsländer wurde dadurch auf seinen normalen Stand zurückgebracht. Einem abermaligen starken Sinken der ausländischen Wechselkurse war durch Freigabe der Goldprägung vorgebeugt.

Nicht aber einem Steigen derselben, d. h. einer Entwertung des holländischen Geldes. Der holländische Umlauf war und blieb fast ausschließlich ein Silberumlauf. Der Wert des geprägten Silbers hielt sich zwar über seinem Silberwert und auf seiner Goldparität, aber die Dauer dieses Zustandes war nicht unbedingt gewährleistet. Sobald eine unglückliche Konstellation Holland vor die Notwendigkeit einer erheblichen Geldausfuhr stellte, mußte der Wert des holländischen Guldens anfangen, auf seinen Silberwert herabzusinken.

Die Regierung verlangte deshalb die Durchführung der reinen Goldwährung und die Abstoßung des überflüssigen Silbergeldes. Der in dieser Richtung ausgearbeitete Gesetzentwurf wurde jedoch abgelehnt. Der Regierung wurde nicht einmal die erbetene Befugnis gewährt, im Notfall Silber einschmelzen und behufs Goldbeschaffung verkaufen zu dürfen. Sie mußte sich mit einer einjährigen Verlängerung des bestehenden Zustandes der eingestellten Silberprägung, welche Ende 1876 ablaufen sollte, begnügen.

Da die auswärtigen Wechselkurse sich in der Zwischenzeit gut hielten, verzichtete die Regierung auf die Demonetisation des Silbers und ließ im Jahre 1877 das Provisorium bis auf weiteres verlängern. Es ist dadurch zum Definitivum geworden.

Nur eine Änderung wurde vorgenommen. Als später die Zahlungsbilanz sich längere Zeit ungünstig für Holland stellte, ließ sich die Regierung die Ermächtigung erteilen, bis zum Betrag von 25 Millionen Gulden Silber einschmelzen und durch Vermittelung der Niederländischen Bank gegen Gold verkaufen zu dürfen (1884).

Ein Gesetz vom 28. März 1877 schuf für Niederländisch Indien dieselbe Währungsverfassung wie sie Holland besaß: Gesperrte Silberprägung, freie Goldprägung, aber keine Beseitigung des vorhandenen Silberumlaufs.

Wichtiger für die gesamte währungspolitische Entwickelung als alle diese Veränderungen waren die Maßnahmen der Staaten des lateinischen Münzbundes.

In Frankreich hatte beim Ausbruch des Krieges der Goldwährungsgedanke durch die Beschlüsse des Conseil supérieur einen entscheidenden Sieg erfochten[1]. Der Krieg und seine Folgen drängten die Währungsfrage in den Hintergrund. In Rücksicht auf die zu zahlende Kriegsentschädigung und auf den Zwangskurs konnte die französische Regierung nicht daran denken, sich durch eine Einstellung der Silberprägung die Möglichkeit der Schaffung metallischer Zahlungsmittel zu verkümmern. Außerdem waren, infolge des verhältnismäßig günstigen Standes des Silberpreises und infolge des Zwangskurses der Noten der Bank von Frankreich, die Prägungen von silbernen Fünffrankenstücken in den Jahren 1871 und 1872 geringer als in den vorhergehenden Jahren.

Das allmähliche Verschwinden des Agios auf Metallgeld und das Sinken des Silberpreises, der schon im November 1872 bis auf 59¹⁄₄ d hinabging, ließ die Silberprägungen der lateinischen Union beträchtlich anschwellen. Im Jahre 1873 wurden für mehr als 308 Millionen Francs Fünffrankenthaler ausgemünzt. Damit drohte die Umkehr von dem thatsächlich weit überwiegenden Goldumlauf zu einem Silberumlauf zu beginnen.

Beim Eintritt der umgekehrten Konjunktur im Jahre 1850 hatten sich die Frankenländer bereitwillig dem eindringenden Golde geöffnet und einen großen Teil ihres Silberumlaufs preisgegeben, nicht durch bewußte

---

[1] Siehe oben S. 105.

Entschlüsse, sondern infolge der automatischen Wirkungen ihres bimetallistischen Systems. Daß sie sich gegen diese Wirkungen nicht gesträubt haben, war einer der wichtigsten Gründe der auffallenden Thatsache, daß die unerhörte Vermehrung der Goldproduktion das Wertverhältnis zwischen Gold und Silber nur um wenige Prozente verschob.

Jetzt begann das bimetallistische System auf den Münzumlauf der lateinischen Union in der umgekehrten Richtung einzuwirken. Eine aus verschiedenen Ursachen hervorgehende Steigerung des Silberangebots und Verminderung der Silbernachfrage drückte den Silberpreis unter das der lateinischen Doppelwährung zu Grunde gelegte Wertverhältnis hinab. Unter diesen Verhältnissen mußte das bimetallistische System einen starken Zufluß von Silber und einen starken Abfluß von Gold verursachen und dadurch abermals bis zu einem gewissen Grad ausgleichend auf die Veränderungen des Wertverhältnisses einwirken. Die lateinische Union hatte damals — gering veranschlagt — einen Goldumlauf von etwa 4 Milliarden Francs. Die Ersetzung dieser gewaltigen Goldmenge durch Silber hätte sich erst in einer langen Reihe von Jahren vollziehen können. Daraus folgt nun allerdings nicht, daß für die zu dem völligen Verschwinden des Goldumlaufs erforderliche Zeit ein Silberpreis, der bis auf die geringen, durch Transportkosten und ähnliche Momente verursachten Schwankungen der französischen Relation entsprochen hätte, gesichert gewesen wäre. So gut vor 1873 das Aufgeld von Silber während des ungestörten Bestehens der Doppelwährung 3,8 Prozent erreichen konnte (1857), ebenso gut hätte nach 1873 bei einem Fortbestehen der Doppelwährung das Goldagio die Höhe von 4 oder 5, ja selbst von 10 Prozent und mehr erreichen können; damit wäre der Einfluß des bimetallistischen Systems auf das Wertverhältnis, der niemals ein unbedingter war[1], völlig gebrochen gewesen.

Alle diese Erwägungen können uns jedoch nicht hindern, zuzugeben, daß die Aufrechterhaltung der freien Silberprägung in der lateinischen Union für eine Reihe von Jahren ein starkes Gegengewicht gegen die Silberentwertung gewesen wäre.

Die Frankenländer standen unter diesen Verhältnissen vor der Frage, ob sie die Wirkungen des bimetallistischen Systems auch dieses Mal über sich ergehen lassen sollten, ob sie sich durch eine Rückkehr zum Silber-

[1] Siehe Beiträge S. 24 ff. über die Gestaltung des Wertverhältnisses in Paris vor 1870.

umlauf und eine Preisgabe ihrer Goldzirkulation um den Silberwert verdient machen wollten.

Zu einem solchen opferwilligen Entschlusse zeigten jedoch die Länder des lateinischen Münzbundes ebensowenig Geneigtheit, wie England am Ende des 18. Jahrhunderts.

In Belgien richteten die Handelskammern bereits im Dezember 1872 energische Eingaben an die Regierung, in welchen sie die Einstellung der Silberprägung und den Übergang zur Goldwährung verlangten. Die Regierung war jedoch damals klerikal und der Doppelwährung günstig gesinnt; sie gab diesen Eingaben keine Folge, ebensowenig wie einer Interpellation Frère-Orbans, des Führers der Liberalen und der Anhänger der Goldwährung.

In der Schweiz sprach sich im März 1873 eine Delegierten-Versammlung des Handels- und Industrievereins fast einstimmig für den Übergang zur Goldwährung aus und richtete an die Bundesregierung das Ersuchen, diplomatische Verhandlungen mit den andern Staaten der lateinischen Union anzubahnen.

Der Bundesrat richtete vertrauliche Anfragen nach Paris und Brüssel. Die Antworten beider Regierungen ließen alle Verhandlungen als aussichtslos erscheinen [1].

Inzwischen wuchsen die Silberprägungen immer mehr an. Die Brüsseler Münze prägte täglich etwa 300.000 Francs in Fünffrankenthalern, die Silberausmünzungen der Pariser Münze erreichten längere Zeit hindurch die Höhe von 750.000 Francs im Tag.

Diese enormen Silberprägungen erschreckten selbst die bimetallistischen Finanzminister Belgiens und Frankreichs.

Anfang September 1873 beschränkte der belgische Finanzminister Malou die Prägung von Fünffrankenthalern auf 150.000 Francs pro Tag. Um dieselbe Zeit, am 6. September, erhielt die Pariser Münze Befehl, mit ihren täglichen Silberausmünzungen 200.000 Francs nicht zu überschreiten; für die Münze von Bordeaux wurde ein Höchstbetrag von 80.000 Francs festgesetzt. Es ist eine merkwürdige Ironie des Schicksals, daß die Verordnung, welche in Frankreich die freie Silberprägung so erheblich beschränkte, von demselben Manne ausging, der in den letzten Jahren des Kaiserreichs den Goldwährungsbestrebungen am entschiedensten entgegengetreten war, von demselben Magne, der damals Finanz-

[1] J. Schüepp, Beiträge zur schweizerischen Münzgeschichte, 1895.

minister war, und der jetzt seit dem Sturze Thiers abermals das Finanzministerium inne hatte.

Mit mehr Aussicht auf Erfolg erneuerte die Schweiz im Oktober ihre Forderung auf Einberufung einer Konferenz der Münzbundstaaten. Die Konferenz trat im Januar 1874 zusammen.

Die Schweiz verlangte völlige Einstellung der Silberprägung als einen ersten Schritt zur reinen Goldwährung. Sie drang damit nicht durch. Die Konferenz beschloß, die Prägung der Fünffrankenthaler für die einzelnen Länder auf bestimmte Maximalbeträge zu kontingentieren, vorläufig nur für das Jahr 1874. Die Summe der Kontingente für dieses Jahr betrug 140 Millionen Francs. Italien war dabei stark bevorzugt.

Die Kontingente wurden für das Jahr 1875 etwas erhöht, für das Jahr 1876 ein wenig herabgesetzt[1]; ein Zusatzartikel zu dem Übereinkommen über das Kontingent von 1876 bestimmte, daß für das Jahr 1877 bis zum Wiederzusammentreten der Konferenz die Hälfte der Kontingente von 1876 ausgeprägt werden dürfe. Dabei hatte es sein Bewenden.

Die Ausnutzung der Kontingente war in den einzelnen Staaten eine verschiedene.

Die Schweiz prägte nur das ihr für 1874 zugewiesene Kontingent von 8 Millionen Francs aus. Der Direktor der Brüsseler Münzstätte machte ihr den Vorschlag, er wolle die 8 Millionen Francs mit schweizerischem Gepräge ausmünzen und in Belgien in Verkehr setzen. Als Ersatz für den der Schweiz dadurch entgehenden Münzgewinn infolge des niedrigen Silberpreises wolle er für jede Million 12.500 Francs zahlen.

Der Bundesrat lehnte diesen Handel ab.

Einen Teil des Kontingents prägte die Schweiz selbst aus. Den Rest ließ sie auf eigene Rechnung in Brüssel ausprägen, indem sie das Silber selbst beschaffte und an die Brüsseler Münze $^{3}/_{4}$ Prozent als Prägelohn zahlte.

Auf die Ausprägung der Kontingente der späteren Jahre leistete die Schweiz Verzicht.

Italien benutzte seine Kontingente zur Umprägung alter Silbermünzen und zur Ausmünzung von Silberbarren, die im Besitz seiner Banken waren.

---

[1] Auf Antrag Parieus wurde in Frankreich bereits 1875 bestimmt, daß nicht über die Hälfte des Kontingents Münzscheine für 1876 sollten ausgegeben werden.

Auch Belgien nahm den Gewinn, der an den beschränkten Silberausmünzungen zu machen war, für den Staat in Anspruch. Es schloß seine Münzstätte für private Silberprägung und münzte die Kontingente auf Staatsrechnung aus.

Anders verfuhr Frankreich.

Die Silberprägung für Privatrechnung wurde auch nach der Kontingentierung der Silberprägung nicht eingestellt. Die Pariser Münze nahm, soweit es ihr Kontingent gestattete, auch fernerhin Silber entgegen und stellte dafür Münzscheine aus. Sie berechnete nach wie vor für sich nur den bisherigen Prägelohn. Für denjenigen, der ausprägen ließ, kam allerdings von nun an der Zinsverlust in Betracht, welchen er bis zur Auslieferung des gemünzten Geldes, die in Anbetracht der verringerten Thätigkeit der Münzstätte erst nach Ablauf einer gewissen Zeit erfolgen konnte, zu erleiden hatte. Trotz des Zinsverlustes bot jedoch der tiefe Stand des Silberpreises hinreichende Gewinnaussichten, und die Bankiers und Edelmetallhändler beeilten sich, einen möglichst großen Anteil an dem französischen Kontingent für sich zu sichern.

Die französischen Delegierten erschienen auf allen Konferenzen mit der Erklärung, daß die Pariser Münze für das kommende Jahr bereits den oder jenen Betrag an Münzscheinen ausgegeben habe, unter welchem deshalb das Kontingent für Frankreich nicht festgesetzt werden dürfe.

Mit dem weiteren Sinken des Silberpreises wuchs jedoch in Frankreich der Widerspruch gegen diese Gewinnverteilung an Einzelne auf Kosten der Gesundheit des Geldumlaufs. Die Pariser Handelskammer forderte wiederholt die völlige Einstellung der Silberprägung, und Parieu, der ehemalige Präsident des Staatsrates, kündigte für den 22. März 1876 im Senat eine Interpellation über die Münzfrage an.

Der Finanzminister glaubte, zuvorkommen zu müssen. Er verlangte die gesetzliche Ermächtigung, die Prägung von Fünffrankenthalern einstellen zu dürfen.

Die Ermächtigung wurde durch ein Gesetz vom 5. August 1876 erteilt, nachdem ein Antrag Parieus, die Silberprägung ein für allemal auf dem Wege der Gesetzgebung zu sperren, abgelehnt worden war.

Sobald die Ermächtigung erteilt war, wurde von ihr Gebrauch gemacht und der Münze die weitere Annahme von Silberbarren gegen Münzscheine untersagt.

Das von Frankreich während der Periode der Kontingente befolgte System hatte jedoch die Wirkung, daß damals das ganze Kontingent für 1876 und sogar das provisorisch für 1877 vorgesehene Kontingent, 81 Millionen Francs, bereits vergeben war.

Im gleichen Jahre wie in Frankreich wurde auch in Belgien die Prägung von silbernen Fünffrankenstücken eingestellt. Belgien prägte sein Kontingent für 1877 nicht mehr aus.

Italien dagegen gab sich nicht zufrieden. Da mit dem Ablauf des Jahres 1877 keine vertragsmäßigen Abmachungen über die Silberprägung mehr bestanden, und Italien durch nichts gezwungen war, sich auf neue Abmachungen einzulassen, wurden ihm, um es an der unbegrenzten Silberprägung zu verhindern, auch für 1878 und 1879 abermals Kontingente zugestanden.

Das Endresultat der Entwickelung innerhalb des lateinischen Münzbundes war also die definitive Preisgabe der Doppelwährung vermöge der völligen Einstellung aller Ausmünzungen von Silberkurantgeld. Ein weiterer Schritt zur reinen Goldwährung ist bisher in diesen Ländern nicht gethan worden.

Oft ist die Frage aufgeworfen worden, wie weit Deutschlands Übergang zur Goldwährung zur Beseitigung der Doppelwährung in der lateinischen Union beigetragen habe.

Eine Gruppe von Währungspolitikern behauptet, Deutschland habe durch seinen Währungswechsel die Aufrechterhaltung der lateinischen Doppelwährung unmöglich gemacht.

Die deutsche Münzreform hat, indem sie das Silberangebot verstärkte, die Doppelwährung nur in demselben Sinne unmöglich gemacht, wie es 20 Jahre früher die kolossale Steigerung der Goldproduktion gethan hat. Unmöglich gemacht war durch das nicht ausschließlich, nicht einmal vorwiegend durch Deutschland verursachte Sinken des Silberwertes nur die Aufrechterhaltung der in der lateinischen Union thatsächlich bestehenden Goldwährung.

Aber die Aufrechterhaltung der Doppelwährung mußte es doch Deutschland ermöglichen, sein überflüssiges Silber nach Frankreich und Belgien abzustoßen! — Allerdings.

Gegen diese eindringenden Silbermassen mußte sich doch die lateinische Union verteidigen!

M u ß t e? — Warum? — hat sie sich gegen die von 1850—1865 eindringenden Goldmassen verteidigt? — Nein. — Und warum nicht? — Weil niemand das eindringende Gold als etwas Unangenehmes oder

Nachteiliges empfand, weil der Übergang vom Silberumlauf zum Goldumlauf den Fortschritt von einem weniger tauglichen zu einem besseren und bequemeren Umlaufsmittel darstellte, — kurz aus demselben Grund, aus welchem die Menschen seit der Bezwingung des Dampfes die Eisenbahnen den Postkutschen und die Dampfschiffe den Segelschiffen vorziehen.

Wer aber diesen Unterschied zwischen Silber und Gold nicht zugeben will, kann schlechterdings keinen vernünftigen wirtschaftlichen Grund dafür angeben, warum Frankreich und seine Münzverbündeten es notwendig fanden, sich gegen das Silber zu verteidigen.

An Stelle des einzigen vernünftigen wirtschaftlichen Grundes, der vorhanden war, den man aber nicht sehen wollte, haben nun bimetallistische Geschichtschreiber einen unvernünftigen politischen Grund für die „Schutzmaßregel" verantwortlich gemacht: Der Haß gegen Deutschland soll sich, wie behauptet wird, auch auf das deutsche Geld erstreckt haben; allerdings nur auf das deutsche Silbergeld, denn als sich für die Franzosen Gelegenheit bot, deutsche Goldmünzen umzuprägen, war ihnen das deutsche Gold so willkommen, wie das Gold der ganzen übrigen Welt. Die Furcht vor der „invasion des thalers prussiens" aber war, wie man erzählt, stark genug, um die Franzosen zur Zertrümmerung ihrer Doppelwährung zu reizen.

„Was machte man in Deutschland mit dem demonetisierten Silber?" schreibt Cernuschi[1]. „Man schickte es nach Frankreich, man ließ es in Fünffrankenstücke prägen, und mit diesem Zahlmittel kaufte man Wechsel in Livre Sterling, oder man nahm französisches Gold, welches man ausführte. Das Silber floß in Strömen nach Frankreich. Die französische Regierung wurde darüber unruhig, und am 6. September 1873 wurde Befehl an die Pariser Münze geschickt, die Prägung auf 40.000 Thaler pro Tag zu beschränken."

Wie wenig zutreffend diese Darstellung ist, läßt sich daraus entnehmen, daß die deutsche Regierung vor dem Oktober 1873 überhaupt kein Silber verkauft hat, während die Beschränkung der französischen Silberprägung bereits am 6. September erfolgte.

Überdies ging die Initiative zur Beschränkung und Einstellung der Silberprägung, wie wir wissen, von der Schweiz aus, für welche lediglich der Wunsch der Erhaltung des Goldumlaufs, nicht eine Abneigung gegen deutsche Thaler maßgebend war.

---

[1] Bimetallistisches Pari. Deutsche Übersetzung, Köln 1892. S. 21.

Eine weniger kleinliche und thörichte Auffassung spricht Rochussen[1] mit folgenden Worten aus:

„England sagte sich vom Silber los, als Deutschland wie die gesamte übrige Welt bei demselben verharrte. Als aber auch Deutschland hinübertrat, mußte das Gold das Übergewicht bekommen."

Damit kommen wir über das Verhältnis der deutschen Münzreform zu den Maßregeln speciell des lateinischen Münzbundes hinaus und treten vor die Frage: in welchem Verhältnis steht die deutsche Münzreform zu den Währungsumwälzungen der ganzen Welt, welche seit 1870 stattgefunden haben, zu der allgemeinen Ächtung des weißen Metalls, welcher sich innerhalb weniger Jahre außer Amerika, Skandinavien, Holland und den Ländern des Frankensystems bald auch Österreich und Rußland, zuletzt sogar Indien und Japan angeschlossen haben?

War in der That das Übertreten von der Seite des Silbers auf die Seite des Goldes, welches Deutschland ausführte, eine solche Störung eines zwischen beiden Metallen bestehenden Gleichgewichts, daß — ohne Rücksicht auf ihren Willen und auf alle noch so schädlichen Folgen — die gesamte Kulturwelt auf die Seite des Goldes fallen mußte?

Warum soll gerade Deutschlands Münzreform diese weittragende Wirkung gehabt haben? — Die Länder des Frankensystems hatten zwei Jahrzehnte vor Deutschland, vermöge der Wirkung ihrer Alternativwährung, aufgehört, „beim Silber zu verharren"; sie waren damals wirtschaftlich bedeutend mächtiger als Deutschland. Warum hat ihr Übergang zum Gold jenes Gleichgewicht zwischen den Metallen nicht erschüttert? — Wenn sie jetzt die Wirkung ihres Währungssystems über sich ergehen ließen, wurden sie wieder Silberländer im selben Augenblick, wo Deutschland Goldwährungsland wurde. Sie tauschten mit Deutschland den Platz. Wenn also vor der deutschen Münzreform das Gleichgewicht noch nicht zu Gunsten des Goldes gestört war, so konnte die Münzreform selbst keine Störung hervorbringen; das konnte höchstens eine Weigerung der lateinischen Union, bei ihrem bisherigen Währungssystem zu bleiben.

Aber das Gleichgewicht war eben bereits seit den fünfziger Jahren zu Gunsten des Goldes gestört, und zwar nicht durch irgendwelche menschlichen Willkürakte, sondern durch den gewaltigen Aufschwung der gesamten Weltwirtschaft, welcher die Verwendung eines wertvolleren Geldmetalls

[1] Reichsgold und Weltgeld, 1894. S. 64.

zu einem dringenden Bedürfnis machte, und durch die gleichzeitigen großen Goldfunde, welche die Befriedigung dieses Bedürfnisses in einem solchen Grade ermöglichten, daß der Gebrauch des Goldes binnen weniger Jahre eine ungeahnte Ausdehnung erfuhr. Während das Verschwinden des Silbergeldes die Doppelwährungsländer nötigte, auch größere Silbermünzen als Scheidegeld auszuprägen, rief der Gebrauch des Goldes in den Ländern, denen das Gold zunächst zufloß, den Wunsch wach, sich den Goldumlauf zu erhalten und den Silberumlauf auf seinen notwendigen Umfang zu beschränken; die Länder, deren Münzsystem, wie die deutsche Silberwährung, für das Gold keinen Raum bot, sahen sich in eine isolierte Stellung gedrängt, und daß auch sie nun die Goldwährung anstrebten, dafür war neben Gründen, welche in den Mängeln der Silberwährung an sich begründet waren, von größter Bedeutung die Notwendigkeit, den verlorenen Anschluß an das Geld der wichtigsten Handelsstaaten zurückzuerlangen.

Das ist die Psychologie der Goldwährungsbestrebungen vor der deutschen Münzreform, die jeder aus der geschichtlichen Entwickelung dieser Bestrebungen herauslesen kann.

Der wirkliche Sachverhalt stellt sich also folgendermaßen dar:

Nicht Deutschlands Münzreform zwang die übrigen Länder zur Goldwährung überzugehen, sondern das ausgesprochene Bestreben der ganzen Kulturwelt, die Goldwährung, wo sie thatsächlich bestand, gesetzlich festzulegen, wo sie nicht bestand, neu einzuführen, war für Deutschland ein Grund, sein neues Münzsystem auf dem Boden der Goldwährung aufzubauen. Deutschland ist dem Zug gefolgt, der die Welt beherrschte; es hat nicht durch einen Willkürakt die wirtschaftsgeschichtliche Entwickelung vergewaltigt, sondern es ist von einer auf natürlichen Prinzipien beruhenden wirtschaftlichen Entwickelung ebenso geschoben worden, wie die anderen Staaten, welche nach ihm zur Goldwährung übergegangen sind.

Deutschland hatte nur die Klugheit und das Glück, der erste Staat zu sein, welcher in den allgemeinen Umwandlungsprozeß eintrat. Es hatte dadurch vor allen anderen Ländern einen Vorsprung, der, richtig benutzt, die unvermeidlichen Verluste und die unverkennbaren Schwierigkeiten des Währungswechsels erheblich vermindern konnte.

In unmittelbarem Zusammenhang mit diesen tiefgreifenden Veränderungen der Währungsverfassung in einer Reihe der wichtigsten

Kulturnationen steht die gewaltige Erschütterung des Wertverhältnisses zwischen Gold und Silber.

Es leuchtet ohne weiteres ein, daß die gänzliche Einstellung und die teilweise Beschränkung der Silberprägung die Absatzmöglichkeit für das Silber in einem für das Schicksal des weißen Metalls geradezu ausschlaggebenden Umfange verringern mußte.

Aber man darf dabei nicht vergessen, daß ein Preisrückgang des Silbers bereits eingetreten war, ehe auch nur eine einzige der geschilderten währungspolitischen Änderungen begonnen hatte, und daß gerade die Maßregeln derjenigen Staaten, welche für die Aufrechterhaltung des Silberwertes am meisten in Betracht kamen, durch den Rückgang des Silberpreises, welchen sie freilich ihrerseits verschärfen mußten, erst hervorgerufen worden sind.

Das Verhältnis zwischen Münzgesetzgebung und Silberwert ist also kein einfaches, sondern es handelt sich hier um einen komplizierten Zusammenhang von Wirkungen und Gegenwirkungen[1].

Bis zur Mitte der sechziger Jahre war der Silberpreis durch den enormen indischen Silberbedarf, dessen Ursachen wir kennen, hochgehalten worden. Seit dem Beginn der fünfziger Jahre hatte Indien nicht nur den größten Teil der gesamten gleichzeitigen Silbergewinnung, sondern auch einen großen Teil des europäischen Silberumlaufs an sich gezogen. Das kalifornische und australische Gold nahm in einem wichtigen Teile des europäischen Münzgebietes den Platz des nach dem Osten abfließenden Silbers ein, und solange der starke indische Silberbedarf vorhielt, waren die Staaten der lateinischen Union, welche bei einem bimetallistischen System einen thatsächlichen Goldumlauf hatten, nicht in Gefahr, das Gold durch das Silber wieder verdrängt zu sehen.

Seit 1866 schrumpfte nun die indische Silbereinfuhr auf ein Drittel ihres bisherigen Umfangs zusammen. Die Ursache war weniger der Wegfall der außerordentlichen Remittierungen für besondere Zwecke, wie zur Bekämpfung von Aufständen und zur Abwehr einer Hungersnot; denn solche Remittierungen waren auch in der Folgezeit hin und wieder notwendig. Der wichtigste Grund war vielmehr die fortgesetzte Steigerung der in London zur Begebung gelangenden Schatzwechsel auf Indien (India Council Bills).

Das indische Schatzamt begiebt diese auf die indische Finanzverwal-

[1] Vgl. zu den folgenden Ausführungen Beiträge S. 328—334.

tung in Bombay, Calcutta und Madras gezogenen Wechsel in London, um mit dem Erlös die von dem indischen Staat in England und in Goldgeld zu leistenden Ausgaben (Gehälter, Pensionen, Zinsen indischer Goldanleihen u. s. w.) zu decken. Diese Ausgaben erfuhren eine fortgesetzte Steigerung und mit ihnen die Begebungen von Councilbills. Während sich diese Begebungen im Durchschnitt der fünfziger Jahre auf 21,8 Millionen Rupien und in der zweiten Hälfte der sechziger Jahre auf 55,2 Millionen Rupien belaufen hatten, stiegen sie in den folgenden Jahren bis über 140 Millionen hinaus.

Da diese Schatzwechsel als Rimessen für Indien nicht nur ebensogut, sondern sogar besser zu gebrauchen waren, als effektives Silber, verringerte sich die Silberausfuhr nach Indien, bei einem fast gleichbleibenden Überschuß der indischen Warenausfuhr, um den ungefähren Betrag der gewaltigen Steigerung der Councilbill-Begebungen. Während von 1850 bis 1870 die Rimessen für Indien zu drei Vierteln aus Edelmetall und nur zu einem Viertel aus Schatzwechseln bestanden hatten, kamen in der ersten Hälfte der siebenziger Jahre 69 % auf die Councilbills und nur 31 % auf Gold und Silber[1].

Gleichzeitig mit der so bewirkten Einschränkung des indischen Silberbedarfs erfuhr die Silberproduktion eine erhebliche Steigerung (von 1 Million kg im Jahresdurchschnitt des Jahrfünfts 1861—65 auf 2 Millionen kg 1871—75).

Mit einem Schlag war die Zeit der Silberknappheit vorüber, und für Europa war von der gesamten Silberproduktion ein absolut und relativ größerer Anteil verfügbar als je zuvor[2].

Diese Umstände konnten jedoch eine starke und nachhaltige Einwirkung auf den Silberpreis erst dann zeigen, als die durch den starken Silberabfluß der vergangenen Jahre beträchtlich gesteigerte Aufnahmefähigkeit der europäischen Länder für Silber soweit befriedigt war, als es sich mit den Interessen und der Bequemlichkeit des Geldverkehrs vertrug. So kommt es, daß auf dem Londoner Markte die starke Abnahme des indischen Silberbedarfs und das gleichzeitige starke Anwachsen der Silbereinfuhr aus den Vereinigten Staaten in der zweiten Hälfte der sechziger Jahre nur einen verhältnismäßig leichten Rückgang des Silberpreises herbeiführte. Immerhin war der Silberpreis, welcher noch im Juni 1866 vorübergehend die Höhe von 62¼ d erreicht hatte, bereits im

---

[1] Siehe Beiträge S. 372, Tabelle II.

[2] Siehe Beiträge S. 372, Tabelle I.

Durchschnitt des Jahres 1867 nur noch 60⁹/₁₀ d und zeigte in den folgenden Jahren einen weiteren, allerdings nur ganz unbedeutenden, Rückgang.

Die Fortdauer der Steigerung der Silbergewinnung und der Verringerung des indischen Silberbedarfs mußte schließlich die Staaten europäischer Kultur, welche nicht die gesetzliche Goldwährung hatten, vor die Entscheidung stellen, ob sie die für sie verfügbaren immer größeren Silbermengen auch fernerhin in ihren Umlauf aufnehmen sollten. Namentlich für die lateinische Union mußte über kurz oder lang die Frage brennend werden, ob sie zu einer überwiegenden Silberzirkulation zurückkehren, oder ob sie Abwehrmaßregeln gegen das eindringende Silber ergreifen sollte.

Wer die Entwickelung der währungspolitischen Bestrebungen in den Ländern der lateinischen Union auch nur oberflächlich verfolgt hat, kann nicht zweifeln, in welchem Sinn diese Frage — auch ohne Deutschlands Vorgehen — entschieden worden wäre. Frankreichs Widerstand gegen die Goldwährung, der ohnedies unmittelbar vor dem Ausbruch des Krieges gebrochen erschien, war solange erheblich erleichtert worden, als die freie Silberprägung nicht den vorhandenen Goldumlauf bedrohte. Die Gefahr, den Goldumlauf wieder zu verlieren, hätte dem bimetallistischen System den letzten Stoß gegeben.

Deutschlands Vorgehen hat diese Gefahr nicht heraufbeschworen, sondern sie höchstens verstärkt; es hat die lateinische Münzunion und damit die gesamte Kulturwelt nicht vor die Entscheidung zwischen Silber und Gold gestellt, sondern die Entscheidung höchstens beschleunigt. Der ausschlaggebende Grund für die sämtlichen währungspolitischen Umwälzungen der siebenziger Jahre war der Umstand, daß die Erfüllung des allgemeinen Wunsches nach der Erhaltung des Goldumlaufs, wo er vorhanden war, und nach der Schaffung eines Goldumlaufs, wo das Silber vorherrschte, durch die gleichzeitige Steigerung der Silberproduktion und Verminderung des indischen Silberbedarfs in einer Weise gefährdet wurde, welche in den meisten europäischen Staaten Maßregeln gegen das Silber dringend notwendig erscheinen ließ.

Die Abnahme des indischen Silberbedarfs und die Zunahme der Silbergewinnung stehen also in einem bemerkenswerten ursächlichen Verhältnis zu den Änderungen der Münzgesetzgebung in den siebziger Jahren. Diese Änderungen haben ihrerseits, indem sie die Silbernachfrage erheblich beschränkten, und indem sie teilweise durch die Veräußerung von Münzsilber das Silberangebot vorübergehend beträchtlich erhöhten, die

Wirkungen der vermehrten Produktion und der verminderten Nachfrage für Indien gewaltig gesteigert und dadurch ein Sinken des Silberwertes verursacht, wie es niemals zuvor innerhalb eines ähnlich kurzen Zeitraumes eingetreten war.

Wer einmal den großen Zusammenhang dieser Verhältnisse, die ununterbrochene Verkettung von Ursachen und Wirkungen erkannt hat, wird niemals in Versuchung geraten, die Schuld an der vielbeklagten Silberentwertung einem einzigen Umstand, sei es der Produktionssteigerung, sei es der Verminderung der indischen Silbernachfrage, sei es den Veränderungen der Münzgesetzgebung, zuzuschreiben. Wie beschränkt und kleinlich erscheint insbesondere die Auffassung, lediglich durch den deutschen Währungswechsel seien die großen Umwälzungen der Währungsverhältnisse, und lediglich durch die deutschen Silberverkäufe sei die Silberentwertung unmittelbar verursacht worden. Selbst die sophistisch gewandte Dialektik, mit welcher diese Auffassung von ihrem geschicktesten Vertreter, Dr. Otto Arendt[1], verfochten worden ist, vermag nicht über ihre subalterne Kleinlichkeit hinwegzutäuschen.

Gleichwohl führte hauptsächlich die Überschätzung der Wirkungen des deutschen Währungswechsels zu der vorzeitigen Einstellung der Durchführung der deutschen Geldreform.

Zweiter Abschnitt.

Die Einstellung der deutschen Silberverkäufe.

Die Grundzüge der deutschen Münzreform waren in den Gesetzen von 1871 und 1873 unter der fast einstimmigen Billigung der gesetzgebenden Körperschaften und der gesamten öffentlichen Meinung festgestellt worden. Namentlich der Übergang zur Goldwährung wurde fast ohne jeden Widerspruch und unter Zustimmung aller Parteien beschlossen.

Der Grund dieser in einer so bedeutenden wirtschaftlichen Frage überaus seltenen Übereinstimmung der Meinungen ist später von den Gegnern der Goldwährung darin gesucht worden, daß es vor der deutschen Münzreform überhaupt keine „Währungsfrage" gegeben habe, sondern nur eine „Münzfrage". Die Grundlage, auf welcher diese Be-

[1] Die vertragsmäßige Doppelwährung, 1880.

hauptungen beruhen, ist die Annahme, daß alle die angeblichen schlimmen Folgen des Übergangs zur Goldwährung, vor allem die socialpolitisch höchst verhängnisvolle Goldverteuerung, an welche selbst hervorragende Anhänger der bimetallistischen Doktrin nicht glauben, wirklich eingetreten, aber von den Gesetzgebern der Jahre 1871 und 1873 nicht vorausgesehen, ja überhaupt nicht in Erwägung gezogen worden seien.

Bereits bei der Darstellung der Reformbestrebungen und der Reichstagsverhandlungen über das Münzgesetz ist dieser Vorwurf zurückgewiesen worden[1]. Wir haben die Gründe dargelegt, aus welchen man glaubte, keine Goldverteuerung fürchten zu müssen; wir haben ferner gezeigt, daß man die Silberentwertung voraussah, und daß gerade diese Voraussicht einer der Gründe für die Beschleunigung des deutschen Währungswechsels war. Was die durch die Silberentwertung verursachten Schwankungen des Wechselkurses auf Silberländer, die sogenannten „Valutadifferenzen" anlangt, so war für Deutschland eine feste Parität mit England und den Ländern mit thatsächlichem Goldumlauf so unendlich viel wichtiger, als eine Valutagleichheit mit Asien und Südamerika, daß dieser Punkt überhaupt nicht in Frage kommen konnte.

Damit soll nicht geleugnet werden, daß die währungspolitischen Ereignisse, welche sich seit dem Beginn der deutschen Münzreform abgespielt haben, die Erfahrungen auf dem Gebiete der Währungsfrage erheblich bereichert haben.

Ebensowenig soll in Abrede gestellt werden, daß die große Mehrzahl der bei der Münzreformgesetzgebung mitwirkenden Personen keine intimen Kenntnisse auf dem Gebiete der Währungsfrage besaß. Der erste Deutsche Reichstag machte, obwohl er eine größere Anzahl bedeutender Männer in sich vereinigte, als die späteren Reichstage, in diesem Punkte keine Ausnahme gegenüber allen übrigen gesetzgebenden Körperschaften. Eine Frage, welche ein umfassendes Specialstudium erfordert, wird immer nur von einigen wenigen vollkommen beherrscht. Kleinere oder größere Gruppen sind imstande, sich durch Abwägen klar auf der Hand liegender Vorteile und Nachteile ein einigermaßen selbständiges Urteil zu bilden. Aber der größte Teil selbst einer geistig hochstehenden parlamentarischen Versammlung ist in solchen Fragen stets darauf angewiesen, der Autorität einzelner zu folgen, wobei die Stellungnahme häufig durch die allgemeine politische und wirtschaftliche Parteizugehörigkeit entschieden wird.

---

[1] Siehe oben S. 125, 126 u. 186.

Die Einstimmigkeit über die Währungsfrage, welche beim Beginn der siebziger Jahre herrschte, kann man also nicht mit mehr Recht auf Unkenntnis und mangelnde Voraussicht zurückführen, als man etwa für den späteren heftigen Meinungsstreit über die Währungsfrage eine gesteigerte Einsicht verantwortlich machen könnte. Richtig ist nur, daß damals die Schutzzöllner der Kardorffschen Richtung und die Agrarier vom Schlage Niendorfs ihre bimetallistischen Neigungen noch nicht entdeckt hatten.

Die doktrinäre und theoretische Opposition gegen die Goldwährung, wie sie in Frankreich namentlich durch Wolowski, in Deutschland durch Mohl vertreten wurde, verstummte, nachdem die wichtigsten Entscheidungen gefallen waren, fast vollständig. Nach einer kurzen Pause trat an ihre Stelle die bimetallistische Agitation, deren erster Vorkämpfer diesseits des Oceans Cernuschi war.

Das Ziel dieser Agitation war die Wiederherstellung des Silberwertes vermöge der vertragsmäßigen Doppelwährung auf Grundlage des Wertverhältnisses von $15^1/_2:1$, für welche Cernuschi das Wort „Bimetallismus" erfand.

Aber diese Agitation erzielte zunächst in Europa keine Erfolge. Sie vermochte nicht einmal zu hindern, daß in ihrem Heimatlande, in Frankreich, die Münzstätten dem Silber gänzlich und endgültig verschlossen wurden.

Die erste praktisch bedeutende Bewegung zu Gunsten des Silbers kam in den Vereinigten Staaten zu stande. In dem wichtigsten Silberproduktionslande waren naturgemäß große und wichtige Interessen mit dem Werte des Silbers verbunden. Außerdem bestand eine große und einflußreiche Partei, welche das wirtschaftliche Heil der Nation in „weichem Gelde" (soft money) erblickte und dem Staat die Aufgabe zuschrieb, durch Ausgabe von Papiergeld oder durch andere Mittel für „weiches Geld" zu sorgen.

Diese Partei der „Inflationisten" hatte sich bisher auf jede Weise der nach dem Bürgerkrieg beschlossenen allmählichen Einziehung des während des Krieges ausgegebenen und stark entwerteten Papiergeldes widersetzt. Sie erzielte zwar keinen vollen Erfolg, erreichte aber, daß noch heute ein erheblicher Betrag dieses Papiergeldes, die sogenannten Greenbacks, im Umlauf sind.

Als die Silberentwertung eintrat, ergriffen die Inflationisten sofort die Partei des Silbers; denn die freie Silberprägung war unter den obwaltenden Umständen ein nicht zu verachtendes Mittel zur Herbeiführung einer Geldentwertung. Die Agitation für die Wiederherstellung der freien Silberprägung wurde mit den wüstesten Mitteln geführt. Kongreßmitglieder, welche für das Goldwährungsgesetz von 1873 gestimmt hatten, verleugneten es. Kelley, der über das Gesetz vor dem Repräsentantenhaus referiert hatte, wollte nichts davon gewußt haben, daß es den Silberdollar demonetisierte. Man behauptete, das Gesetz sei nur durch Unachtsamkeit der Kongreßmitglieder oder durch den Betrug des Newyorker „Goldringes" zu stande gekommen. Der seit dem Beginn des Jahrhunderts kaum mehr geprägte Silberdollar erlangte als „Dollar der Väter" eine große Popularität. Das Goldwährungsgesetz verfiel als das „Verbrechen von 1873" dem allgemeinen Abscheu.

Trotz ihrer maßlosen Heftigkeit erzielte die amerikanische Silberagitation erst im Jahre 1878 einen greifbaren Erfolg. Das Repräsentantenhaus beschloß die freie Silberprägung Der Senat amendierte das Gesetz durch die Beschränkung der monatlichen Silberprägung auf 2—4 Millionen $ und durch die Bestimmung, daß der Staat dieses Quantum nicht auf private Rechnung, sondern zum eigenen Vorteil ausprägen sollte. Durch dieses Amendement des Senators Allison ergänzt wurde die Blandbill gegen das Veto des Präsidenten Hayes am 28. Februar 1878 Gesetz.

Gleichzeitig wurde die Einberufung einer internationalen Münzkonferenz zur Anbahnung eines Übereinkommens behufs einer allgemeinen Wiederherstellung der freien Silberprägung beschlossen.

In England, das sowohl als Hauptsitz des Edelmetallhandels als auch durch seine Beziehungen zu Indien stark an den Wertbewegungen des Silbers interessiert war, zeigte sich zunächst zwar Verwirrung und Unmut über die Entwertung des weißen Metalls, aber man begnügte sich damit, in mehr oder weniger vorurteilsfreier Weise den Ursachen der Silberentwertung nachzugehen. Es ist eine menschliche Gewohnheit, für jedes unvorhergesehene und unglückliche Ereignis nach einem Sündenbock zu suchen. Den Engländern bot sich auf ihrem Silbermarkt eine neue und höchst ungewöhnliche Erscheinung dar: das Deutsche Reich als Silberverkäufer. Was konnte näher liegen, als daß man diese greifbare Erscheinung für die Störung des Silbermarktes verantwortlich machte?

Man braucht sich deshalb nicht zu wundern, daß das Naheliegende geschehen ist. Nicht nur Engländer, auch Franzosen und Deutsche gaben

Deutschland die Schuld an der eingetretenen Verwirrung. Es ist nicht hoch genug anzuerkennen, daß gerade in England an den autoritativen Stellen, welche sich mit der Silberfrage zu beschäftigen hatten, die Silberentwertung von allem Anfang an nicht ausschließlich vom Gesichtspunkt der deutschen Silberverkäufe aus beurteilt wurde, daß man vielmehr ganz überwiegend den deutschen Silberverkäufen nur die beschränkte Bedeutung zumaß, welche ihnen wirklich zukam, und daß man die neben ihnen zur Silberentwertung mitwirkenden Ursachen zum Teil als erheblich mächtiger anerkannte. Vor allem verdient in dieser Beziehung der überaus objektive und gründliche Bericht der Unterhauskommission von 1876 hervorgehoben zu werden.

Über solche theoretischen Untersuchungen und Erwägungen kam man in England nicht hinaus. Der von Cernuschi über die ganze Welt ausgestreute Samen des Bimetallismus ging hier vorerst noch nicht auf.

Das Land der Münzreform selbst zeigte in jener Zeit für die Währungsfrage im allgemeinen weniger Interesse, als für das Gelingen seines großen Werkes.

Bis zu den Jahren 1877 und 1878 war von einer bimetallistischen Bewegung nicht viel zu verspüren.

Bimetallistische Ansichten herrschten namentlich in den mächtigen Finanzkreisen, deren Mittelpunkt das Haus Bleichröder war. Der Chef dieses Hauses hatte sich durch seine Verbindungen mit dem Hause Rothschild, durch Geschick und Glück zu einer gewaltigen Stellung emporgeschwungen. Am Bimetallismus hielt er fest, als an einer Rothschildschen Tradition.

Die Valutakrisis der Jahre 1874/75 gab zum erstenmale zu einer Bewegung gegen die Goldwährung Anlaß. Allerlei Elemente suchten in jener Zeit den Währungswechsel als übereilt und undurchführbar, oder gar als ein Werk zur Bereicherung einzelner Geldleute darzustellen.

Eine ausgesprochene Doppelwährungspartei war jedoch noch nicht vorhanden; die ganze goldwährungs-feindliche Bewegung war noch höchst unklar. Die Führer unserer späteren Bimetallisten kümmerten sich damals teilweise überhaupt noch nicht um die Währungsfrage, teils standen sie noch auf der Seite der Goldwährung, wie z. B. Herr v. Kardorff, der noch im Jahre 1875 bedauerte, daß die Goldwährung bis dahin nur auf dem Papier stehe.

Im allgemeinen war es damals lediglich der agrarische und teilweise auch der klerikale Haß gegen den Liberalismus und die „liberale Gesetzgebung“, welcher jene unklare und unbedeutende Bewegung gegen die Goldwährung hervorrief.

Dieser Bewegung erwuchs späterhin ein immer mächtiger werdender Bundesgenosse in den wachsenden Verlusten, welche die Silberverkäufe mit sich brachten. Große Zahlen verfehlen selten ihren Eindruck, weder auf die großen Massen noch auf die Finanzminister und andere für den Staatshaushalt verantwortlichen Staatsmänner.

War es dies fiskalische Grauen vor den Verlusten an dem noch abzustoßenden Silber, oder war es die berechtigte Furcht vor dem Eindruck, den diese Verluste auf andere machen könnten, daß die Reichsregierung nach Mitteln suchte, weniger Silber, als nach den bestehenden Gesetzen notwendig war, abstoßen zu müssen?

Als ein Mittel zur Beschränkung der Silberabstoßung ist jedenfalls ein Gesetzentwurf anzusehen, der im Herbst 1876 auftauchte, und dessen Inhalt eine Abänderung des Münzgesetzes war, dahingehend, daß der Betrag der auszuprägenden Reichssilbermünzen, statt 10 Mark pro Kopf der Bevölkerung 15 Mark nicht überschreiten solle.

Der Gesetzentwurf fand überall entschiedenen Widerspruch und kam überhaupt nicht an den Reichstag.

Die finanziellen Ergebnisse der Münzreform [1] waren bis zum Schluß des Jahres 1875 glänzende: Statt eines Verlustes ein Überschuß der Einnahmen. Die bisherigen Verluste an den Silberverkäufen waren reichlich gedeckt durch den Gewinn an der Goldbeschaffung und an der minderwertigen Ausprägung der Reichssilbermünzen.

Die stärkeren Silberverkäufe der folgenden Jahre ließen dagegen die Verluste bedeutend über die Einnahmen hinauswachsen. Diese Verluste, welche durch zwei Anleihen von je 25 Millionem Mark gedeckt wurden, bildeten von nun an im Reichstag einen starken Angriffspunkt gegen die Goldwährung.

Außer den Verlusten an den Silberverkäufen wurden bald auch andere Nachteile der Silberentwertung hervorgehoben, so die Schädigung des deutschen Silberbergbaues, die Verluste der Besitzer von Silber-Obligationen, und schließlich die Schädigung unseres Handels mit Silberländern, unter welche, trotz seiner Papierwährung, namentlich auch Österreich gerechnet wurde.

---

[1] Vgl. Beiträge S. 378.

Auch die Befürchtungen einer Goldknappheit traten auf, hauptsächlich gestützt auf die damals erschienene Schrift „Die Zukunft des Goldes" von Sueß.

Verhängnisvoller als alles andere war jedoch die Wandlung in der Wirtschaftspolitik des Reichs.

Die beiden Marksteine dieser Entwickelung sind eine Reichstagsrede Bismarcks vom 22. November 1875, in welcher er die Aufhebung aller Zölle mit Ausnahme von hohen Finanzzöllen auf 10 bis 15 Artikel empfahl, und sein „Dezemberbrief" von 1878 an den Bundesrat, welcher sich zum Prinzip „der Zollpflichtigkeit aller über die Grenze eingehenden Gegenstände, mit Ausnahme der unentbehrlichen Rohstoffe" bekannte.

Die wirtschaftliche Umkehr Bismarcks machte den bisherigen Leitern der deutschen Wirtschaftspolitik das Weiterarbeiten mit dem Reichskanzler unmöglich. Delbrück, der sich heute noch trotz seiner 80 Jahre einer großen Rüstigkeit und Arbeitsfähigkeit erfreut, ging bereits im Frühjahr 1876 „aus Gesundheitsrücksichten." Camphausen suchte solange es ging, mit dem neuen Geiste zu paktieren, aber auch er konnte sich nicht länger halten als bis Ende Februar 1878. Michaëlis wurde im Jahre 1879 als Vorsitzender der Verwaltung des Reichsinvalidenfonds zur Ruhe gesetzt.

Bei dem harten Charakter Bismarcks, bei seiner Empfindlichkeit gegen jede Opposition konnte sich dieser Wechsel nicht ohne Reibung und ohne persönliche Entfremdung vollziehen. Bismarck kam in eine gereizte Stimmung nicht nur gegenüber seinen bisherigen Mitarbeitern in der Regierung, sondern auch in ein feindseliges Verhältnis zu denjenigen seiner früheren Anhänger im Reichstag, welche ihm bei seiner wirtschaftspolitischen Umkehr die Gefolgschaft verweigerten und in den Weg traten. Es gab sich, daß diese Männer, wie Bamberger und Lasker, gleichzeitig die eifrigsten Förderer der Münzreform gewesen waren.

Die Münzreform wurde durch diese Vorgänge also nicht nur ihrer bisherigen Leiter in der Regierung beraubt, sondern gleichzeitig wurde in Bismarck, der jetzt genötigt war, sich auch um diese Angelegenheit mehr zu kümmern, ein feindseliger Geist gegen deren Urheber erweckt, der gar zu leicht zu einer Gegnerschaft gegen das Werk selbst ausschlagen konnte.

Diese Gefahr wurde verschärft dadurch, daß Herr v. Kardorff, einer der eifrigsten Führer der Schutzzollbewegung, sich gänzlich zu bimetallistischen Ideen bekehrte; wie er selbst sagte, durch das Studium der amerikanischen währungspolitischen Vorgänge. Die Möglichkeit einer völligen Union zwischen Schutzzoll und Bimetallismus lag nahe.

Trotz alledem war auch jetzt noch die ganze bimetallistische Bewegung auf einen engen Kreis von Politikern beschränkt. Ohne Bismarcks Unterstützung war sie zur völligen Machtlosigkeit verurteilt. Bismarck aber stand noch im Jahre 1878 so sehr auf der Seite der Goldwährung, daß er es ablehnte, für Deutschland einen Vertreter zu der internationalen Münzkonferenz zu entsenden, welche damals von den Vereinigten Staaten nach Paris einberufen wurde, und auf welcher Delegierte sämtlicher eingeladenen Staaten, auch von England, erschienen.

Diese Haltung Bismarcks bewirkte, daß bis in das Jahr 1879 hinein alle Verhandlungen des Reichstags über das Münzwesen zwar nicht immer geräuschlos, aber so durchaus günstig für die Goldwährung verliefen, daß niemand an der glatten Durchführung der Reform zweifelte. Noch durch ein Gesetz vom 30. März 1879 wurde ohne Widerspruch eine Anleihe von 25 Millionen Mark zur Durchführung der Münzreform bewilligt.

Da tauchte plötzlich das beunruhigende Gerücht auf, die Reichsregierung beabsichtige, die Silberverkäufe einzustellen, und der Reichskanzler plane einen Übergang zur Doppelwährung.

Bei einer seiner parlamentarischen Soireen redete Fürst Bismarck den Abgeordneten Mosle (Bremen) an und begann mit ihm ein währungspolitisches Gespräch. Mosle war einer derjenigen Männer, welche lebhaften Anteil an den gesetzgeberischen Arbeiten der Münzreform genommen hatten. Nationalliberal und ursprünglich Freihändler war er mit dem größeren Teil seiner Partei zum Schutzzoll übergegangen und hatte sich dadurch das besondere Vertrauen des Reichskanzlers erworben.

An jenem Abend setzte ihm nun Bismarck auseinander, welche Kalamität und Verwirrung durch die Silberentwertung hervorgerufen worden sei — durch das Verschulden Deutschlands. Die deutschen Silberverkäufe hätten den Silberpreis so heruntergebracht. Es bleibe nichts übrig, als die Silberverkäufe einzustellen; nur dann würden sich wieder normale Verhältnisse entwickeln.

Mosle war verblüfft.

Sobald das Gespräch beendigt war, ging er zu dem Reichsbankpräsidenten, Herrn v. Dechend, der sich gleichfalls unter den Anwesenden befand, und befragte ihn in einiger Aufregung über den neuesten Beschluß des Reichskanzlers.

„Was?“ sagte v. Dechend, „Wir sollen die Silberverkäufe einstellen? — Daran denkt ja kein Mensch!“

Mosle berichtete ihm über sein Gespräch mit dem Reichskanzler; v. Dechend glaubte seinen Ohren nicht zu trauen und ging zu dem Fürsten, um sich zu überzeugen.

Nach einiger Zeit kam er zurück.

„Ja, es ist wahr,“ sagte er, „die Situation ist sehr ernst. Es wird etwas geschehen müssen.“ —

Ich gebe diese Darstellung unter dem Vorbehalt wieder, wie jede, für welche die aktenmäßigen Belege fehlen, und zwar nach vertraulichen Mitteilungen, welche Mosle damals seinen politischen Freunden gemacht hat. Volle Klarheit wird über die Vorgeschichte der Suspendierung der Silberverkäufe überhaupt nicht mehr zu schaffen sein.

Der Kernpunkt dieser Darstellung liegt darin, daß nach ihr der Entschluß, die Silberverkäufe einzustellen, in dem Reichskanzler entstanden und reif geworden ist, ohne Zuthun, ja ohne Vorwissen des Reichsbankpräsidenten, während später immer wieder behauptet wurde, die Einstellung der Silberverkäufe sei auf Veranlassung v. Dechends erfolgt. Ja, Herr v. Dechend selbst hat später im Reichstag erzählt, er habe aus Rücksicht auf die unvermeidlichen finanziellen Verluste bei der Fortsetzung der Silberverkäufe dem Reichskanzler deren Sistierung aufs dringendste empfohlen.

Die Richtigkeit dieser Angabe in Zweifel zu ziehen, davon kann natürlich keine Rede sein. Aber die Darstellung v. Dechends schließt die Darstellung Mosles nicht aus. Es ist möglich, daß Fürst Bismarck, nachdem er mit sich selbst bereits einig war, den Reichsbankpräsidenten zu einem Vortrag über die Angelegenheit aufforderte, und daß dieser in seinem Vortrage unter dem Drucke des bereits feststehenden Entschlusses des Kanzlers in der That die Einstellung der Silberverkäufe empfohlen hat.

Die Erzählung Mosles erhält durch verschiedene Umstände den höchsten Grad der Glaubwürdigkeit.

Vor allem durch einen psychologischen Grund. Bismarck, der bisher in den Fragen der Münzreform stets seine Minister und Räte hatte das Wort führen lassen, der die Gedanken anderer niemals leicht aufnahm und sich für sie begeisterte, — Bismarck vertrat dieses Mal die Einstellung der Silberverkäufe persönlich mit einer so unwirschen Schärfe und Gereiztheit, wie er sonst nur den heftigsten Angriffen auf seine Person und seine ureigensten Entschlüsse entgegentrat. Diese Thatsache muß für jeden Kenner der Bismarckschen Natur allen Zweifel daran beseitigen, daß die Einstellung der Silberverkäufe aus Bismarcks unmittelbarer Initiative hervorgegangen ist.

Dafür spricht ferner, daß die Einstellung der Silberverkäufe plötzlich ohne jeden in den Verhältnissen des Silbermarktes gegebenen Anlaß und ohne jede Vorbereitung in dem Silbereinziehungs-, Einschmelzungs- und Verkaufsgeschäft erfolgte.

Es ist bereits dargestellt, daß der Silbermarkt, als im Mai 1879 die Silberverkäufe eingestellt wurden, nicht nur keine Verschlechterung zeigte, welche als ein bestimmender Grund für diese Maßregel gelten könnte, sondern daß infolge einer neuen Belebung der indischen Silbernachfrage gerade eine Aufwärtsbewegung des Silberpreises begonnen hatte.

Als die Einstellung der Silberverkäufe verfügt wurde, war nicht etwa die Silbereinziehung eingestellt, und die Einschmelzung auf die Aufräumung vorhandener Bestände beschränkt; es war auch keinerlei Verständigung mit der London Joint Stock Bank, welche die Verkäufe vermittelte und deren Rat bei wichtigen Entscheidungen in der Regel eingeholt wurde, vorausgegangen. Die Silbereinziehung und -Einschmelzung befand sich vielmehr noch in vollem Gang. Die vorhandenen Barrenbestände waren beträchtlich und erfuhren auch nach der Einstellung der Verkäufe noch eine starke Vermehrung. Die London Joint Stock Bank wurde am 19. Mai 1879 telegraphisch angewiesen, die Silberverkäufe einstweilen einzustellen, und sie hatte von der Tragweite dieses Telegramms so wenig Kenntnis, daß sie zehn Tage später der Reichsbank eine Offerte für 100000 £ hochhaltiger Barren mitteilte; jetzt erst wurde sie angewiesen, jede Offerte ohne Rückfrage abzulehnen.

Das alles deutet darauf hin, daß die Einstellung der Silberverkäufe, dieser wichtige Schritt, welcher die Einstellung des Reformwerkes bedeutete, nicht durch eingehende Erwägungen und Verhandlungen vorbereitet war, sondern daß hier ein plötzliches und gebieterisches Eingreifen erfolgt sein muß.

Welche Einflüsse Bismarck zu einem Schritt von solcher Tragweite auf einem ihm ferneliegenden Gebiete veranlaßt haben, steht dahin.

Die Kunde von der Einstellung der Silberverkäufe verbreitete sich zuerst in England. Am 18. Mai hatte der Reichskanzler die Einstellung der Silberverkäufe verfügt, und bereits am 21. Mai wurde die Begebung von Councilbills in London wesentlich durch die Nachricht von der Suspension der Silberverkäufe beeinflußt. Der englische Silbermarkt war früher, als die London Joint Stock Bank, welche die Silberverkäufe vermittelte, von der Tragweite der Bismarckschen Maßregel unterrichtet.

Die Presse in England und Deutschland bemächtigte sich nun der Angelegenheit. Die abenteuerlichsten Gerüchte wurden in Umlauf gesetzt und fanden Glauben. Die „Norddeutsche Allgemeine Zeitung“ setzte den Nachrichten über eine Umkehr der bisherigen Münzpolitik nur ein schwaches Dementi entgegen.

Die Freunde der Goldwährung in Deutschland waren unschlüssig, welche Haltung sie einnehmen sollten. Bereits als die ersten Gerüchte über die Einstellung der Silberverkäufe auftauchten, wurde eine Interpellation in Anregung gebracht, um Klarheit zu schaffen.

Die vorsichtigen und besonnenen Leute, welche die Entwickelung einigermaßen voraussahen, hielten jedoch eine öffentliche Besprechung der Sache nicht für opportun. Bamberger machte sich damals schon über die wirkliche Lage keine Illusionen. Aber er hielt es für das beste, die Sache vorläufig im Dunkeln zu lassen, um Bismarck nicht zu zwingen, eine bestimmte Stellung zu nehmen; denn er wußte, daß dadurch die Sache nur schlimmer und eine vielleicht nur zeitweilige Unterbrechung der Silberabstoßung zu einer definitiven werden könne.

Er setzte deshalb alles ein, um eine Interpellation zu verhindern.

In der ersten Hälfte des Juni kamen nun aus England neue Nachrichten, welche noch größeres Aufsehen hervorriefen als die bisherigen.

Unter den Mitteilungen, welche dem Parlament vorgelegt wurden, befand sich eine Note des englischen Gesandten in Berlin, Lord Odo Russell, datiert vom 5. Juni. Diese besagte: Die Mitteilung Berliner Blätter, daß die deutsche Regierung endlich entdeckt habe, daß sie sich durch ihre Silberverkäufe selbst schade, und demzufolge beschlossen habe, die Silberverkäufe zu suspendieren, beruhe auf Wahrheit. Der im Augenblick verfügbare Silbervorrat werde auf 20 Millionen Mark = 1 Million £ geschätzt und werde sich während der Einstellung der Verkäufe noch vermehren. Lord Odo Russell fügte hinzu, daß die Finanzleute in Deutschland allgemein der Ansicht seien, die deutsche Regierung bereite die Einführung der Doppelwährung „wie in Frankreich“ vor.

Die Mitteilung rief überall eine gewaltige Aufregung hervor, am meisten in Deutschland selbst.

Die Eingeweihten, welche bisher die unbezweifelte Suspension der Silberverkäufe als eine vorübergehende Laune angesehen hatten, für welche man den Kanzler nicht sich definitiv engagieren lassen dürfe, gerieten nun ernstlich in Unruhe, es könnten wirklich weitergehende Maßregeln geplant sein.

Sie hatten guten Grund den englischen Gesandten für wohlinformiert zu halten. Die Angabe des noch vorhandenen Vorrats von Silberbarren in der Depesche des Lord Russell gab einen deutlichen Fingerzeig. Die Höhe des Silbervorrats konnte nur der Reichsbank und der Reichsregierung bekannt sein.

Nun war der englische Gesandte in Berlin bei der Einziehung von Informationen über derartige Dinge naturgemäß zunächst auf den englischen Generalkonsul in Berlin angewiesen. Englischer Generalkonsul war der Bankier Bleichröder. Bleichröder stand bekanntlich bei Bismarck als „Praktiker“ in großem Ansehen. Bleichröder war ferner Mitglied des Centralausschusses der Reichsbank. In dieser letzteren Stellung hatte er Gelegenheit, die Höhe des noch vorhandenen Vorrats von Silberbarren in Erfahrung zu bringen.

Auf Bleichröder deutete ferner der Schlußsatz der Note, nach welchem die „financial men“ in Deutschland an die Einführung der Doppelwährung glaubten.

Sobald man aber annahm, daß Lord Russell seine alarmierenden Nachrichten von einem dem Reichskanzler so nahestehenden Mann bezogen habe, konnte man seine Mitteilungen nicht ernst genug nehmen.

Dieser Eindruck war allgemein.

Sofort, nachdem in Berlin die Note des Lord Russell bekannt geworden war, am 13. Juni, versammelte sich eine kleine Anzahl von Reichstagsmitgliedern, unter ihnen der frühere Minister Delbrück, Bamberger, Harnier und beriet über die nunmehr zu ergreifenden Maßregeln.

Selbst Bamberger, welcher bisher alles gethan hatte, um einen Zusammenstoß mit dem Reichskanzler in dieser Frage zu vermeiden, konnte sich nicht länger der Notwendigkeit verschließen, daß etwas geschehen müsse. Doch wollte er nur dann einer Interpellation zustimmen, falls es nicht gelingen sollte, von der Reichsregierung ohne Interpellation beruhigende Erklärungen zu erhalten.

Dementsprechend wurde beschlossen, Delbrück solle dem Präsidium des Reichskanzleramts von der Absicht, eine solche Interpellation zu stellen, [illegible] machen, [illegible] gegeben würden, welche die Interpellation [illegible].

[illegible] die Antwort: die Interpellation [illegible], man werde sie aber beantworten.

Darauf wurde die Interpellation [illegible] beschlossen. Ihr Wortlaut war:

„Beabsichtigt die Regierung eine Änderung der bestehenden Münzgesetzgebung herbeizuführen?“

Ihre Begründung lautete:

„Die seit einiger Zeit wiederkehrenden Nachrichten, welche der Reichsregierung die Absicht des Übergangs zur Doppelwährung oder zur Silberwährung unterlegen, haben in letzter Zeit durch Meldungen aus England eine Form angenommen, welche, mit Rücksicht auf die Bedeutung der Frage für das gesamte Wirtschaftsleben der Nation, zu der Überzeugung drängt, daß eine Aufklärung über die Absicht der Reichsregierung nicht langer entbehrt werden kann.“

Weder in der Interpellation noch in der Begründung war von der Einstellung der Silberverkäufe die Rede. Die Interpellanten wollten nach dieser Richtung hin die Regierung nicht zwingen, sich nach der einen oder andern Seite festzulegen. Das Münzgesetz schrieb für die Silberabstoßung keinen Termin vor, sie gab die Leitung der Silberabstoßung durchaus in die Hand der Reichsregierung, welche dafür die Verantwortlichkeit zu tragen hatte. Eine zeitweilige Unterbrechung der Verkäufe, um die Wirkung auf den Markt zu beobachten, wollte niemand bekämpfen. Alles, was man bezweckte, war, von der Regierung die bündige Versicherung zu erhalten: „wir denken nicht an eine Änderung der bestehenden Münzgesetzgebung.“

Am 19. Juni kam die Interpellation zur Verhandlung. Bismarck erklärte sich bereit, sie sofort zu beantworten.

Delbrück ergriff zuerst das Wort zur Begründung. Seine Rede gipfelte darin: er für seinen Teil glaube nicht, daß eine Änderung der Münzgesetzgebung beabsichtigt sei; aber nachdem die Frage in England vor der ganzen Welt als zweifelhaft hingestellt worden, bedürfe es der Gewißheit.

Bismarck antwortete: Von keiner Seite sei offiziell ein Antrag auf Abänderung der Münzgesetzgebung gestellt, und die Frage, ob einer zu stellen wäre, sei von keiner Seite mit einem Wort berührt worden. „Die einzige thatsächliche Anknüpfung, der Krystallisationspunkt, an dem sich die ganze Legende einschließlich der Interpellation gebildet hat, besteht in meinem an das Bankpräsidium gerichteten Ersuchen, mit den Silberverkäufen einstweilen aufzuhören, indem ich für die Fortsetzung, ja die Vergrößerung der Verluste, welche wir gegenwärtig bei dem fortwährenden Sinken des Silberpreises bis auf 47 [1], während 61 der normale Preis sein würde, erlitten — weil ich dafür die Verantwortlichkeit für meine Person nicht mehr tragen wollte. Ich hatte dabei im Sinn, die Verantwortlichkeit für die Sistierung persönlich zu tragen bis zur nächsten Session." Dann habe er ein Votum des Reichstags über die Frage provozieren wollen.

Diese Erklärung enthielt die Beruhigung, daß bisher eine Änderung der Münzverfassung nicht in Erwägung gezogen sei; sie gab jedoch über Bismarcks persönliche Stellung zu der Frage, die unter den obwaltenden Verhältnissen allein entscheidend war, keine Aufklärung und mithin nicht die mindeste Garantie auch nur für die allernächste Zukunft. Schließlich enthielt sie die Erklärung, daß nicht nur eine vorübergehende Suspendierung, sondern eine dauernde Einstellung der Silberverkäufe geplant sei.

Im Grunde war also die Mitteilung des Lord Russell bestätigt. Die dauernde Einstellung der Silberverkäufe bedeutete in der That die Einführung des „double Standard as in France", der sogenannten „hinkenden Doppelwährung" oder auch „hinkenden Goldwährung".

Trotzdem hätten sich vielleicht die Interpellanten zufrieden geben können, zumal keine Änderung der Münzgesetzgebung ohne den Reichstag geschehen konnte, wenn Bismarck nicht diesen sachlichen Kern in eine für die Interpellanten schwer verletzende Form gekleidet und in gereizte persönliche Angriffe gehüllt hätte.

Vor allem wurde ein Verzicht auf eine Besprechung der Interpellation dadurch völlig unmöglich gemacht, daß Bismarck den Interpellanten vorwarf, die Beunruhigung sei nicht durch die Nachrichten aus England erzeugt, sondern erst künstlich durch die Interpellanten hervorgerufen worden; und er forderte den Reichstag auf, „das Nichtvorhandensein der Zweifel an der Stetigkeit unserer Gesetzgebung" dadurch anzuerkennen,

---

[1] Zur Zeit der Einstellung der Silberverkäufe war der Londoner Silberpreis höher als 50 d. Ein Preis von 47 d war nur während der Silberkrisis im Juli 1876, also fast drei Jahre zuvor, vorübergehend erreicht worden.

daß man ihr die Interpellation keine weitere [illegible] entziehe. Mit anderen Worten: Bismarck bekannte vom Reichstag die Bestätigung, daß wirklich die Interpellanten erst [illegible] die Zweifel geschaffen hätten, auf Grund welcher sie [illegible] ihre Anfrage richteten.

Wenn die dadurch für die Interpellanten geschaffene Notwendigkeit, auf der Beantwortung der Interpellation zu bestehen, noch verschärft werden konnte, so geschah das, indem Bismarck für den Reichsbankpräsidenten um das Wort bat, damit dieser die Thatsachen vortrage, welche für die Einstellung der Silberverkäufe bestimmend gewesen seien.

v. Dechend machte Mitteilungen über die bisherigen Verluste an den Silberverkäufen, welche sich — abzüglich der Verluste durch den Mindergehalt der eingeschmolzenen Münzen — auf 72 Millionen Mark stellten.

Die Summe der noch vorhandenen Thaler berechnete er auf etwa 476 Millionen Mark, die höchste bis dahin aufgestellte Schätzung. Bei deren Abstoßung seien beim Preis der letzten fünf Monate weitere 90 - 100 Millionen Mark Verluste zu gewärtigen. Diese Zahlen hätten ihn sehr erschreckt.

Dann begründete er die Einstellung der Silberverkäufe durch die Rücksicht auf den Silbermarkt, behauptete, die „Fachleute fast aller Länder" machten uns zum Vorwurf, daß hauptsächlich unser Silber an dem Fall der Silberpreise schuld sei, und daß, wenn wir nicht fort und fort ungeheuere Summen Silber auf den Markt brächten, die Silberpreise schon längst wieder die frühere Höhe erreicht haben würden. Es müsse sich jetzt zeigen, ob das richtig sei.

„Sie würden der ganzen Welt," so schloß er, „dadurch einen sehr wesentlichen Dienst leisten, wenn Sie den Markt von der Angst vor dem deutschen Silber bleibend befreiten und überhaupt kein Silber weiter verkaufen ließen. Wir leiden unter den Thalern, die noch in Kurs sind, in keiner Weise, und ich bin überzeugt, daß selbst die Süddeutschen sie sich mit Vergnügen noch einige Jahre gefallen lassen würden, wenn sie erfahren, daß dadurch eine erhebliche Ausgabe dem Reich erspart wird. Das Ausland wird uns dafür segnen, wenn wir den Alp, der nun schon seit länger als sechs Jahren auf allen Verhältnissen lastet, bleibend von ihm nehmen."

Als die Diskussion über die Interpellation beschlossen war, erhielt Bamberger das Wort.

Er setzte zunächst die Vorgeschichte der Interpellation auseinander und wies nach, wie er persönlich alles gethan, um eine Diskussion im Reichstag zu verhindern. Nachdem durch die englische Note, deren Quelle man leicht erraten könne, und durch das Verhalten der Reichsregierung die Interpellation notwendig geworden sei, habe man sich darauf beschränkt, zu fragen, ob die Regierung eine Änderung der Münzgesetzgebung beabsichtige. Ein einfaches „Nein" auf diese Anfrage würde jede Diskussion überflüssig gemacht haben.

In die Frage der Sistierung der Silberverkäufe wolle er sich überhaupt nicht einmischen, dafür sei der Reichstag nicht kompetent, das sei Sache der Exekutive.

Sachlich hätte er es ganz gut verstanden, „wenn die Reichsregierung resp. der Herr Präsident der Reichsbank, welcher die Sache, soweit ich es verfolgen konnte, mit ganz vorzüglicher Sachkenntnis und großer Aufmerksamkeit bis jetzt dirigiert hat, wenn der ganz im stillen die Silberverkäufe eingestellt und für sich, meinetwegen im Einverständnis mit dem Herrn Reichskanzler, beschlossen hätte, nun einmal vom Markte wegzubleiben und das Silber steigen zu lassen."

Die Art, wie die Einstellung der Silberverkäufe bekannt geworden sei, habe jedoch die Absicht erkennen lassen, die Sache in die Öffentlichkeit zu bringen.

Zum Schluß betonte er, Deutschland stehe in der Währungsfrage besser als alle anderen Länder, und er warnte davor, „sich von England in dessen Interesse herauslocken zu lassen."

Bismarck antwortete überaus heftig.

Vor allem regte er sich über die Andeutung auf, daß Lord Russells Note sich auf Bleichröder stütze. Er bezeichnete diesen Hinweis in Anbetracht dessen, daß „durch skandalöse und schnöde Prozesse weltbekannt ist, daß dieses selbe Bankhaus mein Bankier und Geschäftsführer in Privatangelegenheiten ist", als eine Insinuation, die ihn an die „Reichsglocke" erinnere.

Dann gab er seinem Ärger darüber Ausdruck, daß unter den Unterzeichnern der Interpellation sich viele seiner Gegner in der Tariffrage befänden. Er habe den Eindruck, daß die Diskussion über die Währungsfrage „eine kleine Diversion zur Erholung vom Tarifkampf" sein solle.

Was die Interpellation selbst betraf, so erklärte er, es falle ihm nicht im Traume ein, sich den Kopf zu zerbrechen, wie er Befürchtungen beschwichtigen solle, „und Herr Bamberger mag fürchten was er will, ich werde ihn nicht beruhigen".

Die [illegible], mit welcher sich Bismarck gegen die Unterzeichner der Interpellation, namentlich gegen Bamberger, wandte, findet in der Sache selbst nicht die genügende Erklärung. Die Anfrage und die Art, wie sie begründet wurde, konnte Bismarck keinen Anlaß geben, die Interpellanten so hart anzufassen. Bismarcks Verhalten läßt sich deshalb nur aus Umständen erklären, welche an und für sich mit der Währungsfrage nichts zu thun hatten.

Bismarck war damals höchst gereizt und erbittert durch den Widerspruch, welchen seine Tarifentwürfe bei Leuten fanden, deren Unterstützung ihm lange Zeit wertvoll gewesen war. Namentlich richtete sich sein Unmut gegen den freihändlerischen Flügel der Nationalliberalen. Er wollte geschlossene Parteien zu seiner Verfügung haben, und gerade damals versuchte er alles, um in die politische Lage und in die Parteigruppierungen, welche sich durch die neuen wirtschaftlichen Kämpfe verschoben hatten, Klarheit zu bringen.

Zwar hatte sich Bismarck im März 1879 mit Windthorst ausgesöhnt und die Unterstützung des Centrums für seine Tarifreform gewonnen. Aber um mit den für seine neue Wirtschaftspolitik unbedingt sicheren Konservativen eine Mehrheit bilden zu können, dazu wollte er eine ihm ergebene Nationalliberale Partei. Diesem Wunsch standen Männer wie Lasker, Bamberger, Forckenbeck und andere entgegen. Wider diese kehrte sich in jener Zeit der ganze Zorn des Gewaltigen. Bereits im Mai 1879 hatte er Lasker und Forckenbeck in ähnlicher Weise brüskiert, wie nun Bamberger, ohne daß ein triftiger Grund für ein derartig schroffes Auftreten gegeben war.

Der Eindruck, welchen die Verhandlungen vom 19. Juni 1879 in Bezug auf ihren Kernpunkt, die Währungsfrage, hinterließen, war der einer Absage des Reichskanzlers an die Vertreter der Goldwährung ohne eine gleichzeitige Zusage an den Bimetallismus. Aber allgemein hoffte oder fürchtete man, Bismarck werde sich über kurz oder lang in irgend einer Form für die Doppelwährung entscheiden, und Bismarck selbst that mindestens nichts, was dieser Meinung Eintrag thun konnte.

Die thatsächliche Wirkung der Verhandlungen war die Klarheit darüber, daß die völlige Durchführung der Goldwährung, und damit die programmgemäße Beendigung der Geldreform, abgebrochen und auf unbestimmte Zeit vertagt war.

Die Gründe für diese plötzliche Unterbrechung der Reform bestanden weder in der Unmöglichkeit ihrer völligen Durchführung, noch in einer Bekehrung der leitenden Kreise zur Doppelwährung, durch welche die Erreichung des in Aussicht genommenen Zieles als unerwünscht erschienen wäre. Nach den Ausführungen des Reichskanzlers und des Reichsbankpräsidenten lagen die Gründe lediglich in den Verlusten des Reichs bei den Silberverkäufen und in der Rücksicht auf den Silbermarkt.

Beide Gründe konnten die entscheidende Maßregel nicht rechtfertigen.

Deutschland war am Silbermarkt und Silberpreis verhältnismäßig wenig interessiert. Die Rücksicht auf die Silberproduzenten und die Besitzer von Silberobligationen und Silbergeräten verschwindet vollständig neben dem Interesse an einem sicheren und geordneten Geldwesen. Zudem hat die Einstellung der Silberverkäufe die beabsichtigte Wirkung auf den Silberpreis verfehlt. Sie hat den Silberpreis im ersten Augenblick nur um wenige Bruchteile gehoben und hat später sein weiteres Sinken nicht verhindert. Der in Aussicht gestellte „Segen des Auslandes", den Deutschland glücklicherweise entbehren kann, ist gleichfalls ausgeblieben.

Die finanziellen Verluste des Reichs bei der Durchführung der Münzreform beliefen sich damals (31. März 1879) auf nicht ganz 40 Millionen Mark; denn die von dem Reichsbankpräsidenten angeführten großen Verluste aus den Silberverkäufen wurden zum großen Teil durch die Einnahmen aus der Münzreform aufgewogen. Nach Dechends Berechnung sollten noch 90—100 Millionen Mark zur Vollendung der Reform notwendig sein. Die Gesamtkosten der Reform hätten sich nach diesen Zahlen, vor denen der Reichsbankpräsident erschrak und die einen so erschütternden Eindruck auf den Kanzler und den Reichstag machten, auf 130—140 Millionen Mark gestellt. Bamberger hatte schon 1873 die Kosten der Reform auf ungefähr denselben Betrag, auf 120—150 Millionen Mark veranschlagt, ohne daß jemand vor dieser Summe erschrocken wäre.

Die beiden angeführten Gründe konnten selbst für diejenigen, welche sie für vollwichtig hielten, nur unter zwei Voraussetzungen ausschlaggebend sein:

entweder mußte der Zustand, in welchem nun das deutsche Geldwesen bis auf weiteres verbleiben sollte, ein an und für sich befriedigender sein, der, ohne irgendwelche Gefahr heraufzubeschwören, keiner weiteren Verbesserung bedurfte;

oder die Einstellung der Silberverkäufe war lediglich als vorbereitender Schritt zu einer Änderung der Münzgesetzgebung im Sinne der Doppelwährung gedacht.

Bismarck teilte [illegible], daß letztere Befürchtung zutreffe; v. Dechend behauptete, der noch vorhandene Rest von Silberthalern sei ungefährlich.

Es scheint also, daß der Reichskanzler und der Reichsbankpräsident der Ansicht waren, die Reform des deutschen Geldwesens sei soweit vorgeschritten, daß die Rücksicht auf die Sicherheit des deutschen Geldwesens keine weiteren Silbereinziehungen mehr erfordere, und daß man deshalb die großen Kosten einer völligen Durchführung der Reform sparen und den Silbermarkt von dem Druck der deutschen Silberverkäufe befreien könne.

Mit dieser Auffassung stand damals die Reichsregierung gänzlich vereinzelt. Goldwährungsfreunde und Bimetallisten betonten, nachdem die Einstellung der Silberverkäufe eine definitive Maßregel geworden war, mit gleichem Nachdruck die Unhaltbarkeit des durch diese Maßregel geschaffenen Zustandes; die einen, um die Wiederaufnahme der Silberverkäufe herbeizuführen, die anderen, um die Regierung zur Annahme der Doppelwährung zu bestimmen.

Zwar hat sich diese pessimistische Auffassung nicht bestätigt. Das deutsche Geldwesen ist seither von allen Erschütterungen verschont geblieben und hat sich im großen Ganzen überaus günstig entwickelt. Andererseits war der bestehende Zustand nicht frei von großen Unbequemlichkeiten und Gefahren. Gerade Herr v. Dechend sollte bald genug an dem seiner Leitung anvertrautem Institute verspüren, wie wenig der halbvollendete Bau allen Erfordernissen einer wohlgeordneten Währungsverfassung genügte.

Schluß.

Zwölftes Kapitel.

Die Entwickelung des deutschen Geldwesens seit der Einstellung der Silberverkäufe.

Erster Abschnitt.

Die Entwickelung bis zur Mitte der achtziger Jahre.

Mit der Einstellung der Silberverkäufe hat die eigentliche Durchführung der Geldreform ihr Ende gefunden. Seither hat sich die Reichsregierung im allgemeinen auf Maßregeln zur Unterhaltung des bestehenden Münzumlaufs beschränkt. Als eine Fortsetzung des Reformwerkes können nur zwei inzwischen erfolgte Schritte angesehen werden: der Verkauf eines Teiles der bei der Einstellung der Silberverkäufe dem Reiche verbliebenen Silberbarren an die egyptische Regierung (1884 und 1885)[1], und die Abschiebung von 26 Millionen Mark österreichischer Thaler an ihr Ursprungsland (1892—1894)[2].

Als die Silberverkäufe eingestellt wurden, waren alle Punkte des Reformplanes durchgeführt bis auf die eigentliche Währungsverfassung. Die verschiedenen Landeswährungen waren durch ein einheitliches und auf Grund des Decimalsystems wohlgeordnetes Reichsmünzsystem ersetzt, und die staatsrechtliche Verfassuug des Münzwesens war in einer vielleicht nicht ganz einwandfreien, praktisch jedoch allen Anforderungen durchaus genügenden Weise geregelt; an die Stelle des verschiedenartigen

[1] Siehe Beiträge S. 324.

[2] Siehe Beiträge S. 326.

und vielfach schlecht fundierten, in seinem Umlauf beschränkten und in erbärmlichem Zustande befindlichen Landespapiergeldes waren die Reichskassenscheine gesetzt; das Notenbankwesen hatte die beste und glücklichste Lösung gefunden, welche unter den obwaltenden Verhältnissen möglich war. Alle diese Punkte waren in einer Weise erledigt, daß sie seither weder erhebliche Anfechtungen noch nennenswerte Änderungen erfahren haben. Selbst ehemalige Gegner haben sich mit der einmal feststehenden Lösung befreundet. Die bei der Reformgesetzgebung neben der Währungsfrage am meisten umstrittenen Punkte: Die nationale Münzreform an Stelle eines Anschlusses an das französische oder englische System, die Schaffung eines Reichspapiergeldes und die Gründung der Reichsbank, wurden nach der Entscheidung kaum mehr bestritten; nur auf dem Gebiet der Bankfrage ist das namentlich zur Zeit der nach dem Gesetze notwendigen Erneuerung des Notenprivilegiums hervortretende Verlangen nach einer völligen Verstaatlichung der Reichsbank, nach einer Beseitigung der Privatnotenbanken, und neuerdings auch nach einer Änderung der Notenkontingentierung und einer Erhöhung des Grundkapitals der Reichsbank, bemerkenswert. Im großen Ganzen jedoch hat die in den siebenziger Jahren binnen kurzer Zeit — fast kann man sagen: aus einem Nichts geschaffene deutsche Geldverfassung sich vortrefflich bewährt, und sie ist deshalb in dem inzwischen verflossenen Vierteljahrhundert in nicht einem einzigen wesentlichen Punkte geändert worden, ein glänzendes Zeugnis für die damalige deutsche Gesetzgebung!

Um so mehr hat sich ein Streit von Ansichten und Bestrebungen um den Punkt des Reformplanes entwickelt, welcher durch die Einstellung der Silberverkäufe unerledigt geblieben ist: um die Währungsgrundlage des deutschen Geldwesens. Außerdem hat das deutsche Geldwesen in diesem Punkte seit der Einstellung der Silberverkäufe, so wenig es sich in allen übrigen Punkten verändert hat, durch die thatsächliche Entwickelung der Dinge die interessantesten Wandlungen durchgemacht. Wenn sich nun auch mit der Beendigung der bewußten Reformthätigkeit der eigentliche Gegenstand meiner Darstellung erschöpft hat, so halte ich es doch für unerläßlich, die weitere freie Entwickelung der deutschen *Währungsverfassung* wenigstens in kurzen Zügen zu schildern; denn die Geschichte der eigentlichen Geldreform schließt mit einer Frage, auf welche erst die Entwickelung der folgenden Jahrzehnte die Antwort gegeben hat.

Die ersten Jahre nach der Einstellung der Silberverkäufe waren für die Entwickelung des deutschen Münzwesens nicht günstig. Eine Reihe von Umständen vereinigten sich, um die unvollendete deutsche Geldverfassung auf eine harte Probe zu stellen.

Die Goldgewinnung war bereits in dem Jahrzehnt 1870—1880 hinter der Produktion der vergangenen zwanzig Jahre zurückgeblieben; sie belief sich im Jahresdurchschnitt auf etwa 173 000 kg gegen 195 000 kg in der Zeit von 1851 bis 1870. In der ersten Hälfte der achtziger Jahre stellte sie sich nur noch auf 155 000 kg. Sie erreichte ihren Tiefpunkt im Jahre 1883 mit 148 584 kg [1].

An sich hätte ein Rückgang der Goldproduktion um etwa ein Viertel nach der ungewöhnlichen Ausbeute der vorhergegangenen Jahzehnte wenig bedeutet. Alle Welt war darauf gefaßt, daß die gewaltige Goldgewinnung aus den kalifornischen und australischen Goldfeldern nicht von Dauer sein werde, und niemand hatte den Plan des Übergangs zur Goldwährung auf die Voraussetzung einer längeren Dauer der ungewöhnlichen Verhältnisse aufgebaut. Der außerordentliche Zuwachs der Goldgewinnung hatte seine Verwendung gefunden für einmalige Zwecke, zur Herstellung eines Goldumlaufs in wichtigen Ländern, welche sich vorher mehr oder weniger ausschließlich des Silbers bedient hatten; zur regelmäßigen Ergänzung und Vergrößerung dieses Goldumlaufs brauchte man nicht auf die ungeschwächte Fortdauer der starken Goldproduktion zu rechnen. Ein Rückgang der Goldproduktion um ein Viertel kam unter diesen Umständen weder unerwartet, noch war er an sich für die Länder mit gesetzlicher Goldwährung oder thatsächlichem Goldumlauf irgendwie bedenklich, so sehr auch seine Bedeutung damals von bimetallistischen Schriftstellern und Agitatoren überschätzt und übertrieben wurde.

Dagegen übte die Verminderung der Produktion in ihrem Zusammentreffen mit anderen Umständen einen starken Einfluß auf das Geldwesen der europäischen Goldwährungsländer aus. Die im Jahre 1879 bewirkte Aufnahme der Barzahlungen in den Vereinigten Staaten hatte zur Folge, daß ein großer Teil des in Amerika gewonnenen Goldes nicht mehr, wie seither, nach Europa abfloß, sondern in den Vereinigten Staaten selbst Verwendung fand. Eine Reihe günstiger Ernten setzte die Vereinigten Staaten gleichzeitig in stand, in einzelnen Jahren große

[1] Nach den Soetbeerschen Schätzungen.

Summen Goldes aus Europa zu ziehen. Während bis zum Jahre 1876 ununterbrochen große Goldmengen aus den Vereinigten Staaten ausgeführt wurden, verzeichnete das Jahr 1880 eine Mehreinfuhr von 77 Millionen $, das Jahr 1881 eine Mehreinfuhr von 97½ Millionen $.

Gleichzeitig begann die indische Mehreinfuhr von Gold erheblich anzuwachsen; sie überschritt im Etatsjahr 1883/84 54½ Millionen Rupien, während sie im Jahresdurchschnitt des Jahrzehnts 1871—80 nicht ganz 15 Millionen Rupien betragen hatte.

Rechnet man von der jährlichen Goldproduktion den amerikanischen und indischen Verbrauch ab, dann ergiebt sich, daß von 1881—85 für die gesamte übrige Welt im Jahresdurchschnitt ein Goldzuwachs von nur 136,7 Millionen Mark übrig blieb, während ihr Anteil an der Goldprodukton im Jahresdurchschnitt der Periode 1871—80 etwa 350 Mill. Mark betragen hatte[1].

Zu dieser starken Einschränkung des Goldzuflusses kamen die großen Finanzoperationen, vermittelst welcher Italien seine metallische Valuta wieder herstellte. Italien nahm damals eine Metallanleihe von 644 Millionen Lire auf, von denen beträchtlich mehr als 400 Millionen Lire in effektivem Gold geliefert wurden. Auch diese Operation vollzog sich gerade in der Zeit vor 1881 bis 1883, in den Jahren, in welchen es um die europäische Goldversorgung am schlechtesten bestellt war. Zieht man außerdem den industriellen Verbrauch von Gold in Betracht, so ergiebt sich, daß die wichtigsten Länder Europas während der ersten Hälfte der achtziger Jahre nicht nur keine Vermehrung ihres Goldumlaufs erfahren haben, sondern es erscheint wahrscheinlich, daß sich ihre Goldzirkulation in jener Zeit — wenn auch nicht sehr erheblich — verringert hat.

Wie sehr Deutschland von diesen Verhältnissen betroffen wurde, ergiebt sich aus den Zahlen der Einfuhr und Ausfuhr von Gold und aus der Prägestatistik. Während die Jahre 1876 bis 1879 einen zum Teil sehr beträchtlichen Überschuß der Goldeinfuhr zeigten, überstieg in den Jahren 1880 bis 1884 die Goldausfuhr stets die Goldeinfuhr[2]. Die deutschen Goldprägungen zeigten von 1879 ab eine erhebliche Verringerung. Sie beliefen sich 1883 nur auf 13,3 Millionen Mark, 1885 nur auf 8,1 Millionen Mark. Im ganzen waren während der ersten

[1] Siehe Beiträge S. 458.
[2] Siehe Beiträge S. 50 u. 51.

Hälfte der 80er Jahre zweifellos die Einfuhr und die Einschmelzungen von Goldmünzen für industrielle Zwecke größer, als der Zuwachs, welchen der deutsche Goldumlauf durch die Neuprägungen erfuhr.

Wenn wir uns nun erinnern, welche Schwierigkeiten sich aus diesen Verhältnissen für die Stellung der Reichsbank ergeben mußten[1], dann können wir die Größe der Gefahr ermessen, die gleich nach der Einstellung der Silberverkäufe dem deutschen Geldwesen zu drohen begann.

Der deutsche Verkehr benutzte nach wie vor die durch die unbedingte Goldzahlung der Reichsbank gegebene Möglichkeit, die überflüssigen Thaler in die Reichsbank abzustoßen und dafür Goldmünzen herauszuholen.

Da die Reichsregierung seit der Einstellung der Silberverkäufe keine Thaler mehr aus der Reichsbank entnahm, mußte dort der Thalervorrat auf Kosten des Goldvorrates eine Vermehrung erfahren. Während der durchschnittliche Bestand der Reichsbank an Thalern und Scheidemünzen im Jahre 1878 sich auf 287 Millioen Mark belief, stieg er bis auf 350 Millionen Mark im Jahre 1881, also um etwas über 60 Millionen Mark[2]. Damit scheint den Bedürfnissen des Verkehrs Genüge geschehen zu sein, denn von nun ab trat wieder eine Verminderung des Thaler- und Scheidemünzbestandes der Reichsbank ein. Da sich damals der gesamte Bestand Deutschlands an Thalern und Scheidemünzen auf etwa 910 Millionen Mark belief, befanden sich außerhalb der Reichsbank etwa 560 Millionen Mark, etwa 12½ Mark pro Kopf der Bevölkerung.

Der durchschnittliche Goldbestand der Reichsbank war, trotz der Goldbeschaffung des Reichs, im Jahre 1878 bereits auf 207 Millionen Mark gesunken (gegen 495 Millionen Mark um die Mitte des Jahres 1875). Glücklicherweise bewirkte die Zunahme des Silberbestandes um mehr als 60 Millionen Mark nicht eine entsprechende Abnahme des Goldvorrates. Unmittelbar nach der Einstellung der Silberverkäufe standen die Wechselkurse so günstig für Deutschland, daß die Reichsbank im Jahre 1879, abgesehen von den bis in den Juli fortgesetzten Goldankäufen des Reichs, von Privaten für mehr als 56 Millionen Mark Gold ankaufen konnte, während ihre Goldankäufe von Privaten im Jahre 1878 nur 9,7 Millionen Mark, 1877 gar nur wenig über 700000 Mark

[1] Siehe oben S. 400.
[2] Siehe Beiträge S. 470.

betragen hatten[1]. Auch während der folgenden Jahre gelang es der Reichsbank, trotz der ungünstigen Verhältnisse, Gold herbeizuziehen.

Die Folge war, daß trotz des Anwachsens ihres Silbervorrates ihr Goldbestand sich nicht verminderte, sondern sich von 207 Millionen Mark im Durchschnitt des Jahres 1878 auf 226 Millionen Mark im Jahre 1880 vermehrte. Erst der starke Goldabfluß des Jahres 1881 brachte mit einer weiteren Zunahme des Silbervorrates einen Rückgang des durchschnittlichen Goldbestandes auf 207 Millionen Mark. Vorübergehend war er noch beträchtlich geringer als dieser Durchschnitt[2]. In den Jahren 1881 und 1882 betrug die durchschnittliche Golddeckung des Notenumlaufs nur 28 %, der sämtlichen täglich fälligen Verbindlichkeiten nur $22^{1}/_{2}$ %.

Unter diesen Verhältnissen sah sich die Reichsbank zu scharfen Diskontmaßregeln genötigt. Von 1880 bis 1885 war ihr offizieller Satz niemals niedriger als 4 %. Im Oktober 1880 mußte sie 5 % halten, im Oktober 1881 ging sie bis auf $5^{1}/_{2}$ %, und im Februar 1882 erhöhte sie ihren Diskontsatz gar bis auf 6 %. Diese Diskonterhöhungen waren ausschließlich durch den niedrigen Stand der Goldreserve notwendig gemacht, während die gesamte Deckung durch Barmittel keine allzu ungünstige war. Unter diesen Verhältnissen bestätigten sich die Erfahrungen des Jahres 1874[3]. Die Sätze des offenen Marktes blieben erheblich hinter dem Bankdiskont zurück. Die Wirkung der Diskonterhöhungen war infolge dessen nur gering.

---

[1] Siehe Beiträge S. 226 u. 247.

[2] In der ersten Hälfte des September 1880 erreichte der Goldvorrat seinen niedrigsten Stand mit etwa 185 Millionen Mark. Die „Börsenzeitung“ brachte damals eine Notiz, in welcher diese Summe für den Goldvorrat, 317 Millionen Mark für den Thalervorrat und 33 Millionen Mark für die Scheidemünzen angesetzt waren. Diese Angaben wurden allgemein für richtig gehalten, von Soetbeer adoptiert und auch von Bamberger gelegentlich im Reichstag in Gegenwart des Reichsbankpräsidenten wiederholt, ohne daß ein Widerspruch erfolgte. — Später hat Herr Dr. Arendt verbreitet, die Notiz in der Börsenzeitung rühre von ihm her, und die Angabe über die Zusammensetzung des Metallvorrats der Reichsbank sei von ihm frei erfunden, um an einem Beispiel die Bedeutung des Goldvorrats für die Diskontpolitik der Reichsbank zu erläutern, und er hat sich dabei über diejenigen lustig gemacht, welche auf seine Angaben hineingefallen seien. Wenn seine Darstellung zutrifft, dann muß die große Übereinstimmung auffallen, welche zwischen diesen „frei erfundenen“ Zahlen und der thatsächlichen Zusammensetzung des damaligen Metallvorrats der Reichsbank besteht. Denn nicht nur der Goldvorrat ist richtig angegeben (er betrug am 14. September 1880 186 Millionen Mark), sondern auch die Angaben über den Thalerbestand und den Scheidemünzvorrat zeigen nur unbedeutende Ungenauigkeiten (Thalerbestand am 14. September 311 Millionen Mark, Scheidemünzvorrat 31 Millionen Mark).

[3] Siehe oben S. 376.

Außer durch Diskonterhöhungen suchte die Reichsbankleitung der Schmälerung ihres Goldbestandes noch durch andere Mittel entgegenzuwirken. Sie erhöhte bereits im Jahre 1879 den Ankaufspreis für Gold von 1392 Mark auf 1393½ Mark pro Pfund fein, um dadurch „möglichst viel Gold ins Land zu bringen“[1]. Ferner bemühte sie sich, die ihr zufließenden Thaler möglichst rasch wieder in Verkehr zu setzen. Schließlich weigerte sie sich, Gold für Exportzwecke in Hamburg und Bremen abzugeben und beschränkte die unbedingte Verabfolgung von Gold auf die Hauptbank in Berlin.

Die Wirkung aller dieser zum Schutz des Goldbestandes und zur Aufrechterhaltung der Goldzahlung ergriffenen Maßregeln ist in den mitgeteilten Zahlen bereits enthalten. Alle diese Maßregeln vermochten nicht, die bedenkliche Abnahme des Goldvorrates zu verhindern.

In der That war also in diesen Jahren die Fortsetzung der Goldzahlungen und damit die Stabilität der deutschen Valuta gefährdet. In der Öffentlichkeit war die Lage nicht unbekannt. Die Mitteilung des Goldbestandes vom September 1880 in der „Börsenzeitung“, zahlreiche Zeitungsmeldungen über Verweigerungen der Zahlung in Gold, die im Inland und Ausland verbreiteten Angaben, die Reichsbank werde binnen kurzem zur Zahlung in Silber übergehen, erzeugten eine allgemeine Beunruhigung. Es kann nicht hoch genug anerkannt werden, daß selbst unter diesen überaus schwierigen Verhältnissen der damalige Reichsbankpräsident keinen Augenblick daran dachte, die Goldzahlungen aufzugeben, daß er vielmehr jede Gelegenheit benutzte, um den falschen Gerüchten, welche den Kredit der deutschen Valuta erschüttern mußten, energisch entgegenzutreten. Hätte er sich damals durch die Gefahr der Lage einschüchtern und zu einem falschen Schritt bestimmen lassen, die Folgen für das deutsche Geldwesen wären unabsehbar gewesen.

Die ungünstige Gestaltung der Verhältnisse nach der Einstellung der Silberverkäufe gefährdete nicht nur an sich die deutsche Valuta, sondern sie verstärkte auch die Bewegung gegen die Goldwährung und zu Gunsten eines bimetallistischen Systems.

Schon die Stellungnahme **Bismarcks**, wie sie gelegentlich der Reichstagsverhandlungen über die Einstellung der Silberverkäufe und später namentlich in einer Unterredung mit dem amerikanischen Silber-

[1] v. **Dechend** im Reichstag, Sten. Ber. von 1880. S. 138.

agitator Kelley[1] scharf zu Tage trat, bedeutete bei dem großen Einfluß des Kanzlers einen beträchtlichen Machtzuwachs für die bimetallistische Bewegung.

Ferner rüttelte die Fortdauer der Silberentwertung allmählich alle mit dem Silberwert verknüpften Interessen auf, namentlich die Interessen des Silberbergbaues und der am Export nach Ostasien beteiligten Industriellen. Dagegen wurden speciell agrarische Beschwerden damals noch nicht vorgebracht.

Die scharfen Diskonterhöhungen der Reichsbank verletzten gleichfalls zahlreiche Interessen.

So war der Boden für einen Ansturm gegen die Goldwährung aufs beste vorbereitet.

Die bimetallistische Agitation fand einen gewandten publizistischen Vertreter in Dr. Otto Arendt. In zahlreichen Broschüren und Zeitungsartikeln vertrat er die bimetallistischen Forderungen und bekämpfte er die Goldwährung mit unermüdlichem Eifer, mit gewandter Dialektik, mit großem Selbstbewußtsein, mit absoluter Skrupellosigkeit in seiner Beweisführung und mit den schärfsten persönlichen Angriffen gegen die hervorragendsten Anhänger der Goldwährung, wie Nasse, Soetbeer und Bamberger.

Auch die deutsche Wissenschaft, welche bis zum Jahre 1880 entweder für die Goldwährung eingetreten war oder sich wenigstens neutral verhalten hatte, ging zum Teil zum Bimetallismus über, so Adolf Wagner, der sich nach eigener Angabe durch Arendts „ganz vorzügliche Schrift über die vertragsmäßige Doppelwährung" zum Bimetallismus hatte bekehren lassen[2], so Schäffle, Lexis und Neuwirth.

Die wichtigsten Argumente der bimetallistischen Bewegung waren damals:

Der durch die Einstellung der Silberverkäufe geschaffene Zustand sei unhaltbar; entweder müßten die Silberverkäufe wieder aufgenommen oder die Goldwährung völlig preisgegeben werden; eine Wiederaufnahme der Silberverkäufe werde sich als unmöglich herausstellen, da durch einen solchen Schritt das Silber total unverkäuflich werden würde[3]; es bleibe also nichts übrig als der Übergang zu einem bimetallistischen System.

---

[1] Im Juli 1879.

[2] Ad. Wagner, Für bimetallistische Münzpolitik Deutschlands, 1881. Vorrede.

[3] Um das ad oculos zu demonstrieren, gingen bimetallistische Politiker eine Zeitlang mit den Gedanken um, selbst die Wiederaufnahme der Silberverkäufe zu beantragen.

Die Silberentwertung und alle ihre schlimmen Folgen seien ausschließlich oder mindestens vorwiegend auf Deutschlands Übergang zur Goldwährung und die deutschen Silberverkäufe zurückzuführen.

Bei der fortschreitenden Abnahme der Goldproduktion werde die Durchführung der Goldwährung in Deutschland und in andern Ländern eine starke Goldknappheit und Goldverteuerung bewirken.

Dagegen werde durch den Übergang zum Bimetallismus nicht nur die Gefahr einer Goldverteuerung vermieden, sondern auch die Silberentwertung wieder beseitigt werden.

Ein Teil dieser Behauptungen erhielt damals ein besonderes Gewicht dadurch, daß vorübergehende Verhältnisse, welche für das deutsche Geldwesen ungünstig waren, für dauernd ausgegeben und gehalten wurden.

So vor allem die Abnahme der Goldproduktion. Die Schrift von Sueß über die Zukunft des Goldes, welche aus geologischen Gründen mit der Sicherheit eines Naturgesetzes eine fortschreitende Abnahme der Goldproduktion voraussagte, machte überall einen starken Eindruck. In den Jahren 1882 und 1883, als die Goldgewinnung ihren tiefsten Stand erreichte, glaubten Gegner der Goldwährung erst im Anfang des Produktionsrückganges zu stehen, und Arendt schrieb damals, die Goldproduktion sei noch immer exorbitant hoch, man stehe noch immer mitten in einer wunderbaren Periode, welche nicht andauern könne[1].

Auch die ungünstige Gestaltung der Zahlungsbilanz und Goldbewegung zwischen Europa und Amerika wurde für eine dauernde Erscheinung erklärt[2]; ebenso der „Diskontkrieg", welcher auf dem vorübergehenden amerikanischen und italienischen Goldbedarf beruhte.

Als später diese Argumente durch einen Umschwung der Verhältnisse an Zugkraft verloren, fand die bimetallistische Agitation einen mehr als vollwertigen Ersatz in der Steigerung der russischen und indischen Weizenausfuhr. Die Schuld an der verschärften Konkurrenz dieser Länder auf dem Getreidemarkt wurde ihrer „unterwertigen Valuta" und damit der Silberentwertung zugeschrieben, wiewohl der russische Papierrubel von vornherein gänzlich unabhängig von den Schwankungen des Silberwertes war und sich zwischen der indischen Weizenausfuhr und den Silberpreisschwankungen schlechterdings keine Parallele nachweisen ließ. Indem das Sinken der Getreidepreise auf Goldverteuerung und

[1] Offener Brief an Ludwig Bamberger, 1882. S. 69.

[2] Siehe Arendt a. a. O. S. 89.

Silberentwertung zurückgeführt wurde, indem man den Bauern von der Durchführung des bimetallistischen Systems eine Preissteigerung ihrer Produkte versprach, gelang es durch eine jahrelange rastlose Agitation, als deren eigentlicher Führer Graf von Mirbach-Sorquitten bezeichnet werden darf, den größten Teil der deutschen Landwirtschaft für die Doppelwährung zu gewinnen. Es wurde ein förmlicher Petitionssturm auf Regierung, Bundesrat und Reichstag eröffnet, der beim Beginn des Jahres 1886 seinen Höhepunkt erreichte. Damals lagen dem Reichstag 1161 Petitionen vor, zumeist von landwirtschaftlichen Vereinen ausgehend, welche alle in dem gleichen Wortlaut die internationale Doppelwährung verlangten.

Der politische Machtzuwachs, welchen der Bimetallismus durch diese Entwickelung erfuhr, war beträchtlich. Schon zur Zeit der Einstellung der Silberverkäufe waren die Anhänger der Goldwährung im Reichstag nicht mehr so stark, daß sie eine Resolution zu Gunsten einer Fortsetzung des Reformwerkes hätten durchsetzen können.

Unter diesen Verhältnissen lag das Schicksal des deutschen Geldwesens hauptsächlich in den Händen der Regierung.

Für die Stellungnahme der Reichsregierung kam vom Jahre 1880 ab neben dem Reichskanzler und dem Reichsbankpräsidenten in hervorragendem Maße der Leiter des bei der Auflösung des Reichskanzleramtes in einzelne Reichsämter begründeten Reichsschatzamtes, Herr von Scholz, in Betracht. Seine Haltung war anfangs schwankend, er begnügte sich damit, im Reichstag die Ansichten des Kanzlers und der verbündeten Regierungen wiederzugeben. Durch die eingehendere Beschäftigung mit der Währungsfrage entwickelte er sich jedoch allmählich zu einem ausgeprägten Anhänger der Goldwährung, und es gelang ihm, nicht nur im Reichstag, sondern auch beim Reichskanzler seinen Standpunkt mit Erfolg zu vertreten.

In eine äußerst prekäre Lage war durch die Entwickelung der Verhältnisse Herr von Dechend geraten. Wie seitens der Reichsregierung im Reichstag mitgeteilt wurde[1], hatte er sich auf ausdrückliches Befragen dahin geäußert, daß er aus dem Thalervorrate der Reichsbank keinen Grund für die Beschleunigung der Silberverkäufe ableite; es könne jedermann jederzeit bei den Bankstellen Gold bekommen, und die Bank sei in der Lage, ihren Goldvorrat zu schützen. Als aber die fort-

[1] Durch Regierungsrat Schraut am 24. Februar 1880.

schreitende Abnahme des Goldvorrats die Bank zu starken Diskonterhöhungen nötigte, welche ihren Zweck nicht einmal erreichten, wegen deren aber die Reichsbankleitung heftige Angriffe hinnehmen mußte, als es sich schließlich als notwendig herausstellte, die Einlösung der Noten in Gold auf die Hauptbank in Berlin zu beschränken, als die Aufrechterhaltung der Goldzahlungen immer mehr bedroht erschien, da bildete sich bei dem Reichsbankpräsidenten die Ansicht heraus, daß der bestehende Zustand unhaltbar sei [1]. Die Entwickelung der Dinge machte ihn insbesondere empfänglich für die Behauptung, es mangle an Gold für die Durchführung und Aufrechterhaltung der Goldwährung. Weil er in einer allgemeinen Goldnot, nicht in dem großen Silberbestand der Reichsbank, die Schwierigkeiten der Lage erblickte, konnte er als Auskunftsmittel nicht die Wiederaufnahme der Silberverkäufe vorschlagen, welche ihm ohnedies in Rücksicht auf die Lage des Silbermarktes unthunlich erschien. Andererseits vermochte er sich nicht für die Doppelwährung zu entscheiden, „und zwar nicht bloß aus prinzipiellen, sondern auch aus praktischen Gründen" [2]. Es könne überhaupt nur eine universelle Doppelwährung in Frage kommen, und an Englands Beteiligung sei nicht zu denken, „weil es sich der ihm vorzugsweise drohenden Gefahr, mit Silber überschwemmt zu werden, und infolgedessen sein Gold zu verlieren, nicht aussetzen dürfe".

Dagegen glaubte er ein durchführbares Mittel gegen den Goldmangel gefunden zu haben: die Beschränkung des Goldgebrauchs auf die internationalen Zahlungen und den großen Verkehr, und eine ausgiebigere Verwendung des Silbers für den mittleren und kleinen Verkehr. Diesen Zweck wollte er erreichen durch die Beseitigung aller Goldstücke und Papierscheine, welche auf Beträge unter 20 Mark lauteten.

Abgesehen von der anfechtbaren Begründung durch den angeblichen Goldmangel, war die Essenz dieses Vorschlags in der damaligen Zeit

[1] In der von v. Dechend herrührenden Denkschrift über die Währungsfrage, welche im April 1882 in der „Nordd. Allg. Ztg." anonym veröffentlicht wurde, heißt es:

„Die Verwaltung der Reichsbank ist genötigt gewesen, die Einlösung ihrer Noten in Gold auf die Hauptbank zu beschränken und Diskonterhöhungen eintreten zu lassen, die recht gut hätten vermieden werden können, wenn sie nicht mit ängstlicher Sorgfalt über ihren Goldschatz wachen müßte. Das ist kein auf die Länge der Zeit haltbarer Zustand, er muß auf die eine oder andere Weise bald geändert werden, wenn die wirtschaftliche Lage des Landes nicht darunter leiden soll."

[2] Siehe die erwähnte Denkschrift.

sehr erwägenswert. Wenn man der schwierigen Lage der Reichsbank nicht durch eine Wiederaufnahme der Silberverkäufe abhelfen wollte, dann war das nächst beste Mittel, den Bedarf des freien Verkehrs an Silbergeld durch eine Beseitigung der goldenen Zehn- und Fünfmarkstücke und der Fünfmarkscheine zu steigern und dadurch die Reichsbank von der drückenden Thalerlast zu befreien. Wie der Glaube an einen Goldmangel bei Herrn v. Dechend durch die Schwierigkeiten, in welche die Reichsbank durch die vorzeitige Unterbrechung der Münzreform geraten war, hervorgerufen wurde, so waren offenbar auch seine Vorschläge zur Abwehr des Goldmangels hauptsächlich durch die Rücksicht auf die besonderen Verhältnisse, mit welchen die Reichsbank zu kämpfen hatte, beeinflußt.

Bismarck selbst scheint nach der Einstellung der Silberverkäufe bald wieder das Interesse an der Münzfrage verloren zu haben. Im Juli 1879 hatte er noch dem Amerikaner Kelley Hoffnungen gemacht, daß er die Initiative zu einer internationalen Münzkonferenz ergreifen werde, aber es erfolgte kein derartiger Schritt.

Im Jahre 1880 zeigte er gegenüber der Währungsfrage eine völlige Gleichgültigkeit. Er ließ, als im Februar bei der Etatberatung über das Münzwesen debattiert wurde, durch Scholz erklären, der einzige Grund für die Unterbrechung der Silberverkäufe sei, daß er die bei der weiteren Veräußerung des Silbers zu erwartenden Verluste nicht auf seine eigene Verantwortlichkeit übernehmen wolle. Wenn der Reichstag mit überwiegender Majorität die Fortsetzung der Verkäufe verlangen sollte, so werde die Reichsregierung von neuem Stellung nehmen.

Ein derartiger Reichstagsbeschluß erfolgte jedoch nicht, und die Regierung bekundete ihre Absicht, die Einstellung der Silberverkäufe dauernd aufrecht zu erhalten, durch die Vorlage eines Gesetzentwurfes[1], welcher den Höchstbetrag für die Ausprägung von Reichssilbermünzen von 10 auf 12 Mark pro Kopf der Reichsbevölkerung erhöhen wollte. Der eingestandene Zweck dieses Entwurfes war, den im Besitz des Reiches gebliebenen Rest von Silberbarren zur Ausprägung in Reichssilbermünzen verwendbar zu machen. Da die Bimetallisten prinzipiell gegen eine Vermehrung der unterwertigen Silbermünzen eintraten, und da die Anhänger der Goldwährung, wie Bamberger, dem Entwurf nur unter der Voraussetzung zustimmen wollten, daß nicht der Barrenrest, sondern aus-

---

[1] Vom 15. April 1880.

schließlich umlaufende Thaler zu den Neuprägungen verwendet würden[1], lag der Regierung nichts daran, daß der Entwurf beim Schlusse der Session unerledigt blieb.

Als sich gegen Ende des Jahres 1880 die Lage der Reichsbank schwieriger gestaltete, scheint Bismarck auf Dechends Vorstellungen sich wieder mehr mit der Währungsfrage beschäftigt zu haben. Auch die von Frankreich und den Vereinigten Staaten ausgehende Einladung zu einer neuen internationalen Münzkonferenz hat vielleicht dazu beigetragen, seine Aufmerksamkeit von neuem auf diese Angelegenheit zu lenken. Seine Auffassung der Lage und der zu ergreifenden Maßregeln scheint damals wesentlich durch Dechends Vorstellungen beeinflußt worden zu sein.

Als am 10. März 1881 der Reichstag die 9. Münzdenkschrift einer Besprechung unterzog, erklärte Scholz[2] an Stelle des durch Krankheit am Erscheinen verhinderten Reichskanzlers, die verbündeten Regierungen seien der Meinung, daß der status quo im wesentlichen auch ferner aufrecht zu erhalten sei. Diese Ansicht decke sich auch mit Bismarcks persönlicher Auffassung. Bismarck halte das „non liquet" in der Währungsfrage zur Zeit noch für so stark, daß ein entscheidender Schritt jetzt nicht rätlich erscheine; doch sei es ihm allerdings zweifelhaft, ob der vorhandene Goldbestand ausreichend sei; der Kampf der Centralbanken um das Gold, wie er in den Diskonterhöhungen zu Tage trete, komme ihm vor, wie ein Zerren an einer zu kurzen Decke. Der Reichskanzler sei aber der Meinung, „daß es ihm nicht obliegen werde, in dieser Sache irgendwie reglementarisch vorzugehen, daß er vielmehr die Maßnahmen, die sich demnächst als notwendig erweisen würden, den verbündeten Regierungen nicht bloß, sondern auch dem hohen Hause, als Gesetzgebungsmaßregeln werde zu unterbreiten haben." In diesem Sinne sei auch die Einladung zur Pariser Münzkonferenz angenommen worden.

Es war also Herrn v. Dechend gelungen, den Reichskanzler von dem Goldmangel zu überzeugen; ebenso deckten sich Bismarcks Ansichten mit

---

[1] Dieses Verlangen war nicht nur durch die Rücksicht auf die möglichste Beschränkung des Silberumlaufs, sondern auch in Rücksicht auf den 2. Absatz des Art. 4 des Münzgesetzes, vom 9. Juli 1873, gerechtfertigt. Dort ist vorgeschrieben, daß bei jeder Ausgabe von Reichssilbermünzen ein dem Nennwert nach gleicher Betrag von umlaufenden Landessilbermünzen einzuziehen ist. — Vgl. Beiträge S. 460 bis 463.

[2] Sten. Ber. von 1881. S. 252.

denjenigen des Reichsbankpräsidenten darin, daß der status quo im wesentlichen aufrecht erhalten werden müsse. Die in Aussicht gestellten Gesetzgebungsmaßregeln konnten deshalb keine wesentliche Änderung des vorhandenen Zustandes bedeuten, vor allem keinen Übergang zur Doppelwährung. Welcher Art sie waren, zeigten bald darauf die Erklärungen der deutschen Delegierten auf der Pariser Münzkonferenz.

Diese erklärten zwar eine Wiederherstellung des Silberwertes für wünschenswert und bei Freigabe der Silberprägung in mehreren größeren Staaten für möglich; aber Deutschland könne dabei höchstens soweit mitwirken, daß es sich verpflichte, für eine bestimmte Reihe von Jahren kein Silber mehr zu verkaufen, und durch die Einziehung der goldenen Fünfmarkstücke und der Reichskassenscheine zu fünf Mark der Silberzirkulation einen größeren Raum zu verschaffen; vielleicht werde man auch die silbernen Fünf- und Zweimarkstücke auf Grund der Relation von $15^{1}/_{2}:1$ zwischen Silber und Gold umprägen.

Diese Anerbietungen bewegten sich durchaus in der Richtung der später veröffentlichten Dechendschen Vorschläge; sie gingen jedoch nicht ganz so weit, indem sie nicht auch die goldnen Zehnmarkstücke dem Silber opfern wollten. Der Reichskanzler hatte offenbar die Absicht, diese Maßregeln, zu welchen er an sich geneigt war, vor ihrer gesetzlichen Durchführung in Paris als Gegenleistung zu verwenden. Daß die von Scholz am 10. März 1881 in Aussicht gestellten Gesetzgebungsmaßregeln nicht über diese Propositionen hinausgingen, erhellt aus einer zum größten Teil von Bismarcks Hand herrührenden Anweisung an die deutschen Delegierten auf der Pariser Konferenz, welche Graf Caprivi dem Reichstag gelegentlich mitgeteilt hat[1]. In dieser Anweisung heißt es:

„Die Verheißungen gehen über die vorgezeichnete Verhaltungslinie bedenklich hinaus. Sie enthalten nichts, was von uns nicht bewilligt werden könnte; aber die Kundgebung der Bereitwilligkeit dazu ist verfrüht und in der Form fast ein Versprechen“ .... „Bezüglich Ihres Verhaltens auf dieser Konferenz wollen Sie es sich zur Richtschnur dienen lassen, daß Deutschland an den Grundlagen seines Münzwesens Änderungen vorzunehmen nicht beabsichtigt und keinen Anlaß erkennt, durch Eingehen vertragsmäßiger Verbindlichkeiten sich in der freien Selbstbestimmung über seine Münzangelegenheiten Beschränkung aufzuerlegen.“

Die Pariser Münzkonferenz von 1881 führte ebensowenig wie die

---

[1] 12. Dezember 1892.

Konferenz von 1878 zu einem positiven Ergebnis. Zwar erklärten sich die Vereinigten Staaten und Frankreich zur Freigabe der Silberprägung bereit, aber nur unter der Bedingung der Mitwirkung von England und Deutschland; diese beiden Staaten lehnten jedoch mit gleicher Entschiedenheit die verlangte Mitwirkung ab. Ende Juni 1881 wurde die Konferenz bis zum 12. April 1882 vertagt; man hoffte in der Zwischenzeit die auf der Konferenz nicht zu erzielende Einigung durch diplomatische Verhandlungen herstellen zu können. Als auch diese Hoffnung fehlschlug, trat die Konferenz nicht wieder zusammen, obwohl mit dem Beginn des Jahres 1882 die bimetallistische Bewegung sowohl in England als auch in Deutschland einen großen Aufschwung nahm. In beiden Staaten wurden damals bimetallistische Vereine gegründet, welche die Agitation für eine internationale Doppelwährung mit unermüdlichem Eifer betrieben.

Auch ein selbständiges Vorgehen Deutschlands in der von Scholz bereits vor dem Zusammentritt der Pariser Konferenz angedeuteten Richtung unterblieb. Solange die internationalen Verhandlungen noch nicht ganz aussichtslos waren, wurde die Einbringung des angekündigten Gesetzentwurfs wohl deshalb verzögert, weil man sich die in Vorschlag zu bringenden Maßregeln als Konzessionen an andere Staaten aufsparen wollte. Als im Frühjahr 1882 das endgültige Scheitern der Verhandlungen besiegelt war, hatte offenbar die Stimmung in der Reichsregierung bereits umgeschlagen. Statt daß ein den Intentionen Dechends entsprechender Gesetzentwurf vorgelegt wurde, veröffentlichte Dechend im April 1882 in der „Nordd. Allg. Zeitung" — zwar anonym, aber so, daß jedermann den Verfasser erraten konnte — die „Vorschläge zur praktischen Lösung der Währungsfrage", deren Inhalt wir bereits wiedergegeben haben.

Diese Vorschläge fanden nirgends Beifall, weder bei den Anhängern der Goldwährung, noch bei den Bimetallisten. Namentlich der Vorschlag der Beseitigung der allgemein beliebten Krone erwies sich als äußerst unpopulär. Indessen ging die Reichsregierung, ohne den Weg der Gesetzgebung zu beschreiten, wenigstens soweit auf die Dechendschen Vorschläge ein, als sie die Zurückziehung der goldenen Fünfmarkstücke anordnete und die Ausprägung von Kronenstücken auf ganz unwesentliche Beträge beschränkte[1].

[1] Im Jahre 1881 wurden nur 138.820 Mark, 1882 nur 132.130 Mark, 1886 144.980 Mark in Kronen ausgemünzt; 1884, 1885 und 1887 fanden überhaupt keine

Zwar nahm der Kongreß, welcher von den bimetallistischen Vereinigungen Deutschlands und Englands im Oktober 1882 in Köln veranstaltet wurde, denjenigen Teil der Dechendschen Vorschläge wieder auf, welcher bereits auf der Pariser Münzkonferenz von den deutschen Delegierten als annehmbar bezeichnet worden war, nämlich die Einziehung der goldenen Fünfmarkstücke und der Reichskassenscheine zu fünf Mark und die „vollwertige" Ausprägung der Silbermünzen. Herr v. Kardorff brachte auch im Januar 1883 im Reichstag einen Antrag auf Abänderung des Münzgesetzes ein, der diese Forderungen enthielt[1]. Da es aber den Bimetallisten selbst nicht Ernst mit diesem Antrag war, kam er überhaupt nicht zur Verhandlung.

Dagegen gab im April des Jahres 1883 die Etatdebatte der Reichsregierung Gelegenheit, ihren veränderten Standpunkt in der Währungsfrage darzulegen. Der Staatssekretär des Reichsschatzamts, Herr von Scholz, war gerade durch die Beschäftigung mit den der Pariser Konferenz gemachten Vorschlägen ein überzeugter Anhänger der Goldwährung geworden. Namentlich war er, wie er später im Reichstag mitteilte[2], „nach eingehendem, pflichtgemäßem Studium" des von Cernuschi verfaßten bimetallistischen Vertragsentwurfs zu der Überzeugung gekommen, daß es unmöglich sei, einen bimetallistischen Vertrag zu entwerfen, der nicht die größten Gefahren in sich berge. Diese Überzeugung brachte ihm die heftigste Gegnerschaft der Bimetallisten. Herr v. Kardorff ließ sich sogar dazu hinreißen, ihn brieflich bei Bismarck anzuklagen, „daß, obwohl die Camphausen und Delbrück abgegangen, in den Räumen des Reichsschatzamtes noch der Geist Bambergers wehe", und daß ihm eine Purifikation in dieser Beziehung notwendig erscheine[3]. Aber Scholz genoß damals so unbedingt das Vertrauen des Kanzlers, daß dieser ihm ohne weiteres den Anklagebrief „zur geschäftlichen Behandlung" übergab.

Auf den Einfluß des damaligen Reichsschatzsekretärs ist es zurückzuführen, daß Dechends Befürchtungen einer Goldknappheit keinen Eindruck auf die Reichsregierung mehr machten. Vielleicht war v. Dechend selbst damals schon durch eine günstige Wendung der Verhältnisse beruhigt

---

Kronenprägungen statt; erst von 1888 an wurden, den Bedürfnissen des Verkehrs und den oft wiederholten dringenden Wünschen der Industrie und des Handels entsprechend, von Zeit zu Zeit wieder größere Ausmünzungen von Kronen vorgenommen.

[1] Nr. 140 der Drucksachen des Reichstags von 1882/83.

[2] Sten. Ber. von 1885/86 S. 996.

[3] Sten. Ber. des Reichstags 1885/86 S. 995.

worden. Im Jahre 1882 konnte die Reichsbank für etwa 111 Millionen Mark Gold ankaufen. Ihr Goldbestand erfuhr dadurch eine erhebliche Besserung [1], und er hielt sich auch während der folgenden zwei Jahre, als der Goldzufluß wieder beträchtlich nachließ, annähernd auf der einmal erreichten Höhe.

Die Erklärungen, welche Geheimrat Schraut im April 1882 für die Reichsregierung abgab, gipfelten in dem Satze, daß in der Frage der Goldnot „Vermutungen, welche den höchsten Grad der Wahrscheinlichkeit für sich hatten, sich in Wirklichkeit nicht als zutreffend erwiesen haben". Der status quo sei für Deutschland durchaus erträglich, während Frankreich durch seinen viel größeren Silberumlauf und England durch seine ausgedehnten Handelsbeziehungen zu den asiatischen Silberländern ungleich mehr an der Währungsfrage interessiert seien. Es liege also für Deutschland keine Veranlassung für irgendwelche Schritte vor.

Diese beruhigende Erklärung vermochte jedoch die Fortsetzung der bimetallistischen Agitation nicht zu hemmen. Von großem Einfluß auf die öffentliche Meinung der ganzen Welt war es, daß George Goschen, eine der ersten englischen Autoritäten auf dem Gebiet des Geldwesens, wenige Tage nach der Erklärung Schrauts, welche den Goldmangel leugnete, im Institute of Bankers in London einen Vortrag hielt, in welchem er den Preisrückgang einer Reihe wichtiger Waren und die anhaltende wirtschaftliche Depression auf eine Verteuerung des Goldes zurückführte.

In Deutschland speciell brachten die Jahre 1883 bis Anfang 1886 die bisher niemals wieder erreichte Hochflut der bimetallistischen Bestrebungen; wir haben die Bearbeitung der Landwirtschaft durch die bimetallistischen Agitatoren und den von ihnen organisierten Petitionssturm auf die gesetzgebenden Körperschaften bereits geschildert.

Es scheint, daß die Mobilmachung der gesamten Landwirtschaft damals ihren Eindruck auf Bismarck nicht ganz verfehlte. Eine Reihe von Anzeichen deutete darauf hin, so die Art und Weise, wie der landwirtschaftlichen Petitionen, welche die Doppelwährung verlangten, in der offiziösen „Nordd. Allg. Zeitung" gedacht wurde. Auch die Stellung des

[1] Von 209 Millionen Mark im Durchschnitt des Jahres 1882 auf 282 Millionen Mark im Jahre 1883.

Herrn von Scholz, der inzwischen preußischer Finanzminister geworden war, galt als erschüttert.

Beim Beginn des Jahres 1885 brachte v. Kardorff im Reichstag eine Resolution ein, welche die Reichsregierung aufforderte, die Initiative zur Einberufung einer internationalen Währungskonferenz zu ergreifen. Die Reichsregierung nahm in keiner Weise zu diesem Antrag Stellung, sondern ließ ein geheimnisvolles Dunkel über ihren Absichten walten. „Ich halte es nicht für ausgeschlossen," so schrieb Bamberger am 25. Januar 1885 an Soetbeer, „daß Bismarck, ohne sich nun zu entscheiden, sich einstweilen ein agrarisches Votum vom Reichstag geben ließe, um es eventuell zu verwerten."

Als sich die Anzeichen für eine der Goldwährung feindliche Haltung der Regierung mehrten, geschah in letzter Stunde alles, um den agrarischen Petitionen gegenüber die hervorragendsten Handelskammern des Reichs zu einer Demonstration zu Gunsten der Goldwährung zu veranlassen. Sicherlich hat das entschiedene Auftreten dieser Körperschaften gegen die bimetallistischen Forderungen die Haltung des Reichstags stark beeinflußt. Bis zum letzten Augenblick war die Entscheidung zweifelhaft. Die Ablehnung des Kardorffschen Antrags kam vielen überraschend. Sie war dadurch herbeigeführt, daß ein Teil des Centrums, mit Windthorst an der Spitze, gegen den Antrag stimmte.

Mit dieser Abstimmung war jedoch die Ruhe nicht wieder hergestellt. Die Regierung blieb bei ihrer zweifelhaften Haltung und ermutigte dadurch die bimetallistische Agitation zu den größten Anstrengungen. Großes Aufsehen erregte es namentlich, daß Bismarck in einem vom 28. Mai 1885 datierten Schreiben an den Vorstand der Thüringischen Bauernvereine erklärte: „die Frage der Einführung der Doppelwährung unterliegt zur Zeit der Prüfung der zuständigen Behörden". Zwar beschloß der Bundesrat im Juni, den bimetallistischen Petitionen keine Folge zu geben; aber auch diese Entscheidung wurde nicht als eine endgültige angesehen. Die bimetallistische Agitation nahm immer größere Dimensionen an, sogar im Centralverband deutscher Industrieller traten bimetallistische Neigungen stark hervor. Im November druckte die „Nordd. Allg. Zeitung" einen Aufsatz aus der Feder des Grafen v. Mirbach ab, betitelt: „Die schwere Schädigung der Landwirtschaft, des Gewerbes, der Industrie, des Handwerks, aller körperlichen und geistigen Arbeit durch die Goldwährung."

In den ersten Monaten des Jahres 1886 hofften die Bimetallisten den entscheidenden Sieg im Deutschen Reichstag zu erringen.

Da kam eine unerwartete Wendung.

Am 21. Januar 1886 hielt Herr v. Kardorff im Preußischen Abgeordnetenhause eine Währungsrede. Am folgenden Tage erschien der Finanzminister v. Scholz, verteidigte die Goldwährung energisch gegen die Kardorffschen Angriffe, erklärte, die rechtzeitige Einführung der Goldwährung gereiche der Reichsregierung zu hohem Ruhme, verurteilte mit scharfen Worten die bimetallistische Agitation auf dem Lande und schloß mit den Worten, daß er noch nie einen Entwurf eines bimetallistischen Vertrags gesehen habe, „der von jedem, der sein Vaterland lieb hat, der sein Vaterland nicht verraten will, unterzeichnet werden könnte".

Im Februar gab es im Reichstag ein Nachspiel. Der bimetallistische Antrag war nach den Vorgängen im Abgeordnetenhaus dahin abgeschwächt worden, daß er die Reichsregierung nicht mehr zur Einberufung einer Münzkonferenz aufforderte, sondern nur zur „eingehenden Prüfung" der Währungsfrage. Der Kernpunkt der Debatte war eine sehr heftige persönliche Auseinandersetzung zwischen Scholz und Kardorff. Daß der inhaltlose Antrag schließlich infolge der Haltung des Centrums angenommen wurde, war gegenüber der offenkundigen Absage, welche die Reichsregierung dem Bimetallismus hatte zuteil werden lassen, ohne Bedeutung. Denn daß die energische Stellungnahme des Finanzministers auf einer vorherigen Verständigung mit Bismarck beruhte, stand außer Zweifel.

Diese Absage an den Bimetallismus bildet einen Wendepunkt in der Geschichte des Währungskampfes. Die durch trügerische Hoffnungen aufs äußerste gesteigerte bimetallistische Agitation vermochte diesen unerwarteten Schlag nicht zu ertragen. Die natürliche Reaktion auf die gewaltigen Kraftaufwendungen war eine langanhaltende Lähmung.

Gleichzeitig mit dieser Wendung im deutschen Währungsstreit trat eine Wendung in der Gestaltung der Edelmetallgewinnung und insbesondere der thatsächlichen Entwickelung des deutschen Geldwesens ein, durch welche der bestehende Zustand in einer Weise verbessert wurde, welche für die Zukunft den bimetallistischen Angriffen ihre schärfsten Waffen entzog.

Zweiter Abschnitt.

Die Vollendung der Geldreform durch die Thatsachen.

Um die Mitte der achtziger Jahre war die Probezeit für das deutsche Geldwesen überwunden. Alle die Verhältnisse, welche bisher die Aufrechterhaltung der Goldwährung bedrohten, nahmen jetzt eine entschiedene Wendung zum besseren.

Die Goldgewinnung, welche im Jahre 1883 nach Soetbeers Ermittelungen auf 148.584 kg, nach der Feststellung des amerikanischen Münzdirektors gar auf 143.500 kg gesunken war, zeigte einen immer stärker werdenden, kaum durch einen schwachen Rückschlag unterbrochenen Aufschwung. Sie erreichte (nach dem amerikanischen Münzdirektor) bereits im Jahre 1889 die Höhe von 185.800 kg; sie war im Jahre 1892 mit 220.900 kg bereits so hoch, wie in den besten Jahren der kalifornischen Goldfunde; im Jahre 1895 überschritt sie die Menge von 300.000 kg, im Jahre 1896 hat sie die Summe von 316.000 kg erreicht und für 1897 wird sie auf etwa 350.000 kg geschätzt. Innerhalb eines Jahrzehnts hat sich also die Goldproduktion, auf deren weitere Abnahme alles gefaßt war, mehr als verdoppelt. Glänzender sind Unglücksprophezeihungen nie ad absurdum geführt worden.

Von der größten Wichtigkeit ist, daß diese gewaltige Steigerung der Goldproduktion nicht durch die Entdeckung ähnlich reicher Goldfelder, wie ehemals der kalifornischen und australischen, herbeigeführt wurde, sondern fast ausschließlich durch eine ungeahnte Ausdehnung des Goldbergbaus, dem Professor Sueß jede Zukunft abgesprochen hatte. Die Entwickelung der metallurgischen Technik hat die geologischen Naturgesetze des Wiener Gelehrten überwunden; sie hat außerdem die Goldgewinnung auf eine sichere Grundlage gestellt; denn die Art des Betriebs läßt nur einen allmählichen Abbau zu und schließt einen Raubbau, wie er bei der Ausbeutung von Schwemmlanden möglich ist, aus.

Ähnlich günstig, wie die Goldgewinnung, hat sich seit 1885 für Europa die Verteilung des Goldes entwickelt. Die Mehreinfuhr von Gold in Indien ließ erheblich nach, ja in den Jahren 1892 und 1894 gab Indien erhebliche Goldmengen an Europa ab[1]. Ebenso hörten die großen Goldverschiffungen nach den Vereinigten Staaten auf. Von 1879 bis 1895 überstieg die Goldausfuhr der Vereinigten Staaten stets

[1] Siehe Beiträge S. 57.

die Goldeinfuhr, und zwar in einzelnen Jahren um gewaltige Summen (1893 um 87½ Millionen $). Bringt man von der jeweiligen Goldgewinnung den Goldverbrauch der Vereinigten Staaten und Indiens in Abrechnung, dann blieb für die übrige Welt im Jahresdurchschnitt von 1886 bis 1890 ein Goldquantum von 298,6 Millionen Mark, von 1891 bis 1895 gar ein Betrag von 677,1 Millionen Mark verfügbar, gegen 136,7 Millionen Mark in dem Jahrfünft 1881 bis 1885.

Wie diese Verhältnisse auf das deutsche Geldwesen einwirkten, ergiebt sich aus folgenden Zahlen:

Bereits vom Jahre 1885 an konnte die Reichsbank beträchtliche Goldmengen ankaufen. Während ihre Goldankäufe im Jahre 1884 auf 13½ Millionen Mark gesunken waren, beliefen sie sich 1885 auf etwa 130 Millionen Mark und stiegen ununterbrochen bis auf 236 Millionen Mark im Jahre 1888. Wenn sie sich auch in den folgenden Jahren nicht auf dieser ungewöhnlichen Höhe zu halten vermochten, sondern in einzelnen Jahren wieder sehr geringfügig waren, so weisen sie doch einen weit günstigeren Durchschnitt auf als die zweite Hälfte der siebziger und die erste Hälfte der achtziger Jahre. Im ganzen beliefen sich die Goldankäufe der Reichsbank von 1885 bis 1896 auf 1½ Milliarden Mark[1].

Der größte Teil dieses Goldes gelangte zur Ausmünzung. Namentlich von 1887 ab zeigt die Statistik der Goldprägungen stets sehr hohe Ziffern. Nur in zwei Jahren (1891 und 1892) war die Goldprägung geringer als 100 Millionen Mark. Im ganzen beliefen sich die Neuprägungen von Reichsgoldmünzen von 1885 bis Ende 1896, welche sämtlich auf Rechnung der Reichsbank vorgenommen wurden, auf 1.182 Millionen Mark. Der Bestand der Reichsbank an Barren und Sorten vermehrte sich vom 1. Januar 1885 bis zum 31. Dezember 1896 von 71,8 auf 314,4 Millionen Mark, also um 242,6 Millionen Mark. Von den gesamten Goldankäufen wurden also nur etwa 75 Millionen Mark wieder verkauft, ein Teil davon in kleinen Goldbarren für die inländische Industrie, der größere Teil für den Export nach dem Ausland.

Was diese Zahlen für die Entwickelung des deutschen Geldwesens bedeuten, ergiebt ein Vergleich mit dem damaligen deutschen Goldbestand.

Beim Beginn des Jahres 1885 betrugen die deutschen Goldprägungen insgesamt 1.920 Millionen Mark. Dieser Betrag war durch Einschmelzungen und Exporte auf etwa 1.580 Millionen Mark verringert[2]. Der

---

[1] Siehe Beiträge S. 469.

[2] Berechnet nach den in den Beiträgen S. 489 gegebenen Anhaltspunkten.

Bestand der Reichsbank an Gold in Barren und fremden Sorten belief sich damals auf 72 Millionen Mark. Der gesamte deutsche Goldgeldbestand betrug also etwa 1.650 Millionen Mark. Die zwölf folgenden Jahre brachten einen Goldzufluß von 1.500 Millionen Mark. Auch wenn man die in diesen Jahren eingeschmolzenen und exportierten Reichsgoldmünzen abrechnet, ergiebt sich eine Vermehrung des deutschen Goldgeldvorrats von 1.650 auf etwa 2.850 Millionen Mark, eine Vermehrung um fast drei Viertel.

Dabei erfuhr das deutsche Silbergeld seit der Mitte der achtziger Jahre nicht nur keine Vermehrung, sondern durch die Abschiebung der 26 Millionen Mark österreichischer Thaler sogar eine leichte Verminderung. Seine Bedeutung im Verhältnis zum gesamten deutschen Geldbestand ist also erheblich zurückgetreten. Während es zur Zeit der Einstellung der Silberverkäufe 35,7 % des gesamten Geldbestandes ausmachte, ein Prozentsatz, der bis 1885 keine wesentliche Veränderung erfuhr, hat sich sein Anteil heute auf etwa 22 % vermindert. Mehr als drei Viertel des gesamten deutschen Metallgeldes kommen heute auf das Gold. Damit hat der Thalerrest, welcher uns bei der Einstellung der Silberverkäufe blieb, und welcher im Anfang der achtziger Jahre eine ständige Bedrohung für die deutsche Valuta bildete, seine Gefährlichkeit verloren.

Vor allem hat die Stellung der Reichsbank durch diese Entwickelung eine außerordentliche Kräftigung erfahren. Wohl hat sie nur einen geringen Teil des von ihr angekauften Goldes in ihren Kassen behalten. Der weitaus größte Teil ist in den freien Umlauf übergegangen. Aber immerhin hat sich ihr Goldvorrat ganz enorm vergrößert. Während er im Durchschnitt des Jahres 1881 nur 207 Millionen Mark betrug, im Durchschnitt des Jahres 1885 277 Millionen Mark, erreichte er bereits im Jahre 1888 den Umfang von 608 Millionen Mark. Zwar konnte er sich auf dieser durch den ungewöhnlichen Goldzufluß des Jahres 1888 erreichten Höhe nicht halten, aber er sank von nun ab niemals tiefer als bis auf 519 Millionen Mark (im Durchschnitt des Jahres 1890), und im Durchschnitt des Jahres 1895 stellte er sich höher als 700 Millionen Mark, während er zeitweise einen Umfang von mehr als 800 Millionen erreicht hat. In den beiden letzten Jahren hat er durch das gesteigerte Bedürfnis des in einem ungewöhnlich lebhaften Aufschwung begriffenen Verkehrs allerdings wieder eine Verminderung auf etwa 600 Millionen Mark erfahren, aber er ist damit immer noch beträchtlich mehr als doppelt so groß, als er vor 12 Jahren war[1].

Dabei hat der Vorrat der Reichsbank an Thalern und Scheidemünzen eine im ganzen nicht unerhebliche Abnahme erfahren: von 350 Millionen Mark im Jahre 1881 auf 309 Millionen Mark im Jahre 1885 und auf 280 Millionen Mark im Jahre 1897.

Dadurch hat sich der Anteil des Goldes am Metallvorrat der Reichsbank von 37,2 % im Jahre 1881 auf fast 70 % in den letzten Jahren gehoben, und die Golddeckung der Reichsbanknoten ist von 28 % im Durchschnitt der Jahre 1881 und 1882 auf 64,3 % im Jahre 1895 gestiegen.

Von dem gegenwärtig noch vorhandenen Thalerbestand, der sich auf etwa 380 Millionen Mark belaufen dürfte, sind thatsächlich nur etwa 150 Millionen Mark entbehrlich. Da die Reichsbank dem freien Verkehr kein Silbergeld aufnötigt, befindet sich nicht mehr Silber im Umlauf, als den Bedürfnissen nach Silbergeld entspricht. Die Reichsbank hat, um die ihr übertragene örtliche Regulierung des Scheidemünzumlaufs durchführen zu können, einen Thaler- und Scheidemünzbestand von etwa 125 Millionen Mark unbedingt nötig, eine Summe, welche durch ihren thatsächlichen Bestand an diesen Münzen nur um etwa 150 Millionen Mark übertroffen wird.

Auf diese 150 Millionen Mark überflüssiger Thalerstücke beschränken sich heute die Folgen der vorzeitigen Unterbrechung des Reformwerkes. Ihr Vorhandensein ist praktisch bedeutungslos. Sie verschwinden völlig gegenüber einem Goldgeldbestand von fast 3 Milliarden Mark, und auch gegenüber dem Goldbestand der Reichsbank im Betrag von 600 Millionen Mark fallen sie nicht mehr ins Gewicht. Obwohl die Thaler bis zum heutigen Tage noch gesetzliches Zahlungsmittel bis zu jedem Betrage sind, vermögen sie es nicht zu hindern, daß das deutsche Geldwesen sich thatsächlich sowohl für den inländischen Geldverkehr, als auch in seinen Beziehungen zu ausländischen Valuten als eine durchaus wohlbegründete und gesicherte Goldwährung darstellt.

Das deutsche Geldwesen hat sich also seit 1885 in einer geradezu staunenswerten Weise entwickelt. Niemand, selbst nicht die eifrigsten Anhänger der Goldwährung, haben einen so glänzenden Aufschwung auch nur geahnt. Nicht nur, daß alle die Befürchtungen — und Hoffnungen! —,

[1] Siehe Beiträge S. 470.

Bestand der Reichsbank an Gold in Barren und fremden Sorten belief sich damals auf 72 Millionen Mark. Der gesamte deutsche Goldgeldbestand betrug also etwa 1.650 Millionen Mark. Die zwölf folgenden Jahre brachten einen Goldzufluß von 1.500 Millionen Mark. Auch wenn man die in diesen Jahren eingeschmolzenen und exportierten Reichsgoldmünzen abrechnet, ergiebt sich eine Vermehrung des deutschen Goldgeldvorrats von 1.650 auf etwa 2.850 Millionen Mark, eine Vermehrung um fast drei Viertel.

Dabei erfuhr das deutsche Silbergeld seit der Mitte der achtziger Jahre nicht nur keine Vermehrung, sondern durch die Abschiebung der 26 Millionen Mark österreichischer Thaler sogar eine leichte Verminderung. Seine Bedeutung im Verhältnis zum gesamten deutschen Geldbestand ist also erheblich zurückgetreten. Während es zur Zeit der Einstellung der Silberverkäufe 35,7 % des gesamten Geldbestandes ausmachte, ein Prozentsatz, der bis 1885 keine wesentliche Veränderung erfuhr, hat sich sein Anteil heute auf etwa 22 % vermindert. Mehr als drei Viertel des gesamten deutschen Metallgeldes kommen heute auf das Gold. Damit hat der Thalerrest, welcher uns bei der Einstellung der Silberverkäufe blieb, und welcher im Anfang der achtziger Jahre eine ständige Bedrohung für die deutsche Valuta bildete, seine Gefährlichkeit verloren.

Vor allem hat die Stellung der Reichsbank durch diese Entwickelung eine außerordentliche Kräftigung erfahren. Wohl hat sie nur einen geringen Teil des von ihr angekauften Goldes in ihren Kassen behalten. Der weitaus größte Teil ist in den freien Umlauf übergegangen. Aber immerhin hat sich ihr Goldvorrat ganz enorm vergrößert. Während er im Durchschnitt des Jahres 1881 nur 207 Millionen Mark betrug, im Durchschnitt des Jahres 1885 277 Millionen Mark, erreichte er bereits im Jahre 1888 den Umfang von 608 Millionen Mark. Zwar konnte er sich auf dieser durch den ungewöhnlichen Goldzufluß des Jahres 1888 erreichten Höhe nicht halten, aber er sank von nun ab niemals tiefer als bis auf 519 Millionen Mark (im Durchschnitt des Jahres 1890), und im Durchschnitt des Jahres 1895 stellte er sich höher als 700 Millionen Mark, während er zeitweise einen Umfang von mehr als 800 Millionen erreicht hat. In den beiden letzten Jahren hat er durch das gesteigerte Bedürfnis des in einem ungewöhnlich lebhaften Aufschwung begriffenen Verkehrs allerdings wieder eine Verminderung auf etwa 600 Millionen Mark erfahren, aber er ist damit immer noch beträchtlich mehr als doppelt so groß, als er vor 12 Jahren war.

Dabei hat der Bestand der Reichsbank an Thalern und Scheidemünzen [illegible] 350 Millionen Mark im Jahre [illegible] Millionen Mark im Jahre 1885 und auf [illegible] Millionen Mark im Jahre [illegible]

Dadurch [illegible] bank von 37 [illegible] gehoben, und [illegible] Jahren Durchschnitt [illegible] gestiegen.

Von dem [illegible] etwa 380 Millionen [illegible] 150 Millionen Mark [illegible] dem Silbergeld [illegible] Verkehr als den [illegible] Umlauf, um [illegible] durchführen zu können. [illegible] 125 Millionen Mark [illegible] Mark [illegible]

[illegible]

der durch die Einstellung der Silberverkäufe geschaffene Zustand werde sich als unhaltbar erweisen, zu nichte geworden sind: ohne daß die Reichsregierung einen Schritt vorwärts that, während sie ruhig an dem „status quo", den Bismarck im Jahre 1881 durch Scholz proklamieren ließ, festhielt, hat die thatsächliche Entwickelung der Dinge das unterbrochene Reformwerk zur Vollendung geführt.

In den ersten Jahren nach der Einstellung der Silberverkäufe waren die Gegner der Goldwährung durch die ungünstige Gestaltung der Goldproduktion und der Goldbewegungen außerordentlich begünstigt worden. Aber die bimetallistische Bewegung überdauerte diese Verhältnisse, freilich nicht ungeschwächt. Die günstige Wendung der Dinge zerstreute bei vielen Bimetallisten, welche sich nicht allzutief in die Agitation verbohrt hatten, die Furcht vor einer Goldverteuerung. Gleichzeitig ließ die fortgesetzt beträchtlich steigende Silberproduktion die Möglichkeit der Wiederherstellung des Silberwertes immer unwahrscheinlicher werden. Schließlich wurden durch die Besserung der monetären Lage der Goldwährungsländer die ohnehin geringen Aussichten auf das Zustandekommen eines bimetallistischen Münzbundes so gut wie gänzlich zerstört. Viele und nicht die schlechtesten Vertreter der vertragsmäßigen Doppelwährung, so vor allem Wilhelm Lexis und der Niederländer Pierson, zogen sich zurück, nahmen einen vermittelnden Standpunkt ein oder verwandelten sich in Anhänger der Goldwährung.

Die eigentliche Agitation für die Doppelwährung war in Deutschland durch die energische Stellungnahme der Reichsregierung zu Anfang des Jahres 1886 für lange Zeit völlig gebrochen. Erst beim Beginn der neunziger Jahre erhielt sie durch Vorgänge im Ausland neue Anregung.

Im Ausland hatte bis zu dieser Zeit die bimetallistische Bewegung ebensowenig einen Erfolg erzielt, wie im Deutschen Reich. Namentlich in demjenigen Staate, dessen Zurückhaltung allgemein als das stärkste Hindernis für das Zustandekommen eines universellen Bimetallismus galt, in England, geschah trotz einer rührigen Agitation kein Schritt von wirklicher Tragweite. Zwar beeilte sich die Regierung stets auf die Klagen der Fabrikanten von Lancashire und der Kaufleute von Liverpool, welche durch die Entwertung des Silbers wegen ihrer Handelsbeziehungen zu Ostasien besonders schwer betroffen wurden, die Versicherung zu geben, daß sie nichts sehnlicher wünsche als die Hebung und Befestigung des Silberwertes; zwar drängte die indische Regierung, deren Finanzwirtschaft durch den seit 1884 wieder stärker werdenden

Preisrückgang des Silbers in immer größere Schwierigkeiten geriet, auf ein Vorgehen zu Gunsten des Silbers; aber die englische Regierung hielt in Übereinstimmung mit der großen Mehrheit der englischen Geschäftswelt die strikte Aufrechterhaltung der Goldwährung für wichtiger als die mit dem Silberwert verknüpften Interessen. Sie versprach, einen bimetallistischen Bund zwischen fremden Staaten nach Kräften fördern zu wollen, aber England dürfe seine Goldwährung nicht antasten. Diese Haltung steht in Übereinstimmung mit der Auffassung eines großen Teils der englischen Bimetallisten, welcher gleichfalls — und zwar bis zum heutigen Tage — den Bimetallismus nur für den Kontinent und Amerika, nicht auch für England anstrebt.

Unter diesen Verhältnissen war der wichtigste Schritt, welchen die englische Regierung that, daß sie im Dezember 1886 eine Kommission von 12 Mitgliedern zur Erforschung der Ursachen der neueren Veränderungen im Wertverhältnis der Edelmetalle einsetzte. Die Kommission nahm ihre Aufgabe sehr gründlich. Sie tagte bis zum November 1888 und veröffentlichte eine Anzahl voluminöser Bände, in welchen ein erschöpfendes Material gesammelt ist; aber da von ihren Mitgliedern sechs Anhänger der Goldwährung und sechs Bimetallisten waren, und da sich niemand von ihnen zu einer andern Auffassung bekehrte, kam über die wichtigsten Punkte, vor allem über die zur Hebung des Silberwertes zu ergreifenden Maßregeln, keine Einigung zustande.

Praktische Folgen hatte die Kommission nicht. Wohl wurde im April 1889 im Unterhaus über einen Antrag debattiert, welcher die Regierung aufforderte, ihre Bereitwilligkeit zu internationalen Verhandlungen über die freie Prägung beider Metalle nach einem gemeinsamen Wertverhältnis zu zeigen; aber die Regierung erklärte sich nachdrücklich gegen den Bimetallismus, und die Verhandlungen wurden vertagt.

Ein Jahr später wurde ein Antrag, England möge die Initiative zur Einberufung einer internationalen Münzkonferenz ergreifen, mit 183 gegen 87 Stimmen abgelehnt, nachdem sich Goschen, der damals Schatzkanzler war, in bestimmter Weise gegen den Bimetallismus ausgesprochen hatte. Damit war die Hoffnung auf einen Bimetallismus mit England für lange Zeit zerstört.

Im Februar 1889 machten die deutschen Bimetallisten einen vergeblichen Versuch, ihre englischen Gesinnungsgenossen zu unterstützen. Sie beantragten im Reichstag eine Resolution, „die verbündeten Regierungen zu ersuchen, falls England die Initiative zu einer Wiederherstellung des Silbers als Währungsmetall ergreift, die Bereitwilligkeit Deutschlands zu einem gemeinsamen Vorgehen mit England auszusprechen."

Zum erstenmal seit langer Zeit wurde im Reichstag die Währungsfrage wieder eingehend besprochen. Der Einfluß der günstigen Gestaltung des deutschen Geldwesens war unverkennbar. Die Regierung erklärte die deutschen Münzverhältnisse für durchaus befriedigend und weigerte sich, die verlangte Zusage zu machen, und im Reichstag war die Stimmung für den bimetallistischen Antrag so wenig günstig, daß die Resolution zurückgezogen wurde.

Als ein Jahr später die englische Regierung und die große Mehrheit des Parlaments jede Initiative in der Währungsfrage ablehnten, war der deutschen bimetallistischen Agitation der Boden entzogen.

Vielleicht hätte sich nun der Währungsstreit beruhigt, vielleicht hätte die vollendete Aussichtslosigkeit die auf die Herstellung einer internationalen Doppelwährung gerichteten Bestrebungen langsam einschlafen lassen, wenn nicht jenseits des Ozeans Ereignisse eingetreten wären, welche neue Hoffnungen erregten, und deren Folgen zu neuen großen Klagen gegen die bestehenden Währungsverhältnisse Anlaß gaben.

In den Vereinigten Staaten war der Währungsstreit mit der Blandbill nicht zur Ruhe gekommen. Die Freunde eines gesicherten Geldwesens beantragten fast in jeder Session die Einstellung der durch die Blandbill angeordneten Silberausmünzungen, welche auf die Dauer der Sicherheit und Stabilität der amerikanischen Valuta verhängnisvoll zu werden drohten. Die Silberpartei beantragte die völlige Freigabe der Silberprägung. Weder die eine noch die andere Richtung vermochte einen vollen Erfolg zu erzielen. Doch gelang es den Silberleuten im Jahre 1890, wenigstens einen teilweisen Sieg zu erfechten. Die Blandbill wurde durch ein Gesetz vom 14. Juli 1890 ersetzt (durch die sog. Shermanbill), welche die jährlichen Silberankäufe der Regierung auf 54 Millionen Unzen (= 1⅔ Millionen kg) erhöhte; das Silber sollte nicht ausgeprägt werden, sondern zur Deckung von Treasury-notes dienen, welche volles gesetzliches Zahlungsmittel sein sollten.

Die Wirkung dieses Gesetzes war eine außerordentliche Spekulation in Silber, welche den im Jahre 1879 auf 42 d gesunkenen Silberpreis bis über 54 d im August 1890 in die Höhe trieb.

Die Bimetallisten triumphierten, wie leicht es sei, durch gesetzliche Maßregeln den Silberpreis zu heben. Aber die spekulative Steigerung hielt nicht vor; es folgte sofort ein heftiger Rückschlag. Bereits im November 1890 sank das Silber wieder bis auf 45 d. Am Anfang des Jahres 1892 stand das Silber abermals auf 42 d, dem tiefsten bis dahin erreichten Punkte, und in den folgenden Monaten sank es noch weiter. Das war die Wirkung der kolossalen amerikanischen Silberankäufe, welche beträchtlich mehr als ein Drittel der gleichzeitigen Silbergewinnung in Anspruch nahmen!

Es ist oft behauptet worden, und zwar gerade von beteiligten Seiten, daß der Handel mit den Silberländern mehr durch die Preisschwankungen, als durch den Preisrückgang des Silbers beeinträchtigt werde. Welche schweren Schädigungen mußten durch die gewaltige Aufwärtsbewegung des Silberpreises von 42 auf 54¼ d und durch den darauf folgenden nicht minder heftigen Preissturz hervorgebracht werden! Vor allem wurde die indische Regierung schwer getroffen; die Überzeugung wurde immer stärker, daß sie einen weiteren Rückgang des Silberpreises nicht passiv hinnehmen dürfe.

Dem Drängen der indischen Regierung ist es zuzuschreiben, daß England im Jahre 1892 die Einladung der Vereinigten Staaten zu einer neuen, dieses Mal in Brüssel abzuhaltenden Münzkonferenz freudig annahm. Auch die übrigen eingeladenen Staaten sendeten Vertreter. Nachdem jedoch die üblichen Versicherungen über die Nachteile der Silberentwertung und die Erwünschtheit einer Hebung und Befestigung des Silberpreises ausgetauscht worden waren, stellte es sich heraus, daß niemand einen annehmbaren Vorschlag zu machen imstande war. Im August 1892 ging auch diese Konferenz resultatlos auseinander, und der Silberpreis sank bis auf 37⅞ d.

Sofort nach dem Scheitern der Brüsseler Verhandlungen trat die indische Regierung in Erwägungen über Maßregeln ein, durch welche der Kurs der Rupie von einem weiteren Rückgang des Silberpreises unabhängig gemacht werden könne. Das Ergebnis war, daß im Juni 1893 die Silberprägung in Indien eingestellt wurde.

Die österreichisch-ungarische Monarchie, welche schon früher die Regulierung ihrer Valuta mit dem Endziel der Goldwährung eingeleitet hatte, brachte die geplante Reform zu ihrem gesetzlichen Abschluß.

Inzwischen war die Lage in den Vereinigten Staaten unhaltbar geworden. Die fortgesetzten Silberankäufe und die Ausgabe von Treasury-notes erschütterten das Vertrauen in die amerikanische Valuta. Sie führten außerdem zu einer Überfülle von Zirkulationsmitteln, welche ein Abfließen von Gold hervorrief. Für mehr als 108 Millionen $ Gold wurde in dem einen Jahre 1893 aus den Vereinigten Staaten exportiert, beträchtlich mehr als in irgend einem Jahre zuvor. Die Goldreserve des Schatzamtes schmolz immer mehr zusammen. Der starke Preissturz des Silbers infolge der indischen Maßregel verschärfte die Lage. Schließlich nötigte eine aus diesen Verhältnissen hervorgehende allgemeine Geld- und Kreditkrisis den Präsidenten, den Kongreß zu einer Extra-Session einzuberufen, in welcher die Shermanbill suspendiert wurde (Nov. 1893).

Das Silber sank infolge dieser Maßregeln bis auf 27 d im Frühjahr 1894.

Diese katastrophenartige Entwickelung, durch welche abermals wichtige Interessen stark geschädigt wurden, rüttelte die bimetallistischen Bestrebungen noch einmal zu verzweifelten Anstrengungen auf.

Dieses Mal nahmen die Impulse von Deutschland ihren Ausgang; nicht als ob gerade Deutschland durch die gewaltige Entwertung des weißen Metalls besonders stark betroffen worden wäre, sondern weil das erbittert gegen die Handelsverträge kämpfende Agrariertum den Bimetallismus als eines der „großen Mittel" zur Rettung der Landwirtschaft proklamierte. Graf Caprivi, der von den agrarischen Parteien auf das schärfste bekämpft wurde, suchte sich eine Erleichterung zu verschaffen, indem er die Einberufung einer Kommission, welche Maßregeln zur Hebung und Befestigung des Silberwertes vorschlagen und prüfen sollte, zugestand.

Die deutsche Silberkommission hatte ebensowenig ein praktisches Ergebnis, wie die englische Währungskommission von 1886/88. Sie trug nur dazu bei, die allgemeine Aufmerksamkeit von neuem auf die Währungsfrage zu lenken.

Als durch die Entlassung Caprivis die agrarischen Hoffnungen aufs äußerste angereizt wurden, als die agrarische Bewegung durch die Agitation des Bundes der Landwirte einen gewaltigen Umfang annahm, als die agrarischen Einflüsse im Centrum und in der nationalliberalen Partei immer mehr zur Herrschaft gelangten, da glaubten die Führer der bimetallistischen Bewegung den Zeitpunkt für eine neue parlamentarische Aktion gekommen.

Am 16. Februar 1895 beschloß der Reichstag mit großer Mehrheit, die Reichsregierung um die Einberufung einer Münzkonferenz behufs internationaler Regelung der Währungsfrage zu ersuchen. Die Mehrheit für die Resolution war dadurch zustande gebracht worden, daß der Antrag nur von einer internationalen Regelung der Währungsfrage, nicht von der Doppelwährung, sprach.

Wichtiger als dieser Reichstagsbeschluß war, daß der Reichskanzler Fürst zu Hohenlohe sich bereit erklärte, mit den verbündeten Regierungen über die Zweckmäßigkeit eines Meinungsaustausches mit fremden Staaten in Unterhandlungen zu treten.

Wenn auch diese Erklärung mit den Worten begann: „Ohne der bestehenden Reichswährung zu präjudizieren", und wenn auch der Reichskanzler als Endziel des Meinungsaustausches nicht die internationale Doppelwährung, sondern nur die „Hebung und Befestigung des Silberwertes" bezeichnete, so war die Erklärung dennoch ein Bruch mit der bisherigen deutschen Münzpolitik. Bisher hatte die Reichsregierung stets, auch unter den schwierigsten Verhältnissen, in der Währungsfrage die äußerste Zurückhaltung beobachtet, sie hatte die deutschen Münzverhältnisse an sich für befriedigend erklärt und jede wesentliche Änderung des status quo von sich gewiesen; weit entfernt, sich zu einer Initiative bereit finden zu lassen, hatte sie es sogar abgelehnt, sich bereit zu erklären, im Falle einer von England ausgehenden Initiative sich dem englischen Vorgehen anzuschließen.

Es ist begreiflich, daß die Erklärung des Reichskanzlers vom 15. Februar 1895 nicht nur in Deutschland, sondern allenthalben die bimetallistische Agitation zu den äußersten Anstrengungen anspornte, daß andererseits die Anhänger der Goldwährung, welche bisher im Gefühl der Sicherheit überall eine gewisse Zurückhaltung beobachtet hatten, gleichfalls ein energisches Eingreifen in den Kampf um die Währung für notwendig hielten. Während bisher nur die Bimetallisten in großen Verbänden organisiert waren, bildeten sich fast gleichzeitig in England und in Deutschland zwei Vereine zum Schutz der Goldwährung, welche die Agitation gegen den Bimetallismus mit großen Mitteln und auf breiter Grundlage aufnahmen. Wie die Landwirtschaft für den Bimetallismus, so trat nun in Deutschland der gesamte in den Handelskammern und dem Deutschen Handelstag organisierte Handels- und Gewerbestand in fast ausnahmsloser Einstimmigkeit für die Erhaltung der Goldwährung ein.

Inzwischen ließ Fürst Hohenlohe bei der englischen Regierung anfragen, ob sie bereit sei, die indischen Münzstätten wieder für das Silber zu öffnen; denn eine solche Maßregel erschien als die erste Vorbedingung für alle weiteren auf die Hebung und Befestigung des Silberpreises gerichteten Schritte. Die Antwort der englischen Regierung lautete verneinend, und auf Grund dieser Antwort beschloß der Bundesrat am 23. Januar 1896, der vom Reichstag am 16. Februar 1895 gefaßten Resolution keine Folge zu geben.

Bald darauf (am 17. März 1896) erklärte die englische Regierung im Unterhaus, daß eine Preisgabe der Goldwährung für England nach der einstimmigen Ansicht des Kabinetts ausgeschlossen sei, daß man aber bereit sei, wenn mehrere ausländische Staaten die freie Silberprägung wieder herstellten, die Öffnung der indischen Münzstätten und andere Konzessionen für das Silber in Erwägung zu ziehen.

In der Hoffnung auf den sicheren Sieg des Bimetallismus in England, Hoffnungen, welche sich namentlich an die Person Balfours, des ersten Lords des Schatzes anknüpften, hatten sich die deutschen Bimetallisten selbst auf die Parole: „Bimetallismus nur mit England" unwiderruflich festgelegt; freilich nicht ohne äußeren Zwang, denn ein Bimetallismus ohne England war sowohl bei der Regierung als auch im Parlament und in der öffentlichen Meinung ganz und gar aussichtslos.

Indem die englische Regierung ihren einstimmigen Beschluß, für England an der Goldwährung festzuhalten, verkündigte, besiegelte sie den Schiffbruch der deutschen bimetallistischen Hoffnungen.

Nur durch die Entwickelung in den Vereinigten Staaten wurde die Aufmerksamkeit für die Währungsfrage in weiten Kreisen noch aufrecht erhalten. Im Spätherbst des Jahres 1896 fand die Präsidentenwahl statt und mit ihr die Entscheidungsschlacht zwischen „Gut Geld" und „Frei Silber". Selbst nachdem der Kandidat der Silberpartei, Bryan, unterlegen war, schien die Frage noch nicht endgültig beseitigt. Der neue Präsident, Mac Kinley, suchte sich aus innerpolitischen Gründen mit der Silberpartei zu halten und sendete eine Kommission nach Europa, um wegen eines bimetallistischen Abkommens zu verhandeln. Die französische Regierung zeigte sich geneigt, auf die amerikanischen Vorschläge einzugehen, und der französische Gesandte in London erhielt Anweisung, gemeinschaftlich mit der amerikanischen Mission mit der englischen Regierung in Unterhandlungen einzutreten. Beide Staaten erklärten sich bereit, die Silberprägung freizugeben und zwar auf Grundlage des Wertverhältnisses von 1 zu 15½. Frankreich erklärte die freie Silberprägung in allen andern Staaten, auch in England für wünschenswert, aber dieses Ansinnen wurde von der englischen Regierung kategorisch abgelehnt. Es wurde nun der englischen Regierung eine Reihe von Propositionen gemacht, deren wichtigste waren:

1) Wiedereröffnung der indischen Münzstätten für das Silber.
2) Zurückziehung der halben Sovereigns und deren Ersetzung durch Silberzertifikate.
3) Ein Fünftel des Barbestandes der Bank von England soll in Silber angelegt werden.
4) Jährliche Silberankäufe von bestimmter Höhe.

Die Entscheidung über die Öffnung der indischen Münzstätten wurde der indischen Regierung anheimgegeben und die Diskussion der übrigen Punkte wurde bis zum Eintreffen der indischen Antwort verschoben.

Die indische Regierung sprach sich mit einer sehr ausführlichen Begründung gegen die Öffnung ihrer Münzstätten aus. Die Einstellung der Silberprägung habe ihren Zweck, die Rupie auf 16 d zu befestigen, nahezu erreicht, es liege also in den indischen Verhältnissen kein Grund, diese Maßregel rückgängig zu machen. Ein auf Frankreich und die Vereinigten Staaten beschränkter Bimetallismus biete nicht die Sicherheit für die dauernde Befestigung des Wertverhältnisses auf der erstrebten Höhe. Ein Fehlschlag des Experiments werde die Lage Indiens außerordentlich verschlimmern. Zudem werde, nachdem sich die indischen Verhältnisse dem gesunkenen Silberwert und Rupienkurs anbequemt hätten, eine so plötzliche und starke Preissteigerung des Silbers für die gesamte indische Volkswirtschaft verhängnisvoll wirken.

Mit dieser Antwort war das Schicksal der Verhandlungen entschieden. Die amerikanische Mission kehrte unverrichteter Dinge nach Hause zurück.

Man darf wohl annehmen, daß durch diese Haltung der englischen und der indischen Regierung die auf einen internationalen Bimetallismus gerichteten Bestrebungen für lange Zeit matt gesetzt sind, selbst wenn die internationalen Währungsverhältnisse in den letzten Jahren nicht erheblich günstiger geworden wären.

Denn einer der wichtigsten, und jedenfalls der am meisten begründete währungspolitische Beschwerdepunkt war die Störung des internationalen Handels durch die Schwankungen der Silbervaluten; zu Unrecht wurden auch die Schwankungen von Papiervaluten, wie der russischen und argentinischen, der Silberentwertung zur Last gelegt.

Diese Schwankungen haben in Ansehung der wichtigsten Länder, welche hier in Betracht kommen, praktisch aufgehört.

Rußland ist nach langen Vorbereitungen im Laufe des letzten Jahres zur Goldwährung übergegangen. Bereits seit 1894 hält sich der Rubelkurs in Berlin innerhalb der auch bei einer vollkommenen Währungsgleichheit möglichen Schwankungen. Die neue Parität ist 2,16 Mark pro Rubel.

Österreich-Ungarn hat zwar die Barzahlungen in Gold noch nicht aufgenommen, aber praktisch hat es seine Valuta gleichfalls auf der neuen Parität von 1,70 Mark pro Gulden befestigt.

Die Einstellung der indischen Silberprägungen hat, wie bereits erwähnt, den Erfolg gehabt, den Kurs der Rupie auf 16 d zu steigern (nachdem er auf 12⁷/₈ d. gesunken war). Die Schwankungen während des letzten Jahres bewegten sich nur innerhalb eines engen Spielraums, und es besteht alle Hoffnung, daß sich binnen kurzer Zeit die absolute Befestigung des Rupienkurses auf 16 d erreichen lassen wird.

Außerdem ist im letzten Jahre Japan zur Goldwährung übergegangen, und damit ist auch mit einem wichtigen Teil Ostasiens eine feste Wechselparität hergestellt.

Wirkliche Silberwährung haben heute nur noch China, Mexiko und einige handelspolitisch unbedeutende süd- und mittelamerikanische Staaten.

Dadurch ist der wesentlichste Teil der wirklichen und eingebildeten Interessen an der Hebung und Befestigung des Silberwertes gegenstandslos geworden. Der russische und indische Weizen kann in Zukunft nur noch als Nahrung für Menschen dienen, nicht mehr als Nahrung für die bimetallistische Agitation.

Auf der andern Seite hat die gewaltige Steigerung der Goldproduktion die umfangreichen russischen, österreichischen und japanischen Goldbeschaffungen ermöglicht, ohne auch nur entfernt auf dem internationalen Geldmarkt ähnliche Störungen hervorzurufen, wie die deutsche Goldbeschaffung anfangs der siebziger Jahre und die amerikanischen und italienischen Goldbezüge beim Beginn der achtziger Jahre. Nachdem der außerordentliche Goldbedarf dieser neuen Goldwährungsländer in absehbarer Zeit völlig befriedigt sein wird, muß bei einer Fortdauer der starken Goldproduktion auch der letzte Rest der bereits heute veralteten Klagen über die angebliche Goldknappheit ebenso verschwinden, wie die Klagen über die schwankende oder unterwertige österreichische, russische, indische und japanische Valuta in Anbetracht der währungspolitischen Maßregeln dieser Länder.

So zeigt die neueste Entwickelung der internationalen Währungsverhältnisse immer deutlicher, daß die Widerherstellung der durch die Silberentwertung gestörten festen Wechselkurs-Paritäten auch ohne die Rückkehr zu einem bimetallistischen System mit freier Silberprägung möglich ist, nämlich auf dem Boden der Goldvaluta, und zwar ohne daß dadurch eine Goldverteuerung hervorgerufen wird. Freilich sind die Münzzustände der Länder, welche, wie Indien, bei fast ausschließlichem Silberumlauf eine Goldvaluta aufrecht erhalten wollen, keineswegs ideale; aber man darf bei der Beurteilung dieser Zustände nicht vergessen, daß ein so gewaltiger Prozeß, wie der Übergang der Welt zur Goldwährung, sich nicht mit einem Schlag und ohne Reibung vollziehen kann, daß vielmehr ein schwieriges und für viele wichtigen Interessen gefährliches und nachteiliges Übergangsstadium überwunden werden muß; der schlimmste Teil dieses Übergangsstadiums liegt mit der Beseitigung der Valutaschwankungen der wichtigsten Silberländer heute bereits hinter uns. Der weitere Verlauf des Entwickelungsprozesses hängt in hervorragendem Maße von der Gestaltung der Goldproduktion ab, davon, wie weit und in welcher Zeit es möglich sein wird, in einzelnen Ländern die Goldvaluta durch die Schaffung oder Ausdehnung eines thatsächlichen Goldumlaufs dauernd zu sichern.

Während diese Verhältnisse die Härten der bestehenden Währungsverfassung erheblich gemildert haben, läßt die neueste Gestaltung der Edelmetallproduktion die Befürchtungen derjenigen, welche von einer Remonetisierung des Silbers, namentlich auf Grundlage des Wertverhältnisses von $15^1/_2 : 1$ zum Golde, eine starke Geldentwertung erwarten, zu einer absolut sicheren Gewißheit werden. Der Wert der Goldproduktion des Jahres 1897 wird auf eine Milliarde Mark geschätzt. Das ist mehr als ein Drittel des gegenwärtigen deutschen Goldgeldbestandes. Die Goldproduktion der besten Jahre der kalifornischen und australischen Goldfunde erreichte nicht ganz 600 Millionen Mark; auch die Gold- und Silberproduktion zusammen blieb in jenen Jahren um mehr als 200 Millionen Mark hinter dem Wert der gegenwärtigen Goldproduktion allein zurück. Dabei ist zu berücksichtigen, daß in jenen Jahren die Verschiffung von Silber nach Indien die gesamte Neuproduktion von Silber überstieg, so daß für die übrige Welt nicht einmal der volle Betrag der Goldgewinnung als Zuwachs in Betracht kam. Trotzdem zeigte sich damals eine merkliche Geldentwertung.

Heute, wo die Goldproduktion bald den doppelten Wert der kalifornischen Epoche erreicht haben wird, verlangen die Bimetallisten die

Wiederherstellung der freien Silberprägung auf Grundlage des alten Silberwertes von 180 Mark pro Kilogramm. Dadurch würde bei dem gegenwärtigen Umfang der Silberproduktion (ca. 5 Millionen kg) der jährliche Zuwachs von Geldmetall von 1 Milliarde Mark mit einem Schlag auf fast 2 Milliarden Mark gesteigert werden, auf eine Summe, die etwa halb so groß ist, wie der gesamte deutsche Metallgeldbestand. und etwa 2½ Mal so groß wie die gesamte durchschnittliche Gold- und Silberproduktion der kalifornischen Epoche.

Aus diesen Zahlen drängt sich förmlich die Erkenntnis auf, daß es eine Notwendigkeit war, die sogenannte Parität zwischen Gold und Silber zu zerstören und das Silber zu opfern, um das Gold, und damit das Geld der gesamten Kulturwelt vor einer starken Entwertung zu schützen; daß ferner die „Wiederherstellung des Silberwertes" durch einen internationalen Bimetallismus zu einer plötzlichen und unabsehbaren Geldentwertung von den verhängnisvollsten wirtschaftlichen und socialen Folgen führen müßte, für welche niemals ein gewissenhafter Staatsmann die Verantwortung wird übernehmen können. In Würdigung dieser Verhältnisse hat selbst ein Mann von so gemäßigten Ansichten und so gemäßigter Ausdrucksweise, wie Lexis, bereits vor drei Jahren, als die Goldproduktion noch um mehr als 200 Millionen Mark hinter der gegenwärtigen Goldgewinnung zurückstand, die Rückkehr zum bimetallistischen System als den tollkühnsten Sprung ins Dunkle bezeichnet.

Je mehr sich die Erkenntnis der unbestreitbaren und großen Besserung. welche die internationalen Währungsverhältnisse in den letzten Jahren erfahren haben, Durchbruch verschafft, je mehr die ungeheueren Gefahren des von den Bimetallisten erstrebten Zieles gewürdigt werden, desto geringer wird die Kraft und werden die Aussichten der bimetallistischen Bestrebungen. Während die hocherfreuliche Entwickelung des deutschen Geldwesens das halbvollendete Reformwerk zu einem befriedigenden Abschluß geführt hat, nimmt die Gestaltung der gesamten internationalen Verhältnisse der gegen die Grundlage der deutschen Geldverfassung gerichteten bimetallistischen Bewegung ihre stärksten Waffen.

So erscheint heute die deutsche Goldwährung, deren Durchführung während einer Reihe von Jahren ernstlich bedroht erschien, nach innen vollendet und nach außen gesichert. Damit ist das Werk der Geldreform zu dem erstrebten Abschluß gebracht.

CPSIA information can be obtained at www.ICGtesting.com
Printed in the USA
BVOW061947160613

323444BV00004B/64/P